O FIM DA RELIGIÃO

coleção de antropologia
movimentos do mundo contemporâneo

Emerson Giumbelli

O FIM DA RELIGIÃO

dilemas da liberdade religiosa
no Brasil e na França

cnpq / pronex
attar editorial

coleção de antropologia
MOVIMENTOS RELIGIOSOS NO MUNDO CONTEMPORÂNEO

Coordenador:
José Jorge de Carvalho

Conselho Editorial:
Otávio Velho
José Jorge de Carvalho
Regina Novaes
Rita Laura Segato
Ari Pedro Oro

Apoio:
MCT/CNPq
Departamento de Antropologia - Universidade de Brasília

Endereço:
SCLN 406 - Bloco A - Sala 210
70847-510 - Brasília - DF
Tel/Fax: 61-272-9499

Ficha Catalográfica: Sonia Marisa Luchetti CRB/8-4664

G537   Giumbelli, Emerson

O fim da religião: dilemas da liberdade religiosa no Brasil e na França / Emerson Giumbelli. __São Paulo: Attar Editorial, 2002.
456 p. — (Movimentos Religiosos no Mundo Contemporâneo)

ISBN 85-85115-17-3
ISBN 85-85115-16-5 (Série)

1. Religião (Brasil) 2. Religião (França) 3. Movimentos Religiosos 4. Seitas Religiosas I. Título II. Série

---

CDD 200.81
200.44

ATTAR EDITORIAL
rua Madre Mazzarello 336   05454-040   São Paulo - SP
fone/fax (11) 3021 2199   www.attar.com.br

para Fabíola

... dá-se importância de menos ao fato
que temos em nosso vocabulário culto
a palavra 'alma', 'espírito'. Comparado
com isso, o fato de não acreditarmos que
nossa alma come e bebe é uma bagatela

Wittgenstein, Notas sobre *O Ramo de Ouro*, de James Frazer

blasfemando somos um pouco santos, sabias?

Carta de Dom Deo (Hilda Hilst. *Estar sendo, ter sido*)

Sumário

Apresentação 11
Lista de siglas e abreviaturas 15

INTRODUÇÃO 17
Religião, problema moderno 17
  1. O religioso contestado 17
  2. Duas histórias sobre religião e modernidade 24
    2.1. Uma história política 31
    2.2. Uma história filosófica 40
  3. Para uma análise das relações entre Estado, religião e sociedade 46
  4. Uma comparação entre a França e o Brasil 52
  5. Discursos plenos de realidade 56

PARTE I: FRANÇA, RECENTEMENTE
CAPÍTULO I: Gênese de um novo significado: as "seitas" para além da ilegalidade 63
  1. Contra a "seita Moon": uma nova definição, um novo dispositivo 66
  2. De Jonestown ao relatório Vivien: a obrigação de ser livre 78

CAPÍTULO 2: Como se faz uma "seita": o trabalho das associações anti-seitas 89
  1. As "seitas" enquanto alvo 90
  2. As duas principais associações anti-seitas 93
  3. O que é uma "seita"? 97
  4. Vigiar é punir 103
  5. Quais são as "seitas"? 106

CAPÍTULO 3: O relatório da comissão parlamentar de inquérito: teor, repercussões e
  consequências 123
  1. O relatório parlamentar e a lista das "173 seitas" 124
  2. Coordenação e dispersão na luta contra as "seitas" 134
  3. As "grandes religiões" e os "sociólogos"
    na controvérsia sobre as "seitas" 157

PARTE II: FRANÇA, HISTORICAMENTE
CAPÍTULO 4: O reconhecimento da "religião" em uma "república laica" 185
  1. Um regime de reconhecimento do "religioso" 186
  2. Uma "seita" não é uma "religião" 194
  3. Uma "religião" não é uma "seita" 203
  4. Mal-estar na laicidade 214
  5. As "seitas", além da "religião" 224

PARTE III: BRASIL, HISTORICAMENTE

CAPÍTULO 5: A religião sem lei: definições sobre a "liberdade religiosa" no Brasil 229
1. Por uma problematização da "liberdade religiosa": princípios jurídicos e leituras
sociológicas 231
  1.1. Liberdade sem laicidade 231
  1.2. O mercado de bens da salvação e o novo pluralismo 232
  1.3. Igreja e Estado, religião e política 238
2. Combates do início da República: "Igreja livre em Estado livre" 241
  2.1. "Estado livre" 242
  2.2. "Igreja livre" 248
  2.3. Os sentidos da liberdade 255
  2.4. Uma igreja livremente hierárquica, associativamente orgânica 261
  2.5. O religioso entre o reconhecimento e a indiferenciação 266
3. Facilidades e privilégios de fim de século: "Como fazer funcionar uma igreja" 275

PARTE IV: BRASIL, RECENTEMENTE

CAPÍTULO 6: Igreja Universal do Reino de Deus: muita prosperidade,
pouca legitimação 287
1. A controvérsia sobre a IURD no Brasil: uma seita *sui generis* 289
2. A IURD e os intelectuais: novas terminologias, classificações paradoxais 297

CAPÍTULO 7: A IURD no banco dos réus: culpa sem condenação 313
1. Dos cultos mediúnicos ao pentecostalismo 313
2. Do drama familiar ao julgamento de uma Igreja 319

CAPÍTULO 8: A IURD e o campo religioso: evangélicos sem protestantismo 341
1. "Neopentecostais" com orgulho 342
2. Perseguição e inserção social 346
3. Em nome dos evangélicos 351

CAPÍTULO 9: A IURD como fato jornalístico: olhar distanciado, julgamentos oscilantes .. 368
1. "Deus é Amor. E lucros também" 372
2. Das concentrações à prisão do bispo 377
3. Da minissérie *Decadência* ao vídeo desmascarador 389

CONSIDERAÇÕES FINAIS: A religião sem limites 413
1. Modernidade: a sociedade contra a religião 413
2. Brasil e França: a "religião" dos dois lados do Atlântico 420
3. Os cientistas sociais como "nativos": por uma religião sem "Estado"
e um Estado sem "religião" 425

BIBLIOGRAFIA E FONTES 430
1. Fontes relacionadas a aspectos jurídicos 430
2. Fontes jornalísticas 430
3. Fontes relacionadas a outras instâncias 431
4. Entrevistas 431
5. Referências bibliográficas 431

ANEXO I: Precisões sobre as fontes e os itinerários de pesquisa 447

ANEXO II: Decreto 119A, de 7 de janeiro de 1890 454

APRESENTAÇÃO

É comum escutar o comentário de que acadêmicos e cientistas se interessam apenas por assuntos inóspitos para depois tentar convencer um público mais amplo de que eles possuem indubitável relevância. Em se tratando de meu trabalho, curiosamente deparei-me com a questão inversa: como elaborar uma interpretação que respondesse a interesses acadêmicos ou científicos partindo de um assunto sobre o qual virtualmente qualquer pessoa teria algo a dizer? Pois o tema desse livro remete para a situação e a repercussão de grupos específicos cuja atuação preocupa e mobiliza várias instituições e diversos segmentos sociais. É o que ocorre em torno da Igreja Universal do Reino de Deus no Brasil e de grupos rotulados como "seitas" na França. O que procuro fazer é sistematizar dados e propor interpretações que contribuam para dar uma certa inteligibilidade para o que ocorre nessas controvérsias, contemplando tanto a participação dos grupos nelas envolvidos, quanto a configuração que se estabelece no plano mais geral de ambas as sociedades. Se a referência para essa busca de inteligibilidade está dada por conceitos e discussões acadêmicas, tentei construir algo que conseguisse manter um diálogo com os interesses mais gerais que se manifestam sobre o tema – e que, em parte, foram responsáveis pela própria idéia de torná-lo um objeto de pesquisa. Assim, meu objetivo ao dar um tratamento científico ou acadêmico (no caso, tendo como referência a antropologia) ao tema não é "encerrar a questão" ou superar as demais posições, mas enriquecer a controvérsia e complexificar as oposições em jogo. Creio que fazer ciência não implica em habitar um mundo diverso da vida cotidiana, mas interferir nele de uma forma específica.

Nesse livro, ao analisar as controvérsias em torno de certos grupos, a preocupação mais geral vai no sentido de considerá-las como uma via para a problematização das *definições sociais de religião*. Ou seja, além de ser um objeto acadêmico e, evidentemente, de remeter para as experiências de um número considerável de pessoas, a "religião" designa, nas sociedades modernas, uma esfera que precisa ser definida em relação a outras esferas sociais. Como controvérsias recentes, no Brasil e na França, em torno de certos grupos – a maioria dos quais se apresentando ou sendo identificado como "religioso" – interferem nas formas históricas pelas quais cada uma dessas sociedades define a esfera "religiosa"? Se essa é a questão central deste trabalho, torna-se evidente que seu título tem algo de irônico. Com o "fim" da religião refiro-me sobretudo às suas *finalidades* e aos seus *limites*. De fato, o que procuro fazer não é senão discutir as finalidades da religião enquanto categoria socialmente relevante e conhecer as definições (com seus mecanismos e dispositivos) sobre os limites de um campo social. Mas também fim da "religião" no sentido de ruptura com uma certa maneira de pensar e de utilizar essa noção, que tende a sempre opô-la à idéia de "modernidade". Diante disso, esforço-me por demonstrar que "religião" e "modernidade" mantêm entre si *relações positivas* e que a oposição é ela mesmo produto dessa relação. Tornar explícita essa relação positiva é, para mim, uma maneira de descortinar novas possibilidades de pensar tanto a modernidade quanto a religião.

A noção de "liberdade religiosa" oferece situações fascinantes para trabalhar tais questões e perspectivas. Pois o que surpreende, contrariando assim o que estabelecem as visões mais consagradas da relação entre modernidade e religião, é a espantosa atualidade dessa noção. No mundo de hoje, debates acerca da "liberdade religiosa" não ocorrem apenas em torno de realidades caracterizadas por governos comprometidos com determinados credos oficiais e/ou com políticas discriminatórias de certas minorias religiosas. Eles voltam a se dar em países, como a França, que pareciam ter solucionado o problema há muito tempo ou passam a ocorrer em países, como o Brasil, em que aparentemente não teriam razão de ser. Tal panorama sugere que as condições e a própria definição do que seja a "liberdade religiosa" não são algo simples e que os dilemas do presente podem revelar os mal-resolvidos do passado. Isso, por outro lado, não significa legitimar e avalizar os lamentos que partem de certos grupos que se apresentam como vítimas de perseguições e reclamam uma "maior liberdade religiosa". A perspectiva que informa este trabalho conduz a tratar tais reivindicações – e as respostas a elas – como parte das controvérsias tidas como o próprio objeto de análise e problematização. Assim, para um antropólogo, o que há de mais interessante na "liberdade religiosa" é exatamente o que essa noção supõe e o que ela revela sobre os lugares e as épocas em que se torna significativa.

O conteúdo deste livro foi originalmente elaborado como uma tese de doutorado, apresentada em junho de 2000 ao Programa de Pós-Graduação em Antropologia Social do Museu Nacional, Universidade Federal do Rio de Janeiro. Mantive na transposição da tese para o livro sua estrutura geral, mas certos trechos foram retirados enquanto que outros foram inseridos, e procurei minimizar algumas das imperfeições que se revelaram nos comentários da banca de avaliação da tese e em discussões posteriores à defesa do trabalho. Como todo trabalho, este tem suas limitações, e dentre suas muitas gostaria de destacar duas, o que dá também a oportunidade para esclarecer a perspectiva e o alcance das minhas análises e interpretações. Uma primeira observação recai sobre o tratamento concedido às intervenções dos vários agentes sociais envolvidos na controvérsia. Reconheço que haveria muito mais a dizer sobre as características, os interesses e a posição de cada um desses agentes, em suas especificidades próprias. Mas também era fundamental para mim determinar a resultante definida pela relação entre essas várias intervenções. Assim, o que busquei foi encontrar um equilíbrio entre a consideração das especificidades e o foco nas resultantes gerais. Questão semelhante também se coloca a propósito dos dados aqui coligidos, em alguns casos rapidamente desatualizados pelo fluxo contínuo dos acontecimentos. Quanto a isso, só espero que as interpretações gerais que proponho, devidas exatamente à atenção a planos mais panorâmicos, possam contribuir para a compreensão do que continua a ocorrer depois de encerrado meu trabalho.

Se a primeira limitação decorre de uma estratégia analítica, a segunda remete para uma opção interpretativa. Ainda que mantenha a pretensão de dizer algo acerca das sociedades nas quais as controvérsias ocorrem, admito que deixei de lado muitas possibilidades de leitura. Seria possível, por exemplo, relacionar o que se passa e o que se produz nessas controvérsias com traços que caracterizam contrastivamente Brasil e França como culturas políticas ou como formações nacionais. Noções de cidadania, de Estado, de espaço público ajudariam certamente a entender aspectos da conformação e da repercussão das controvérsias em torno de certos grupos. Em outro plano, seria também enriquecedor traçar conexões entre os dispositivos que se constroem no Brasil e na França para lidar com a religião e os dispositivos dedicados a regular outras esferas e outras questões nas mesmas sociedades. Se não incursionei por algum desses caminhos, isso decorreu em parte da opção em adotar uma abordagem por assim dizer "ascendente". Ou seja, em vez de partir de contrastes estabelecidos entre Brasil e França, utilizei-me de conceitos e perspectivas que me levavam a encontrar planos de análise igualmente presentes em ambas as sociedades. Desse modo, as diferenças entre elas surgiam à medida que a análise ia se desenvolvendo, desenhando distintas configurações em torno de certas definições sociais de religião. Ficarei bastante satisfeito se minha interpretação dessas diferenças contribuir para enriquecer caracterizações mais globais sobre as sociedades brasileira e francesa.

Resta-me agora fazer alguns agradecimentos, mesmo sabendo que não se pode pretender mencionar todas as pessoas e instituições que interferiram na elaboração deste trabalho. Começo por Otávio Velho, orientador durante o doutorado, que sempre me acompanhou com solicitude e interesse. Várias idéias presentes neste livro foram desenvolvidas e destrinchadas sob o estímulo desse mestre e amigo. Sou também grato aos demais professores, funcionários e colegas do Programa de Pós-Graduação em Antropologia Social do Museu Nacional/ UFRJ.

Muitas pessoas, em diversos graus e distintas fases, me deixaram compartilhar projetos, dúvidas e idéias sobre a pesquisa. Marcio Goldman, Luiz Fernando Dias Duarte, Patricia Birman e Paula Montero formaram a banca de avaliação da tese e Federico Neiburg participou do processo de qualificação. Além deles, devo créditos a Carlos Steil, Clara

Mafra, Dain Borges, Fabíola Rohden, José Maurício Arruti, Kenneth Serbin, Leila Amaral, Marcelo Camurça, Omar Ribeiro Thomaz, Pierre Sanchis, Regina Novaes. Menciono ainda a oportunidade que desfrutei de debater partes ou embriões deste trabalho nas reuniões da ANPOCS e da Associação de Cientistas Sociais da Religião no Mercosul.

O Conselho Nacional de Desenvolvimento Científico e Tecnológico (CNPq) foi a instituição responsável pela dotação de bolsas durante todo o meu doutorado. Isso incluiu a concessão de uma bolsa sanduíche, graças à qual pude passar um ano na França. Gostaria de agradecer a acolhida no Centre d'Études Interdisciplinaires des Faits Religieux (Ecole des Hautes Études en Sciences Sociales), sob a orientação de Danièle Hervieu-Léger. Louis Hourmant e Afrânio Garcia estão entre aqueles que me ajudaram a tirar melhor proveito acadêmico da estadia no exterior.

Trabalhei, no Brasil e na França, em inúmeras bibliotecas e arquivos, de vários tamanhos e de toda a espécie. Registro aqui meu agradecimento a seus funcionários e, sobretudo, a pessoas que despenderam seu tempo procurando me ajudar, inclusive aquelas que se dispuseram a ser entrevistadas. Na PUC-Rio, onde trabalhei, contei com o companheirismo de vários colegas, especialmente de Santuza Cambraia Naves. No ISER, passei a contribuir para a elaboração da revista *Religião e Sociedade*. Henry Decoster, Helena Mendonça e Leilah Landim, de diversas maneiras, deram seu apoio durante meu trajeto. Regina Novaes, a editora da revista, foi presença atenta e carinhosa, sempre encontrando espaço em sua atribulada agenda para trocar idéias sobre o trabalho e oferecer auxílio pessoal.

A publicação da tese tornou-se possível com minha inserção no projeto "Movimentos Religiosos no Mundo Contemporâneo" (Programa de Apoio a Núcleos de Excelência – Ministério da Ciência e Tecnologia) e deixo aqui registrados meus agradecimentos aos colegas, em especial a José Jorge de Carvalho, coordenador geral do projeto. Sérgio Rizek, da editora Attar, foi um interlocutor útil no processo de conversão da tese para o livro.

A algumas pessoas é impossível agradecer do modo como realmente merecem. Entre elas, estão, além de Otávio Velho e Regina Novaes, José Maurício Arruti, Luciana Heymann, Sérgio Carrara, Omar Ribeiro Thomaz, Pedro Cabral Filho, Sidnei Cazeto, Nora Arias, Carlos Steil, Isabel Carvalho, Gabriela Scotto, Marcio Goldman, Tânia Stolze Lima, Stela Abreu, Kátia Almeida, John Comerford, Rosângela Cintra, Jayme Aranha, Ana Luiza Martins Costa, Patrick Larvie e Amir Geiger. Antonio Carlos e Irene, meus pais, Marlos e Ilâna, meus irmãos, mesmo de longe, demonstraram uma presença e uma confiança que jamais deixei de sentir. De Fabíola, que acompanhou tudo sempre de perto, tive esperança; para ela, devoto desejo.

Santa Teresa, julho de 2002.

Lista de siglas e abreviaturas

ABC	-	Associação Beneficente Cristã
AC	-	Association Cultuelle
AD	-	Assembléia de Deus
ADFI	-	Association de Défense de la Famille e de l'Individu
AEvB	-	Associação Evangélica Brasileira
AFP	-	Agence France Presse
AJDA	-	Actualité Juridique - Droit Administratif
AUCM	-	Association pour l'Unification du Christianisme Mondial
BIP	-	Bulletin d'Information Protestant
BL	-	Bulletin de Liaison (CCMM)
BPC	-	Igreja Pentecostal O Brasil para Cristo
BULLES	-	Bulletin de Liaison pour l'Étude des Sectes (UNADFI)
CCB	-	Congregação Cristã do Brasil
CCMM	-	Centre de Documentation, d'Éducation et d'Action contre les Manipulations Mentales
CE	-	Conselho de Estado
CEB	-	Confederação Evangélica Brasileira
CEDI	-	Centro Ecumênico de Documentação e Informação
CERIS	-	Centro de Estatística Religiosa e Investigações Sociais
CESNUR	-	Centro de Estudos sobre as Novas Religiões
CNBB	-	Conferência Nacional dos Bispos do Brasil
CNPB	-	Conselho Nacional dos Pastores do Brasil
CONIC	-	Conselho Nacional de Igrejas Cristãs do Brasil
CP	-	Contexto Pastoral
CPD	-	Contexto Pastoral Debate
CX	-	La Croix
DA	-	Igreja Pentecostal Deus é Amor
DC	-	La Documentation Catholique
Dia	-	O Dia
EDJ	-	L'Événement du Jeudi
ESP	-	O Estado de São Paulo
Exp	-	L'Express
FEF	-	Fédération Evangélique de France
FGR	-	Le Figaro
FPF	-	Fédération Protestante de France

FSP	-	Folha de São Paulo
FU	-	Folha Universal (IURD)
GB	-	O Globo
Huma	-	L'Humanité
IE	-	Isto É
IEQ	-	Igreja do Evangelho Quandrangular
IPC	-	Instituto de Pesquisas Cristãs
ISER	-	Instituto de Estudos da Religião
IURD	-	Igreja Universal do Reino de Deus
JB	-	Jornal do Brasil
JC	-	Jornal do Comércio
JO	-	Journal Officiel de la République Française
JT	-	Jornal da Tarde
Libé	-	Libération
MD	-	Le Monde
MEP	-	Movimento Evangélico Progressista
MIS	-	Mission Interministérielle de Lutte contre les Sectes
MR	-	Mouvements Religieux (periódico)
NMRs	-	novos movimentos religiosos
NO	-	Le Nouvel Observateur
OD	-	O Direito
OIS	-	Observatoire Interministériel sur les Sectes
OMEB	-	Ordem dos Ministros Evangélicos do Brasil
OTS	-	Ordre du Temple Solaire
QP	-	Le Quotidien de Paris
RCC	-	Renovação Carismática Católica
REB	-	Revista Eclesiástica Brasileira
RF	-	Revista Forense
RGs	-	Direction Centrale des Renseignements Généraux (ou seus agentes policiais)
RS	-	Regards Sur
RT	-	Revista dos Tribunais
RV	-	Revista Vinde
SNOP	-	informativo do Secrétariat National de l'Opinion Publique
STF	-	Supremo Tribunal Federal
TACRIM	-	Revista de Julgados e Doutrina do Tribunal de Alçada do Estado de São Paulo
TC	-	Témoignage Chrétien
TJ	-	Témoins de Jéhovah/Testemunhas de Jeová
TP	-	Tempo e Presença
UNADFI	-	Union Nationale des Associations de Défense de la Famille e de l'Individu

INTRODUÇÃO

Religião, problema moderno

> Ser quimérico e vão (...), aparece se existes e não admitas que uma fraca criatura ouse te insultar, afrontar, ultrajar como faço, ousando renegar tuas maravilhas e rir de tua existência, fazedor de pretensos milagres! (...) Que nunca mais palavras como "Deus" e "religião" sejam pronunciadas!
>
> Sade

1. O religioso contestado

Na antropologia, a "religião" parece ter sido um dos poucos temas de estudo que sobreviveram sem traumas à extensão da disciplina das sociedades "primitivas", "tribais", "simples" para as sociedades "complexas". Depois que os pioneiros e desbravadores fixaram a "religião" como um objeto da investigação antropológica, não mais se sentiu a necessidade de justificar sua legitimidade enquanto tema, nem se enfrentou grandes atritos com outros especialistas científicos nesse campo. Apesar disso, quem quer que se aventure a pesquisar um "grupo religioso" atualmente passa a duvidar da solidez e da suficiência das garantias consagradas pelo tempo. Pois ao se aproximar dele, usando os recursos do "trabalho de campo", interessado em suas "crenças", "mitos", "rituais", concepções de "sagrado" e "profano", com grande probabilidade verá nos registros de seus discursos se multiplicarem as referências a instâncias, personagens e categorias sociais externas ao próprio grupo. Em certos casos, constatará mesmo que essas referências externas tornaram-se constitutivas da sua dinâmica religiosa. E, por fim, deverá admitir que, muitas vezes, não se trata apenas de representações elaboradas pelo grupo, mas de reações a discursos e intervenções que, partindo de outros agentes sociais, efetivamente o atingem. Em outras palavras, descobrirá que o grupo pelo qual se interessa é – ou, como ocorre mais freqüentemente, já era – também o alvo da preocupação de várias outras personagens e instâncias sociais.

O objeto deste trabalho pode ser definido exatamente a partir da possibilidade desse deslocamento de foco, cujo resultado consiste na observação direta das *controvérsias públicas* que se constituíram em torno e a propósito de grupos identificados, sob algum ponto de vista, como "religiosos". Procuro analisar os argumentos e as estratégias dos principais agentes envolvidos nessas controvérsias, problematizando suas configurações e efeitos e as situações que resultam de sua interação. Enquanto espero que essa análise forneça elementos que contribuam para entender melhor traços e trajetórias dos grupos alvejados, o que me interessa propriamente é a sua participação nas controvérsias em resposta às caracterizações e acusações que os atingem. Isso, porém, não significa abandonar o tema da "religião", pois esta é uma categoria que funciona como referência fundamental para as instâncias e personagens que participam da controvérsia. Desse modo, pode-se continuar a estudar a "religião" sem tomar diretamente como objeto os "grupos religiosos", desde que essa noção, geralmente adotada como instrumento heurístico, converta-se em categoria sujeita a análise. Tento nesta introdução produzir essa conversão e através dela detalhar o tema de estudo deste trabalho. Trata-se essencialmente de mostrar como a "religião", longe de identificar um "objeto natural" de uma antropologia vocacionada para o "tradicional", serve muito bem para revelar o funcionamento de certas dimensões da sociedade que a constrói enquanto categoria significativa na contemporaneidade.

Parto de duas situações que envolvem igualmente controvérsias sobre certos grupos. No Brasil, a Igreja Universal do Reino de Deus (IURD) e sua principal liderança, Edir Macedo, converteram-se, desde o final da década de 1980, em temas de debates e inquietações amplamente disseminados. As doutrinas, os cultos, o patrimônio, as manifestações públicas, as incursões pelo domínio da política partidária, os investimentos em meios de comunicação de massa — enfim, diversos aspectos dessa "igreja neopentecostal" vêm alimentando desconfianças, acusações e reações que envolvem uma gama extensa e heterogênea de atores. Pastores dissidentes, ex-fiéis, lideranças evangélicas; pessoas e instituições ligadas a outros segmentos do campo religioso; intelectuais religiosos e acadêmicos; jornalistas e órgãos de informação; diversos aparatos estatais. Na França, algo semelhante vem ocorrendo em torno das "seitas", termo aplicado a grupos tais como a Igreja da Unificação (do Reverendo Moon), a Cientologia e os Testemunhas de Jeová. Desde a década de 1970, o tema tornou-se sinônimo de inquietação nas matérias veiculadas pelos jornais e TVs e justificou a criação de associações especificamente dedicadas à denúncia e ao combate das "seitas" e à defesa de suas "vítimas". Em seguida, as "seitas" converteram-se em uma preocupação governamental, gerando estudos, debates jurídicos e aparatos específicos. O tema continua mobilizando as atenções de jornalistas e também de representantes das igrejas cristãs tradicionais e cientistas sociais.

Para a análise dessas situações, encontrei um ponto de apoio na bibliografia referida à categoria "novos movimentos religiosos" (NMRs), que me revelou a extensão dos problemas que levantara e algumas pistas interessantes de investigação. A expressão começou a ser utilizada na década de 1970 e remete a uma área significativa de investimentos acadêmicos, concentrados nos Estados Unidos e na Inglaterra. Nela entram livros, verbetes em enciclopédias e dicionários, compilações e comentários bibliográficos, artigos nas principais revistas de estudo da religião;[1] ela tem seus especialistas, muitos dos quais trabalhando em centros de pesquisa dirigidos ao tema.[2] A expressão NMRs tem servido para apresentar e analisar um conjunto de grupos e fenômenos que, segundo seus próprios proponentes, é extremamente diverso e desarticulado (Beckford 1987; Baker 1985, 1995), disseminados não só pelos Estados Unidos e Europa, mas também em outras regiões, como o Japão e outros países da Ásia (Beckford 1986) e a África (Jules-Rosette 1989), o que indica a generalização da categoria. Por isso mesmo, proliferam as tipologias e as taxonomias (Robbins 1988), ao lado das quais se distinguem as principais áreas de pesquisa — sistemas doutrinários e éticos, organização institucional, modos de adesão, inserção social.

O conceito de NMRs inclui ainda como tema essencial de investigação a "resposta social" em relação aos grupos estudados — em outras palavras, as controvérsias sociais acerca deles. O tema aparece em toda apresentação geral sobre os NMRs (Beckford 1987; Robbins 1988; Barker 1985, 1986, 1995; Arweck e Clarke 1997). Além disso, justifica investimentos específicos, como é o caso do livro de Beckford (1985).[3] Entendida desse modo, a noção de NMRs implica em uma inversão decisiva em relação à perspectiva implícita em um conceito que pretende substituir ou ampliar, o de "seita". Em sua definição clássica, derivada das elaborações de Weber, Troeltsch e Niebuhr (M.Hill 1987), a "seita" se definia, por oposição à "igreja", em termos de uma série de características organizacionais e ideológicas; no centro delas, a idéia de que a "seita" seria hostil ou indiferente ao "mundo". A partir da noção de NMRs, não só esse padrão organizacional e ideológico dá lugar a uma diversidade de possibilidades, como também a "tensão com o mundo" deixa de ser vista enquanto uma característica intrínseca do grupo e passa a depender das reações sociais que ele encontra (Hampshire e Beckford 1983; Carozzi 1994). Nesse sentido, as controvérsias que os NMRs geram constituem um revelador privilegiado para padrões, normas, valores vigentes na sociedade que os abrigam (Beckford 1985:11).[4]

---

1. Entre as revistas que publicaram dossiês específicos sobre os NMRs: *Social Compass* em 1983 (30[1]) e 1995 (42[2]); *Archives des Sciences Sociales des Religions* em 1993 (83); *Conscience et Liberté* em 1989 (37). Baker (1986) cita ainda as revistas *Sociological Analysis/Sociology of Religion*, *Review of Religious Research* e *Journal for the Scientific Study of Religion*, todas americanas, às quais acrescento o inglês *Journal of Contemporary Religion*. Quanto a livros e textos de referência, pode-se mencionar: Barker (1986), Beckford (1987), Robbins (1988), Greil e Robbins (1994).

2. Alguns exemplos (Barker 1986): Center for the Study of NRMs, em Berkeley; Institute for the Study of American Religion, em Santa Barbara; Study Center for NRMs in Primal Societies, em Birmingham; Center for New Religious Movements, em Londres.

3. Três outras referências centrais são Shupe e Bromley (1980, 1985) e Bromley e Richardson (1983).

4. Ironicamente, no momento em que se multiplicam os questionamentos acadêmicos sobre a categoria "seita", esta ganha novos usos sociais. Isso é especialmente válido para as línguas latinas, uma vez que nos EUA e na Grã-Bretanha as acusações se condensam no termo *cults* (e não *sects*).

Isso viabilizou uma quantidade enorme de estudos que, partindo do conceito de NMRs, enfocaram as reações de que algum ou um conjunto de grupos eram objeto, desde diversos âmbitos sociais e terminologias. Em primeiro plano, as iniciativas e organizações que reúnem familiares de adeptos, ex-adeptos, pessoas vinculadas a igrejas e profissionais de vários ramos em torno de denúncias — iniciativas e organizações estudadas sob a designação de "movimento anti-cultos" ou "anti-seitas" (Shupe e Bromley 1985; Bromley e Shupe 1994, 1995; Introvigne 1995, 1999; Beckford 1985; Frigerio 1993; Wuthnow 1986). Além de se mostrarem presentes localmente, integradamente ao "movimento anti-seitas" ou preservando autonomia, as igrejas tradicionais cristãs mobilizaram-se através de suas instâncias de cúpula ou com poder representativo. O Vaticano publicou documentos, promoveu eventos e estimulou pesquisas em torno das "seitas" e "novos movimentos religiosos", desde a década de 1980 (Saliba 1992; Fitzgerald 1992).[5] O mesmo fez o Conselho Mundial de Igrejas (Brockway e Rajashekar 1987), que reúne centenas de igrejas protestantes por todo o mundo.[6] Seguindo Introvigne (1995), vários autores têm adotado a expressão "movimento contra as seitas" para se referir a reações que mobilizam argumentos e referências religiosos nas controvérsias. Contudo, a análise das situações configuradas na França e no Brasil mostraram-me que a especificidade das intervenções eclesiais deve ser menos um pressuposto e mais um problema de pesquisa. Em relação ao "movimento anti-seitas", que é forte na França mas praticamente inexistente no Brasil, o desafio crucial consiste em conseguir determinar seu lugar preciso no contexto geral das controvérsias.

Outras personagens relevantes nas controvérsias, inclusive naquelas que ocorrem na França e no Brasil, compreendem aparatos estatais e o universo da mídia. Estudos investiram sobre as questões legais suscitadas pelas reações aos NMRs, mapeando argumentações jurídicas e percorrendo ações em vários âmbitos (desde os locais até os internacionais, como

---

5. Em 1986, o Vaticano divulgou o documento "Seitas ou novos movimentos religiosos: desafio pastoral", assinado por quatro dicastérios pontifícios e preparado a partir de consultas às igrejas nacionais. Em 1991, houve um concílio extraordinário no Vaticano cujos temas incluíram a reflexão sobre os caminhos da evangelização face aos desafios das "seitas". No mesmo ano, a Federação Internacional das Universidades Católicas engajou seu centro de pesquisa em um projeto de estudos dos "novos movimentos religiosos", o que resultou na realização, entre 1991 e 1993, de seminários em várias regiões do mundo. Em 1983, a totalidade de um número da importante revista católica *Concilium* (181/1) foi dedicado aos "novos movimentos religiosos".

6. Trata-se de uma organização formalmente constituída em 1948, com sede em Genebra, na Suíça. Reúne mais de 300 igrejas, localizadas em cerca de 100 países, na sua esmagadora maioria de confissão protestante (há também igrejas cristãs ortodoxas). Em termos de condução, o CMI possui comitês executivos, cujos membros são eleitos em concorridas assembléias que se realizam a cada sete anos em cidades do Norte e do Sul do planeta. O trabalho é repartido entre comissões, conselhos, coletivos e programas que mobilizam pessoas de vários lugares do mundo. Em 1986, o CMI e a Federação Mundial Luterana promoveram uma consulta sobre os "novos movimentos religiosos". Seminários foram realizados em várias regiões do mundo. A *International Review of Mission*, editada pelo CMI, publicou em 1978 (Vol. LXVII, no. 268) um dossiê sobre as "novas religiões".

é o caso da justiça européia). Essas questões legais, que necessariamente envolvem o Estado através de seus aparatos legislativos, executivos e judiciários,[7] compreendem — em uma lista meramente ilustrativa — critérios de normalidade psicológica e de autonomia civil, custódia de crianças, regulamentação trabalhista, direitos de imigração, política fiscal, subvenções oficiais a organizações privadas, estatuto jurídico de associações, validade e adequação de disposições da legislação penal e civil (Ferrari 1989; Robbins 1987b, 1988; Beckford 1993; Richardson 1995a, 1995b; Barker 1986; Ibán 1989). Foram também realizadas pesquisas específicas sobre a participação da mídia nas controvérsias, que revelaram seja o enfoque denunciatório em seus conteúdos (Richardson e Van Driel 1988, 1997; Frigerio 1993), seja a sua relevância para a conformação de uma imagem pública globalmente pejorativa sobre os NMRs (Beckford 1995; Campiche 1999; Frigerio 1997). Veremos que tanto o tipo de intervenção por parte de aparatos estatais, quanto a espécie de aproximação produzida pela mídia assumem características diferenciadas no Brasil e na França.

É preciso ainda acrescentar que aquela imagem negativa alimentou-se da repercussão internacional de sucessivas tragédias envolvendo grupos identificados como "cultos", "seitas", ou "novos movimentos religiosos". Listo a seguir os episódios mais conhecidos, quase todos analisados por estudos específicos de cientistas sociais. Em 1978, cerca de 900 seguidores do pastor Jim Jones morreram na Guiana (Pozzi 1982). Em 1993, no Texas, 88 "davidianos" faleceram em meio a um incêndio durante enfrentamentos com forças policiais (Wrigh 1995). Em três ocasiões, adeptos da Ordem do Templo Solar protagonizaram rituais mortíferos: em 1994, na Suíça e no Canadá, em 1995 na França, em 1997 novamente no Canadá (74 mortos no total) (Introvigne 1999b). Em 1995, centenas de pessoas foram vítimas de um atentado no metrô de Tóquio, atribuído ao grupo Aoum. Em 1997, um suicídio coletivo envolveu os adeptos de um grupo chamado Fonte Suprema, em San Diego. E em março de 2000 noticiou-se a morte de centenas de adeptos de uma igreja em Uganda, as suspeitas pendendo para a hipótese de assassinato. Uma questão relevante é exatamente a natureza da repercussão que essas tragédias possuem em contextos distintos.

Ao mesmo tempo em que, como já assinalei, beneficiei-me de discussões e resultados de pesquisas conduzidas a partir do conceito de NMRs, fazendo os ajustes que os casos francês e brasileiro solicitavam, fui levado a relativizar a validade da própria categoria como instrumento heurístico. Pois, na verdade, ela mesma se tornou elemento de uma disputa terminológica no interior das controvérsias que pretende analisar. Como reconhecem dois especialistas do tema: "O conceito de 'novos movimentos religiosos' surgiu (...) quando estudiosos (...) impacientemente começaram a dirigir sua atenção para um grupo de movimentos frequentemente controversos, rotulados em geral como 'cults'". Por isso, continuam os autores, o conceito "chegou a ser tipificado por alguns críticos

---

7. Além de promover estudos e avaliações, muitos governos tomaram medidas diretas quanto à questão, desde o apoio a organizações anti-seitas e a restrição das condições de existência de certos grupos até a proibição da entrada de pessoas no país ou, mais raramente, a dissolução de grupos.

como um artifício de legitimação a favor de grupos nocivos" (Robbins e Bromley 1993:91). Esse risco passara efetivamente a existir desde que os grupos mais controversos tornaram-se também aqueles mais estudados pelos cientistas sociais — a Igreja da Unificação, os Hare Krishna, os Meninos de Deus, a Cientologia (Barker 1986; Robbins 1988; Beckford 1985). Ou seja, na prática, a categoria NMRs tende a recobrir um universo cujo principal traço unificador consiste em sua *legitimidade contestada*. Ora, como veremos a seguir, os cientistas sociais jamais conseguiram estabelecer um critério que constituísse uma alternativa sólida e efetiva para a delimitação de seu objeto de estudo.

Não vale a pena enumerar as sucessivas propostas de definição para a noção de NMRs (Wilson *apud* Beckford e Lavasseur 1985; Beckford 1987; Barker 1995; Melton 1995; Arweck e Clarke 1997). Basta dizer que elas podem ser bem distintas entre si. O livro de Robbins (1988), inteiramente dedicado ao assunto e apesar disso desprovido de uma definição categórica, demonstra que esta nem imprescindível é. Igualmente heterogênea é a lista de grupos compreendidos pela categoria, que configura um gradiente onde cabem matrizes ideológicas e institucionais as mais diversas.[8] Um exame de cada um dos termos da expressão não conduz a melhor resultado. Afinal, como conferir ao mesmo tempo precisão e pertinência aos termos "novo" e "movimento"? Decidir se um grupo enquadra-se ao "novo" não apenas pressupõe arbitrar uma data de referência válida para todos os universos considerados; caberia justificar porque este marco seria mais relevante do que outros e aplicá-lo com um rigor que, na prática, o conceito de NMRs nunca comportou. A diversidade de formatos e soluções organizacionais tornaria semelhantemente caduca a noção de "movimento". Além disso, ambos os termos fazem parte da própria controvérsia em que se envolvem os grupos, já que ser "novo" pode adquirir conotação desqualificante no mundo das "tradições" e constituir um "movimento" pode ser legitimante para uma organização acusada de "totalitarismo".[9]

---

8. Compare-se, por exemplo, as classificações de Coleman (1983) — versões neo-ortodoxas e neofundamentalistas do cristianismo e do judaísmo (que incluem os pentecostais), o neo-orientalismo, os movimentos de potencial humano — com as de Barker (1985) — hindus, budistas, cristãos (que exclui pentecostais), esotéricos, movimento do potencial humano. A expressiva literatura sobre "nova era" (ver Heelas 1996; Amaral 1996), fenômeno cujas diferenças com aqueles designados pela categoria NMRs não são claras, vem complicar ainda mais o quadro.

9. Desde o final da década de 1980, manifesta-se uma tendência de substituição ou de alternância entre "novos movimentos religiosos" e "minorias religiosas" (Ferrari 1989, Richardson 1995a, 1995b, Melton 1995). Parece-me que essa modificação deve-se mais aos problemas da expressão anterior (e outras de menor sucesso: movimentos religiosos "marginais", "alternativos", "não-convencionais") do que às vantagens da nova. Entretanto, é verdade que ela pode levar a um rearranjo do universo concreto enfocado, que tenderia a compor-se também de minorias religiosas de tipo étnico. A fim de evitar essa extensão, Melton (1995) especifica que seu conceito só abrange os grupos cujos fiéis aderem por conversão. De todo modo, a tendência à adoção de "minoria religiosa" não escapa às observações que seguem no corpo do texto a respeito do "religioso".

Sobra-nos o "religioso". Nesse caso, o incômodo é mais do que evidente. Pois sob a categoria NMRs proliferam grupos, uns dizendo-se "religiosos" sem parecê-lo, seja porque desenvolvem com seus fiéis uma relação que os converte em "clientes", seja porque identificam conglomerados de instituições que se disseminam por esferas bem "seculares"; outros declinando o qualificativo de "religioso" que todas as aparências insistem em lhes conferir. Na França, onde o conceito de NMRs enfrenta resistências por parte dos principais estudiosos,[10] fenômenos semelhantes aparecem sob as designações de "desregulação" [*dérégulation*] e "transbordamento" [*débordement*] do religioso, gerando apreciações bem sintetizadas na frase de Hervieu-Léger (1999b): "a religião está em todos os lugares" (:16). Enquanto isso, para outros autores, ela parece faltar lá onde deveria estar, como revela a noção de "quase-religião" proposta por Greil e Robbins (1994) para se aplicar a grupos que demonstram características de "religiões" sem se assumirem como tal. Outro ponto comum à bibliografia destaca que as controvérsias acerca de NMRs são a ocasião de um debate público sobre o que conta como "religioso" (ver especialmente Beckford 1985) e/ou que vários NMRs desafiam definições jurídicas de "religião" (Beckford e Lavasseur 1986). Por fim, o princípio da "liberdade religiosa", frequentemente invocado nas estratégias de resposta dos grupos acusados e privilegiado nas discussões jurídicas, ganha enorme evidência, mesmo em países onde essa questão parece "superada" ou "fora de lugar" (Beckford 1993; Robbins 1985).[11]

Se pretendemos chegar às últimas conseqüências dessas observações, devemos admitir que um dos pontos ao mesmo tempo mais interessantes e mais incômodos da noção de "novos movimentos religiosos" reside exatamente em iluminar situações que problematizam a própria categoria "religião". Isso fica bem claro quando se percebe que o que está em discussão – não apenas no terreno conceitual, mas como um problema colocado pela sociedade através de algum de seus segmentos – é a adequação de certos grupos às definições do que seja o "religioso" e que existem contestações acerca de como

---

10. Ver Champion e Hourmant (1999), que enumeram outras expressões: religiosidade "flutuante", ou "difusa", ou "nebulosa".

11. Prova disso é a divulgação, pelo governo dos Estados Unidos, de um relatório destinado a avaliar "a natureza e a extensão das violações da liberdade religiosa" em todo o mundo. Esse relatório inclui "países que estigmatizam religiões ao associá-las a seitas ou cultos perigosos", categoria que compreende Bélgica, Alemanha, Suécia, Suíça e França (Department of State 1999). O governo americano já pronunciara antes sua desaprovação às medidas vigentes na Alemanha contra a Cientologia (Joffe 1997). Em 1997, o congresso da International Religious Liberty Association (IRLA) estabeleceu entre as suas conclusões que "os incidentes ligados à discriminação e à intolerância religiosas parecem aumentar em diversas partes do mundo e mesmo em países possuindo sólidas tradições em matéria de direitos humanos" (*apud* Conscience et Liberté [54, 1997: 92]). A IRLA, assim como o CESNUR (ver capítulo 3), é uma organização internacional que possui a característica de relacionar a promoção do princípio da liberdade religiosa com a defesa dos "direitos das minorias religiosas". Para informações mais detalhadas sobre o relatório americano, ver Giumbelli (2000b).

e até onde aplicar o princípio da "liberdade religiosa". Nesse sentido, as controvérsias sobre "novos movimentos religiosos" não envolvem apenas os grupos frontalmente atingidos, mas mobilizam os estatutos e as fronteiras de definições socialmente construídas do "religioso". Pela mesma razão, essas controvérsias não se limitam ao presente e nem são apenas circunstanciais, mas trazem à tona problemas que possuem profundidade histórica e dimensões estruturais. Assim, o fato evidente de que polêmicas são mais ou menos efêmeras, só persistindo por um curto espaço de tempo e em função dos interesses daqueles mais diretamente envolvidos, não deve levar a descartar a possibilidade de considerá-las como reveladores e eventualmente como transformadoras de concepções e práticas que se estabelecem a propósito de certos problemas em uma sociedade.

Portanto, ao analisar as controvérsias que cercam a IURD no Brasil e as "seitas" na França, pretendo também compreender os *dispositivos de regulação do "religioso"* que se constituíram nas sociedades brasileira e francesa. Essa preocupação explica a orientação que imprimo à abordagem do material referente às polêmicas recentes, dirigida não só à análise de cada uma das arenas em que intervêm as personagens, mas também a uma compreensão das configurações gerais que se criam. Explica também as incursões históricas em ambos os casos, destinadas a recuperar alguns elementos estruturais e a situar os movimentos atuais com uma perspectiva de longa duração. No entanto, antes de procurar definir mais precisamente o conceito de "regulação", será necessário melhor fundamentar o pressuposto no qual se assenta e que consiste em negar que a "religião" constitua um domínio completamente autônomo da sociedade, algo sobre o qual esta pouco se interessa. Somos com isso remetidos à noção de *modernidade*, uma vez que nos acostumamos a pensar que é exatamente com a modernidade que a sociedade se livra da religião. Procurarei, de minha parte, demonstrar que, em certo sentido, modernidade e religião cultivam uma relação positiva entre si: a modernidade construindo e dependendo de uma certa concepção de religião e a religião mantendo-se como um domínio que revela muito sobre a sociedade que o engendra. Para tanto, retomo a noção de NMRs, dessa vez não como conceito (pois nessa forma ele mais faz parte do problema do que da solução), mas para utilizar uma referência cômoda e econômica à natureza dos grupos que ela pretende designar e que formam uma classe específica no contexto do recente "ressurgimento religioso".

2. Duas histórias sobre religião e modernidade

Através das controvérsias a seu propósito, muitos "novos movimentos religiosos", "seitas" e "cultos", desejando ou não, tornaram-se "públicos" (Beckford 1985:9). Como tal, integram-se a um conjunto extenso de ocorrências contemporâneas que deram à religião "publicidade" e inseriram-na no "espaço público". O tema é tratado por Casanova (1994:66): "Na década de 1980, a religião através do mundo esteve na dianteira de várias formas de ação pública coletiva, tanto agonísticas quanto discursivas, frequentemente nos dois lados de toda questão contestada, ela mesma sendo, a um só tempo, o sujeito e o objeto de contestação e debate". A revolução iraniana, a ascensão do Solidariedade (apoiada pelo Vaticano) na Polônia, as repercussões sociais da Teologia da Libertação na América Latina e a ação política de uma Nova Direita Cristã nos Estados Unidos serviram como ícones do que se convencionou chamar de "retorno do religioso". Não só no Irã, mas do Marrocos à Indonésia e da Nigéria ao Afeganistão, e pontualmente em vários países do Ocidente, o islamismo politizou-se, tornando-se a ideologia governamental oficial ou organizando-se em torno de minorias étnicas e movimentos militantes. O caso Rushdie provou até onde poderiam ir os efeitos dessa organização. Além da continuidade das tensões com o Paquistão, a Índia foi o palco de conflitos entre hindus, muçulmanos e sikhs. A dissolução da União Soviética veio acompanhada do ressurgimento ortodoxo. A América Latina constituiu o palco mais evidente de uma expansão pentecostal globalmente verificada. Os balcãs foram dilacerados por enfrentamentos entre forças identificadas a tradições religiosas distintas. No Oriente Médio, a questão palestina exacerbou a ação de fundamentalistas judaicos e islâmicos. Na Irlanda do Norte, permaneceram os desentendimentos entre católicos e protestantes. Enfim, a religião passou a desempenhar um papel nas estratégias de atribuição e adoção de identidades coletivas no contexto da "globalização".[12]

Em várias dessas situações, a religião torna-se pública em função de ações políticas protagonizadas por agentes orientados por ideologias religiosas; em outras, ela é identificada como o pivô de conflitos comunais, ou seja, onde ocorre "um forte alinhamento da religião com parentesco, vizinhança, trabalho, lazer, questões políticas, posição social e oportunidades de vida" (Beckford 1990:11). Nesses casos, portanto, o religioso conjuga-se, sob várias fórmulas, ao étnico, ao comunal, ao explicitamente político. Em se tratando dos "novos movimentos religiosos", os grupos a que se costuma associar esta categoria não articulam identidades comunais ou étnicas, e as controvérsias a seu propósito não ocorrem como reações a investidas aos centros de poder ou a demandas por autonomia ou integração à nação. Assim, no quadro de uma discussão sobre as definições do "religioso", os "novos movimentos religiosos" parecem possuir a vantagem de oferecer um acesso imediato à questão, sem perder sua inserção no conjunto mais amplo de "religiões públicas", que se tornou um dos traços marcantes de nossa "modernidade".

---

12. Quanto a caracterizações do "ressurgimento religioso", ver Beckford e Luckmann (1989), Robertson (1987a, 1993), Huntington (1997), Kepel (1991), Demerath (1994), Benavides (1989), Riis (1998) e Ferrari (1995). Quanto à América Latina, ver Stoll (1992). Sobre o tema do "nacionalismo religioso", ver Juergensmeyer (1993), e van der Veer (1994). Sobre fundamentalismo e teleevangelismo nos EUA, ver Hadden (1990), Gannon (1981) e Lechner (1990). Sobre religião e globalização, ver Rudolph e Piscatori (1997), Beyer (1994), Robertson (1985, 1989) e Velho (1997, 1998b). Sobre o caso Rushdie e blasfêmia: Viswanathan (1995), dossiês das revistas *Ethnologie Française* (set 1992) e *Public Culture* (1989, vol. 2(1)). É desnecessário enfatizar a relação do "11 de setembro" – em seus danos e em suas interpretações – com a questão religiosa.

Do ponto de vista das relações entre modernidade e religião, uma segunda vantagem em favor dos "novos movimentos religiosos" vem se juntar à primeira. Se retornamos à lista acima, podemos afirmar que todas as situações de "publicização da religião" representam desafios à idéia de "secularização", entendida .estritamente como a perda de significância social das motivações, atividades e instituições religiosas (Wilson 1987). Todas elas demonstram que a religião não estaria perdendo, mas sim confirmando ou ganhando espaço em diversos contextos sociais. Além disso, muitas delas levantam os problemas do "pluralismo religioso", seja na conformação de ideologias nacionais, seja na relação entre os segmentos de um mesmo Estado. Mas essa questão parece estar ausente, por exemplo, nos avanços e repercussões do "catolicismo progressista". Finalmente, apenas em algumas daquelas situações a "liberdade religiosa" manifesta-se como um ponto relevante. Ora, os "novos movimentos religiosos" interpelam a tese da "secularização",[13] representam eles mesmos acréscimos ao "pluralismo religioso" de uma sociedade e suscitam discussões sobre o princípio da "liberdade religiosa". Eles oferecem uma das poucas configurações capazes de articular três elementos fundamentais do entendimento moderno sobre a religião.

Em que sentidos "secularização", "pluralismo confessional" e "liberdade religiosa" seriam elementos essenciais da modernidade? Primeiramente, enquanto ideais, que o Ocidente vangloria-se de ter inventado antes de todas as demais civilizações e que passa a anunciar e oferecer entre as suas mais preciosas heranças para a humanidade. "Secularização" é certamente um "conceito multi-dimensional" (Dobbelaere 1981), mas em sua conotação mais ideologizada ele tendeu a ser visto como uma obra de emancipação do homem frente à tutela eclesial e às marcas confessionais (Champion 1993) — restringidos os poderes das igrejas e das normas religiosas, as instituições sociais ganhavam outros fundamentos e a cidadania novos critérios. Quanto à "liberdade religiosa", sua condição atualmente controversa só se torna compreensível se lembramos seu estatuto anterior como um direito natural e universal (Poulat 1987), daqueles que um autor como Marshall insere na primeira onda de conquistas civis. Ideal do Ocidente, ele foi incorporado às normas de "civilização" anunciadas ou exigidas aos demais povos (Robertson 1989). Eis porque consta em diversas declarações e convenções internacionais,[14] assim como nas

---

13. De fato, o impacto dos "novos movimentos religiosos" sobre o processo de secularização impôs-se como um dos principais debates entre os estudiosos. Para uma sistematização de várias posições, pode-se consultar Hervieu-Léger (1986), Carozzi (1993), Robbins (1988), Barker (1986), Arweck e Clarke (1997), Miranda (1995).

14. Declaração Universal dos Direitos do Homem, art.18 (1948); Declaração sobre a Eliminação de todas as Formas de Intolerância e de Discriminação fundadas sobre a Religião ou a Convicção, art.6 (ONU, 1981); Pacto Internacional relativo aos Direitos Civis e Políticos, art.18 (1966); Pacto Internacional relativo aos Direitos Econômicos, Sociais e Culturais, art. 13 #3 (1966); Convenção Internacional sobre a Eliminação de todas as Formas de Discriminação Racial, art. 5d VII (1965); Convenção relativa aos Direitos da Criança, art.14 (1990); Convenção Européia

constituições de países centrais e periféricos,[15] e consiste no tema de relatórios e monitoramentos por parte de organizações como a ONU. O assentimento ou o apoio concedido ao princípio pelas religiões cristãs majoritárias no Ocidente foi decisivo para torná-lo consensual.[16] O "pluralismo religioso" faz igualmente parte de um ideário, na forma de uma narrativa que o Ocidente costuma contar para si mesmo e para o resto do mundo (Nederman e Laursen 1996). Durante muito tempo — assim diz a narrativa — os homens viveram juntos dependendo de um corpo monolítico e imutável de regras, geralmente de natureza religiosa; depois da Reforma, um século de guerras mostrou que a insistência sobre uma ortodoxia era inviável; finalmente, com a consolidação de um Estado secular e a orientação de teorias liberais, passou-se à valorização e à promoção genuínas de um pluralismo na sociedade. Um pluralismo que se apresenta como condição formal para a tolerância mútua de várias concepções de mundo e o exercício do direito individual de escolha.

Em segundo lugar, "secularização", "liberdade religiosa" e "pluralismo confessional" podem ser arranjados de modo a considerar as duas últimas como produto da primeira. Nesse caso, "secularização" converte-se em processo histórico concreto, cuja descrição e explicação constituem um conjunto de teses, modelos, teorias e proposições que adquiriu estatuto paradigmático nas ciências sociais (Tschannen 1992). Nenhuma discussão acerca das relações entre religião e modernidade pode prescindir de uma referência à "tese da secularização". Contudo, a forma na qual pretendo fazer essa referência contorna revisões bibliográficas exaustivas ou a sistematização da maior quantidade possível de variações e divergências sobre as teses centrais. Primeiro, porque seriam necessários mais do que alguns parágrafos para cumprir tais tarefas; depois, porque já existem bons e extensos trabalhos nessa direção.[17] Além disso, também não espero tomar alguma situação religiosa específica e, a partir dela, submeter a um teste empírico as hipóteses derivadas das teorias da secularização. Isso equivaleria a incursionar por um terreno infinito de variáveis e argumentos. Limito-me a notar um traço essencial da tese da secularização, independentemente de sua versão, que concerne à definição de "religião" nela pressuposta. Sendo a secularização a "teoria que dá conta da situação da religião no mundo

---

sobre Direitos Humanos, arts. 9 e 14 (1950); Convenção Americana, art. 12 (1969); Carta Africana, arts. 2 e 8 (1981) (Duffar 1996).

15. Markoff e Regan (1987) analisam as constituições de diversos países do mundo. É deles a seguinte observação: "... anunciar algum grau de liberdade religiosa é considerado como necessário para praticamente todas as imagens de uma 'boa' ordem social sugeridas através de provisões constitucionais" (:180). Para as constituições dos países da Comunidade Européia, ver Duffar (1995).

16. No caso da Igreja Católica, o concílio Vaticano II serviu de marco decisivo para a aceitação e incorporação do princípio da liberdade religiosa (Poulat 1987). No caso dos protestantes liberais, representados pelo Conselho Mundial de Igrejas, o mesmo movimento aparece já nas suas próprias origens, desde a virada do séc.XX (Koshy 1996).

17. Lembro especialmente os trabalhos de Dobbelaere (1981) e Tschannen (1992).

moderno" (Tschannen 1992:8), discuto então o estatuto da religião tal como o considera a modernidade.

Apresentadores, comentaristas e críticos concordam em admitir que a "tese da secularização" estabelece uma cisão histórica que distingue entre pré-modernidade e modernidade. Ainda que o ponto da viragem possa ser disputado, a operação em si é imprescindível. Ela se associa a dois tipos básicos de análises ou hipóteses diacrônicas, não necessariamente excludentes. De um lado, a gênese da secularização estaria relacionada a processos que comporiam a modernidade no que ela tem de inédito e original em comparação ao passado histórico e de inerentemente antitético quanto à religião: urbanização, industrialização, burocratização, cientificização, individualismo, etc. (Wilson 1987; Dobbelaere 1981). De outro, a própria modernidade teria sido, pelo menos em parte, fruto da religião. Com efeito, depois de M. Weber e P. Berger, tornou-se recorrente o argumento das raízes religiosas da secularização. Este resume-se no destaque às contribuições da tradição judaico-cristã para a conformação da modernidade, no centro das quais a idéia de um dualismo que garantiria às coisas mundanas uma existência própria e uma certa autonomia em relação ao supra-mundano (Dumont 1985; Gauchet 1985; Hervieu-Léger 1986, 1999b). Segundo este esquema, a modernidade teria surgido a partir de uma espécie de inversão hierárquica, ao final da qual o mundano escaparia ao domínio do sobrenatural e seria ele mesmo repartido entre distintas esferas funcionais.

No entanto, seja qual for a vertente genealógica, a conclusão é unânime pelo menos quanto a um ponto: na modernidade, a religião deixaria de ser a instância integradora da sociedade, perdendo funções e poder. É verdade que há muita discussão sobre o grau de poder e o tipo de funções mantidos pela religião, bem como sobre a extensão do processo de secularização e acerca das supostas compensações envolvidas na sua efetivação. Além disso, o enfraquecimento e a restrição relativos da religião trariam certas consequências em sua própria esfera. Desprovida de suas antigas atribuições e capacidades, a religião sofreria um processo incessante de divisão institucional — daí o pluralismo confessional — e passaria a ter sua plausibilidade sustentada sobre as consciências individuais — daí a liberdade religiosa. Essas transformações que atingem a religião, porém, não alteram sua natureza mesma. Ou seja, o que define intrinsecamente a "religião", antes ou depois dos marcos que identificam a modernidade, é a relação com alguma dimensão "transcendental", "extramundana", definição que lhe garante densidade suficiente para constituir um domínio específico da realidade social. A modernidade significaria apenas uma mudança no estatuto e na configuração desse domínio: antes, dimensão estruturante e constitutiva da vida social; depois, esfera subordinada, ela mesma fragmentada institucionalmente e dependente da crença que funda as adesões individuais.

Em contraposição a esse entendimento, pressuposto das teses da secularização, proponho, em primeiro lugar, uma historicização da categoria "religião" — herdada pela Europa moderna dos romanos antigos. Pois seu estatuto, longe de permanecer inalterado, sofre transformações conceituais de natureza radical. Entre os filósofos romanos, assim como entre os gregos, estabeleceu-se um debate sobre tudo o que cercava a devoção dos "deuses", que contou inclusive com seus críticos e detratores.[18] Entretanto, o termo não possuía a densidade que nos acostumamos a lhe atribuir, uma vez que não designava senão ora uma qualidade relativa a um certo sentimento interior (que acompanha a realização de certas ações ou caracterizava certos lugares), ora os gestos correspondentes aos cultos dos deuses ou às práticas divinatórias (Despland 1979; Smith 1991; Feil 1992; Dubuisson 1998). Enquanto tal, *religio* contrapunha-se a *superstitio*, ou seja, uma desmesura no sentimento ou um equívoco quanto ao objeto do ritual. Para atingir o estatuto que a modernidade lhe concede, foi necessário que a categoria "religião" passasse por transformações que se pode resumir em dois processos: sua generalização e sua reificação.

Quanto ao processo de generalização da categoria "religião", se seguimos a análise de Despland (1979), um marco importante é o séc. XI. Pois os primórdios do cristianismo não introduzem modificações relevantes no sentido do termo. A exceção são as expressões do tipo *nostra religio, religio Dei, vera religio*, que mantêm-se conformes aos usos atribuídos pelos "pagãos", apontando mais propriamente para as profundas diferenças que os separavam dos cultos cristãos — relacionados estes a um Deus visto como único e exclusivo, conhecido pelos homens através de uma revelação. Mas nos escritos patrísticos, outros termos foram muito mais importantes: *ecclesia* e *fides*, e demorará muito para que o último seja preterido em favor da categoria "religião" para designar a proposta cristã. Durante boa parte do período medieval, *religio* referia-se especificamente à vida monacal, considerada como realização suprema dos preceitos cristãos. A partir do séc.XI, observam-se vários movimentos e propostas de devoção (como as cruzadas) que pretendem atingir tais ideais através de outras vias. A Reforma, no séc.XVI, pode ser aí inserida, e mesmo assim nem Lutero, nem Calvino vão destinar uma preocupação especial ao termo "religião". Mas, antes disso, encontraremos entre os humanistas do séc.XIV, cujo ideário consiste exatamente em considerar a virtude e a civilidade como marcas de devoção, a utilização de *religio* para designar algo genérico (Ficino: um instinto; Cusa: a verdade sobre Deus) (Harrison 1990). A partir do final do séc.XVI, estabelece-se a distinção a que se referem Harrison (1990) e Beyer (1998), entre "a religião" e suas manifestações históricas, as diversas "religiões". Esta distinção consolida-se filosoficamente na passagem do séc. XVIII para o XIX, quando vários pensadores alemães vão se dedicar à formulação de um conceito de "religião" que não se confunda com os seus "usos ordinários" ou suas expressões concretas (Despland 1979; Smith 1991; Dubuisson 1998).

O outro processo que atingiu a categoria "religião" pode ser descrito como sua reificação. Novamente segundo Despland (1979:109), suas origens localizam-se em um movimento de juridicização em que incorre a própria Igreja a partir do séc.XII. Através de um esforço de elaboração teológica, a *fides* será apresentada como "norma de ortodo-

---

18. Entre os sofistas, destacam-se Protágoras, Demócrito, Critias e Evemerus; depois, Lucrécio radicaliza a crítica de Epicuro e de Cícero à "religião política" (Despland 1979). Vários desses críticos e detratores serão recuperados, primeiro, pelos padres cristãos contra os cultos pagãos (Despland 1979); mais tarde, nos discursos modernos acerca da religião (Manuel 1959; Harrison 1990).

xia", a adesão à correta doutrina passando a fazer as vezes de critério de pertencimento à *ecclesia*. Após estarem consolidadas as divisões estabelecidas com a Reforma, o que ocorre em meados do séc.XVI, desenvolver-se-á uma apologética na qual a categoria "religião" torna-se central, na medida em que ela passa a designar um conjunto de crenças e práticas em torno dos quais se constituem as várias igrejas. Para tanto, foram decisivas as críticas protestantes ao catolicismo, centradas na ênfase do conhecimento em oposição à reverência aos ensinamentos da igreja (Harrison 1990). Do lado católico, o Concílio de Trento procurou precisar sua dogmática, reagindo às confissões de fé protestantes. Entre os séc.XVI e XVII pululam tanto os tratados teológicos eruditos, quanto os catecismos dirigidos à educação popular, uns e outros precupados em definir doutrinas. O resultado, segundo Despland (1979), Smith (1991) e Toulmin (1990), foi a objetificação de *corpus* doutrinários e litúrgicos, cuja verdade ou falsidade dependia de um julgamento sobre suas proposições. "[Um] contexto de polêmica — afirma o primeiro — torna a religião mais abstrata, mais intelectualizada, mais codificada, mais exterior, mais despersonalizada, em uma palavra, mais reificada (...)" (:371).

Essas versões proposicionais da "religião" não se elaboram, porém, apenas no confronto que exacerba a divisão entre católicos e protestantes. Elas surgem também de tentativas de anulá-la, como ocorria através de colóquios teológicos nos séc.XVI e XVII, ou mesmo de superá-la, através da busca de um "cristianismo mínimo" ou do recurso a noções que criassem uma possibilidade de consenso ou reclamassem uma legitimidade independente da revelação bíblica. A principal dessas noções foi a de "religião natural". A expressão, herdada do estoicismo imperial, prolifera em inúmeros textos escritos a partir do séc XVI, sem guardar um sentido ou um conteúdo unívocos (religião inata, não sobrenatural, racional, conforme à razão, mínima, denominadora comum, primeva, germinal...) (Lagrée 1991). Em torno dela desenvolvem-se várias tentativas de "explicação" da "religião", vertente privilegiada pelos deístas ingleses e que culmina na *The Natural History of Religion* (1757), de David Hume. Uma outra vertente vingou no continente europeu dentro do interesse reavivado desde o séc.XVI sobre o "paganismo", realizando aproximações entre civilizações antigas e os relatos recentes sobre povos americanos e africanos (Momigliano 1987). Uma linhagem de preocupações e de observações liga autores do final do séc.XVII (Van Dale, Fontenelle, Bekker) e do séc.XVIII (Lafitau, Brosses, Fréret), resultando na elaboração dos conceitos de "fetichismo" e "animismo". Em ambas as vertentes, o estudo da "religião" ficou vinculado ao interesse sobre as origens e a trajetória da humanidade.

Generalizada e reificada, a noção de "religião" torna-se objeto de explicações preocupadas ora com uma reforma, ora com uma crítica do que ela designa. É com esse estatuto que a encontrará a própria antropologia, que terá na "religião" um dos temas centrais de seus empreendimentos iniciais no séc.XIX. Estatuto preservado na posteridade, como mostrou Asad (1993), em todas as interpretações que postulam a universalidade da "religião" como fenômeno ou objeto antropológico, sem levar em conta o caráter propriamente moderno da categoria. Mas, por ora, o que me interessa especialmente é sublinhar a descontinuidade conceitual que funda o sentido moderno da noção de "religião", aspecto que por sua natureza mesma a "tese da secularização" não leva em conta. Desse modo, ela se torna presa daquilo que pretende explicar. Ou seja, a "tese da secularização" naturaliza a própria definição moderna da religião, limitando sua análise apenas às restrições e às modificações (e as implicações disso) que esse domínio sofre dentro de certo marco histórico ou sociológico. O que proponho a seguir parte, ao contrário, exatamente da constatação das transformações na definição da categoria "religião" e se pergunta sobre o contexto político e filosófico em que elas ocorrem e que, ao mesmo tempo, ajudam a consolidar.

Dada essa preocupação, minha discussão sobre a tese da secularização passa por um campo bastante específico de questões e realidades. Não invocarei, como fazem as críticas de diversos autores (Graham 1992; Cipriani 1989; Ferrarotti 1984; Van der Veer 1995), os limites inerentes ao "europocentrismo" das teorias. Também deixo de lado o que a tese da secularização afirma sobre a pré-modernidade, embora vários pontos pudessem ser levantados a propósito tanto da natureza do judaísmo e do cristianismo, quanto da relação entre religião e sociedade.[19] Privilegio exatamente algumas situações cujas coordenadas de tempo e espaço as localizam no coração da modernidade — o norte europeu a partir do séc.XVI e os Estados Unidos da passagem do séc.XVIII para o XIX. Nesse quadro, retomo os temas do pluralismo confessional e da liberdade religiosa, para demonstrar o quão pouco eles têm a ver seja com as versões ideologizadas de sua natureza, seja com uma consequência natural de transformações históricas uniformes. Adianto que meu argumento não consiste em reduzir a "secularização" a uma ideologia de determinados atores sociais, como querem alguns (Lyon 1985; Dobbelaere 1981, 1985). Mesmo que isso constitua quase sempre uma verdade, não seria suficiente para dar conta do estatuto adquirido pela religião na modernidade. É preciso provar como a religião sofreu efetivamente uma limitação quanto ao espaço que deveria ocupar na sociedade sem, no entanto, jamais ter deixado de ser algo visto e constituído como um domínio social fundamental. Procurarei fazê-lo através de duas histórias — uma política, a outra filosófica — das concepções sobre o pluralismo confessional e a liberdade religiosa.

2.1. Uma história política

Mesmo antes da Reforma, propostas de tolerância ou de convivência religiosa haviam sido formuladas. No entanto, a história da aceitação do pluralismo religioso na Europa entre os séculos XVI e XIX dificilmente pode ser compreendida enquanto a aplicação de alguma dessas propostas (Head 1998; Bruce e Wright 1995). O ponto de partida

---

19. Ver, por exemplo, as observações de Lyon (1985). O texto de Veyne (1996, cuja indicação devo a M. Goldman) discute exatamente esse passado da secularização e propõe como alternativa a investigação de modalidades de crença e de pluralidades sociais. Velho (1994) faz sugestões que vão na mesma direção, incorporando as contribuições de estudos sobre conversões e peregrinações. Duarte e Giumbelli (1995) introduzem certas modulações no tratamento de temas que vinculam cristianismo e modernidade.

mais adequado é mesmo a situação engendrada pela Reforma, ou seja, uma Cristandade abalada por sucessivos e persistentes cismas.[20] Ao longo do sec.XVI, diversos acontecimentos conjugam-se para transformar a Europa em um continente dividido segundo linhas religiosas. Neste novo mapa, os Pireneus e os Alpes constituem marcos significativos, pois é ao norte deles, justamente na região que se tornará o centro de gravidade da Europa a partir do final do séc.XVII (Hazard 1961:57-79), que a expansão do protestantismo ocorre de forma decisiva e irreversível. A fim de perceber como se concebeu a convivência entre diversas religiões e o estabelecimento de algum tipo de liberdade religiosa nesse quadro, acompanhemos certos aspectos da história política dos principais países dessa região.[21]

Abandonemos, desde logo, a perspectiva que consistiria em opor católicos e protestantes ao modo de inimigos da liberdade religiosa e partidários de um regime de igrejas oficiais *versus* tolerantes que lutam pela separação entre religião e Estado. A monarquia inglesa sustenta uma Igreja nacional; o Sacro Império Germânico, católico no cume por força da dominação espanhola, tem vários de seus principados convertidos, com o apoio dos soberanos, ao luteranismo e depois ao calvinismo; Zurique e Genebra tornam-se cidades-Estado calvinistas. Um processo de nacionalização da religião ocorre mesmo no contexto católico, do qual a França constitui provavelmente o melhor exemplo. Em 1516 é assinada a concordata entre o reino francês e a Santa Sé, que dá ao monarca poderes sobre a Igreja, selando o galicanismo.[22] Do ponto de vista doutrinário, o papel que o Concílio de Trento (concluído em 1563) assume para o catolicismo é preenchido, entre os protestantes, por várias "confissões de fé": Augsbourg, 1530, para os luteranos; França, 1559, Escócia, 1560, Suíça, 1566, para os reformados; os "39 artigos" de 1563 para a Igreja Anglicana. Definem-se, assim, velhas e novas ortodoxias — com seu inevitável contraponto, as heresias, tratadas com severidade em quase todos os lugares. O papa felicita a rainha francesa pelo massacre de São Bartolomeu em 1572; a Inglaterra ganha seu tribunal eclesiástico em 1559; Lutero avaliza em 1531 a repressão aos anabatistas pelo poder civil; Calvino não se opõe à morte de um herege blasfemo em Genebra no ano de 1553.

A cada Estado, portanto, sua Igreja; a cada Igreja, sua ortodoxia. E, apesar disso, em todos os territórios notamos a presença de diferentes religiões. Lembremos que se trata

---

20. A Reforma gerou não apenas um quadro com "as quatro grandes igrejas" (catolicismo, luteranismo, calvinismo, anglicanismo), mas vários movimentos como os anabatistas (Head 1998: 96). Lembremos ainda de grupos não denominacionais, que agitaram e remodelaram os diferentes campos religiosos estabelecidos (puritanos, na Inglaterra; mais tarde, os jansenistas na França e os pietistas na Alemanha; os reavivamentos nos Estados Unidos).

21. A limitação à região que situa o que chamei de coração da modernidade e o privilégio às consequências da Reforma obrigaram-me a excluir discussões pertinentes sobre os "cristãos novos" e suspeitas de "criptojudaísmo" na Península Ibérica.

22. Um indicador da importância do galicanismo: os decretos do Concílio de Trento (1545-63) só serão oficialmente ratificados pelo clero francês em 1615 (Livet 1962).

da constituição de Estados modernos, que, quanto à dimensão religiosa, parecem estar submetidos a uma tensão essencial. De um lado, nenhum poder soberano pode se desinteressar do problema da unidade religiosa, vendo-o como desejável e mesmo como ideal em um momento no qual sua consolidação depende da quebra das pequenas e múltiplas lealdades que sustentavam a sociedade medieval e da constituição de novos fatores de coesão social. Para esse novo Estado, "não se pode se assegurar da conduta futura de um indivíduo senão verificando se ele conseguiu assimilar as boas crenças fundamentais" (Despland 1979:312). De outro lado, impunha-se, por isso mesmo, uma administração de diferenças que teimavam em se manter. Na verdade, o que estava em jogo era propriamente o estatuto dessas diferenças:

"embora as distinções doutrinárias entre católicos, luteranos e calvinistas estivessem suficientemente claras ao final da década de 1530, a adoção de atitudes denominacionais nítidas pela população em geral, especialmente fora das cidades, foi muito mais lenta, se é que ocorreu totalmente" (Head 1998:99).

Sendo assim, podemos pensar que a ação estatal foi decisiva para o estabelecimento dessas distinções e que as condições de liberdade religiosa, distintas segundo o momento observado, estão diretamente associadas às situações engendradas por tal intervenção. Partindo disso, é necessário deixarmos o plano das generalidades e nos embrenharmos nas diversas histórias nacionais. Em todos os casos, porém, trata-se de apreender sob que modo e até que ponto o Estado concebeu identidades definidas em termos religiosos.

Iniciemos com os territórios germânicos, berço do luteranismo, ao qual vários príncipes se converteram rapidamente, submetidos, no entanto, a um soberano católico. Observamos aí o recurso a duas soluções sucessivas para resolver o problema da diversidade confessional. Primeiramente, a presença do luteranismo, a preocupação de Carlos V (à frente do Sacro Império Germânico desde 1519) em reformar a própria Igreja, a existência de teólogos e eclesiásticos dispostos a apoiar uma tal iniciativa (preferindo-a ao uso da força) e a delonga do concílio de Trento (de que muitos esperavam uma resposta para a questão) - todos esses fatores conjugaram-se para favorecer a procura de uma concórdia doutrinária, em torno da qual se conseguisse novamente unir os cristãos. Alguns colóquios, reunindo teólogos católicos e luteranos sob os auspícios do imperador foram realizados na década de 1540, mas nenhum acordo demonstrou-se possível. Em 1548, é o próprio imperador que propõe um conjunto de artigos doutrinários e disciplinares, cuja base permanece católica, mas assimilando modificações que o aproximavam das aspirações protestantes — e que, afinal, não agrada a nenhuma das partes e é revogado em 1552 (Lecler 1955; Wanegfellen 1998).

A Paz de Augsbourg, em 1555, que põe fim a conflitos que opunham príncipes católicos e protestantes, marca o advento de uma outra alternativa. Seus 22 artigos, válidos para a totalidade dos pequenos Estados que formavam o império, consagravam o princípio da unidade de culto em um dado território, distinguindo os direitos de soberanos e súditos. Quanto aos súditos, devem adotar a confissão a que seus respectivos príncipes declaram adesão, tendo a possibilidade de emigrar se preferirem a religião alternativa. Já aos príncipes, atribuía-se a "liberdade de consciência" para escolher entre, e apenas entre, catolicismo romano e luteranismo, impondo-lhes, por outro lado, o compromisso de não interferir nos assuntos religiosos de territórios estrangeiros. O tratado previa algumas exceções e permitia arranjos que criaram territórios e cidades biconfessionais; além disso, o reconhecimento de um *jus reformandi* ao soberano fez com que, a partir do final do século, o calvinismo fosse introduzido como religião de Estado (Head 1998; Lecler 1955; Wanegfellen 1998). O tenso equilíbrio dessa diversidade rompeu-se com a Guerra dos Trinta Anos (1618-48, iniciada quando um reino até então governado por um católico, em que vigorava uma certa tolerância para os dissidentes, passa com o apoio destes às mãos de um príncipe calvinista). Mesmo assim, a solução que prevalece ao final dos conflitos, com o Tratado de Westfália, ratifica o princípio da territorialidade, admitindo o calvinismo como alternativa legítima mas retirando dos soberanos o direito ao *jus reformandi* (Baubérot 1993; Laursen 1998a).

Segundo Baubérot (1993:82), essa solução, na prática, estabelecia uma distinção entre uma "religião do território" e religiões toleradas, cuja subordinação era marcada pela permissão para realizar cultos domésticos (e não públicos) e para adotar preceptores (ao invés de escolas). Em outros casos, como mostra o exemplo de Hamburgo, a alocação de dissidentes (entre eles, calvinistas e judeus) em uma pequena cidade vizinha garantia a uniformidade religiosa do território principal. Certas regiões da Suíça e a cidade de Veneza também aplicaram, ainda no séc.XVI, o mesmo princípio de territorialidade, para garantir o direito de exclusividade (baseado na precedência *de facto*) de católicos ou reformados no primeiro caso, ou para criar guetos, no segundo (Head 1998). E, apesar da margem relativamente larga de tolerância para os heterodoxos, formalmente a situação não era distinta na Holanda calvinista do final do séc. XVI e XVII (Laursen 1998b).[23] Seja qual for o arranjo na prática, o princípio geral consagra a preeminência, assegurada pelo suporte estatal, de uma confissão sobre outras, que são, no entanto, todas imaginadas como ordens autônomas e reciprocamente excludentes. Assim, cria-se, a um só tempo, a possibilidade de um pluralismo (em princípio) ilimitado e uma convivência que se estabelece por hegemonias, subordinações e acomodações. Considerando a vivência dos fiéis das várias confissões, obtém-se direitos religiosos que jamais são absolutos, já que vinculados e dependentes desses arranjos mantidos com o aval do poder estatal.

A história da política religiosa na Inglaterra é marcada pela constituição, com o cisma de Henrique VIII em 1534, de uma igreja nacional a partir do próprio Estado. O rei impõe-se como "chefe supremo da igreja", estendendo sua jurisdição ao domínio espiritual; a heresia é assimilada à traição política (Lecler 1955). O Estado estabelece sua relação com os súditos sobre a idéia de um "conformismo" religioso, elaborando ele mesmo uma ortodoxia doutrinária (confissões de fé de 1539 e 1562, restauradas em 1662) e litúrgica (*Book of Common Prayer*, de 1549, e lei em 1673). Aos ocupantes de postos públicos e docentes, exigia-se juramentos de fidelidade ao monarca e à igreja; várias medidas foram tomadas de modo a penalizar (geralmente, com multas) a não assistência aos cultos anglicanos (a primeira lei é de 1552; outras em

---

23. Frijhoff (1997), a partir de anedotas de época, traça um interessante quadro das tensões e acordos cotidianos que possibilitavam a convivência pluri-religiosa na Holanda do séc. XVII.

1559, 1581, 1606 e 1673). Por fim, durante boa parte desse período, com graus de rigor e métodos variados,[24] cuidava-se da repressão dos "não-conformistas", e especialmente dos "papistas" (por definição, súditos de um "chefe estrangeiro"), procurando-se impedir suas reuniões e sua organização (Lecler 1955; Marx 1978; C.Hill 1987).

As reviravoltas ocorridas durante a guerra civil (1640-60) não impediram que esse sistema fosse restabelecido com a Restauração monárquica. Mas sob outros aspectos elas tiveram consequências importantes. A Igreja Anglicana jamais foi a mesma depois da revolução, durante a qual o sistema episcopal chegou a ser abolido. O dízimo foi mantido por questões práticas, tendo seus princípios questionados. Os tribunais eclesiásticos, principal instância de intervenção na sociedade, perdem parte significativa de suas atribuições. Além disso, o contexto foi propício para a proliferação de "dissidências" e "não-conformismos" — aos puritanos e separatistas do séc.XVI, juntam-se presbiterianos, congregacionalistas, batistas e *quakers*. Os anos que separam as duas revoluções (1660-1688) mostram uma política oscilante: enquanto os monarcas, ambos católicos, recorrem a "declarações de indulgência" e expedem "licenças de culto" que favorecem os "não-conformistas", o parlamento edita várias leis que confirmam restrições religiosas (como o *Conventicle Act*, de 1664, que proíbe assembléias religiosas com mais de cinco pessoas) e impõem novas limitações civis (como o *Corporation Act*, de 1661, e os *Test Acts*, de 1673 e 1678, que reservam aos anglicanos postos públicos importantes e carreiras docentes) (Marx 1978; C.Hill 1987).

A ruptura ocorre em 1689, em plena "Revolução Gloriosa", com o *Toleration Act* (Marx 1978; C.Hill 1987; Wanegffelen 1998; Cottret 1991). Note-se bem: não se trata do reconhecimento irrestrito dos direitos a "toda pessoa dissidente da Igreja da Inglaterra", mas da *isenção* das reparações devidas em caso de "não-conformismo". Além disso, essa isenção aplica-se apenas àqueles que prestarem um juramento e assinarem declarações (produzindo certificados oficializados por um juiz de paz) que garantem lealdade ao monarca e subscrevem uma profissão de fé cristã. Os "recusantes papistas" e os antitrinitários são expressamente excluídos dos favores da lei. O texto ainda estabelece as condições de culto, que devem ser públicos e em lugares homologados pelas autoridades. Exatamente 100 anos depois, outras isenções, estas doutrinárias, estendem a liberdade dos "dissidentes". Quanto à questão civil, só em 1828 é que os últimos "testes" religiosos para ocupações são abolidos. Para os católicos, sua situação legal começa a mudar em 1778, quando se institui um juramento especial de lealdade real; em 1791, permite-se que os "católicos romanos" construam templos; em 1829, terminam as restrições civis. Os anti-trinitaristas passam em 1813 a gozar das concessões do *Toleration Act* e em 1844 são autorizados a levantar capelas. Em 1866, é a vez dos judeus terem reconhecidos seus direitos civis e religiosos (Marx 1978).

Uma análise desses dados revela um duplo processo quanto à constituição das identidades religiosas no quadro de um território dominado por um Estado confessional. De

---

24. "(...) ao passo que em certas épocas, sob certas condições, o não-conformismo puritano no interior da Igreja era tolerado, em outras épocas, empreendia-se esforços ostensivos para reprimir atitudes e atividades puritanas e para impor uma uniformidade mais rígida" (Fulbrook 1983: 89).

um lado, a exigência de uniformidade atestada pelo conformismo litúrgico. As categorias "recusante" e "não conformista" são o produto desse dispositivo, o qual se completava com estratégias que visavam circunscrever e limitar a atuação desses grupos e indivíduos dissidentes. Sua existência era assim reconhecida: o problema colocava-se nos termos de seu controle, mantendo-se a exigência de sua participação nos cultos oficiais. De outro lado, o movimento de aceitação dos grupos "não-conformistas" ocorre respeitando a distinção entre questões civis e religiosas; nas duas esferas, o processo é gradual e individualizado. Além disso, ele se faz procurando resguardar a lealdade ao soberano, mantendo-se até onde fosse possível um consenso religioso (o séc.XIX preservou um juramento cristão para fins civis). Ou seja, uma pluralização denominacional e a garantia da liberdade religiosa ocorrem através da promoção ponderada de grupos e identidades confessionais a uma esfera de legitimidade, que jamais deixou de ser hegemonizada pela Igreja Anglicana. A extensão dos privilégios é que promoveu um igualitarismo — que, por força do sistema no qual se inscreve, nunca pode ser total.

A França dos sécs. XVI ao XIX oferece dois quadros distintos na sua história da política religiosa. Primeiro, o conjunto de definições e redefinições do estatuto dos "huguenotes" (termo que designava os protestantes não só como confissão religiosa, mas também como força política e militar) em uma monarquia cujo soberano jamais deixará de prometer proteção à Igreja Católica e combate à heresia. Nesse caso, o principal marco é a promulgação do Édito de Nantes em 1598, que põe fim às "guerras de religião" do séc. XVI e prescreve as condições de coexistência entre católicos e protestantes, consolidando a política que singularizaria a França diante de outras nações européias. Ou seja, ao estabelecer diretamente a coexistência entre duas confissões sob o mesmo soberano, tem-se uma solução distinta daquela obtida a partir do princípio de territorialidade ou de um Estado propriamente confessional — "a unidade política deixava de ter por corolário a unidade religiosa" (Poulat 1987:78). No entanto, essa unidade tinha como base a repartição dos súditos entre católicos e protestantes, estabelecendo-se então as condições pertinentes a cada um dos segmentos. O próprio Édito de Nantes, que encerrra um ciclo de éditos calcados na mesma lógica inciados em 1562, quando considerado no plano religioso, embora garanta condições de culto aos protestantes, reafirma sua subordinação aos católicos; no plano civil, determina medidas que, mediante concessões e exceções, distinguem os protestantes dos católicos (Lecler 1955; Wanegfellen 1998; Livet 1962).

O Édito de Nantes será revogado por outro, de 1685, destinado a proibir qualquer tipo de culto protestante e a demolir todos os seus templos. Trata-se da coroação de um verdadeiro dispositivo de eliminação do protestantismo, que se desenvolve em sucessivas fases durante o séc. XVII. Ele consistiu basicamente na radicalização da subordinação religiosa ao catolicismo e no acúmulo de disposições de exclusão civil (Garrison 1985). Na prática, os protestantes que não se converteram e nem seguiram a massa de exilados continuaram a existir na clandestinidade, readquirindo, ao longo do séc. XVIII, presença e apoio cada vez mais abertos (Adams 1991). Sua situação recebe um novo estatuto com um édito de 1787/ 88, que procura resolver um problema formulado nos seguintes termos: tendo seu estatuto civil vinculado à Igreja Católica, aos protestantes não restava senão recorrer a "conversões simuladas" ou comprometer o estado de seus filhos através de casamentos e batizados nulos. A lei abre a possibilidade de um registro civil para os nascimentos, casamentos e óbitos de protestantes, mas mantém proibições quanto a certos postos públicos e docentes e confirma que o catolicismo continua a gozar do monopólio do "culto público" (Wanegffelen 1998:283-5). O protestante voltava à nação, não mais pelo signo da distinção, mas por sua inscrição civil, no mesmo momento em que transcorrem as negociações que transformarão também o estatuto dos judeus. Nesse movimento, indivíduos protestantes e judeus deixam de ser considerados pelo Estado em sua identidade religiosa, ao mesmo tempo que têm sua condição civil igualada a de seus compatriotas – no caso dos últimos, por duas leis, de 1790 e 1791 (Raphäel 1988a, 1988b; Graetz 1989); no caso dos primeiros, com a prorrogação da primeira constituição, em 1791 (Wanegffelen 1998).

Uma redefinição crucial ocorre entre 1789 e 1802, forjando o segundo quadro da política religiosa francesa. Essa redefinição inicia-se com a elaboração da Declaração Universal dos Direitos do Homem e do Cidadão, cujo artigo 10 ficou assim redigido: "Ninguém deve ser inquietado por suas opiniões[,] mesmo religiosas[,] contanto que sua manifestação não perturbe a ordem pública estabelecida pela lei". Baubérot (1993) tem razão quando afirma que "passou-se de uma religião pública exclusiva à possibilidade de afirmar suas convicções religiosas" (:87). Ainda que se possa discutir sobre a conotação assumida pela partícula "mesmo", as implicações do artigo são individualistas e pluralistas (Langlois 1989). Mas a formulação repõe um princípio de restrição, anteriormente expresso na forma de um "culto estabelecido" e que agora sela um vínculo entre a vivência religiosa, definida em termos genéricos e recortada em "opiniões" e "manifestações", e o Estado, guardião e representante da "ordem pública" (Koubi 1993). Ao catolicismo, a Revolução destina a Constituição Civil do Clero (1790), que pretende transformar a Igreja em agente público, seus membros e suas instituições postos a serviço do Estado que é responsável por sua sustentação. Esse projeto de uma "igreja nacional", que se prolonga com os "cultos revolucionários", é encerrado com a constituição de 1795, que veda a manutenção de cultos pelo Estado. Entretanto, ele continua válido na medida em que identifica a existência de um segundo vetor na relação entre religião e Estado na França pós-revolucionária, expresso na instauração (a partir de 1802) do regime dos quatro cultos reconhecidos, que compreende o catolicismo, o calvinismo, o luteranismo e o judaísmo. Trata-se de estruturas eclesiásticas mantidas pelo Estado e sujeitas à sua intervenção. A hegemonia católica é admitida,[25] mas sem dúvida o sistema consagra um pluralismo limitado. Através dele, combina-se a garantia de liberdade religiosa sob os limites da "ordem pública" e a existência de "cultos" reconhecidos e remunerados pelo Estado (Langlois 1989; Fauchois 1988).

Esse regime de "estabelecimentos públicos de culto" terá seu termo em 1905. Mas

---

25. Na constituição de 1814, a religião católica é proclamada "religião do Estado"; na de 1830, é reconhecida a religião da "maioria dos franceses" (*apud* Wanegfellen 1998:311-2). Em 1801, é firmada uma nova concordata com a Santa Sé, que vigorará até 1905.

os franceses não tiveram que esperar o séc. XX para gozar de "liberdade religiosa". Enquanto cláusula jurídica, ela aparece em todas as constituições do séc. XIX (1814, 1830 e 1848), depois que se garantiu sua subordinação ao princípio da "ordem pública". Este, por tanto tempo assimilado à religião do rei, emerge após a revolução como princípio regulador genérico. Mesmo antes, no entanto, o estatuto dos protestantes assinalou diferentes possibilidades de convivência e subordinação ao catolicismo, marcando uma modalidade de governo que vinculava, em diversas medidas segundo a época, identidade religiosa e situação civil. Isso forjou as condições e os limites para a liberdade religiosa e o pluralismo confessional no *ancien régime*. Após a Revolução, a assimilação civil irrestrita convive com uma liberdade religiosa admissível à "ordem pública" e com um pluralismo confessional qualificado pelo reconhecimento conferido pelo Estado a quatro grupos eclesiasticamente estruturados.[26]

E se olhássemos o outro lado do Atlântico, não descobriríamos nos Estados Unidos do final do séc.XVIII, terra de dissidentes, o lugar onde nascia uma concepção de pluralismo ilimitado e liberdade plena? Não é isso, afinal, expressamente reconhecido na primeira emenda à constituição americana? O texto de 1789 declara: "O Congresso não deve fazer nenhuma lei atinente a um estabelecimento da religião, ou proibindo seu livre exercício". Uma leitura possível destacaria não só a garantia do livre exercício religioso, fundamentada nas defesas que dele fazem dois grandes *founding fathers* dos EUA, James Madison e Thomas Jefferson,[27] mas também a separação entre governo civil e religião, uma das características centrais do Estado secular e liberal. Novamente, as coisas parecem mais complicadas, desde que optemos por uma interpretação que contemple outros fatores em jogo.

Em primeiro lugar, trata-se de uma lei relativa ao Congresso, o que deve ser levado em conta no caso de um país que se constitui sobre o princípio do federalismo. Sua extensão compulsória aos estados só torna-se legítima após a Guerra Civil e é motivo de divergências até 1940 (Carter 1994; Zylberberg 1990). Ocorre que vários estados rompem o séc.XIX mantendo em suas constituições artigos que estabelecem critérios religiosos para a ocupação de cargos legislativos ou executivos, quando não exigências de declarações de fé para todos os cidadãos (Casanova 1994). Além disso, no final do séc.XVIII havia "estabelecimento de religião" em pelo menos quatro estados.[28] Sendo assim, há quem propo-

---

26. Em outro texto (Giumbelli 2001), apresento uma visão mais detalhada da política religiosa na França entre os séculos XVI e XIX.

27. Ambos tiveram responsabilidade direta sobre o texto da primeira emenda. As posições de Madison estão desenvolvidas em um texto de 1785, onde defende a igualdade de todos quanto ao direito de "livre exercício da religião de acordo com os ditames da consciência", bem como a inutilidade de um "estabelecimento legal" da religião (Thiemann 1996:19-21). Jefferson, por sua vez, afirmava que a liberdade religiosa era "o mais inalienável e sagrado de todos os direitos humanos" (*apud* Carter 1994:117).

28. Em South Carolina, "a religião protestante cristã" era definida como a "religião estabelecida do Estado" (1778); em Maryland, havia a possibilidade de recursos materiais serem destinados a

nha que a lei federal de 1789 servia nesse momento para impedir que a União interviesse nos arranjos estaduais então existentes (Carter 1994:118) e que a ausência de uma única igreja dominante seria o motivo definitivo para inviabilizar a idéia de uma "religião de Estado" (Adams 1981). E, de fato, litígios judiciais envolvendo a cláusula de "não estabelecimento", com questionamentos sobre a neutralidade religiosa do Estado, surgem apenas no início do séc.XX (Hammond 1981:230).

Isso nos conduz a uma segunda observação. A defesa da liberdade religiosa presente em Madison ou Jefferson dirige-se ao Estado, mas apenas na medida em que o privilégio a uma igreja sobre outras seria o resultado necessário de todo "estabelecimento". Madison e Jefferson nada têm contra a "religião"; pelo contrário, consideram que ela é útil a uma república virtuosa (Hammond 1981; Thiemann 1996). Daí a conhecida idéia de que o "desestabelecimento legal" coexiste e vincula-se a um "estabelecimento cultural" da religião nos Estados Unidos (Demerath e Williams 1987; Williams 1995; Robbins 1993; Zylberberg 1990). A liberdade religiosa irrestrita inscrevia-se no quadro de uma clara hegemonia protestante. E a proibição de "um estabelecimento" não impediu que o Estado americano recorresse a um teísmo não cristológico (Thiemann 1996) e não denominacional para promover a identidade nacional — o que sugeriu a R. Bellah a tese da existência e permanência de uma "religião civil" nos EUA.

Entretanto, sob certos aspectos, o final do séc. XIX traz transformações decisivas e reveladoras. O fortalecimento da esfera federal é um dos resultados do fim da Guerra Civil (Bergesen 1981). As denominações tradicionais, bem consolidadas do ponto de vista institucional, sofrem cismas e perdem influência sobre instituições de ensino (Casanova 1994). Nesse momento, o panorama americano registra novos e heterodoxos grupos religiosos (adventistas, *shakers*, espiritualistas, mórmons...) e recebe o aporte de outras tradições a partir da entrada maciça de imigrantes. O resultado dessa conjunção de fatores é o surgimento dos primeiros casos a propósito da cláusula da "liberdade religiosa". O marco é certamente a proibição da poligamia entre os mórmons, sentenciada em 1878 (Hammond 1981). A quebra do pacto protestante sobre o qual se fundara a proteção da liberdade religiosa no final do séc.XVIII trouxe consigo novas precauções. Argumentos do tipo "paz e ordem pública" passaram a servir para impor limites a práticas que se pretendiam fundadas em crenças religiosas (Williams 1995). A experiência americana conjugou, portanto, a construção de um Estado permeado por refe-

---

igrejas e pastores (1780); em New Hampshire, a constituição (1784) previa a provisão de "professores protestantes de piedade, religião e moralidade"; em Massachusetts, a igreja congregacional permaneceu como igreja oficial até 1833. Este último estado, como mostra o artigo de Way (1998), teve seus primeiros cinquenta anos de história (séc.XVII) marcados por uma preocupação com a uniformidade religiosa: exigência de frequência a culto da igreja oficial, contribuição compulsória à igreja, exigência de conformismo para acesso a direito de voto, banimento de dissidentes. O curioso é que, durante a guerra civil na Inglaterra (1640-60), os congregacionais eram identificados como "independants" por suas reivindicações de tolerância (C.Hill 1987).

rências religiosas — que procuravam em um plano ideológico equacionar o pluralismo cada vez mais amplo das instituições, das práticas e das crenças — com a afirmação de uma igualdade confessional e uma liberdade individual em princípio irrestritas, mas passíveis de limitações *a posteriori*.

Todas as histórias que acompanhamos resultam na legitimação da pluralidade das instituições confessionais e no reconhecimento de liberdades religiosas para os indivíduos e grupos. Ambas são características tomadas como índices de "secularização". Entretanto, a produção dessas características, através de trajetórias singulares, não derivou jamais da aplicação de princípios abstratos ou da realização de leis históricas. Além disso, envolveu sempre o Estado em arranjos diversos. Nos territórios germânicos e em outras regiões, como o promotor de uma confissão particular; na Inglaterra, enquanto chefe de uma igreja oficial; na França, como o protetor do catolicismo e, depois, como organizador dos "cultos"; nos Estados Unidos, ao se identificar com uma "religião civil"; e, em todos os casos, como instância reguladora dos limites devidos à esfera religiosa. É na medida em que implicam a circunscrição (como domínio) e a generalização (desvinculação de identidades confessionais) do "religioso", que todas essas experiências, sem perder a sua singularidade, se adequam ao entendimento moderno da categoria.

2.2. Uma história filosófica

A liberdade religiosa e o pluralismo confessional constituem também temas de um debate filosófico, que dialoga sem se confundir com os acontecimentos históricos que acabamos de acompanhar. Proponho que exploremos alguns argumentos que, elevando tais temas a princípios positivos, promovem a sua defesa. Assim como a política de uniformidade religiosa não era apanágio dos países católicos, também não se reserva aos teólogos católicos a defesa da intolerância contra os heterodoxos da fé. Contrapor-se à autoridade da instituição eclesial jamais significou para os ideólogos protestantes a aprovação da heterodoxia em geral (Wanegffelen 1998; Turchetti 1991). Se a Reforma introduz uma modificação no problema da tolerância, ela consiste em transferi-lo do exterior para o interior do cristianismo (Thierry 1997:9) — não em aportar uma defesa incondicional à liberdade e ao pluralismo.

Mesmo depois dessa ressalva, o campo de autores que teríamos a nossa frente é imenso, tornando ilusória qualquer pretensão de exaustividade. Optei, então, por me restringir basicamente a dois textos, célebres por sua crítica da intolerância e por sua defesa da liberdade de consciência — o *Comentário Filosófico* (1686), de P. Bayle, e a *Carta acerca da Tolerância* (1689), de J. Locke. Por que esses dois textos? Trata-se de dois autores importantes da filosofia ocidental moderna, consagrados tanto por seus contemporâneos, quanto pelos comentaristas atuais.[29] Isso não os torna nem originais, nem singulares, nem úni-

---

29. Locke e Bayle são tomados como as referências fundamentais em balanços sobre a questão da tolerância. Ver Lebrun (1997), Wanegffelen (1998), Thierry (1997) e a introdução a um dossiê recente da revista *Esprit* sobre tolerância (Roman 1996). Para Laursen e Nederman (1998), as

cos em sua crítica da intolerância — como demonstram Laursen e Nederman (1996, 1998). Ainda assim é possível privilegiá-los por se constituirem nos mais eminentes expoentes de uma vertente dessa crítica, melhor apreciada em sua particularidade desde que a distingamos de duas outras. De um lado, temos uma tradição de defesa da tolerância, cujo mais célebre pioneiro é Nicolas de Cusa (sec.XV), em nome de uma concórdia, segundo a qual seria possível, imediatamente ou em um futuro mais ou menos incerto, encontrar uma conciliação ou uma base comum religiosa entre doutrinas a princípio excludentes (Wanegffelen 1998; Gros 1992).[30] De outro, argumentos políticos, que proscrevem a intolerância religiosa quando implica em prejuízos ao Estado ou em perigos ao poder soberano. Alguns referem-se a esses argumentos como "erastianos", isto é, uma submissão das questões religiosas à razão de Estado.[31] Marsilio de Pádua, Maquiavel, Hobbes, Grotius e Espinosa[32] inserem-se nessa vertente (Wanegffelen 1998; Gros 1992; Burgess 1996).[33]

O principal interesse em analisar os textos de Bayle e de Locke reside no fato de que, nesse quadro de parâmetros, seus argumentos centrais não parecem ser religiosos ou políticos. Nem um, nem outro propõe ou espera uma concórdia religiosa; ambos defendem uma tolerância civil como a solução mais adequada para a coexistência de diversas religiões. Ao mesmo tempo, nenhum deles sugere que o Estado deva respeitar as consciências individuais no interesse próprio; os dois concordam em erigir a consciência como fundamento de um direito. O que pretendo demonstrar é que essa tolerância civil e esse direito da consciência dependem de argumentos que mantêm tanto a religião quanto o Estado como elementos e noções fundamentais.

---

discussões anglo-saxãs sobre o problema sofrem mesmo de uma "obsessão lockeana". Assim como em relação à religião, parece que assistimos um ressurgimento de um amplo debate intelectual sobre a tolerância (no caso da França, alimentado pelas comemorações em torno do quarto centenário do édito de Nantes) — acrescente-se às referências já citadas o livro de Walzer (1998), os anais de um evento promovido pela Académie Universelle des Cultures (1998) e o dossiê da revista *Magazine Littéraire* (março 1998). Da leitura destas referências surgiu um pequeno texto onde abordo o tema (Giumbelli 1998).

30. Popkin (1998) aponta para uma forma de milenarismo (sécs. XVI e XVII) que podemos associar a essa vertente da tolerância: na espera de uma conversão final ao cristianismo, marcada por um evento excepcional ainda a ocorrer, que a todos fosse permitido perseverar em suas crenças.

31. Dumont (1965) analisa a constituição de uma "razão de Estado" entre os séc.XIV e XVI, relacionando-a aos desenvolvimentos ocorridos quanto às pretensões da Igreja sobre o domínio temporal.

32. Hobbes e Espinosa sustentam posições bem diferentes quanto às relações entre Estado e religião. Mas ambos sugerem uma política de tolerância de opiniões como precaução contra a desestabilização do poder (Burgess 1996; Laursen 1996), não pelo respeito a algum direito individual.

33. Em linha semelhante, ao menos quanto à subordinação das questões religiosas, temos um argumento econômico, que enfatiza os prejuízos para a prosperidade e riqueza de uma nação advindos de uma política de intolerância. Este argumento é bem disseminado entre os séc.XV e XVIII, de Ficino a Voltaire, em vários países, em especial na Holanda (Baubérot 1993), mas nunca parece ter sido considerado como suficiente para uma justificativa da tolerância.

Note-se logo que tanto a *Carta* quanto o *Comentário* procuram refutar a permissão para constranger alguém a adotar uma religião como algo contrário aos evangelhos e ao próprio cristianismo (Bayle 1992:103-10; Locke 1973:9-10). Importante para isso é a caracterização, a que ambos recorem, do judaísmo antigo como uma "teocracia". Os evangelhos, ao contrário, não são a lei fundamental de nenhum Estado (Bayle:225-38) e não prescrevem leis civis (Locke:21). Acrescente-se que a noção de uma "religião verdadeira", além de identificar o cristianismo frente aos infiéis, mantém-se em geral como uma possibilidade lógica. Bayle condena a intolerância porque ela pode ser benéfica a uma "falsa religião", explicitando os riscos da reciprocidade quanto ao direito de "justa perseguição" (:69, 119-32, 155, 162). Existindo apenas uma "religião verdadeira", raciocina Locke (:12), se os homens dependessem do caminho tomado por seus príncipes, deveriam a salvação ou danação de suas almas apenas ao acaso.

Bayle e Locke estão preocupados, então, com uma adequada interpretação dos evangelhos e com a defesa da "verdadeira religião". O problema é que, para ambos, nem as Igrejas e nem o Estado podem impô-las aos indivíduos. Na *Carta*, essa impossibilidade se explica pela distinção entre as funções do "governo civil" e da "religião", ou entre a "comunidade" e a "igreja". Esta distinção estabelece-se segundo os objetos a que servem cada uma dessas entidades: a "comunidade" destina-se a assegurar os bens civis de seus membros e a "igreja" cuida da salvação da alma e para isso organiza um culto a Deus; as leis civis são incompetentes ou inúteis quanto à salvação e as leis eclesiais não possuem efeitos civis. No entanto, o que é apresentado como simples separação, revela-se como hierarquização. Enquanto que a "comunidade" é o resultado inexorável da convivência humana (pois para preservar suas vidas os homens são obrigados a estabelecer um contrato entre si), a "igreja" constitui uma associação voluntária. E se as leis civis possuem uma aplicação geral, contam com a força da coerção e dependem de um poder soberano, as leis eclesiásticas não têm validade para além dos limites de cada igreja, não garantem elas mesmas a salvação da alma e não criam nenhum soberano.

Como Locke não reconhece ele mesmo essa hierarquia, a regra que formula a fim de que a tolerância seja respeitada é simples: que o magistrado civil e as igrejas se confinem a suas fronteiras. Ora, a "comunidade" e a "igreja" não habitam mundos separados. Locke interdita ao magistrado o estabelecimento de ritos e a imposição de opiniões religiosas. Observe-se que são áreas nas quais o magistrado renuncia ao seu poder coercitivo. Do outro lado, tem-se as igrejas que estão *a priori* limitadas pelo respeito que seus ritos e opiniões devem às leis gerais que organizam a sociedade. É nesse momento que Locke exclui do regime de tolerância os católicos e os ateus. A base do argumento, aqui, não é, como se pode presumir, teológica (afinal, "presbiterianos, independentes, arminianos, anabatistas, *quakers*, pagãos, maometanos, judeus" são bem-vindos), mas política (Cottret 1991): os católicos empenham sua lealdade a um príncipe estrangeiro e os ateus não têm como garantir sua adesão aos pactos de que depende a comunidade. Como enfatiza um comentarista, a capacidade de se engajar em promessas, que se traduz na obediência necessária às leis civis, é superior ao peso de toda convicção (Roman 1996:97).

Locke, portanto, serve-se da religião para afirmar a legitimidade e a extensão da autoridade do Estado. Mas podemos voltar ao início e dizer com a mesma adequação que a separação entre "comunidade" e "igreja" deriva de uma certa concepção de "salvação da alma". A *Carta* deixa sem resposta a questão: "De que modo se pode ter segurança para alcançar o reino dos céus?" (:19). Tudo o que Locke avança sobre isso se reduz ao seguinte: "Com respeito a sua salvação, todo homem tem autoridade suprema e final para julgar por si mesmo (...)" (:27). É essa combinação de um certo ceticismo com um certo individualismo que torna o magistrado incompetente, inútil ou desastroso quanto à salvação da alma e que relativiza o papel das igrejas. Estas, porque não podem senão recorrer à persuasão e ao exemplo para provocar a adesão e conversão de fiéis. Toda pretensão de ascendência é vã: "cada igreja é ortodoxa para si mesma" (:12). Quanto ao magistrado, a força de suas leis conseguiria muito bem obter o conformismo religioso dos indivíduos, mas, sem estar convencido (:20), o "espírito dos homens", afirma Locke, não pode jamais conduzir à "salvação das almas" (:12). Isto significa que o filósofo está efetivamente preocupado com o problema da salvação. De tal modo que ele mesmo (*The reasonableness of Christianity*, 1695) vem propor sua versão do cristianismo (Lagrée 1991; Thierry 1997).[34]

Bayle é um calvinista francês, cuja obra articula um certo entendimento de sua fé e expressa sua condição de exilado religioso e político. Tornar-se-á célebre exatamente por sua defesa dos "direitos da consciência, mesmo equivocada". Com ela Bayle intervém em um tema que se convertera em um dos mais debatidos nos sécs. XVI e XVII:[35] o estatuto e as prerrogativas da "consciência", questões que, como assinala Turchetti (1991), envolviam necessariamente a discussão das relações entre Deus, o magistrado civil e os fiéis/súditos. Esse debate remete às elaborações de Tomás de Aquino (séc. XIII) — em torno da "ignorância desculpável" que justificava a tolerância dos "infiéis" mas jamais dos "hereges" — e de Abelardo (séc. XII) — que fazia pesar uma condenação divina sobre o consentimento do pecado, admitindo uma dissociação entre o conteúdo objetivo da ação e seu julgamento subjetivo (Thierry 1997; Wanegffelen 1998). Elas fizeram parte das preocupações dos teólogos protestantes desde o séc. XVI, geralmente para condenar a heresia como crime civil. Quanto a Bayle, pode-se resumir suas posições como uma reabilitação da heresia a partir da valorização dos ditames da "consciência" e uma legitimação do poder de Estado enquanto garantia de uma certa ordem social. Vejamos, então, como a "consciência" é erigida em instância moral suprema —

---

34. A interpretação de Thierry, que considera a totalidade dos textos de Locke dedicados à questão religiosa, chega mesmo a afirmar que "a tolerância parece ainda apoiada sobre um princípio religioso e não civil", pois "supõe o respeito de um código moral garantido pelo cristianismo" (1997:45, 51). Ele nota também que Locke participou da elaboração do projeto de constituição de uma colônia americana, o qual estabelece exigências doutrinárias para seus residentes e suas igrejas (:46).

35. Ver, para um panorama mais amplo de pensadores, os textos de Wanegfellen (1998), Markovits (1993), Cottret (1991) e Turchetti (1991).

ela não só define o sujeito, mas também o vincula a Deus — sem livrar os súditos dos poderes civis do magistrado.

Por um lado, a "consciência", afirma Bayle, é uma "luz natural" (:86) que testemunha a "voz divina" no espírito dos homens (:88); segui-la, antes de ser um direito dos homens, é um dever para com Deus, cujo descumprimento provoca o pior dos pecados (:283-4). Investida de tal condição, a "consciência" torna-se um guia nas questões morais (:90, 349). Por esse princípio, uma ação louvável realizada contra ou sem a aprovação subjetiva é mais pecaminosa e menos virtuosa que uma ação incorreta que teve a seu favor a "consciência" (:284-91). A regra vincula-se, como em Locke, a um certo ceticismo, uma vez que, postulando-se a sinceridade na busca da verdade, a persistência no erro tende a ser justificada por "paixões", "hábitos" e "educação" (:183-92). Portanto, mesmo desejando "o acordo de todos os homens" sobre "a mesma profissão de fé", Bayle reconhece que "a diversidade de opiniões parece ser um apanágio inseparável do homem (...)" (:267). Isso invalida toda pretensão a uma definição sobre os "fundamentos do cristianismo" (:280); mesmo que haja pontos sobre os quais as Escrituras são claras (:269), a certeza pertence ao "dia do julgamento" (:359). Condene-se a blasfêmia (:304), mas para que haja blasfemador, "é necessário que ele o seja segundo sua própria doutrina" (:277). Assim, em nome das prerrogativas que oferece a consciência mesmo equivocada (:291), Bayle propõe uma "verdadeira liberdade de consciência" (:252) e uma "tolerância geral" (:272), extensiva a "todas as seitas", protetora de todos os "heréticos", permissiva com toda "inovação religiosa".

Por outro lado, o fato de que a "consciência" não conhece nenhum limite intrínseco coloca um problema. Se mesmo um assassinato pode ser moralmente motivado (:316), o que não dizer das perseguições religiosas? Bayle, que reconhece aos súditos, quanto às leis de um soberano, o poder de recusá-las se obrigam a agir contra a consciência (:146, 244) ou se cuidam de "matéria de religião" (:237), deve recorrer ao mesmo soberano como maneira de garantir o regime de tolerância (Thierry 1997:75). Com essa preocupação, formula a seguinte regra geral: "Um partido que, se fosse o mais forte, não toleraria o outro, violentando-o em sua consciência, não deve ser tolerado" (:249). A "não tolerância" justifica-se, portanto, quando é "um ato político necessário ao bem público do Estado" (:244), em todos os "assuntos temporais" (ou seja, que envolvem o corpo, os bens ou a honra dos súditos) dos quais os soberanos devem se ocupar. A regra é verdadeiramente geral, pois permanece válida mesmo para um Estado não cristão (:122ss). Ela adota como parâmetros não apenas atos que perturbam a "tranquilidade pública", mas também "opiniões" e "doutrinas" que conduzem aos mesmos atos.

A concepção de "liberdade religiosa" que encontramos em Bayle ficará mais evidente se lembrarmos como a imagina a *Carta* de Locke. Este idealiza um campo religioso — isto é, o conjunto das "igrejas" e seus membros voluntários — no qual seus ocupantes gozam de plenitude civil, compartilhando dos mesmos estatutos que os demais súditos do mesmo soberano. Uma exclusão *a priori* garante que os elementos dissonantes (católicos e ateus) jamais ocupem o mesmo espaço. Já o *Comentário Filosófico* adota uma concepção limitada e contingente quanto à "liberdade de religião". Limitada porque não considera como essencial nem um culto externo, nem a posse de templos públicos, mas apenas o direito de reunião e de prédica (:252). Contingente porque as condições de que goza um grupo religioso dependem diretamente de concessões negociadas com o soberano, ou por ele atribuídas. Quanto ao catolicismo, Bayle recomenda que lhe seja permitido apenas o exercício doméstico do culto; aos seus adeptos, admite restrições legais, incluindo o exílio e o impedimento de ingresso no território (:64, 246). Considera legítimo que se interdite ao ateu, sob pena de "sedição", "disseminar seus sentimentos" (:312-3).[36] Por fim, nada proíbe que o próprio soberano comprometa-se com o sustento e a expansão da religião a que adere. Desde que não pretenda constranger a "consciência" de seus súditos, ele pode ajudá-la materialmente e cuidar da formação de seus pastores (:258), além de patrocinar atividades missionárias (:148, 245).

Quanto ao tema do pluralismo confessional, Bayle e Locke concordam na condenação dirigida ao argumento de que a divisão religiosa é prejudicial ao Estado. Bayle recorre a alegorias musicais para evocar a harmonia que haveria entre as diferentes religiões em um mesmo Estado (:256). Locke, menos poético, retorna o argumento aos seus críticos: "Não é a diversidade de opiniões, mas a recusa de tolerância para com os que têm opinião diversa que deu origem à maioria das disputas e guerras que se têm manifestado no mundo cristão por causa da religião" (:33). Este elogio do pluralismo, no entanto, vem acompanhado, em ambos os filósofos, da injunção a uma postura tolerante por parte de cada uma e todas as igrejas. Se a *Carta* fosse aplicada, "todas as igrejas seriam obrigadas a ensinar e estabelecer como fundamento de sua própria liberdade o princípio de tolerância para com as outras" (:30). E Bayle sugere que devesse existir algo como "pregadores da tolerância", ou seja, predicadores escolhidos pelo príncipe para admoestar as igrejas e os religiosos a não se atacarem uns aos outros senão através de bons exemplos e belas instruções (:270). Isso tornaria menos difícil a tarefa do soberano, de cujas prerrogativas depende o funcionamento dos sistemas imaginados por nossos dois autores.

A *Carta acerca da Tolerância* e o *Comentário Filosófico* foram escritos como libelos em defesa da tolerância, incorporando-se ao movimento que acaba por conferir um sentido positivo à categoria. Pois ainda no séc.XVII, "tolerar" significava sofrer qualquer coisa que não se podia ou conseguia eliminar — guardando assim a conotação que tivera entre os romanos (Head 1998; Wanegffelen 1998:89; Gros 1992:16). No início do séc.

---

36. Laursen (1998b), ao analisar uma outro texto de Bayle (seu *Dictionnaire Historique et Critique*, uma das obras mais disseminadas durante o séc.XVIII), destaca sua conivência com a perseguição que sofreram religiosos que, ele Bayle, designa como "fanáticos", "entusiastas", "profetas". Savanarola, por exemplo, é acusado de subversão política e de profanação religiosa, além de ter suas faculdades mentais postas em dúvida. Se é verdade que em outro escrito Bayle defendeu a possibilidade de um "ateu virtuoso" (Hazard 1961; Thierry 1997; Gros 1992), isso não lhe priva de afirmar que a crença em algo "acima das leis humanas" é o melhor fundamento de uma sociedade (Bayle 1992:312).

XVIII, como registra Hazard (1961:285), "a tolerância mudava de signo e tornava-se uma virtude". E é exatamente como "virtude" que o termo constará entre os verbetes da *Enciclopédie* (1765) (Wanegffelen 1998:199). Durante o mesmo séc. XVIII esboça-se a já evocada "narrativa liberal" (Nederman e Laursen 1996), segundo a qual a valorização genuína de um pluralismo na sociedade foi uma obra original e exclusiva do Ocidente pós-Reforma, sustentada sobre um Estado secular e em filosofias como as de Bayle e Locke.

Já tivemos a oportunidade de observar como a "história política da tolerância" é algo bem mais complicado. A análise que propus dos escritos mais importantes de Bayle e Locke, no sentido de uma "história filosófica da tolerância", evidentemente também não se adequa a essa "narrativa liberal".[37] Vimos que a tolerância defendida por esses filósofos não exclui critérios e mecanismos de intolerância. Em Locke, eles aparecem na forma de limites *a priori*, definidos pela separação, e hierarquização, entre as esferas da "comunidade" e da "igreja". Bayle proclama os direitos morais da "consciência", mas deixa todas as responsabilidades e competências políticas nas mãos do soberano, disso surgindo um mosaico de arranjos sociais entre os Estados e os grupos religiosos. Em ambos, tolerância e intolerância complementam-se.[38] Nessa conjunção, tanto o Estado quanto a religião têm papéis cruciais a desempenhar, lembrando que o que estamos a observar é a fundamentação filosófica de noções modernas tais como pluralismo e liberdade de consciência.

3. Para uma análise das relações entre Estado, religião e sociedade

Bayle e Locke foram erigidos em ideólogos de uma doutrina liberal das relações entre Estado e igreja, ainda que para isso tenha sido necessário considerar apenas parte de seus argumentos. De um lado, tomou-se de Bayle sua defesa dos direitos da consciência; de outro, Locke serviu para mostrar a necessidade da distinção entre as esferas civis e religiosas. A partir daí, elaborou-se um modelo que se realiza plenamente na separação estrita entre Estado e Igrejas e que tem como corolários a isonomia confessional e a privatização da religião (Barbier 1993). Segundo Ferrari (1988), esse modelo consolidou-se na Europa durante a segunda metade do séc.XIX e em termos jurídicos traduzia-se em

---

37. Laursen e Nederman (1996, 1998) vêm procurando apontar para a existência de outras teorias e experiências de tolerância, não só depois como também antes do fim da Idade Média européia. O capítulo do livro de Asad (1993) dedicado às formas específicas, fortemente associadas à religião, de crítica pública existentes na tradição islâmica contribui igualmente para questionar os pressupostos dessa "narrativa liberal".

38. O mesmo se aplica a Voltaire, que se constituiu em um dos principais defensores da "tolerância" no séc.XVIII, tendo contribuído decisivamente para a mudança do estatuto legal dos huguenotes na França (Adams 1991). Ele escreveu em 1763 um *Traité sur la tolérance* (Voltaire

várias exigências: a consagração do princípio da liberdade religiosa, entendida de forma não estrita (ou seja, estendendo-se às práticas e ao proselitismo); a abolição de restrições civis e políticas para os membros de religiões minoritárias; a supressão de toda referência a valores e conteúdos religiosos nas áreas reguladas pela lei; a garantia de existência e de igualdade de condições e de tratamento para todas as denominações; a recusa do estabelecimento de leis derivadas de acordos entre o Estado e representações eclesiais particulares. Para funcionar, esse modelo, uma vez que não abole os pertencimentos e identidades de ordem religiosa, supõe a sua despolitização, de modo a provocar uma dissociação entre o peso quantitativo dos coletivos religiosos e a condução política do Estado.

É preciso, antes de mais nada, reconhecer a enorme força histórica desse modelo de relações entre o Estado e as religiões. Não foi apenas na Europa ocidental e nos Estados Unidos que ele se tornou uma referência em termos de *nation building*. A partir desse berço, parece ter conquistado um estatuto global e desterritorializado, que o recomendava, na condição de solução mais adequada para as "questões religiosas", como norma para toda e qualquer nação que quisesse aceder à "modernidade". O Brasil do fim do séc.XIX enquadra-se certamente nessa situação. A Índia — país cuja lei constitucional adota o "secularismo" — seria outro exemplo da aplicação desse modelo, gerando tensões, contradições e debates analisados por Madan (1997). Curiosamente, muitas vezes essa aplicação suscitou maior afinco e demonstrou mais rigor não no "coração da modernidade", mas fora dele. Dois exemplos interessantes nesse sentido seriam o Uruguai (Costa 1997) e o México (Meyer 1975) da segunda metade do séc. XIX e das primeiras décadas do séc. XX. Quanto aos países que, inspirados em vertentes marxistas, promoveram políticas de oficialização do ateísmo, sua desvinculação com o modelo liberal não parece total, considerados os acordos vistos como necessários com os grupos religiosos majoritários. Por fim, lembremos que não são poucos os casos em que a adoção de regimes mais ou menos "teocráticos" ou a politização de movimentos religiosos fez-se não como perpetuação de uma tradição, mas como reação ao modelo liberal de relações entre o Estado e a religião (Arjomand 1989).

No entanto, não se pode confundir a extraordinária força histórica desse modelo com sua pertinência enquanto instrumento heurístico. Afinal, é muito provável que em nenhum lugar onde se tenha tentado a sua aplicação ele corresponda ao funcionamento efetivo das relações entre Estado e religião. A começar pela própria Europa. Aí, o papel que a religião desempenhou na conformação concreta dos vários Estados-nações do séc. XIX é ineludível. Em muitos casos, o nacionalismo desenvolveu-se não contra, mas em torno de uma tradição religiosa específica (Riis 1998:256). Nesse contexto, o gerenciamento

---

1976) e incluiu dois verbetes sobre o assunto em seu *Dictionnaire Philosophique*, de 1764 (Wanegffelen 1998). Suas elaborações, no entanto, não acrescentam grande coisa aos argumentos de Bayle ou Locke, seja quanto à defesa da tolerância e do pluralismo religioso (que afirma como direito natural e benéficos à sociedade e ao Estado), seja quanto à sua complementaridade com a intolerância (aplicável aos "fanáticos"), seja quanto à conjunção entre ceticismo e compromisso religioso (Voltaire dizia-se teísta, mas duvida de qualquer consenso quanto aos dogmas metafísicos e teológicos). Waterlot (1996) analisa seu "fanatismo da tolerância".

da religião de movimentos políticos ou de grupos étnicos não dominantes estabeleceu-se como uma tarefa fundamental — pois, frequentemente, a religião constituía um fator poderoso de politização (Kerr 1992). Em outros casos, diferentes religiões passaram por evoluções que as converteram em vetores importantes na formação de sujeitos políticos (Van der Veer 1997). Além disso, os projetos coloniais dos vários Estados europeus tiveram na religião uma força e uma variável nada desprezível. Mesmo na atualidade, continua a vigorar na maior parte dos países uma divisão clara, em termos populacionais, entre maiorias e minorias religiosas. Na prática, enquanto se verifica que o sentimento nacional tende a ser mais pronunciado nos países com uma população religiosamente homogênea (Riis 1998: 253), o fato de se pertencer a uma minoria religiosa tem implicações significativas para a inserção de indivíduos e grupos em um Estado-nação (Asad 1992:9).

É mesmo possível atualizar a "política religiosa" de Inglaterra, Alemanha e Estados Unidos para mostrar certas continuidades com suas trajetórias históricas e, desse modo, corroborar a idéia de que o estabelecimento de determinados arranjos de liberdade religiosa e pluralismo confessional não mantêm vínculo necessário com a adoção da separação liberal. Desse ponto de vista, a Inglaterra constitui o caso mais interessante. Aí, continua a não existir nenhuma lei que institua positivamente a liberdade religiosa ou a paridade confessional (Barker 1987 e 1989; Wallis 1988; Bruce e Wright 1995). A Igreja Anglicana ainda é a igreja do Estado inglês, situação que define privilégios positivos (subvenções especiais, assentos na Câmara dos Lordes) e negativos (interferência na nomeação de bispos). Para os demais grupos, não existe um procedimento formal de autorização, mas um estatuto ("*charity*", que concede isenções fiscais) permite distinguir aqueles cuja ideologia e atividades são consideradas de benefício público. Nessas condições, as instituições e práticas religiosas têm sua legitimidade dependentes de uma concessão, assentida, segundo Beckford (1993), aos grupos capazes de provar "que seguem fins religiosos, que não subvertem a religião e a moralidade, e que são do interesse público" (:139). Persevera, portanto, uma identificação entre o acesso a um direito e a concessão de um privilégio, o que não impediu uma enorme pluralização do campo religioso inglês.

Na Alemanha, situações que remetem a arranjos anteriores acomodam-se ao modelo liberal. O processo de unificação no séc.XIX ocorre sob o comando de um príncipe que instituíra uma igreja oficial (Kerr 1992). A Alemanha Ocidental adota em 1949 (reeditando provisões de 1919) um regime que determina a separação entre Estado e igrejas, consagra a liberdade religiosa e a isonomia confessional (Champion 1993). No entanto, a concepção implícita do Estado alemão institui com as religiões uma relação de "parceria" (Messner 1988), garantindo a proteção de seus bens e permitindo dotações públicas, além de manter um ensino religioso nas escolas públicas. Para obter o registro jurídico como associação religiosa, um grupo deve submeter seu pedido à apreciação de um juiz. Além disso, existem instituições religiosas que possuem o estatuto de "corporações de direito público", o que lhes permite valer-se dos impostos de seus membros (Messner 1988). Esse estatuto beneficia especialmente a Igreja Católica e as instituições membros da Igreja Evangélica protestante, as duas religiões majoritárias em número de fiéis, situação que reedita, em um quadro constitucionalmente liberal, a associação entre o Estado e a "religião do território".

Nos Estados Unidos – que nos acostumamos, juntamente com a França, a entronar como realização mais acabada do modelo liberal – circunstâncias concretas qualificam o regime geral de separação entre Estado e Igrejas. Instâncias administrativas, particularmente aquelas responsáveis pela política fiscal e imigratória, têm um papel importante no estabelecimento das condições de existência de muitos grupos religiosos (Richardson 1988). No entanto, as definições de liberdade religiosa e os limites do pluralismo religioso são fundamentalmente o produto do arbitramento judiciário (Zylberberg 1990). Em especial depois da II Guerra, os tribunais vieram a desempenhar uma função central nas relações entre Estado e religião, pois estipularam jurisprudencialmente as interpretações cabíveis às cláusulas da Primeira Emenda. A observação das regras que derivaram dessas interpretações demonstra tanto a possibilidade de relações positivas entre o Estado e certos grupos religiosos, quanto a instituição de limites ao princípio da liberdade religiosa, gerando, nos dois casos, questionamentos sobre os parâmetros do envolvimento estatal nos assuntos religiosos. Por um lado, decidiu-se que a "neutralidade" do Estado não é abalada quando se beneficia oficialmente um grupo religioso específico em virtude de "propósitos seculares"; por outro, através de diferentes critérios, manteve-se a subordinação da "autonomia" das instituições e práticas religiosas a princípios normativos mais gerais (Carter 1994; Thiemann 1996; Robbins 1987a e 1993; Demerath e Williams 1987; Davis 1996; Williams 1995; Drinan 1997; Richardson 1995b).

Voltemos à Europa, onde a Inglaterra não é o único lugar no qual proteções em prol do pluralismo e autonomia confessionais convivem com a persistência de igrejas oficiais ou favorecidas pelo Estado. No séc. XIX, o regime jurídico dominante foi o da oficialização de religiões, criando "este conceito algo ambíguo de um Estado secular emergente que de fato ainda dava privilégios para certas igrejas" (Kerr 1992: 7). No séc. XX, mesmo em Estados sem igrejas oficiais, são vários os mecanismos de reconhecimento ou distinção de grupos religiosos, como ilustra o caso da Alemanha. Ferrari (1988) contabilizava nada menos do que 12 concordatas entre Estados europeus e o Vaticano. Em vários países (como a Espanha, a Itália e a Áustria; e no projeto de lei apresentado pelo governo português), acordos particulares com representantes de grupos religiosos estabelecem a situação legal destes. Diversos também são os arranjos que permitem subvenções governamentais, impostos eclesiais, isenções fiscais, ensino religioso em escolas públicas e a existência de leis anti-blasfêmia. Assim como a separação pode conviver com formas de reconhecimento da religião pelo Estado, os enunciados jurídicos que consagram a liberdade religiosa são contrabalançados por condições mais ou menos vagas a respeito de sua adequação a princípios gerais.[39] Esses arranjos refletem-se nas causas apreciadas pela Comis-

---

39. Nas constituições de vários países, e não apenas dentro da Europa, é comum existirem restrições à "liberdade religiosa" formuladas em termos de "ordem pública" ou "bons costumes", ou ambos (Markoff e Regan 1987; Duffar 1995). O mesmo ocorre em convenções internacionais (Duffar 1996).

são Européia de Direitos Humanos, que se dividem entre casos de protestos contra limitações à liberdade religiosa e reclamações contra exigências compulsórias que beneficiam igrejas dominantes (Richardson 1995a).[40]

O questionamento do modelo liberal como instrumento heurístico permite formular algumas exigências analíticas que procuro aplicar na abordagem das situações que se configuram na França e no Brasil. Em primeiro lugar, adotar a noção de "separação" enquanto referência equivaleria não apenas a impor à realidade um modelo que jamais se realizou historicamente, mas também pressupor, tal qual fazem alguns autores (Kelley 1990; Finke 1990), que pudesse haver um grau zero de regulação estatal da religião. Mas, se há algo constante nas histórias políticas e nas elaborações filosóficas que acompanhamos, trata-se examente do fato de que o Estado moderno nunca se desinteressou da "religião" e de que a "religião" ao reivindicar seus "direitos" teve de considerar o Estado. Ou seja, o próprio modo pelo qual a modernidade define a "religião" estabelece um vínculo estrutural com o Estado.[41] Sendo assim, o foco analítico deve recair sobre as formas de *relação* entretidas entre Estado e religião, considerando-se o modelo da separação como apenas uma de suas modalidades.[42]

Em segundo lugar, a noção de "separação" torna-se inadequada em virtude de seu viés exclusivamente macropolítico e estatocêntrico. O modelo da separação possui sua formulação clássica num quadro de alternativas que o justapõe à "teocracia" e ao "cesaropapismo", duas formas, simetricamente opostas, de vinculação e atrelamento entre Estado e igrejas (Robertson 1987b; Ferrari 1995; Cifuentes 1989). Desse modo, o quadro distingue arranjos macropolíticos entre poder e religião, frequentemente expressos em ordenamentos jurídicos constitucionais (ou equivalentes) e efetivados através de interações meramente institucionais. Depois do que vimos, permanecer nesse nível seria evidentemente restringir a análise a um aspecto parcial e provavelmente menos importante da realidade. Sem deixar de atentar para macro-

---

40. Para quadros gerais sobre a relação Estado e grupos religiosos na Europa, ver Champion (1993), Francis (1992), Messner (1999), Duffar (1995), Martin (1978), Richardson e Van Driel (1994). Para o caso dos países nórdicos, ver Gustafsson (1990); para a Espanha, Rozemberg (1997).

41. Ao mesmo tempo, essa regulação deve ser considerada em sua elaboração específica em relação ao domínio religioso. O que significa não ser necessário, e nem mesmo adequado, partir de uma teoria geral do Estado, como propõe Zylberberg (1990), para explicá-la. A mesma razão justifica porque tratar das formas recentes de expansão das atribuições e poderes do Estado e de reconfiguração das partições entre "público" e "privado" (Cochran 1987; Robertson 1987b, 1989; Beckford 1985, 1993) é insuficiente para dar conta das relações entre Estado e religião. Mesmo nessas situações, a interferência do Estado sobre a religião depende de justificativas específicas e obedece a um padrão próprio de regulação.

42. Essas considerações valeram-se da inspiração suscitada particularmente por alguns textos: Van der Veer, ao vincular os processos de *state-formation* e de *location of religion in society* (1995), e em suas sugestões mais específicas sobre "graus de laicidade" de um Estado (1997: 100); Bax (1991), que se interessa pelas conexões entre processos de *state-formation* e "regimes religiosos"; Ferrari (1995), ao apontar as contradições e variantes do modelo liberal de relações entre Igreja-Estado.

ordenamentos jurídicos e macro-interações institucionais, é preciso enfocar a variedade de mecanismos e dispositivos concretos de regulação da religião.[43]

No plano do Estado, três dimensões merecem ser destacadas: a da geração e tratamento de informações oficiais; a dos termos, procedimentos e implicações de uma existência jurídica; a da organização dos aparatos e burocracias estatais. Em cada uma dessas dimensões, interessa saber se e como a "religião" — ou categorias que a pressuponham, dela dependam ou nela impliquem — adquire distintividade e estrutura formas de reconhecimento simbólico e/ou de transferência material. O Estado, no entanto, constitui apenas um dos planos da análise. Na medida em que a "religião" identifica um campo social específico, torna-se necessário observar como se organizam e como se comportam os agentes que são ou estão localizados no interior desse campo. É possível se deparar tanto com movimentos que desafiam os critérios estabelecidos para a definição do "religioso", quanto com movimentos que, identificando-se com esse campo, pretendem colaborar para a sua delimitação e configuração. Enfim, um terceiro plano de observação levaria a análise a se interessar pelas outras instâncias e personagens sociais que, consideradas certas conjunturas, interferem na regulação do "religioso" em uma dada sociedade.

Nessa perspectiva, a abordagem das controvérsias a respeito de determinados grupos, envolvendo um debate sobre o lugar e o estatuto do "religioso", passa a ter importância fundamental. Pois é exatamente aí que encontramos os diversos atores sociais implicados nos dispositivos regulatórios. A rigor, "Estado", "religiões" e "outras personagens" passam a ser observados através das instituições, agentes, discursos e práticas específicas que concretamente se apresentam em situações dadas e que na sua interação (re)definem as configurações e os significados do "pluralismo confessional" e da "liberdade religiosa". Vimos que esses termos, quando analisados historicamente, desvelam trajetórias e elaborações localizadas; atualmente, seu significado volta a estar no centro de disputas e deslocamentos. A partir disso, as macro-configurações que caracterizam certas sociedades podem ser vistas não apenas pela referência a modelos de relação entre Estado e religião, mas também como resultantes do funcionamento efetivo de dispositivos que envolvem uma multiplicidade de mecanismos, representações e agentes sociais.

Ao utilizar o termo "regulação" para expressar meus propósitos, não me refiro à evidência banal de que as religiões cultivam concepções e práticas e desenvolvem formatos que, de alguma forma, estão relacionados com a sociedade em que se inserem. Por outro lado, tampouco desejo subscrever à afirmação absurda de que os grupos religiosos teriam sua natureza determinada por regras externas ao seu domínio. O termo, na maneira que o utilizo aqui, vem associado à constatação de que vivemos em sociedades que concebem o mundo como algo repartido em esferas, entre as quais figura a " religiosa", e que preci-

---

43. Essa perspectiva é incorporada no texto de Wallis (1988), que se utiliza da noção de *low-level regulation* para tratar das diferenças entre a Inglaterra e os Estados Unidos quanto às relações da sociedade com os novos grupos religiosos. A análise de Passas (1994) ajuda a perceber como funciona na prática um "mercado religioso" que se pretende "livre".

sam elaborar formas de administrar essas repartições. Essas formas, compostas por representações, instituições e práticas, são definidas historicamente e podem sofrer mutações, mais ou menos aceleradas. O Brasil e a França contemporâneos apresentam situações que, a um só tempo, servem para revelar padrões históricos e provocam transformações que dialogam com configurações estabelecidas. Observar as controvérsias sobre a IURD no Brasil e sobre as "seitas" na França remete diretamente para os (re)dimensionamentos por que passa a "religião" dentro do quadro da modernidade; mas serve também para revelar algo sobre as sociedades onde as controvérsias se passam.

4. Uma comparação entre a França e o Brasil

Creio agora ser possível recolocar, em um quadro melhor estabelecido, o objetivo deste trabalho: analisar as controvérsias em torno das "seitas" na França e da IURD no Brasil e a partir disso problematizar os dispositivos de regulação do religioso constituídos nessas duas sociedades. A escolha dos dois países, faço questão de dizê-lo, não deriva de uma seleção cuidadosa diante de outros candidatos possíveis. Controvérsias sobre "novos movimentos religiosos" que mobilizam debates sobre os critérios do "religioso" vêm ocorrendo desde o final da década de 1960 em dezenas de países, em várias regiões do mundo.[44] Não posso assegurar que Brasil e França constituam os melhores laboratórios para pesquisar o assunto, nem pretendo remediar essa incerteza mantendo a preocupação comparativa que se manifesta nesta parte introdutória. Contemplar adequadamente o material que recolhi referente aos dois países aconselhava uma necessária restrição. Mas por que então Brasil e França? As razões, como quase sempre, ultrapassam escolhas guiadas exclusivamente por "critérios acadêmicos". Meu interesse pelo problema das relações

---

44. Uma lista (não exaustiva) de países cujos governos promoveram ou solicitaram pareceres a respeito de um ou vários novos movimentos religiosos, mesmo sabendo que geralmente o Estado é um dos últimos a participar das controvérsias, serve para dar uma noção do volume e diversidade de casos: relatórios sobre a Cientologia no estado de Victoria, Austrália (1965), na Inglaterra (1971) e na África do Sul (1973); relatório sobre os Meninos de Deus no estado de New York, EUA (1973); relatório sobre "grupos de desenvolvimento mental, seitas e cultos" para a província de Ontario, Canadá (1980); estudo e publicação sobre "religiões jovens" na Alemanha Ocidental (1980 e 1981); investigação sobre "novos movimentos religiosos" pelo parlamento holandês (1984) - cf. Beckford (1985:287). Em 1988, um debate sobre "cultos pseudo-religiosos" ocorreu na Câmara dos Lordes do parlamento inglês (Beckford 1993). Mais recentemente, tem-se: comissão parlamentar e relatório na Alemanha; centro de documentação e informação na Áustria (1999); comissão parlamentar (1997), observatório e comitê na Bélgica; comissão parlamentar na Suécia (1997); preparação de um relatório em uma província italiana (1998). Lembro ainda as mudanças legislativas sobre grupos religiosos na Rússia e as movimentações em órgãos da Comunidade Européia. O Parlamento Europeu aprovou em 1984 uma moção sobre os "novos movimentos religiosos"; em 1998, uma de suas comissões aprovou uma resolução sobre as "seitas". Já o Conselho Europeu em 1992 decidiu por uma recomendação relativa às "seitas e novos movimentos religiosos" (Richardson 1995a) e em 1999 discutiu outra acerca das "ativida-

entre religião e sociedade no Brasil é anterior à pesquisa que originou este trabalho; na França estive durante um ano, e confesso que o que me atraía lá não era apenas a controvérsia sobre as "seitas". A princípio, aliás, quanto à pesquisa, considerava a estadia como uma oportunidade para ter acesso a bibliografias teóricas e históricas e para incorporar um contraponto que auxiliasse a melhor situar a análise sobre o Brasil. No entanto, logo percebi que estava diante de quadros semelhantes: controvérsias de enormes dimensões e pouco estudadas por outros cientistas sociais.

Quem quer que abrisse um dos jornais brasileiros de circulação nacional durante o último quadrimestre de 1995 provavelmente encontraria alguma notícia sobre a IURD; nelas veria não apenas a abordagens de jornalistas, mas o registro das opiniões de articulistas, produtores culturais, intelectuais de muitas espécies, autoridades de vários tipos e escalões, parlamentares e políticos — todos a descrever, classificar ou denunciar a Igreja, seus dirigentes e seus oficiantes. Na França, embora a mídia também seja pródiga, desde os anos 70, em materiais sobre as "seitas", nada deixa mais evidente o estatuto desse problema do que a criação, a partir de 1996, de órgãos oficiais, primeiro o Observatoire Interministériel sur les Sectes, depois a Mission Interministérielle de Lutte contre les Sectes. Apesar disso, tanto no Brasil quanto na França os cientistas sociais produziram até agora poucas análises própria ou especificamente sobre as controvérsias. Aqui, proliferaram os estudos sobre vários aspectos da IURD, enquanto que as controvérsias ao seu redor, geralmente tratadas como obstáculos para apreciações menos envolvidas, ganharam abordagens pouco aprofundadas.[45] Lá, os grupos comumente designados como "seitas" raramente se tornaram objeto de estudos importantes, enquanto que o que se publicou sobre a controvérsia, além de privilegiar visadas mais generalizantes, mantém – por razões que depois discutiremos – um estatuto ambíguo, entre a análise e a intervenção.[46]

---

des ilegais de seitas". Frigerio (1993, entre outros) estudou o caso da Argentina. No México, um grupo chamado La Luz del Mundo foi o pivô de controvérsias amplas (cf. Revista Académica para el Estudio de las Religiones, 1997). Na China, a partir de 1999 o governo tomou providências drásticas em relação ao grupo Fa Lun Gong. Em Portugal, a própria IURD tornou-se alvo de polêmicas especialmente desde 1993, contribuindo para o quadro que resultou na discussão de uma nova lei de liberdade religiosa (Mafra 1999).

45. Até onde sei, os textos, todos artigos, que, de algum modo, se debruçaram propriamente sobre a controvérsia acerca da IURD limitam-se aos seguintes: Pierucci (1996), Birman (1996) e Burity (1996). À exceção de Frigerio e Oro (1998), não existe nenhum estudo comparativo sobre controvérsias acerca de NMRs que inclua o Brasil.

46. Mayer (1985), Introvigne e Melton (1996), Champion e Cohen (1996), Schlegel (1997), Luca e Lenoir (1998), Champion e Cohen (1999a), Hervieu-Léger (1999b) são, até o início de 1999, artigos e livros que analisam/ participam da controvérsia. Beckford incluiu a França em seu estudo comparativo das controvérsias sobre "NMRs" (Beckford 1983, 1985; Beckford e Lavasseur 1986). Mais estritamente analíticos são os trabalhos de Blanchard (1998) e Duvert (2000), que cobrem apenas algumas dimensões da controvérsia. Curiosamente, a pesquisa mais acurada de certos aspectos da atividade das associações anti-seitas na França é conduzida por Patrícia Birman, antropóloga brasileira (Birman 1999).

Então por que não Brasil e França? Justificada a pertinência do estudo das situações que se configuravam nos dois países, havia ainda um duplo risco em uma comparação envolvendo esses termos. O primeiro era o de reproduzir uma assimetria, que se manifesta, por exemplo, na adoção de dicotomias mais ou menos carregadas de julgamentos de valor, em função das quais França e Brasil evocam sempre uma oposição: moderno/tradicional, central/periférico, Primeiro/Terceiro Mundo, (ex-)metrópole/(ex-)colônia. O mesmo poderia ocorrer em relação ao tema específico deste trabalho. Enquanto a França, por seu compromisso com a "laicidade", corresponderia à realização mais próxima do modelo da separação entre Estado e Igrejas, o Brasil ficaria na posição de um aprendiz pouco aplicado, uma vez que tendo abraçado o mesmo modelo jamais deixara de ser um "país religioso". O segundo risco era o de ratificar os resultados de certas impressões mais imediatas e gerais. Quando tentava explicar na França como no Brasil a sociedade reagia diante de "seitas", minhas palavras suscitavam invariavelmente a imagem — invejável, para alguns; lamentável, para outros — de um país "mais tolerante".[47] Seria, enfim, possível reforçá-la apelando para análises pertinentes sobre as diferenças em termos de *nation building*, a França optando pela unicidade homogeneizante controlada pelo Estado, o Brasil preferindo as mediações, acordos e interpenetrações que partindo da sociedade acabam por envolver o Estado.

Os riscos apresentados por essas vias interpretativas não derivam propriamente de sua falsidade. Em certos sentidos, a França é efetivamente "mais laica" que o Brasil e aqui encontramos "mais tolerância" que lá. Creio, inclusive, que, adotadas de forma sofisticada, essas categorias sejam elucidativas quanto às duas realidades nacionais. O problema é que, reconhecida sua pertinência, elas tendem a se afirmar *sempre* como verdadeiras, reproduzindo-se automaticamente como interpretações globais daquilo que pretendem explicar — a ponto de se tornarem elas mesmas parte da situação a analisar e armadilhas como instrumentos heurísticos. Pois tanto a "laicidade" quanto a "tolerância" são categorias que tendem a remeter para modelos, que, tal como ocorre com o princípio da separação entre Estado e Igreja, cabe não confundir com descrições da realidade. Trata-se, nas palavras de P. Veyne, de "grandes máquinas de imagens", que devem ser abertas "para ver funcionar no interior os mecanismos mais ardilosos..." (Veyne 1990:59). Foi essa a pista que segui, propondo uma perspectiva que, ao invés de partir do conceito de "laicidade", investe sobre as modalidades de *relação* entre Estado e religião e que, deixando de lado a noção de "tolerância", direciona o foco sobre os dispositivos de *regulação* do religioso. Dessa maneira, França e Brasil aparecem como campos simétricos e problemáticos de pesquisa.[48]

Evidentemente, essa opção produz seus próprios riscos, entre os quais o mais grave parece ser o de perder a densidade de cada uma das situações analisadas. O afã de revelar

---

47. Essa avaliação não deixa de ser ratificada pelo relatório americano sobre a "liberdade religiosa no mundo", uma vez que, ao contrário da França, o Brasil não consta na lista dos países infratores.

48. Dessas razões decorre meu distanciamento em relação à chave interpretativa adotada por Beckford (1985), considerando as diferenças nacionais em termos de padrões de reação moldados por características culturais que predominariam em cada país considerado.

a comparabilidade de realidades aparentemente incomensuráveis poderia resultar em uma investigação obcecada em localizar diversas simetrias em *todos* os planos e os *mesmos* problemas em lugares diferentes. Como precaução, adotei uma solução algo radical, pois mantenho quase sempre isolados os termos da comparação. Desse modo, também quase sempre impedi a visibilização dos fluxos que possam existir entre o Brasil e a França a propósito da religião e de sua regulação, assim como de eventuais referências mútuas. Por exemplo, deixo de lado as menções recorrentes à França por ocasião das discussões que definiram o arranjo das relações entre Estado e Igreja no início da República, assim como não exploro o fato de que duas das "seitas" na França (incluindo a IURD) são originárias do Brasil. Por outro lado, ao preservar como autônomas as duas realidades, consegui mais facilmente explorar suas especificidades, que não são poucas e nem superficiais. Elas aparecem em vários planos: nos arranjos jurídicos em que se traduzem os regimes de separação; na natureza, na relevância e no modo de intervenção das personagens das controvérsias atuais; nos grupos que causam as maiores reações; nas razões das polêmicas. A mesma preocupação com as especificidades fundamenta o próprio recorte do objeto, que remete a um coletivo em um caso ("seitas"), e a um único grupo no outro (IURD).

A organização e a distribuição das partes e dos capítulos procura transmitir essa tentativa de conjugar a mesma apreensão das linhas de força que produzem situações singulares e a comparação entre realidades igualmente forjadas a partir do funcionamento de mecanismos diversos de regulação do "religioso". Inicio na França, buscando nos três capítulos que formam a primeira parte mostrar como diversas personagens sociais se posicionam em relação a um dispositivo geral voltado para a identificação de "seitas". Certas associações anti-seitas e certos aparatos estatais desempenham papel central nesse dispositivo, mas ele consegue também abarcar jornalistas, representantes religiosos e cientistas sociais. A parte seguinte problematiza os modos de relação do Estado francês com a religião e as instituições religiosas, interessando-se pelas formas através das quais neles interferem as resultantes das controvérsias sobre as "seitas". Depois, passo ao Brasil, procurando inicialmente apresentar a configuração de relações Estado/religião que se definiu a partir de certo entendimento da "liberdade religiosa", o que conduz a uma análise histórica de determinados aspectos da "política religiosa" da República em suas primeiras décadas. A última parte, dividida em quatro capítulos, começa justificando a escolha da IURD (ao invés das "seitas") como referência comparativa e prossegue com a delimitação de quatro campos onde esse grupo é problematizado. O primeiro deles, tratado no capítulo 5, tematiza alguns aspectos do conhecimento produzido por intelectuais religiosos e acadêmicos sobre a IURD, apontando para suas preocupações comuns e suas implicações para a controvérsia. Os demais campos, enfocados sucessivamente nos capítulos 6, 7 e 8, revelam tentativas paralelas de regulação a partir de instâncias judiciárias e de entidades religiosas, acompanhadas e redobradas pela abordagem propriamente jornalística.

Enquanto as partes inicial e final contemplam situações relativamente recentes, não retrocedendo além das décadas de 1970 ou 80, problematizando as formas e as resultantes das controvérsias do ponto de vista da regulação do "religioso", as partes intermediárias deslocam-se livremente no tempo para mostrar os vínculos que se tecem entre passado e presente quanto às relações entre Estado e religião nos dois países, tomando como referência o momento da separação Estado/Igreja(s), que na França ocorre em 1905 e no Brasil em 1890. Conjugando essa simetria com a organização dos capítulos, quis produzir a possibilidade de uma dupla leitura: há uma parte sobre a França e outra sobre o Brasil, mas há também uma análise de duas controvérsias semelhantes e outra análise sobre dois arranjos de relações entre Estado e religião. Tomando como referência as partes correspondentes a cada um dos países, há uma inversão na ordem de apresentação que procura traduzir um aspecto da interpretação: na França, a controvérsia sobre as "seitas" *remete* (revelando e reformulando ao mesmo tempo) aos dispositivos de regulação do religioso que se forjaram ao longo do tempo; no Brasil, a controvérsia acerca da IURD constitui a conjuntura mais recente na qual se *atualizam* os dispositivos de regulação do religioso acionáveis a partir de uma determinada solução histórica para o problema da "liberdade religiosa". Quanto a iniciar com a França, isso se deve ao fato de que as questões que privilegio ganham lá contornos mais nítidos, propiciando certos parâmetros para o enfoque da realidade brasileira. Mas noto também que, em contrapartida, os capítulos da última parte comportam o material que consistia no embrião da pesquisa, acumulado quando não podia olhar a realidade francesa senão sob a perspectiva dos problemas que surgiram no Brasil.

5. Discursos plenos de realidade

Ao fazer a opção pela abordagem de controvérsias sociais, como explicitei no início desta introdução, sabia estar renunciando a dois procedimentos consagrados pela "antropologia da religião": a pesquisa de "grupos" enquanto fragmentos delimitados de uma dada sociedade e a possível utilização de uma série de conceitos bem consolidados a partir da noção de "religião" ("crença", "ritual", "sagrado", etc). No momento em que me preocupo em apresentar as formas através das quais obtive os dados que serão adiante discutidos, percebo que tampouco segui a alternativa mais convencional em se tratando de uma pesquisa antropológica. É verdade que realizei algumas observações nas sedes de associações anti-seitas na França e em congressos de cientistas sociais. Cheguei a frequentar alguns cultos da IURD, no Rio de Janeiro e em Paris. Também entrevistei algumas pessoas, no Brasil e na França, cujas opiniões se revelaram acessíveis e que considerei relevante registrar. No entanto, a maior parte de meus dados proveio de fontes textuais ou documentais. Essa quase ausência do "trabalho de campo" resulta de uma opção, opção que contem em si um certo modo de praticar a antropologia mais preocupado com uma perspectiva do que com objetos ou técnicas de pesquisa que essa disciplina consagrou ao longo do tempo. Gostaria então de caracterizar a alternativa que se desenhou a partir daquela opção metodológica e desta definição da disciplina.

Devido à variedade e ao volume de referências, seria maçante e inoportuno detalhar aqui as fontes e os itinerários do trabalho.[49] Mas, em termos esquemáticos, pode-se destacar dois grandes grupos. Utilizei ao longo de toda a pesquisa muitas fontes produzidas em um contexto jurídico, desde legislações, jurisprudências e comentários especializados até autos de processos judiciais específicos. Além disso, coletei e consultei diversas formas de registro textual dos posicionamentos e intervenções das personagens que participam das controvérsias nos dois países. Na França, a centralidade de aparatos estatais outros que os judiciários e das associações anti-seitas obrigaram-me a um investimento sem necessidade de correspondência no Brasil; completam o conjunto de fontes o material produzido por jornalistas e pelos representantes de igrejas cristãs tradicionais. No Brasil, comparativamente, privilegiei os registros da mídia, de intelectuais e líderes ligados a igrejas cristãs tradicionais e organismos "ecumênicos", de entidades religiosas representativas no universo protestante, e do grupo acusado. Tive ainda a necessidade de realizar uma incursão historiográfica a materiais que permitissem acesso ao processo de separação entre Estado e Igreja e aos seus resultados no Brasil, tema que na França conta com imensa quantidade de estudos sistemáticos.

Outros registros que foram incorporados à pesquisa nos dois países remetem a outra personagem da controvérsia, os cientistas sociais. Isso merece um comentário especial. Parto da constatação de que as intervenções e até o conhecimento produzido pelos cientistas sociais, na medida em que se dirigem aos mesmos grupos e realidades que se tornaram o objeto de contestações, passaram a fazer parte da própria controvérsia geral. Afinal, de toda maneira, o conceito de "religião" (e outros que dele dependem), longe de evocar apenas um construto inocente e meramente intelectual, ganha a possibilidade de ser avaliado por suas aplicações e implicações na sociedade. Além disso, os cientistas sociais são envolvidos ou protagonizam inserções concretas nas controvérsias: declarações à imprensa, assessorias e participação em eventos promovidos por grupos controversos ou por seus observadores e delatores, intervenção como testemunhas e *experts* em ações legais, tentativas de "mediação" entre partes em disputa, defesa ou acusação de grupos em nome de princípios genéricos.[50] Procuro então dar conta da inserção dos cientistas sociais nas controvérsias que se desenrolam na França e no Brasil, atentando para as especificidades de suas posições nos dois contextos e problematizando as relações entre a produção de conhecimento e suas implicações e usos sociais. Daí a opção de postergar certas discussões bibliográficas para situá-las em quadros mais circunstanciados.

---

49. Transferi essa descrição para um apêndice, juntado aos anexos.

50. Ver Barker (1986, 1994), Barker e Meyer (1995), Introvigne e Melton (1996). Essas diferentes intervenções suscitaram entre a comunidade de estudiosos questionamentos, na forma de reflexões genéricas, em torno dos temas da "neutralidade ética" e das condições de "objetividade". Ver o dossiê de *Sociological Analysis* [44(3), 1983] cujo pivô são as relações entre certos cientistas sociais e a Igreja da Unificação, do Reverendo Moon, e os textos de Robbins (1995b), Bromley, Hammond e Hadden (1987) e Shupe e Bromley (1980b).

Isso significa que o estatuto dos cientistas sociais em meu trabalho oscila entre o de interlocutor e o de objeto. Pois, de fato, a realidade que problematizo tende a dissolver a distância entre "observadores" e "nativos". De um lado, o etnógrafo converte-se em "nativo", uma vez que participa à sua maneira das controvérsias sociais sobre certos grupos; de outro, os participantes das controvérsias convertem-se em "observadores" na medida em que podem estar interessados ou ser influenciados pelo saber que o etnógrafo produz a seu respeito. Não creio que caiba encarar essas "conversões" e seus efeitos como obstáculos que devam ou mesmo possam ser ultrapassados, em nome de prescrições supostamente mais rigorosas de "neutralidade" ou "objetividade". Parece-me que, ao contrário, o mais interessante é assumir essas implicações, considerando as possibilidades de reformulação dos problemas que estudamos como a forma específica de *intervenção* aberta aos assim chamados cientistas sociais. Daí que o trabalho encerre exatamente com uma reflexão, respaldada pelas situações concretas analisadas, acerca do lugar e do papel dos cientistas sociais em controvérsias sobre o estatuto do "religioso", e com considerações que, em função de suas implicações políticas e epistemológicas, levariam a redimensionar a própria noção de "religião".

Mas essas não são as únicas consequências do redimensionamento da distância entre "observadores" e "nativos". Ela define, na verdade, os traços cruciais da situação que transformei em objeto de pesquisa. É exatamente para cobrir esse recorte que privilegio a análise e sistematização de fontes textuais e documentais, pois elas, mais do que outras, captam as dimensões mais significativas de controvérsias *públicas* — pelos espaços nos quais se desenrolam, pelas conotações que possuem, pelas resultantes que engendram. Nesse quadro, "fazer trabalho de campo" ora dependia de situações de investigação complicadas de produzir (acompanhar o trabalho de militantes, jornalistas, profissionais de aparatos estatais),[51] ora resultaria (no caso de entrevistas) em dados cuja relevância não pode ser avaliada fora do contexto de intervenções de outra natureza. Assim, embora um maior volume de observações e entrevistas certamente ajudaria a aprofundar pontos abordados e a revelar outros, o problema que se tornou o objeto de minha pesquisa tornara imperativo o privilégio às fontes textuais, que já possuíam uma dimensão mais ou menos pública. Não se trata, portanto, de uma desvalorização do trabalho de campo, mas da preferência por técnicas que viabilizassem de outra forma os ideais da observação direta e contextualizada de fenômenos sociais.

---

51. De todas as possibilidades, penso que a observação das atividades das associações anti-seitas é a que mereceria maior atenção. No entanto, para ser sistemática e aprofundada, ela requer uma negociação arriscada, o que me fez optar por uma abordagem mais rápida e por isso mais segura em relação à obtenção de dados essenciais, ganhando tempo para aprofundar outros aspectos da realidade francesa. Já com relação ao Brasil, certamente teria sido interessante acompanhar de perto algumas das personagens durante o período em que a IURD ficou mais em evidência (final de 1995 e início de 1996); no entanto, só comecei a trabalhar na pesquisa a partir de meados de 1996.

O privilégio aos textos, no entanto, está conjugado a uma espécie de abordagem que se recusa terminantemente a *textualizar* o objeto. Ou seja, não interpelo ou elaboro os dados que coletei a partir de uma perspectiva hermenêutica, preocupada apenas em desvendar o significado dos enunciados a partir de sua lógica própria e como se fossem totalidades auto-contidas e auto-suficientes, mas os considero propriamente como o registro de intervenções, que necessitam ser vistas em sua estruturação interna, mas também em suas referências mútuas e especialmente em seus efeitos específicos e conjugados. Em outras palavras, trato os registros textuais como *atos*, considerando-os pelas interações em que se envolvem e pelos resultados que produzem. Nessa perspectiva, a linguagem participa da realidade, atuando como uma força objetiva. Em contrapartida, as situações que elegi como objeto de pesquisa levam a ver a realidade como algo constituído por discursos estruturados enquanto linguagem. Pois é através de discursos (os quais necessariamente acompanham ações e iniciativas) que ocorre a participação das diversas personagens nas controvérsias pelas quais me interesso. Como afirmei, esses discursos produzem resultados, os quais se estabelecem em vários níveis, definindo desde a sorte de certos grupos que se tornam o alvo de controvérsias, passando pelo tipo de mobilização que se forma para atacá-los, até o estatuto e o lugar da "religião" enquanto domínio específico de uma sociedade. Em função disso, pode-se dizer que este trabalho trata não apenas das polêmicas sobre alguns grupos, mas também das sociedades onde elas ocorrem.

Afinal, como argumenta B. Latour (1994:91-102), por que a antropologia deveria se contentar em "estudar os aspectos marginais de sua própria cultura", depois que, "enviada aos trópicos", acostumou-se a tratar das instituições centrais ou a desvendar a lógica geral das sociedades que escolheu como objeto? Para chegar a isso, no entanto, é preciso negar que uma "antropologia das sociedades complexas" esteja restrita a se realizar pelo estudo de grupos específicos e delimitáveis dessa sociedade. A relação das partes com o todo ou é abandonada ou suposta por algum tipo de relação nunca livre de contestação. Uma alternativa apresenta-se na idéia de que se pode saber algo sobre uma sociedade em sua totalidade sem precisar abarcá-la em um único olhar, mas acompanhando as interações e os fluxos resultantes da atividade de vários de seus elementos. A exigência crucial consiste na articulação entre níveis micro e macro. Esta é, em termos gerais, a perspectiva do empreendimento antropológico que informa este trabalho, insistindo na idéia de que a "religião" é um tema chave para realizá-la. Penso que as controvérsias que ocorrem na França e no Brasil, ao mobilizarem várias instituições e dispositivos importantes, revelam algo sobre as respectivas sociedades e sobre certas transformações que nelas ocorrem. As análises distribuídas pelos nove capítulos mantêm uma preocupação nesse sentido. Na conclusão, além do tema da inserção dos cientistas sociais nas controvérsias, retomo o problema das relações cruciais entre religião e modernidade e busco sistematizar os efeitos mais gerais, no plano da constituição de ambas as sociedades, das polêmicas envolvendo as "seitas" na França e a IURD no Brasil.

Assumida a perspectiva que subscrevo aqui quanto à antropologia, segue-se que, do ponto de vista de objetos e métodos, certas distinções disciplinares perdem muito de seu sentido. Portanto, se em termos de suas fontes este trabalho demonstra mais similaridades com o empreendimento do historiador do que com os do etnógrafo, que isso seja visto como um compromisso com uma "história do presente", na acepção próxima da que Foucault emprestou a essa expressão. De fato, uma de minhas preocupações essenciais consiste em conferir extensão às situações recentes que analiso através de incursões, em graus variados, ao passado. Ao mesmo tempo, se em termos de seu objeto este trabalho remete para problemas de que se ocupa mais o sociólogo do que o antropólogo, que isso seja tomado como expressão da tentativa de empreender uma "sociológica da cultura", em um sentido semelhante àquele que Wittgenstein imprimiu ao estudo da linguagem (na verdade, das categorias de pensamento) quando propôs que nos interesássemos pelos seus usos. Pois nada esteve mais no centro de minhas pretensões do que a possibilidade de entender o significado de certas categorias dentro de um conjunto de discursos e intervenções articulados por personagens e instituições sociais. Ao fazê-lo, creio poder demonstrar a importância que a religião, enquanto categoria e enquanto algo que mobiliza realidades – constituindo representações e práticas que a antropologia, mais do que qualquer outra disciplina, se esmerou em explorar –, desempenha no quadro de certas histórias e no funcionamento de certas sociedades.

PARTE I

França, recentemente

Só vejo o dorso de Deus, Vittorio. tem
listras, nunca lhe vejo o rosto. certa vez
tentou acariciar-me, e fez-me uma ferida

Carta de Dom Deo
(In: H. Hilst, *Estar Sendo, Ter Sido*)

CAPÍTULO I

Gênese de um novo significado:
as "seitas" para além da ilegalidade

A utilização extrema das liberdades por alguns não deve destruir a
própria liberdade: a nossa e a de outrem (Vivien 1985, contracapa).

Quando parti do Brasil para a França, já tinha resolvido, em função de leituras preliminares, centrar meus esforços de pesquisa nos processos que orbitavam em torno de grupos controversos, designados como "seitas". Mas mal imaginava eu o poder de mobilização e a disseminação e repercussão dessa categoria na sociedade francesa. *Faits de société* nas colunas de jornais e revistas de grande circulação, as "seitas" são também o tema de vários documentários transmitidos pelos canais de televisão e, especialmente, de dezenas de livros que formam quase um gênero, a julgar pelo lugar específico em que os encontramos nas livrarias, separados dos demais títulos sobre "religião" e "espiritualidade". Eventualmente, elas aparecem na trama de romances, peças de teatro, histórias em quadrinhos... Além disso, percebi logo que um pesquisador do assunto deparava-se com vários instrumentos que facilitavam seu trabalho: buscar informações em *sites* na internet, consultar os fichários de assuntos de uma grande biblioteca, recorrer às indexações do *Le Monde* ou encurtar o caminho acessando um "dossiê de imprensa" preparado e atualizado por documentalistas – em todos esses casos, "seita" é uma palavra chave. Por fim, descobri também que não estava sozinho, a julgar pela proliferação de trabalhos e teses acadêmicas, embora, fato interessante, as ciências sociais não fossem a disciplina dominante nesse conjunto, repartido entre a psiquiatria, a psicologia, o direito, a pedagogia.

Partamos do evidente para uma primeira caracterização da categoria. "Seita" designa um coletivo e algo sobre o qual sempre se pode conferir um caráter genérico, segundo uma definição qualquer. Daí a pergunta tantas vezes ouvida: "tal grupo é uma seita?". Mas seria enganosa a impressão de que teríamos uma categoria geral independente de suas expressões individuais. Na prática, em se tratando de "seitas", o genérico tende a se confundir com suas "manifestações" e mesmo nas raras ocasiões nas quais as definições são apresentadas sem "ilustrações", é sempre possível refazer o caminho que relaciona uns às outras. Se analisamos, em um rápido sobrevôo, uma boa parte da "literatura sobre seitas"[1] disponível em livrarias e bibliotecas, podemos reconhecer dois gêneros: a prosa e a listagem. Em um caso, teríamos uma narrativa centrada em definições e caracterizações gerais, eventualmente estendendo-se na proposição de classificações. Contudo, é comum encontrarmos um texto pontuado por "exemplos" ou entretido na apresentação de "casos". De todo modo, a estatística pende para o outro gênero, as listagens. Trata-se, dessa vez, de uma enumeração comentada de grupos, no limite organizados alfabeticamente – como de fato é o caso de vários dicionários ou repertórios de "seitas" (Cornuault 1978; Vernette 1986; Fillaire 1993; CCMM 1995; Van Geirt 1997; Drogou 1998).

Como veremos, a "seita" não é uma classe com seus exemplares a replicarem um conjunto de características distintivas; ela designa uma coletivização de singularidades. Por outro lado, se a recorrência intensa da discussão de casos indica seu lugar essencial, eles continuam a ser "manifestações" de algo mais geral. Incluam-se aí os livros, numerosos, que tratam de um grupo específico, mas descrito enquanto "seita" – outro modo de realizar a mesma articulação. Isso nos faz perceber que a categoria não se constrói simplesmente como a soma de casos individuais, mas sempre, de algum modo, os extravasa. A articulação entre o individual e o genérico gera listagens abertas, sempre passíveis de inclusão e exclusão de elementos que, sem nunca se confundir com as definições, afetam-nas necessariamente. As duas dimensões estão implicadas de modo tal que a apresentação de casos constitui a "prova" da existência das "seitas" – o que explica ao mesmo tempo a essencialidade dos exemplos e a transcendência de uma noção genérica.

Acrescento logo que é inútil procurar por consensos em torno de uma definição única de "seita". Mas uma coisa é certa: o termo possui um indelével sinal pejorativo, condição que torna particularmente dura a tarefa daqueles dispostos a considerá-lo em uma acepção "neutra". De qualquer maneira, trata-se de exceções. As "seitas" são quase sempre um "problema" ou um "perigo", eventualmente um "flagelo". Mesmo em textos de que se esperaria um enfoque mais equilibrado, domina uma conotação francamente acusatória. Um exemplo é o pequeno livro *Les Sectes*, publicado pela editora Flammarion entre os títulos de uma grande coleção ("Dominos"), cobrindo todas as áreas do conhecimento. A contracapa descreve assim a coleção: "A fim de colocar ao alcance de todos a complexidade do mundo, cada DOMINOS propõe duas partes: uma exposição para compreender, um ensaio para refletir". O próprio autor esclarece que não se trata de um "panfleto", mas "de responder a certas idéias estabelecidas esperando suscitar questões e pesquisas" (Fillaire 1996:9). Entretanto, o título das duas partes é suficiente para indicar em que se traduzem essas disposições: "ataque ao bem-estar do espírito" e "ataque ao bem-estar do Estado". Na contracapa, encimando o texto transcrito, a foto de um incêndio, tragédia que terminou na morte de 72 pessoas, adeptas da "seita dos davidianos".

Outro exemplo é o título *Les Sectes* da conhecida coleção "Que Sais-Je?" (Vernette 1997). Bem menos virulento que seu homônimo, inclui, mesmo assim, toda uma parte

---

1. Baseei-me em uma bibliografia extensa em francês, abrangendo 46 títulos sobre as "seitas" em geral e outros 42 sobre grupos específicos e pretendendo excluir publicações "emanando de grupos sectários", preparada por um *site* anti-seitas (www.multimania.com/tussier/sciento.htm). Esses números correspondem à atualização realizada em 22.02.98.

cuja natureza e propósitos lhe conferem o caráter de uma espécie de manual de discernimento – como reconhecer os perigos em um grupo – e de aconselhamento – como ajudar um adepto. Se certos intelectuais consideram o termo como uma "armadilha" (Poulat 1985), não se pode deixar de notar que alguns de seus colegas – e dos mais renomados – vêem nele realidades preocupantes. Em um debate no qual estive presente, Marcel Gauchet fustigou as "seitas" como "patologias do individualismo".[2] Jean Delumeau (1997), em um livro que resume um seriado televisivo e contém um capítulo sobre as "seitas", admite que "Existe efetivamente um perigo sectário" (:355). Sendo assim, não surpreende que, eventualmente, certos grupos venham a público declarar que não constituem "seitas" ou acionem a justiça visando a condenação por calúnia, difamação ou falso testemunho daqueles que as identificam como tais. Em 1982, quando o "problema das seitas" foi discutido nas dependências do Senado, oferecia-se a palavra aos representantes dos diversos grupos assim considerados. Resultado: apenas um grupo compareceu – e para contestar sua identificação como "seita" (MD 14.06.82). Ou seja, é extremamente raro que nos deparemos com situações em que "seita" designe uma identidade auto-assignada ou assumida. As "seitas" são sempre os outros.

Mas, como se indicou, há os que insistem em desprover o termo de suas conotações pejorativas. O caminho mais curto para isso são os dicionários, que se não concordam nos termos das definições, permitem conceder ao verbete uma acepção neutra: grupo de pessoas que seguem uma doutrina ou filosofia (Littré), no seio de uma mesma religião, acrescenta outro (Robert), seguido por um terceiro, que pretende conferir um significado ainda mais específico – "agrupamento religioso, fechado sobre si e criado em contraposição a idéias e práticas religiosas dominantes" (Le Petit Larousse).[3] Etimologicamente, esses sentidos mais ou menos específicos encontram origem em definições derivadas de duas raízes diferentes, *secta*, "maneira de viver", e *sectum*, "grupo constituído em ruptura com uma igreja" (Rey 1992). A mesma digressão histórica, no entanto, mostra que o termo jamais esteve livre de conotações negativas. Ele foi aplicado até o séc. XIX para designar os protestantes na França, assimilados a heréticos, e está na raiz de outro verbete claramente pejorativo, "sectário", "pessoa que dá demonstrações de intolerância e de estreiteza de espírito" (Robert). De todo modo, estabelece-se uma certa ambivalência, o que explica o surgimento e a multiplicação de categorias compostas, a fim de reafirmar e explicitar uma apreciação negativa: "seitas totalitárias", "seitas perigosas", "seitas manipulatórias", "seitas destrutivas", "seitas abusivas", "seitas sectárias".

Essas primeiras aproximações sobre alguns dos usos da categoria "seita" revelam, portanto, uma dupla tensão: entre neutralidade e negatividade quanto à acepção, entre domínios religiosos e não religiosos quanto à aplicação. Trata-se de uma tensão que há muito tempo a acompanha e que permanece atual. Contudo, a análise da situação presen-

---

2. Debate realizado na sede do IRESCO, Paris, 21.01.99.

3. Respectivamente, *Littré - Dictionnaire de la Langue Française*, 1973, *Le Petit Robert*, 1996 e *Le Petit Larousse*, 1997.

te nos conduz diretamente à década de 1970, momento em que se multiplicam as aparições dessa categoria na imprensa e em que surgem as primeiras associações direcionadas especificamente ao problema, provocando em várias instâncias sociais uma reação adaptada à nova configuração. Em função disso, essa década marca uma inflexão crucial na economia de acepções e aplicações da categoria "seita" – o que nos previne, depois de reconhecermos a dimensão histórica das tensões apontadas, contra qualquer ilusão de continuidade. Pois, de fato, nesse momento monta-se um novo dispositivo a propósito das "seitas", dispositivo que apresento em seguida privilegiando as reações suscitadas pela Igreja do Reverendo Moon.

Iniciando pela década de 70, este capítulo adentra a década de 80 para analisar as motivações, o conteúdo e as repercussões do primeiro relatório oficial sobre o "problema das seitas" na França. No capítulo 3, será a vez do relatório da comissão parlamentar de inquérito formada em 1995. O foco sobre esses relatórios justifica-se pela referência fundamental que ocupam para os demais personagens, pelo que revelam da controvérsia em geral e, especialmente no caso do segundo deles, por suas implicações ao nível de iniciativas dos poderes públicos. No intervalo entre esses dois relatórios, proponho, no capítulo 2, uma análise de um conjunto de elementos que caracteriza o trabalho das principais associações de combate às "seitas" e de defesa de suas "vítimas". Pretendo demonstrar que não se pode compreender o reconhecimento oficial ao "problema das seitas" sem uma atenção a uma dinâmica que se desenrola fora do âmbito estatal e que tem como pivô exatamente o trabalho dessas associações. Em torno dos relatórios e da atuação das associações, aparecem outras personagens (jornalistas, igrejas cristãs, cientistas sociais, grupos acusados), cuja intervenção na controvérsia será considerada, de modo mais ou menos específico, em relação às instâncias que me pareceram centrais do ponto de vista da lógica de atribuição e dos efeitos produzidos pelo acionamento da categoria "seita".

1. Contra a "seita Moon": uma nova definição, um novo dispositivo

Constante dos dicionários, a categoria "seita" também não é desconhecida dos jornais na passagem das décadas de 60 e 70. Assim, ela pode ser encontrada nos índices do *Le Monde* anteriores à década de 70, apesar do reduzido número de registros. Uma boa parte deles refere-se aos Testemunhas de Jeová (TJ), grupo originário dos Estados Unidos, implantado em 1933 na França, que no início dos anos 70 conta com cerca de 50.000 fiéis. Atitudes consideradas bizarras – a interdição de transfusões de sangue, a recusa do serviço militar, o anúncio de um apocalipse iminente durante grandes concentrações – ocupam o centro das atenções. Uma ilustração é um artigo do *Le Monde* (30.01.75) a propósito de um debate na TV em que uma fiel dos TJ insistia na interdição da transfusão de sangue mesmo para uma criança correndo risco de vida. O artigo começa com uma definição de "seita": cisma de outra igreja que pretende deter a exclusividade da verdade, cultivando em torno disso um elitismo e uma intransigência característicos que podem conduzir ao fanatismo. Em seguida, afirma-se que nem todas as "seitas" são nefastas, citando os mórmons e os adventistas, opostos desse modo aos TJ – consistindo em critério decisivo o conteúdo das crenças que são sustentadas de forma intransigente. Daí a reprovação dirigida aos TJ por sua recusa das transfusões de sangue e a menção ao episódio ocorrido em outro grupo, no qual uma criança teria morrido por falta de cuidados médicos. Se tal é o critério, a reprovação mostra-se capaz de se estender até à Igreja Católica, sobre a qual se nota uma "tentação de fundamentalismo", revelada na interdição de contraceptivos.[4]

Percebe-se, assim, que em nenhum momento o caráter religioso do grupo ou de suas atitudes é questionado; ao contrário, é exatamente a resistência, em nome de crenças religiosamente fundadas, a concepções tidas como apropriadas que motiva uma crítica. A posição do jornalista é complementada, não sem certa tensão, pela importância que as religiões tradicionais conferem ao assunto. Pois, de fato, é entre as igrejas que a categoria "seita" recebe o maior investimento e aparece menos revestida de novidade (Mayer 1988). No mesmo ano, o jornal protestante *Réforme* (01.03.75) afirmava: "Se existe um domínio no qual nada há de novo sob o sol, este é o das seitas". Pe. Chery é apresentado como especialista da questão desde 1952 pelo jornal católico *La Croix* (13.01.76); entre os protestantes, pode-se citar Gérard Dagon, autor de uma série de livros iniciada em 1958.[5] Durante as décadas 50 e 60, as igrejas cristãs tradicionais esforçam-se para evitar a confusão a que se rende o jornalista. Se aceitam boa parte de sua caracterização (enrijecimento doutrinário, fundamentalismo, exclusivismo), é para articulá-la necessariamente a um critério de ortodoxia doutrinária, tornando possível distinguir as "seitas" das "igrejas". Assim, no plano das contestações, embora religiosos e jornalistas divergissem (a heresia e o heterodoxo concorriam pelo lugar de nefasto), eles concordavam quanto ao terreno da crítica: o conteúdo das crenças.

A reação à Associação pela Unificação do Cristianismo Mundial (AUCM), mais conhecida como "seita Moon",[6] a partir desse ponto, vai imprimir uma nova economia aos elementos subjacentes à utilização da categoria "seita", produzindo-se um deslizamento de significado. Além disso, serve de demonstração da conformação de uma noção genérica tendo como referência um caso específico. A seguinte citação, que introduz um artigo sobre a mobilização contra a AUCM escrito pelo mesmo jornalista acima referido, é lapidar: "A proliferação de seitas pseudo- ou para-religiosas, que aliciam jovens com um fim lucrativo ou político inconfessado, através de métodos nos quais o doutrinamento

---

4. Um artigo da mesma época do *Libération* inicia assim: "Todo mundo sabe que a seita mais influente na França continua a ser a nossa boa e velha Igreja Católica" (13.01.75).

5. Sobre Dagon, ver MR, 106, 1989. Sobre a antiguidade da preocupação das Igreja Católica na França com as "seitas", ver Mayer (1988:204-5).

6. De origem sul-coreana, a Igreja da Unificação (1954) introduz-se na França em 1969, via os Estados Unidos. Segundo Woodrow (1977:178), teria quase mil adeptos e 20 centros de difusão na França. Na passagem das décadas de 60 e 70, a Igreja liderada pelo reverendo Moon enfren-

psicológico se mistura habilmente a um apelo ao idealismo que seduz uma juventude desamparada, inquieta cada vez mais" (MD 01.08.75). O trecho é suficiente para percebermos o quanto essa definição se distancia da primeira. Revela-se sobretudo o questionamento da natureza religiosa desses grupos, que assim iludem os interessados sobre seus fins, estes reveladores, de caráter político ou econômico. De um modo que já se anuncia aqui e que ficará logo adiante bem evidente, o foco principal da contestação não recai sobre o conteúdo ideológico mas privilegia os métodos de aliciamento e doutrinamento empregados pelo grupo na conquista de um público específico, os jovens.

As primeiras notícias sobre as atividades da AUCM na França confundem-se com a cobertura, pela imprensa, das origens da Associação para a Defesa dos Valores Familiares e do Indivíduo [Association pour la Défense des Valeurs Familiales et de l'Individu] (ADFI), em dezembro de 1974, na cidade de Rennes. Os relatos posteriores conferem a iniciativa a um casal cujo filho (18 anos), após cinco dias "desaparecido", anuncia sua adesão à AUCM, grupo junto ao qual decide viver. Os pais, diante de um grupo que lhes era completamente desconhecido, resolvem então reunir o máximo de informações sobre essa organização: estudam as obras doutrinárias, reúnem artigos da imprensa estrangeira, contatam sem sucesso pessoas que poderiam saber algo sobre o grupo. Em função disso, travam conhecimento com outros pais na mesma situação e – aconselhados por um advogado – decidem constituir uma associação.[7]

Entretanto, o impulso fundamental veio com um episódio ocorrido logo depois. Um jornal local (Ouest-France 21.01.75) publica uma matéria centrada sobre o depoimento de uma jovem, que tinha permanecido oito meses como adepta da AUCM. Na entrevista, ela conta sua experiência: como foi abordada em plena rua, comparecendo depois à sede de Rennes; como foi convencida a fazer um estágio de final de semana; como foi trabalhar enquanto voluntária numa joalheria que pertenceria ao grupo e depois remanejada para atividades de propaganda; finalmente, como, com a saúde debilitada, foi "devolvida" à família, tendo de passar por um tratamento psiquiátrico. Pontuando o depoimento, expressões que ofereciam chaves interpretativas – impedimento de reflexão pessoal, alimentação e períodos de descanso reduzidos, 16 horas de trabalho voluntário por dia... – e fragmentos doutrinários – uma teologia centrada na vinda de um novo messias, o Reverendo Moon, destinado a cumprir a missão na qual Cristo teria fracassado – que contrastavam com a mensagem pela qual se interessara – vida comunitária, transformação do mundo, a unificação das religiões... A reportagem era introduzida pelo anúncio do endereço da ADFI, esclarecendo que seus fundadores eram pais movidos pelo projeto de "agrupar os que sofrem a

---

taria acusações em vários países, especialmente nos Estados Unidos, onde também se criaram associações para fazer-lhe resistência.

7. Cf. relato publicado no boletim da associação, Bulles, 33, 1992. A existência e reiteração desses relatos sobre suas origens revela que cumprem, para essa associação, um papel suplementar ao de memorial: o de reatualizar um dispositivo novo, que data do período de sua constituição, e que legitima sua existência e explica sua continuidade.

provação de ver algum de seus filhos abandonar família, trabalho, estudos para militar em seitas no seio das quais eles perdem rapidamente sua personalidade".

Em seguida, a AUCM e a ADFI vão reaparecer juntas em outros jornais e em emissões radiofônicas; ambas mostram-se interessadas em ter voz na mídia. A AUCM compra um espaço publicitário em uma edição do *Le Monde* em fevereiro de 1975; em março, recebe pais e jornalistas no *foyer* onde ocorrem os estágios e vivem dezenas de adeptos. A ADFI, depois de organizar a entrevista da jovem de Rennes, envia textos aos jornais nacionais, estreita contato com jornalistas e recolhe os dividendos da divulgação de sua existência. Assim, o *Le Monde* (12.2.75) comenta a criação da ADFI em Rennes no contexto de proliferação de seitas "mais ou menos fanáticas, mais ou menos nefastas". O artigo apresenta as atividades da AUCM na França, mas trata também de sua situação no país de origem, a Coréia do Sul, e nos EUA; em seguida, a doutrina da "seita", rotulada de "messiânica e milenarista", o que conduz aos seus aspectos políticos, ou seja, a luta contra o comunismo. O episódio da jovem de Rennes é mencionado e o depoimento do presidente da AUCM contraposto à transcrição de um panfleto da ADFI. Já o *Libération* (13.2.75), sem deixar de mencionar a ADFI, mostra-se mais preocupado com o lado político da AUCM, explorando as acusações de ligações com a CIA e permitindo-se comparar o anti-comunismo Moon ao anti-semitismo nazista. As condições de vida nos *foyers* e o "forte doutrinamento" também seriam reveladores de um perigo a ser vigiado. Em outra reportagem, o *Le Monde* (04.03.75) refere-se a um "método de dominação econômica e financeira", sustentada por empresas de vários tipos no exterior e pelas doações recolhidas pelos jovens adeptos.

No dia 16 de fevereiro, a ADFI realiza uma reunião em Rennes de que participam cerca de 300 pessoas de toda a França, e que conta com a presença de vários jornalistas. Segundo o relato dos jornais (MD 18.02.75; CX 19.02.75), as famílias tinham muitas dúvidas (origem de recursos, atividades comerciais e industriais controladas pelo grupo, propósito de viagens ao exterior envolvendo adeptos, outras instituições culturais vinculadas à AUCM) e uma certeza: o recurso do grupo a "métodos de recrutamento pouco compatíveis com a liberdade de consciência". A corroborar, os vários testemunhos detalhados de ex-adeptos, relatados durante a reunião. Algum tempo depois, o *Le Monde* (02.06.75) publicaria um artigo que sua autora diz baseado em uma "*enquête*" junto a famílias e amigos dos novos discípulos da AUCM, o qual conclui que a adesão ao grupo é obtida através de uma manipulação psicológica que produz uma submissão que rende dividendos financeiros e políticos ao líder. Quanto à reunião de Rennes, uma das decisões consistiu na criação de três novas associações nos mesmos moldes, em Paris, Lyon e Toulouse. Outros grupos similares se formam, sem relação direta com a ADFI e sem a mesma repercussão, como a União pela Salvaguarda do Indivíduo e da Família (MD 01.08.75).

As reações da ADFI beneficiaram-se não só da cobertura e do suporte dos jornais, mas da apreciação francamente negativa da AUCM por parte das igrejas cristãs tradicionais. Os arcebispos de Rennes e de Paris em mais de uma ocasião demonstraram sua desaprovação e deram suporte à ADFI (MD 04.03.75; CX 19.02.75; MD 07.06.75). Em Lille há um jesuíta "especialista dos problemas Moon" (CX 13.01.76). Outro espaço de pronunciamento – igualmente negativo – foram alguns artigos publicados em revistas católicas.[8] O protestante *Réforme* (01.03.75) elaborou um dossiê que inclui a AUCM. Afinal, o fato da doutrina unficacionista possuir elementos que contradizem diretamente, por meio de apropriação e subversão, aspectos centrais da dogmática cristã impulsionaria, por si só, a reação de católicos e protestantes.[9] O mesmo pode-se afirmar a respeito da existência de uma dimensão política explícita e das suspeitas sobre a natureza do vínculo com atividades econômicas, na medida em que contribuíram para criar um alinhamento amplo em torno de suspeitas e acusações à "seita Moon". O caráter "multinacional" da AUCM foi levado em conta, pois sua descrição se construía a partir de uma composição de informações referentes a atividades em outros países, única forma de açambarcá-la na sua totalidade.

Entretanto, há um outro aspecto crucial, relativo ao dispositivo instaurado com a participação da ADFI, que embora não seja suficiente para explicá-lo, atravessa e caracteriza de uma maneira inédita o alinhamento entre vários atores sociais. A ADFI contribuiu para levantar questões sobre os aspectos econômico e político da AUCM, mas o ponto central de sua intervenção localiza-se em outro plano, balizado por um equilíbrio delicado entre a família e o indivíduo, cujos valores servem para definir a identidade mesma da instituição.[10] Que esse equilíbrio é delicado o provam algumas desconfianças emitidas nos jornais com respeito às reações familiares: falando em nome dos adeptos, os pais pareciam disputá-los com as "seitas", ambos em detrimento dos próprios envolvidos. Daí a importância de dois argumentos evocados nesse momento pela ADFI. De um lado, uma contraposição da multiplicidade de casos e da variedade de situações familiares a uma adesão que seguia o mesmo padrão e em direção a um único grupo. Ou seja, a explicação deveria ser procurada do lado da "seita", não das famílias. De outro lado, entre adeptos e "seita", tratava-se de negar que essa relação se estabelecesse de forma livre ou refletida.

> "Existe indiscutivelmente uma discordância entre, de um lado, a rapidez da conversão e o fanatismo dos adeptos e, de outro, a inconsistência sob todos os pontos de vista (doutrinal, filosófico, lógica pura) do pensamento de Moon. Os fatos nos levam a afirmar um condicionamento psicológico (tipo 'lavagem cerebral', bem delineado após a Segunda Guerra) que os torna insensíveis a toda crítica e inaptos a toda autocrítica" (*apud* MD 12.02.75).

Portanto, o que era passível de ser pensado em termos de uma relação fundada em

---

8. Ver *Études*, em 1974 e 1975; *Vie Diocesaine de Rennes*, ainda em dezembro de 1973; *Documents Episcopat*, em abril de 1975.

9. Sobre esse ponto, ver Barker (1994).

10. Ao privilegiar este plano, discordo da análise de Beckford (1985:265-7), que destaca os temas da conspiração, da subversão e do totalitarismo político para carac-terizar as reações à AUCM na França. Divirjo também da ênfase sobre as continui-dades na percepção de "seitas" "novas" e "clássicas" (:264), preferindo chamar a atenção para a instauração de um novo dispositivo para abordá-las.

uma escolha voluntária convertia-se na violação, por um grupo, da integridade pessoal, experimentada como drama familiar.

Mais fundamental enquanto experiência, contudo, é aquela revelada pelo *testemunho* do ex-adepto. Pois entre o discurso enganador do grupo – cujo conteúdo é claramente desproporcional aos efeitos provocados – e os verdadeiros fins de natureza econômica e política – mas cuja operação supõe, ao invés de produzir, aqueles efeitos – esconde-se uma dimensão que adquire, no discurso do ex-adepto, um caráter propriamente testemunhal. Nem completamente estranho à máquina sectária, como a família que pretende recuperá-lo, nem mais sob seu total domínio, condição em que se encontra todo adepto, o ex-adepto está na posição ideal para falar sobre a "seita". Essa posição é descrita como o produto de um percurso que demonstra a vitória do discernimento tanto sobre a necessidade ou a fragilidade – de que a "seita" se aproveitou para atrair o indivíduo –, quanto sobre a vontade – que, viciada, mantia o adepto preso à "seita". O ex-adepto deve ao mesmo tempo reconhecer-se na continuidade desse percurso e nas fraturas que marcam sua identidade. Sua experiência, pessoal a princípio, ganha um estatuto a um só tempo exemplar – descreve a situação de *todos* os demais adeptos – e político – ilumina uma violência psicológica que deveria ser *publicamente* denunciada.

Portanto, não é por acaso que o testemunho vai ocupar, para a ADFI, tanto um lugar central na justificação de sua existência (é através de um testemunho que ocorre sua divulgação), quanto um papel ritual no seio de suas atividades (os testemunhos durante as reuniões). A imprensa publica testemunhos e utiliza-os, eventualmente, como modelo de reportagem: o jornalista que se deixa recrutar para revelar os métodos da "seita". Nesse caso, o jornalista empreende a trajetória inversa à do adepto, partindo de um discernimento e só depois entrando em contato com o grupo. Isso não o impede de constatar a força das técnicas de doutrinamento; o jornalista, na verdade, arrisca-se a ser seduzido por elas. É essa experiência que ele relata, produzindo uma narrativa que pressupõe uma comunhão de condições entre seus leitores e os verdadeiros adeptos. Ninguém está imune às armadilhas de uma "seita", é o que mostra o jornalista, e não há outra garantia de proteção do que uma resistência, intelectual e psicológica, ativamente acionada nos momentos necessários. Guardemos bem as marcas desse estilo de reportagem, pois notaremos um contraste enorme com a abordagem dispensada pelos jornalistas a certos grupos no Brasil.

O testemunho, portanto, constitui um elemento crucial do dispositivo de que se trata aqui. Pois as "seitas" tradicionais não tinham sua verdade revelada por um testemunho; bastava considerar o conteúdo de suas crenças religiosas. Essa relação de distância é agora substituída por uma intimidade e uma proximidade necessárias para desvendar a natureza real de um grupo que, se apresentando como religioso, recorre a técnicas de condicionamento psicológico em vista de fins econômicos ou políticos. É esta definição nova da categoria "seita" que vai se acrescentar à anterior, sem necessariamente substituí-la, aumentando a polissemia do termo e gerando a necessidade de esclarecimentos. Isso fica claro especialmente na imprensa religiosa. De um lado, observa-se a acomodação entre duas acepções distintas. Tratar da "seita Moon" obriga ao *Réforme* (01.03.75), depois da menção à definição tradicional (cisma, fanatismo...), acrescentar: "Interessa saber que atuam hoje em dia certas seitas verdadeiramente destrutivas", que separam casais e rompem famílias e cujo modo de ação se caracteriza por "métodos psicológicos" capazes de abalar gravemente o senso crítico e a autonomia dos adeptos. O mesmo grupo, analisado em uma revista católica (Poirier 1975), tem seu "sucesso" em parte explicado pelo "condicionamento psicológico" dos adeptos. De outro lado, levantam-se algumas precauções – como faz, por exemplo, uma reportagem de *La Croix* (13.01.76), ao sugerir que "seita" talvez fosse um termo excessivamente pejorativo para falar dos grupos minoritários e cismáticos indicados como tradicionais.

Em janeiro de 1976, ocorre outro episódio cuja importância reside em ter constituído uma espécie de "prova" para a nova definição de "seita". Em Lyon, diante das câmeras de TV, uma jovem adepta da AUCM é raptada pela família, solução encontrada para subtraí-la ao poder do grupo; mas a jovem consegue entrar em contato com a polícia, denuncia a ação da família e faz-se reconduzir ao grupo. Uma reação possível: a adesão desses jovens à AUCM expressa uma escolha e uma decisão deliberadas. Entretanto, a julgar pela sequência da cobertura jornalística, o episódio servirá para confirmar o argumento da submissão total dos adeptos ao grupo; ele será mesmo uma demonstração perfeita disso. *Le Figaro* (19.01.76) dá a palavra aos pais: "(...) eles lhe dão um tratamento que se assemelha a uma lavagem cerebral. Não a reconhecemos mais, ele é teleguiada". Ao que se soma o veredito do próprio jornal: "Trata-se menos de uma seita religiosa do que de um verdadeiro império econômico e financeiro e de um empreendimento de fanatização. Sua etiqueta oficial ilude". Dias depois, uma bomba explode na sede parisiense da AUCM, enquanto que em Rennes o grupo recebe ameaças de um "comitê de defesa das famílias". A AUCM distribui um comunicado que apela para a "proteção das liberdades democráticas" e denuncia uma "perseguição religiosa". Entretanto, na imprensa multiplicam-se os posicionamentos de condenação ao grupo: em conferência de imprensa, o cardeal de Paris, invocando inúmeras cartas e entrevistas de famílias, considera o grupo perigoso pela mistura de anti-comunismo, filosofias asiáticas e cristianismo, pelo engajamento total dos adeptos e pelos métodos psicológicos (MD 24.01.76). A Federação Protestante da França lança uma nota oficial: "ela apóia sem reservas as associações e responsáveis que alertam contra esse empreendimento cujo caráter parece mais político-financeiro que espiritual" (BIP 28.01.76). *Tribune Juive* (23.01.76) refere-se à "lavagem cerebral". Os semanários *Paris-Match* e *Le Nouvel Observateur* tratam do caso da jovem raptada; *L'Express* conta a experiência da jornalista que fez o estágio de fim-de-semana na AUCM, reduzindo a mensagem do grupo ao anti-comunismo. Novamente, vários exemplos conjugam a apresentação da AUCM e as reações da ADFI. Assim, o *Le Monde* (24.01.76) descreve o "império industrial e religioso do reverendo"; transcreve algumas linhas do comunicado do grupo; cobre generosamente uma conferência de imprensa da ADFI.

Nessa oportunidade, os representantes da ADFI negam a participação da associação no caso de Lyon e denunciam uma nova ofensiva de recrutamento da AUCM. Mas o aspecto mais importante corresponde a uma outra faceta do problema. A intervenção da polícia atendendo ao apelo da jovem raptada pela própria família evidenciava uma contradição: a violência psicológica sofrida pelos adeptos Moon sob a proteção de autoridades, cuja participação reafirmava portanto a autonomia das relações entre o indivíduo e o grupo. Uma dupla questão se apresentava: como colocar as autoridades do lado das reivindicações familiares e envolvê-las desde o início na relação dos adeptos com o grupo? É isso que podemos depreender das posições exprimidas pela ADFI. Primeiro, a oposição a todo recurso à força. Mas necessariamente articulado a isso, uma denúncia em dois níveis, apontando de um lado delitos bem enquadráveis (aliciamento para fins militares, infrações à legislação trabalhista, etc) e, de outro, uma "atividade profundamente criminal" implicando na "destruição da pessoa humana" e que necessitava de uma codificação.

Antes de mais nada, esse tipo de reivindicação serve para evidenciar a natureza da atuação a que estava destinada a ADFI: ela envolveria necessariamente uma dimensão pública, exterior aos limites da organização. Já em 1975, declarava-se: "alertamos a opinião pública e os governos..." (MD 04.03.75). E se à "opinião pública" dirigia-se uma ação preventiva, baseada na disseminação de informações, ao Estado cobrava-se uma intervenção direta e efetiva. "Solicitamos em 1975 a todos os pais de dar queixa junto ao Procurador da República", lembra a fundadora da ADFI parisiense, acrescentando que na mesma época investimentos foram feitos sobre uma comissão encarregada de propor um código de liberdades fundamentais do indivíduo (Bulles, 45, 1995:13). Ainda em 1975, a ADFI encaminhou às autoridades judiciárias de Rennes uma declaração com denúncias contra a AUCM. Em 1976, após o caso de Lyon, a ADFI mencionava seu desejo de intervir junto à Assembléia Nacional com vistas à elaboração de novos dispositivos legais (MD 24.01.76). Na mesma época, um documento mais completo e preciso, intitulado "Iniciativas propostas ao governo", é divulgado, solicitando (a) a formação de uma comissão governamental que se encarregaria do estudo de medidas a tomar; (b) a aplicação das regulamentações existentes no campo trabalhista, fiscal e social, assim como a dissolução de grupos cujas atividades ameaçavam a "defesa nacional"; (c) a apresentação de projetos de lei permitindo a tutela familiar provisória de adeptos em situação de exploração econômica e criando o "crime contra a personalidade ou de atentado à integridade psíquica" (*apud* Woodrow 1977).

"Estupro psíquico", termo que aparece nas declarações da ADFI, é o título de um livro publicado em 1975 (reeditado em 1978) por um capitão da polícia militar, Jean-Pierre Morin.[11] Trabalhando sobre os testemuhos de ex-adeptos, Morin pretende elucidar os mecanismos que permitem as conversões repentinas evocadas no caso da AUCM. Para isso, descreve o período de "doutrinamento" em que os adeptos permanecem vivendo em grupo: bombardeio intelectual incessante, sono reduzido e jejum com pretextos espirituais, trabalho intensivo e sem remuneração. Tais técnicas permitiriam "transformar um indivíduo mentalmente são em autômato obediente" e provocariam "uma verda-

---

11. Apesar de várias tentativas, não consegui ter acesso ao livro. Mas um artigo posterior (Morin 1978), contemporâneo portanto à reedição do livro, o *compte-rendu* do *Le Monde* (01.10.75) e o livro de Woodrow (1977) me pareceram suficientes para recuperar o argumento de Morin.

deira psicose que modifica profundamente a personalidade" – constituindo assim um "atentado à dignidade humana". Em 1975, Morin, depois de tal diagnóstico, parece se limitar a sugestões preventivas (o que incluía, no entanto, a dissolução de toda "associação mística praticando o estupro psíquico" e a proibição de "recrutamento espiritual em lugares públicos"). Em 1978, o horizonte é outro, pois seus esforços concentram-se em dois pontos complementares: a demonstração de que há uma lacuna no direito francês, tornando impossível a subtração dos adeptos às "seitas" (na medida em que a vontade deles pode ser invocada seja contra a acusação de infração trabalhista, seja contra a acusação de sequestro) e a proposição de uma nova figura legal, o crime de "estupro psíquico", que, se comprovado, justificaria a colocação da vítima sob uma tutela provisória da família.

Sem entrar agora nos detalhes da definição desse novo crime, noto como ocorre uma complementaridade entre a denúncia das famílias e uma certa elaboração jurídica. Um outro personagem importante nessa articulação é o jornalista Alain Woodrow, comentarista religioso do *Le Monde* e autor dos artigos analisados anteriormente (MD 30.01.75, 01.08.75). O mesmo que resenhou a obra de Morin e que se incumbiu da cobertura dos primórdios da ADFI.[12] Em 1977, Woodrow publica um livro, *Les Nouvelles Sectes*, cujo plano já aparece em um artigo de jornal (MD 03.03.76), onde percebemos exatamente as possibilidades de deslizamento entre as diferentes acepções aplicáveis à categoria "seita". Pois Woodrow, sem reconhecê-lo claramente, opera com duas definições, recortando a partir delas conjuntos distintos de questões. Primeiro, ele enuncia uma definição que se quer sociológica e não pejorativa – "um agrupamento contratual de voluntários que compartilham uma mesma crença" (1977:11) – e genérica – pois o sectarismo ocorreria em vários domínios, ainda que apenas o religioso seja tratado no livro. Com ela, cerca um conjunto amplo de grupos ou correntes[13] cuja atração explica por uma crise na Igreja Católica (e, portanto, a existência de "fiéis disponíveis") e pela resposta satisfatória que essas "seitas" ofereceriam para uma série de "necessidades", presentes especialmente entre os jovens. A questão sobre as "necessidades respondidas" serve também de pretexto para a apresentação de elementos doutrinários de vários dos grupos, organizados em torno de temas que ficam entre uma caracterização geral e um esboço de tipologia das "novas seitas": releituras bíblicas, legitimação pela ciência, propostas terapêuticas, milenarismo ou utopismo, orientalismo. Se nessa parte, em diversas ocasiões o autor não esconde sua apreciação negativa sobre os grupos, considerando suas doutrinas estapafúrdias ou disparatadas ou antipatizando com sua "intolerância" e "fundamentalismo", é por razões bem diferentes daquelas apresentadas a seguir.

Com efeito, em torno da discussão dos "métodos empregados" e dos "fins procurados" pelos grupos, surge uma segunda definição de "seita" (às vezes nomeada como "seita polí-

---

12. Bulles (58, 1998:13) presta reconhecimento a Woodrow pela ajuda durante os primeiros tempos da ADFI.

13. O livro trazia ao final fichas sobre 16 organizações – número que não esgota a quantidade de grupos mencionada ao longo do texto –, procedimento que seria adotado intensamente pela literatura sobre as "seitas".

tico-religiosa"), que corresponde bem às denúncias da ADFI, recorrendo a termos como "lavagem cerebral", "interesses lucrativos e políticos", ocultados sob uma "cobertura religiosa". Woodrow vale-se das declarações de membros e de documentos das associações de combate às seitas e recorre a opiniões e análises de psiquiatras. Incursiona também no debate sobre que medidas deveriam ser tomadas pelos poderes públicos, cuja atitude até então caracteriza de "indulgente" (:164). Discorda sobre a oportunidade da criação de um "delito de personalidade", preferindo que se ofereça aos "jovens" "uma informação tão completa quanto possível sobre as seitas, assinalando claramente o perigo que certas delas representam" (:174) – "uma vez prevenidos, [eles] devem poder dispor livremente de seu dinheiro, de sua vida, de sua pessoa, de sua alma" (:175). Que se trata de uma outra definição fica evidente quando observamos que o número de grupos citados a propósito dessas questões recorta apenas uma pequena parte do conjunto apresentado no início do livro. A confirmá-lo, a distinção entre a doutrina e os métodos de recrutamento e formação dos adeptos – só a segunda dimensão deveria interessar à sociedade e ao Estado.

Tratando-se da discussão acerca de métodos e fins, a AUCM é certamente o grupo ao qual o livro de Woodrow dedica a maior parte dos comentários.[14] O interessante é que deixe de ser o único. Pelo menos dois outros grupos o acompanham na categoria dos mais perigosos ou "totalitários" (:91), os Meninos de Deus e os Hare Krishna. As acusações levantadas pouco diferem daquelas dirigidas à AUCM, cobrindo tanto os métodos de recrutamento de adeptos, quanto as condições de vida em comunidade. "Essas três seitas devem ganhar a adesão total e rápida do neófito, como também a ruptura com seu meio de origem, já que funcionam em comunidades fechadas, isoladas do mundo exterior" (:87). Algum tempo depois, os Meninos de Deus ficariam famosos pela revelação do *flirt fishing* (recurso à sedução sexual na conquista de adeptos) e os Hare Krishna encarnariam, mais do que os *moonistas*, o modelo ideal de regime comunitário. Nesse momento, no entanto, observa-se uma identificação quase total desses dois grupos à "seita Moon", o que permite concluir que a condenação inicial dos primeiros fez-se através de uma extensão do discurso elaborado a propósito da última. Além disso, ao contrário da AUCM, sobre a qual Woodrow elabora um comentário próprio, os Meninos de Deus e os Hare Krishna são apresentados através da transcrição de relatórios, a maioria dos quais estrangeiros, ou de testemunhos. Ficamos sabendo que já existiam a essa época na França grupos e associações voltadas especificamente para esses dois outros grupos.[15]

O mesmo ocorria a propósito de outro grupo incluído no estudo de Woodrow, a Cientologia, que motivou a formação de uma Associação pela Salvaguarda e a Orientação da Família, do Indivíduo e da Sociedade (:160). A associação questionava a ação sobre os

---

14. Um livro específico sobre a AUCM já havia sido publicado: Michel Brugeneur, *Faut-il crucifier Moon?*, 1976.

15. Para os Meninos de Deus, ver p.93 e 159; para os Hare Krishna, ver p.103 e 159. Ambos os grupos se introduziram na França no início da década de 1970. Sobre a associação voltada para os adeptos Hare Krishna, ver ainda a revista *Le Point* 14.12.81.

adeptos através de "sessões de tipo psicanalítico" e a busca de "influência" através de instituições assistenciais. Apesar disso, a Cientologia parecia ter um estatuto algo ambíguo, a começar pela inexistência de vida comunitária. O próprio Woodrow lhe reserva um tratamento diferenciado. Mesmo notando os problemas levantados a respeito da Cientologia em outros países, questiona menos o doutrinamento dos adeptos propriamente dito do que o custo das tais "sessões" e a atitude diante de divergências e críticas internas. Além disso, Woodrow leva em conta as respostas de um porta-voz do grupo, coisa que nem pensa em fazer em se tratando de AUCM, Meninos de Deus e Hare Krishna. A Cientologia praticamente não aparece na imprensa até o final de 1977, momento em que se noticia o processo criminal no qual alguns ex-adeptos denunciavam quatro líderes da organização por estelionato. Consta que a ADFI tentou, sem sucesso, se constituir em co-autora no caso, iniciado em 1972 mas julgado apenas em 1977/78 (1ª instância) e 1979 (recurso) (MD 16.02.78, 23.12.79). Assim, enquanto a presença dos demais grupos problemáticos levantava questões sobre as lacunas jurídicas, a Cientologia é tematizada exatamente a propósito do acionamento exitoso de um dispositivo penal clássico. Em suma, era impossível prever nesse momento que o mesmo grupo se transformaria na mais famigerada "seita" a partir do final da década de 80. De estatuto igualmente ambíguo, pode-se citar ainda a Soka Gakkai, budismo de origem nipônica, acusada do emprego de "técnicas fanáticas de evangelização" (:188); e que inquietava a ADFI com suas atividades políticas no Japão (Baffoy 1978:61).

O livro de Woodrow demonstrava, portanto, que além da AUCM outros grupos, e alguns deles especialmente, eram vistos como problemáticos. Sua obra foi bastante comentada na imprensa, transformando-se, a julgar pela posteridade, numa espécie de referência pré-Jonestown. Ninguém menos do que Michel de Certeau comenta a obra para o *Le Monde Diplomatique* (01.09.77), que o leva a se perguntar sobre que tipo de estruturas jurídicas e políticas poderiam controlar certas "técnicas do fazer crer", das quais as "seitas" seriam apenas um exemplo. O próprio *Le Monde* (26.06.77) publicaria uma resenha do mesmo livro, assinada por um certo Alain Vivien, figura que teria vida longa no debate francês sobre as "seitas". Para Vivien, o livro de Woodrow simplesmente desvelava "o arsenal permanente da opressão espiritual"; mais do que isso, ele fornecia provas da ilegalidade das práticas de certos grupos, diante das quais ficava patente a ausência de interesse oficial na sua investigação e punição.

A leitura e o emprego que Vivien realiza do texto de Woodrow merecem atenção e se faziam em conexão com as funções políticas que desempenhava. Pois Vivien era deputado pelo Partido Socialista (desde 1973) e suas iniciativas revelavam uma outra faceta das estratégias empregadas pelas associações de famílias para sensibilizar os poderes públicos: interpelar os deputados de sua circunscrição.[16] Os jornais registram a preocupação de alguns deputados e senadores com o problema das "seitas", transmitidas desde 1975 aos

---

16.A estratégia, no caso de Vivien, é confirmada pelos relatos tanto do deputado (Vivien 1982, 1984), quanto de fundadoras da ADFI (Bulles, 45, 1995:13).

ministros através do procedimento, aberto ao parlamentares, das questões escritas e orais. E certamente Vivien é o que recebe maior evidência entre todos. *L'Unité* (06.02.76) noticiava um conjunto de seis questões sobre as atividades da AUCM, perfazendo um escopo bem amplo de domínios: declarações políticas, origem de recursos materiais, suposta administração de drogas aos adeptos, efeito psicológico de métodos de doutrinamento, irregularidades fiscais, desrespeito de legislação trabalhista. Em 1977, *Le Matin* (11.06.77) e *Le Monde* (26.06.77) dão conta de novas intervenções de Vivien, agora não mais restritas apenas à AUCM. Através dele, surgem as primeiras estatísticas sobre o "número de seitas" e de seus adeptos na França.

Portanto, um duplo movimento parecia percorrer as reações específicas às "seitas", revelado, por um lado, pelo surgimento de diferentes associações, cada uma das quais voltada para o combate a determinado grupo e, por outro, pela ampliação do alvo das associações pioneiras – como a ADFI, que, segundo um documento transcrito pelo *Le Figaro* (27.11.78), pretende atingir "organizações financeiras e políticas que, sob a capa de religião, possuem atividades que lesam gravemente as liberdades individuais e fazem pesar uma ameaça real sobre a sociedade".[17] Que grupos assim definidos pudessem fazer confluir para um mesmo ponto certas preocupações, quando não certas reivindicações, demonstra uma conferência de imprensa registrada por *La Croix* (27.10.77), reunindo Woodrow, o vice-presidente da ADFI, os deputados E. Hamel e A. Vivien, e um advogado. Todos protestavam contra um certo "terrorismo intelectual" acionado por alguns grupos (só a Cientologia é nominalmente citada), que atingiria jornalistas, parlamentares e ex-adeptos. Quanto às igrejas cristãs tradicionais, é a Igreja Católica que se destaca em termos de iniciativas. Data desta época a constituição de um espaço próprio de reflexão e organização de ações, o que vai lhe conferir uma intervenção específica na controvérsia – a ser analisada, em uma outra escala, mais adiante.

Em 1977, o Executivo, pressionado pelas demandas de parlamentares, procura precisar sua posição (MD 26.06.77). Não era a primeira vez, pois em 1975 o ministro do Interior anunciara que, em função de repetidas queixas apresentadas pelas famílias, a AUCM estava sob observação das autoridades competentes (MD 07.06.75; Huma 06.06.75). Em 1977, segundo o porta-voz do mesmo ministério, essas observações não constataram nenhum fato susceptível de constituir uma infração penal, não dando portanto razão à aceitação de uma denúncia. Por outro lado, declara-se que "a instalação de Sun Myung Moon sobre o território nacional foi julgada inoportuna" e que o ministério do Interior acompanha com "atenção particular" a atividade não só da AUCM, mas também dos Meninos de Deus. No caso deste grupo, cuja vigilância até então não havia suscitado maiores preocupações, sofrerá um processo de dissolução motivado por novas denúncias. Antecipando-se, no final de 1978 os Meninos de Deus optam pela auto-desintegração (Duvert 1999:328), reconstituindo-se mais tarde como A Família.

A resposta oficial – conjugando silêncio a respeito de alguns grupos, tolerância para

---

17. As memórias sobre esse período dão bem conta da ampliação de grupos alvo (Bulles, 33, 1992; 45, 1995).

outros que renasciam sob novos nomes, ambiguidade diante do mais perigoso deles – não servia senão para alimentar as reivindicações dos que se mostravam preocupados com as "seitas". Para estes, havia claramente um "problema não resolvido", expresso em lacunas jurídicas indisfarçáveis. Dito isso, é preciso insistir sobre a importância desse momento inicial na conformação da controvérsia sobre as "seitas" na França. Aí manifestam-se quase todas as personagens que encontraremos nas duas décadas seguintes. Aí configura-se uma nova definição para a categoria "seita".[18] Aí esboça-se, em torno do lugar privilegiado que ocuparia o ex-adepto, o dispositivo através do qual se buscará revelar a verdade sobre uma "seita". Aí localizamos a gênese de um problema simultaneamente individual e social cujas metamorfoses deveremos acompanhar.

2. De Jonestown ao relatório Vivien: a obrigação de ser livre

A tragédia de Jonestown (Guiana, novembro de 1978) dá novo impulso ao "problema das seitas". Ao lado de uma extensa cobertura do evento, na qual foi unânime a impressão de que People's Temple se tratava de uma "seita",[19] colocou-se a questão de saber se a França estaria sujeita a algo semelhante. *Libération* procurou seguir a pista de uma comunidade supostamente liderada por um dissidente de People's Temple. Um jornalista aproxima o estilo de recrutamento desse grupo com o das "grandes seitas multinacionais", como AUCM e Meninos de Deus (Libé 21.11.78). *Le Nouvel Observateur* (27.11.78) tematiza a proliferação de "seitas" na Europa. Woodrow noticia "uma verdadeir ressaca de livros, artigos, debates e programas televisivos" (MD 29.01.79).[20] A repercussão de Jonestown contribui para borrar as fronteiras entre antigas e novas definições da categoria "seita". Comentando um programa televisivo de reportagens dedicado a uma série de casos, o jornalista lamenta o "amálgama" entre grupos de características heterogêneas. Não deveria ser outra a impressão causada por um quadro do *Le Figaro* (21.11.78), contendo dados mínimos sobre grupos classificados em "orientais" (entre os quais AUCM, Krishna e S.Gokkai), "tradicionais" (TJ, Mórmons, Adventistas) e "recentes, sem doutrina coerente ou sincréticos" (Cientologia, Meninos de Deus).

O comentário de Woodrow expressava o mal-estar de encontrar, lado a lado, grupos perigosos e inofensivos – coisa que, no entanto, reproduz com menos precauções o método

---

18. Vale registrar a definição do *Le Petit Robert*, 1996, para o verbete "secte" em seu sentido mais estreito: "comunidade fechada, de intenção espiritualista, na qual líderes exercem um poder absoluto sobre os membros". O exemplo oferecido é significativo: "A seita Moon".

19. Pelo menos dois livros específicos sobre o episódio foram imediatamente traduzidos para o francês (MD 29.01.79).

20. Entre os livros publicados na esteira das repercussões de Jonestown, constam *La France des sectes*, *Les Nouveaux Prophètes*, *A la recherche des sectes et sociétés sécretes d'aujourdhui*.

adotado em *Les Nouvelles Sectes*. Já Alain Vivien, em um artigo significativamente intitulado "Também nós, temos nossos '*fous de Dieu*'" (L'Unité 08.12.78), toma o cuidado de distinguir entre "associações religiosas que merecem o respeito e que devem poder livremente se expressar" e "uma minoria de seitas [que] são infinitamente mais inquietantes". O texto constata uma espécie de globalização do fenômeno sectário; Jonestown representa uma prova de até onde pode chegar uma ação orientada pela lógica das "seitas". À pergunta de como uma sociedade baseada na liberdade e na tolerância pode se proteger desse perigo, Vivien responde: "Mas é necessário poder exercer livremente sua própria liberdade. E é aí que se traça sem muitos problemas a distinção entre as associações verdadeiramente religiosas e as seitas político-religiosas" – ou seja, nestas se praticam várias técnicas condenáveis de persuasão, produzindo adeptos dependentes, dificultando seu egresso e sua vida fora do grupo. São nominalmente citados como exemplos de "seitas inquietantes" AUCM, Cientologia, Meninos de Deus e Hare Krishna. Finalmente, é em direção à intervenção governamental que se encaminha o artigo. Lamentando a "inatividade dos poderes públicos", Vivien anuncia a proposição, pelo grupo parlamentar socialista, de uma missão de informação no seio da Comissão de Leis da Assembléia Nacional.

Na verdade, já em 1976 Vivien reivindicava a criação de uma comissão de investigação parlamentar sobre as "seitas político-religiosas" (L'Unité 06.02.76). Para propiciar condições julgadas mais convenientes – a dispensa de aprovação por toda a Assembléia e a não obrigatoriedade de publicação –, uma negociação conduziu à fórmula da missão de informação, envolvendo apenas a Comissão de Leis. Essa missão foi constituída ainda em dezembro de 1978, ou seja, logo após Jonestown. Presidida por Philippe Marchand, tratava-se de uma pequena comissão de deputados que reunia o depoimento de pessoas – por exemplo, o próprio Vivien, responsáveis de alguns grupos suspeitos e membros de associações anti-seitas (Vivien 1982; Beckford 1985:269). Não houve apresentação de quaisquer resultados por parte desta missão, cujos trabalhos foram interrompidos em janeiro de 1981, em função da convocação de eleições para a Assembléia Nacional.

Entretanto, a entrada dos socialistas no governo em 1981 reservaria a Vivien um papel ainda mais destacado e explícito na definição de uma reação oficial ao "problema das seitas". O acompanhamento dos jornais mostra como o deputado ganha uma interlocução direta com o ministro do Interior. Em setembro de 1982, ele é designado pelo Primeiro Ministro para uma missão junto ao Secretariado da Família (Min. Assuntos Sociais), consistindo na elaboração de um relatório contendo análises e propostas. Realizado no âmbito da Assembléia Nacional e concluído em fevereiro de 1983, o texto foi publicado em abril de 1985. Antes de passarmos à análise deste documento, que restaria como o principal registro da preocupação com as "seitas" na década de 80, é importante notar que ele é elaborado em um momento particularmente intenso de mobilização governamental em torno do problema das "seitas". Em 1981, o ministério do Interior incumbe um alto funcionário, Jean Ravail, de redação de um relatório, finalizado em janeiro de 1982; seu conteúdo, embora jamais divulgado, serviu às análises de Vivien. No ministério da Saúde, um grupo de reflexão é constituído em 1981; nos ministérios da Educação, em 1981,

79

e do Lazer, em 1982, há um esforço de controle sobre organizações que seriam ligadas a grupos sectários; no ministério de Relações Exteriores, medidas para assegurar o repatriamento de adeptos franceses; no ministério do Orçamento, preocupação com controle fiscal de certos grupos, determinando várias ações entre 1982 e 1984.[21] Uma discussão no Senado, ocorrida em junho de 1982 (MD 14.06.82), com a presença do ministro do Interior, é também indicativa do clima da época. Quanto às ações que se desenvolveram no bojo desse interesse oficial, é interessante notar que elas visaram as atividades econômicas e sociais dos grupos alvejados. Ou seja, não se tocava, pelo menos diretamente, no aspecto da relação entre esses grupos e seus adeptos, em torno do qual se desenvolveram, como vimos, denúncias e definições no decorrer da década de 70. Daí a importância do relatório Vivien, o qual, pela linha de reflexões que adota e pelas propostas a que chega, pode ser lido ora como uma resposta, ora como uma reedição das questões surgidas durante os 10 anos que o antecederam.

Assim, comecemos por observar como o relatório Vivien (1985) é mais um exemplo do deslizamento, já notado, entre distintas concepções da categoria "seita". Chega a ser surpreendente o tom "distanciado" de certas partes do texto, quando nota, por exemplo, a cobertura confusa e caótica pela imprensa de certos episódios envolvendo grupos qualificados como "seitas" (:15-18) ou caracteriza de "estereotipado" e "primário" o imaginário popular sobre o assunto (:21-22). Em oposição a isso, Vivien propõe uma distinção entre o "fato sectário" e a "ação conjuntural de certas seitas". No primeiro sentido, o "sectarismo" seria uma inclinação natural do ser humano, socialmente manifesta na existência de minorias, como é o caso das associações, de tipo "filosófico, espiritualista ou de desenvolvimento mental", que não integram as "grandes religiões" (:23-4).

Mas se é preciso reconhecer esse universo – segundo o autor, mais amplo do que geralmente se supõe quando se pensa nas "seitas" e abrigando grupos uns "sinceros e perfeitamente sérios", outros "autenticamente pacíficos" – uma operação seguinte também se impõe, capaz de discriminar nele os "fenômenos aberrantes e mesmo nocivos" (:25), encontrando assim a fronteira entre "seitas" e "minorias religiosas". Os termos adotados para caracterizar tal nocividade evocam as denúncias que famílias, jornalistas e políticos fizeram durante a década de 70: irregularidades financeiras envolvendo organizações multinacionais (:27); a utilização dos adeptos como trabalhadores voluntários (:25); a mobilidade a que são sujeitos os adeptos, e sua relação com casos de raptos de crianças pelos próprios pais (:28). O destaque recai sobre a ação de recrutamento e conversão dos adeptos: uso das técnicas mais modernas de *marketing* para atrair pessoas (:25); "uma adesão muitas vezes obtida rapidamente, mudanças súbitas de personalidade, sobretudo entre

---

21. Sobre essas iniciativas governamentais, ver Vivien (1985) e *L'Express* (24.02.84). No plano local, nota-se também certas ações. No caso de Paris: em 1980, a pressão de vizinhos leva à interdição ao público pelas autoridades locais de um apartamento onde eram realizados cerimônias Hare Krishna (CX 24.05.80); em 1983, o cancelaimento da habilitação a uma escola vinculada à Cientologia por falta de cumprimento de exigências formais (Le Point 05.03.84).

os jovens, pressões morais, com ou sem recurso ao vocabulário religioso, tarifas talvez exorbitantes, um proselitismo que mascara a realidade..." (:72); o egresso do grupo dificultado e, quando ocorre, o drama da reinserção na sociedade (:72). Ou ainda: pretensão ao monopólio da verdade, intransigência e um ambiente que, se revelam necessidades reais por parte dos que são atraídos por esses grupos, criam adeptos que consentem em abdicar de sua liberdade (:37-8). Em uma fórmula: "pressão social, manipulação, intolerância, fanatismo, fundados sobre a certeza de deter a verdade revelada exclusiva" (:107).

Em entrevistas concedidas neste período, Vivien explica o perigo representado por certos grupos – o que justificaria sua identificação enquanto "seitas" – simplesmente pelo caráter ilegal de alguma ou várias de suas atividades (Vivien 1982:69; CX 04.04.85). Coerentemente, ele reclamava, como principal medida a ser tomada, a aplicação rigorosa da legislação existente em vários domínios: Código Penal, leis trabalhistas e sociais, disposições fiscais e alfandegárias, leis que regem o associativismo. E é verdade que todo um capítulo do relatório resume as ações tomadas pela justiça ou pelos ministérios a partir das leis e códigos atuais. Entretanto, no próprio relatório e em outras entrevistas (Vivien 1984; L'Unité 19.04.85), o deputado defende a proposição de certas modificações, que se colocam como respostas diretas ao problema da "manipulação mental". Ora, a "manipulação mental" faz parte de toda explicação quanto ao perigo de certos grupos; e se ela não é o único fator levado em conta, podemos dizer que está no centro mesmo do argumento, na medida em que permite, a um só tempo, operar uma distinção última (para além de se tratar ou não de minorias) entre "religiões" e "seitas" sem passar por considerações doutrinárias e explicar a situação singular dos adeptos no interior desses grupos – isto é, a de pessoas que podem não estar mais exercendo sua liberdade.

O "problema das seitas", tal como era debatido nesse momento, evocava efetivamente um conflito de liberdades. Na carta em que incumbia Vivien da missão, o Primeiro Ministro solicitava-lhe a proposição de medidas "apropriadas para garantir a liberdade de associação no seio dessas seitas [religiosas e pseudo-religiosas] sem deixar de preservar as liberdades fundamentais do indivíduo" (*apud* Vivien 1985:3). O próprio relatório, em um texto que lhe servia de apresentação, opunha o uso de liberdades concretas à preservação da liberdade em si.[22] Essa questão, é preciso acrescentar, ganhara no período imediatamente anterior à elaboração do relatório Vivien uma coloração bastante concreta. Em março de 1982, ocorre um outro caso de rapto de uma adepta da AUCM pela família, com a ajuda de um membro da ADFI, mas envolvendo ainda

---

22. Cf. contracapa do relatório: "Face a sua ação [das seitas], propõe defender o livre arbítrio, condição do exercício efetivo dessas liberdades essenciais que são as liberdades de pensar e de crer, de se reunir e de se expressar. O uso extremo das liberdades por uns não deve destruir a própria liberdade".

23. Interpretando a adesão ao grupo como produto de uma lavagem cerebral, tratava-se de reverter o processo, lançando mão de técnicas psicológicas intensivas. Sobre o *deprogramming*, que gera uma grande discussão nos Estados Unidos, ver, entre outros, Robbins (1988).

uma operação profissional de *deprogramming*.[23] A jovem acaba voltando para o grupo. O episódio ganha múltiplos desenvolvimentos: ampla cobertura pela imprensa; declarações oficiais da AUCM; na Assembléia Nacional, um deputado sugere a dissolução do grupo; uma pequena manifestação "contra as seitas" realizou-se diante do principal tribunal de Paris; enquanto que sete pessoas são indiciadas por sequestro, inclusive os "desprogramadores", num processo que acabaria se voltando contra a AUCM e daria elementos para uma condenação por fraude fiscal (MD 06.03, 09.03, 10.03, 15.03, 09.06, 10.06, 11.06.82; 17.05, 23.05.84).

A influência do *affaire Chateau* sobre o relatório Vivien é explícita (:16-18). Dado o modo como Vivien interpreta a adesão a um grupo como a AUCM – em termos de privação de liberdade – o caso evoca a prova de que certas pessoas escolhiam a servidão. Mas ele era também a demonstração de que as "seitas" continuavam se constituindo em um "problema de família". Primeiro, na sua própria definição: "Desse modo, vivamente experimentado, o fenômeno das seitas interroga a totalidade dos franceses, através das famílias que formam a rede social a mais elementar" (:18). Em seguida, porque as famílias eram as principais interessadas em uma interlocução e na obtenção de respostas e de informações (:18), assim como as principais responsáveis pelo acionamento da justiça (:77). Afinal, a própria situação de Vivien, em missão junto ao Secretariado da Família, mostra bem do que se tratava. A partir disso, a questão crucial a que se propõe resolver o relatório pode ser enunciada nos seguintes termos: se o mal-estar das famílias é o sintoma da ameaça bem real que representa a ação das "seitas" para a liberdade dos indivíduos, isso não torna menos inaceitável o procedimento utilizado no caso Chateau. Inscrito nesse dilema, o problema evidenciava a necessidade da intervenção dos poderes públicos.

Isso nos conduz às proposições do relatório, que podem ser classificadas em três campos. Algumas sugerem a montagem de um dispositivo geral voltado para o monitoramento e a prevenção: um funcionário para garantir a coordenação interministerial no enfrentamento do problema; criação de condições para um intercâmbio internacional; o estímulo a pesquisas e à documentação sobre as seitas; a formação de educadores, assistentes sociais e outros profissionais em contato com meios onde as seitas recrutam adeptos; a informação do grande público (regras de cobertura para imprensa e planejamento de campanhas oficiais); o debate sobre como introduzir na escola laica maiores conhecimentos sobre a religião. Outras demonstram uma preocupação com a situação das crianças: fechamento de escolas mantidas por seitas e afirmação da sua autonomia relativa diante dos pais (por exemplo, a exigência de documentos de identidade próprios). Finalmente, as demais voltavam-se para a proteção dos adeptos: acesso à previdência social, necessidade de reflexão sobre as condições do trabalho voluntário, reforço das facilidades para o repatriamento de adeptos franceses vivendo no estrangeiro.

Entre este último grupo de proposições, uma, dedicada a assegurar a mediação entre o adepto e sua família e a certificar a voluntariedade da adesão ao grupo, destacava-se. Segundo ela, em cada região deveriam se constituir associações compostas de voluntários em contato com os serviços públicos de assistência social e credenciados pelos secretariados da família, incumbidas de manter a comunicação entre os adeptos e suas famílias. Essas associações teriam um segundo papel, que estava articulado à possibilidade de acionamento de um "juiz de família". Assim, quando os familiares de um adepto tivessem uma suspeita sobre o caráter não voluntário ou prejudicial da adesão ao grupo, eles poderiam recorrer a esse juiz, que teria competência para solicitar uma investigação no grupo a fim de "determinar se a liberdade de escolha do adepto não se tornou objeto de nenhuma manipulação" (:115). Caso a dúvida permanecesse, o mesmo juiz poderia decretar uma tutela provisória:[24] a associação mencionada garantiria ao adepto uma autonomia em relação tanto à família, quanto ao grupo, por um período de algumas semanas, ao final do qual o adepto deveria se pronunciar quanto ao seu destino. Enfim, caberia às associações mediadoras, sendo o caso e havendo necessidade, cuidar da "reinserção social e profissional" de um ex-adepto.

Eis aí então o dispositivo através do qual Vivien pensava em garantir a liberdade da adesão a um grupo. Distintamente da maioria das demais propostas, que serão retomadas em reivindicações posteriores, o projeto da associação mediadora, do "juiz de família" e da tutela provisória marcará a especificidade do relatório Vivien. Ele é ao mesmo tempo uma "resposta às famílias", uma arma contra os grupos, uma garantia para os indivíduos e uma demonstração da capacidade de intervenção do Estado. Em uma entrevista (L'Unité 19.04.85), Vivien demarca a intervenção do juiz, personagem por definição "neutro", frente seja a uma atitude oficial permissiva, seja a uma justiça privada. Enfatiza, sobretudo, sua discordância com a idéia de criação do delito de "estupro psíquico", considerada delicada, pois além de difícil definição, poderia ser utilizada de maneira totalmente arbitrária, a serviço de forças interessadas em restringir liberdades. Como vimos, "estupro psíquico" é uma nova figura penal proposta por J.P. Morin, que a conceituava nos seguintes termos: "o fato de provocar, por violência, manobra ou ludíbrio, uma astenia patológica [perda do senso crítico] combinada a procedimentos de sofronização [memorização involuntária], a fim de inculcar uma ideologia qualquer em uma pessoa" (Morin 1978:283). Como atentado grave à dignidade humana, tal crime era punido com reclusão por 10 a 20 anos, ficando a vítima sob tutela provisória da família.

Vê-se que o "juiz de família" e o delito de "estupro psíquico" apareciam como duas soluções concorrentes para o mesmo problema, o que revelava um acordo em torno dos riscos e ameaças da adesão às "seitas". Ambas solicitavam modificações legais, mas empregando vias efetivamente distintas. Morin prefere a criação de um novo crime; Vivien a atribuição de uma nova competência ao juiz. Num caso, trata-se de provar a existência de um "estupro psíquico", recorrendo à *expertise* de dois médicos (Morin 1978:284). Noutro, o que se busca é a revelação da vontade pelo adepto colocado em uma situação propícia. Vista sob esse ângulo, a proposição de Vivien representa um respeito relativo à decisão do adepto, coisa que é transferida para a competência médica na proposta de Morin. Entretanto, ambos não só partem do mesmo diagnóstico, como avançam possibilidades

---

24. Isso exigiria uma alteração no Código Civil, permitindo a tutela provisória de maiores (art. 488) em caso de "ataque manifesto exercido contra a integridade psíquica ou física, por parte de qualquer que seja o grupo". (:115). Esta proposição inspira-se em um projeto de lei discutido pelo estado de Nova Iorque, EUA – cujo texto consta em anexo do relatório Vivien.

de intervenção que, pensadas a propósito das "seitas", recebem uma formulação mais geral. Assim, o "estupro psíquico" pode ocorrer a serviço de "qualquer ideologia"; e o "juiz de família" pode ser acionado contra um "grupo, qualquer que ele seja". Interrogado pelo *Le Monde* (11.04.85) sobre se essa medida se aplicaria às igrejas tradicionais, Vivien é obrigado a reconhecer: "Por que não? Se não têm nada a dever, também não terão nada a temer". A repercussão da proposta, no entanto, mostraria que a questão não era tão simples e que a diferença em relação a Morin não estava evidente.

Jornais e revistas cobriram extensivamente a publicação do relatório Vivien em abril de 1985. Se há vários elogios genéricos ao trabalho, nenhum deles se distingue por uma defesa da modificação no Código Civil e pelo menos quatro textos se interrogam sobre a validade da proposição do "juiz de família".[25] A jornalista do *L'Express* (12.04.85) nota simplesmente que se trata de um domínio delicado. O *Libération* (10.04.85), em editorial, pergunta que legitimidade para se pronunciar sobre as "seitas" teriam as "Igrejas" – pois estão muito próximas delas – ou a "ideologia liberal" – que deveria reconhecer que a maioria das adesões ocorre sem "estupro psíquico". A partir disso, faz uma defesa incondicional da liberdade de crença, que permite até o caminho da servidão voluntária; portanto, que se mobilize contra as "seitas" apenas a legislação social, fiscal e comercial. Os editoriais de *Le Figaro Magazine* (20.04.85) e do *Le Quotidien de Paris* (10.04.85) acusam ambos a inspiração racionalista do relatório, que através da luta às seitas pretenderia ameaçar todas as religiões. Defendem a aplicação da legislação existente, mas não admitem que o Estado pretenda "decidir sobre a integridade mental dos cidadãos" (FGR) ou impedir "as contribuições e os dons voluntários, inclusive o de si mesmo" (QP).

Analisando essas reações, notamos suceder uma curiosa articulação. O relatório Vivien é criticado em nome do princípio do livre arbítrio ou da liberdade de crença, o que não impede que a categoria "seita" continue sendo utilizada – e mesmo avalizada quando se reconhece que existe um conjunto de grupos cujas atividades infringem as leis existentes. O comentário dos representantes das igrejas cristãs tradicionais segue uma senda semelhante, baseada numa defesa da liberdade religiosa. Jean Vernette (CX 02.05.85), principal autoridade católica na reflexão sobre as "seitas", critica diretamente a proposição do "juiz de família": todo grupo religioso ficaria à mercê das famílias e toda intervenção externa para julgar sobre o atentado à integridade seria contestável, dada a incompetência de um diagnóstico médico ou o parecer necessariamente arbitrário de um magistrado. Como enfrentar as "seitas perigosas" então? Aplicando o direito comum e, especialmente, oferecendo nas escolas a formação necessária para o discernimento no domínio religioso. Já a Federação Protestante da França, em comunicado oficial (03.06.85), é categórica: "as inovações propostas pelo relatório Vivien não devem ser objeto de nenhuma tradução legislativa ou regu-

---

25. Em vista de uma certa homogeneidade até então reinante, chama a atenção a variedade das reações. Enquanto alguns jornais limitam-se a reproduzir o conteúdo do relatório e a recolher algumas opiniões sobre ele (MD 10.04.85 e 11.04.85; CX 04.04.85), outros emitem um parecer francamente favorável (TC 15.04.85; FGR 10.04.85).

lamentar". Nem "juiz de família", que implicaria uma limitação seletiva da liberdade religiosa; nem distinção jurídica entre igrejas e seitas, na ausência de "critérios técnicos aceitáveis"; mas apenas a aplicação do direito comum, penal e civil.

A partir disso, é possível afirmar que se formou uma reação considerável contra a efetivação da principal das propostas do relatório Vivien. Mesmo as associações anti-seitas — cujas posições veremos em detalhe mais adiante — foram reticentes em seu apoio. Não surpreende então que tal proposição jamais tenha sido implementada. Como interpretar esse revés? Ele indica um certo dilema quanto à forma mais adequada de traduzir juridicamente um componente essencial da definição das "seitas", ou seja, a idéia de "manipulação mental". Pois, afinal, essa idéia não passa por uma desconstrução ou refutação e a crítica se restringe às soluções imaginadas por Vivien sem desaguar em outra alternativa. O dilema, contudo, não conduz a um imobilismo, mas reproduz-se pela constituição de campos não coincidentes, embora relacionados, de iniciativas. Ações judiciárias vêm se acumulando desde a década de 70 atingindo não só a dimensão econômica de vários grupos (fraudes fiscais, crimes financeiros, publicidade enganosa, irregularidades trabalhistas e previdenciárias), mas também a relação com seus adeptos. Neste caso, o rol de figuras jurídicas é extenso: vai do "sequestro" à "não assistência a pessoa em perigo" e "provocação de suicídio", concentrando-se no "estelionato", no "abuso de confiança" e no "exercício ilegal da medicina", sem deixar de incursionar nas esferas penal e cível quando se trata de violações de obrigações familiares. O número de queixas e procedimentos é considerável (alcançaria, em cerca de 25 anos, a casa das centenas), e mesmo as condenações não são raras.[26] Apesar disso, a "luta contra as seitas" tem mobilizado procedimentos e personagens que não se restringem à esfera jurídica, muito embora não a desprezem. Ou seja, a lei e as providências que resultam de seu acionamento tornam-se apenas um dos elementos de um dispositivo mais amplo.

Para isso, era preciso saber ao menos quais e quantas eram as "seitas", problema para o qual o relatório Vivien pretendia aportar uma resposta. Com efeito, o relatório anunciava como uma de suas grandes novidades a apresentação dos resultados de "uma pesquisa geográfica exaustiva" das "seitas" existentes na França (:43). Três estatísticas são publicadas: existiriam 116 grupos sectários, classificados em "orientais", "sincréticos e esotéricos", "racistas, fascistas e diversos"; 31.968 pessoas seriam adeptas desses grupos; e, no total, 500.000 franceses seriam "tocados, em graus diversos, pelo fenômeno sectário" (:43-44). Constam ainda do relatório uma série de mapas dando conta da distribuição geográfica dos grupos segundo as três categorias. Um número, portanto: 116. Que critérios obedeceram à seleção dos grupos? À parte a exclusão não justificada das "dissidências cristãs" e a desconsideração sem qualquer precisão de "grupos minúsculos", nada é dito. Embora vários nomes sejam citados, não se apresenta o rol completo dos grupos. Informa-se, no entanto, a fonte dos

---

26. Os levantamentos mais exaustivos sobre ações penais, cíveis e administrativas foram incorporados aos relatórios oficiais sobre o assunto (Vivien 1985; Guyard 1996; OIS 1998; Brard 1999).

dados: um levantamento consolidado pela Direção Geral de Informações Gerais [Direction Centrale des Renseignements Généraux] (RGs), setor do Ministério do Interior encarregado da coleta, organização e análise de informações para uso policial.

Graças ao texto de Guy Pierat (1984), um comissário dos RGs, temos acesso a um resumo do enorme relatório elaborado a partir da pesquisa realizada, em todos os departamentos, durante o mês de novembro de 1982. Aí, seus critérios tampouco são explícitos, mas algumas indicações levam a pensar que se adotou uma definição genérica da categoria "seita" – "todo grupo sustentando teses filosóficas 'não conformistas'". Apresenta-se a cifra de 200 associações "qualificadas de seitas" e de 150.000 adeptos. Ao contrário do relatório Vivien, essas cifras incluem as "dissidências cristãs", assimilando-as aos "grupos protestantes", que representam cerca de 1/3 do número de grupos e 2/3 do número de adeptos. Feitas essas deduções, chegamos aproximadamente à contagem apresentada por Vivien. A julgar por informações encontradas em jornais, Vivien estava a par da preocupação do mundo protestante com os resultados do relatório[27] – uma boa razão para não incluí-los na estatística. A classificação adotada pelos RGs é um pouco diferente: além dos "protestantes", haveria os "orientais", os "esotéricos e sincréticos" e os "grupos não vinculados a um pólo de idéias" – estes, convertidos por Vivien em "racistas, fascistas e diversos".

Voltemos ao relatório Vivien, cujas estatísticas, podemos supor, seguem a mesma lógica do levantamento dos RGs. Se os números se referem a uma concepção ampla do fenômeno sectário, como operar, em termos estatísticos, a distinção tão necessária capaz de delimitar as "seitas conjunturalmente perigosas"? O relatório não permite, à exceção de um punhado de grupos bem nomeados, mais do que deduções aproximativas. Assim, pode-se incluir automaticamente entre os "perigosos" os 23 grupos classificados como "fascistas" e "racistas" (desconsiderando que existiriam aí alguns grupos "diversos" de estatuto desconhecido). Além disso, o relatório apresenta nominalmente nove grupos como demonstração da contradição entre objetivos anunciados e práticas efetivas, contradição definidora mesma das "seitas" consideradas como organizações nocivas e manipuladoras. Por fim, outros grupos são citados em circunstâncias diversas, e é quase sempre impossível saber se engrossam a falange dos perigosos. Por exemplo, os Testemunhas de Jeová, mencionados pelos problemas que provocam, mas em países estrangeiros, e por serem uma das seitas mais vivas no imaginário popular, no entanto criticado como estereotipado.[28] E se considerarmos as

---

27. Quanto à colaboração de igrejas e grupos filosóficos com a missão, Vivien confessava que "as famílias protestantes estiveram reservadas e assim permanecem" (L'Unité 19.04.85). Ver também FGR 23.02.83 e MR, 63 e 65, 1985. Do seu lado, a Federação Protestante da França demonstra, através de notícias em seu boletim, sua atenção aos trabalhos da missão (BIP, vários números em 1983).

28. Outros casos: Chevaliers du Lotus d'Or consta na lista dos testemunhos de ex-adeptos; Ananda Marga, Mórmons e Rajneesh, mencionados como grupos que enfrentam problemas em certos países estrangeiros. Os demais grupos referidos nominalmente no relatório pertencem a duas listas: uma de organizações com sede no exterior e outra de que constam extratos dos estatutos.

entrevistas de Vivien registradas no mesmo período, um ou dois grupos são mencionados que jamais aparecem no relatório (L'Unité 19.04.85).

Contas feitas, teríamos um universo em torno de 30 e 35 grupos "perigosos". Na verdade, o que importa reter dessas deduções maçantes é a apresentação de uma dupla cifra em se tratando de estatísticas sobre as "seitas". De um lado, uma cifra genérica e flutuante, cujas variações são pouco coerentes. O próprio Vivien, em suas entrevistas, divulga números desencontrados: 200 grupos e dezenas de milhares de adeptos (CX 04.02.85); 220 a 240 seitas (Vivien 1984:28); 200 grupos e menos de 100.000 adeptos (L'Unité 19.04.85). Os jornais e revistas que cobrem a publicação do relatório não são nem mais precisos, nem menos discordantes: 130 a 800 grupos (Exp 25.03.83); 250 grupos e 500.000 adeptos (Matin 23.02.83 e 10.04.85); 500.000 adeptos (QP 10.04.85); *Le Monde* (10.04.85) e *Libération* (10.04.85) divulgam as cifras textuais; *Le Figaro* (10.04.85) fala em 116 seitas "no senso estrito"; *L'Humanité* (10.04.85), 200 grupos, 100.000 membros; *Témoignage Chrétien* (15.04.85) nem chega a citar números. Em suma, cifras cujo valor era meramente indicativo de uma grandeza, mas que ficavam longe de assumir a função de identificador.

De outro lado, fazia-se a menção nominal a uma dezena de grupos, pertencente todos ao universo das "seitas político-religiosas", "totalitárias", "manipuladoras", etc. Como vimos, o relatório Vivien apresentava nove "seitas" como "casos flagrantes" de que "os meios empregados estão bem distantes da pureza dos objetivos declarados" (:52): AUCM, A Família, Cientologia, Hare Krishna, S. Gakkai e outros quatro grupos. Ora, com exceção de um deles, tratava-se de grupos já citados, em diferentes graus, pelos jornais e incluídos como alvo do trabalho das associações anti-seitas. Assim, em um dossiê publicado em 1981 por Woodrow (MD 22.10.81), um pequeno fichário das "principais seitas na França", que inclui o item "motivos de queixas e condenações", contempla sete dos nove grupos apresentados posteriormente no relatório Vivien. Os jornais e revistas que repercutem o relatório ou repetem essa novena, ou elaboram um fichário com cinco ou seis desses grupos (QP 10.04.85; MD 11.04.85), ou ampliam o trabalho da missão pela apresentação de reportagens enfocando certos desses grupos (Libé 10.04, QP 10.04, CX 04.04, Le Matin 10.04.85; Hare Krishna por três vezes; AUCM por duas; Cientologia por duas) ou de testemunhos de ex-adeptos (FGR 10.04, Libé 10.04, TC 21.04; AUCM, Cientologia e A Família). A grande maioria dessas reportagens guarda um tom predominantemente acusatório, o que mostra bem como as críticas a certas propostas do relatório podem estar acompanhadas da concordância sobre o caráter nefasto dos mesmos grupos.

A lista de Vivien, além de ser pouco original, dá outras indicações de sua articulação com o trabalho que jornais e associações vinham fazendo. Primeiro, a variedade e o tipo das acusações, que não formam um conjunto coerente, mas, na maioria dos casos, reproduzem as denúncias realizadas através da imprensa e da ADFI. Segundo, é deste mesmo universo que provém o material que ilustra ou fundamenta as acusações. Os comentários são escassos e as fontes deveriam falar por elas mesmas: textos, boletins, regulamentos internos, panfletos, tarifário de cursos revelando exigências aos adeptos ou estrutura hierárquica do grupo; testemunhos de adeptos ou ex-adeptos; sentenças judiciárias e administrativas; no caso da Soka Gakkai, trata-se de uma carta de uma associação budista apontando irregularidades; e há mesmo material elaborado pela própria ADFI. Nesta parte, então, o relatório Vivien reduz-se a uma espécie de oficialização e publicização de um estilo de trabalho construído pela prática de vigilância e acusação de uma organização do tipo da ADFI. É para este trabalho que devemos nos voltar agora.

Antes, uma última palavra sobre o relatório Vivien. Prolongamento e síntese de uma década de reflexão e denúncia em torno das "seitas", ele também estabeleceu os marcos da sequência do problema. Do ponto de vista governamental, representou um esforço de sinergia e serviu para revelar e incitar iniciativas que ocorriam separadamente em diversos órgãos, dos RGs aos vários ministérios. Do ponto de vista da sociedade, representou um esforço de inventário de opiniões e de diálogo com vários setores institucionais. Pois além do relatório dos RGs, das informações enviadas por vários ministérios e do recurso a uma pequena bibliografia, o texto de Vivien beneficiou-se de uma série de depoimentos, tomados especialmente na ocasião de sua preparação. A lista de audiências contempla: associações de famílias, igrejas (católicos romanos, protestantes, judeus e ortodoxos), maçons, associações de direitos humanos, associações "laicas" e republicanas, partidos políticos, profissionais de saúde, estudiosos da questão. Como se percebe, um escopo tão amplo de atores sociais não incluia quaisquer representantes dos grupos investigados.[29] Ora, de que serve dar a palavra a agentes cujo discurso tem como função ocultar a realidade de suas práticas e objetivos?[30] Este aspecto da preparação do relatório Vivien parece a principal demonstração da eficácia da nova definição atribuída à categoria "seita".

---

29. Embora vários jornais procurem registrar as reações de alguns dos grupos acusa-dos, apenas *Libération* (10.04.85) nota a exclusão de seus representantes das audi-ções da missão e *Le Monde* abre espaço para um artigo de um porta-voz da cientolo-gia (13.07.85).
30. Blanchard (1998:55-57) problematiza a mesma questão em seu trabalho ao falar de "elaboração exterior da imagem social" e "despossessão de auto-definição".

CAPÍTULO 2

Como se faz uma "seita":
o trabalho das associações anti-seitas

À l'instant où vous lisez ces lignes, un homme, une femme,
un enfant sont en danger de 'secte'

(Van Geirt 1997:10).

Uma forma de relatar a evolução da controvérsia em torno das "seitas" na França consiste em contrapor uma mensuração composta de uma dupla cifra – como notamos acima: uma primeira relativa a uma definição genérica; uma segunda ao punhado de grupos reconhecidos como "nocivos" – a outra mais recente, em que as variações ocorrem em torno de um único número. A publicação, no início de 1996, do relatório elaborado por uma comissão parlamentar de inquérito é um claro divisor de águas. Até lá, a mensuração do "fenômeno sectário na França" pela imprensa não escapa ao padrão que observamos no texto e na repercussão do relatório Vivien. Ao lado de reportagens sobre um ou alguns grupos ou da enumeração de uma ou duas dezenas de organizações, tem-se a divulgação de números desencontrados e de uma grandeza muito maior: 50 grupos e 165.000 adeptos (MD 05.05.86), 25.000 adeptos e 500.000 "sob influência" (EDJ 02.01.92), 300 grupos e 200.000 adeptos (FGR 29.04.92), 200 grupos e 500.000 adeptos (QP 05.07.93); entre 200 e 1.000 grupos e 150.000 e 1 milhão de adeptos (QP 21.06.95). O relatório parlamentar, ao contrário, apresenta um número preciso, 173 grupos, seguido de uma lista nominal correspondente, justificada por uma série de critérios de seleção fundamentados na noção de periculosidade. Rompendo com o padrão que o antecedera, o texto consagra a categoria "seita" em sua acepção mais negativa e multiplica os grupos sob suspeição.

Daí a pergunta fundamental: o que possibilitou a passagem de um quadro a outro, ou seja, como se operou a aproximação entre a mensuração estatística e a identificação dos grupos, evidência da multiplicação das "seitas" e da restrição de uma definição? Não é na imprensa que devemos procurar a resposta, embora esta não permaneça insensível ao processo. Uma série de reportagens a partir do início da década de 90 vai enfatizar o "esfacelamento do fenômeno sectário"[1] – o que é uma forma de constatar ao mesmo

---

1. EDJ 02.01.92; FGR 29.04.92; Bourseiller em NO 29.4.93; QP 05.07.93; Le Monde des Débats fev.1994.

89

tempo a proliferação dos casos e a pertinência da mesma categoria geral para classificá-los. Ao lado disso, um enorme conjunto de artigos passa a enfocar não as "grandes seitas", mas os "novos grupos", que reunem geralmente poucos adeptos e cuja ação possui muitas vezes um raio limitado a localidades e regiões. Através daquela constatação e desta distinção, percebe-se como a imprensa participa, confirmando-o ou comentando-o, do processo evocado acima, de multiplicação das "seitas" via sua identificação precisa.

De todo modo, antes de 1996, em nenhuma reportagem reproduz-se o tipo de apresentação encontrada no relatório parlamentar, reunindo lista tão extensa de grupos. Ao contrário, deparamo-nos com algo bem próximo disso quando observamos o trabalho das associações anti-seitas. Jornais, revistas, documentários preferem oscilar entre um comentário geral sobre o fenômeno e as reportagens e investigações em torno de um ou vários grupos específicos; e se, pelo acúmulo de registros, não são poucos os grupos enfocados, o quadro sofre de uma dispersão óbvia. As associações, por sua vez, constituem-se como organizações especializadas na avaliação de grupos e na informação dos cidadãos. A articulação entre um saber genérico sobre as "seitas" e o inventário de grupos é condição mesma da sua existência.

1. As "seitas" enquanto alvo

As observações e análises sobre a controvérsia a propósito do "problema das seitas", quando se referem a um "movimento anti-seitas" na França, recaem invariavelmente sobre os mesmos dois grupos: a União das Associações de Defesa da Defesa da Família e dos Indivíduos [Union des Associations de Défense de la Famille et des Individus] (UNADFI) e o Centro de Documentação, de Educação e de Ação contra as Manipulações Mentais [Centre de Documentation, d'Éducation et d'Action contre les Manipulations Mentales] (CCMM). Efetivamente, trata-se de dois grupos cuja atividade possui simultaneamente uma repercussão nacional e uma estruturação local. Mas isso não nos deve fazer esquecer dos inúmeros grupos, também dedicados a combater as "seitas", que surgiram em contextos mais restritos – e que, em seu conjunto, formam um universo tão flutuante e instável quanto aquele que pretendem atacar.[2] Da simples observação desse conjunto, vê-se que a

---

2. *Mouvements Religieux* (n. 215 e 223, 1998) faz um balanço de diversas "associações de luta contra as seitas", constatando que várias foram extintas ou estão inativas; por outro lado, dá conta da criação, depois de 1996, de diversas outras. Ao nível local e regional, parece que a associação mais importante é o Grupo de Estudo e de Movimentos de Pensamento em vista da Prevenção do Indivíduo (GEMPPI), sediado em Marselha e responsável por um informativo. A versão francesa do *Yahoo* (instrumento de busca na internet) dá acesso a 10 *sites* que categoriza expressamente como "contra as seitas".

grande maioria dos grupos define-se pela reação às "seitas" em geral, sem recortar coletivos ou casos específicos. É interessante contrapor esse quadro atual com outro, mais antigo, em que era significativo o número de associações orientadas por referência a um grupo específico ou à defesa de suas "vítimas". E viu-se como a própria trajetória da ADFI revela uma passagem de uma oposição à AUCM para uma denúncia contra as "seitas" em geral. A predominância atual deste último tipo de associação não é sem relação – na medida em que se quiseram cada vez mais vocacionadas para reagir contra as "seitas" em geral – com sua capacidade para dispor de avaliações sobre uma grande variedade de grupos e, portanto, para multiplicar o número de casos.

De todo modo, é necessária uma certa prudência na qualificação dessas associações, pois designá-las simplesmente enquanto "anti-seitas" pode ocultar certos traços significativos. De início, nada no nome dos dois principais grupos indica explicitamente tal finalidade, e não é por acaso que eventualmente eles protestam contra tal qualificação em privilégio de uma identificação positiva (pela dignidade humana, pela liberdade, em defesa das vítimas, etc.), mesmo que concretamente ela sempre se traduza em um combate contra as "seitas" – e geralmente só contra elas.[3] Além disso, seja qual for o tipo da associação, é provável que apenas uma pequena parte de suas atividades dirija-se a um combate direto às "seitas". Como veremos, elas estão longe de ser o seu único alvo de ação.

Isso nos leva a uma observação bem mais importante. Pois pior do que ignorar a multiplicidade e a variedade de grupos ou tomar a qualificação "anti-seitas" sem as necessárias precauções, é utilizá-la para restringir a atuação dessas associações a um campo próprio e bem delimitado. A própria composição e funcionamento desses grupos aponta para constatações diferentes. A ADFI nos serve de bom exemplo, na medida em que se define e tende a ser definida como uma associação de pais, de famílias ou de ex-adeptos – ou qualquer outro indivíduo pessoalmente envolvido com o problema. Ainda que seu núcleo central tenha se constituído a partir da iniciativa de famílias cujos filhos tinham "caído nas armadilhas de uma seita", suas ações contaram, desde o início, com a colaboração de vários profissionais e religiosos. A simples observação de sua história ou de seu boletim revela participações e alianças extensas e variadas (jornalistas, psiquiatras, psicólogos, médicos, cientistas sociais, outras associações, juristas, homens de igreja, políticos...). Ou seja, é mais indicado ver cada grupo desses menos como uma reunião de famílias ou ex-adeptos (o que efetivamente eles podem ser pela definição de seus membros), do que como um espaço de coordenação de múltiplas competências.

Quanto ao discurso, isolar o que as associações anti-seitas declaram ou propõem e fazer disto um "tipo" não contribuiria muito para entender seu papel. Em primeiro lugar, o discurso das associações anti-seitas não tem nada de exclusivo; vários outros atores sociais podem subscrevê-lo ou adotar versões derivadas. Assim, outras associações, distintas pela

---

3. Há exceções, no caso de grupos para os quais "seitas" é apenas um dos objetivos de uma luta voltada para várias causas Um exemplo: a associação Orion, cujo objetivo declarado é "lutar contra as seitas, a droga, o analfabetismo, a AIDS, a exclusão e o álcool".

sua reivindicação de "neutralidade" em meio à controvérsia ou pelo compromisso anunciado com outras "perspectivas", assumem posições bem semelhantes às tomadas pelas associações anti-seitas. Dois exemplos demonstram isso. O Grupo de Estudo e de Movimentos de Pensamento em vista da Prevenção do Indivíduo (GEMPPI), que mantém contatos estreitos com o CCMM, já foi apresentado como uma "organização evangélica que luta contra as seitas".[4] E há o interessante caso do Laboratório de Etnologia das Seitas, criado no final da década de 70 no âmbito da Universidade Paris VII por Yves Lecerf. Essa iniciativa acadêmica esteve diretamente relacionada com a participação de Lecerf em denúncias contra o grupo a que aderiram sua ex-mulher e sua filha.[5] Reunindo uma equipe de pesquisadores, o laboratório dedicava-se ao estudo do "condicionamento religioso sectário".[6]

Em suma, nem a distinção laico/religioso, nem a oposição militante/acadêmico – que encontramos em algumas análises (Introvigne 1995; Champion e Cohen 1999b) – conseguem dar conta da natureza das especificidades das associações de combate às "seitas": estas podem contar com o engajamento de religiosos e intelectuais (e outros profissionais), ao mesmo tempo que seu discurso pode ser apropriado por outras instâncias e personagens da controvérsia. Além disso, longe de ser um discurso monolítico, as avaliações e propostas feitas por uma associação anti-seitas permitem alinhamentos sob certos planos, sem exigir adesão aos demais. O que singulariza essas associações, creio eu, é sobretudo seu *trabalho*, ou seja, a forma pelas quais um discurso instável e múltiplo, referenciado a diversos saberes,

---

4. Cf. MR, 109, 1989. Em novembro de 1988, uma ADFI foi fundada na Suíça; meses depois, uma crise eclode na instituição e uma das propostas visava transformá-la em uma "associação cristã". Note-se que o primeiro diretor era um diácono da Eglise Reformée Evangelique (MR, 109, 1989). Temos aí outro exemplo da porosidade entre o religioso e o laico. Ver ainda o *site* INFO-SECTES, de identidade "cristã", o que não impede sua parceria através de *links* com jornais laicos.

5. Trata-se de Trois Saints Coeurs, ou grupo dos irmãos Melchior, que reunia algumas dezenas de adeptos na Bélgica e na França em torno do recebimento de "mensagens divinas" pelo líder. Em 1972, uma ex-adepta faz uma série de denúncias que apontam a busca de benefícios sexuais e financeiros pelos líderes. As acusações motivaram um processo por rapto de menor e estelionato. Alguns ex-adeptos formaram uma associação de apoio às vítimas. Em 1975, Lecerf tem sua tese de doutorado publicada (*Les Marchands de Dieu*), que pretendia ser uma análise e uma denúncia das práticas do grupo. Em suma, o caso representou algo paralelo às acusações elaboradas contra a AUCM, contribuindo para o clima que resultou na redefinição da categoria de "seita" (ver Beckford 1985:267). Trois Saints Coeurs é incluído no livro de Woodrow e é citado entre as nove "seitas" cujas práticas são reveladas pelo relatório Vivien. Mas em comparação com outras "seitas", o caso deste grupo permaneceu algo relativamente isolado.

6. Entrevista com Marion Aubrée (25.02.99), que participou da equipe do laboratório. Outro membro era Thierry Baffoy, que também trabalhou junto à ADFI-Paris. O próprio Lecerf manteve contatos com a ADFI e o CCMM. Para uma apresentação dos seus objetivos, ver *Archives des Sciences Sociales des Religions*, julho/setembro 1980. Atualmente, a mesma Paris VII abriga um grupo herdeiro, o Laboratoire des Rumeurs, des Mythes du Futur et Sectes – cujo trabalho, contudo, não tem nem o mesmo sentido de seu ancestral, nem a mesma repercussão de outros centros universitários voltados para o estudo da religião.

articula-se a certos procedimentos e práticas específicos. Procurarei, a partir de agora, caracterizar essa articulação tomando como base certos aspectos dos objetivos, do funcionamento e da atuação das duas principais associações francesas, a UNADFI e o CCMM.

2. As duas principais associações anti-seitas

A UNADFI é uma entidade nacional que federa dezenas de associações locais, a maioria das quais constituída como uma ADFI – Associação de Defesa da Família e do Indivíduo. Em 1978, associações com essa designação existiam em seis grandes cidades francesas; em 1982, a UNADFI é criada como uma estrutura federativa; em 1984, já compunham a UNADFI nove núcleos; em 1986, a lista estende-se para incluir bases em outras cinco cidades metropolitanas, além de Martinica e Guadalupe. O ritmo de criação desses núcleos locais é impressionante, perfazendo hoje uma rede de mais de 30 pontos que cobre toda a França, incluindo o Ultra-Mar. Nada indica solução de continuidade entre as atividades das ADFIs antes e depois da criação da UNADFI, a qual, em termos logísticos, funciona como um anexo da ADFI-Paris. O mesmo endereço abriga ainda a FECRIS – Federação Européia dos Centros de Pesquisa e de Informação sobre o Sectarismo [Fédération Européenne des Centres de Recherche et d'Information sur le Sectarisme] – fundada em 1994, o que evidencia a ação da UNADFI no plano europeu, iniciada em 1979 e pontuada pela organização ou participação em congressos internacionais (1980, 1987, 1993 e 1999). A UNADFI pretende "defender as pessoas e os grupos vítimas de práticas abusivas de movimentos ou organizações de tipo sectário"; sustenta-se com a cotização dos membros (muitos pertencem a famílias de adeptos, ou de ex-adeptos, ou são eles mesmos ex-adeptos), a difusão de publicações e a ajuda dos poderes públicos.

O CCMM tem uma história mais recente. Foi fundado em 1981 e a narrativa de suas origens confunde-se com o drama familiar vivido pelo fundador, o escritor Roger Ikor. Trata-se da morte de seu filho, em consequência de uma tentativa de suicídio, creditada por Ikor à sua adesão à zen macrobiótica. Para ele, estaríamos diante de uma "seita", como evidenciavam os regimes alimentares carenciados (com a ajuda das quais inculca-se uma espiritualidade) e um discurso semelhante "ao de Krishna, de Moon ou da Cientologia", "apenas" distintos da zen macrobiótica pela ausência nesta de uma "estrutura" organizacional centralizada. Exercício ilegal da medicina, o destino de recursos financeiros e a existência de um guru são outras questões levantadas a propósito do grupo (L'Unité 06.02.81). Nota-se, portanto, como Ikor pretende revelar uma nova "seita" a partir de exemplos bem conhecidos a essa época. A situação deu origem a um livro convertido rapidamente em *best-seller*, *Je porte plainte*, espécie de carta aberta ao presidente da República na qual se articulam o relato de um drama pessoal, o alarme sobre "o problema das seitas", a exigência de providências oficiais e a denúncia de um "mal de civilização" que atinge os jovens.

A criação do CCMM foi impulsionada, segundo Ikor, pela afluência de cartas após a publicação do livro – "cartas carregadas de angústia e desespero, escritas por pais e mães cujos filhos foram apanhados pelas seitas" (CX 12.10.81). Para formar um "*comité de patronage*", Ikor convida uma série de personalidades de vários campos institucionais e tendências ideológicas. Como objetivo, a "proteção da liberdade humana". "É para defendê-la que ele engaja sua ação contra as 'seitas'; mais precisamente, contra as que tendem a entorpecer o espírito humano e a submetê-lo a empreendimentos definitivamente totalitários" (CCMM 1991/93:172). O CCMM foi criado com a pretensão explícita de exigir dos poderes públicos uma atitude consequente em relação às "seitas", o que deve ter contribuído para o clima que determinou as mobilizações do período entre 1981 e 85.

O CCMM possui uma estrutura mais modesta que a UNADFI; sua sede em Paris ocupa um espaço mais reduzido e emprega menos funcionários. Mas mantém igualmente uma ação local, distribuída por várias cidades francesas, através da presença de "delegados". Como a UNADFI, adere à FECRIS e cultiva relações com instituições estrangeiras da mesma natureza. As origens de seus recursos são basicamente as mesmas descritas no caso da ADFI; ambas, além de funcionários, contam com a contribuição de voluntários. Apesar da grande proximidade – o que já motivou planos de fusão entre as duas entidades – e da origem comum em torno de dramas familiares, o CCMM adota menos o perfil de organização de parentes e ex-adeptos; aproxima-se mais de uma associação civil que visa proteger "cidadãos" contra os reveses de sua adesão a grupos perigosos. O episódio de origem foi logo transformado em motivação para um combate genérico contra as "seitas".

Na prática, os objetivos e as atividades das duas associações são bem semelhantes, o que permite analisá-los conjuntamente.[7] Quanto aos objetivos, podemos agrupá-los segundo quatro alvos:

a) as "seitas": que precisam ser detectadas, documentadas e denunciadas;
b) os adeptos: que, enquanto "vítimas", diretamente, podem receber orientação e apoio em casos de "dificuldade de reinserção na sociedade" após a saída de uma "seita"; indiretamente, através de conselhos e aproximação entre suas famílias;
c) a população em geral: "vítimas" em potencial, que precisam estar precavidas sobre as "seitas";
d) os poderes públicos: enquanto instâncias de ação contra as "seitas" e de apoio às próprias associações anti-seitas.

É em torno desses quatro alvos que as atividades das associações anti-seitas vão se organizar. A começar pelo seu espaço interno, concebido como centros de documentação e de acolhida. O contato direto com a UNADFI ou o CCMM faz-se predominantemente por via telefônica. A UNADFI mantém um registro e uma estatística destes contatos,

---

7. A análise foi feita a partir de panfletos e publicações das associações e, para o CCMM, também de observações no local. Ver detalhamento da metodologia nos anexos.

que são por vezes mencionadas ora como demonstração da realidade do problema das seitas, ora como justificativa do trabalho das associações. Outra forma de contato é a correspondência: denúncias ou relatos pessoais (não raramente, anônimos), pedidos de orientação e/ou de material (que demandam uma resposta), apreciações sobre o trabalho da associação. Definida com antecedência, uma eventual visita à sede dessas associações será a ocasião para uma entrevista com alguém da equipe ou para uma consulta da documentação. Esta compõe-se de uma pequena biblioteca – organizada, no CCMM, segundo uma divisão entre os livros "sobre seitas" e os livros "publicados pelas seitas" –, de registros de imprensa, de coleções de informativos elaborados por associações congêneres e de dossiês de grupos. No CCMM, esses dossiês são organizados alfabeticamente, seu volume variando radicalmente de um grupo para outro (a Cientologia ocupa toda uma estante; no outro extremo, uma única caixa pode conter os arquivos de vários grupos). Para alimentar e atualizar a documentação, cada associação conta, além do trabalho de seus membros, com a colaboração de seus delegados, associações irmãs e associações congêneres, no país e no estrangeiro. Além disso, há uma preocupação declarada com a "formação" dos funcionários e voluntários, e atividades específicas são previstas nesse sentido (Bulles, 50, 1996; 54, 1997; 57, 1998; RS, set 1998). De tal modo, as associações pretendem estar preparadas para identificar grupos sectários, ajudar a adeptos e seus familiares,[8] subsidiar pessoas interessadas no assunto (especialmente jornalistas) e justificar o apoio dos poderes públicos.

Mas pode-se também definir essas associações como centros de influência dirigida. Ocorre um grande investimento no que é considerado um trabalho de "prevenção", que vai desde a difusão de informações acumuladas até a intervenção na vida de certas instituições. Ambas as associações possuem informativos,[9] que permitem conhecer suas posições oficiais e acompanhar suas principais atividades; neles, a maior parte do espaço é dedicada à apresentação de "grupos sectários" ou à abordagem de um tema (através de um material extremamente diversificado: "estudos", entrevistas, relatos de experiência, documentos dos próprios grupos, transcrições de material divulgado na mídia, notícias); eventos ou declarações envolvendo outras personagens sociais do universo concernente

---

8. Essa "ajuda" limita-se, na maioria das situações, a entrevistas e conselhos – mas pode se estender, no caso das ADFIs, a reuniões entre famílias (cujos parentes pertencem a um mesmo grupo), e ao encaminhamento psicológico. Não há qualquer referência nas publicações a "centros de acolhida". O recurso a todo método empregando a força é negado, embora a UNADFI tenha feito reservas à condenação não qualificada do *deprogramming* (Bulles, 4, 1984; 7, 1985). Excepcionalmente, a ajuda contribui para a "libertação" de uma vítima, como o episódio relatado em *Bulles* (23, 1989), no qual membros da ADFI garantem, junto com policiais, a recuperação de documentos e pertences pessoais de uma pessoa que decidira abandonar uma instituição de tratamento de toxicômanos tida como sectária.

9. A UNADFI publica *Bulles* (Bulletin de Liaison pour l'Étude des Sectes), trimestral iniciado em 1983; o CCMM publica *Regardes Sur*, trimestral, sucedâneo de *Bulletin de Liaison* (1984-1997, sem periodicidade definida).

às "seitas" são também registrados. O informativo do CCMM é dirigido aos membros. Já *Bulles*, da UNADFI, é teoricamente destinado a toda pessoa interessada, mas circula especialmente entre assinantes, uma boa parte dos quais membros da associação. A mídia é atingida através de conferências de imprensa e comunicados oficiais, assim como pela participação de membros das associações em debates, documentários, reportagens. Ambas as associações podem ser contatadas via internet. O CCMM procura ainda atingir o público em geral através de livros que, a partir de 1995, passam a ter distribuição comercial.[10]

Quanto à intervenção institucional, as ADFIs e o CCMM colocam-se à disposição para conduzir conferências em escolas, associações mutualistas e culturais e outras instituições (Bulles 5, 1985; 58, 1998). Há mesmo um registro de palestra em uma prisão (Bulles 53, 1997). Outra preocupação é a ação junto aos poderes públicos: proposição de medidas consideradas necessárias para o enfrentamento do problema das "seitas" e avaliação de meios adotados; em outro plano, abertura de canais diretos com setores da administração (Bulles 58, 1998) e envolvimento em ações judiciárias, enquanto parte principal ou em co-autoria. Finalmente, vale mencionar o esforço de participação nas atividades ou na estrutura de outras associações com as quais as ADFIs ou o CCMM se sentem em afinidade (União Nacional das Associações Familiares no caso das primeiras; Associação Solidões para o segundo). Em suma, vê-se que à série enunciada acima, acrescenta-se uma outra centrada nos mesmos alvos: denunciar as "seitas", representar seus adeptos frente à opinião pública, prevenir a população através de estratégias em vários âmbitos e posicionar-se diante dos poderes públicos, sugerindo diretrizes ou influenciando sua ação.

A comemoração do vigésimo aniversário da fundação da primeira ADFI, ocorrido em novembro de 1994 na cidade de Rennes, rituraliza vários dos aspectos evocados acima. Durante três dias, várias atividades se sucederam. Na abertura, um debate público, que atraiu 600 pessoas, mostra a UNADFI com seus aliados – um jornalista na mesa, um psiquiatra e um advogado na platéia – e seus inimigos – as intervenções de adeptos da

---

10. A primeira publicação do CCMM é de 1984: um dossiê de grupos, introduzida por um texto de Ikor e trazendo ao final a declaração de princípios da associação; em 1987, o dossiê é reatualizado. Em 1991, uma nova edição, revisada e ampliada, contando com a inserção de pequenos textos de personalidades, incluindo uma carta do Primeiro Ministro; em 1993, reedição sem alterações. Em 1995, sai pela editora Albin Michel *Sectes:État d'Urgence*; o formato de dossiê é mantido; as fichas dos grupos são precedidas por "reflexões" a partir de diversos "pontos de vista" (por um escritor, um político, um médico e um padre) e seguidas de um texto ("Os perigos sectários: como reconhece-los e como deles se proteger"). *Les Sectes*, que adota uma organização bem diferente das anteriores, é publicado em 1996; e *Le Dico des Sectes*, em 1998, que compila centenas de verbetes sobre grupos e correntes. Parece que desde o início essas publicações do CCMM tiveram uma distribuição dirigida; foi, pelo menos, certamente o caso da edição de 1987: 1500 exemplares enviados para diretores de liceus (BL, junho 1990). Embora a ADFI não tenha jamais se envolvido em publicações da mesma natureza, devemos levar em conta as realizações editoriais de seus membros (caso de *Les Enfants des Sectes*, de El Mountacir, *"chargée d'études na UNADFI"*) e os vários livros realizados a partir de sua documentação (como exemplos, *L'Enfer des Sectes*, de Gilbert Picard e *La France aux Cent Sectes*, de J.P. Van Geirt).

Cientologia. No dia seguinte, enquanto se desenrolam os trabalhos que dividem os 180 participantes em 10 oficinas, algumas das quais conduzidas por magistrados e inspetores escolares, uma exposição é montada na praça central da cidade. Nela, os transeuntes podem conhecer as atividades das associações anti-seitas, saber de estatísticas sobre as próprias "seitas"; painéis específicos apresentavam *Bulles*, reportagens e livros sobre a questão. Mais tarde, um encontro reúne jornalistas e ex-adeptos, que relatam suas experiências desde o contato com a "seita" até o engajamento militante em uma associação. À noite, os líderes da UNADFI são recepcionados pelo prefeito, evocam as origens da ADFI e organizam uma conferência de imprensa. No último dia, ocorre a síntese dos trabalhos das oficinas, seguida da leitura de cartas de apoio assinadas pelos ministros da Saúde e da Justiça. No encerramento, novos testemunhos de ex-adeptos (Bulles, 45, 1995).

3. O que é uma "seita"?

Se os alvos da UNADFI e do CCMM são múltiplos, é em torno da categoria "seita" que se constrói o discurso que orienta suas atividades. Favret-Saada (1977) nota em seu livro sobre a feitiçaria a existência de um duplo discurso por parte dos *campagnards* que estudou e com quem conviveu. Diante do jornalista, assumia-se um discurso distanciado, que tratava a feitiçaria como coisa folclórica, motivo de diversão, jamais, em todo caso, objeto de "crença séria". E, entretanto, nada de mais sério poderia ocorrer do que estar sob a suspeita de feitiço ou de enfeitiçamento – situações a que se tinha acesso sob a condição de se estar nelas envolvido. Ao longo de minha pesquisa, percebi também a presença de um duplo discurso por parte das associações anti-seitas, mas sob uma forma invertida. Para o público em geral, anuncia-se que as "seitas" são uma realidade, que destróem, em vários sentidos, os indivíduos e ameaçam seriamente a sociedade. Mas, para quem "se interessa mesmo" pelo assunto, predominam as nuances e as precauções nas acusações. De um lado, o público jamais está suficientemente prevenido; de outro, apela para estereótipos e confusões. Assim, mesmo as associações anti-seitas não "acreditam totalmente" nas "seitas" – e talvez não seja mero acaso que a palavra venha frequentemente entre aspas nas suas publicações[11] – e apresentam modulações no seu discurso sobre elas. Mas isso não impede que cultivem uma preocupação com o significado da categoria, nem que invistam de várias maneiras contra grupos desde que os considerem enquanto "seitas". Compreender esse discurso torna-se essencial, pois é ele que serve como referência – adotada, apropriada, nuançada, contestada – para todos os demais atores que participam da controvérsia em torno das "seitas" na França.

Quando acompanhamos no tempo, através de suas publicações, os posicionamentos da UNADFI e do CCMM, notamos que "seita" é uma noção definida e redefinida em vários

---

11. Mesmo na capa de dois números de *Bulles* (59 e 60, 1998).

momentos, e não há, a rigor, um único eixo ou uma única orientação a atravessar esse percurso. O foco pode recair sobre a construção de um perfil de organização, ou sobre a caracterização do conjunto de métodos empregados, ou ainda sobre a descrição dos efeitos para os adeptos. Definições categóricas não faltam, mas – como revela o fato de que nenhuma tenha se consolidado – elas parecem oscilar entre duas alternativas igualmente insatisfatórias. De um lado, temos enunciados que pecam pela total inexistência de precisão: as "seitas" são grupos cujos métodos e ações atacam a "dignidade" ou a "liberdade" humanas, destruindo o indivíduo, a família e a sociedade (Bulles, 23, 1989; CCMM 1991/93). Insuficientes para recortar um objeto, tais definições tornam-se operativas para situar em um campo amplo de possibilidades o trabalho dessas associações. Efetivamente, "direitos humanos" e "direitos da infância" são bandeiras que acompanham suas denúncias. De outro lado, observa-se enunciados que empregam termos ou expressões mais ou menos crípticas: "organizações totalitárias" (CCMM 1991/93; Bulles, n.esp., 1988; 53, 1997), grupos que praticam "manipulação mental" (Bulles, 23, 1989) e, portanto, "grupos manipuladores" (CCMM 1995), ou "grupos de aliciamento" (CCMM 1996), ou ainda grupos que recorrem a um "triplo estelionato", "intelectual, moral e financeiro" (Bulles, 23, 1989).

Mesmo que essas definições pouco nos digam sobre o modo concreto pelo qual um grupo é considerado uma "seita", elas são suficientes para confirmar a acepção fortemente negativa que a categoria ganha nas mãos da UNADFI e do CCMM. Identificação e acusação estão inexoravelmente vinculadas nesse discurso, confundindo-se em um único ato. Entende-se porque, de seu ponto de vista, não faz sentido, nem se justifica reivindicar "neutralidade" na consideração das "seitas". De fato, como percebem Champion e Cohen (1999b:32), toda apreciação do tema não pode ser senão uma "análise engajada" e toda perspectiva descomprometida levanta imediatamente suspeitas. Entretanto, a recusa da "neutralidade" não implica, como pensam as mesmas autoras, no desprezo a um "conhecimento objetivo dos grupos". Fazer esta confusão anula toda possibilidade de compreensão do trabalho dessas associações. Como veremos, o seu discurso acusatório está baseado sobre "provas" que se pretendem tão fundamentadas quanto uma análise distanciada.

Frequentemente, as definições são precisadas ou mesmo substituídas por listas de critérios (Bulles, n.esp., 1985; n. esp., 1988; 58, 1998; CCMM 1995, 1996). Uma das primeiras dessas listas parece ser a apresentada por Baffoy, na época dirigente da ADFI (Baffoy 1978). Depois, várias se sucederam. O número de critérios é bastante variável e o conjunto jamais recebeu uma sistematização deliberada. Em contrapartida, seu conteúdo é recorrente, atravessando com pequenas modificações os diferentes momentos e textos. Pareceu-me útil dispô-lo segundo uma série de categorias, as quais servem para apontar as dimensões privilegiadas pelas associações para considerar os grupos. Para cada categoria, estão transcritos uma série de termos recorrentes nessas listas, seguidos do modelo ou imagem ideal a que correspondem.

a) *Estrutura*: piramidal, não democrática, geralmente encimada por um líder carismático, com perfil megalômano e considerado infalível. O modelo predominante é o do regime totalitário.

b) *Métodos*: proselitismo agressivo, doutrinamento, constrangimento para manter adesões, adeptos são submetidos a bombardeio ideológico, exploração econômica. Nesse caso, é comum o desdobramento dos comentários para fazer ver que se trata de um processo: sedução, através do recurso a máscaras atraentes e do aproveitamento de motivações percebidas em adeptos potenciais; recrutamento que consolida a recepção do novo adepto e apela para sua liberdade; doutrinamento, em que se misturam a desestabilização psicológica e a reconstrução em torno de outros marcos de referência; engajamento em atividades de proselitismo, que serve para reforçar crenças inculcadas. A referência continua sendo a "lavagem cerebral" e inúmeras variações e atenuações em torno do tema ("manipulação mental", "desestabilização mental").[12]

c) *Funcionamento*: grupo torna-se verdadeira família e dita modelo de comportamento; trabalho obrigatório e intensivo; pouco sono e alimentação carenciada; regulação da sexualidade; impossibilidade de intimidade e exposição da privacidade; vigilância permanente; fluxo unidirecional de recursos materiais, dos adeptos para a organização; monolitismo ideológico. Trata-se, idealmente, de uma instituição total.

d) *Efeitos sobre adeptos*: regressão mental; marginalização e rupturas com família, amigos e sociedade; inadaptação social; perda da individualidade; auto-culpabilização; engajamento e submissão totais; supressão do espírito crítico. Em suma, produz-se uma dependência ao grupo, segundo o modelo da toxicomania, como confirma a seguinte declaração: "A adesão a um desses movimentos possui todas as características das outras situações de dependência ou de adicção, tais como a droga ou o álcool" (CCMM 1995:294).

e) *Fins*: expansão do grupo, submissão dos adeptos, desfrute pessoal dos líderes, ganhos materiais, influência política; poder absoluto e dominação da sociedade. Um misto de sadismo (a vitimização pelo simples prazer), subversão (formando um encrave na nação) e de imperialismo (pelo espírito de expansão e dominação).

f) *Ideologia*: conhecimento global, ou suficiente, ou exclusivo; animosidade ou indiferença ao mundo exterior; legitimação da submissão total do adepto ao grupo ou aos seus líderes. No limite, um obscurantismo fanático.

Podemos repetir, a propósito desta lista e de seus modelos, observação semelhante à que serviu para comentar as definições categóricas. Do lado dos modelos, é evidente que eles legitimam o trabalho das associações diante do público ou do Estado, chamados a se preocupar ora com ameaças políticas, ora com grupos que empregam manipulações psicológicas, ora com instituições totais, ora com organizações totalitárias, ora com discursos obscurantistas. Entretanto, trata-se de imagens extremas, talvez eficazes na mobilização

---

12. Em torno dos métodos sectários desenvolvem-se várias elaborações psicológicas e psiquiátricas, cujo conteúdo não pude mapear. Jean-Marie Abgrall, *expert* psiquiátrico, autor de livros sobre as "seitas" e suas manipulações mentais, destaca-se como personagem midiático e figura próxima das associações anti-seitas. Ver *Télérama* (16.10.96). Outros nomes de evidência e com presença junto às associações são Max Bouderlique e Michel Monroy.

pública, mas pouco úteis na identificação de casos concretos. Quanto ao conjunto de traços apontados, uma mesma advertência segue a todas as listas localizadas: é a coexistência de um certo número de características que deve contar na avaliação de uma situação. Reconhece-se, portanto, a extrema improbabilidade de que todos esses traços se encontrem em um único grupo. Resta o problema de saber quantos e quais deles são necessários para "fazer uma seita". Questão insolúvel, pois, como veremos, todo caso representa uma conjunção específica, circunstancial e singular de traços.

Nossa investigação sobre o modo pelo qual as mais importantes associações de combate às "seitas" tratam a categoria central de seu discurso nos conduziu a definições genéricas precárias, referências ideais e aglomerados de traços. Ou seja, parece que ainda pouco sabemos sobre os mecanismos de identificação de "grupos sectários" acionados por essas associações. Pois, a rigor, um grupo não se torna "uma seita" porque se adequa a definições genéricas, encarna referências ideais ou acumula traços; não é senão *a posteriori* que esse enquadramento ocorre. Um grupo torna-se "uma seita" porque é detectado segundo um mecanismo particular de acusação. Na prática, algumas de suas características passam a servir como sinais – circunstâncias que demandam uma interpretação a partir de um determinado procedimento. Por isso, não basta, como se contenta Introvigne (1999:278-80), indicar que o alvo das denúncias das associações anti-seitas são adesões que pelo seu grau de envolvimento ultrapassam os patamares condizentes com a liberdade individual. Disso conclui que "adotando critérios quantitativos, cada um pode, segundo suas preferências, qualificar com demasiada facilidade qualquer grupo religioso como 'seita'". O problema é que as acusações não se distribuem proporcionalmente ao grau de engajamento individual, nem ganham crédito automaticamente, e nem se limitam a grupos que se auto-proclamam como "religiosos".

Pois é fácil mostrar como a categoria "seita" adquiriu um largo potencial de aplicação. Para isso, dois temas podem ser resgatados, o que tem a vantagem de proporcionar um fio entre os debates do fim da década de 70 e a situação da década de 90. Recapitulemos: a característica central de uma "seita" segundo a nova definição residia na sua "pseudo-religiosidade", uma vez que a religião serviria para cobrir fins de outra natureza, buscados através de métodos nocivos aos adeptos.[13] Estruturando o argumento, a possibilidade de distinguir entre doutrinas e práticas. Em várias outras ocasiões, o recurso a esse procedimento vai ser invocado para caracterizar a perspectiva das associações anti-seitas. Ela consta da declaração de princípios do CCMM: "suas [dos grupos visados] crenças, não importa o quão aberrantes ou bizarras possam parecer, não lhe interessam" (1993:172). Ei-la na apresentação da UNADFI: "Excluindo os conteúdos ideológicos, as crenças e convicções ideológicas, ela não retém senão os métodos e práticas apresentando um risco" (Bulles, n. esp., 1988). Tal princípio será reiteradamente resgatado tanto contra os opositores dessas

---

13. Daí a relativa recorrência de tentativas de distinguir "religiões" e "seitas" na passagem dos anos 70 até a metade dos 80 (Baffoy 1978; Vivien 1982, 1984; Woodrow 1986; Le Mince 1986), contraposição na qual um dos pólos consistia invariavelmente na Igreja Católica.

associações (Bulles, 53, 1997), como a título de esclarecimento para as pessoas que as procuram para denunciar problemas com algum grupo (Bulles 51, 1996).

O desprezo das doutrinas e ideologias – o princípio constitui, a rigor, uma meia verdade. As associações acabam recorrendo ao discurso daqueles que atacam – o que revela não uma traição ao princípio, mas uma das possíveis conseqüências de sua aplicação. E aqui é necessário distinguir três níveis. Acabamos de ver, no conjunto de traços considerados relevantes para a definição de uma "seita", como existe bem um componente ideológico, cujo modelo é um obscurantismo fanático. Nesse primeiro nível, no entanto, o discurso do grupo apenas torna-se relevante porque serve para justificar ou racionalizar a submissão do adepto. Algo diverso revela-se, por exemplo, na passagem seguinte: "Certamente, não é inútil estudar a doutrina e as fantasias dos líderes (...) [se] elas podem explicar certas práticas correntes no grupo" (Bulles 50, 1996:1). Nesse caso, ao invés de uma banalização do discurso, tem-se uma seleção capaz de explicar – e de culpabilizar – o grupo por certos métodos e ações. As publicações e, especialmente, os dossiês organizados por essas associações estão repletos de transcrições de obras doutrinárias, documentos de orientação e declarações de lideranças – prova de que isso, em certo sentido, muito lhes interessa. Por fim, terceiro nível, a ideologia ou doutrina de um grupo pode se tornar importante para definir o encaminhamento mais adequado em termos de conselhos preventivos e de estratégias de combate. Assim, um texto publicado por *Bulles* (51, 1996) – "Que questões se colocar e que precauções tomar antes de entrar em um grupo?" – distingue suas orientações segundo uma tipologia que leva em conta a dimensão ideológica: "universo cristão", "grupos esotéricos", "grupos de origem oriental", "grupos de desenvolvimento pessoal e de cura". No mesmo registro, veremos como, dependendo também da inserção ideológica do grupo, os recursos acionados para o diagnóstico ou vigilância de suas práticas serão distintos.

Mesmo assim, será sempre anunciando o princípio dos "métodos e ações" que as associações definirão seu papel. Isso talvez explica a baixa cristalização de tipologias que permitiriam diferenciar internamente o universo sectário, dado que nesse caso adota-se como base a ideologia dos grupos. Curiosamente, porém, é na parte menos importante que notamos certas modificações: "não é o conteúdo doutrinal, religioso ou não, que produz o desvio sectário, mas a atração, o aliciamento, a ruptura com o exterior, a dificuldade de lá sair" (CCMM 1996:8). Não muito diferente do que estava escrito na declaração do CCMM de 1981, essa frase mais recente introduz uma precisão nova – a possibilidade de que o conteúdo a ser deixado de lado não seja religioso. O mesmo pode ser encontrado na contracapa dos números mais recentes de *Bulles*, onde se costuma definir o alvo da associação: "Sob capa de ideologia religiosa, científica, ecológica ou outra (...)".[14]

---

14. Ver também *Bulles* (57, 1998), onde se esclarece que nem todas as "seitas" reivindicam o estatuto de religiões, o que não as torna menos "sectárias", pois recorrem a outras dissimulações para atrair adeptos desavisados. Comparar com um texto de *Bulles* (5, 1985): "organizações financeiras e políticas que sob a capa de religião mantêm atividades (...)".

Aqui cruzamos com nosso segundo tema, a saber, o das "máscaras" utilizadas pelas "seitas". A princípio, como vimos, podia-se demonstrar que um grupo era uma "seita" negando-se a natureza religiosa de suas práticas; mais recentemente, isso passou a ser considerado insuficiente: a religião converteu-se em uma "máscara" entre outras. Em 1990 (Bulles 25), a UNADFI enumerava uma série de "máscaras" indicando os grupos que as utilizavam: religião, ética, medicina e ciência, cultura, formação profissional, formação escolar, publicidade. Igualmente, lemos na publicação do CCMM: "programas esportivos, culturais, filosóficos, ecológicos, de desenvolvimento pessoal, de pedagogia especializada, de medicina alternativa, de ajuda ao Terceiro Mundo, até de defesa das liberdades e da ética (...). A máscara religiosa é, juntamente com aquela do desenvolvimento pessoal, uma da mais utilizadas." (CCMM 1995:280). A continuidade do argumento da religião como recurso dissimulatório não deve eludir a transformação da lógica que o sustenta, a qual pode ser revelada em dois tempos.

Em primeiro lugar, a própria idéia de "máscara" passa a ser utilizada em um duplo sentido. Além de representar o afastamento e a contradição entre as práticas e métodos de um grupo e seu discurso, ela identifica uma estratégia de proselitismo disfarçado. Já em 1984, uma reportagem da *Le Point* (05.03.84) explora essa nova acepção, apontando algumas das "máscaras" com que se apresentam certas "seitas". A escola de música e o centro de desintoxicação da Cientologia, as conferências sobre a Grécia antiga da Nova Acrópole, o restaurante vegetariano da Meditação Transcendental – esses empreendimentos são formas insidiosas de proselitismo, pois todos eles são portas de entrada para grupos que pretendem permanecer discretos; e cuja discrição denuncia algum procedimento condenável. Solicitada, a ADFI declara que se trata de uma estratégia de sedução – as "seitas" apresentam-se sob imagens agradáveis – e de ocultamento – pois as pessoas não sabem da relação entre a "filial" e a "matriz" e, sem perceber, podem passar de uma à outra. Essa dissimulação instaura uma relação em que a sociedade passa a ser o campo de ação das "seitas", que a inundam com seus produtos e serviços. Assim, essas atividades vêm a representar menos as verdadeiras finalidades das "seitas" que estratégias de "infiltração" na sociedade. O perigo, portanto, reside na sua onipresença, como bem expressa um jornalista do *L'Événement du Jeudi* (07.03.85): "a maioria de nós, algum dia, deu inocentemente um pouco de nosso dinheiro ou de nosso interesse a uma seita". Dentro dessa lógica, certos grupos seriam duplamente mascarados, dissimulando sua natureza real e seu proselitismo – como a Cientologia, que, primeiro, declarava-se "igreja" sem ser religião e, segundo, se ocultava sob métodos pedagógicos ou de desintoxicação propostos em escolas e clínicas.

Ao perder o vínculo necessário com a religião, e mesmo em dissimulações "de primeiro grau", as "seitas" invadiram diversos campos sociais, passando a designar um certo tipo de organização encontrável em qualquer setor de atividades. Inclusive entre os que diziam "combater as seitas". Em primeiro lugar, porque, não raramente, os próprios grupos alvejados retrucavam acusações com o argumento de que esse combate também era de seu interesse. Mas a questão foi em vários momentos colocada em direção às próprias associações anti-seitas: não seriam elas mesmas sectárias, ou pelo menos sujeitas a tendências que aproximam sua ideologia e seus métodos aos das "seitas"? Evidentemente, foram especialmente os grupos atacados por essas associações que se utilizaram da estratégia, mas representantes de igrejas tradicionais, acadêmicos e mesmo jornalistas levantaram provocações similares. Nas décadas de 70 e 80, foi o recurso do *deprogramming* – e a suspeita do envolvimento de membros ou simpatizantes da ADFI – que justificava a questão. "Desprogramar" equivalia, segundo os críticos, a utilizar os mesmos procedimentos criticados no caso das "seitas". Mais recentemente, o argumento da "infiltração" tornar-se-á algo ambíguo: se o mundo está contaminado pelas "seitas" e elas ocupam todos os espaços, toda precaução é pouca. Como as "seitas", que se dizem sempre perseguidas pelas forças mundanas, as associações estimulariam uma paranóia generalizada. Por fim, o próprio modo de combate das associações em seu esforço de vigilância e de detecção de grupos estará exposto a desconfianças de intolerância ideológica e discriminação negativa, lembrando o monolitismo e a agressividade que caracterizariam as "seitas".

Deparamo-nos aí com um tema recorrente dos estudos sobre feitiçaria: a possibilidade permanente de que o "desenfeitiçador" seja denunciado como o próprio "feiticeiro". Sua condição de "desenfeitiçador" consiste exatamente na habilidade de contornar essa possibilidade, colocando-se sempre ao lado das "vítimas". No caso do trabalho das associações anti-seitas, vemos como sua própria definição do que seja uma "seita", ao ampliar seu campo de aplicação, contribui menos para uma identificação de grupos condenáveis do que para uma desconfiança generalizada que arrisca atingir as próprias associações. Partindo disso, se queremos compreender como ocorre aquele processo de identificação, devemos nos voltar para o modo concreto pelo qual as associações manejam as acusações que se vinculam à aplicação da categoria "seita". Isso depende, de um lado, do apoio a/de "vítimas" cuja situação revela a nocividade dos grupos a que pertenceram; de outro, da apresentação e denúncia nominais desses grupos. Como uma de suas próprias declarações admite: "A questão tão freqüentemente formulada: 'Esse grupo é uma seita?' não tem fundamento para nós. Não é pelas seitas em geral que nós nos interessamos, mas por empreendimentos nominalmente designados, (...) e cuja maleficência depende de suas ações" (CCMM 1993:5). Antes, no entanto, vejamos o quadro no interior do qual as associações anti-seitas levam adiante sua tarefa, através das medidas que parecem torná-las tão semelhantes a seus adversários.

4. Vigiar é punir

Pode-se presumir, em função dos objetivos de associações como a UNADFI e o CCMM, que o seu horizonte povoa-se com o projeto de "um mundo sem seitas", não havendo melhor alternativa do que a eliminação de coletivos que ameaçam a sociedade e destroem os indivíduos. No entanto, o trabalho das associações anti-seitas não segue propriamente essa direção. É verdade que em alguns momentos a dissolução de certos grupos foi sugerida – por Ikor logo após o relatório Vivien (BL, maio 1985) ou pela presidente da UNADFI mais recentemente (Bulles, 58, 1998). Além disso, são vários os processos judiciais em que essas associações se engajam, em apoio a ex-adeptos, buscando a condenação dos dirigentes de grupos considerados "sectários". Tal engajamento traz novamente à baila a questão da adequação dos referenciais jurídicos à necessidade de coação e punição das "seitas". Embora no conjunto dos personagens que configuram a controvérsia na França as associações tendam a ser posicionadas no flanco daqueles que reclamam por "leis anti-seitas", a realidade é bem menos simples. As propostas do deputado Vivien implicando uma ampliação dos poderes do "juiz de família" fornecem uma boa ocasião para uma precisão da postura das associações anti-seitas. A UNADFI apóia a medida (Bulles, 7, 1985), mas por que então não a incorpora a suas reivindicações permanentes? O líder do CCMM chega a fazer reservas, sugerindo que a medida possa se aplicar apenas a jovens entre 18 e 21 anos (BL, maio 1985).

Portanto, é preciso qualificar apropriadamente as pressões da UNADFI e do CCMM no que se refere às medidas oficiais de enfrentamento das "seitas". Em primeiro lugar, essas associações jamais solicitaram a instauração de um "delito de seita". A UNADFI expressou, inclusive, os inconvenientes de uma tal proposição, apontando os riscos de que, uma vez discriminadas, as "seitas" passassem a ser protegidas (Bulles, 36, 1992) ou reclamassem de perseguição (Bulles, 46, 1995). No que se refere à proteção dos adeptos, é certo que as associações jamais deixaram de apontar constantemente para as lacunas da legislação. Um artigo de *Bulles* (36, 1992) resume bem o diagnóstico da UNADFI. De um lado, a impossibilidade sem a consideração da noção de "manipulação mental" de condenar uma série de abusos que ocorrem nas "seitas", desde exploração financeira até agressões sexuais, desde sequestro até infrações trabalhistas e previdenciárias, pois o respeito à "vontade" pode sempre ser invocado. De outro, a inexistência na legislação penal e civil de disposições precisas para traduzir um delito de manipulação mental (ou seja, "uma fragilização ou superexcitação de certas faculdades mentais e afetivas implicando a suspensão do espírito crítico"), não se tratando de assimilá-lo a distúrbios mentais ou imputá-lo a uma situação de fragilidade devida a adoecimento ou senilidade. Essa lacuna permaneceria mesmo dentro do quadro inaugurado pela reformulação do Código Penal (1994), embora este trouxesse dispositivos que permitiriam sancionar mais fácil e gravemente casos de abuso de confiança, estelionato, chantagem, roubo, etc (Bulles, 46, 1995).

Admitido isso, é preciso ir adiante. Pois a constatação e a explicitação dessa lacuna legal não deram lugar a uma proposição jurídica clara, firme e sistemática. A definição de "manipulação mental" permaneceu vaga e, em todo caso, nunca foi traduzida em uma proposição de lei. Em certos momentos, a UNADFI simplesmente alinhou-se aos que se limitavam a exigir a aplicação da legislação existente (Bulles, 41 e 42, 1993), como o próprio CCMM (1995:293). Ao lado disso, destacam-se outras propostas, que, no entanto, nada ou pouco têm a ver com a noção de "manipulação mental". Ao invés, elas se concentram sobre a montagem de um dispositivo geral de vigilância das "seitas" e sobre o lugar das associações nesse dispositivo. Quanto à UNADFI, em suas reações ao relatório Vivien, ela reivindicava uma ligação com o alto funcionário que seria encarregado da coordenação governamental, argumentando que sua documentação cumpria o papel de informar com imparcialidade, mostrando seus esforços no sentido de uma organização internacional, chamando para si a responsabilidade de assegurar a informação do público através dos jornalistas (Bulles, 29, 1991). Em outra ocasião, ela apontava a necessidade da realização de campanhas de informação nos moldes da prevenção às drogas e à AIDS, reclamava a nomeação de um "monsieur sectes" para assegurar a coordenação governamental e a existência, em cada ministério, de um responsável pela questão, além de solicitar apoio oficial para a criação de uma célula médico-social destinada a acolher ex-adeptos e para a implantação de uma federação internacional (Bulles, 41, 1994). O CCMM investe na necessidade de informação, através da mídia e de responsáveis educativos e sociais e da criação de um "instituto de estudo e de pesquisa pluridisciplinar sobre o fenômeno sectário e os grupos manipuladores", destacando o papel cumprido pelo trabalho de documentação, de "escuta" e de prevenção efetuado localmente pelas associações (CCMM 1995).

No entanto, a tarefa de advertência ou prevenção não permanece (como seria o caso de modificações legais) meramente enquanto uma reivindicação, a depender de iniciativas oficiais, mas incorpora-se ao conjunto de ações das próprias associações. A frase de um artigo comentando a proliferação de "pequenas seitas" nos serve como o enunciado de um princípio geral: "(...) quando instituições públicas ou para-públicas convidam grupos desconhecidos ou com pretensões extravagantes, o mínimo seria talvez buscar previamente informações sobre aqueles" (Bulles, 2, 1984:5). O boletim da UNADFI é rico de exemplos em que a associação toma a iniciativa de prevenir determinadas instituições públicas a fim de que elas não se tornem coniventes, às vezes sem saber, com as ações de certas "seitas". As situações são várias: uso de salas para conferências, a participação em comissões organizadoras de eventos oficiais (Bulles 13, 1987), exposições artísticas ou científicas em escolas públicas (29, 1991). O CCMM, com base em uma reportagem, alertou a administração penitenciária sobre o envio de propostas de curso de correspondência a presidiários por uma instituição de reabilitação vinculada à Cientologia (RS, set 1998). A rigor, não há necessidade da instituição pertencer ao aparato estatal, pois a UNADFI já advertiu empresas e escolas particulares sobre a ação de "grupos sectários" em seus domínios; e mesmo o público em geral sobre uma peça de teatro cujos fundos reverteriam para a Cientologia (Bulles, 41, 1994) e uma campanha de doações orquestrada por outro grupo tido como "seita" (52, 1996). O procedimento pode se aplicar também a pessoas, como demonstram os casos de denúncias de envolvimento de intelectuais e de artistas com as atividades culturais promovidas por "seitas".[15]

---

15. Essa foi a razão para o afastamento de dois membros do comitê de honra do CCMM, um acusado de envolvimento com a AUCM (BL, maio 1985), outro reconhecendo seu apoio à Soka Gakkai (discordando de seu caráter sectário) (BL, out 1991). Ver também o caso de Jacques Revel, que se envolveu em um conflito com uma emissora de TV que o apontou como próximo de uma das organizações anti-comunistas ligadas à "seita Moon" (Blanchard 1998:75-6).

O relato de um episódio é ilustrativo do tipo de intervenção acionado pela ADFI. Ele envolve os Testemunhas de Jeová, e se passa entre 1988 e 89, em um pequeno município do interior da França. Os dirigentes dos TJ interessaram-se no lugar como sede de seu novo centro nacional e conseguem conquistar o prefeito com seus projetos. Entretanto, uma parte dos conselheiros municipais diz-se contrariada com sua exclusão do início das negociações e duvidosa quanto às vantagens do projeto. Uma associação de defesa é constituída, que se ocupa da organização de uma reunião pública de informação, de que participam uma ex-adepta dos TJ e um representante da ADFI. Enquanto a primeira relata "os aspectos totalitários" da adesão, o segundo argumenta que os TJ formarão em torno de sua sede um enclave no município. Uma petição contra a instalação do centro é redigida pela associação de defesa. Depois, a polêmica se estende, ganhando a participação de autoridades regionais. Uma segunda reunião é promovida pela associação, com a presença de "especialistas de seitas e ex-adeptos" (entre eles, um juiz); dois dias após, o conselho municipal veta a modificação do plano de ocupação de solos, da qual dependia a construção do centro dos TJ (Bulles, 24, 1989).[16]

Apesar de se dedicarem ao combate das "seitas", as associações evitam confrontos diretos. Em uma de minhas visitas ao CCMM, ouvi menções a recusas de seus membros em participarem de debates nos quais representantes de "seitas" também estivessem envolvidos. O combate centra-se, portanto, em uma estratégia de isolamento, que interpela a sociedade e seus componentes. Pouco se interfere na atuação das "seitas"; o mais importante é evitar que se "infiltrem" pela sociedade e que "seduzam" novos adeptos. Daí o esforço sempre reiterado de revelar as conexões entre as "seitas" e as instituições por elas mantidas ou apoiadas, apresentadas desde então como armas de um proselitismo dissimulado. Listas de "instituições vinculadas às seitas" constam de várias publicações da UNADFI e do CCMM. Assim, do ponto de vista do trabalho das associações anti-seitas, a questão fundamental não é se as "seitas" podem deixar de existir — alternativa contra a qual conspira, como vimos no item anterior, o próprio modo de definição do problema. O mais grave é que alguma ou várias delas existam sem que a sociedade e os indivíduos fiquem sabendo; para minimizar ao máximo essa possibilidade é que trabalham as associações anti-seitas.

5. Quais são as "seitas"?

Se tomamos como ponto de partida de nossa observação o início dos anos 80, notaremos sempre, enquanto alvos das ações de combate da UNADFI ou do CCMM, a existência de dois tipos de grupos: aqueles cuja nocividade já está bem estabelecida e outros cuja periculosidade precisa ser demonstrada. "Os grupos manipuladores: como reconhecê-

---

16. Ver outro caso envolvendo os TJ, com intervenção do CCMM, que resultou no indeferimento de construção de templo (RS, set 1998).

los", indica o CCMM (1995: 282): "Certos deles são mundialmente conhecidos (...). Outros são novos no cenário francês e podem se confundir facilmente com grupos autenticamente religiosos ou simplesmente comerciais (...)". No cotidiano do trabalho das associações, essa oposição recobre-se de uma outra, entre os grupos repertoriados e os casos "em observação". A fronteira entre uma e outra condição não é nada rígida e pode-se quase sempre discutir sobre um grupo "novo" se já passou ou não de sua fase de "observação". Inversamente, por alguma razão, um grupo outrora condenado pode sofrer uma reavaliação, voltando a estar "em observação".

Depois disso, percebemos que saber precisamente quais são os grupos considerados pelas associações enquanto "seitas" é uma questão nada simples. Ela demanda sempre certas qualificações mínimas: a que momento se refere, dado que se trata de um universo em constante mutação, e como contabilizar os grupos sobre os quais pairam dúvidas? Tais obstáculos, no entanto, seriam facilmente contornáveis se existissem, periodicamente, listas exaustivas com referências nominais aos grupos repertoriados. Entretanto, no caso de nossas duas associações, essa relação nominal ou jamais é revelada (UNADFI), ou traduz-se em publicações que reconhecidamente cobrem um universo parcial (CCMM). Dadas essas limitações, é inútil insistir em determinar precisamente o conjunto de grupos considerados "seitas". Mas o recurso às seleções realizadas pelo CCMM em seus livros e aos registros que aparecem em *Bulles*, completado eventualmente por outras fontes, permite tecer certos comentários sobre a composição desse conjunto.

O CCMM publicou, entre 1984 e 1993, uma brochura contendo fichas, mais ou menos extensas, sobre grupos identificados como "seitas"; em 1995, um livro segue o mesmo formato, mas privilegia os casos considerados mais importantes. A simples justaposição entre esses diversos repertórios revela que se trata de um universo em expansão: 28 grupos em 1984; 34 em 1987; 41 em 1991 e 1993; 38, sem contar os menos importantes, em 1995. O mesmo pode ser dito tomando como base alguns números de *Bulles*, onde encontramos, a propósito de certos temas ou discussões, a menção aos grupos sectários. Mesmo levando em conta a precariedade dessa fonte, ela não nos impede de constatar um aumento do número de casos citados: em 1984/85, em uma lista que revelava as instituições vinculadas a "seitas", contamos 15 grupos (Bulles, 5, 1985); em 1989, 24 grupos são citados em um número que denuncia os atentados das "seitas" aos diretos humanos (Bulles, 23, 1989); em 1994, quando *Bulles* (43) publica o índice de seus primeiros 40 números, a entrada "grupos" lista 75 nomes (levando em conta apenas aqueles implantados na França); finalmente, em 1996, uma comparação com a lista divulgada pela comissão parlamentar revela que "uma quarentena ou não eram conhecidos, ou pouco conhecidos, ou não identificados como sectários pelas ADFIs" (Bulles 50, 1996), o que significava que se tinha informações sobre aproximadamente 130 grupos.

Em segundo lugar, uma comparação mais detalhada dessas listas permite constatar modificações na sua composição, igualmente registradas em comentários recolhidos nas publicações. Dos 28 grupos repertoriados pela primeira brochura do CCMM, oito constam do relatório Vivien na sua parte mais explícita:[17] elas não formam uma unidade em termos de acusações ou de filiação ideológica, mas constituem todas organizações criadas no estrangeiro, algumas das quais bem conhecidas do público (Meninos de Deus, Hare Krishna, Moon, Cientologia).[18] Outros cinco grupos podem ser considerados "tradicionais", ou seja, que anteriormente à década de 70 já eram identificados, segundo outros critérios, enquanto "seitas" – os TJ constituindo no principal dentre eles. Sua inclusão demonstra que se podia reconverter a apreciação sobre eles a fim de equipará-los às "novas seitas". No caso dos TJ, como revela um texto de *Bulles* (12, 1986), embora a recusa das transfusões de sangue, juntamente com um conjunto de outras interdições, persevere como o ponto mais controverso, ele fará parte de um perfil mais amplo de características estigmatizantes: a existência de uma estrutura centralizada, o fanatismo e o proselitismo agressivo, o distanciamento do mundo, a vigilância exercida sobre os fiéis, os pedidos constantes de doações. Sua inclusão entre as "novas seitas" está também associada à existência de reclamações (conforme estatísticas da ADFI em EDJ 07.03.85), o que o distingue dos demais grupos "tradicionais".

E os demais 15 registros referem-se a que tipo de grupos? Em três casos, trata-se na verdade de pessoas, pregadores evangélicos, associados mais a eventos (como grandes concentrações) do que a organizações. Apenas dois deles reaparecem na publicação seguinte (1987) para sumir definitivamente em versões posteriores. Há ainda quatro grupos de referência oriental: Rajneesh e Missão da Luz Divina, sobre os quais pesam suspeitas semelhantes àquelas que distinguem os Hare Krishna (culto ao guru, vida comunitária sujeita a rotina agressiva); Ananda Marga, pelo suposto militantismo político dos adeptos; Mahikari, pela promoção de rituais ilusórios e curandeirísticos. A estes se somava a zen macrobiótica, incluída mais por razões particulares (lembremos do filho do fundador do CCMM) – daí que raramente seja mencionada pela UNADFI e venha a ser suprimida em 1995 mesmo no livro do CCMM. Em seguida, distinguem-se três grupos que poderíamos considerar "alternativos", de ideologias diversas, cujas práticas comunitárias são consideradas sectárias. Por fim: os raelianos, criticados por várias razões (práticas sexuais, ideologia com componentes fascistas); um grupo templário, associado a movimentos de extrema-direita; e dois grupos de doutrinas sincréticas questionados por suas práticas rituais.

Essa composição suscita imediatamente três observações. Vê-se que o escopo por ela coberto, em termos de uma tipologia que leve em conta a auto-identificação dos grupos, é considerável. A maioria dos grupos reivindica o estatuto de religião, mas a partir de tradições, formatos de organização e modos de funcionamento bem diversos. E há ainda aqueles que se apresentam de outra forma, sem fazer referência à religião. Em seguida, uma análise mais aprofundada revelaria que as acusações que sofrem esses grupos respondem a razões também bastante diversas. Finalmente, destaca-se a origem estrangeira

---

17. Trois Saint Coeurs constitui a única exceção, o que confirma seu caráter isolado.

18. Ver também estatísticas de denúncias da ADFI em EDJ (07.03.85) – 17 grupos são mencionados, apenas um dos quais não se encontra na primeira brochura do CCMM.

da maioria dos grupos (71%), especialmente dos mais importantes, tornando a condenação a eles dirigida um misto de observações locais e referências genéricas sobre seus gurus ou os problemas surgidos em outros países.

Em relação a este último ponto, a lista de grupos publicada na brochura seguinte (1987) revela um contraste significativo. Onze novos grupos são incluídos, sete dos quais referenciados ao catolicismo. Consistem em movimentos que animam um número reduzido de fiéis e que tiveram todos sua origem em algum ponto da França. Dois textos de *Bulles*, mais ou menos contemporâneos à publicação do CCMM, registravam uma nova preocupação da UNADFI: as "pequenas seitas" (Bulles, 2, 1984) e as "seitas pseudo-católicas" (Bulles, 8, 1985). Este último chamava a atenção para comunidades que se fazem passar por católicas sem possuir reconhecimento oficial ou que, constituídas no interior da Igreja Católica, separam-se dela e mantêm as mesmas exigências aos adeptos sem recorrer aos controles externos anteriormente acionáveis. Dois números de *Bulles* em 1991 (29 e 30) retomam o tema, estendendo o número de grupos (agora são dez, ao invés de oito) e propondo uma distinção entre as variantes "reformista" (combate pela restauração de sociedade cristã), "profética" (em torno de aparições marianas) e "taumatúrgica" (com práticas terapêuticas). A observação dos grupos citados mostra que incluem desde experiências comunitárias até simples círculos de adeptos em torno de personagens carismáticos, alguns falsos sacerdotes, outros ex-eclesiásticos, outros simplesmente leigos.

No campo jornalístico, um dos temas que marca a passagem dos anos 80 para 90 é exatamente o da "fragmentação do fenômeno sectário". Em 1988, pela primeira vez, o volume de notícias sobre os "novos grupos" parece prevalecer sobre o correspondente às "seitas multinacionais". Entre os "novos grupos", um dos mais visados foram os aumistas (Chevaliers du Lotus d'Or/Association du Vraja Triunphant). Reunindo menos de um milhar de adeptos em torno de uma doutrina que mescla temas orientais ao esoterismo ocidental, o grupo atraiu a atenção para sua "cidade santa" – o Mandarom, uma aglomeração de templos representando todas as grandes religiões e moradia de algumas dezenas de membros – e para seu líder – G. Bourdin, auto-proclamado "messias". No início da década de 1990, a imprensa, a UNADFI e militantes ecologistas detonam ataques ao Mandarom.[19] Em 1994, além de denúncias fiscais e dificuldades na obtenção da permissão de construir um novo templo, pesa sobre Bourdin a acusação de ter estuprado uma menor. A denunciante, juntamente com um jornalista, relata o caso em um livro publicado em 1995. Neste ano, Bourdin chega a ser preso por alguns dias durante as investigações, que são interrompidas com sua morte em 1998.[20] Mesmo aí, os problemas continu-

---

19. Ver, entre outros, Le Figaro Magazine 29.6.91; EDJ 2.1.92; FGR 29.4.92; CX 23.1.93; MD 17.6.93; FGR 17.7.93; FGR 06.1.94; CX 29.9.94. Para as críticas da UNADFI, ver Bulles (34, 1992; 37, 1993). Note-se que o grupo havia sido incluído na primeira lista do CCMM (1984), mas retirado na seguinte, para retornar apenas em 1991.

20. Libé 02.06.96 resume a enorme série de denúncias contra o grupo. Ver ainda FGR 15.06.95 e QP 21.06.95. Em 2001, várias das grandes estátuas que compunham o Mandarom foram demolidas em obediência a ordens judiciais.

aram, pois criou-se um conflito em torno do local de sepultamento do falecido. Desde 1995, o Mandarom torna-se um dos emblemas dos grupos sectários, como demonstra a proliferação dos casos em que fotos de seus rituais ou templos ilustram reportagens.

Mas muitos outros grupos chamariam a atenção dos jornalistas. A julgar pelo dossiê preparado por uma revista (EDJ 02.01.92), mesmo a diversificação de referências doutrinárias (com o registro especialmente da "Nova Era") e de acusações (do curandeirismo à propaganda enganosa, dos elementos totalitários aos interesses financeiros) ajeita-se à categoria "seita", reafirmando sua pertinência. Desse ponto de vista, não há descompasso entre a mídia e o trabalho das associações, como mostra a lista divulgada pelo CCMM em 1991 e 1993. Ela traz dez novos grupos, desta vez de uma composição bastante variada: três novos grupos orientais, três grupos cristãos (incluindo um de orientação ortodoxa), um grupo associado a um partido político e – principal novidade – três centros terapêuticos. O destaque justifica-se dada a evidente preocupação das duas associações, especialmente na década de 90, com as "seitas" que propõem terapêuticas alternativas ou que recorrem a curas de base religiosa, tema que ora constitui uma categoria específica de grupos, ora recorta distinções ideológicas. Em uma reunião da UNADFI em 1995 (Bulles, 49, 1996), das cinco organizações cuja situação foi apresentada e debatida, ao menos três possuiam componentes terapêuticos. No ano seguinte, em outro encontro, constatava-se a "proliferação de grupos de terapia, ocultismo, desenvolvimento pessoal, com crenças selvagens" (Bulles, 50, 1996); e em 1997, o "crescimento descontrolado de oficinas de desenvolvimento pessoal, de psicoterapias ou de medicinas paralelas" (Bulles, 54, 1997). O tema da medicina e das psicoterapias torna-se importante nas publicações das duas associações.[21]

Assim, não surpreende que seja bastante amplo o universo de grupos coberto pela lista publicada em 1995 pelo CCMM e pelo índice de *Bulles* sistematizando cerca de 40 números do boletim: grupos religiosos referenciados a diferentes tradições (católicos, protestantes, ortodoxos, novas revelações de base cristã, esotéricos/ocultistas, hindus, budistas, sincréticos), grupos e comunidades alternativas, centros e grupos terapêuticos, centros culturais, entidades e empresas de formação profissional, organizações de ação humanitária, movimentos de ação política e mesmo empreendimentos comerciais. Eis o enorme e variado mundo das "seitas". No início, como vimos, uma divisão básica o organizava, opondo os grupos estrangeiros aos grupos locais. O permanente aparecimento de novos grupos, por um lado, e, pelo outro, a desaparição ou, pelo contrário, o profundo enraizamento das organizações com sede no estrangeiro tornaram caduca mesmo aquela oposição. Ela foi preterida em privilégio a uma percepção que procura acompanhar a multiplicação das "máscaras" utilizadas pelas "seitas", o que, por sua vez, associa-se à forma pela qual as associações encaminham sua luta. Seu combate, que consiste, como assinalei, no isolamento das "seitas" em relação à sociedade e aos indivíduos, integra

---

21. Ver Bulles (11, 1986; 50, 1996; 60, 1998); BL (fev 1992, set 1993); RS (dez 1997, mar 1998). Um capítulo do livro de 1995 do CCMM é dedicado à discussão das psicoterapias.

necessariamente uma outra dimensão, a dos mecanismos de identificação e confirmação do caráter "sectário" dos grupos acusados. Embora essa dimensão esteja permanentemente presente no trabalho das associações anti-seitas, em nenhuma ocasião ela é mais clara do que quando se trata de descobrir uma nova "seita".

Portanto, questão capital, como um grupo se torna uma nova "seita"? Existem dezenas de casos a partir do começo dos anos 80, momento em que aparecem diversos grupos autócnes, cuja condenação dependeu totalmente da mobilização de materiais produzidos inicialmente em micro-contextos. Antes de mais nada, é preciso afastar a opinião, frequentemente emitida especialmente pelos grupos acusados, mas também por intelectuais e jornalistas, de que tudo se resume a uma "caça às bruxas". Ao menos, na medida em que essa opinião suponha, como geralmente ocorre, que as acusações são arbitrárias – em um duplo sentido: infundadas e aleatórias. Para prová-lo, invoca-se o fato de que atingem um conjunto disparatado e numeroso de grupos. Reduzir o problema a tal avaliação significa renunciar a compreender o funcionamento e os efeitos de um processo social, tanto para quem elabora ou confirma as acusações, quanto para as pessoas e grupos que as sofrem.

Pois, se há arbitrariedade, ela não reside na ausência de um direcionamento, nem no desprezo de justificativas. É o que se conclui, em primeiro lugar, quando se constata que a identificação de cada uma das "seitas" compõe-se e faz-se de acusações específicas e dirigidas. Assim, a história de cada grupo revelaria uma rede singular de "provas" e de "vítimas", sem as quais não se produz e não se compreende a condenação. Além disso, observando-se de perto o trabalho das associações, percebe-se que existe, ao menos em dois planos, a operação de distinções que recortam a especificidade de um "fenômeno sectário". Por um lado, o alargamento do campo de aplicação da categoria "seita" é compensado por um esforço de distinção não mais apenas entre "crença religiosa" e "fanatismo sectário", mas também entre a sujeição a uma "seita" e a passagem por uma "terapia", entre "engajamento sectário" e a adesão a um partido político ou a uma associação militante, entre a "manipulação sectária" e as técnicas publicitárias (CCMM 1996:46-9). Por outro lado, uma triagem é feita pela avaliação da adequação de uma reclamação ou pedido de informação, e desde seu início. Um documento do CCMM orienta que se deve desconsiderar as denúncias derivadas da "pura imaginação de pessoas em dificuldade psicológica", de "querelas de família, de vizinhança, de concorrência"; ou aquelas que apontam outras causas para o desaparecimento de indivíduos ou rupturas familiares; ou ainda aquelas motivadas apenas pelo "aspecto insólito" das práticas ou dos dirigentes de um grupo (CCMM 1998b).

Entende-se o sentido dessas precauções quando se percebe que o diagnóstico consumado na identificação "seita" quase sempre começa através de uma denúncia. As associações estão preparadas para receber denúncias, que lhes chegam através de ligações telefônicas e correspondências. Em 1985, ou seja, em menos de quatro anos de trabalho, o CCMM contava com 6.000 cartas em seus arquivos (BL maio 1985). As estatísticas da ADFI são eloquentes. Em Paris, apenas de sua fundação até 1980, cerca de 3.000 cartas são registradas, numa progressão firme ano a ano (Eaubonne 1982). Números publicados no relatório Vivien mencionam, para 1982, 1990 cartas, 4290 telefonemas e 601 visitas. Não encontrei estatísticas mais recentes da mesma natureza, mas há o registro de que a ADFI-Paris, apenas em 1994, foi interrogada sobre as atividades de 1.150 associações ou grupos (Guyard 1996:30). Além disso, acusa-se um crescimento do número de demandas no final de 1995 (Bulles, 50, 1996) e divulga-se que, em 1996, 28.000 demandas foram estudadas (Bulles, 57, 1997). Nem todos esses contatos estão relacionados com denúncias, mas ao menos servem para mostrar o movimento em que elas se inserem. De todo modo, exemplos abundam e os dois seguintes dão uma idéia do teor das denúncias:

"Pertenci durante muito tempo a um grupo cristão que vocês não nomeiam; embora tenha aparência a menos nociva que se possa imaginar, desestabiliza profundamente a consciência dos ingênuos" (Bulles, 6, 1985).

"Tendo deixado as seitas da Igreja do Cristo há alguns meses depois de ter nela passado alguns anos, preferi enviar-lhes seus documentos teológicos a jogá-los ao fogo ou no lixo. Ao menos eles poderão lhes ser úteis para compreender o doutrinamento desse movimento e ajudar as vítimas potenciais (...). Espero que esta carta ajude-os a melhor compreender tudo o que foi relatado sobre a Igreja do Cristo. Seita ainda pouco conhecida, mas que apresenta bastante sucesso. Eu lhes solicito o crédito sobre o que lhes relatei após anos de experiência" (Trechos de carta que integra dossiê de grupo no CCMM).

Anos atrás, o CCMM utilizava um formulário com a ajuda do qual registrava queixas e denúncias. Intitulado "relatório de entrevista", era preenchido após um telefonema ou uma visita, com base em informações prestadas pelo denunciante a respeito dos problemas vividos por uma outra pessoa devido a sua ligação com um grupo específico. Nele constariam diversos dados sobre o denunciante,[22] a indicação da pessoa e do grupo em questão, as suspeitas e inquietudes expressas pelo denunciante, assim como o encaminhamento dado ao caso pelo entrevistador.

Mais do que simplesmente receber, as associações incitam as denúncias. O apelo publicado logo no segundo número de *Bulles* (2, 1984) é lapidar: "Se você conhece em sua região um pequeno grupo com tendência sectária, assinale-nos: é nosso único meio de conhecê-lo". Pálido reflexo do cotidiano das associações, a seção de cartas dos primeiros números de *Bulles* serve para dar uma idéia de um movimento contínuo de demanda e oferta de denúncias, informações, esclarecimentos, orientações, encaminhamentos. Os relatos pessoais são especialmente prezados: "*Bulles* garante a autenticidade dos testemunhos publicados", precisando que a identificação não é obrigatória (2, 1984) – como é efetivamente o caso da primeira carta transcrita acima. Na verdade, a necessidade de denúncias confiáveis obriga as associações a se preocuparem com as condições mesmas de sua produção, como demonstram os conselhos endereçados aos familiares e aos próxi-

---

22. Além de nome, endereço, etc, o formulário registra o "comportamento" do denunciante – outra indicação dos cuidados tomados no recebimento de denúncias.

mos do adepto de um grupo suspeito de "sectarismo". A UNADFI recomenda a preparação de um "dossiê" que permita identificar o grupo e configurar um perfil da adesão (Bulles, 5, 1985; n.esp., 1988). O CCMM enumera uma série de signos de suspeita, a fim de que o envolvimento possa ser rapidamente detectado (CCMM 1996:52).

Uma denúncia considerada pertinente sobre um grupo desconhecido dá lugar a uma *"enquête"*, cuja base é geralmente o material que pode ser fornecido pelo denunciante. Três exemplos de encaminhamentos a telefonemas recebidos no CCMM ilustram algumas situações possíveis:

- A demanda envolve um grupo cujo nome é desconhecido, mas que se relaciona com certos movimentos bem repertoriados. A pessoa, próxima de um adepto, não tem documentos sobre o grupo e todas as indicações que fornece não são suficientes para convencer a atendente; toca-se então no aspecto financeiro, pois a pessoa diz que o grupo pede muito dinheiro. A atendente responde, por fim, que sem documentos não se pode fazer muita coisa e solicita o envio de material para uma análise.
- Uma pessoa deseja saber o resultado da análise feita pelo CCMM sobre documentos enviados. A conclusão a que se chegou é que parece não se tratar de uma seita; a dúvida permanece pelo fato de ser um grupo totalmente desconhecido, e não apenas para o CCMM. Portanto, prudência diante do caso.
- Trata-se de grupo desconhecido, mas a descrição, que parte de alguém próximo ao adepto, parece preocupar a atendente: participa de muitas reuniões? seu comportamento mudou? Solicita-se o envio de material para que o CCMM possa dar uma opinião.

Dessa maneira, inicia-se a constituição de um "dossiê", espécie de registro do andamento de uma *"enquête"*. Dependendo da natureza do grupo, sua investigação privilegiará certos caminhos, explorando, de todo modo, um conjunto de recursos e de contatos mantidos pelas associações. É o que permite perceber um certo número de referências recolhidas de várias maneiras. Assim, se o grupo reivindica uma filiação com o catolicismo ou possui alguma ligação com estruturas ou personagens eclesiásticas, as associações podem obter informações junto a um centro de documentação da própria Igreja Católica ou contatar um religioso "especialista em seitas" – preferencialmente o padre Jacques Trouslard, que desde o início dos anos 80 tem dado provas de sua atitude de estreita cooperação com a ADFI e o CCMM. Caso o grupo se identifique como ou pareça evangélico, impõe-se a consulta aos catálogos de federações, existindo ainda a possibilidade de entrar em contato com dirigentes dessas entidades. Tratando-se de "terapias" ou "formação terapêutica", recomenda-se a consulta de "federações de terapeutas reconhecidas" (CCMM 1998b) ou de guias de associações e de cursos de crescimento pessoal e livros críticos sobre a "nova era" (Bulles, 51, 1996). A presença de médicos entre os adeptos ou na liderança do grupo motiva o acionamento da Ordem dos Médicos, com a qual especialmente as ADFIs possuem relações estabelecidas (Bulles, 52, 1996). Um recurso que pode ser acionado em geral é o que um documento do CCMM chama de "jornalistas de investigação" (CCMM 1998b), cujas reportagens fornecem um acesso a informações dificilmente possível para uma pessoa identificada a uma das associações.

Em todos os casos, no entanto, a participação de familiares dos adeptos e de ex-adeptos é essencial. Quase sempre, é deste universo que parte uma denúncia, consubstanciada em um depoimento ou testemunho. Mais adiante, consolidada a identificação sectária de tal grupo, as associações invocarão a "existência de numerosos testemunhos", resultado da cadeia de demandas e ofertas de informações acionada pelas associações. É também geralmente este universo que constitui a fonte para a obtenção da literatura e dos documentos pertencentes ao grupo sob suspeita. A análise deste material torna-se fundamental, sendo altamente dirigida: ou ela não revela nada de inquietante e, caso a identificação sectária se confirme, será considerada como a "fachada" destinada a seduzir os incautos; ou ela reforça as suspeitas pelo seu próprio conteúdo[23] e indica práticas comprometedoras. O mais comum é que, em se tratando de uma "seita", as duas coisas se produzam e os livros, revistas, boletins, documentos do grupo mostrem ao mesmo tempo sua "fachada", suas práticas efetivas e suas justificativas ideológicas – confirmando assim o princípio base das associações, o que, como vemos, longe de excluir, exige mesmo uma análise das doutrinas, teorias ou ensinamentos.

Cada dossiê é um exemplar único produzido a partir dessa série de procedimentos padronizados. A descrição do conteúdo de um deles pode ser ilustrativa. Não só pela variedade dos elementos, mas por uma certa narrativa que se depreende da sua ordenação cronológica (que, no entanto, não é possível para todos os componentes). Trata-se do dossiê mantido pelo CCMM sobre a Igreja do Cristo, instalada em Paris desde 1985 e atualmente reconhecida por ambas as associações como sectária. Os componentes mais antigos do dossiê datam de 1991: um informativo da igreja, material originário da igreja-mãe americana, dois "relatórios de entrevista" em que pais se dizem preocupados com situação dos filhos que aderiram ao grupo e um texto preparado por um membro da ADFI. Este traça os vínculos entre a igreja parisiense (cujos dirigentes e endereços são indicados) e colaboradores americanos; informa sobre uma campanha de recrutamento junto a jovens estudantes, transcrevendo parte de um panfleto; enumera um conjunto de elementos doutrinários, práticas e organização; registra a existência de "numerosas queixas de famílias à ADFI", a partir das quais declara que "não me parece que as condições para uma verdadeira liberdade da Fé sejam respeitadas"; entretanto, ao final confessa uma hesitação, dada a sinceridade do grupo. De 1992 e 1993, encontramos: dois testemunhos, uma carta de denúncia, uma carta de uma pessoa que diz estar o filho no grupo e pede conselhos sobre como agir, o registro do envio do dossiê a alguém que havia solicitado material, uma lista de endereços de membros, cópias dos estatutos e atas da assembléia da igreja, um convite para o culto. De 1994: uma carta da UNADFI enviada a escolas solicitando a prevenção dos alunos sobre convites para discussões bíblicas, forma de ação de "um grupo religioso utilizando métodos que se pode qualificar de sectários"; uma reportagem, um testemunho, o registro das coletas realizadas na igreja. De 1995: cópia do texto publicado em *Bulles*; cópia de uma carta comuni-

---

23. Cf. CCMM (1998b): promessas extraordinárias, culto do líder, vocabulário obscuro, convite à tomada do poder, elitismo, denúncia do mundo dos não-adeptos, estímulo a rupturas familiares e sociais.

cando o envio de documentos que revelariam, à pessoa que pediu informações, o "espírito de aliciamento" do grupo (sua vontade de regrar todos os aspectos da vida de seus adeptos, inclusive no uso do dinheiro); outra reportagem; outra carta pedindo informações sobre o grupo; o programa de um encontro religioso. Constam ainda do dossiê: publicações doutrinárias e revistas do grupo, outros documentos internos do grupo, cartas fazendo denúncias ou pedindo informações, testemunhos de ex-adeptos, cópias de apreciações da igreja retiradas de livros sobre grupos religiosos e seitas, o registro do envio de material pela ADFI.

Esse dossiê evidencia a colaboração entre as duas associações e o acúmulo de um material heterogêneo caracterizado pela ratificação de queixas e denúncias (cartas, testemunhos, descrições em livros, reportagens). A hesitação inicial converte-se nas certezas posteriores, e o material compilado que chega como o registro de situações singulares se transforma em "prova" do caráter sectário do grupo, servindo para atender a eventuais solicitantes e para alertar instituições. Note-se que no caso apresentado não há documentos produzidos em ações judiciais, embora eles sejam comuns no conjunto geral dos dossiês.[24] Isso confirma ao mesmo tempo sua importância e seu caráter não essencial, na medida em que são tidos como um elemento relevante mas não necessário da classificação de um grupo entre as "seitas". Em contrapartida, nenhum dossiê de grupo tido como preocupante deixa de trazer vários "testemunhos" de ex-adeptos ou dos familiares de atuais adeptos. De fato, eles são onipresentes no trabalho das associações anti-seitas: é o que se obtém na acolhida de um ex-adepto, o que se registra na documentação, o que ilustra as conferências feitas em instituições, o que preenche os momentos de formação de voluntários e funcionários. Confirma-se assim sua centralidade no dispositivo de acusação das "seitas".[25]

O princípio básico na determinação do caráter sectário de um grupo é o não reconhecimento de sua auto-definição. "Não se pode jamais esquecer que manipulação supõe dissimulação e que o primeiro cuidado dos grupos de dominação é deixar ocultos tanto os métodos quanto os recursos e as finalidades" (CCMM 1995:282). Isso imprime uma dinâmica especial ao processo de diagnóstico, pois um grupo suspeito fica sob uma posição delicada. Uma vez acionada a categoria "seita", em um contexto no qual está predominantemente associada a algo nefasto e em que as tentativas de ressemantização jamais tiveram sucesso, sua única alternativa é procurar escapar a tal identificação.[26] Contestar a acusação, no entan-

---

24. Registros judiciários são eventualmente publicados. Ver compilação de processos em CCMM (1987, 1991/93), assim como vários números de *Bulles*.

25. Cf. P. Birman (1999), que teve acesso a diversos dossiês do CCMM e da ADFI-Paris, "o *testemunho* das vítimas e de suas famílias ocupa um lugar fundamental".

26. Não deixar de considerar que, a partir de tal acusação, ocorram fissuras internas ou mesmo dissidências, o que só agrava a situação do grupo em si. Outra possibilidade é o recurso à auto-dissolução. Por outro lado, há grupos que, ao aparecer nos jornais, se antecipam a possíveis associações: os rosa cruzes, por ocasião de um congresso, e os professores de ioga, através de sua federação nacional, procuram explicitamente desvincular seus grupos e ensinamentos da categoria "seita" (MD 18.08.87, 09.11.87).

to, em princípio nada diz sobre sua inocência, pois negar o caráter sectário é uma das características próprias das "seitas". Por isso, as declarações dos dirigentes do grupo envolvido ficam imediatamente sob suspeitas. Por outro lado, tampouco os atuais adeptos — "manipulados", até prova em contrário — podem esclarecer qualquer coisa.

A condição de intervenção nesse processo fica reservada – pois delas, e só delas, se esperam as "provas" – às pessoas que, estando fora do grupo acusado, têm ou tiveram contato com ele. Tais pessoas é que podem aportar testemunhos, expondo sua experiência; produzir observações, revelando um olhar estratégico; ou dar/negar respaldo, suportando ou não os dirigentes. A partir desses contatos, outras "provas" entram em jogo, como a literatura de autoria do grupo, selecionada ou traduzida de acordo com as estratégias em ação. E essas são as armas com que se luta, pois em tais situações tudo é discurso, ou melhor, tudo age em discurso. Mesmo os fatos mais materiais, dado o contexto em que se produzem – por definição, dissimuladamente –, demandam, para ganhar significado adequado, uma intervenção discursiva. O que se disputa, importa enfatizar, não é meramente o reconhecimento de um delito ou de uma atitude condenável e de sua autoria por parte de um grupo ou seus dirigentes, mas a inclusão destes em uma categoria coletiva. Ou seja, não se trata apenas de saber se houve tal ou qual ato, mas se "esse grupo é uma seita".

A título de ilustração – e na impossibilidade de realizar uma análise detalhada, em função das condições e opções de minha pesquisa –, tomemos dois casos em que grupos relativamente recém-formados acabam sofrendo certas acusações e identificados globalmente como "seitas". Invitation à la Vie (IVI) é uma associação fundada em 1983 por Yvonne Trubert cujas atividades compreendem dimensões terapêuticas. As primeiras inquietações parecem ter surgido dois anos depois (Bulles, 8, 1985); o certo é que em 1986 várias acusações já haviam sido formuladas contra o grupo, encabeçadas pela morte de uma criança sob os cuidados de Trubert, estando ambas as associações anti-seitas bem mobilizadas (Bulles, 11, 1986; BL, outubro 1986). O CCMM é categórico: "Para nós esse movimento se assemelha por sua estrutura e seus métodos a numerosas seitas que estudamos conjuntamente". Um artigo (originalmente, uma conferência pronunciada em janeiro de 87) expõe essas acusações (Bulles, 13, 1987) e nos permite perceber o que estava em jogo. Primeiro, tratar-se-ia de um "estelionato religioso", pois o grupo fazia ou deixava crer que estava de pleno acordo com a Igreja Católica, associando-se aos seus símbolos e lugares de peregrinação, quando seu "ensinamento religioso", segundo uma análise feita por teólogos, comportava sérios desvios em relação à fé católica. Em seguida, apontava-se para um "estelionato na esfera médica", na medida em que o grupo difundiria e praticaria uma panacéia baseada em uma doutrina, conforme o parecer de médicos, infundada e que era perigosa tanto pelo afastamento dos doentes da medicina alopática, quanto pelo curandeirismo exercido pelos adeptos – assim provavam vários casos de cura fracassada. Finalmente, ocorreria uma "manipulação mental": divinização da líder, que assim exercia sedução sobre seus potenciais adeptos; crítica generalizada à sociedade e culpabilização dos indivíduos, que, com o espírito crítico abalado, sofrem uma inoculação doutrinária, devotando-se totalmente ao grupo e a suas crenças – desestabilizando suas relações pessoais e familiares.

O autor da conferência é o padre Trouslard, que nos revela seus métodos em outra ocasião (BL, outubro 1991): a frequência a "numerosas sessões" e a gravação de três horas de conferências. Além disso, a descrição da "medicina infalível" servia-se especialmente de um livro só acessível aos adeptos em formação. O modo como ele articula esse material às acusações é importante, pois será seguido, em seu esquema geral, tanto pela ficha publicada pelo CCMM (1987, 1991), quanto por uma reportagem televisiva transmitida em janeiro de 1988.[27] Essas acusações colocavam-se em oposição frontal ao discurso de IVI (Gast 1996b). Se o grupo afirmava-se como "ecumênico e interconfessional", as acusações descreviam seu mimetismo católico para logo em seguida apontar os desvios em relação à fé. E se o grupo definia suas práticas como "purificação espiritual", isso não seria senão a máscara para uma medicina perigosa. Entende-se então que os repórteres, para facilitar o acesso das câmaras, tenham preferido falar em "medicina suave" e depois exibir o resultado ao lado de outras duas "seitas". O padre Trouslard, em colaboração com UNADFI e CCMM, entretanto, fez mais do que organizar materiais e acusações; mobilizou os dois campos onde IVI poderia buscar apoio – de um lado, a Igreja Católica (em 1987 uma nota do secretariado geral do episcopado repete a conclusão dos teólogos citada por Trouslard), de outro, a medicina, como demonstra a tentativa de envolvimento da Ordem dos Médicos no caso.[28] Portanto, uma aventura curandeirística sem qualquer ligação reconhecida com o catolicismo; finalmente, como demonstravam os problemas familiares vividos pelos (ou imputados aos) adeptos, um funcionamento sectário, com sua guru e seus seguidores manipulados.

Passemos ao segundo caso, enfocando o grupo La Citadelle, minúscula igreja evangélica fundada pelo casal Mihaies, no qual um conjunto de acusações e uma articulação de atores bem distintos vão aparecer. De fato, desta vez, parece que as denúncias partem quase que simultaneamente de dois pontos, a princípio, não relacionados.[29] De um lado, a criação da associação Citadelle insere-se em um quadro de conflitos dos Mihaies com outros dirigentes de uma igreja anterior, da qual eles também participavam. Segundo o presidente da antiga igreja, o casal havia adotado uma postura progressivamente autoritária, logo somada a malversações administrativas e financeiras. Essas denúncias começam a ser feitas em setembro de 1986. Um mês depois, uma queixa é feita à polícia, por "não assistência a pessoa em perigo", referência ao estado de Catherine, uma adepta, segundo a observação de sua família durante uma visita ao grupo. Em 1987, um texto, o primeiro a falar na Citadelle, é publicado em *Bulles*, invocando "numerosos testemunhos transmitidos por famílias ou por ex-adeptos". Nesse artigo, os problemas com os dirigentes da

---

27. Ver também reportagens do NO (15.05.87) e MD (12.05.88).

28. Um conselho local da Ordem dos Médicos interessou-se pelo caso e solicitou a abertura de uma investigação policial (Le Quotidien du Médecin, 19.06.87).

29. Ver dois artigos de Bulles (15, 1987; 17, 1988).

antiga igreja são relatados e uma série de acusações é enfileirada para indicar que "sob a cobertura do ensinamento da Bíblia", existe um modo de vida e uma ideologia "sectários". A lista é enorme: alimentação e sono reduzidos, castigos, submissão absoluta ao casal líder, destruição dos laços familiares no interior do grupo, ruptura com mundo exterior, abusos financeiros...

O caso mostra, então, a articulação de conflitos internos entre os dirigentes com o acionamento de denúncias por famílias de adeptos e ex-adeptos. Em outubro de 1987, uma investigação fiscal é realizada junto ao grupo; em janeiro de 88, a polícia intervém para fazer comparecer Catherine diante do juiz que conduzia o inquérito sobre "não assistência". A imprensa nacional passa a cobrir o caso – no *Le Monde* (30.01.88), o grupo é qualificado de "seita". M. Mihaies defende-se, alegando que Citadelle não é uma "seita", mas uma "igreja perseguida" e aciona na Justiça por difamação a prefeitura local, que transcrevera em seu jornal o artigo de *Bulles*. É interessante notar que, posteriormente, o grupo recorre, com o mesmo argumento da perseguição, a igrejas e organizações protestantes no estrangeiro (Nova Zelândia, EUA) e parece conseguir algum respaldo. A ponto de uma comissão, cujos membros pertencem a igrejas protestantes americanas, vir à França realizar uma observação. O relatório, entretanto, foi essencialmente negativo, avalizando uma boa parte das acusações sofridas pelo grupo (Bulles, 39, 1993; 44, 1994) – que parece fracassar, assim, em sua estratégia de defesa.

Ambos os casos demonstram que o processo que resulta na inclusão de um grupo ao rol das "seitas" inicia-se sempre com situações muito concretas – e por isso mesmo extremamente heterogêneas em termos dos problemas colocados e das personagens envolvidas.[30] É a mobilização de pessoas vinculadas às associações anti-seitas – ou pelo menos o recurso aos seus argumentos – que vai propiciar um tratamento análogo ao de outros "casos de seitas". A partir deste ponto, percebemos que o destino do grupo vai depender do resultado de estratégias concorrentes de mobilização de apoios e legitimações. Entra-se em um jogo de forças que consiste, primeiro, na disputa pela definição do campo social que circunscreveria as práticas do grupo em questão; em seguida, no envolvimento dos atores sociais que possuem legitimidade em tais campos, encarregados, enquanto tais, de fazer crer. Todo veredito sobre um grupo, positivo ou negativo, busca cristalizar-se em uma instância indiscutível; na verdade, ele está condenado a ser relativo, pois sempre é possível buscar um redimensionamento da situação através do questionamento da legitimidade da instância invocada. Ou seja, a classificação de um grupo enquanto "seita" não é senão o produto de uma relação de forças, postas em ato pela mobilização de provas que traduzem apoios e legitimações.

O episódio da Citadelle, como tantos outros, mostra como essa relação de forças pode envolver incursões judiciárias. Novamente, o que está em jogo é a confirmação de um

---

30. Não recuso que se possa elaborar uma tipologia dessas situações, traçando os limites da sua heterogeneidade; de todo modo, haveria várias alternativas ao enquadramento proporcionado pela identificação a partir da categoria "seita".

traço que serviria para incluir o grupo em uma categoria coletiva. Daí a relevância da condenação por "não assistência a pessoa em perigo", vista como prova do caráter sectário do grupo. Entretanto, por vezes, é um grupo que toma a iniciativa de acionar na Justiça um jornalista ou as associações anti-seitas, reclamando, em geral, reparação por difamação.[31] Trata-se também de uma estratégia de defesa, pois constitui um recurso a uma instância supostamente não envolvida visando obter uma prova da impertinência da acusação lançada a um grupo. Estratégia delicada, em primeiro lugar pelo processo que aciona, o qual coloca em jogo todas as peças que estariam presentes em um caso concreto, fazendo surgir "provas" até então não mobilizadas.[32] Em seguida, porque quase sempre o julgamento não se pronuncia sobre o fundamento das acusações, considerando apenas, para inocentar o réu, sua boa fé (que pode ser invocada na falta de animosidade pessoal, quando há reprodução de declarações de terceiros, ou para reconhecer a legitimidade das intenções se elas consistem em alertar o público), ou, para condená-lo, a "ausência de uma investigação séria" (Duvert 1999). Isso não impede que a parte vencedora utilize o resultado em seu favor como prova da existência ou falta de fundamento para acusações, mas também não encerra o embate. É significativo que a dissolução judicial de um grupo, possível e justificável em tese, jamais tenha ocorrido.

Da parte das associações anti-seitas, os esforços vão sempre no sentido de consolidar seu veredito quanto ao estatuto de um grupo. Assim devem ser interpretados a massa constituída pela publicação de fichas descritivas, de certos documentos internos comprometedores ou esclarecedores, de testemunhos de ex-adeptos ou de familiares de adeptos atuais, de "estudos", ou o acompanhamento dos problemas judiciais ou administrativos do grupo, ou ainda sua inclusão em tratamentos temáticos que o colocam ao lado de outros grupos condenados. Deste modo, vai-se formando, a propósito do conjunto das "seitas", uma espécie de rol de acusações acionáveis a cada novo pedido ou fornecimento de informações. Todos os grupos repertoriados como "seitas" são, por definição, perigosos e suas atividades demandam enfrentamento. Na prática, contudo, apenas uma parcela desse enorme universo recebe uma atenção permanente por parte das associações anti-seitas. Para termos uma idéia, enquanto o índice de *Bulles* (1994) cataloga 75 grupos, cerca de 20 deles concentram a maioria dos registros. O fato de persistirem as reclamações

---

31. A metade dos processos em que a UNADFI esteve envolvida em 1993-96 trata-se de casos de difamação (Bulles, 54, 1997): oito como réu, cinco como acusante.

32. O caráter problemático dos processos, mesmo quando as "seitas" são parte acusadora ou pleiteante, é bem ilustrado pelo caso da AUCM. Em 1982, após o rapto frustrado da senhorita Chateau, a instituição processa duas ou três pessoas envolvidas; no quadro deste processo, uma ordem de buscas é acionada visando a apreensão de arquivos e documentos contábeis. Parece que o juiz queria ter conhecimento do nome dos adeptos em vista de uma investigação sobre a natureza da adesão à AUCM. Mas de concreto mesmo ocorre em 1984 o indiciamento da AUCM por fraude fiscal, pois a igreja teria obtido benefícios comerciais não declarados (MD 09.03.82, 09.06.82, 10.06.82, 11.06.82, 17.05.84, 23.05.84; Exp 24.02.84). O que começara com o rapto de uma adepta transformara-se em um processo fiscal contra sua igreja.

sobre um grupo parece decisivo para sua vigilância.[33] À frente de todos aparece a Cientologia, cuja alta incidência de reclamações junto às associações anti-seitas replica-se no grande interesse que desperta entre os jornalistas.[34] Muitas reportagens em jornais,[35] dossiês inteiros em revistas,[36] filmagens para TV,[37] o livro bombástico de um jornalista (Faubert 1993) – tudo isso, catapultado pela visibilidade de seus *affaires* judiciários,[38] fez com que a Cientologia tomasse o lugar da AUCM enquanto "seita" mais preocupante. As zonas delicadas são, além da relação com os adeptos (forma de assédio a novos adeptos, cobrança de sessões e condições de trabalho na instituição), suas inúmeras instituições em outros ramos de atividade (formação profissional, escolas, cursos, recuperação de toxicômanos) e sua capacidade de reação (alimentando denúncias de "infiltração" em instituições chave e protestos contra a perseguição de críticos).

Pois, de fato, com a Cientologia, temos ao mesmo tempo uma amostra diversificada das reações que partiram de grupos acusados de "seitas" e seu exemplo mais extremo. Já em 1977, a Cientologia procurou impedir a circulação do livro de Woodrow. Em 1978, condenados seus líderes em um processo por estelionato, o grupo publica uma brochura taxando a justiça francesa de "ditadura antidemocrática" (MD 21.08.79). No ano seguinte, um de seus dirigentes aparece adiante de uma Associação pelo Respeito das Liberdades Espirituais (MD 21.08.79). A Cientologia comandou a criação de várias entidades de natureza semelhante a essa: Comitê Francês de Cientólogos contra a Discriminação, Associação de Vítimas da ADFI, União Nacional pela Verdade sobre as Associações Anti-Religiosas..., além de ter participado de algumas iniciativas em cooperação com outros

---

33. Mas certas "seitas" parecem ter ganho condenação permanente, como a AUCM, que desde há muito tempo dissolveu suas comunidades e desistiu de seu "proselitismo agressivo"; ou os Hare Krishna, fortemente atingida por problemas originados nos EUA; ou A Família, que publicamente reconheceu os "desvios do passado". Apesar dessas mudanças, todos esses grupos continuam fazendo parte da pauta das publicações do CCMM e da UNADFI: AUCM por suas atividades no estrangeiro, suas conexões políticas na França e a atuação no universo cultural; Hare Krishna e A Família essencialmente pelos seus passados (mesmo os livros mais recentes transcrevem a descrição, feita no final dos anos 70, da rotina de uma comunidade Hare Krishna; os Meninos de Deus jamais serão esquecidos pelo *flirt fishing*).

34. Segundo os registros da ADFI-Paris, a Cientologia ocupou o primeiro lugar em número de consultas durante todo o período 1989-1993, passando para a segunda posição em 1994 (Guyard 1996:31).

35. Alguns exemplos: Libé 17.12.87; CX 15.9.89, 16.1.92; TC 18.08.90; MD 16.1.92, 24.4.92.

36. Por exemplo, L'Express 28.11.90 e Le Point 26.10.91.

37. Entre as mais polêmicas está "La marche du siècle" (FR3, exibida em 02.05.92) – cf. MD 02.05.92.

38. O mais famoso deles transcorreu nos tribunais de Lyon, em um processo motivado pelo suicídio de um adepto e acusações de estelionato. Acusações de estelionato foram levantadas também em tribunais de Besançon, de Paris e de Marseille. Em Aix-en-Provence, processo por corrupção e roubo. Outros processos por fraudes fiscais, manuseio ilegal de informações, publicidade enganosa, calúnia e difamação.

grupos também acusados de "sectários". Seu jornal, *Ethique et Liberté*, costuma dedicar bastante espaço à resposta aos críticos da organização. Logo depois da publicação do relatório Vivien, os cientólogos parisienses promovem uma marcha até Genebra, para protestar contra "atentados à liberdade religiosa" (The Auditor, 209, 1985). Ao longo das décadas de 80 e 90, outros grupos vão acionar a justiça, divulgar cartas abertas e publicações, lançar campanhas de esclarecimento.

O conjunto das reações dos grupos, de caráter individual ou coletivo, mobiliza basicamente dois tipos de argumento. De um lado, invoca-se a defesa de princípios consensuais, que estariam sendo violados com acusações baseadas na categoria "seitas": laicidade, não discriminação, liberdade religiosa e, por extensão, direitos humanos. Não foi de outra maneira que reagiu o porta-voz da AUCM na ocasião da publicação do relatório Vivien, ao reclamar do desrespeito à "igualdade religiosa" (MD 11.04.85). De outro, entra-se em um "corpo a corpo" com os demais atores da controvérsia, disputando apoios e buscando a deslegitimação dos detratores. Serve como exemplo a posição do representante da Cientologia à mesma ocasião: lembrou que Vivien tinha uma trajetória longa de crítica a certos grupos e, quando assumiu a missão que resultou no relatório, recusou-se a receber os membros dos grupos suspeitos – provas de que sua perspectiva não podia ser neutra (MD 11.04.85). Argumentos similares foram acionados contra as associações anti-seitas e outros agentes estatais. Portanto, a reação de vários dos grupos acusados ora procura mobilizar uma discussão sobre princípios basilares do Estado francês, ora alimenta a mesma lógica que, como acabamos de ver, caracteriza o trabalho das associações anti-seitas.

É ainda a propósito da Cientologia que podemos perceber a extraordinária capacidade de açambarcamento por parte dessa lógica acusatória. A Cientologia protagoniza as reações que levam mais adiante a inversão das posições de "vítima" e "algoz" definidas pelo próprio discurso anti-seitas, além dos maiores esforços para buscar, dentro e fora do campo religioso, dentro e fora da França, apoios e legitimações a sua reivindicação ao estatuto de "religião". Diante disso, as associações anti-seitas empreendem uma espécie de combate de segundo grau: procuram não apenas revelar sua rede de instituições (escolas, centros de recuperação de toxicômanos, empresas de formação profissional, etc), ou denunciar suas tentativas de penetração em instituições e espaços públicos, ou consolidar, pela caracterização de suas práticas, sua natureza de "seita"; mas tentam também convencer a todos os interessados de que as reações da Cientologia não pretendem senão ocultar sua culpabilidade. A associação pela defesa da liberdade religiosa torna-se "um cartel de seitas"; as acusações públicas, um exemplo de perseguição de detratores; o acionamento da justiça, uma prova de que as "seitas" manipulam as leis a seu favor. Ou seja, mesmo aquilo que deveria constituir uma forma ou uma instância de arbitramento sobre a identificação sectária pode acabar engolido pelo mesmo jogo de forças acionado pelas acusações baseadas no discurso anti-seitas. Isso significa que a disputa envolve não apenas o estatuto de grupos, mas também a capacidade e a legitimidade dessas formas e instâncias de arbitramento.

A publicação do relatório da comissão parlamentar de inquérito em 1996 representou um movimento decisivo no processo de identificação e enfrentamento das "seitas". O fato de sua elaboração envolver dezenas de parlamentares não é o único ponto a distanciá-lo do texto de Vivien. Este, ao oscilar entre duas definições, permitia-se apontar 116 "seitas" e distinguir claramente apenas nove grupos, quase todos já bem conhecidos. Seu sucedâneo, em contraste, apresenta uma lista nominal de 173 "seitas", sob uma definição única baseada na noção de "periculosidade", contendo grupos que nem mesmo as associações anti-seitas conheciam. A lista torna-se uma espécie de oráculo, fundamentada sobre um relatório policial, ao qual não se tem acesso e nem se sabe como foi elaborado. Inserida no texto da comissão, ela cumpre a função de dar materialidade a uma noção sem definição clara e de discriminar grupos que, legalmente, não devem aparecer juridicamente nem sob um estatuto, nem sob um regime específicos. Assumindo essa feição, o relatório prolonga a lógica instaurada pelo discurso anti-seitas, discurso do qual compartilha e se alimenta. Ao mesmo tempo, ele inaugura uma nova fase no combate contra as "seitas" que acompanhamos na sociedade francesa.

CAPÍTULO 3

O relatório da comissão parlamentar de inquérito:
teor, repercussões e consequências

La notion de secte existe donc, puisque les parlements (...) ont procédé
à des investigations sur ces organismes (MIS 2000)

Proponho a seguir uma análise do relatório da comissão parlamentar de 1995. Começo procurando situá-lo no contexto que dá sentido e impulso à sua elaboração. No que concerne a suas definições e proposições, considero-as em função de uma tensão que se constrói entre as dimensões de "periculosidade" e "ilegalidade" associadas à existência das "seitas". Em seguida, retomarei o acompanhamento das medidas oficiais instauradas a propósito dessa categoria – a maioria das quais em resposta às propostas parlamentares. O enfrentamento das "seitas" consagra-se como preocupação estatal, gerando novos especialistas e ganhando uma coordenação geral. O objetivo é delinear o quadro que se constitui a partir da publicação do relatório e da implantação de certas medidas oficiais e de suas consequências para o trabalho de jornalistas e associações anti-seitas.

A repercussão do relatório parlamentar dá-nos ainda a oportunidade de contemplar especificamente as intervenções de outras personagens da controvérsia sobre as "seitas" na França. É o caso das igrejas cristãs tradicionais. Sob muitos aspectos, catolicismo e protestantismo ocupam posições opostas na sociedade francesa. O catolicismo continua sendo nominalmente a religião da maioria dos franceses (mais de 60% em 1994) e está associado a uma das mais arraigadas segmentações ideológicas nos debates sociais; o protestantismo, ao contrário, já foi ele mesmo, em um passado distante, tido como uma "seita" e constitui ainda hoje uma minoria (2% da população). No entanto, se consideramos as posições e as posturas das principais instituições representativas de cada um desses universos, ocorre uma convergência em termos das suas implicações e, sobretudo, da inserção na controvérsia mais ampla. Por fim, passaremos aos "sociólogos", personagem que se consolida na controvérsia por suas respostas diretas ao relatório parlamentar de 1996. Apesar das pretensões à singularidade de suas posições e intervenções, veremos como elas se compõem e se arranjam com as demais personagens.

1. O relatório parlamentar e a lista das "173 seitas"

A singularidade desse relatório (Guyard 1996) e sua importância para o desenrolar do tratamento do problema das seitas na França obrigam à sua análise. Contudo, outros já o fizeram, e de maneira bastante detalhada,[1] tornando desnecessário repetir a tarefa. Meu comentário, além de não se deter em todos os aspectos, destaca-se de outros pelo esforço de inserção desse texto em uma cadeia mais ampla de intervenções, o que me permite colocá-lo em relação não só com o que já vimos, mas também com as análises posteriores sobre o próprio relatório. Para isso, fiz a opção de não seguir linearmente o texto, procurando, ao contrário, desconstruí-lo e reorganizá-lo segundo uma lógica cuja pertinência pretendo demonstrar em várias etapas. Assim, se o índice do relatório nos apresenta uma ordem progressiva – definição da noção "seita", estatística do número de grupos e de adeptos, avaliação de sua expansão; classificação dos grupos e demonstração de sua periculosidade; discussão jurídica e medidas propostas aos poderes públicos – o texto pode ser apreendido a partir da localização de diferentes movimentos de definição, cada um dos quais vinculando-se a discussões que ocorrem também em outras instâncias.

Dito isso, devemos logo afastar a idéia, pressuposto de certos comentaristas e sugerida pelo próprio texto em alguns momentos,[2] de que o relatório pretendia chegar a proposições a partir do estudo imparcial e empírico de um fenômeno. Basta recuperar algo do contexto e dos propósitos de sua elaboração para perceber como ele compartilha dos sentidos hegemônicos atribuídos à categoria "seita". Entre as referências que pautam as reportagens na primeira metade da década de 1990, além da constatação da "fragmentação do fenômeno" e do foco sobre alguns grupos (em especial, a Cientologia e os habitantes de Mandarom), destaca-se a repercussão das tragédias sectárias: Waco (EUA, 1993), OTS (Suíça e Canadá, 1994), Aoum (Japão, 1995), OTS (França, 1995). Em relação a Waco, reeditando a recepção a Jonestown, ao lado do acompanhamento jornalístico do que ocorria do outro lado do Atlântico e da tentativa de distanciamento em relação ao contexto americano, percebe-se a preocupação com o panorama local, bem mais complexo que em 1979.[3] Distanciamento que os dramas da OTS se encarregariam de fazer desaparecer. É no bojo da repercussão do primeiro episódio envolvendo adeptos da OTS que, na Assembléia Nacional, o grupo socialista apresenta, em dezembro de 1994, uma proposição de resolução pedindo a criação de uma comissão de inquérito "sobre as ações liberticidas de certas associações ditas seitas". A exposição de motivos mencionava, a propósito de tais grupos, os "perigos para as liberdades públicas e a ordem social" e, entre suas infrações, as "técnicas de manipulação mental". Enfim, propunha uma comissão

---

1. Ver os artigos de Introvigne, Baubérot, Mulhern, Voyé, Séguy e Faivre no volume organizado por Introvigne e Melton (1996) e o texto de Baubérot (1999).
2. Declara-se seguir "uma aproximação empírica" (:6), "sem a priori de qualquer tipo" (:7).
3. Ver, quanto à tal preocupação, QP 05.07.93 e NO 24.04.93.

encarregada "de estudar os diferentes aspectos do fenômeno sectário atual (...) e eventualmente de adaptar a legislação às exigências de nossa época".[4]

De fato, a preocupação com a adequação do arsenal jurídico em relação às "seitas", já presente entre as motivações do relatório Vivien, mantivera-se através de vários canais. Estava, como vimos, na pauta das reivindicações das associações anti-seitas. Foi também contemplada por instâncias estatais, com destaque para o parecer da Comissão Nacional Consultiva dos Direitos Humanos, datado de 10.12.93, que em termos de proposições, retoma várias idéias do relatório Vivien e sublinha a desnecessidade de "uma legislação específica" sobre as "seitas".[5] A questão agitou igualmente jornalistas. Em torno dela, por exemplo, o *Le Monde*, exatamente a propósito desse parecer, promoveu um debate de que participaram o presidente da comissão, um jurista e a presidente da UNADFI.[6] O que chama a atenção nesse debate é que discordâncias ou perplexidades sobre a oportunidade ou necessidade de uma legislação específica contribuem para ofuscar um consenso na própria definição do "problema das seitas". Nesse plano, quase todos parecem concordar com os critérios consagrados no discurso anti-seitas, mesmo os jornalistas que apenas "colocam em debate" a instauração de uma legislação específica — "a ruptura com o meio familiar e de amizades, o isolamento psíquico e a manipulação mental, o estelionato intelectual, moral e financeiro, os maus tratos, até a exploração sexual" (Woodrow e Tincq 1994) — ou aquele que se opõe a tal medida — há "seita" quando um grupo "impede seus membros de tomar decisões livres e voluntárias" recorrendo a "técnicas de manipulação mental" (Bouchet 1994).

O principal efeito dessa economia de discursos consiste em ocultar certas preocupações e ações oficiais, simplesmente porque elas não se traduziam em novas leis ou em um dispositivo global. Se tomamos como referência os pronunciamentos de autoridades do primeiro escalão,[7] é verdade que todas as vezes explicitou-se a discordância com a adoção de uma legislação especial. Contudo, em todas vezes também, revelou-se um reconhecimento e uma preocupação com o problema. O primeiro ministro em 1991 e o ministro do Interior em 1994 declararam que os poderes públicos sentem-se autorizados a agir desde que haja atentado às "liberdades individuais" por parte de "seitas" ou "associações pseudo-religiosas". Entretanto, não se trata apenas de declarações, pois, além de ações judiciárias, procedimentos administrativos alvejavam grupos identificados como "seitas". Em

---

4. Conforme comentários em MR (184, 1995).

5. Trata-se do "parecer concernente ao fenômeno dito das seitas". As fontes que consultei jamais citam se o texto integral do parecer foi publicado. Para comentá-lo, utilizei as apresentações feitas pelo presidente (Bouchet 1994) e um membro da comissão (Turpin 1994).

6. Cf. textos do *Le Monde des Débats* (fevereiro de 1994), apresentados por Woodrow e Tincq; este sucederia o primeiro como comentarista do *Le Monde* para assuntos religiosos.

7. Carta do Primeiro Ministro, 1991 (CCMM 1991); resposta do Primeiro Ministro à questão escrita de deputado (JO 19.08.91 – cf. Bulles, 36, 1992); respostas do Ministro do Interior a questões de senadores (22.12.94 e 02.02.95) – cf. Wanegffelen (1998).

uma resposta a uma questão escrita, o ministro do Interior, em 1987, indica a fiscalização de escolas ligadas a dois grupos, o exame dos serviços da Cientologia pelo Min. das Finanças, a verificação das condições de trabalho em outro grupo e a apuração de infrações fiscais e alfandegárias em empresas ligadas a AUCM, Hare Krishna e um terceiro grupo (*apud* Bulles, 15, 1987). Na própria Assembléia Nacional, questões ao governo, discussões de leis eleitorais e debates sobre as condições de subvenções oficiais a estabelecimentos privados forneciam a oportunidade para se tocar no "problema das seitas".

No final de 1995, quando a comissão parlamentar já encerrara seus trabalhos, as notícias sobre as mortes de uma dezena de adeptos da OTS, cujos corpos foram encontrados carbonizados no lado francês da fronteira com a Suíça, suscitam novamente a discussão do aspecto jurídico. O *Le Monde* pergunta mais vez sobre as implicações de uma legislação específica (26.12.95; 27.12.95); o *Le Figaro* lança o mesmo debate, mas em editorial posiciona-se por um assédio legal a partir da legislação penal e fiscal existente, o consentimento dos adeptos adultos criando uma barreira para pretensões maiores (26.12.95; 27.12.95); e *Libération*, em nome da liberdade de consciência – ela mesma o melhor antídoto para estruturas sectárias –, recusa uma legislação nova, especulando sobre como superar as dificuldades de aplicação do direito comum (25.12.95; 28.12.95). A presidente da UNADFI, ouvida pelo *Le Figaro* (26.12.95), além de ratificar seu temor pela existência de um vazio jurídico em torno das "seitas",[8] lembra dos "dramas menos espetaculares" que ocorrem todos os dias nas "seitas". Pois o que, na imprensa, ficava muitas vezes como uma insinuação, era explicitamente afirmado pela UNADFI, ou seja, que entre as tragédias e o cotidiano de uma "seita" não há senão uma diferença de grau, ou um intervalo de tempo (Bulles 49, 1996).

A "comissão de inquérito sobre as seitas", formada por 30 deputados de todas as tendências políticas e presidida por Alain Gest, compartilha dessas apreensões e elege também como preocupação central a discussão da necessidade de uma nova legislação. Está evidente que não se depara com o "fenômeno sectário" desprovida de julgamentos prévios, coisa que as condições de preparação do relatório só servem para confirmar. Seu autor, Jacques Guyard, é o mesmo deputado que formulou a proposição inicial, cujos termos já conhecemos. Os trabalhos da comissão — iniciados em 18.07.95 e concluídos em 20.12.95, com a apresentação do relatório — desenvolveram-se em regime de segredo e contaram, além do recebimento do relatório policial e de informações de vários ministérios, com 20 depoimentos de pessoas que permaneceram anônimas – simplesmente apresentadas como "pessoas tendo, a título diverso, um conhecimento aprofundado do fenômeno sectário, quer se trate de responsáveis administrativos, de médicos, de juristas, de homens de Igreja, de repre-

---

8. No quadro do debate proposto pelo Le Monde des Débats em 1994, ela já declarara: "A aplicação da legislação tal qual ela existe atualmente, a ação concertada dos diferentes aparatos administrativos e a vigilância por eles demonstrada não constituem um freio suficiente para conter as maquinações ilícitas e ilegítimas das seitas" (Tavernier 1994).

sentantes de associações de ajuda às vítimas de seitas e, claro, de ex-adeptos de movimentos sectários e de dirigentes de associações sectárias" (:6).[9] A princípio, portanto, a palavra oferecida a todos os interessados; vista a forma final do relatório, contudo, percebe-se que se tratou as declarações das "associações sectárias" à maneira – isto é, como dissimulações ou revelações de práticas – das "associações de ajuda às vítimas das seitas", que, ao contrário, são consideradas como fontes de dados incorporados ao texto. Além disso, o segredo foi bem menos respeitado no caso das "seitas", que, afinal, tiveram todos os seus nomes revelados. A situação ainda possibilitou, como afirmou depois o relator (CX 26.02.96), o recebimento de cartas anônimas que, segundo ele, contribuíram para o trabalho da comissão.

Enfim, é o próprio relatório que reconhece: o objetivo da comissão era mensurar a evolução de um fenômeno, "apreciar os perigos que impõe aos indivíduos e à sociedade" e "apontar medidas necessárias para combatê-lo" (:5). Sem isso, não se consegue entender a parte destinada à definição das "seitas". Primeiro, o relatório admite a "dificuldade" da tarefa, dada a impossibilidade de uma definição legal e os inconvenientes dos recortes fundados na etimologia, na sociologia ou no critério de periculosidade. Em seguida, justifica-se a escolha de uma definição, sem o desejo de satisfazer a todos, mas também com a recusa de ratificar as posições de seus interlocutores, para confirmar, afinal, "o senso comum que a opinião pública atribui à noção" (:14). O argumento divertiu mais de um comentarista, mas, ao meu ver, não expressa senão um compromisso anterior, declarado bem menos confusamente:

> "A Commissão constatou, com efeito, que se a dificuldade em definir a noção de seita foi sublinhada por todas as personalidades de quem colheu depoimentos, a realidade visada parece unanimemente circunscrita, exceto naturalmente para os adeptos e dirigentes das seitas que negam esse caráter a seu grupo (...). Sem isso, ela não teria podido, constatando as dificuldades encontradas na tentativa de definição do fenômeno, senão interromper seus trabalhos. Uma tal atitude teria sem dúvida desencaminhado, e teria, ademais, impedido que fossem analisados os reais problemas colocados pelo desenvolvimento de um certo número de associações" (:12, 14).

Assim, pouco importam os termos da definição, desde que se mantenha a referência a problemas concretos colocados por certos grupos. Ora, um setor do Ministério do Interior, órgão oficial, possui uma lista discriminando esses grupos. Ao decidir incorporá-la ao relatório, não resta à comissão senão adotar os mesmos critérios. Trata-se de dez

---

9. Meses depois da publicação do relatório, a imprensa noticia a abertura de investigações para apurar fugas de informação no trabalho da comissão, reveladas pela circulação pública do nome de pessoas ouvidas e o conteúdo de certos depoimentos. Como era de se esperar, independentemente dos meios concretos pelos quais teria se obtido o acesso ao material, o caso levantava a suspeita imediata de "infiltração das seitas".

condições que precedem a apresentação das 173 "seitas" mencionadas no relatório, nele incluídas por preencher uma ou várias delas.[10]

Mas essa não é, a rigor, a única definição de "seitas" presente no texto. Na mesma página em que estão expostos os critérios dos RGs, explica-se que nem a novidade do grupo, nem o número de adeptos, nem a excentricidade dos ritos foram consideradas, e tem-se sobre as "seitas" um enunciado categórico: "associações reunindo, geralmente em torno de um chefe espiritual, pessoas compartilhando a mesma crença em um ser ou um certo número de idéias transcendentais (...), e sobre as quais pôde (...) pesar a suspeita de uma atividade contrária à ordem pública ou às liberdades individuais" (:13). A noção de "ordem pública", aí presente, bem como no parecer da Comissão Nacional Consultiva dos Direitos Humanos, faz parte de um debate jurídico que será analisado em outro capítulo. Por enquanto, vale notar que, exatamente como vimos ocorrer no discurso das associações de combate às "seitas", traços e definições categóricas convivem lado a lado. Igualmente, a discriminação de 173 grupos compatibiliza-se com o fato de que apenas algumas dezenas deles são objeto de comentários ou utilizados como ilustração ao longo do texto.

A essa dupla definição junta-se uma terceira, a meio caminho entre as duas primeiras, pois configura-se como um quebra-cabeça – traços dispersos que, reunidos, não deixam de formar um todo. Ao descrever as "tendências atuais" do fenômeno sectário (:32-37), o texto distingue "duas vagas" que explicariam a configuração atual. Aos grupos introduzidos no início do século – secessão de igrejas tradicionais, atingindo especialmente as classes pobres, com doutrinas estritamente religiosas, motivando uma oposição pastoral – somam-se grupos mais recentes – referenciados a diversas tradições religiosas, penetrando preferencialmente um público jovem e de classes médias, com propostas de aperfeiçoamento pessoal,

---

10. Indica-se como fonte do levantamento um relatório dos RGs, o mesmo órgão que fornecera os subsídios para o trabalho de Vivien. Desde então, os RGs mantinham um acompanhamento permanente do universo associativo em vista da detecção, registro e monitoramento de grupos sectários, gerando relatórios, guias e banco de dados (em 1994 é elaborado um "guia de seitas" com 167 grupos) (cf. reportagens de MD 27.09.90; 15.10.93 e Exp 04.04.96). A partir do levantamento dos RGs são apresentadas no relatório parlamentar uma série de estatísticas e comparações tendo em vista a determinação do número de adeptos e de simpatizantes das "seitas", assim como de sua distribuição geográfica (:15-31). Utilizam-se nas comparações estimativas encontradas tanto em diversos títulos da literatura sobre "seitas", quanto junto a registros e avaliações das associações anti-seitas. Outro parâmetro é o relatório Vivien, mas sem levar em conta que suas estatísticas não partem da mesma definição de "seita" adotada pela comissão parlamentar. É curiosa a ausência de problematização do trabalho dos RGs entre os analistas da controvérsia sobre as seitas na França. Fica-se entre o lamento dos que condenam que questão com tal complexidade ganhe uma abordagem policial – mas jamais transformando o problema em objeto de análise – e o equívoco dos que afirmam que os RGs simplesmente reproduzem os dados das associações anti-seitas – quando se sabe, segundo a própria UNADFI, de suas defasagens quanto à lista de grupos repertoriados pelos RGs. Enviei uma carta ao diretor dos RGs, na tentativa de estabelecer um contato, mas não obtive resposta.

gerando suspeitas generalizadas. Hoje, continua o relatório, a maioria das "seitas" estruturam-se segundo um modelo piramidal e seu estímulo à ascese pessoal tende a provocar uma ruptura do adepto com o mundo exterior. E se as tragédias recentes ocorridas no seio ou devido a certas "seitas" não devem ser vistas, a julgar pela cobertura jornalística, enquanto o destino de todos os grupos, elas servem como reveladores dos riscos inerentes a qualquer movimento sectário.[11] Mais adiante, a propósito das "técnicas de recrutamento" (:41-45), a enumeração de "temas de propaganda" corresponde à descrição, em outros textos, das "máscaras" utilizadas pelas "seitas";[12] o esquema adotado para explicar a adesão – "sedução, persuasão, fascinação" – também não é original, e visa caracterizá-la como uma "dependência psicológica" em que o adepto torna-se uma "vítima consentida".[13] Finalmente, comenta-se a "potência financeira das seitas" (:46-9), considerada ora como elemento de seu funcionamento, ora como sua finalidade real, e a propósito da qual, indiscriminadamente, indica-se a grandeza do patrimônio de certos grupos e suspeita-se de seus métodos de obtenção de recursos. A semelhança entre as peças desse quebra-cabeça e os temas do discurso das associações anti-seitas prescinde de comentários.

Enfim, uma quarta definição – ou melhor, caracterização – ocorre a propósito de uma classificação dos grupos e nos permite perceber a relação estabelecida entre as "seitas" e a "religião". Que se trata, para o relatório, de dois universos distintos, prova a exclusão *a priori* das "religiões 'tradicionais' (cristã, muçulmana, hindu, budista)" (:13),[14] a tal classificação aplicando-se apenas ao conjunto das "seitas". No entanto, quando vemos seus critérios, temos de reconhecer que tais universos não são completamente estranhos. O relatório – apossando-se mais uma vez do trabalho dos RGs – adota uma classificação de que constam várias categorias cujo registro é religioso. Ao mesmo tempo, a presença de categorias de outra natureza aponta para a referência a diferentes campos sociais. O critério seria uma "qualificação doutrinária", caracterizando 13 "famílias de pensamento ou de prática" e gerando um sistema classificatório no qual cada grupo é identificado por uma combinação entre um "tipo dominante" e um "tipo associado". São eles: "evangélicos", "pseudo-católicos", "neo-pagãos", "satânicos", "orientalistas", "sincréticos", "apocalípticos", "curandeiros", "psicanalíticos", "ocultistas", "ufológicos", "nova era" e "alternativos".

---

11. Assim, entende-se que essas tragédias sejam mencionadas logo na primeira linha do relatório (:1), para ilustrar os perigos das "seitas" (:79) ou para justificar medidas de prevenção (:126).

12. Em outra parte, a relação é explícita: "(...) o fenômeno é ao mesmo tempo vasto, complexo e clandestino. Como afirmam vários especialistas da questão, 'as seitas avançam frequentemente mascaradas'" (:109).

13. A expressão "dependência psicológica" aparece apenas adiante (:77 e 125), mas a parte específica comentada baseia-se no modelo proposto pelo psiquiatra Jean-Marie Abgrall, um dos ideólogos do discurso anti-seitas.

14. Em outro momento, a atitude metodológica é transformada em "característica intrínseca" do fenômeno sectário – "a separação em relação às religiões tradicionais" (:97).

Esse sistema classificatório me interessa menos por sua coerência ou o conteúdo dado às categorias do que pela possibilidade que oferece de revelar um dos temas do relatório, o das "crenças perigosas". Podemos começar por uma referência explícita, pois quatro das "famílias" são marcadas por um grau especial de periculosidade (:60): "curandeiros" (pela sua oposição à "ciência médica atual"), "apocalípticos" (pois o fim do mundo pode vir pelas suas próprias mãos), "psicanalíticos" (pela associação entre suas "técnicas parapsicológicas" e a "manipulação mental") e "satânicos" (pela ideologia "agressiva" e o risco de ações criminosas). Enquanto os três últimos são adotados frequentemente como "crenças-sistema", o "curandeirismo" serve enquanto "crença-elemento", ou seja, como componente de um grupo que é definido globalmente por uma outra categoria.[15] Assim vários grupos tornam-se perigosos por seu componente "curandeirístico", independentemente da "crença-sistema" ("orientalistas", "pseudo-católicos", "evangélicos", "sincréticos", "ocultistas"). Outras "famílias" colocam riscos pela imputação de um traço externo, cuja ocorrência seria regular no seu caso: "ocultistas" pela exploração financeira; "neo-pagãos" pela ideologia elitista, fascista ou racista; "ufológicos", por ambas as coisas. Já com a "nova era", o que a torna arriscada é sua capacidade de predispor os adeptos a vias mais perigosas, como a "apocalíptica" e a "ocultista" (:63-66).

Portanto, vemos que quase todas as famílias possuem traços – intrínsecos ou incidentais – que as tornam perigosas em graus diversos. Quanto às demais famílias religiosas, "orientalistas", "pseudo-católicos", "evangélicos" e "sincréticos", o fato de ocorrerem "casos puros" prova bem que elas, independentemente de sua associação com outras categorias, contêm riscos. As referências presentes no relatório oferecem apenas pistas para compreender o motivo dessa periculosidade. Sobre os "orientalistas", não há senão um exemplo, o da Soka Gakkai, cuja doutrina é descrita como "versão nacionalista e intolerante do budismo" (:54). Sobre os "sincréticos", além de sua tentação pela "nova era" (:65), destaca-se o Mandarom, grupo caracterizado por um exagero ritual e um guru megalômano (:59). De "pseudo-católicos" e "evangélicos", afirma-se que se tratam de grupos reunidos "em torno de pessoas desenvolvendo uma atitude de guru" (:51); os últimos "tiram proveito sempre das liberdades oferecidas pelas estruturas protestantes oficiais para prosperar às suas margens" (:65); os primeiros, "sua doutrina é o mais freqüentemente de tal modo distanciada da teologia da Igreja que eles são excluídos de sua comunhão" (:51).

Parece, então, que para essas "famílias" a periculosidade está ligada a duas variáveis que marcam o distanciamento das "seitas" em relação à "religião". De um lado, uma

---

15. Com essa distinção entre crenças-sistema e crenças-elemento desejo marcar a heterogeneidade das categorias utilizadas. Enquanto algumas delas constituem sempre crenças-sistema (daí dificilmente se encontrarem combinadas entre si), outras oscilam entre as condições de crença-sistema e crença-elemento. Parece que apenas o "curandeirismo" foi sempre considerado como uma crença-elemento. Essa avaliação, no entanto, baseia-se na classificação aplicada a apenas 36 dos 173 grupos — ou seja, aqueles cujo número de adeptos ultrapassa a 500 (:62); a classificação resultante nos demais não foi divulgada no relatório.

noção de tradição, cuja fidelidade faz a distinção entre as "religiões" e "seitas" "orientais" e cuja ausência levanta automaticamente a suspeita sobre os "sincréticos". De outro, o marco institucional, ponto de referência no mundo católico e cuja flexibilidade no mundo protestante é porta aberta para desvios. O sistema classificatório adotado pelo relatório ressalta o valor atribuído à tradição religiosa e à instituição eclesial, mas ao mesmo tempo revela sua inépcia para efetivar a distinção, considerada fundamental, entre "religiões" e "seitas". Pois admite-se a existência não apenas de "seitas (perigosas) religiosas", como, pode-se assim chamá-los, de "movimentos espirituais não tradicionais pacíficos". Com efeito: "os movimentos espirituais outros que as religiões tradicionais e comumente chamados seitas não são todos perigosos" (:66). Tais contradições evidenciaram, dentro da lógica do relatório, a necessidade de mecanismos capazes de distinguir com segurança e precisão entre os grupos de estatuto religioso e as "seitas" que ficariam impedidas de invocar o mesmo emblema. De fato, uma das principais proposições do relatório vai nessa direção, mas prefiro comentá-la no capítulo seguinte, pois ela interfere com toda a política estatal aplicada à "religião".

Antes de passar às demais sugestões da comissão, é preciso que voltemos aos dez critérios dos RGs que definem a lista das 173 "seitas". Enunciados no início do relatório, eles são retomados adiante para demonstrar a "nocividade" das "seitas" (:74-82). Nesse lugar, elas completam um item anterior, dedicado às "ilegalidades", no qual são mencionados uma série de decisões judiciais implicando grupos mencionados na lista (:67-73). Trata-se de 17 condenações, compreendidas entre 1982 e 95, a propósito de delitos e crimes bem diversos e réus quase sempre diferentes. O relatório serve assim de rápida demonstração do campo de batalha em que se tinham transformado, para vários grupos, os tribunais. Mais do que isso, ele produz um novo efeito, convertendo uma série de processos de natureza diversa em "casos de seitas", a condenação servindo para confirmar sua periculosidade.

E, no entanto, isso não é suficiente. "As informações fornecidas à Comissão pelos *Renseignements Généraux*, assim como os testemunhos recebidos, conduziram-na a pensar que os perigos que certos movimentos sectários impõem aos indivíduos e à sociedade são, em realidade, a um só tempo mais numerosos, mais extensos e mais graves do que sugere a leitura isolada das decisões judiciárias" (:74). Operando assim uma distinção entre o plano das "ilegalidades" e o da "nocividade", o relatório abre um espaço no qual um conjunto heterogêneo de fontes e materiais é arranjado de modo análogo aos casos concretos de acusação que acompanhamos anteriormente quando se tratou das associações anti-seitas. Passemos rapidamente em revista essa parte (:74-82), que se pauta pelos dez critérios dos RGs, seguido do número de grupos abrangidos por cada um deles:

1. desestabilização mental (173 grupos): ex-adepto da Cientologia denuncia seus métodos de atração e a produção de uma dependência extrema; relembra-se a jornada típica de um adepto Hare Krishna; em certos casos, a possibilidade de um "estupro psíquico";

2. exigências financeiras exorbitantes (76 grupos): o custo dos cursos da Cientologia e dos casamentos da AUCM;

3. ruptura do adepto com o universo de origem (57 grupos): testemunho de ex-adepto dos TJ;
4. atentado à integridade física dos adeptos (82 grupos): queixas contra o líder do Mandarom invocando crimes sexuais; relato da filha do líder dos Meninos de Deus, acusando-o de incesto;
5. aliciamento de crianças (28 grupos): remissão a uma decisão judicial citada em item anterior e simples menção de grupos;
6. discurso anti-social (46 grupos): caracterizado como justificativa para "práticas contrárias às leis e à moral comum" (:80);
7. perturbações da ordem pública (26 grupos): testemunho sobre a Nova Acrópole revelando sua ideologia fascista;
8. envolvimento com a justiça, seja como réu, seja como acusante;
9. irregularidades econômicas (51 grupos): simples menção de "trabalho clandestino", "fraude" e "estelionato";
10. infiltrações no domínio dos poderes públicos: nesse caso, a comissão considera não ter nada além de alegações não provadas, sem que isso a impeça de afirmar, mais adiante: "Viu-se, de fato, que numerosas seitas tentam se 'infiltrar' nas mais altas esferas do Estado, seduzir coletividades locais ou negociar acordos com empresas nacionais ou privadas" (:109).

Nota-se como as evocações de dispositivos legais misturam-se a alegações vagas e a acusações mobilizando o testemunho de ex-adeptos. Contudo, depois de ter operado essa distinção entre "ilegalidade" e "nocividade", a comissão procura finalmente demonstrar que o arsenal jurídico disponível seria suficiente para reprimir as práticas perigosas das "seitas". Tomando novamente como referência os dez pontos (na verdade, nove, pois o último não é considerado), o relatório aponta uma série de dispositivos, extraídos de diversos códigos e leis, que serviriam para cobrir a lacuna entre nocividade e ilegalidade (:90-95). Assim, para ficar apenas em um caso, como se a invocação de mais de uma dezena de artigos retirados de quatro leis equivalesse à sanção de uma infração de "desestabilização mental". Supunha-se, portanto, que a partir de certas composições jurídicas, todas as atividades que caracterizariam as "seitas" poderiam ser legalmente enquadradas.

Não cabe entrar aqui numa avaliação da adequação ou da coerência dessas correspondências, coisa que o próprio relatório não efetua – o que é, em si mesmo, significativo. Uma outra questão, penso eu, é mais crucial, até porque se aplica também ao parecer da Comissão Nacional Consultiva dos Direitos Humanos de 1993:[16] o que permite essa oscilação entre a sobreposição e a distinção dos planos da "ilegalidade" e da "nocividade",

---

16. No parecer, as "seitas" são definidas como "grupos cujas práticas constatadas são susceptíveis de entrar no campo de ação da legislação protetora dos direitos pessoais ou do funcionamento do Estado de direito (...)", mas, ao mesmo tempo essa definição se traduz em termos mais amplos do que os enunciados pelas leis, como, por exemplo, "manipulação mental" (Bouchet 1994; Turpin 1994).

nunca iguais mas também jamais contraditórios? Segundo o relatório, em primeiro lugar, a detecção das dificuldades de aplicação da legislação existente: os adeptos não denunciam por falta de consciência dos prejuízos que sofrem; os ex-adeptos preferem esquecer o caso ou têm medo de represálias; o delito e a responsabilidade do autor são difíceis de comprovar; a possibilidade de incriminação não é, muitas vezes (cita-se a "manipulação mental"), óbvia; as "seitas" recorrem a estratagemas para atrasar ou evitar a execução da condenação (:74). Coerentemente, diversas das proposições contidas no relatório destinam-se a "melhor aplicar" o direito (:110-16): sensibilizar as procuradorias e a polícia no sentido de melhorar a vigilância de irregularidades, atender a encaminhamento de queixas e esclarecer possibilidades legais de sanção; maior rigor nas missões de inspeção fiscal, trabalhista e previdenciário; aplicar sistematicamente os procedimentos de dissolução de associações. Outras (:116-20), embora implicando modificações legais, contribuem para o mesmo objetivo: estudar a suficiência das sanções incorridas nos crimes pelos quais "seitas" são condenadas; ampliar as possibilidades de denúncia em casos de difamação; reforçar a proteção jurídica de *experts* judiciários; permitir às "associações de defesa de vítimas" erigir-se em co-autoras em ações na justiça.

Se o problema fossem apenas as dificuldades de aplicação da legislação existente, as proposições poderiam parar por aqui. Entretanto, a própria detecção dessas dificuldades menciona aspectos mais delicados: muitas vezes, um delito não é denunciado porque, simplesmente, o adepto não tem consciência do prejuízo que sofre ou, pior, é ele mesmo o seu autor desconhecendo que apenas obedece aos princípios do grupo (:74). Nesse caso, portanto, a "manipulação mental" sofrida pelos adeptos das "seitas" coloca um dilema do ponto de vista da responsabilização de certos delitos. Ao invés de procurar sanar esse problema, a comissão reitera a recusa de uma legislação especial contra as "seitas". Apesar disso, reconhece que mesmo reforçadas todas as formas de repressão legal, restaria ainda uma dimensão de periculosidade cujo desprezo impediria um efetivo enfrentamento do problema. Assim como o relatório Vivien, propõe-se um dispositivo geral, preparado para "conhecer" e "fazer conhecer" (:102-10). Ao invés de um alto funcionário, contudo, uma estrutura diretamente ligada ao Primeiro Ministro, uma espécie de "observatório" (sem poder de gestão ou decisão), composto de representantes da administração e de especialistas das diversas disciplinas, e que seria encarregado de receber informações brutas e de efetuar reflexões sobre o fenômeno sectário. Em suma, um organismo de estudo e de coordenação governamental. Além do "observatório", propõe-se que cada ministério diretamente tocado pelo problema promova uma reflexão e designe uma pessoa responsável pelo seu acompanhamento. Volta-se a enfatizar a importância da cooperação intergovernamental em âmbito internacional. Completando o dispositivo, caberia ao Estado organizar a difusão de informações, sugerindo-se: atingir os jovens através das escolas; pais, adultos e dirigentes públicos e privados através de uma vasta campanha de mídia; e os funcionários (policiais, magistrados, professores, trabalhadores sociais, médicos) – e os que se preparam para sê-lo – através de programas de formação e ações de sensibilização.

Um item é dirigido à "ajuda aos adeptos" (:123-4) – mas a atenção que se lhe dedica é quase irrisória quando comparada às preocupações do relatório Vivien. Propõe-se, além do reforço das condições de acompanhamento de adeptos franceses no exterior, a nomeação, em cada departamento, de um responsável para a acolhida das "vítimas", encaminhando-as para os serviços administrativos e as associações susceptíveis de resolver suas dificuldades. Seguidas à risca, as sugestões do relatório transformariam as associações anti-seitas em grupos de defesa e de acolhida de adeptos, diminuindo sensivelmente seu papel no plano da documentação e da divulgação de informações – a cargo do observatório. Por outro lado, referendava-se suas reivindicações quanto à instauração de um dispositivo geral de vigilância, capaz de interpor barreiras entre as "seitas" e a sociedade. Nesse espírito, nada mais lógico do que se precaver de toda possibilidade de apoio às "seitas", aumentando o rigor na assinatura de contratos, nos atos de habilitação e na destinação de subvenções oficiais (:112).

Pode-se concluir que as propostas da comissão parlamentar, mantendo o compromisso da não elaboração de leis específicas e repetindo vários temas e algumas medidas, operam uma inversão de ênfase em relação ao relatório Vivien. Persiste a validade de um critério psicológico — no caso, a "desestabilização mental", único traço, aliás, compartilhado por todos os 173 grupos repertoriados. Entretanto, nenhuma das proposições guarda correspondência com as sugestões de Vivien para garantir uma adesão livre. O investimento é quase que totalmente dirigido para a elaboração de um dispositivo que, anunciando uma preocupação de conhecimento e disseminação de informações, arma-se para vigiar (ou seja, conhecer os perigos) e prevenir.

"Combater de maneira eficaz e igualitária os ́desvios' sectários supõe, antes de tudo, ter um bom conhecimento do fenômeno (...). É necessário ainda que a informação assim coletada torne-se objeto de uma difusão apropriada, fundamento de uma política de prevenção que continua (...) o melhor meio de luta contra o desenvolvimento do fenômeno sectário" (:102).

Enfim, detectar e vigiar os grupos e alertar os cidadãos tornaram-se mais importantes do que salvar os adeptos.

2. Coordenação e dispersão na luta contra as "seitas"

Distintamente do relatório Vivien, o texto com as conclusões da comissão parlamentar foi imediatamente publicado, ou seja, menos de 20 dias depois da divulgação das mortes dos adeptos da OTS. Nessas condições, não surpreende que a atenção ao seu redor, bem como a repercussão atingida na imprensa tenham sido consideráveis.[17] O relatório é aplaudido pela UNADFI (Bulles, 49, 1996) e pelo CCMM (BL, maio 96),

---

17. Outro indicador da recepção do relatório foi a alta procura pela publicação – considerada *best-seller* no catálogo da Assembléia Nacional (FGR 09.02.96).

embora a primeira lembrasse que a adequação da legislação deveria ser avaliada permanentemente. Sua recepção por vários jornais e revistas foi quase sempre extremamente positiva. Aos editoriais de dezembro de 1995, motivados pela revelação das mortes de adeptos da OTS, juntaram-se outros em janeiro e fevereiro de 1996.[18] Reafirma-se uma preocupação com o problema, definido em termos que reproduzem ou não contradizem o diagnóstico do relatório. Além disso, comunga-se sobre a desnecessidade de uma legislação específica, dado que os dispositivos existentes seriam suficientes para levar adiante um imprescindível combate.

François Terré, do *Le Figaro* (03.01.96) levanta as dificuldades conceituais, o que não o impede de reconhecer e condenar as "seitas" em sua periculosidade; em seguida, afirma a suficiência do direito atual para combatê-las e proteger seus adeptos. Michel Schifres, outro articulista do *Le Figaro* (09.02.96), retoma a mesma retórica: as "seitas", impossível defini-las, mas todos sabemos de que se trata: "são organizações que atacam a integridade das pessoas". Depois de especular sobre as "razões de seu sucesso", afirma que o Estado dispõe de meios eficazes de combate. Henri Tincq, do *Le Monde* (11.01.96), louva a "ponderação" do relatório e a "precisão cirúrgica" de seus diagnósticos, convencido de que "de uma seita à outra, o movimento é idêntico (...) Em uma palavra, a prisão e o isolamento". Destaca as "boas razões" para a recusa de uma nova legislação e, quanto às demais proposições, espera que não sejam abandonadas, a exemplo do que ocorreu com o relatório Vivien. Alguns dias depois, quando o jornal expôs as reservas de alguns cientistas sociais, Tincq, embora concordando com a necessidade de prudência, acrescentaria: "com certeza não chegou o momento de baixar a guarda diante da influência crescente das seitas" (MD 09.02.96). B. Chenu, em editorial de *La Croix* (11.01.96), discute a distinção "igreja" e "seita", recorrendo ao critério do respeito à "dignidade humana". Em um comentário mais direto ao relatório, François Ernenwein considera-o como um "aporte essencial", elogiando seu equilíbrio e suas sólidas pistas de ação contra grupos cujo funcionamento compara a regimes totalitários.

Se os editoriais preferem se debruçar sobre as respostas a oferecer para um problema, as reportagens ocupam-se prioritariamente em traçar o diagnóstico de uma realidade, transcrevendo, através de textos, quadros e gráficos, as estatísticas, as tipologias e as avaliações do relatório parlamentar. Em contraste com a cobertura do relatório Vivien, salta aos olhos sobretudo o consenso em torno dos números da comissão parlamentar, especialmente o da quantidade de grupos. Não há contestações ou alternativas, as flutuações no número de adeptos inscrevendo-se no interior mesmo dos dados expostos pelo relatório (adeptos ou indivíduos sob influência; avaliações dos RGs ou de outros *experts*). O mesmo pode ser dito em relação a outros aspectos, incluindo a metodologia, os critérios e as

---

18. Ver editoriais *Le Figaro* 03.01.96 e 09.02.96; editorial de B. Chenu e comentário de F. Ernenwein em *La Croix* 11.01.96; artigos analíticos de H. Tincq, *Le Monde* 11.01.96 e 09.02.96; editorial de F. Devinat, *Libération* 28.12.95.

análises. A discussão restringe-se basicamente ao plano das proposições e aos modos de solução de um problema cuja definição parece plenamente aceita.

A apresentação das conclusões do relatório da comissão não deixou muito espaço para outras participações – o que demonstra, por si só, o foco privilegiado sobre as vozes estatais. Em duas ocasiões, acrescentou-se o depoimento de uma mesma pessoa, apresentada como ex-adepta de uma "seita" (CX 11.01.96; Télérama 31.01.96). Notamos também duas entrevistas com o psiquiatra J.M. Abgrall (Rouge 18.01.96; Télérama 31.01.96). As associações anti-seitas, curiosamente, têm uma participação tímida nessa repercussão. Nenhuma declaração de representantes do CCMM é mencionada e mesmo a UNADFI não recebe maiores atenções – afora algumas intervenções pontuais, há o registro de uma entrevista da presidente (Figaro Madame 22.02.96). Em contraste, os RGs, enquanto autor do levantamento que serve como principal base para as análises da comissão, será foco de várias reportagens específicas (Exp 04.01.96, Le Point 13.01.96, FGR 29.12.95, Huma 30.12.95). Mais do que isso, alguns jornais revelam a existência de uma "nota confidencial", preparada pelo órgão em 28.12.95 no bojo da repercussão das mortes de adeptos da OTS, alertando sobre "quatro grupos apocalípticos com riscos de auto-destruição". Enquanto o *Le Monde* (11.01.96) e a revista *Le Point* (13.01.96) limitaram-se a transcrever a caracterização fornecida pelos RGs, o *Le Figaro*, a partir da nota, elaborou reportagens específicas sobre três dos quatro grupos mencionados.[19]

Um foco importante na cobertura jornalística recaiu sobre os próprios parlamentares que participaram da comissão. Alanvancados por este papel, certos desses parlamentares foram adiante, pois empenharam-se na aplicação das propostas contidas no relatório. Como veremos, isso lhes assegurará um lugar permanente no debate e nos dispositivos oficiais em torno das "seitas". Três parlamentares destacaram-se na imprensa desde as primeiras notícias do mortícinio de dezembro de 1995 – Jacques Guyard, o relator; Alain Gest, o presidente; e Jean-Pierre Brard, um dos vice-presidentes. Nenhum deles, até então, tinha seu nome associado à "luta contra as seitas"; após o relatório, proliferam entrevistas e depoimentos. Nelas expressam-se, ao mesmo tempo, uma referência comum às estatísticas, aos diagnósticos e à autoridade do relatório e uma divergência quanto aos encaminhamentos e medidas a adotar. Isso ficou evidente na discussão em torno do relatório ocorrida na Assembléia Nacional, em 08.02.96 – fato que por si só já demonstrava um empenho em dar seguimento à iniciativa da comissão.[20] Guyard, o relator, manteve uma posição de divulgação e defesa das proposições do relatório, ratificando a recusa de uma legislação nova. Gest distinguiu-se pela reivindicação, em analogia às respostas oficiais ao

---

19. A revista *Le Monde de l'Education* (março 1996) também realizou uma reportagem sobre os 28 grupos apontados pelo relatório parlamentar como envolvidos com práticas de aliciamento de menores.

20. O relato é feito a partir de várias reportagens: FGR 09.02.96, MD 10.02.96, Libé 09.02.96, CX 10.02.96.

terrorismo, de "uma espécie de plano vigi-sectes". E Brard apareceu como o menos comedido, insistindo sobre a necessidade de "legislar sobre as seitas". Todos reclamaram um maior empenho por parte do governo no enfrentamento de um problema que o relatório revelara significativo.

A discussão parlamentar não servia apenas para mobilizar os colegas; três ministros estavam presentes – das pastas da Justiça, Interior e Orçamento – e a ocasião constituiu um momento de interpelação ao governo. Todos se pronunciaram, amalgamando cumplicidade quanto às preocupações sobre as "seitas", lembretes sobre a delicadeza da questão diante de princípios constitucionais e a promessa de medidas concretas não necessariamente coincidentes com as propostas da comissão. Uma das promessas consistia na recepção de membros da comissão pelo primeiro ministro, o que ocorre no mesmo mês. O encontro parece ter sido decisivo para a criação do Observatório Interministerial sobre as Seitas (OIS).[21] Um decreto datado de 09.05.96 – e apresentado pelo próprio presidente da República dois dias antes ao Conselho de Ministros – institui a estrutura que, lembremos, estava no coração do dispositivo imaginado pelas propostas do relatório parlamentar. Nele, a missão do OIS é enunciada em termos sucintos: "analisar o fenômeno das seitas" e "fazer proposições ao Primeiro Ministro [ao qual está diretamente vinculado] a fim de aperfeiçoar os meios de luta contra as seitas" (OIS 1998:55). Quanto à sua composição, divide-se entre representantes de vários ministérios e "personalidades qualificadas por suas competências e experiência" propostas por certos ministros.

A concretização legal do observatório seguia à risca as proposições do relatório parlamentar. Entretanto, vista sua composição real – estabelecida por dois decretos sucessivos (08.08.96 e 17.09.96) –, o equilíbrio parece ter pendido em benefício da presença governamental. Além dos 18 representantes governamentais, incluindo os Ministérios do Interior, da Justiça e da Educação, 10 entre os demais membros, entre os quais estavam seis parlamentares, tinham vínculos com aparatos estatais. Note-se que o relator geral saiu dos quadros do Ministério do Interior, onde também deveria funcionar a secretaria do OIS. Não sobravam senão duas pessoas sem vínculo algum com os aparatos estatais: um representante da UNAF (União Nacional das Associações Familiares) e outro da AFSEA (Associação Francesa pela Salvaguarda da Infância e da Adolescência). O que justifica essa composição? Uma primeira pista é dada pela exigência do Primeiro Ministro, expressa antes mesmo da criação do OIS, que pensava em "personalidades acima de toda suspeita" (MD 01.03.96). A mesma reportagem revelava que Guyard excluía da composição de um observatório representantes das "igrejas" e das "associações de defesa de vítimas". Daí o componente fortemente governamental e a presença apenas de "associações genéricas". Isso permitiria ao relator afirmar mais tarde, referindo-se à composição do órgão: "O Observatório Interministerial sobre as Seitas é um organismo totalmente independente em relação a quaisquer grupos de pressão e de interesse" (OIS 1998:7).

---

21. MD (01.03.96), que relata o encontro, menciona a simpatia do Primeiro Ministro pela proposta do observatório.

O OIS inicia seus trabalhos em 13.11.96, conduzidos em regime de segredo.[22] Dois grupos de trabalho são formados, dedicados, um, à observação e acompanhamento das "seitas", e, outro, à definição de ações de informação, formação e combate. Um relatório, publicado em julho de 1998, rende conta de suas atividades até o final de 1997, apresentando um novo cenário do fenômeno sectário, destacando as principais ameaças e elencando um outro conjunto de proposições. Antes de 1998 acabar, o OIS seria substituído por um outro órgão, a Missão Interministerial de Luta contra as Seitas e em meados de 1999 ocorre a divulgação de outro relatório parlamentar sobre as "seitas". O relatório da OIS e o relatório parlamentar de 1999 fazem o registro das medidas conduzidas pelas diferentes administrações a propósito do "problema das seitas". Antes de avaliarmos o papel que o OIS e seu sucedâneo podem ter desempenhado na efetivação dessas medidas e o teor do relatório parlamentar mais recente, aproveitemos essas fontes, complementadas por notícias jornalísticas, para traçar um inventário das iniciativas em vários órgãos governamentais. Constata-se por aí que diversos aparatos estatais haviam incorporado a categoria "seita" a suas atribuições e, em nome dela, desenvolvido uma série de estruturas e/ou ações — mesmo antes da criação da OIS.

Um primeiro ponto a destacar é a constituição, em diversos órgãos, de estruturas específicas relacionadas ao acompanhamento e/ou ao combate do "fenômeno das seitas". O caso mais evidente é a CRIS (Células para Relações com o OIS), no interior do Ministério da Educação, montada em setembro de 1996 e conduzida por um inspetor escolar (membro também do OIS). Ações de proselitismo, escolas não conveniadas e educação familiar eram os focos de interesse da CRIS (MD 09.04.97). Outro ministério que montou uma estrutura específica foi o da Juventude e Esportes, desde outubro de 96, através da designação de "correspondentes encarregados da questão 'associações coercivas com caráter sectário'" nas várias direções regionais (OIS 1998:31), formados para "acolher, aconselhar e orientar toda pessoa confrontada ao problema das seitas" (TC 11.10.96). A partir de 1992, no Ministério de Assuntos Sociais, um agente da Diretoria da Ação Social é encarregado do "problema das seitas" e o órgão demanda em 1993 uma pesquisa sobre o assunto a uma ONG, além de providenciar a produção de um vídeo. Os RGs, órgão do Min. do Interior, possuem uma preocupação específica direcionada à vigilância das "seitas" desde pelo menos o início da década de 1980. Segundo o relatório do OIS, essa especificidade é mantida pela existência de 60 "correspondentes-seitas", ou seja, investigadores com uma formação própria a tal tipo de problema (:30). Em outubro de 1996, é a vez do Ministério da Justiça instituir uma estrutura específica, através da criação de uma célula na Diretoria de Assuntos Criminais (:22) – consolidando uma reforma do início daquele ano.[23] No mesmo ministério, um magistrado foi designado, em outra diretoria, para seguir as questões envolvendo menores em "seitas" (:22) e "correspondentes-

---

22. É o que explica o relator em uma carta à *L'Express* (25.12.97), na qual se defende de acusações sobre a inocuidade das atividades do OIS. Seja por uma razão ou outra, a imprensa pouco traz notícias sobre o OIS.

seitas" nomeados para cada uma das procuradorias gerais. Ou seja, enquanto negava-se a necessidade de uma lei específica ou uma definição jurídica, ao nível de várias administrações as "seitas" ganhavam seus "especialistas", o que certamente influencia o alcance e o direcionamento da execução de suas respectivas atribuições.[24]

Outro ponto relaciona-se ao aspecto das informações sobre as "seitas". O OIS divulga certos dados sobre o universo de grupos sectários e nada parece indicar que sua fonte deixe de ser os RGs. O relatório menciona, a seu propósito, ações de documentação e atualização de conhecimentos (:30). Ou seja, o OIS não se constituiu, ele mesmo, em um produtor de informações (como parecia ser a idéia da proposta original da comissão parlamentar); ao contrário, serviu para multiplicar as instâncias de produção de informação sobre as "seitas". Pois, além dos RGs, outros órgãos, com base na suas jurisdições e competências, passam a coletar e organizar dados sobre grupos ou adeptos: a Polícia Militar (OIS 1998:27), a Diretoria Geral de Impostos (:33), o Ministério da Educação (Libé 30.06.98). Agora, sabe-se não apenas o número de grupos ou de adeptos de "seitas"; as estatísticas judiciárias consolidadas pelas cortes de apelação (:23) são complementadas por levantamentos sobre as atividades da polícia militar (:28) e da polícia judiciária (:30). Uma área sensível aos números é a relacionada aos menores. O relatório traz estatísticas sobre o número de grupos cujas crianças sofrem algum procedimento de assistência educativa (:38). E em 1998, os jornais divulgaram que 6000 crianças seriam escolarizadas por "seitas", por intermédio seja de suas famílias, seja de instituições (Libé 30.06.98; FGR 30.06.98).

Em seguida, podemos distinguir ações de formação e sensibilização dirigidas aos funcionários ou aos serviços de vários aparatos estatais. Os pioneiros nessa área foram novamente os RGs, que em 1993 introduziram nos cursos de seus agentes conteúdos relativos ao problema sectário. A partir da criação do OIS, medidas diversificadas envolvendo ações de formação e/ou sensibilização atingiram aspirantes e funcionários das áreas judiciárias,[25] policiais, educativas, assistenciais e relativas à infância e juventude. Uma circular do Ministério do Interior, de 07.11.97, dirigida aos administradores departamentais, preocupa-se com a mobilização e disponibilização de todos os serviços relacionados às atividades de grupos sectários. Pede maior precaução (no uso de dispositivos jurídicos, na

---

23. Cf. Decisão de 15.01.96 – Min. da Justiça (fixando a organização da Diretoria de Questões Criminais e Anistias), JO 16.01.96. Note-se que o regulamento anterior, datado de 1994, não trazia qualquer menção a "seitas".

24. *Libération* (05.10.96) anunciou que na Diretoria Geral de Impostos, uma célula oficiosa estava encarregada de investigar as "seitas", informação, no entanto, contestada no relatório Brard (1999). Em contrapartida, o mesmo relatório lista projetos envolvendo também o Min. da Saúde. Notícias recentes dão conta da montagem de estruturas de âmbito regional ou local, cf. Parisien 08.11.99 e FGR 13.02.2000, uma das preocupações do OIS (1998) e do relatório Brard (1999).

25. O relatório parlamentar (Brard 1999) sugeriu que houvesse magistrados especialmente formados para tratar da questão das "seitas". Registre-se ainda, no que diz respeito ao domínio judiciário, a intervenção direta do Min. Justiça em 1996 visando desemperrar um processo criminal contra líderes da Cientologia, iniciado em 1988.

destinação de subvenções, na ruptura de todo tipo de relação positiva com as "seitas"), estimula a troca de informações, orienta sobre a ajuda a ex-adeptos.[26]

A circular do ministro do Interior contém também uma outra dimensão, voltada à "sensibilização do grande público". Propõe que os administradores departamentais organizem ciclos de conferências ou de formação, visando em especial os jovens e os desempregados. Opta-se, nesse caso, pelo estímulo a ações locais e descentralizadas. Em seu conjunto, nenhuma das medidas configurou-se, a rigor, como campanha junto a um público geral e irrestrito, utilizando-se dos meios de comunicação. A única campanha propriamente dita foi promovida pelo Ministério da Juventude e Esportes. Intitulada "Seitas Alerta Perigo", iniciou-se em outubro de 1996 e envolveu a difusão de um livreto, um cartaz e um vídeo destinados aos serviços do próprio ministério e às associações dirigidas ao público juvenil. (TC 11.10.96) Portanto, mesmo nesse caso, tratava-se de um público específico. Nas escolas, a ação oficial junto aos alunos parece ter-se mantido tímida, pois o relatório do OIS registra apenas que conferencistas e documentos estão "à disposição" para atividades de informação (:25). Note-se, no entanto, a inclusão em um manual de "educação cívica", na parte referente à "proteção da vida privada", de uma lição sobre "o perigo das seitas".[27]

Pode-se ainda fazer referência ao fato de que a categoria "seita" foi incorporada ao universo jurisprudencial. Duvert (1999), que analisou dezenas de decisões judiciais desde a década de 70, em várias áreas do Direito, notou a existência de um duplo campo semântico, seguindo a clivagem entre "religiões" e "seitas": chefe religioso-fiéis-evangelização, de um lado; guru-adeptos-proselitismo, de outro. É significativo que essa distinção ganhe validade não apenas em casos em que grupos tidos como "seitas" por seus acusadores são considerados como réus, mas também em situações de conflito familiar – obtenção de divórcio ou guarda de crianças, geralmente. Há vários exemplos que mostram como o reconhecimento de que o cônjuge ou os pais são adeptos de uma "seita" influi nas sentenças. Uma decisão de 1983, em que o juiz retira a guarda de uma criança a seus pais, adeptos dos Meninos de Deus, descreve o grupo em termos que nos serão familiares: "aniquilação total do indivíduo, de sua liberdade e sua dignidade", "referência religiosa apenas no nome",

---

26. Circular de 07.11.97 relativa à luta contra os procedimentos repreensíveis de movimentos sectários (INTD9700189C). Ver também declarações de compromisso por parte da ministra da Justiça, Libé 10.09.99 e MD 10.09.99. No quadro de preocupações do Min. Justice, vale notar que o Serviço de Prevenção da Corrupção (órgão interministerial), em seu relatório anual de 1997, efetua uma análise das atividades comerciais das "seitas", alimentando as suspeitas sobre "infiltração" em órgãos públicos (AFP 16.12.98). Outras medidas na repressão a crimes econômicos e financeiros estão indicadas em Brard (1999).

27. Trata-se de *Education Civique – 4eme.*, de Feuillar, Rosenczveig e Menand (Paris: Hachette, 1998). Como fonte, o manual cita o livro de um membro da UNADFI e a publicação do CCMM (1996). Notícias divulgaram que o prefeito de Paris planejava fixar "perímetros protegidos" em torno de estabelecimentos acolhendo "pessoas vulneráveis" (o que inclui escolas) — cf. FGR 13.02.2000.

"vasta empresa de desestabilização política, econômica e social" (:327). Outra decisão, de 1992, atende à queixa da ex-esposa de um homem, retirando-lhe a autoridade paterna, pois todas as decisões concernentes ao filho dependiam de sua adesão a uma associação "qualificada de seita em diversos jornais ou revistas" (:328).

Não tenho condições de avaliar o alcance, a continuidade e o grau de integração de ações e interesses dos aparatos estatais franceses. Certamente, seria ilusório pensar que se traduzem automaticamente em uma maior vigilância e repressão sobre os grupos visados. De qualquer modo, as referências compiladas são mais do que suficientes para demonstrar como ocorre um processo de oficialização da categoria "seita". Reconhecido isso, pode-se ainda considerar muito provável que o OIS, principal consequência do relatório parlamentar, tenha contribuído para a multiplicação de estruturas e instâncias de informação e formação sobre as "seitas". Em mais de uma vez, o OIS se definiu como um espaço de trocas privilegiadas entre os diferentes aparatos estatais engajados, coisa que em instâncias locais deveria se reproduzir em torno das procuradorias.[28] Entretanto, o órgão não chegou a ser o verdadeiro centro de um dispositivo, em termos de coordenação de informações e de ações, tal como imaginara o relatório parlamentar. Ou seja, ele representou um estímulo a outras instâncias de intervenção — tanto no âmbito governamental quanto, como veremos adiante, para além dele — sem conseguir controlá-las ou substituí-las.

Durante a existência do OIS, no Senado e na Assembléia Nacional o "problema das seitas" continuava a mobilizar atenções. Dois senadores, munidos das estatísticas do Min. da Educação sobre o número de crianças escolarizadas sob a influência de "seitas", procuram introduzir modificações nas regras da obrigatoriedade escolar, tornando mais rígido o controle da educação em famílias e das escolas não conveniadas e aumentando as sanções de irregularidades (Libé 30.06.98; MR, 222, 1998). Em dezembro, o texto, com o apoio da ministra do Ensino Escolar, é aprovado pelos deputados e torna-se lei.[29] Desde 1997, existe na Assembléia um "grupo parlamentar sobre as seitas"; sua líder depositou, no final de 98, uma proposição de lei visando dar às "associações de defesa de vítimas de seitas" a possibilidade de ser co-autora na justiça – proposta que recebeu o acordo da ministra da Justiça (CX 08.05.98; Exp 18.06.98; FGR 08.10.98). Entre junho de 1997 e janeiro de 1998, 37 questões escritas de parlamentares foram endereçadas a vários ministros. Desde 1996, outros projetos de lei foram elaborados no Senado e na Assembléia, visando, um, restringir a atribuição da permissão de construção a associações sectárias, outro, impedir o proselitismo e o financiamento das "seitas" nas campanhas eleitorais (Blanchard 1998:115).

Na Assembléia, o plenário (15.12.98), depois da comissão de leis (02.07.98), adota a proposição, de autoria de Brard e Guyard, então membros do OIS, de uma comissão de inquérito "sobre a situação financeira, patrimonial e fiscal das seitas, bem como

---

28. OIS (1998:23); FGR (30.08.97); Circulares do Min. da Justiça 29.02.96 e 01.12.98.

29. A lei (18.12.98) foi regulamentada por um decreto (23.03.99) e por uma circular (14.05.99); a ministra garantiu que os inspetores escolares "estarão atentos a todo sinal de doutrinamento sectário" (AFP 10.12.98; MD 15.04.99; Le Parisien 09.06.99).

sobre suas atividades econômicas e suas relações com os universos econômicos e financeiros" (MD 04.07.98; AFP 16.12.98).[30] Depois de seis meses de trabalho, a nova comissão apresenta seu relatório em 09.06.99, preparada com base em informações fornecidas por vários ministérios, 48 audiências e respostas de questionários enviados a dezenas de grupos visados. Embora formalmente restrito à "intervenção das seitas nos domínios econômicos e financeiros", o relatório consiste, na prática, em uma nova avaliação global do problema. Ele inicia com um levantamento da "paisagem sectária atual", seguindo, a exemplo do relatório do OIS, as definições e as classificações da comissão de 1995. Em seguida, trata dos formatos de organização, inclusive em seus aspectos jurídicos, adotados pelos grupos. Mesmo a conceituação do que seja "domínio econômico e financeiro" surpreende por sua amplitude: cobre a atuação nos setores da educação e da saúde e mesmo as doações dos adeptos aos grupos e compreende, quando se dedica a compilar as "fraudes" cometidas pelas "seitas", a legislação sobre estelionato e exercício ilegal da medicina. Por isso, as proposições acompanham, em sua amplitude, o tom do restante do relatório (Brard 1999).

É significativo que, a certa altura, o relatório refira-se ao OIS, notando seu fracasso na instauração de uma coordenação efetiva das administrações públicas. De fato, a extinção do órgão esteve diretamente relacionada a um concerto entre críticas, tornadas públicas através da imprensa, vindas de certos jornalistas e das associações anti-seitas — lamentando a falta de iniciativa e impacto do OIS — e de alguns dos seus próprios membros, Brard, Guyard e Gest incluídos — apontando divergências com o relator.[31] Uma alternativa concentrou-se na idéia da substituição do observatório por uma "autoridade administrativa independente". A sugestão, apresentada pelos três deputados em um adendo ao relatório do OIS (:51), não era nova. Em dezembro de 1995, quando finalizavam os trabalhos da comissão parlamentar, algumas vozes, concordando com a instauração de um dispositivo geral de combate às "seitas", já apontavam a necessidade de um instrumento de coordenação com maiores poderes do que um observatório.[32] Daí a idéia, incorporada às proposições dos deputados, de um organismo com competência de investigação e de acionamento das autoridades administrativas e judiciárias, e com a atribuição de dar

---

30. Em uma entrevista ao Le Parisien (02.07.98), Brard justificava uma nova comissão de investigação: "quando uma seita constitui uma empresa, ela não apenas ganha dinheiro, mas pode também se infiltrar, sob pretexto de estar oferecendo serviços, em instituições encarregadas da organização ou segurança do Estado".

31. Ver Exp 11.12.97, Huma 24.12.97, Libé 24.12.97, TC 02.01.98, Le Point 03.01.98, Charlie Hebdo 04.02.98 e Exp 16.04.98.

32. A proposta de uma "autoridade administrativa independente" tinha a adesão de um editorial do *Libération* (28.12.95) e da UNADFI (FGR 26.12.95; Bulles, 49, 1996). À mesma época, o padre Trouslard formulou um projeto de criação de uma "Comissão Nacional de Seitas Abusivas" ("Lettre aux autorités de la République", 29.12.95; carta aos deputados, 31.01.96; entrevista ao FGR 01.01.96), projeto retomado no início de 1998 ("Pour la création d'une Comission Nationale des Sectes", 13.01.98).

pareceres ao governo e oferecer informações à opinião pública a partir de um acompanhamento do fenômeno.

Um decreto datado de 07.10.98 – apresentado no mesmo dia pelo chefe de governo ao Conselho de Ministros e anunciado por uma reportagem do *Libération* (27.09.98) – extingue o observatório e cria a Missão Interministerial de Luta contra as Seitas (MIS).[33] Com um nome indicando mais explicitamente suas funções, o novo organismo ganha em poderes, sem chegar a se transformar no que desejavam os defensores de uma autoridade independente. A MIS herda de seu antecessor a atribuição de "analisar o fenômeno das seitas" e persevera noutra de suas funções – "contribuir para a informação e formação dos agentes públicos". Como o OIS, a MIS fica vinculada ao Primeiro Ministro. Cabe-lhe ainda "informar ao público sobre os perigos" das "seitas" e "incitar os serviços públicos a tomar medidas" a seu respeito, "assinalando" às administrações e "denunciando" aos procuradores. Ou seja, trata-se de um dispositivo que pretende articular as funções de informação global, formação dos agentes públicos e prevenção geral e que tem acesso direto (mas sem poder de injunção) às autoridades administrativas e judiciárias (não mais se restringe, como o OIS, a fazer propostas ao Primeiro Ministro).

Implantada no início de 1999, a MIS divulgou seu primeiro relatório em fevereiro de 2000. Seu conteúdo e sua repercussão nos jornais, afora as referências à coordenação dos serviços ministeriais, pouco esclarecem sobre o funcionamento efetivo do organismo, preferindo dar ênfase a reflexões em torno da possibilidade de uma definição jurídica de "seita" e das formas para seu enfrentamento.[34] Em pelo menos um aspecto, entretanto, é muito provável que esse funcionamento tenha se dado em continuidade com o OIS. Este se tornou uma espécie de centro de referência, como admite seu relatório:

"o Observatório, desde sua criação, é procurado tanto por particulares quanto por associações e diversas autoridades administrativas, notadamente as locais, que buscam informações sobre o pertencimento de um grupo ou de uma associação a uma seita. Na medida em que essas demandas concernem associações repertoriadas como tais no relatório, elas não colocam problemas maiores. Em contrapartida, a legislação atual não permite aportar respostas satisfatórias quando estão em causa associações não repertoriadas, que no entanto apresentam características sectárias" (OIS 1998:35).

---

33. Decreto n. 98-890 (JO, 09.10.98). Note-se que em 1997, o OIS não realizou sequer uma reunião plenária, sua atividade coletiva reduzindo-se aos grupos de trabalho; em 1998, o organismo ficou sob o dilema de um relatório inacabado, pois o Primeiro Ministro pediu que a primeira versão fosse reformulada pelo relator.

34. MIS (2000), Libé 08.02.2000, MD 08.02.2000, Le Parisien 08.02.2000. *Le Parisien* traz uma entrevista com o presidente da MIS, que declara ter o órgão encaminhado quatro ou cinco dossiês penalmente qualificados a procuradores. O relatório Brard (1999) elogia e apóia a MIS, enfatizando seu papel de "impulsão e coordenação" de medidas governamentais, coisa na qual o OIS teria fracassado.

Respondendo a cartas e telefonemas (:17 e 21), o OIS funcionou como um prolongamento da comissão parlamentar ao se colocar como portador legítimo e oficial da lista que tinha sido por ela revelada. O trecho transcrito é prova, ao mesmo tempo, do poder de que essa lista passou a estar investida e de suas limitações.

A lista parlamentar teve ainda outras formas de disseminação. Baseando-se sempre no levantamento dos RGs, alguns jornais e revistas divulgaram repertórios de "seitas". O *Le Monde* (11.01.96) publicou o nome dos grupos com um número de adeptos superior a 2.000 pessoas; *La Croix* (13.01.96), a lista completa com os 173 registros. A *L'Express* (18.01.96) e a *Paris Match* (23.02.96) divulgaram a relação, por regiões, de associações que constituíam as matrizes ou as filiais de "seitas". E o *Le Figaro* (30.01.96) apresentou uma relação não identificada, mas que parece se tratar das associações e empresas ligadas à Cientologia situadas em Paris. Além da imprensa, instituições como a UNAF (OIS 1998:34) encarregaram-se de difundir a relação dos RGs, amplificando a divulgação iniciada com a publicação do relatório parlamentar pela própria Assembléia Nacional.[35] Desde então, o adjetivo "repertoriado" torna-se recorrente nas reportagens dedicadas a grupos de diversas naturezas cujo nome consta na lista da comissão parlamentar.

O interessante é que a publicação, circulação e utilização dessas "listas de seitas" têm certos contra-efeitos sobre a postura da imprensa. Para compreendê-los, devemos nos deter brevemente nas reações por parte, em nome ou no interesse dos grupos repertoriados pelo relatório de 1995. Uma primeira constatação: não ocorreu nenhuma reação coletiva, no sentido da formação ou da mobilização de uma entidade representativa – ou seja, cuja legitimidade decorreria da participação ou do apoio explícito de vários dos grupos repertoriados. Isso contrasta com as reações ao relatório Vivien, cuja divulgação seguiu-se do anúncio da criação do "Comitê São Bartolomeu", que congregaria diversos dos grupos mencionados no texto do deputado (QP 10.04.85). Uma nova iniciativa rende frutos em 1993, depois de vários anos de negociação, quando é fundada a Federação Internacional de Religiões e Filosofias Minoritárias (FIREPHIM), liderada por representantes da Cientologia, da AUCM e dos raelianos. Suas bandeiras de luta: "liberdade de religião", "neutralidade do Estado em questões religiosas", protesto contra a "discriminação" e "informação neutra e imparcial sobre os novos movimentos religiosos" (Blanchard 1998:81; MD 06.03.93; Le Point 27.03.93). Menos efêmera que iniciativas coletivas anteriores, a FIREPHIM não obteve maior credibilidade. Não é difícil de entender porquê, como já demonstrou Blanchard (1998). Articulando grupos estigmatizados ou

---

35. O texto integral do relatório parlamentar de 1995 pode ser acessado pela internet, além do *site* da própria Assembléia Nacional, através de *links* bastante disseminados. Os dados do relatório tornaram-se referência em textos de vulgarização de questões religiosas ou sociais. Um bom exemplo é Finger (1998), publicado em uma espécie de almanaque, que pode ser consultado em quase qualquer biblioteca pública. Ver também Delumeau (1997), síntese de uma série de documentários para a TV. No plano local, o prefeito de Lyon prorrogou norma proibindo o aluguel de salas pertencentes a instituições públicas a grupos repertoriados no relatório parlamentar.

suspeitos – e apenas eles – tais entidades não logravam costurar alianças para além do universo coberto pela categoria "seitas". Assim, a defesa de "minorias" sempre poderia ser interpretada como uma confirmação da comunidade de interesses entre as "seitas", evidenciando uma forma de conspiracionismo.

Não espanta que reações coletivas desse tipo não conseguissem nem mesmo reunir alguns dos grupos acusados mais importantes. Após a publicação do relatório de 1995, predominaram as iniciativas individuais e isoladas. Segundo o presidente da comissão parlamentar (Libé 09.02.96), uma quinzena de grupos teria protestado, seja pelo conteúdo do relatório, seja pela inclusão de seu nome na lista de "seitas". O relatório do OIS (1998:14) contém referências que evidenciam a continuidade de reações do mesmo tipo. Algumas delas foram acompanhadas por jornais e é interessante a menção a dois casos que envolvem contestações em relação à lista. Expô-los oferece, antes de mais nada, a oportunidade de acompanhar novamente — mesmo que superficialmente — os procedimentos pelos quais se estabelece o estatuto de um grupo tendo como referência a categoria "seita". Sua ocorrência corrobora que a condenação de um grupo depende basicamente da qualificação das testemunhas e da rede de testemunhos dispostos em torno dele. Como agora, no entanto, o parâmetro é a lista parlamentar, está em jogo também a sua aplicação e os posicionamentos de jornalistas sobre a sua validade.

O Office Culturel de Cluny/ Fédération Nationale d'Animation Globale (OCC) reúne vários centros voltados para a "ação cultural e animação artística", permeados de valores católicos, que possui uma faceta comunitária pela vinculação de seus membros a uma outra associação, os Missionaires de la Sainte Espérance. Sua inclusão na lista do relatório parlamentar não deveria ter causado surpresa. O OCC enfrenta problemas de várias espécies desde pelo menos o início da década de 1980. A organização foi atacada na justiça em mais de uma ocasião. Um dos casos envolveu a queixa de um ex-adepto que pretendia anular a cessão de um bem para o grupo alegando que o contrato foi aceito "sob pressão psicológica"; outro, o suicídio de um membro, provocando uma ação por homicídio involuntário, não assistência a pessoa em perigo e publicidade enganosa. Suas relações com várias instâncias administrativas sofrem perturbações sérias, inclusive com o Min. da Juventude e Esportes, que em 1981 lhe retira sua habilitação. Ela demonstra ter má reputação em certos setores eclesiais e, em 1981, a própria Igreja Católica realiza uma sindicância a seu respeito. Em 1992, provavelmente em uma estratégia para oficializar seu vínculo com a Igreja Católica, a comunidade introduz um processo de demanda de reconhecimento, enquanto "associação privada de fiéis", junto ao Vaticano, até o ano de 2000 sem resposta final. Nesse meio tempo, o OCC é atacado pela UNADFI, como demonstra um "estudo" publicado em *Bulles* (40, 1993) que, além de explorar os problemas da instituição com os tribunais, os aparatos administrativos e a Igreja, resume as conclusões de um psiquiatra – o qual atribui ao OCC todas as características de uma "seita".

Assim, vários ingredientes juntavam-se para explicar sua inclusão no relatório parlamentar. E, contudo, uma reação se forma, essencialmente em torno do arcebispado onde está localizada a associação comunitária. Vários bispos tomam a defesa do grupo, enviando cartas à Assembléia Nacional, publicando artigos e participando de programas na imprensa católica (Mesnard 1996). O tom geral é o do reconhecimento da existência de "problemas", sem no entanto que sua natureza justificasse a identificação sectária. Os protestos conseguiram o apoio do jornal *La Croix* (21.01.96),[36] mas não foram suficientes para evitar que a habilitação do Min. da Juventude e Esportes, reobtida em 1990 através do Conselho de Estado, fosse novamente retirada em setembro de 1996. O OCC volta a ser citado no relatório parlamentar de 1999 e continua visado por associações e *sites* anti-seitas. *Bulles* (64, 1999) divulga uma derrota judiciária do grupo e lembra condenações anteriores. O *site* da OCC (www3.sympatico.ca/cluny), por sua vez, destaca a relação de seus membros com o "episcopado da Igreja Católica", divulga vitórias judiciárias e noticia o restabelecimento, por decisão de um tribunal administrativo em 1998, da habilitação por parte do Min. da Juventude e Esportes. Além disso, o grupo consegue se beneficiar com subvenções oficiais, o que contraria a comissão parlamentar (Brard 1999) e preocupa a imprensa (Exp 08.08.98).

Mais surpreendente foi a inclusão na lista parlamentar da associação L'Arbre au Milieu, dedicada ao problema da violência familiar que vitima crianças. Nesse caso, a inclusão representou menos uma continuidade a um largo campo de suspeitas do que uma transposição para o plano nacional de certas acusações restritas e locais. O apoio que a associação recebe do jornal *Libération* corresponde a uma resposta, também a nível nacional, a uma situação em que a gestão local revelou-se insuficiente. Em abril de 1996, o jornal publica uma matéria (01.04.96) em que uma prefeitura é apresentada como cliente da associação e sua identificação como sectária, derivada de uma vingança pessoal. O líder da associação é um psicanalista, Bernard Lempert. Uma de suas clientes resolve deixar a casa paterna, e Lempert é acusado pela mãe dela como responsável pela ruptura – mesmo de ter raptado a filha para a "seita" de que seria o chefe. Esta mãe não é ninguém menos do que a fundadora de uma ADFI local. Após a divulgação do relatório parlamentar, Lempert recorre à justiça, processando por difamação e injúria três pessoas, duas das quais membros da ADFI. O tribunal reconhece, em junho de 1996, a falta de fundamento das acusações, mas declara as infrações prescritas (Libé 04.06.96).

Em 1998, o *Libération* (30.03.98) retoma o caso, introduzindo nele outra associação local de defesa de crianças em dificuldade, Hermine. O líder desse grupo é descrito como um militante de extrema-direita, em torno do qual se reúnem várias pessoas envolvidas com problemas de violência infantil. Explica-se que Hermine mantém um conflito com os serviços públicos de atendimento infantil e, em sua campanha contra estes, procura atingir a Lempert. Efetivamente, L'Arbre au Milieu trabalha junto a esses serviços e possui boa reputação entre assistentes sociais, advogados e magistrados locais. O jornal cita os pareceres do tribunal no julgamento de 1996 e acrescenta que Lempert "acumulou carradas de atestados, continua suas formações, e ninguém imagina mais acusá-lo de

---

36. Ver também TC 12.04.96.

ser um guru". Salvo Hermina, em especial um de seus membros com boas relações com a ADFI, que utiliza seus contatos em Paris para insuflar novas prevenções, que chegam até os ministérios da Justiça e do Emprego e percorrem o Parlamento.

Sete meses depois, nova reportagem, outro elemento (Libé 24.10.98). Segundo o jornalista, que invoca os depoimentos do procurador do Tribunal de Rennes, em 1995 um indivíduo consulta Lempert, o qual conclui que se trata de um caso de agressão sexual e aciona o procurador local. Um processo se instala, algumas evidências se reúnem, mas o julgamento continua sem conclusões. O acusado resolve aproveitar-se da situação de L'Arbre au Milieu e passa a contribuir para as denúncias da ADFI e de Hermine. Uma reportagem em uma revista apresenta o acusado de agressão sexual como vítima de Lempert. Mas, ao final, *Libération* recorre às revelações do livro de dois sociólogos, onde consta uma declaração de J. Guyard, relator da comissão parlamentar, na qual reconhece o erro da inclusão de L'Arbre au Milieu na lista de "seitas" (Luca e Lenoir 1998:297).[37] O livro apresenta ainda o apoio a Lempert do secretário geral do Conselho Francês das Associações pelos Direitos da Criança. A última reportagem do *Libération* estampa: "a justiça absolveu Bernard Lempert, acusado de ser um guru". No início de 1999, a questão parecia ainda estar aberta, pois o próprio Guyard, argumentando dispor de novos elementos, desmentia suas declarações (Entrevue, novembro 1998) e Lempert voltava a ser vinculado com uma "seita" em um episódio de conflito entre psiquiatras (Politis 21.01.99). Mas a associação não é citada no relatório da segunda comissão parlamentar.

Esses casos nos dizem algo sobre as alternativas de desconversão a partir da identificação de um grupo como "seita". No entanto, mesmo que alguns desses grupos conquistassem consensualmente uma absolvição, continuariam a constar da lista parlamentar das "seitas". Criou-se um dilema de autoridades e de competências que impediram sua modificação. A princípio, os protestos dirigiram-se à Assembléia Nacional e a resposta do presidente consistia em desconsiderar os pedidos de revisão com base no fato de que, extinta a comissão de inquérito, nenhuma autoridade parlamentar poderia aportar modificações ao conteúdo do relatório (cf. Mesnard 1996:327). Constituído o OIS, diante de pedidos similares – manifestado por 24 grupos segundo o relatório –, indicava-se que "não compete ao Observatório apreciar o fundamento adequado dessa lista ou de modificar seus termos em respeito à separação dos poderes" (OIS 1998:35). Isso criou uma situação curiosa: de um lado, o relator do OIS reconhecia que se tratava de um repertório não exaustivo e conjuntural, mas invocava um conflito de competências para evitar sua modificação; de outro, antigos membros da comissão, que mantinham, portanto, autoridade para reconhecer a necessidade de alterações, procuraram defender sua validade (cf. Luca e Lenoir 1998:291). Ou seja, a relação da comissão parlamentar passou por uma espécie de mumificação – se não era possível modificá-la, tampouco se desejava dispensá-la.

---

37. Na lista disponível em um *site* anti-seitas (www.chez.com/infosectes), a L'Arbre au Milieu tem seu nome seguido de uma nota: "Foi reconhecido oficialmente que esse movimento e seus responsáveis deveriam ser retirados da lista de seitas".

Diante disso, compreende-se a pressa do presidente da recém-instalada MIS em produzir uma lista atualizada. Em novembro de 1998, ele reconhecia que o repertório anunciado pela comissão parlamentar tornara-se parcial e comportava alguns erros; declara mesmo que o relatório não deveria tê-la publicado. Não se trata, no entanto, de uma posição de princípio, mas de uma questão operacional. Perguntado sobre a prioridade da MIS, ele respondeu: "Imediatamente, fazer um estado da arte sério, estabelecendo uma nova lista precisa dos movimentos sectários na França. (...) Essa lista deve ser reatualizada permanentemente." (FGR 16.11.98). Contudo, nem o relatório da MIS, nem as repercussões de seu trabalho indicam a divulgação de uma nova lista. Isso acaba prolongando a existência do repertório da comissão parlamentar, uma vez que um substituto do mesmo tipo jamais foi providenciado. A MIS optou por privilegiar os casos considerados mais graves, em especial a Cientologia, preferindo, ao invés de uma lista condenada a ser circunstancial e provisória, anunciar uma nova tipologia. Ela resume-se a três categorias e é produto de um cruzamento entre o grau de abrangência das características sectárias e o tipo de infração ou ameaça às leis e à ordem social — critérios que justificam a nominação apenas dos grupos mais perigosos (MIS 2000).[38]

O dilema de uma lista mumificada, no entanto, foi suficiente para colocar certos jornalistas em uma posição defensiva. Ainda em 1996, diante do anúncio das medidas governamentais (OIS, campanha "Seitas Alerta Perigo"), dois editoriais do *Le Figaro* (04.10.96 e 13.11.96) solicitavam prudência e apontavam os riscos de uma inquisição devido à falta de cuidado na distinção das verdadeiras "seitas". *La Croix* (05.06.96) declara que seria preferível que a lista estivesse fundamentada em uma "pesquisa mais profunda", alertando para o perigo dos "amálgamas"; em uma retrospectiva de final de ano, o mesmo jornal, em referência à lista, lamentaria "alguns erros ou amálgamas um pouco rápidos" (CX 29.12.96). Mais recentemente, observações de natureza semelhante recomendam o método do "caso a caso" para evitar as injustiças das listas rápidas (CX 14.11.98). Tincq, do *Le Monde*, destacou-se como o mais desconfiado dos "riscos da luta anti-seita". Já em 1996, ele escrevia, na ocasião da implantação do OIS, lamentando sua pouca transparência e citando as preocupações de "sociólogos", "advogados" e "responsáveis religiosos": "Se todos estão de acordo sobre a urgência que existe em identificar as seitas 'perigosas' e em anular sua nocividade, todavia o debate sobre os riscos de caça às bruxas ganha amplitude na França" (MD 15.11.96). Mais tarde, notando que o relatório francês mistura grupos perigosos e inofensivos, mostra-se categoricamente contra a publicação de listas: "a equidade exige que não se coloque mais no mesmo saco grupos em tudo opostos e que se prefira exames caso a caso e com fontes diversificadas" (MD 17.09.98). Final-

---

38. Estratégia semelhante foi adotada pela comissão parlamentar de 1999. O fato de se dedicar, formalmente, a apenas um aspecto do problema permitiu apresentar uma lista "não exaustiva", abrangendo os grupos com maior influência econômica e peso financeiro. Constam dessa lista 30 grupos, cinco deles ausentes do repertório anterior, que a comissão parlamentar de 1999 afirma respeitar (Brard 1999).

mente, ele que tinha elogiado o trabalho da comissão parlamentar, declara: "as condições de redação desse relatório (à base de investigações policiais) foram contestadas. As partes envolvidas no debate – aparatos administrativos, associações de defesa, juristas, advogados – estão longe de se pôr em acordo sobre a própria definição de uma seita e sobre os critérios de periculosidade" (MD 30.06.98).[39]

Seria ilusório, contudo, pensar que posturas como essas tenham levado os jornalistas a um abandono das "seitas" enquanto categoria. É verdade que o quadro mais recente distingue-se do momento da publicação do relatório da comissão parlamentar, quando se formou um relativo consenso sobre os diagnósticos e as principais propostas dos deputados. Curiosamente, o conteúdo da lista de "seitas" foi também responsável pela erupção de pequenos dissensos, que ocorreram primeiramente em torno do estatuto de certos grupos repertoriados. Vimos como os jornais constituíram peças importantes nas tentativas de reconsideração da situação desses grupos. Em certas declarações, o dissenso prolongou-se numa crítica da própria idéia da lista e dos métodos de sua elaboração. Certos aspectos da atuação dos dispositivos oficiais de enfrentamento do problema são também atingidos por críticas vindas de jornalistas. Mas elas não chegam a questionar a necessidade de tais dispositivos oficiais. Pois, de fato, a categoria mesma de "seitas" não perde validade; a diferença é que agora serve de parâmetro não apenas para condenar grupos, mas também para inocentar outros. Isso significa que os jornalistas conquistaram maior autonomia em relação a outros personagens da controvérsia, sem no entanto definirem uma outra lógica para as disputas.

A definição do estatuto de certos grupos passou a dividir as opiniões dos próprios jornalistas. Os Testemunhas de Jeová, por exemplo, "repertoriado" na lista de 1995 e confirmado no relatório parlamentar de 1999, um dos principais alvos das associações anti-seitas. Os boletins mais recentes do CCMM vêm dedicando um lugar certo a notícias sobre o grupo. Entretanto, é na UNADFI que o esforço fica ainda mais evidente. Depois de dois números de *Bulles*, em 1995, em torno do grupo, notas e considerações dão seguimento a acusações. As estatísticas de telefonemas e cartas registram que os TJ – que já eram, entre 1989 e 1994, o segundo grupo no *ranking* de consultas à ADFI-Paris (Guyard 1996:31) – continuam a constituir um dos motivos principais de contato com as ADFIs. Em 1998, é lançado um livro contendo 43 testemunhos de ex-adeptos, para o qual contribuiu a equipe de uma das ADFIs (Bulles, 59, 1998). Esse investimen-

---

39. Há registros de que outras iniciativas foram tomadas no sentido de pedir reconsiderações da lista, iniciativas manifestadas por organizações não associadas aos grupos repertoriados. Em 1997, uma entidade com sede nos EUA, o Rutherford Institute, acusa em seu relatório o governo francês de intolerância religiosa e envia uma carta ao presidente da República solicitando a revisão da "lista de seitas" (MR, 208, agosto 1997). No mesmo ano, é criada a associação Omnium des Libertés, que em uma publicação de 1998 pede ela também uma reconsideração do relatório, desde que o número de "seitas" perigosas não seria maior que 10 ou 20 grupos (MR, 219, julho 1998). A atividade desta associação é registrada no relatório do OIS (1998:15) entre as reações às conclusões da comissão parlamentar e desqualificada por Bulles (60, 1998).

to deve ser considerado como diretamente proporcional aos empenhos dos próprios dirigentes dos TJ, que não se conformam com sua situação, procurando apoio entre outras personagens da controvérsia e utilizando diversos canais jurídicos na busca de reconsideração de seu estatuto.[40] Entre os jornais, o *Libération*, por exemplo, continua explorando a linha das acusações – o pedido de doações, a ideologia sombria, as restrições de comportamento, a inclusão no relatório parlamentar (03.08.98). Já o *Le Monde*, através de Tincq (25.09.97), destaca a "'normalização' dos TJ", atestada pelo interesse em resolver os problemas da recusa de transfusão sanguínea e do serviço militar. Referindo-se ao texto do relatório parlamentar, procura distinguir o que considera o "mais numeroso dos grupos religiosos minoritários": "classificado na categoria de seitas 'apocalípticas', não apresenta o mesmo nível de 'periculosidade' que a Cientologia ou a Ordem do Templo Solar".

Vê-se como o argumento utilizado para absolver os TJ apóia-se sobre a condenação de outros. E, de fato, não foram poucos os casos em que se confirmou consensualmente o estatuto de "seita" cabível a certos grupos a partir da revelação de irregularidades e ilicitudes. Em fevereiro de 1996, em seguida a um caso de tétano em que se comprovou a falsificação do atestado de vacinação, a polícia realiza uma investigação na comunidade Hórus, continuada por um processo criminal contra a líder.[41] Ainda em 1996, o líder de uma comunidade é condenado por exercício ilegal da medicina e, um ano depois, sofre acusações de pedofilia.[42] Em abril de 1997, uma criança morre na comunidade Tabitha's Place e levanta-se a acusação de falta de cuidados médicos.[43] Todos, "casos de seitas". Continuou-se acompanhando as investigações sobre a OTS, conduzidas ao longo de quase três anos. Enfim, a Cientologia protagonizou um dos julgamentos mais repercutidos do ano de 1996,[44] interesse reacendido por ocasião da decisão do recurso em 1997.[45] E uma sucessão de pequenas ocorrências deixaram-na sempre na

---

40. Os TJ patrocinaram manifestações que associavam sua condenação às perseguições nazistas, dirigiram aos poderes públicos uma brochura sobre a transfusão sanguínea e remeteram ao OIS 11.300 testemunhos escritos favoráveis. Em 1998, após o anúncio de uma autuação por parte das autoridades fiscais, as reações vieram através de uma conferência de imprensa convocada pela Ligue des Droites de l'Homme sans Frontières, uma organização sediada em Bruxelas e que se declara independente e laica (FGR 03.07.98). Além disso, uma carta aberta, dirigida ao presidente da República francês, foi publicada no *New York Times* (05.07.98), em nome do órgão central dos TJ, situado nos EUA. Quanto às incursões jurídicas, serão acompanhadas no capítulo seguinte.

41. Libé 21.02.96; 24.02.96; Point 13.01.96; MD 15.04.97; Libé 14.04.97; FGR 14.04.97.

42. Libé 30.06.97; FGR 04.07.97; CX 01.07.97; Exp 15.10.98; Exp 18.06.98.

43. O caso foi importante para criar um clima favorável à introdução da proposta de lei visando um aumento do controle escolar. Ver FGR 09.04.97; Huma 09.04.97; Libé 08.04.97; MD 08.04.97; CX 08.04.97; FGR 07.04.97; MD 06.04.97.

44. Ver, por exemplo, artigo no MD 10.10.96.

45. Ver diversos jornais, entre os dias 30.07 e 08.08.97.

ordem do dia: o acesso da porta-voz do grupo à peça reservada aos "convidados do governo" no debate da Assembléia Nacional sobre o relatório da comissão parlamentar;[46] o processo por propaganda enganosa movido pelo Ministério da Educação contra uma escola que adotava a pedagogia da Cientologia;[47] o caso do diretor cientólogo de uma empresa que provocou a revolta de seus empregados;[48] o estranho desaparecimento de parte dos autos de processos em que líderes da Cientologia constavam como réus.[49] Em se tratando da Cientologia, qualquer mobilização parece condenada a servir de confirmação à identificação sectária do grupo.

Note-se, ainda, que uma parte importante da mídia e dos jornalistas continua concedendo apoio ao discurso e às estruturas da luta anti-seitas. O comentarista religioso do *Le Monde* já foi acusado por colegas de minimizar o "problema das seitas". Afinal, não se pode tratar as "seitas" como "minorias religiosas" e nem procurar nelas traços de inocência: "É preciso afirmar e reafirmar que não há seitas inofensivas, nem gurus legais e desinteressados, e que todo ataque à integridade física e moral de um indivíduo é inaceitável!" (Charlie Hebdo 14.10.98). E é verdade que a perspectiva adotada por Tincq está bem distante do tratamento dedicado à matéria pelas revistas *L'Express* e *L'Événement du Jeudi* e em especial por dois de seus jornalistas, F. Koch e S. Faubert. Ambas destacam-se, depois de 1996, na publicação de reportagens extensas e investigativas sobre as "seitas". Vários dossiês se sucedem: dados sobre o patrimônio financeiro de 150 "seitas" (Exp 19.09.96), "seitas" e acadêmicos (EDJ 18.09.97), "seitas" e curandeirismo (Exp 18.06.98), cientologia (EDJ 05.11.98), um novo grupo (Exp 12.11.98). *L'Express* (28.11.96) chega a publicar uma espécie de "manual de proteção e combate às seitas", a julgar pelos subtítulos ("saber identificar uma seita", "ajudar aqueles que são vítimas", "processar na justiça uma seita", "frear o *lobbying* das seitas"), pela bibliografia (constituída do relatório parlamentar e de livros do CCMM ou de autores próximos à UNADFI) e pelos endereços de associações anti-seitas.

Abordemos, enfim, o universo dessas associações para saber que espécie de relações concretas se estabelecem com os aparatos estatais dentro de um quadro caracterizado pela existência de um órgão oficial para o enfrentamento do "problema das seitas". De modo geral, pode-se dizer que existe um reconhecimento por parte do Estado francês quanto à validade do trabalho efetivado por essas entidades. Em vários planos, a começar pelo sustento dado pelos poderes públicos à UNADFI e ao CCMM, através de subvenções e menções de apoio, envolvendo diretamente vários ministérios — antes e depois

---

46. Télérama 16.10.96; Le Parisien 06.12.96. A Cientologia enviou documentos a parlamentares, administradores e magistrados, defendendo-se também através de seu jornal (OIS 1998:14).

47. CX 25.01.97.

48. Libé 01.06.98.

49. EDJ 05.11.98; Le Point 24.10.98. Ver também vários jornais em setembro de 1999, especialmente Huma 20.09.99.

do relatório da comissão parlamentar de 1995.[50] Mais do que mera ajuda material ou expressão de concordância com o trabalho, o suporte a essas associações oficializa seu lugar em um dispositivo preocupado basicamente com a "prevenção". É o que mostra a confirmação da subvenção do Min. de Assuntos Sociais a um livro do CCMM, contestada pela Cientologia em nome do princípio da laicidade. Nesse caso, o Conselho de Estado (instância suprema no contencioso administrativo) julgou legítima a subvenção dados "os riscos que podem representar, especialmente para os jovens, as práticas de certas organizações comumente chamadas de 'seitas'" (*apud* Wanegfellen 1998:331). Após 1996, as circulares do Min. da Justiça e do Interior consideram as associações como parceiras legítimas e necessárias do trabalho das autoridades locais, administrativas e judiciárias.[51]

Outro plano define-se pela presença de representantes das associações anti-seitas na estrutura da MIS, presença negada no caso da OIS. Isso se tornou possível graças a inovações organizacionais. A MIS comporta duas estruturas: de um lado, um "grupo operacional" integrado por representantes ministeriais, dedicado à troca de informações e à coordenação de ações governamentais; de outro, um "conselho de orientação", composto de "personalidades nomeadas por sua competência e experiência". Segundo declarações aos jornais, neste conselho de orientação se desenrolariam "debates livres", dos quais resultariam propostas para o "grupo operacional". Assim, o que estava "misturado" no OIS é articulado cuidadosamente na MIS: representantes governamentais e não-governamentais passam a se relacionar sem conviver. Os nomes dos presidentes e dos demais componentes foram definidos por um decreto de 24.11.98. O grupo operacional é preenchido por 13 representantes de nove ministérios; no conselho de orientação constam 19 pessoas: continuam deputados (inclusive Brard e Gest) e senadores, o inspetor escolar e o membro do Conselho de Estado, assim como Abgrall, Morin e os representantes da UNAF e da AFSEA; mas ingressam, entre outros, uma psicóloga ligada ao CCMM e um representante da UNADFI (Bulles, 60, 1998).

---

50. O primeiro livro do CCMM (1984) foi subvencionado pelo Min. de Assuntos Sociais; a edição de 1991 registra um agradecimento ao Min. da Juventude e Esportes – que concedeu habilitação (*agréement*) à entidade em 1987 – e transcreve uma carta do Primeiro Ministro. Em 1996 foi a vez do Min. da Educação conferir sua habilitação. Quanto à ADFI, os suportes oficiais iniciam-se cedo, com subvenções do Min. da Saúde em 1977 e 78 para a ADFI-Paris, também financiada pela Prefeitura de Paris. Em 1985, a UNADFI recebe a habilitação do Min. de Juventude e Esportes, para o qual, em 1988, elabora um estudo. Cartas de apoio são dirigidas em 1994 pelos ministros da Justiça e da Saúde (Bulles, 45, 1995). Em 1995, Bulles (46) publica a carta do ministro da Educação a um deputado, na qual é justificado o apoio à UNADFI e são anunciadas reuniões que "permitem vislumbrar novas relações com o fim de desenvolver, no seio do sistema educativo, a informação sobre as seitas". Depois de 1996, a UNADFI obteve o título de "utilidade pública" (o que garante condições fiscais especiais) e duas de suas lideranças foram condecoradas com a "legião de honra". Ambas as associações continuam se beneficiando de subvenções públicas, como registra, entre outras fontes, o relatório da OIS (OIS 1998:39).

51. Transcorre no parlamento o projeto de lei visando possibilitar às associações anti-seitas serem co-autoras em causas judiciais — cf. MIS (2000).

Isso não significa que enquanto existia o OIS as associações estivessem em situação desprivilegiada. O relatório do OIS (1998) menciona "contatos" com uma série de instituições e pessoas representativas (:39-41), que incluem, em lugar especial, as "associações de defesa". Fontes de "elementos de informação preciosos" (:23), essas associações constituem os "interlocutores privilegiados do Observatório" (:39).[52] Deve-se ainda notar que a UNAF, representada na estrutura do OIS, tinha a UNADFI como membro. E uma das proposições do relatório reconhece explicitamente sua origem: o CCMM (:44). Finalmente, a presença das associações anti-seitas na MIS não se resume ao "conselho de orientação", mas estende-se à própria condução do organismo, uma vez que seu presidente veio diretamente do CCMM. Trata-se de A. Vivien, que com isso reassumia um papel protagonista, embora jamais tivesse desaparecido da cena após 1985: entrevistas em vários momentos, participação em programas de TV, publicação de artigos no boletim da UNADFI e nos livros do CCMM, conferências e debates sobre as "seitas", e, desde 1997, presidente do CCMM. Se Vivien pôde fazer o percurso de relator de um texto oficial para a presidência de uma associação anti-seitas, o que o proibia de tomar o caminho de volta? De todo modo, sua nomeação ratifica as cumplicidades existentes entre as medidas oficiais e o discurso anti-seitas.

Do lugar e da perspectiva do CCMM e da UNADFI, a elaboração e divulgação do relatório da comissão parlamentar de 1995 parecem ter marcado o início de um novo período em suas trajetórias. Na UNADFI, um relato recente constata: "(...) o relatório de 1996 produz seus frutos e a prevenção em grande escala está em marcha" (Bulles 58, 1998). Vivien, em artigo no boletim do CCMM, louva a primeira circular do Min. da Justiça (RS, maio 1996); Monroy e Fournier fazem referência positiva ao relatório e à circular (CCMM 1996). Ambas dedicam atenções significativas ao domínio da legislação. A entrada de Vivien na presidência do CCMM representou uma inflexão importante nessa direção. O próprio Vivien escreveu artigos sobre o assunto (RS, março 1997). Mas a principal demonstração veio através da publicação, com apoio do Min. da Juventude e Esportes, de um manual dedicado à apresentação de todo o arsenal legal passível de ser mobilizado contra as práticas encontradas em "seitas", bem como dos procedimentos a serem acionados em caso de denúncias (CCMM 1998a). Para a UNADFI, embora a referência aos dispositivos legais existentes seja recorrente, ela ocorre de modo mais disperso. Em compensação, há um esforço importante no monitoramento da elaboração legislativa, motivando inclusive a aproximação com certos deputados – caso de Brard (Bulles, 51, 1996; 53, 1997). Por fim, note-se que os boletins de ambas as associações continuaram a acompanhar de perto as medidas oficiais tomadas pelas administrações, contribuindo para sua divulgação.

---

52. Gest já havia declarado nas vésperas da constituição do OIS: "as associações serão um dos interlocutores privilegiados do Observatório, pois elas constituem uma fonte de informação insubstituível" (CX 29.09.95). Além disso, a presença de J.M. Abgrall e J.P. Morin no OIS, como "personalidades qualificadas", revela inexistir incompatibilidade entre a "independência do órgão" e os posicionamentos claramente anti-seitas de certos de seus membros.

Além disso, pode-se salientar o investimento em torno de certos temas que revelam também a sintonia existente entre as preocupações da UNADFI e do CCMM e aquelas notadas no âmbito seja do parlamento, seja da OIS, seja de certas administrações. Nos boletins correspondentes ao período pós-96, três temas são dominantes. A questão infantil (RS, setembro 1998; Bulles, 59, 1991), que justifica novas investidas sobre o desrespeito, pelas "seitas", dos direitos da criança, o relato de experiências de discussões com alunos nas escolas, o debate sobre a necessidade de reformas legislativas. O livro escrito por uma pesquisadora da UNADFI (El Mountacir 1994) tornou-se uma referência para a perspectiva das associações nesse domínio. O tema das novas terapias atrai igualmente a atenção das duas entidades (RS, dez 1997, março 1998; Bulles 50, 1996; 60, 1998), especialmente porque, segundo elas, é nesta área que surge a maioria dos novos grupos. A UNADFI tem procurado muito cerrar laços com as ordens médicas, a nível regional e nacional. Considerando o CCMM, talvez seja significativo que o substituto de Vivien tenha como profissão a medicina. Finalmente, existe a preocupação com o campo da formação profissional, considerado como privilegiado pelas estratégias de "infiltração" por parte das "seitas" (RS, março 1998; Bulles 57, 1998).[53]

Em termos gerais, as relações das duas associações com os poderes públicos se fortaleceram após a publicação do relatório. À parte a caução material e moral, o Estado lança-se em ações concretas e específicas com a colaboração da UNADFI e/ou do CCMM. A apresentação da campanha "Seitas Alerta Perigo", do Min. da Juventude e Esportes, em 1996 foi realizada conjuntamente pelo ministro, o deputado Guyard e a presidente da UNADFI (TC 11.10.96). Algum tempo depois, *Bulles* (58, 1998) rendia homenagem ao reconhecimento pelo Estado do papel que a UNADFI ocuparia em um dispositivo de prevenção. Segundo Blanchard (1998), em 1997 e 1998, o CCMM conduziu a parte dedicada ao "problema das seitas" na formação de certos estabelecimentos preparatórios para professores, policiais e magistrados. Além disso, um vídeo preparado para o CCMM serviu para a formação dos agentes de órgãos ligados aos serviços de assistência social e da área de juventude (OIS 1998:28, 31).[54] No CCMM, como pude ver na ocasião de minhas visitas, declarava-se atuar em contato com a MIS. Há ainda a possibilidade, no caso da realização de pesquisas sobre grupos desconhecidos, de se fazer uma consulta aos RGs. Blanchard (1998), tratando de ambas as entidades, registra casos de ex-adeptos que são acolhidos pelas associações, que lhes prestam um auxílio emergencial.

---

53. Em várias entrevistas antes de assumir seu cargo na MIS — Libé 27.09.98; MD 09.10.98 e 25.11.98; Quotidien de la Republique 17.11.98; FGR 16.11.98; Réforme 19.11.98; FGR 25.11.98 — Vivien destacou dois universos como campos onde proliferam as "seitas" atualmente, o da formação profissional e o das novas terapias. Voltou a salientar a necessidade de ações no campo da formação profissional mais recentemente (Le Parisien 08.02.2000). Saúde e formação profissional também mereceram atenção especial por parte do relatório da segunda comissão parlamentar (Brard 1999).

54. O vice-presidente da UNADFI publicou um artigo na revista da Diretoria da Ação Social da Infância e da Saúde, em janeiro de 1998.

Um episódio relatado em *Bulles* (58, 1998) é ilustrativo ao mesmo tempo desse tipo de auxílio e dos vínculos que podem ocorrer entre aparatos estatais e as associações. Um policial do comissariado de bairro contata a ADFI-Paris, informando-lhes da presença de uma pessoa que, durante uma verificação de identidade, revelara estar foragido de uma instituição que lhe havia confiscado todos os documentos. Feita uma verificação, o nome do grupo foi encontrado no relatório parlamentar como "seita curandeira". Daí a demanda à ADFI. Chega-se a um acordo e os policiais conduzem a pessoa até a sede da ADFI. Dois voluntários encarregam-se dele, hospedando-o em um hotel e garantindo o contato com sua família na Itália. No dia seguinte, escoltados por dois policiais, todos seguem até a sede da instituição (tratava-se de uma comunidade de tratamento de toxicômanos) para recuperar roupas e documentos pertencentes ao "cativo". Conduzido até a estação, o "liberto" toma um trem para a Itália. Impossível dizer a frequência com que se verificam tais situações; mais importante, no entanto, é que elas ilustram como ocorre, a partir de dispositivos patrocinados pelo Estado, uma articulação, sem solução de continuidade, com as práticas derivadas de iniciativas privadas.

O caso nos faz ainda reencontrar a "lista de seitas" do relatório parlamentar. A observação do trabalho do CCMM fornece diversos elementos para formarmos uma apreciação sobre o impacto dessa lista nas atividades das associações anti-seitas. O relatório parlamentar é, em primeiro lugar, um divisor de águas na série de livros do CCMM. Até 1995, o CCMM publicou repertórios comentados de grupos. Em 1996, um novo formato é inaugurado, com um texto organizado segundo temas, alguns poucos grupos eventualmente citados como ilustração. Em 1998, experimenta-se outro formato, em certo sentido em oposição completa ao anterior, com a publicação de um dicionário, cujos verbetes incluem: grupos repertoriados no relatório parlamentar (informação assinalada junto ao nome); grupos sobre os quais o CCMM recebe demandas ("sem que seu caráter sectário esteja completamente verificado"); grupos considerados "seitas" "no sentido histórico do termo"; tendências, tradições, referências religiosas ou filosóficas a partir das quais "desvios" podem ocorrer (Drogou 1998:28). Ou seja, o CCMM cessa de publicar repertórios de grupos depois que a comissão parlamentar estabelece o seu. Os dois novos formatos, apesar de sua diferença radical, mantêm paradoxalmente uma relação semelhante com a lista parlamentar: ela constitui ao mesmo tempo uma referência indispensável e insuficiente. A situação reproduz-se no modo como o CCMM organiza seus dossiês. Existem várias séries alfabéticas de acordo com o nome do grupo: uma, a mais volumosa, de grupos sobre os quais o CCMM acumulou material antes do relatório parlamentar; uma segunda, de grupos citados no relatório parlamentar, cujos dossiês se constituem depois da sua publicação; uma terceira, de grupos novos, não mencionados no relatório.

Mas, além disso, a lista parlamentar tornou-se instrumento sempre à disposição na resposta a demandas de informação, sendo acionada em diversas situações, como demonstram as seguintes descrições de telefonemas recebidos pelo CCMM:

- a atendente conhece bem o grupo, mas antes de detalhar seu funcionamento e suas características, informa que é "repertoriado";

- a atendente responde imediatamente sobre o grupo em questão que se trata de uma "seita", pois está "repertoriado"; entretanto, informa que o CCMM não possui muito material;
- o membro de uma associação contata o CCMM afirmando que ela é mencionada por uma lista publicada na revista *L'Express*; a atendente, tendo a relação parlamentar em mãos, não localiza a tal associação; pede tempo para procurar com mais cuidado, garantindo que se trata de documento oficial.

A lista parlamentar, portanto, serve basicamente, nas mãos de uma associação como o CCMM, para *confirmar*, inclusive retoricamente, o estatuto sectário de um grupo. Sua utilização pelas associações não implica nem na sua validade irrestrita, nem na inexistência de "outras seitas". Em um encontro com um membro da UNADFI, este me explicava porque a associação não publica listas: corre-se o risco de inocentar novos culpados e manter a condenação sobre os regenerados.[55] Ou seja, há sempre um diferencial em relação à lista parlamentar, definido, de um lado, pela detecção de novos grupos e, de outro, pela reconsideração do estatuto de antigos. Por exemplo, em 1998, o boletim do CCMM (RS, setembro 1998), depois da morte de uma criança durante as atividades de um grupo de escoteiros liderado por um padre, procura alertar para a existência de "movimentos de inspiração integrista" que atuam na margem das "grandes confissões" e que, apesar de sua "essência sectária", "não figuram nos relatórios parlamentares". Ilustrando a situação inversa, tanto no CCMM quanto na UNADFI, foi-me declarado que uma igreja pentecostal, repertoriada na lista parlamentar, não tem sido objeto de novas queixas – o que leva a concluir que suas práticas se modificaram. Finalmente, há casos de grupos cujo nome consta na lista parlamentar mas sobre os quais as associações não possuem demandas de informação — nessa situação, preferem adotar uma postura de resguardo, sem procurar absolvê-los. Enfim, grupos nem preocupantes, nem inocentes.

Portanto, do ponto de vista das associações anti-seitas, a divulgação de uma lista relativamente oficial, longe de ter apaziguado seu trabalho ou anulado sua função, acabou contribuindo para manter e impulsionar suas iniciativas. Uma vez que os aparatos estatais não se definiram claramente como instâncias autônomas de produção e reprodução dos mecanismos de identificação de "seitas", as associações privadas não foram obrigadas a restringir o escopo de suas atividades. Preservam sua capacidade de detectar novas "seitas" e confirmar o estatuto de grupos já conhecidos, articulando-a a pressões e colaborações que as instâncias governamentais aceitam de bom grado. O quadro resultante revelou-se tão propício ao trabalho das associações que, depois da publicação do relatório de 1995, surgem

---

55. Entrevista com Robert Limb, 18.01.99. Pode-se, então, entender porque a UNADFI não cauciona um livro que seu autor declara ter sido elaborado com a ajuda dos dossiês da associação e informações dos RGs. Escrito por Van Geirt (1997), trata-se de um repertório de grupos. O autor foi acionado por uma comunidade, que o acusa de difamação por sua inclusão no livro. Houve condenação e *Bulles* (59, 1998) publica uma nota na qual afirma que tal comunidade não é uma "seita". O caso parece também revelar diferenças entre as avaliações dos RGs e da UNADFI.

várias outras entidades, de diversas tendências e filiações. A leitura de dois levantamentos realizados por *Mouvements Religieux* (215 e 223, 1998) registra nada menos do que 15 novas associações que incluem entre seus objetivos a preocupação e o combate com as "seitas" ou algum grupo considerado como tal.[56] O processo se repete na internet, onde se multiplicam os *sites* anti-seitas.[57] Em suma, uma verdadeira ebulição parece caracterizar esse campo de iniciativas, demonstrando a vitalidade da luta anti-seitas.

3. As "grandes religiões" e os "sociólogos" na controvérsia sobre as "seitas"

Dedico este item à apreciação do modo como a Igreja Católica, entidades protestantes e alguns cientistas sociais intervêm na controvérsia sobre as "seitas" na França, tomando como marco a publicação do relatório Guyard. Tratar conjuntamente dessas reações não significa pressupor ou sustentar que formem um bloco. Ao contrário, pode-se afirmar que são três instâncias bastante autônomas entre si, cada qual com seus circuitos próprios, e poucas vezes encontramos entre elas colaborações ou pertencimentos comuns. O que permiteagregá-las é o lugar subordinado que ocupam no quadro geral da controvérsia. Essa subordinação não se evidencia apenas pela constatação do lugar central que associações anti-seitas e aparatos estatais, com os dispositivos que movimentam, mantêm até hoje. Ela se expressa em uma dupla característica, aplicável aos posicionamentos oficiais da Igreja Católica, da principal federação protestante e da maioria dos cientistas sociais, que os coloca em uma certa relação com aqueles dispositivos. De um lado, procuram diferenciar-se pela sua retórica e pela pretensão a uma postura crítica no interior da controvérsia. De outro, acabam engolfados pela lógica que predomina no "combate às seitas", por razões que devemos examinar caso a caso.

A Igreja Católica pronunciou-se oficialmente sobre o relatório da comissão parlamentar, por intermédio de um comunicado do secretariado geral da Conferência Episcopal Francesa (06.02.96).[58] Em termos globais, dois tipos de observações destacam-se. De início, elogia-se a recusa de "uma legislação especial anti-seitas, perigosa para as liberdades fundamentais de pensamento, de associação, e de religião". Retoma-se, portanto, os

---

56. Alguns emanam dos dois grupos principais, como o GRAPHES (Grupo de Reflexão e de Análise dos Fenômenos Sectários) – cujos membros pertenciam ao CCMM. Outros possuem vínculos com confissões religiosas, como o Vigi-Sectes, cujo presidente é o mesmo de uma federação protestante.

57. Alguns exemplos: ISSUE (www.multimania.com/issueweb/site_issue.htm) e Vigi-sectes (www.ifrance.com/ Vigi-Sectes), ambos ligados a associações; Info-sectes (www.chez.com/ infosectes) e Pour ne pas se laisser piéger par les sectes (www.multimania.com/tussier/sciento.htm), o primeiro voltado para os TJ, o outro, para a Cientologia. Todos são posteriores a 1995.

58. Publicado pelo jornal *La Croix* em 10.02.96 e em Introvigne e Melton (1996).

termos das reações ao relatório Vivien, inclusive na concordância com o recurso a "todas as disposições da legislação existente para lutar eficazmente contra os desvios sectários" (*apud* Introvigne e Melton 1996:351). Em seguida, levanta-se uma série de questões que teriam sido negligenciadas e para as quais a Igreja considera que tem respostas a dar: a informação e o conhecimento adequados sobre as "seitas", a necessidade de mediação entre os adeptos e suas famílias, o problema da reinserção social de ex-adeptos e a oportunidade de oferecer a estes alternativas para prosseguir sua caminhada espiritual em "um contexto mais são". O comunicado termina com um resumo das formas de mobilização da própria Igreja para responder ao "problema das seitas", a partir do Vaticano e, na França, do "Serviço Nacional Pastoral, Seitas e Novas Crenças".

Efetivamente, essa não era a primeira vez que a Igreja Católica manifestava sua inquietação com um "problema" que ela mesma ajudou a reconhecer. Como vimos, trata-se mesmo de um preocupação que remonta pelo menos à década de 50 e que recebe na década de 70 um novo encaminhamento. Pois se vários membros da Igreja Católica juntaram-se ao coro das denúncias contra a "seita Moon", constitui-se simultaneamente uma estrutura que pretende desenvolver uma perspectiva própria e específica. Daí o grupo Pastoral e Seitas ("novas crenças" foi acrescentado em 1994) e a designação de encarregados oficiais. Entretanto, considerar tal estrutura como a única forma de intervenção da Igreja Católica na controvérsia representaria um grande engano. Ao contrário, ela parece estar condenada a uma dispersão e a uma diversidade virtualmente incontroláveis de pronunciamentos e de engajamentos. Afinal, entre os católicos, e mesmo desconsiderando os leigos, encontra-se desde o padre que participa de um rapto organizado pela família de uma adepta (caso ocorrido em agosto de 91) até o "sociólogo jesuíta que dava cursos na faculdade de teologia moonista".[59]

Essa diversidade no plano das intervenções e dos alinhamentos reaparece como ambiguidade a marcar os próprios posicionamentos oficiais, o que se entende quando constatamos que a Igreja Católica oscila entre as posições de vítima e de culpada pelo fenômeno das "seitas", entre o protagonismo na denúncia de grupos sectários e de objeto de suspeita de comportá-los no seu interior. Quanto a isso, o período em que se realiza a comissão parlamentar de inquérito de 1995 marca a proliferação de suspeitas contra grupos ou comunidades que lhes são vinculados. Até então ilesa no caso de acusações a grupos cujo "pseudo-catolicismo" era confirmado pela sua exclusão ou não reconhecimento da estrutura eclesiástica, a Igreja Católica vê-se diretamente colocada em causa em várias situações. Pode-se citar, além do caso do Office Culturel de Cluny: suspeitas sobre a Opus Dei; inclusão da TFP (Tradição, Família e Propriedade) no relatório parlamentar; publicação de um livro em 1996, alguns meses depois do relatório, contendo análises e relatos de ex-adeptos denunciando a organização e as práticas de comunidades da Renovação Carismática (Baffoy, Delestre e Sauzet 1996).[60]

---

59. Cf. trabalho comentado em MR, 165, 1994.

60. Quanto à Opus Dei, ver Introvigne (1999). Blanchard (1998:40), além de *Le Monde Diplomatique*, setembro 1995 e Libé 28.12.95. Mais recentemente, a morte de um adolescente nas atividades

Considerando essas condições e esses contextos, podemos agora acompanhar as posições oficiais da Igreja Católica. Em 1980 é montado um "grupo de trabalho", que passa a se reunir periodicamente e que, convertido em "serviço", coordena uma rede de correspondentes diocesanos, que se reúnem por ocasião de "sessões nacionais" e torna-se o centro tanto de iniciativas de formação e debates locais, quanto de produção de textos, repertórios e estatísticas.[61] Na prática, os posicionamentos oficiais da Igreja Católica confundem-se com os trabalhos e declarações do padre Jean Vernette. Já em 1977, o jornal católico *Témoignage Chrétien* (15.09.77) identificava-o como encarregado, segundo indicação oficiosa do episcopado, "de uma pesquisa sobre o fenômeno das seitas". Desde então, Vernette publicou uma série enorme de livros e artigos, firmando-se enquanto o principal especialista da Igreja Católica e também um intelectual amplamente reconhecido na análise das "seitas", "religiosidades novas e paralelas", "nova era", "novas espiritualidades" e "novas terapias". Ele esteve associado desde seu início ao grupo Pastoral e Seitas, responsabilizando-se pela apresentação de suas conclusões, e em 1996 foi confirmado pelo episcopado como o porta-voz oficial da "perspectiva pastoral" assumida pela Igreja Católica.

Uma das marcas características dessa perspectiva é exatamente o esforço em situar o fenômeno da "seitas" no quadro de uma problemática religiosa. Ou seja, ele remeteria ao "retorno do religioso" em um contexto de descrença massiva e revelaria necessidades não satisfeitas pela sociedade (Vernette 1976). Seria preciso, portanto, reconhecer que os "novos grupos" respondiam a "uma necessidade de religiosidade, de conhecimentos, de mistério, de transcendência, de calor humano" (SNOP, 519, 1983). Sem dúvida, este será um tema forte do discurso católico, na medida em que apontaria para as causas profundas de um problema. Assim como atraem os herdeiros da contracultura, os que esperam algum apocalipse, os que procuram no religioso apenas uma experiência, os "novos movimentos religiosos" e as "seitas" respondem às necessidades geradas por sociedades que secretam "estruturas despersonalizantes que engendram situações de crise no plano individual e coletivo" (Vernette 1997:25). Abre-se aí todo um campo de questões, explorado nos trabalhos do grupo Pastoral e Seitas com menor ou maior atenção, em torno seja

---

de uma colônia de férias levantou acusações contra grupos escoteiros católicos, ligados a tendências tradicionalistas – ver RS, setembro 1998; Libé 29.07.98. Sobre suspeitas acerca dos carismáticos, ver também *Golias Magazine*, 44, 1995.

61. Uma primeira sessão nacional ocorreu ainda na década de 70; a seguinte, em 1980, marcou a constituição do grupo de trabalho. Depois, até 1999, foram realizadas pelo menos sete novas sessões. Boa parte dos trabalhos do grupo e das sessões está publicado por SNOP (informativo do Secrétariat National de l'Opinion Publique, organismo católico) e *La Documentation Catholique*. Referências utilizadas: SNOP 384 (1980); 422 (1981); 465 (1982); 519 (02.11.83); 601 (1985); 629 (28.05.86); 647 (1986); 692 (1987); 734 (1988); 775 (1989); 843 (1991); 871 (15.05.92); 25.11.94; DC 2013 (1990); 2138 (19.05.96); 2155 (02.03.97); 2211 (03.10.99). Exemplos de repertório são as fichas sucintas de 200 "seitas ou novos movimentos religiosos" (Vernette 1986) e um dicionário (Vernette e Moncelon 1995).

das demandas às quais as "seitas" estariam respondendo, seja dos desafios colocados para o próprio trabalho da Igreja Católica.

Da reivindicação de especificidade dessa "perspectiva pastoral" surge uma postura que por diversas vezes se revela crítica e distanciada em relação ao trabalho das associações anti-seitas e aos rumos da política oficial. Alerta-se sobre os "amálgamas" e as "confusões" que ignoram as distinções necessárias e criam um clima de intolerância. Essas críticas são regularmente lançadas à imprensa e a certos métodos das associações anti-seitas. Após a divulgação do relatório Guyard em 1996, o porta-voz da Igreja Católica lamentou limitações nos métodos da comissão parlamentar e na composição do OIS e da MIS (CX 29.10.96; 08.10.98). No próprio comunicado oficial, mencionado inicialmente, questiona-se a legitimidade da lista preparada pelos deputados: "indaga-se quem os fundamentou, ocupando o lugar da autoridade judiciária e recorrendo a uma condenação quando o acusado não foi interrogado segundo as regras do direito em um processo contraditório e legal" (*apud* Introvigne e Melton 1996:352). Em momentos posteriores, reclamações semelhantes seriam feitas, criticando não apenas a lista parlamentar – insuficientemente confiável pois elaborada por uma comissão mal informada (TC 12.07.96) – mas também a ação da imprensa na acusação contra grupos – considerada como um verdadeiro linchamento mediático (TC 12.07.96; DC 19.05.96 e 02.03.97).

Ao mesmo tempo em que anuncia uma perspectiva específica, a Igreja Católica, através de seus posicionamentos oficiais ou oficiosos, alinha-se com determinados aspectos da luta anti-seitas. Encontramos exemplos nos textos de seu porta-voz que concordam com as definições – métodos de propaganda e práticas que atingem a integridade física ou servem para obter ganhos materiais (Vernette 1979); métodos que engendram a alienação das consciências (Vernette 1980) – e a nebulosa de critérios de identificação de grupos sectários – quanto à estrutura, ao funcionamento, aos métodos e aos efeitos da adesão (Vernette 1989, 1997) – adotadas no discurso das associações anti-seitas. Por vezes, faz-se elogios à imprensa ("útil na prevenção e na terapêutica" – reunião do grupo em 1985), além de aprovações e mesmo colaborações com as associações anti-seitas (que bem alertam a mídia e a sociedade e ajudam as famílias – SNOP 871, 1992).[62] Não se pode também deixar de notar a atuação de outra personagem, o padre Jacques Trouslard. Trouslard cultiva relações íntimas e duradouras com as associações anti-seitas e ganha destaque nas repercussões do relatório parlamentar, procurando influir nos seus encaminhamentos.[63] Embora, diante da hierarquia da Igreja Católica, ele não goze do mesmo reconhecimento que Vernette, não há notícias de que tenha sido publicamente desautorizado.

---

62. Note-se que dois delegados da ADFI participaram da sessão nacional de 1991. Vernette (1997:118) fornece os endereços da UNADFI e do CCMM, relevando sua "ação perseverante de prevenção, informação e ajuda pontual". Ver ainda Vernette (1980:11) em outra manifestação de apoio.

63. Além da proposição de uma autoridade administrativa independente, Trouslard participou como testemunha de acusação em processo contra a Cientologia, o que deu ao *Libération* (04.10.96) a chance de preparar um perfil desse "homme d'eglise, chasseur de sectes".

A articulação entre uma perspectiva própria e o discurso anti-seitas expressa-se também nas classificações propostas em certos textos. Aparentemente, elas não levam em conta os critérios anti-seitas, organizando-se a partir de matrizes religiosas: grupos "bíblicos", grupos esotéricos e gnósticos, correntes orientais, "exploradores do além" (Vernette 1980); esotéricos, orientais e evangélicos (SNOP 25.11.94); inspiração judaico-cristã, inspiração oriental, gnósticos (Vernette 1997). Entretanto, no interior de cada uma das categorias ocorre bem uma discriminação que procura isolar as tendências e grupos "perigosos". No texto de 1994, nota-se "grupos suspeitos de tipo New Age" entre os esotéricos, o culto de gurus entre os orientais, proselitismo, ruptura com o mundo, autoritarismo do líder, fundamentalismo entre os evangélicos. Já o livro de 1997, publicado pela primeira vez em 1990, merece um comentário por conter duas partes: a primeira delas (capítulos 1-3) constrói uma definição "neutra" das "seitas" a partir de referências sociológicas e propõe a classificação mencionada acima; a segunda, introduz os critérios de periculosidade e prevenção, permitindo identificar as "seitas perigosas". Como é na primeira parte que encontramos as fichas de diversos grupos, o autor vê-se obrigado, em vários casos, a precisar que não se trata de uma "seita perigosa": "este grupo não é uma 'seita'". Ou seja, a categoria "seita" aparece em três sentidos distintos: na definição sociológica, o pejorativo mal empregado e o verdadeiramente perigoso.

No período mais recente, a proliferação de suspeitas contra grupos católica vem suscitando, por parte de representantes católicos, avaliações mais críticas à ação das associações, da mídia e dos poderes públicos em seu combate às "seitas". "Quem vai definir o termo 'seita', subjetivo e ambíguo?", pergunta, cético, Vernette, que continua: "Quais serão o próximo monastério, retiro ou capelania sujeitos ao linchamento mediático porque se distanciarão aos olhos de alguns do 'religiosamente correto'?" (CX 29.10.96). O mesmo jornal, após ter publicado a lista da comissão parlamentar (13.01.96), divulga um artigo de esclarecimento e orientação (21.01.96). Ele distingue três casos que envolvem a Igreja Católica. Nos dois primeiros – homonomia entre grupos repertoriados e comunidades e associações reconhecidas pela Igreja; grupos repertoriados cujo nome contém vocabulário cristão –, bastam certas precauções para desfazer confusões. Mas há situações em que a relação positiva de um grupo repertoriado com a Igreja Católica – sem ter chegado a um reconhecimento oficial – leva a questionar a ausência de critérios precisos por parte da comissão parlamentar. Quanto a Vernette, em várias outras ocasiões,[64] teve a oportunidade de tocar na questão, fazendo recomendações de dois tipos. De um lado, uma defesa dos mecanismos de auto-regulação da Igreja Católica, o que o levava a indicar, em todo caso de suspeita sobre um grupo católico, a consulta ao bispo da diocese ou aos responsáveis eclesiais diretos. De outro, a lembrança dos critérios genéricos, já indicados em mo-

---

64. Cf. TC 12.07.96; CX 29.10.96; DC 19.95.96 e 02.03.97; Croire Aujourd'hui, 39, 1997. Vernette participou de um livro que veio a ser a principal fonte de críticas ao relatório parlamentar (Introvigne e Melton 1996), o que provocou irritação entre as associações anti-seitas (Bulles, 58, 1998), que anteriormente haviam contado com sua colaboração e indicado seus livros.

mentos anteriores, que identificariam uma "seita", baseados na estrutura, funcionamento e métodos de um grupo. Idealmente, os dois caminhos deveriam atingir o mesmo lugar, mas é difícil negar que a categoria "seita" esteja já interferindo na política da Igreja Católica em relação aos coletivos que lhe estão vinculados.[65]

De um modo geral, a Igreja Católica mantém a perspectiva adotada anteriormente ao relatório parlamentar. As "seitas" são problematizadas em sua dimensão religiosa, tanto em função dos desafios que colocam para a própria Igreja,[66] quanto pelo que revelam sobre nossa sociedade, lembrando-se que esta compartilha de responsabilidades.[67] Elas respondem a necessidades religiosas e revelam a persistência dessa dimensão na sociedade atual. Isso não impede que, em sua definição mesma, elas remetam para critérios não religiosos, que se traduzem na noção de periculosidade privilegiada pelo discurso anti-seitas. Assim, se as acusações indiscriminadas são condenadas, não é apenas por desrespeitarem as regras do direito ou desprezarem informações confiáveis, mas também porque dessa maneira arrisca-se perder de vista o verdadeiro alvo de um combate. Vernette lamenta "os efeitos perversos de um maniqueísmo ou de uma diabolização extensivos, que tornam mais difícil a luta contra os grupos perigosos" (TC 12.07.96). Pois que existam "grupos perigosos", é algo de que ele não duvida: "grupos que utilizam métodos que atacam a integralidade da pessoa e transformam a 'religião' em simples fonte de lucros" (CX 29.10.96) e que são, nesse sentido, "escroques da religião" (CX 08.10.98).[68] Diante disso, não espanta que as críticas circunstanciais a medidas oficiais venham acompanhadas de um apoio no plano mais geral. Isso ficou claro após o relatório parlamentar; e ratificou-se quando do anúncio da MIS: "É legítimo e bom que o Estado crie os meios de lutar eficazmente contra os grupos perigosos" (CX 08.10.98). Compreende-se então que uma mesma estrutura possa se permitir o discurso defensivo e precavido de seu representante oficial e comportar a virulência e a ostensividade da ação de alguém como Trouslard.

A outra entidade religiosa representativa importante que se manifestou sobre o relatório foi a Federação Protestante da França (FPF), através de um comunicado divulgado em fevereiro de 1996.[69] O lugar central que ocupa e reivindica essa entidade no seio do protestantismo francês merece uma pequena discussão antes de nos perguntarmos sobre sua intervenção na controvérsia acerca das "seitas". Por um lado, a FPF declara ter como

---

65. No *site* do periódico *La Documentation Catholique*, a palavra "*secte*" recupera documentos cujo objeto são orientações e posicionamentos relativos a "apostolado laico", "grupos escoteiros", "associações leigas". Blanchard (1998) demonstra não ser raro que grupos tradicionalistas católicos ataquem uns aos outros recorrendo à categoria "seita".

66. Ver artigos de Vernette (Croire Aujourd'hui, 39, 1997) e de Pierrard (TC 26.01.96).

67. Ver artigos de Longcham (TC 26.01.96) e Lacroix (CX 02.02.96). A seguinte frase de Vernette é lapidar: "As seitas são as metástases de um câncer primitivo cuja origem está no próprio corpo social, e não unicamente nas insuficências das Igrejas" (CX 29.10.96).

68. Ver também artigos de Ernenwein (CX 06.10.96) e Mounier (CX 14.11.96).

69. BIP (1401, 14.02.96). Também transcrito em *La Croix* (15.02.96) e em Introvigne e Melton (1996).

missão "representar o protestantismo francês junto aos poderes públicos e à mídia",[70] apontando como caução o fato de reunir "a maioria das Igrejas e associações protestantes da França" em torno de uma declaração que identifica certas "convicções comuns", definidas em termos teológicos (referência ao evangelho, doutrina da salvação pela graça, eucaristia). Portanto, a entidade se constitui e se apóia na dupla pretensão de representação e de coesão do mundo protestante. Por outro lado, a FPF fudamenta-se sobre um modo e um discurso de integração que a transforma em uma estrutura bem distinta daquela que corresponde à Igreja Católica. Em primeiro lugar, a FPF sustenta-se sobre uma retórica da diversidade: os seus membros gozam de liberdade para cultivar suas especificidades teológicas e institucionais. Daí que muitos deles constituam em si mesmos federações ou uniões. Além disso, o caráter representativo da FPF depende de adesões: se isso lhe dá o direito de recusar um pedido de filiação, também lhe retira o poder sobre aqueles que restam, voluntariamente ou não, não integrados. Mais complicado ainda, a própria classificação adotada pela entidade para identificar as igrejas que são seus membros aponta para as limitações de suas pretensões.

Assim, a FPF distribui as igrejas que congrega (15 em 1995; 16 em 1998) em quatro ou cinco categorias: luteranas, reformadas, evangélicas/batistas e pentecostais. As primeiras duas categorias remetem à organização histórica do protestantismo na França, oficializada a partir de 1802 com as leis que converteram as Igrejas reformada e luterana em "estabelecimentos públicos de culto". Quanto a "evangélico", nela se confundem dois significados (Encrevé 1985). No séc. XIX, "evangélicos" eram os protestantes que se opunham a uma certa teologia liberal bastante em voga na época, tal divisão atravessando igualmente luteranos e reformados; mesmo hoje, igrejas se designam como "luterana evangélica" ou "reformada evangélica". Mas "evangélico" acabou sendo especialmente um termo apropriado por movimentos que rompiam organizacionalmente com uma das duas "igrejas oficiais" ou tinham origens externas a esse universo – caso de menonitas, *quakers*, metodistas, batistas, salvacionistas, adventistas, etc, alguns depois reunidos, em 1849, em uma união de "igrejas evangélicas independentes". Os "pentecostais" não escapam, a rigor, desse universo de "pequenas igrejas", "igrejas independentes" ou "igrejas livres", seu destaque devendo-se a uma certa visibilização recente dada pela introdução de vários grupos como membros da FPF (a partir de 1983).

Aonde tudo isso nos leva? Percebe-se que a atuação da FPF fez-se e continua-se a fazer em relação a um universo efetiva ou potencialmente "independente/livre", passível a um só tempo de inclusão e de recurso a outras formas de organização e representação institucional. A FPF é uma espécie de representante eternamente no devir. Sua reputação estando ligada àquela dos grupos a que consente uma filiação, ela não pode se descuidar deles – esforço cujo efeito acaba sendo o de legitimação indireta de seus aderentes. Por outro lado, em relação aos não integrados, a FPF tem a chance de empreender uma das duas estratégias:

---

70. Brochura de apresentação distribuída no CPED (Centre Protestant d'Études et de Documentation). Ver também Willaime (1998a).

lançar-se em sua defesa, se for o caso, acionando o argumento da "missão de representar o protestantismo francês"; confirmar sua exclusão, notando a inexistência de uma adesão que seria a única justificativa para uma intervenção. Quanto às "seitas", a FPF não montou qualquer estrutura análoga à da Igreja Católica para tratar da questão e só se pronunciou formalmente ou através de seus líderes por ocasião da divulgação de documentos e de medidas oficiais pelo Estado.[71] Passemos então ao conteúdo do comunicado oficial de fevereiro de 1996, que retoma algumas das considerações já expressas em 1985.

Distintamente do documento católico, a FPF evita a utilização da categoria "seita" em privilégio de "movimento religioso" e "associação". Daí a satisfação com a recusa pelo relatório da comissão de uma legislação anti-seitas, aliada ao desejo de ver sancionado "todo movimento religioso, qualquer que seja, que atentaria contra o direito civil ou penal em vigor" (*apud* Introvigne e Melton 1996:355). Apesar dessa perspectiva cuidadosa na evitação de discriminações, o relatório é aprovado, tanto globalmente,[72] quanto especificamente em algumas de suas medidas, incluindo a criação do OIS – defendida em termos de um melhor "conhecimento do fenômeno da ascensão dos novos movimentos religiosos". Ou seja, sem querer se referir às "seitas", a FPF congratula-se com a idéia de um órgão concebido para vigiá-las e combatê-las. Afinal, "a dimensão espiritual desses movimentos pode freqüentemente se aproximar de outras considerações" (:356). Reencontramos aqui o mesmo tipo de ambiguidade notada nos posicionamentos da Igreja Católica.

Essa ambiguidade é confirmada em outros pronunciamentos de líderes da FPF depois de 1996. Por um lado, adota-se uma atitude defensiva e prudente, que coloca mesmo em questão o sentido e especialmente a utilização da categoria "seita". "O risco é de designar *a priori* toda atitude religiosa nova como um fenômeno sectário perigoso" (FGR 13.11.96); "Evitemos utilizar tais palavras ardilosas que não possuem outro fim senão o de fazer vítimas" (Le Christianisme 04.02.96); "o que permite distinguir um grupo religioso muito minoritário da seita trágica?" (Réforme 06.01.96). Note-se também que os principais jornais protestantes (*Réforme*, *Le Christianisme*) esforçaram-se em alargar e modular o debate, ou em denunciar o perigo de indistinções e injustiças.[73] Por outro lado, a categoria não é verdadeiramente abandonada, ou mesmo acionada alternativamente: "patologia do religioso" (Réforme 06.01.96); "certos grupos constituem sem dúvida máquinas puras e eficazes de fazer dinheiro ou assembléias de discípulos de um paranóico, que pode, no limite, arrastar seus fiéis para a morte" (Le Christianisme 04.02.96); "certos movimentso religiosos apresentam perigos de aliciamento e de manipulação mental" (FGR 13.11.96). Nessa ocasião, o presidente da FPF teve a oportunidade de expressar

---

71. Outro indicativo da preocupação e sintonia da entidade com o assunto é a existência de um dossiê sobre "seitas", composto de documentos e artigos de imprensa, elaborado pelo Centro Protestante de Estudos e de Documentação, vinculado à FPF.

72. Ver também o artigo de Turckeim, ligado à FPF (Le Christianisme 04.02.96).

73. Ver número especial do jornal *Réforme*, junho de 2000 ("Seitas, entre pânico e confusão").

seu contentamento com o início dos trabalhos do OIS, avalizando a competência do Estado para tratar de um tal "fenômeno de sociedade".

Concretamente, a FPF, mesmo sem uma estrutura específica dirigida ao "problema das seitas", não deixou de influir em determinadas situações. As associações anti-seitas recorrem aos seus catálogos e a contatos com seus membros para fazer suas *enquêtes*. Em 1995, uma autoridade administrativa valia-se do argumento de que um grupo evangélico era filiado a FPF para acalmar os professores de uma escola (MD 12.05.95). Já antes o *Le Monde* (01.11.91) menciona certas desconfianças da entidade quanto a grupos pentecostais, exatamente relacionadas a "derivas sectárias" estimuladas por dons de cura. Após o relatório parlamentar, a FPF deu mostras de estar consciente de seu poder de intervenção no processo. Assim, por ocasião da assembléia geral de 1998, um líder da FPF declara que a entidade não vai adotar uma postura restritiva no exame de pedidos de adesão por igrejas ou associações, "mesmo se a marca federativa poupa a algumas delas, cujos objetivos nem sempre são bem definidos, de passar por seitas" (CX 25.03.98). O próprio presidente da FPF em 1996 havia já lamentado: "diversas comunidades evangélicas, que são membros da FPF, foram qualificadas de 'pseudo-cristãs'" (FGR 13.11.96).

Além disso, tem-se registro de pelo menos dois casos em que a FPF procurou agir para contestar a inclusão de grupos na lista divulgada pela comissão parlamentar. Em entrevista a um jornal (La Tribune, 03.12.97; *apud* Luca e Lenoir 1998:291), o secretário geral da FPF lamenta a inclusão na lista parlamentar da Igreja Evangélica de Pentecostes de Besançon, havendo notícias posteriores de uma aproximação explícita entre as duas instituições (cf. Hervieu-Léger 2001:21). O outro caso envolve o Centro Vida Cristã, uma federação de "igrejas carismáticas independentes". Em defesa dessa associação, alega-se tanto seu pedido de adesão à FPF, quanto uma carta que o presidente da FPF, solicitando uma revisão da inclusão, teria enviado ao relator da comissão parlamentar (Christianisme 10.08.97). A mesma reportagem levanta-se ainda contra acusações formuladas por um livro sobre "seitas" (Van Geirt 1997) aos menonitas, argumentando que, se eles não fazem parte da FPF, é em virtude de uma decisão própria – como provam sua participação em estruturas protestantes de assistência social ou sua inclusão entre os verbetes de uma "enciclopédia do protestantismo".

Efetivamente, mais do que antes, a referência à FPF não é a única forma, para um grupo que reivindica filiação ao protestantismo, de escapar à acusação de "seita". Os trabalhos da própria comissão parlamentar o demonstram. É muito provável que um representante da FPF tenha sido ouvido pelos deputados, repetindo o gesto da missão Vivien. De todo modo, o convite estendeu-se a uma outra federação protestante, cujo presidente declara ter participado dos trabalhos da comissão parlamentar (MR, 216, 1998). Trata-se de Gérard Dagon, pastor, autor de vários livros sobre as "seitas" e dirigente da Federação Evangélica da France (FEF). Praticamente invisível na imprensa, o grupo é conhecido das associações anti-seitas. A entidade mantém em seu boletim uma rubrica dedicada às "seitas", dentro de um espírito combativo. Um dossiê do CCMM referente a um grupo que se identifica como "pentecostal" contém uma cópia do anuário da FEF.

O mesmo dossiê registra os esforços de uma outra federação para comprovar a interrupção de seus vínculos com o grupo em questão (cópias de atas de assembléia, visita ao CCMM, referências provenientes de uma associação anti-seitas local). E o boletim da UNADFI (Bulles, 46, 1995) publica a carta de um pastor, que indica falar em nome das "igrejas evangélicas de pentecostes", na qual ele nega o pertencimento do mesmo grupo "ao movimento evangélico associado ao protestantismo francês".

A situação aponta para os registros de surgimento de outras pequenas federações protestantes em anos recentes. Isso significa que a dissidência à FPF passa por um movimento de organização, o que, do ponto de vista da FPF, alivia suas responsabilidades de vigilância e caução, mas também mina em alguma medida sua pretensão de representatividade plena. Em abril de 1996 foi decidida a criação de uma confederação de "igrejas evangélicas carismáticas", reunindo grupos não filiados à FPF (MR, 204, 1997). Em certos casos, a referência ao "problema das seitas" é clara. Ainda em 1996, é formada uma união regional de "igrejas de tendência pentecostal independentes", cuja motivação aponta explicitamente para a necessidade de mecanismos de defesa contra acusações que recorrem à categoria "seita" (MR, 199, 1996). Do lado das associações protestantes anti-seitas, destaca-se a criação de "Vigi-Sectes" em 1997, que conta com a participação do mesmo Dagon e objetiva a reunião e a difusão de "informações" sobre as "seitas" e o apoio, inclusive "espiritual", a suas "vítimas" (MR, 215, 1998). Assim, o surgimento de novas entidades aglutinadoras, que contribui para complexificar e pluralizar o universo protestante francês, ocorre em um quadro que articula o discurso de combate às "seitas" e tentativas de uma legitimação capaz de livrar seus protagonistas da mesma acusação. O vínculo entre "não ser uma seita" e "participar do universo" é claramente estabelecido, através de canais institucionais que, agora sem se restringir a esta entidade, englobam a FPF.

No Brasil, as igrejas cristãs tradicionais sentem-se ameaçadas pela fuga de adeptos, aferida por estatísticas que demonstram a estagnação ou a perda de contingentes eclesiais. Em contraste, na França, a ameaça que paira sobre as mesmas igrejas é de natureza institucional (Hervieu-Léger 1999b; Dupront 1995). Ou seja, ressente-se de uma dificuldade crescente tanto no plano dos mecanismos internos de validação da tradição, quanto no plano da reprodução da situação que garante a essas igrejas um lugar especial na sociedade francesa. Nesse quadro, as disputas centradas na categoria "seitas" representam ao mesmo tempo signos dessa ameaça institucional e oportunidades de reconfiguração dos mecanismos de auto-regulação no campo religioso. No entanto, essa dupla implicação só é viável porque nem a Igreja Católica, nem a parte mais visível do mundo protestante elaboraram até o momento um discurso solidamente alternativo em relação ao problema. Sua retórica lhes permite uma distinção em relação às associações anti-seitas, mas essa distância não impede um modo de intervenção que se pauta por referências muito semelhantes.

Passemos agora aos "sociólogos", notando inicialmente que a repercussão do relatório da comissão parlamentar marca sua visibilização na controvérsia sobre as "seitas". As aspas justificam-se, pois estamos diante não do coletivo integral de profissionais e acadêmicos, mas de algo que passa a existir em relação a essa controvérsia. Não se pode dizer que até então cientistas sociais e outros intelectuais acadêmicos estivessem completamente desinteressados do tema, nem que outras instâncias recusassem totalmente a colaboração dessas pessoas ou as categorias desses saberes. O que ocorre após a divulgação do relatório é a afirmação e o reconhecimento dos "sociólogos" enquanto categoria a designar uma personagem distinta e exterior às demais estabelecidas pela controvérsia. Isso se acompanha de uma presença inédita na mídia, tornada freqüente através de artigos, entrevistas, participações em debates e depoimentos.[74] No caso das tragédias anteriores, e mesmo na repercussão do relatório Vivien em 1985, não possuo registro de que a mesma coisa tenha ocorrido.[75]

O contraste deve-se menos a uma mudança repentina de atitude por parte dos jornalistas do que a uma intervenção considerada, pelos cientistas sociais, oportuna, ou mesmo necessária, o que ocorreu a partir de dois focos. Nos dias 5 e 6 de fevereiro de 1996, realizou-se o colóquio anual da Associação Francesa de Sociologia Religiosa (AFSR), em torno do tema "Novos Movimentos Religiosos e Lógicas Sectárias". Alguns trabalhos incluíram apreciações sobre o relatório da comissão parlamentar e os organizadores distribuíram um texto no qual expressam publicamente sua perspectiva acerca das formas e rumos do debate sobre as "seitas" na França. Entretanto, maior repercussão ainda criou uma conferência de imprensa realizada no dia 6 de fevereiro pelo CESNUR – Centro de Estudos sobre as Novas Religiões.[76] A conferência de imprensa começou a ser preparada no exterior, assim como um texto divulgado na mesma ocasião, originalmente elaborado nos EUA (31.01.96). Sua versão francesa é assinada por oito pessoas, das quais seis são estrangeiros, e traz como título "Instauração de um direito de perseguição? Uma resposta ao relatório da comissão de inquérito sobre as seitas".[77]

Depois desses eventos, e em parte neles apoiados, a publicação de alguns livros (além de artigos em periódicos especializados) conferiu maior densidade à intervenção

---

74. Segue uma lista não exaustiva de intervenções, cobrindo até o final de 1998: Ouest-France 29.01.96; Libé 09.02.96; MD 09.02.96; CX 10.02.96; CX 16.02.96; Réforme 17.02.96; Libé 09.10.96; FGR 04.07.96; TC 21.06.96; Réforme 25.12.97; CX 15.11.96; EDJ 18.09.97; Le Monde de l'Éducation abril 1998; Réforme 19.11.98; FGR 25.11.98; Télérama 14.10.98; MD 17.09.98. No rádio: France-Culture, 16 e 23.11.98; na TV, Canal Plus 24.02.96 e o documentário "Sectes: mensonges et idéaux" (elaborado por F. Lenoir), 5eme, outubro e novembro de 1998.

75. A única exceção é a entrevista concedida por Jean Séguy para o jornal *Réforme* (20.04.85). Séguy, e também Mayer (1985), engrossam o coro dos descontentes com as propostas de Vivien.

76. Trata-se de uma associação, sediada em Turim, com núcleos em vários países, voltada para a realização de congressos acadêmicos e a publicação de títulos na área das "novas religiões", bem como para a intervenção nos debates políticos e públicos em torno da "liberdade religiosa" e das "minorias espirituais". Fundado em 1988 por eclesiásticos e leigos católicos, o CESNUR foi diversificando seus aderentes, mantendo como principal ativista um membro do núcleo original, Massimo Introvigne, advogado e professor de sociologia religiosa na Itália.

77. O texto está publicado em Introvigne e Melton (1996:345-350) e também em MR, 193-195, 1996.

dos cientistas sociais. O livro organizado por Introvigne e Melton (1996) é vinculado ao CESNUR. O texto principal cabe a M. Introvigne, que detalha as críticas anteriormente apresentadas ao relatório parlamentar. O livro é dividido em duas partes, a segunda das quais compilando avaliações sobre 12 grupos, todos citados na lista de "seitas" do relatório, a cujas acusações pretendem responder. A primeira parte mistura apreciações específicas do texto da comissão com perspectivas genéricas – e inspiradas na experiência de outros países – sobre o discurso anti-seitas e suas alternativas.[78] No final de 1996, os *Archives des Sciences Sociales des Religions* publicam um texto, escrito por duas sociólogas (Champion e Cohen 1996), que comenta o colóquio da AFSR, cujas apresentações, várias delas remanejadas, estão reunidas no volume *Sectes et démocratie* (Champion e Cohen 1999). O livro compila reflexões gerais sobre o tema dos "novos movimentos religiosos", análises de grupos específicos e estudos de aspectos da controvérsia sobre as "seitas" na França e na Europa. No segundo semestre de 1998, a difusão de um documentário para a TV veio acompanhada da publicação de outro livro, *Sectes: mensonges et ideaux* (Luca e Lenoir 1998). Aproveitando-se do material produzido para a elaboração do vídeo, uma etnóloga e um sociólogo e jornalista procuram chegar a uma definição e a uma tipologia das seitas, compreender os mecanismos da adesão e, ao mesmo tempo, propor medidas que consigam articular um acordo entre os diversos atores envolvidos na controvérsia. D. Hervieu-Léger, uma das pessoas com os maiores créditos acadêmicos em se tratando do estudo sociológico da religião, que já participara da coletânea de Champion e Cohen e foi consultada por Luca e Lenoir, em seus dois últimos livros (1999, 2001) busca inserir a "questão das seitas" no quadro de suas teorias sobre as tendências do campo religioso contemporâneo.

Assim, a recorrência da presença dos "sociólogos" na mídia vem acompanhada da publicação de vários textos, em que a análise de grupos contestados e da própria controvérsia divide espaço com esforços propositivos. Isso significa que os cientistas sociais pretendem assumir na situação um duplo papel, de analistas e de militantes. Enquanto o primeiro deles corresponde a sua competência geral, o segundo decorre ora de uma avaliação circunstancial quanto à necessidade de uma intervenção, ora, no caso daqueles ligados ao CESNUR, de uma preocupação inerente. Temos aí material suficiente – mesmo

---

78. O CESNUR divulgou através de seu *site* (www.cesnur.org) uma avaliação bastante crítica do relatório do OIS, assinada por Introvigne: "The French Observatory's First Yearly Report on Cults: a disturbing document". O procedimento foi repetido após os relatórios da comissão parlamentar de 1999 e da MIS. O mesmo *site* contém ainda um relatório geral sobre a questão da "liberdade religiosa" na Europa Ocidental, também de autoria de Introvigne e apresentado primeiramente nos EUA: "Religious Liberty in Western Europe – A Presentation by Dr Massimo Introvigne to the Commission on Security and Cooperation in Europe and the House International Relations Committee - Washington DC July 30, 1998". Ainda em 1996, o CESNUR inaugurou um núcleo na França, que em setembro do mesmo ano realizou um colóquio sobre os "movimentos anti-seitas"; nada soube, nem diretamente, nem através de outras fontes, sobre suas atividades em 1997 e 1998.

operando uma seleção entre os artigos do livro do CESNUR e do colóquio da AFSR[79] – para sabermos com que argumentos esses intelectuais apresentam-se no debate sobre as "seitas". Partindo de suas críticas ao relatório parlamentar, passo em seguida a abordar o modo pelo qual os cientistas sociais respondem a reações vindas dos partidários da luta anti-seitas e aos assédios de grupos acusados. Busco, enfim, caracterizar tanto as análises que se fazem do "problema das seitas", quanto as proposições concretas avançadas por cientistas sociais. A idéia é perceber a articulação entre essas dimensões e dela depreender a inserção dos "sociólogos" na controvérsia.

Quanto às críticas dirigidas ao relatório parlamentar de 1995, limito-me a apontar os tópicos que surgem em textos de vários autores. Um primeiro conjunto de observações questiona as condições de elaboração e as bases de informação do relatório, desaprovando seus métodos e lamentando lacunas nas fontes — especialmente, a exclusão dos próprios cientistas sociais que estudam o tema. Em seguida, são alvejados as definições e os critérios adotados para considerar as "seitas", assim como a seleção dos grupos incluídos na lista, ou os comentários sobre alguns deles ou sobre as categorias classificatórias. Nesse caso, várias arbitrariedades são evidenciadas, o que colocaria em risco seja a distinção "seita"/"igreja", seja o distanciamento entre "organizações sectárias"/"instituições sociais". Em outro plano, vários autores notam contradições mais gerais: a mistura de parâmetros legais e não-legais, o ataque implícito a valores que os parlamentares dizem defender, como o livre-arbítrio, a oscilação entre a neutralidade e a perspectiva policial.

Nessas críticas é que se nota com a maior evidência a construção de uma postura que se pretende objetiva, no sentido de algo crítico e distanciado – e que fundamenta a reivindicação, assumida pelos acadêmicos, de que seu discurso é específico e, como tal, distinto daqueles desenvolvidos pelas demais instâncias da controvérsia. Mais de uma vez denunciou-se uma lógica do "a favor" ou "contra" e da impossibilidade de uma palavra não envolvida.[80] E mais de uma vez foi evocado o dilema que representa a relação com a mídia.[81] Ou seja, o "sociólogo" ocuparia uma posição singular em relação aos demais atores inscritos na controvérsia sobre as "seitas". A perspectiva crítica ou distanciada não exclui a possibilidade de uma intervenção na polêmica, mas novamente haveria

---

79. No livro de Introvigne e Melton (1996), privilegio, neste momento, os artigos de "historiadores e sociólogos da religião" que realizam um comentário específico do relatório ou do debate sobre as seitas na França – o que inclui os textos de Introvigne, Poulat, Baubérot, Dericquebourg, Mulhern, Voyé e Faivre. Já no livro de Champion e Cohen (1999), restrinjo-me aos artigos genéricos (Champion e Hourmant, Hervieu-Léger, Campiche, Baubérot – e sobretudo a introdução e o pósfácio de Champion e Cohen). Textos publicados em outras fontes também foram considerados. No texto que corresponde a essa parte na tese, dei mais atenção às divergências que se manifestam entre os próprios intelectuais.

80. Ver Champion e Cohen (1996), Poulat (CX 15.11.96), Mulhern (Libé 09.02.96)

81. Ver Champion e Cohen (1996), Campiche (1999; Réforme, 17.02.96), Baubérot (FGR 04.07.96), Introvigne (1996).

uma singularidade, sustentada por dois argumentos. Ora trata-se da defesa de valores tidos como socialmente fundamentais, o consenso a seu propósito possibilitando o engajamento do cientista social. Como argumenta o protesto do CESNUR, o relatório parlamentar é preocupante para qualquer defensor da "causa da liberdade religiosa" (*apud* Introvigne e Melton 1996:350). Ora trata-se de garantir as condições necessárias para um debate equilibrado sobre a questão, como sugerem Champion e Cohen (1999b), com quem convergem os esforços de Hervieu-Léger (2001).

O problema com essa reivindicação de neutralidade é que, aos olhos de outras personagens da controvérsia, ela não poupa a seus enunciantes a possibilidade ou necessidade de alinhamentos com campos já estabelecidos. Há registros de que, utilizando diversas estratégias e em várias ocasiões, grupos contestados buscaram o apoio de "sociólogos". Para ficar em exemplos recentes, cito primeiramente a Cientologia, que publica a opinião de acadêmicos em seu jornal, recorre a seu testemunho em tribunais e os contrata para realizar pesquisas e escrever relatórios sobre o grupo. Os TJ também contaram com um sociólogo como testemunha em um processo de difamação contra um membro de uma ADFI (MR, 199, 1996). Finalmente, registrei vários casos de grupos cujos representantes comparecem em congressos acadêmicos[82] ou que enviam dossiês para cientistas sociais contendo documentos em que se defendem de acusações.[83] Em contrapartida, quando se trata das associações e dos aparatos estatais engajados no combate às "seitas", assim como de jornalistas com eles alinhados, ocorre a vinculação dos "sociólogos" com uma postura pró-seitas. *Bulles* (53, 1997) já se referiu à "hipocrisia" e à "falta de seriedade" de certos acadêmicos que criticam as associações anti-seitas.[84] Uma matéria da revista *L'Evénément du Jeudi* (18.09.87) faz acusações graves aos "universitários": "Os mais honestos se deixaram aliciar em uma cruzada equivocada. Os outros persistem em um combate militante, abrigando-se atrás da máscara do rigor científico".[85]

---

82. Isso ocorreu no encontro da AFSR de 1996. Participei de um congresso do CESNUR em Turim, em setembro de 1998, cujo tema era "minorias religiosas e espirituais" segundo uma perspectiva acadêmica. A presença de vários grupos contestados era manifesta, seja quando um adepto discordava da interpretação de um expositor, seja pela distribuição de textos e dossiês, seja pela participação de adeptos em algumas das mesas. Logo após o final do congresso, foi oferecida, pelo próprio grupo, a possibilidade de uma jornada de visita ao Mandarom, isto é, a sede de uma das "seitas" mais combatidas na França.

83. Ver Champion e Cohen (1996), que descrevem como pessoas relacionadas a AFSR foram alvo dessa estratégia.

84. Ver ainda Bulles, 9 e 10 (1986), 48 (1995), além de RS, janeiro 2000.

85. Ver ainda Fillaire (1996:9), que critica a "neutralidade benemerente". O documentário de F. Lenoir também suscitou reações virulentas por parte das associações anti-seitas e membros do OIS em outubro de 1998, a despeito de ter dispensado a maior parecela de tempo aos posicionamentos anti-seitas. O relatório da MIS (2000) contém uma nota criticando a postura de Champion e Cohen (1999).

Evidentemente, não se pode tomar seja as demandas de grupos tidos como "seitas", seja as apreciações que os interessados em seu combate, como descrições fiéis da postura dos cientistas sociais. Até porque muitos deles fazem questão de reconhecer a existência de um "problema das seitas". Alguns exemplos: Introvigne admite que "uma minoria de movimentos religiosos apresenta perigos bem reais" (Journal de Genève 13.08.97), ratificando uma distinção contida já no protesto do CESNUR, entre grupos culpáveis e grupos legitimamente espirituais ou benevolentes (*apud* Introvigne e Melton 1996); Voyé (1996) está convencida da possibilidade de diferenciar movimentos inofensivos e perigosos; Willaime (1998b) concorda que podem se observar, em um grupo, "práticas fraudulentas" e "atentados às liberdades fundamentais"; Baubérot (1996) aponta para a existência de "situações perigosas", que podem existir em qualquer espécie de grupo, desde que o direito ao egresso deixe de ser exercido; Schlegel (1997) pede aos sociólogos que desvendem "funcionamentos e doutrinas sectários"; Champion e Cohen (1999b, 1999c) e Hervieu-Léger (1999a, 2001) demonstram sua preocupação com as lógicas do "desvio sectário". E o mais claro de todos: a interpretação de Luca e Lenoir (1999), que ao adotar as noções de "sedução", "dependência" e "destruição" para pensar a trajetória (nem sempre completada) do adepto dentro de um grupo, meramente reinterpreta o esquema encontrado no discurso anti-seita. No entanto, as demandas e acusações de que os acadêmicos se tornaram o objeto e que se contrapõem a sua reivindicação de objetividade talvez estejam a apontar uma espécie de inserção na controvérsia. Essa inserção não corresponde ao que as demais personagens afirmam sobre os "sociólogos", mas também relativiza a retórica da singularidade que os próprios cientistas sociais procuram associar à categoria.

Retomemos os textos dos cientistas sociais para perceber de que forma ocorre essa inserção. Um assunto revelador é um debate terminológico que se delineia em vários planos. Um deles opõe Introvigne a Luca e Lenoir. Introvigne prefere utilizar a categoria "novos movimentos religiosos", sobretudo em função do caráter pejorativo que adquiriu o termo "seita": "Ao definir um grupo como ´seita´, nós contribuímos para criar uma realidade secundária em razão da qual o grupo será abandonado ao braço secular do linchamento midiático (se não for ao assédio policial)" (1999a:278). Isso evitaria, segundo ele, atribuir ao objeto de estudo um julgamento *a priori* negativo[86] — pressupondo assim que "religioso" consiga preservar maior neutralidade. Já Luca e Lenoir (1998) justificam uma alternativa oposta: "escolhemos manter o termo seita, que se impôs na linguagem corrente de nossos contemporâneos, daí partindo para mostrar a complexidade, a diversidade, a fim de auxiliar em um melhor discernimento na sua utilização" (:134). Em contrapartida, indagam se não se deveria "reservar a expressão 'novos movimentos religiosos' aos grupos contra os quais não há qualquer prova de delito" (:116). Atentemos para o fato de que, nesse embate

---

86. Cf. Journal de Genève 13.08.97 (agradeço a Otávio Velho o acesso a essa referência). Em seus últimos textos, Introvigne vem preferindo a expressão "minoria religiosa" – "Isso evita julgamentos sobre se um grupo é aceitável, ou está conectado a uma antiga tradição" ("Religious Liberty in Western Europe").

terminológico, o parâmetro principal para validar ou não a adoção da categoria "seita" deixa de ser o rendimento heurístico de uma determinada tradição conceitual. Ao invés disso, leva-se em conta os usos sociais de um termo, o que já serve para demonstrar o vínculo que se estabelece entre elaborações intelectuais e a controvérsia social.

Champion e Cohen (1999b) tomam uma posição diante dessa polêmica conceitual que nos abre uma outra dimensão da inserção dos "sociólogos" na controvérsia. Elas propõem que se transforme a categoria "seita", "com sua imprecisão e suas conotações implícitas", em um "fato social a analisar" (1996b:17).[87] O pesquisador da questão deve se interessar pelos "valores" que orientam as acusações e procurar esclarecer as razões históricas que explicam que certos grupos, e não outros, são condenados (1999b:17-19). O caminho que imprimem à análise, contudo, antes de conduzir propriamente ao exame dos modos pelos quais certos grupos vêm a ser rotulados como "seitas", prefere passar por uma interpretação genérica da situação da religião no Ocidente contemporâneo. Esse caminho é também tomado por Luca e Lenoir (1998) e atinge a maior sofisticação nas elaborações de Hervieu-Léger (1999a, 2001). O argumento consiste, substancialmente, em apontar as evidências de uma "desregulação" do campo religioso, que atinge tanto os crentes, tomados por um movimento de individualização e subjetivização das crenças, quanto as instituições, desestabilizadas em sua condição de garantidoras e transmissoras de tradições e assaltadas pela pluralização das referências.[88] No que isso ajuda a entender a "questão das seitas"? Nessa linha de argumento, as formas recentes do religioso trariam consigo riscos que estão associados aos problemas denunciados a propósito das "seitas": crenças intensas e absolutas, submissões voluntárias, gerenciamento indevido de empreendimentos espirituais, ruptura com a sociedade... Nota-se, assim, que pode existir, ainda que os vocabulários e os planos sejam bem distintos, uma complementaridade entre o discurso anti-seita e essa análise sociológica.

Enfim, a dimensão terminológica ainda vai nos conduzir a uma observação geral acerca da relação que os cientistas sociais mantêm com os grupos que eventualmente são tidos como "seitas" na França. Pois, quanto a esses grupos e em contraste com as instituições cujo estatuto de "religião" está solidamente estabelecido, predomina uma espécie de *renúncia epistemológica*. Isso se reflete em duas características. De um lado, a condição subordinada e o reduzido número de estudos empíricos sobre grupos rotulados, pelo pesquisador ou por outros, como "seitas".[89] Não há nada na França que se compare à força

---

87. Mayer já havia assumido perspectiva semelhante ao analisar uma série de acusações dirigidas aos grupos que incluiu em seu livro, remetendo-as a um padrão histórico de tratamento do não conformismo religioso (1985).

88. Champion e Hourmant (1999) notam "os riscos ligados a essa situação desregulação", que caracterizam pela invasão do religioso pela lógica capitalista.

89. É tão exagerado quanto revelador que um conjunto de textos publicado em 1999 seja introduzido como "o primeiro empreendimento de apresentação ao leitor francês do essencial das pesquisas científicas conduzidas sobre a questão das seitas" (Champion e Cohen 1999b:9).

que o campo de pesquisas sobre "novos movimentos religiosos" demonstra nos Estados Unidos (Robbins 1988), ou à situação do Brasil, onde, como veremos, a igreja socialmente mais controversa tornou-se uma das mais estudadas pelos cientistas sociais.[90] De outro lado, elaborações teóricas que, ao procurarem alternativas para as deficiências ou distorções de que sofre a categoria "seita" em sua acepção clássica, derivada das terminologias de Weber e Troeltsch,[91] desembocam em formulações negativas – "não conformismos religiosos", religiosidade "flutuante", ou "difusa", ou "nebulosa", ou "paralela". Dos dois lados temos indícios para compreender porque os cientistas sociais na França não estabeleceram um campo de estudos sólido em torno de grupos socialmente controversos.

Essa renúncia epistemológica, a que recorro para caracterizar a configuração dos estudos sobre grupos tidos como "seitas" a partir de perspectivas vinculadas às ciências sociais, não significa que os "sociólogos" tenham deixado de buscar intervir de forma mais específica e concreta na controvérsia. Se passamos às proposições concretas que encontramos nos textos dos cientistas sociais, veremos que dois campos se destacam. Vários convergem na avaliação de um *déficit* de informação e de reflexão sobre a religião" (Champion e Cohen 1996) no conjunto da sociedade francesa. A partir disso, alguns lembram da oportunidade de introduzir informações e espaços de discussão sobre a religião nas escolas.[92] Introvigne confessa seu acordo com a idéia (1996:42). No caso de Luca e Lenoir (1998), propõe-se uma "educação para o discernimento e o espírito crítico", a fim de que os indivíduos não busquem em "grupos manipuladores e mentirosos" (:313) respostas às suas necessidades ou questões existenciais. Um meio adequado, segundo eles, seria o ensino de "história das religiões" no currículo escolar, o que ajudaria a propiciar "uma verdadeira cultura religiosa" (:314). Dessa forma, os "sociólogos" pensam estar contribuindo para apontar e cobrir as lacunas geradas por uma sociedade secularizada e que seriam responsáveis pela produção de "demandas sectárias" ou de julgamentos espirituais equivocados.

---

90. Não é por acaso que as reações à política anti-seitas reúnem muitos estrangeiros e que, salvo erro de minha parte, a maioria dos pesquisadores que se dedicam ao estudo de grupos tidos como "seitas" ocupa uma posição marginal no campo acadêmico francês. Um deles, aliás, contou-me uma história que, verdadeira ou não, indica bem o clima que impera em torno do estudo de tais grupos. Um etnólogo que pesquisa a comunidade do Mandarom estaria sofrendo represálias no CNRS, órgão estatal de condução da política científica francesa, tendo deixado de comparecer ao congresso do CESNUR em Turim para não complicar sua situação. Evitar o estudo de "seitas" torna-se, na França, uma maneira de se poupar dos riscos de uma associação com esses grupos.

91. A percepção sobre os limites da terminologia clássica, sem ganhar total consenso, parece ser dominante. A relativização dos conceitos vazados em Weber, Troeltsch e seus seguidores aparece desde o programa de pesquisa anunciado por Poulat (1985), passando pelas considerações globais de Champion e Cohen (1999b), até as elaborações alternativas de Hervieu-Léger (2001).

92. Ver também Campiche (Réforme, 17.02.96). Desde a segunda metade da década de 80 constitui-se um debate sobre essas questões, que se incorporam à agenda das discussões sobre a laicidade francesa (Hervieu-Léger 1999b:256; Bedouelle e Costa 1998:254-5)

Por outro lado, nota-se uma reivindicação geral por instâncias de "mediação" ou de "reflexão", de que os próprios acadêmicos participariam. A idéia seria criar um espaço que escapasse à lógica militante dos grupos anti-seitas e reconhecesse a autonomia dos "sociólogos". No entanto, não parece haver consenso quanto à forma concreta dessas instâncias. Champion e Cohen (1999c) pensam em algo com capacidade para manter o contato entre os adeptos de um grupo e o "exterior", para proporcionar o encontro entre as diversas personagens envolvidas na controvérsia, para promover debates amplos e abertos. Introvigne, por sua vez, concorda com a necessidade de informação e formação sobre os "novos movimentos religiosos", desde que controladas por "especialistas universitários", e não pela polícia ou pelas associações anti-seitas (1996:42). Luca e Lenoir (1998) chamam a uma vigilância dos grupos que os trate "caso a caso", evitando falsas denúncias e amálgamas. Isso exigiria uma estrutura constituída de dois pólos: um centro de informação para o qual convergeriam informações provindas de todas as fontes disponíveis (inclusive sociológicas) e uma "comissão de *enquête* composta por especialistas neutros (juristas, fiscais, psicólogos, jornalistas) encarregada de conduzir investigações mais profundas sobre tal ou qual grupo suspeito de desestabilização mental, de malversação financeira, de atentados ao pudor, etc" e competente para expedir um "parecer de periculosidade" (:310-11).

Ao lado dessas pretensões que permanecem ao nível propositivo, cientistas sociais intervêm de uma maneira a um só tempo menos declarada e mais efetiva. Refiro-me ao seu envolvimento nas lutas concretas que definem o estatuto de grupos específicos. As participações de "sociólogos" como testemunhas em processos ou a prestação de serviço através de pesquisas ou pareceres representam apenas os casos mais evidentes. Se a AFSR, cujos representantes receberam dossiês provindos de grupos contestados, decidiu destiná-los a um arquivo, a atitude não se tornou exemplar. Um modo de envolvimento que explora procedimentos caracteristicamente acadêmicos são os vários capítulos do livro de Introvigne e Melton (1996) dedicados a responder às acusações a grupos específicos. Luca e Lenoir (1998) já extrapolam esse plano ao atrelar livro e vídeo. Mas os efeitos são de mesma natureza quando consideram, com várias argumentações, os Testemunhas de Jeová como uma "seita tradicional".[93] Além disso, eles se posicionam favoravelmente, utilizando-o mesmo como fonte, a Bernard Lempert, terapeuta cuja associação foi repertoriada pela comissão parlamentar; e revelam um caso inédito do modo pelo qual uma ONG na área da luta às drogas teve refutada a acusação de "grupo sectário", relato que se torna ele mesmo peça da sua inocência.

Travei conhecimento com outro caso interessante através de dois artigos de *Réforme* (28.08.97 e 25.12.97), escritos por E. Poulat. Neles, o eminente sociólogo afirma que uma igreja pentecostal (de quem recebeu um dossiê) citada no relatório da comissão não é uma "seita" "no sentido popular ou parlamentar". O que o prova? A explicação do próprio fato responsável pela sua inclusão na lista. Um conflito familiar – um recém-pastor que enfrenta a oposição de seu sogro – atrai a atenção do CCMM; a imprensa local se

---

93. Outro texto de legitimação dos TJ é o de Dericquebourg (1999).

mobiliza, os serviços fiscais encontram pequenas irregularidades, a polícia investiga e a informação chega até os RGs. Ao relatar a cadeia de acontecimentos, o sociólogo pretende restituir ao caso seu caráter banal. Mas, além disso, aporta ao grupo índices de legitimidade – como a inscrição de seus pastores na previdência social reservada aos "religiosos", a concordância de Vivien, o apoio de duas igrejas não contestadas e a notícia da existência de "um diálogo oficial com a FPF".[94]

O interessante é que em todas as situações analisadas aqui – desde a análise dos relatórios oficiais até a intervenção explícita em casos concretos – jamais se abandonou a retórica da objetividade e do distanciamento, que singularizaria o discurso dos "sociólogos". Depois de observarmos seus posicionamentos, podemos concluir que a reivindicação de objetividade não serve para subtraí-los do campo ocupado pelos outros agentes de uma controvérsia, mas identifica as formas da sua intervenção em uma topografia comum. Em parte, isso decorre do englobamento dos "sociólogos" pela lógica com a qual operam a maioria dos demais agentes, para quem toda declaração de neutralidade é, por definição, suspeita ou insuficiente. Nesse quadro, a defesa de um grupo contestado tende sempre a ser interpretada como a defesa de todas as demais "seitas" – outro exemplo do funcionamento do vínculo entre o caso e uma categoria genérica. De modo semelhante, propostas que pretendam interferir no dispositivo global de tratamento dos grupos suspeitos evocam imediatamente uma disputa pela competência da designação sectária.

Entretanto, se os "sociólogos" foram integrados ao campo de agentes dessa controvérsia, isso se deve também à sua própria postura e aos seus próprios posicionamentos. Em vários casos, isso é evidente: quando a defesa de um grupo se faz supondo a validade da condenação de outros[95] ou quando se reivindica apenas uma participação no cumprimento das mesmas tarefas estabelecidas pelos dispositivos globais que já envolvem associações anti-seitas, jornalistas e estruturas oficiais.[96] De uma ou outra forma, os "sociólogos" seguem as mesmas regras do jogo, tornando seu saber e seu suporte mobilizáveis pelos demais atores em um campo de acusações. Mas existe ainda uma imbricação mais profunda entre o tratamento que dispensam os cientistas sociais à questão das "seitas" e a lógica dominante entre as demais personagens. Ela tem a ver com o que chamei de

---

94. O caso da Igreja Evangélica de Pentecostes de Besançon é também apresentado em termos semelhantes no relatório do CESNUR – "Religious Liberty in Western Europe". Ver ainda Hervieu-Léger (1999b:289), que estranha a inclusão dessa igreja numa lista de "seitas perigosas". No entanto, ela volta a aparecer no segundo relatório parlamentar (Brard 1999).

95. O mesmo faz Delumeau em uma entrevista para o FGR (25.11.98), que coloca os TJ ao lado dos adventistas e dos mórmons, todas "seitas não perigosas".

96. Deste ponto de vista, é significativo que a estrutura e as perguntas que organizam o livro de Luca e Lenoir lembrem as de um relatório parlamentar: definição de "seita", tipologia, métodos e funcionamento sectários, meios de enfrentamento do problema. Para completar, a lista de entrevistados consta logo no início do livro. Note-se que Nathalie Luca foi indicada para compor o "conselho de orientação" da MIS.

renúncia epistemológica. Ela se expressa, lembremos, tanto na evitação do estudo de grupos específicos, quanto na proliferação de terminologias negativas. Ambos os traços estão, por sua vez, associados ao predomínio de uma perspectiva focada sobre processos de "decomposição" e "desregulação" no interior do campo religioso. Preterindo análises concretas da situação de grupos, os cientistas sociais na França ora formulam teorias que não deixam de manter uma relação complementar com o discurso anti-seitas, ora com sua participação em disputas sobre o estatuto de certas organizações acabam se misturando às demais personagens da controvérsia.

● ● ●

O relatório da MIS (2000) contém referências a duas situações que, a despeito de sua natureza bem diferente, estariam relacionadas pelos desafios que colocam para a política anti-seitas francesa. A primeira são os comentários acerca da França no relatório do Departamento de Estado dos EUA sobre liberdade religiosa. O texto menciona as duas comissões parlamentares e a atividade da OIS e da MIS e, embora não desqualifique categoricamente a política anti-seitas francesa, levanta alguns pontos de inquietação. Refere-se à "atmosfera de intolerância e discriminação contra religiões minoritárias" e repercute os reclames de tratamento desigual por parte de alguns grupos após a divulgação do primeiro relatório parlamentar, além de evocar a agressividade da administração fiscal (Department of State 1999). Assim, não é por acaso que o relatório da MIS (2000) reserve tanto espaço às "relações internacionais" e contenha uma rubrica dedicada aos contatos com o Ministério de Assuntos Estrangeiros. Os pontos que mais preocupam são, à parte as críticas do governo americano, as novas possibilidades associativas abertas por convenções internacionais e a presença de "defensores das seitas" em instâncias e reuniões da comunidade européia. Nos últimos anos, fica cada vez mais evidente que a arena na qual ocorrem as disputas relacionadas ao "problema das seitas" na França não se restringe ao "hexágono".[97]

Um dos aspectos recentes da luta anti-seitas envolve denúncias sobre adeptos cuja situação profissional os coloca em posições sociais estratégicas. Os casos mais numerosos concernem professores de escolas públicas – segundo *La Croix* (08.05.98), o Min. da Educação já teria registrado 250 ocorrências. O episódio mais repercutido ocorreu em Chomérac (Ardèche), durante o ano de 1998. Um professor de escola primária, que reconheceu ser adepto do Mandarom após denúncias de pais de alunos, motivou duas verificações sucessivas por inspetores escolares. O professor foi mantido em suas funções depois que as inspeções não encontraram prova de proselitismo. A questão dividiu a cidade: do lado do acusado, o prefeito, alguns pais, o diretor da escola, a maioria de seus colegas de trabalho (e também o sindicato de professores); a exigir seu afastamento, estavam vários pais de alunos (que retiraram os filhos da escola), a federação de pais, um adjunto do prefeito e militante de uma central sindical, e uma associação pró-laicidade. Com a vinda de inspe-

---

97. A cooperação internacional é um item constante nos relatórios parlamentares e governamentais franceses. Brard (1999) sugere que haja uma convenção européia sobre as "seitas".

tores do Ministério e a cobertura da imprensa parisiense, o caso ganhou dimensões nacionais. O jornal *Charlie Hebdo* declarou que as "doutrinas delirantes" do Mandarom tornavam perigoso um professor. O deputado Brard, em uma entrevista ao *Libération* (01.08.98), argumentou que o "efeito do anúncio" de sua adesão a uma "seita" era motivo suficiente para o afastamento. Brard, juntamente com um representante da UNADFI, participou de um debate organizado na cidade pela federação de pais de alunos. Ao que parece, o caso terminou com a decisão do professor de se mudar de cidade.[98]

Considerando uma situação como esta, o relatório da MIS (2000) indaga se não seria oportuno "vislumbrar uma espécie de princípio de precaução". Quanto às reações internacionais, as respostas não se resumem a uma defesa da soberania nacional; ao contrário, também exploram o fato de que a "luta contra as seitas" não é monopólio francês, existindo como preocupação ou como prática em vários outros países europeus, enfatizando o papel que teria a França na transmissão de sua experiência de conciliação entre liberalismo e vigilância. De todo modo, é impossível negar que ambas as situações representam um certo embaraço para o governo francês: de um lado, corre-se o risco de transformar vítimas — como deveriam ser tratados os adeptos[99] — em mártires; de outro, um Estado constitucionalmente "laico" vê-se forçado a dar satisfações sobre sua "política religiosa". Diante disso, o ideal seria que a política anti-seitas estivesse claramente fundamentada não apenas em dispositivos de circunstância, mas também em legislações consagradas. Eis aí, penso eu, o que junta pressões internacionais e a discriminação de indivíduos:[100] ambos passam a alimentar tensões decorrentes do modo como o próprio Estado e parcelas da própria sociedade franceses imaginaram o enfrentamento das "seitas". Refiro-me especificamente a novas tentativas de aproximação entre as dimensões da nocividade e da ilegalidade.

Parece-me que é nesse sentido que se orientam o relatório parlamentar de 1999 e o relatório da MIS. A ênfase na dimensão econômica e financeira permitiu aos parlamentares ter como parâmetros aspectos já regulamentados do funcionamento de associações e empresas. Já o relatório da MIS assume a tarefa de demonstrar, considerando o "direito

---

98. Ver Huma 26.10.98; CX 08.05.98; "Des racines et des ailes", programa da France 3, 25.11.98. Situação semelhante ocorreu em Saint-Philibert. A revelação de que uma professora maternal é adepta dos TJ assusta vários pais, que retiram seus filhos da escola e os confiam a uma associação, que ocupa local cedido pela prefeitura. A edição de 14.12.98 do noticiário do canal TF 1 relatou o caso de um funcionário de usina nuclear que perde sua promoção, após ter-se tornado notória sua adesão à Cientologia. Um depoimento de um membro da ADFI confirma o acerto da decisão da empresa.

99. Nesse sentido pode-se interpretar o anúncio (MIS 2000) de uma espécie de convênio com uma instituição que assumiria o cuidado dos egressos de "seitas".

100. Uma notícia do *Libération* (05.03.2000) evidencia outro modo de articulação entre as duas situações. Trata-se de uma reunião da entidade Omnium des Libertés em Paris, na qual se abriu espaço para "testemunhos" de pessoas denunciando serem vítimas de perseguições da luta anti-seitas e se anunciou a preparação de relatórios de "experts internacionais" endereçados a instituições judiciárias européias.

positivo atual", que a noção de "seita" estaria fundamentada juridicamente. Propõe, inclusive, que a nocividade de um grupo fosse avaliada a partir da reiteração e acúmulo de ilicitudes. Em ambos os casos, alivia-se a ênfase na dimensão psicológica — base, lembremos, dos temores relacionados à ação das "seitas" sobre seus adeptos. Mesmo assim, o relatório parlamentar, para o qual o perigo econômico teria se tornado maior que o perigo psicológico, mantém a pergunta sobre a necessidade de "um delito de manipulação mental"; e o texto da MIS, que critica o critério da "desestabilização mental" por sua subjetividade, refere-se a "despossessão moral" e a "pessoas fragilizadas" para caracterizar as "seitas". Sobretudo, a tentativa de conferir maior densidade ou correspondência jurídica à categoria "seita" não se efetiva senão pelo recurso a definições extremamente amplas de "fraude" (Brard 1999) e das infrações — "ataques aos direitos humanos e ao equilíbrio social" (MIS 2000). Ou seja, essa parece ser a condição indispensável para que ocorra uma política anti-seitas sem uma lei anti-seitas.

Retomarei essa dimensão legislativa no capítulo seguinte. De todo modo, a forma pela qual se encaminham as demandas recentes nesse campo confirma a idéia de que os dispositivos responsáveis pela atribuição da designação "seita" a determinados grupos prescindem de um fundamento jurídico específico. Um grupo torna-se uma "seita" em virtude de um certo procedimento – que mobiliza um jogo de forças traduzido em apoios e legitimações. Esse procedimento forjou-se a partir do trabalho de associações privadas, aos quais logo se juntaram outras personagens, trabalho impulsionado por denúncias e testemunhos, que são em seguida colocados em quadros descritivos globais de grupos, e depois passam a integrar dossiês ou repertórios publicamente divulgados. O mesmo procedimento é alimentado pela imprensa, que ora dissemina as informações acumuladas pelas associações, ora incita novas acusações e suspeitas, ora discorda da inclusão de certos casos. O mesmo procedimento prolonga-se através dos canais judiciários; o discurso nele fundamentado é incorporado aos métodos e às conclusões das discussões legislativas; ele subsiste intocado convivendo com um "observatório" transformado em "missão de luta", que se aliou, ao invés de substituí-lo, ao trabalho das associações. O mesmo procedimento se revelou compatível com as críticas de católicos e protestantes e com as intervenções dos "sociólogos". Uns e outros, sem conseguir entender ou desarticular a lógica que sustentava a produção das "seitas", foram, na prática, envolvidos como atores das mesmas disputas de que participavam as demais personagens da controvérsia.

O problema de toda discussão centrada sobre a existência ou a necessidade de uma legislação específica em relação às "seitas" não consiste apenas em dificultar a observação do dispositivo que se constitui a seu propósito. Ela tende também a ocultar certos movimentos regulatórios que ocorrem em diversos campos sociais revolvidos pela controvérsia, tão variados e numerosos quanto as "máscaras" que se atribui às "seitas". Através deles, revela-se mais uma das características da categoria "seita" tal como acionada na sociedade francesa: os grupos que ela designa demonstram um considerável potencial subversivo em relação às segmentações sociais e aos mecanismos de regulação correspondentes a cada um desses domínios. Em tese, pela capacidade de se travestir sob inúmeras "máscaras", as "seitas" identificariam um tipo espúrio de organização em qualquer setor de atividades. São a prova de que as segmentações que definem os campos sociais podem ser relativizadas e de que os mecanismos de regulação sofrem de insuficiências e retardos. Falar de "seitas" na França aponta a um só tempo para o reconhecimento de certas segmentações sociais e para a existência de grupos que não se adequam a elas. Por isso, a proliferação e a diversificação das "seitas" em vários campos provoca o acionamento, reforço ou reconsideração de mecanismos regulatórios correspondentes.

A década de 1990 é pródiga em exemplos de iniciativas regulatórias suscitadas por polêmicas ou denúncias a propósito das "seitas", documentadas, entre outras fontes, nos relatórios parlamentares e governamentais. Lembro da lei que reforçou as possibilidades de controle da obrigatoriedade escolar, aprovada em 1998 e elogiada pela comissão parlamentar e pela MIS. No campo da saúde, ocorre uma aproximação entre os organismos oficiais e representantes da Ordem Nacional dos Médicos, a qual eleborou o relatório intitulado "Praticas médicas e seitas" (OIS 1998:40). O texto da MIS (2000), aprofundando-se nas "psicoterapias", sugere que se crie alguma forma de habilitação profissional.[101] Outro setor que vem preocupando os organismos oficiais é o da formação profissional (serviços de recrutamento e treinamento de funcionários e de avaliação empresarial), o que já motivou contatos do OIS com uma associação com poderes de intervenção nessa área (OIS 1998:36) e reivindicações de maior regulamentação por parte da comissão parlamentar e da MIS.[102] O mesmo OIS propôs uma modificação da lei de financiamento eleitoral (:45), assunto também tratado pela comissão parlamentar (Brard 1999), retomando discussões já ocorridas na Assembléia Nacional. E em todos os textos de relatórios parlamentares e governamentais sobre as "seitas" aparecem lamentos e sugestões dirigidos ao campo do associativismo e das organizações sem fins lucrativos, no sentido de aumentar as formas de controle e clarificar os critérios de definição.[103]

Mesmo o setor das práticas comerciais foi revolvido a partir do tema das "seitas", como demonstra o caso do GEPM (Grupo Europeu de Profissionais do Marketing), que passa a atuar na França em 1988 segundo o modelo da "venda multi-níveis", em que produtos fabricados por diversas empresas são comercializados a domicílio por vendedores que funcionam também como recrutadores; dessa maneira, novos vendedores são integrados ao sistema, que, em 1993, contava com 50.000 distribuidores. O GEPM apare-

---

101. O relatório parlamentar também dá muita atenção ao setor das práticas terapêuticas (Brard 1999); a MIS (2000) sugere que um representante da Ordem dos Médicos passe a integrar o seu "grupo de orientação".

102. Em ambos os textos, o tema da formação profissional ganha destaque (Brard 1999; MIS 2000). Ver também a entrevista de Vivien (Le Parisien 08.02.2000), que se refere a uma "declaração de deontologia" para regulamentar o setor.

103. Essa também é uma preocupação incorporada às reivindicações das associações anti-seitas. Segundo o relatório parlamentar (Brard 1999), a Direção Geral de Impostos já implantou regras mais precisas para a aferição do caráter não lucrativo de uma associação. Para debates mais amplos, ver matéria do MD 18.04.98.

ce nos registros de consultas da ADFI-Paris desde 1990, atingindo rapidamente o 2º (1992) e o 1º lugares (1994) no *ranking* dos grupos. Em 1993,[104] um artigo é publicado em *Bulles* (39), denunciando a ilusão das promessas de ganho fácil de dinheiro, o constrangimento ao recrutamento de novos vendedores e, condição que arremessa o grupo na categoria das "seitas", a formação "fortemente proposta" (referência aos materiais que ensinam técnicas de venda aos novatos). No final de 1994, ocorrem manifestações de vendedores junto à sede da UNADFI e a grande imprensa passa a se ocupar do grupo.[105] A revista *Le Point* publica duas reportagens. A primeira delas (10.12.94) pauta-se basicamente no testemunho de um militante da ADFI cuja esposa participava do GEPM. Ele denuncia a perturbação da vida familiar e caracteriza a formação, através de cassetes, livros, encontros e viagens, como uma "lavagem cerebral". A presidente da UNADFI fala em "máscara econômica". A reportagem seguinte (17.12.94) muda de ênfase, descrevendo as técnicas do grupo como uma "religião do sucesso", levada ao pé da letra: o fundador teria fortes vínculos com um ex-pastor pentecostal e conduz os encontros Bíblia à mão; o grupo é hierarquizado, tendo no alto "12 apóstolos"; os novos aderentes podem ser batizados; os cassetes contêm "testemunhos". Dessa vez, é o padre Trouslard que fala em "máscara religiosa".

Considerando o relatório da comissão parlamentar, ambas as táticas são exitosas: o GEPM não apenas consta da "lista de seitas", como é classificado entre os grupos "evangélicos" (Guyard 1996:62). O interessante, nesse caso, é que o CCMM emitiu uma opinião discordante em relação à UNADFI. Reconhecia-se, em um artigo publicado no boletim da entidade (BL, dezembro 1994), que existia "manipulação", "dissimulação", "intromissão na vida privada", mas que isso tudo ocorria apenas com interesses estritamente econômicos. Ou seja, o GEPM não estaria interessado em "reunir fiéis". Concordando acerca do critério, as duas associações chegam a avaliações diferentes sobre um mesmo grupo.[106] Mas isso não quer dizer que o artigo do CCMM não considere suspeitas as práticas comerciais de um grupo como o GEPM; entretanto, parece que julga suficientes as providências previstas em um projeto de lei no Senado, mencionado no texto. Essa lei impediria tanto a cobrança de direitos de entrada aos novos vendedores e a imposição da aquisição de material pedagógico, quanto a compra de produtos pelos distribuidores sem garantia de devolução à empresa.[107] Trata-se, portanto, de outro exemplo de como pro-

---

104. Já havia o antecedente, de proporções bem menores, envolvendo a Amway (Bulles, 9 e 10, 1986).

105. Ver Le Parisien 26.11.94; Challenges, 86, novembro 1994; reportagens de B. Nicolas, no canal TF1.

106. Ver também QP 21.06.95, que lamenta que grupos sem "caráter religioso" sofram a acusação de "seita", referindo-se ao caso do GEPM. Note-se ainda que o GEPM não se apresentava enquanto "religioso", como mostram as faixas da manifestação na sede da UNADFI, reclamando por garantia de emprego – e não liberdade religiosa.

107. Ver Desurvire (1995), que é também uma defesa dessa modalidade de vendas e uma resposta à crítica da UNADFI. O autor nota que a venda multi-níveis, até então, não tinha sido definida pelo direito positivo francês e conferia aos vendedores um estatuto juridicamente ambíguo.

blemas percebidos primeiramente a partir de denúncias referenciadas à categoria "seita" apontam para insuficiências regulatórias e incitam o acionamento de instâncias e mecanismos correspondentes a campos sociais já estabelecidos. Assim, ao invés de leis contra as "seitas", instaura-se uma série de providências que, geralmente sem mencioná-las, visam impedir sua presença na sociedade.

O caso do GEPM assinala ainda outro aspecto de validade geral, uma vez que a denúncia de práticas irregulares passa frequentemente pela revelação de elementos religiosos, que se tornam "fora do lugar" se misturados a atividades que remetem para outros campos sociais. Assim, a "religião", além de ser uma das "máscaras" preferidas pelas "seitas", constitui ainda um traço que denuncia características "sectárias" ocultas sob "máscaras" de outros tipos. A "religião" tende a aparecer transfigurada em diversas formas entre as "seitas" "não religiosas": a "dependência" que viciaria o vínculo empregatício ou a relação de consumo; a "irracionalidade" que irrompe no domínio terapêutico;[108] o "obscurantismo" que ameaça a socialização infantil; o "integrismo" que assola a democracia; a "coerção" e o "totalitarismo" que pervertem o voluntarismo associativo. Em todos esses casos, a "religião" constitui aquilo que deve ser exorcizado, pois disso depende o bom funcionamento das regras que orientam diversos campos sociais. Nesse sentido, as "seitas" estão longe de representar apenas o sinal da borradura e do transbordamento do "religioso" (Champion e Hourmant 1999, entre outros); os procedimentos relacionados à identificação e denúncia das "seitas" trazem consigo exigências que possuem efeitos "laicizantes" — no sentido de que impulsionam um modo de segmentação que procura barrar a disseminação generalizada do "religioso" pela sociedade.

Há, no entanto, uma contrapartida, decorrente do fato de se reconhecer no "religioso" um campo social específico e, portanto, caberem-lhe as mesmas exigências dirigidas aos demais campos. Ou seja, como garantir que também no campo religioso as "seitas" sejam banidas? O problema, de validade geral, reveste-se nesse caso de colorações novas e específicas. Quando se trata do "terapêutico", do "político", do "comercial", o acionamento de mecanismos regulatórios está caucionado na legitimidade conferida a certas instâncias e procedimentos de intervenção. No campo religioso, intervenções semelhantes podem esbarrar, de um lado, nas imunidades conferidas pelo princípio da "liberdade religiosa" e, de outro, nas limitações que o princípio da "laicidade" coloca ao Estado francês. Além disso, nesse caso, a "religião" adquire um valor positivo – algo que, por oposição a uma "seita", deve ser garantido. Eis porque o cenário contemporâneo não pode ser enquadrado, como tende a fazer a maioria dos analistas, na perspectiva exclusiva de uma renovada oposição ao "religioso" na sociedade francesa. Vejamos então através de que arranjos e com o sustento de quais argumentos se pretende que o Estado mantenha o respeito à "liberdade religiosa" e à "laicidade" e, ao mesmo tempo, impeça que o "religioso" seja invadido pelas "seitas".

---

108. Ver a análise de Birman (1999) sobre o caso de uma psicoterapeuta que incorpora elementos religiosos a sua prática.

PARTE II

França, historicamente

...si la vierge Marie avait été la mère du plaisir,
ou bien, mère de Dieu, si c'eût été ses beaux
yeaux, ses beaux tétons, ses belles fesses,
qui eussent attiré l'Esprit Saint sur elle,
et que cela fût écrit dans le livre de son histoire,
(...) vous verriez ce qu'il en serait des nos peintres,
de nos poètes et de nos statuaires

Diderot, 1776

CAPÍTULO 4

O reconhecimento da "religião" em uma "república laica"

A França mantém com relação às seitas uma atitude que, afinal, para um país laico, é paradoxal: pois como um país que não reconhece nenhum culto poderia distinguir os 'bons' cultos dos 'maus'? (Bedouelle e Costa 1998:239)

Em julho de 1997, uma decisão do Tribunal de Alçada de Lyon mereceu muitas atenções por parte da imprensa. Em juízo, vários dirigentes franceses da Cientologia, condenados em primeira instância em um processo detonado pela morte de um adepto, em 1988 na cidade de Lyon. A ele se juntaram vários ex-adeptos, que denunciaram ter sido explorados pelo grupo. Enquanto o principal dos acusados foi condenado por homicídio involuntário, confirmou-se para 14 outros o crime de estelionato. A decisão em segunda instância não alterou em nada a qualificação das acusações, mas diminuiu as penas para alguns dos réus e inocentou muitos dos demais. No entanto, não foi propriamente o caráter menos duro da sentença que ganhou destaque, mas um de seus trechos específicos: "a Igreja da Cientologia pode reivindicar o título de religião e desenvolver com toda liberdade, no quadro das leis existentes, suas atividades, incluindo suas atividades missionárias, até de proselitismo" (MD 30.07.97). Tal afirmação do juiz, no quadro de um evento acompanhado com atenção pela imprensa, foi considerada forte o bastante para provocar editoriais por parte dos principais jornais franceses. O *Le Monde* (30.07.97) lamenta que tal caução tenha sido oferecida à Cientologia e prevê que o debate sobre a luta contra as seitas ganharia novo fôlego. Sobretudo, reprova que o Estado ou a justiça pretendam entrar no "complexo debate" sobre as definições e fronteiras de "religiões" e "seitas". A mesma opinião é emitida pelo *Libération* (30.07.97), que denuncia a pretensão teológica dos juízes: "Igreja ou seita, não compete ao Estado laico julgar".

À primeira vista, tratar-se-ia de uma oportunidade na qual os editorialistas, desempenhando na ocasião sua função crítica em nome de toda a sociedade, lembram a um funcionário público um dos princípios básicos do Estado a que serve. Afinal, a "laicidade" é um atributo inscrito nas duas últimas constituições francesas, de 1946 e 1958: "A França é uma República indivisível, laica, democrática e social". É verdade que o texto não define o que seja essa "laicidade" e desde o final do séc. XIX muitas e variadas tentativas passaram a conviver e a se digladiar. Mas o termo em si, a despeito de suas definições, sugere necessariamente uma *relação negativa* com o "religioso". Daí a recorrência de formulações que encontram na França uma espécie de radicalização ou realização plena do modelo da separação entre Estado e Igrejas ou do princípio de não reconhecimento das (portanto, de não intervenção nas) questões religiosas pelo Estado.[1] Procurarei neste capítulo demonstrar que essa não é a maneira mais adequada para descrever a forma pela qual o Estado se relaciona com o "religioso" na França. Sob meu ponto de vista, a França pode ser tratada como exemplo privilegiado de uma situação na qual a negação do "religioso" gera um certo modo de reconhecimento. Essa operação está inscrita no fulcro dos dispositivos mais gerais que procuram definir o lugar do "religioso" na sociedade francesa, mas ganha inegável evidência e sofre transformações importantes a partir das controvérsias recentes em torno das "seitas".

1. Um regime de reconhecimento do "religioso"

Toda discussão sobre a organização jurídica das práticas religiosas na França passa necessariamente pela "lei da separação", na significativa expressão de Bedouelle e Costa (1997:46), "a declaração da laicidade à francesa". Não pretendo analisar esse texto, datado de 1905, do ponto de vista de seu contexto de produção, mas simplesmente apresentá-lo em suas linhas gerais com a preocupação de perceber o lugar que o sistema jurídico reserva à religião. A lei de 1905[2] marca a passagem entre dois regimes de relações entre o Estado e os grupos religiosos – o que explica que boa parte do texto dedique-se a providenciar as medidas de transição (arts. 3-17). O antigo regime tem como marco o ano de 1802, a partir de quando foi-se elaborando uma estrutura caracterizada pela existência de quatro religiões reconhecidas – catolicismo, protestantismo reformado, protestantismo luterano e judaísmo –, suas instituições consideradas enquanto "estabelecimentos públicos de culto".[3] Cabia ao Estado manter os aparatos e o corpo sacerdotal dessas quatro religiões. Com a lei de 1905, o Estado se proíbe de "reconhecer", "assalariar" e "subven-

---

1. "A laicidade (...) faz parte do ser da França, e é esta a razão pela qual se falou, no contexto europeu, de 'especificidade francesa' no sentido de que ela seria dentre todos os países o mais rigoroso em sua exigência de separação entre religiões e Estado." (Bedouelle e Costa 1998:6).

2. Lei de 09.12.1905 e decreto de 16.03.1906. Esta lei foi modificada por diversas disposições posteriores. V. publicação do Journal Officiel de la République Française (1991 [atualizado em 1996]). Para a apresentação do tratamento jurídico da religião na França, baseei-me, além de outras referências que serão especificadas adiante, em Boyer (1992, 1993a, 1993b), Boyer e Brisacier (1993), Boussinescq (1993), Bedouelle e Costa (1998), Pierré-Caps (1990), Koubi (1992), Lochak (1992), Lonjou (1992) e Messner (1993).

3. No caso do catolicismo, a relação foi estipulada por uma concordata com a Santa Sé (1801/02). No caso das demais religiões, leis específicas foram erigidas no decorrer do séc. XIX.

cionar" qualquer culto (art.2) – Estado e religião devem doravante estar separados. Mais do que isso, a lei não se endereça a grupos religiosos específicos, mas prescreve os quadros jurídicos aos quais deve se adequar todo e qualquer culto.

O texto de 1905 cria, para isso, a *association cultuelle* (AC). Sua constituição segue as prescrições de uma lei anterior, de 1901, que rege o funcionamento das "associações", modificadas em certos aspectos. Além do número mínimo de pessoas, de exigências de prestação interna de contas e da abertura para controles externos, de fontes específicas de receita, o que distingue as ACs é sua finalidade: exclusivamente, o exercício de um culto (art.19). Ou seja, criava-se, para as atividades religiosas, um tipo específico de associação, entidade coletiva cuja característica distintiva é o regime não lucrativo. Como as associações, as ACs não necessitavam de autorização para se constituírem, bastando uma declaração junto à administração competente. Nesse sentido, seu regime de funcionamento distinguia-nas das *congregações*, outro tipo específico de associação, já definido na lei de 1901. Uma congregação só poderia existir se autorizada por um decreto informado por parecer do Conselho de Estado – prevendo-se mesmo, na falta de tal autorização, um "delito de congregação". Além disso, uma série de obrigações administrativas e contábeis as colocava sob a tutela estatal.

O projeto erigido em torno da AC, no entanto, é logo alterado por outra lei, de 1907, a qual estipula que o exercício de um culto pode ser conduzido também por meio de "associações de 1901" e mesmo na forma de reuniões realizadas por iniciativas individuais.[4] Vários comentaristas concordam em atribuir essa modificação à recusa da Igreja Católica, formalizada em duas encíclicas papais de 1906, em se submeter ao regime das ACs, situação que só seria resolvida durante a década de 20. Por enquanto, notemos que a lei de 1907 serve tanto para revelar as ambições de 1905 quanto para pervertê-las. Ou seja, não apenas as ACs deveriam dedicar-se exclusivamente às atividades religiosas, mas estas teriam como *locus* único as ACs. A lei de 1907 rompe com essa reciprocidade e cria a possibilidade de existirem atividades religiosas amparadas em associações genéricas ou mesmo em iniciativas individuais. Se isso evitava, na época, que a Igreja Católica fosse simplesmente espoliada de seu patrimônio, também criou uma situação que possibilitaria uma espécie de dispersão jurídica do religioso. Hoje, a grande maioria dos grupos considerados como "seitas" constitui-se juridicamente enquanto "associações de 1901", mesmo quando se identificam como coletivos "religiosos".

Mas essa modificação de 1907 não intervinha no princípio geral da lei de 1905, isto é, a separação entre Estado e grupos dedicados às atividades religiosas. As interpretações dominantes entre cientistas sociais, historiadores e juristas enxergam nesse momento a culminância de um processo de laicização de remotos primórdios. Mesmo se nos detemos no séc.XIX, é verdade que a existência de grupos religiosos oficializados não impede a ocorrência de movimentos de laicização em vários domínios: elaboração de um código civil em 1804 (com suas consequências especialmente para o casamento), exclusão de perguntas sobre adesão religiosa no censo populacional desde 1872, supressão do descanso dominical obrigatório (1879), extinção do ensino religioso nas escolas públicas (1882), proibição aos

---

4. Ver lei 02.01.1907 (Journal Officiel de la République Française 1991).

ministros de culto de acederem ao magistério primário e secundário (1884), restabelecimento do divórcio (1884), criação de cemitérios e funerais não religiosos (1881 e 1887), supressão das faculdades de teologia católica mantidas pelo Estado (1885), retirada de signos religiosos dos tribunais (1885). O setor educacional é especialmente visado e as congregações religiosas são uma das principais atingidas. Em 1880, decide-se a dissolução e expulsão da ordem jesuíta e a interdição às congregações de se dedicarem ao ensino, incursionando-se por uma política restritiva que desagua na lei de 1901. Essa obra de laicização recebe um aporte considerável com a lei de 1905, não só pela "desestatização" dos cultos reconhecidos e pela proibição de subvenções, mas por outras disposições mais ostensivas: regulação de "manifestações exteriores de cultos" por leis municipais (art.27) e interdição de "signos ou emblemas religiosos" sobre monumentos ou outros locais públicos (art.28).

Daí a dizer que a religião é ignorada ou mesmo "privatizada" e que os laços entre Estado e grupos religiosos estão genericamente rompidos, trata-se de um passo cuja concretização minaria nossa compreensão do sistema. Se reconhecimento e laicização convivem no séc.XIX, o mesmo se pode dizer do séc.XX. Assim, a mesma lei que determina a desestatização da religião, prescreve condições que vão no sentido de uma interpenetração do público e do privado, mais do que sua separação. Existe uma parte dedicada à "polícia de cultos", cujo primeiro artigo estipula que as reuniões realizadas em locais pertencendo à ACs são públicas, ficando "sob a vigilância de autoridades no interesse da ordem pública" (art. 25). Quanto aos imóveis das ACs, podem ser incorporados ao patrimônio artístico e histórico (art.16). Mais importante ainda, muitos templos eram propriedade pública; a lei de 1905 nem os confisca, nem os transfere para as ACs, mas garante-lhes um direito de utilização (arts.12 a 14). Portanto, o público invade ou interessa-se pelo privado e o privado usufrui do público. As possibilidades de relação abertas por essa interpenetração, como veremos, são múltiplas. Elas beneficiam-se ainda da presença de disposições que procuram garantir o "livre exercício dos cultos". Atendem a essa condição a previsão de capelães em estabelecimentos públicos (art.2) e a prescrição de penas para quem forçar alguém a participar ou a deixar de exercer um culto e para quem impedir ou perturbar reuniões religiosas (cuja gravidade não justificar as penas relativas a outros artigos do Código Penal) (art.31, 32 e 33).

A instituição de uma entidade associativa específica e a preocupação tanto em limitar a esfera da religião quanto em garantir o exercício dos cultos tornam-se a contrapartida de uma operação que pretende desvencilhar o Estado das questões religiosas. A articulação entre esses vários procedimentos prolonga um vetor de reconhecimento. Agora, ele não ocorre mais sob a forma de um sistema fechado e nominal, estabelecido em torno dos "quatro cultos", mas pela definição jurídica de um domínio específico, identificado como "religioso" e povoado por um número teoricamente ilimitado de elementos, organizados em associações. Ou seja, o regime de separação, tal como estipulado por sua legislação fundamental, institui parodoxalmente certas modalidades de reconhecimento e interpenetração, algumas delas já regulamentadas, outras apenas virtualmente previstas, outras ainda a serem inauguradas no futuro.

Essa combinação entre, de um lado, laicização e, de outro, interpnetração e reconhecimento explica que encontremos apresentações variadas do regime de cultos francês, mesmo quando nos limitamos às declarações de altos funcionários de Estado. Tomemos dois textos assinados por ministros do Interior em ocasiões recentes. J.P. Chevènement (1998): "De um lado, a República não pode ignorar o fato religioso; de outro, ela sabe distinguir os gêneros, o público e o privado, a razão natural e a fé, o cidadão e a pessoa" (:48). O Estado garante a liberdade religiosa, com a condição de que ela se restrinja ao domínio privado, deixando a esfera pública livre da "fé" e dos "dogmas". Esta seria a "definição positiva da laicidade", valor que na França teria conduzido à "separação completa da Igreja e do Estado" (:49). Já C. Pasqua (1993) apela para uma outra imagem:

"a lei de separação, longe de suprimir as relações entre os cultos e o Estado, assumiu uma nova significação; (...) ela não colocou os cultos fora da lei, ela organizou sua liberdade; o Estado não reconhece nenhum culto, mas ele conhece a todos (...); daí a colaboração entre as autoridade civis e as associações religiosas no domínio próprio de cada um" (:22).

Por isso, ele prefere falar em "uma separação cordial" (:19). Em certas análises históricas do tratamento oficial dispensado às religiões, essas diferenças transpõem-se em qualificações da "laicidade" de Estado: no início, entre o "combate", a "tolerância" e a "neutralidade"; mais recentemente, entre a "cordialidade" e a "cooperação".

Assim como nos deparamos com apresentações tão contrastadas de um mesmo sistema, podemos nos surpreender com a convivência de regimes bastante diversos no conjunto da nação francesa. Pois, de fato, a lei de 1905 representa apenas o regime dominante, sem ser o único. O texto onde o ministro do Interior afirma que a separação é completa – trata-se da transcrição de uma conferência por ocasião da cerimônia de consagração do novo bispo de Estrasburgo, justamente a capital da região submetida a um sistema distinto de relações entre Estado e grupos religiosos. A região da Alsace-Moselle pertenceu à Alemanha entre 1871 e 1918, e jamais após a reanexação ela foi submetida à lei de 1905, aplicando-se aí o regime dos quatro cultos reconhecidos. Os bispos católicos são oficialmente nomeados pelo Estado, embora, na prática, siga-se a indicação papal – o que explica a presença de um ministro de Estado na cerimônia de consagração. As igrejas católica, reformada e luterana e o culto israelita continuam a ser considerados "estabelecimentos públicos" e recebem recursos estatais, inclusive para o pagamento de "ministros de culto". Existem faculdades públicas de teologia e nas escolas, a "hora de religião". Os demais grupos religiosos não têm acesso a esse reconhecimento, mas gozam de pleno direito de existência depois que recebem uma autorização administrativa, podendo inclusive ser subvencionados pelo Estado (Desos 1993). Em vários departamentos de ultra-mar, persistem também outros regimes, derivados de disposições anteriores ou posteriores à lei de 1905, definidos a partir de acordos com a Igreja Católica (Poulat 1987:215-19). Essa composição de vários regimes não estaria a indicar que o sistema dominante comporta ele mesmo alinhamentos e reconhecimentos entre o Estado e certos grupos religiosos?

Essa possibilidade já estava dada, como vimos, na própria lei de 1905. Completarei a descrição desse regime dominante dispondo outros elementos relevantes em três eixos. O primeiro procura dar conta das evoluções que atingiram a AC e, menos detidamente, a "congregação". Quanto à esta, a modificação mais importante ocorre com uma lei de 1942, que transforma o procedimento de "autorização" em "reconhecimento", eliminando o "delito de congregação". Isso significa que hoje existem congregações "reconhecidas" e congregações organizadas sob outros regimes jurídicos. As congregações reconhecidas são assimiladas, em termos fiscais, a "associações de utilidade pública", beneficiando-se de várias isenções. Há alguns anos, a carga de obrigações referentes à tutela sobre esse tipo de organização foi aliviada. E a partir de 1988, congregações não católicas passaram a ser reconhecidas.

Já a AC foi acumulando uma série de prerrogativas, derivadas de novas leis ou decisões com validade equivalente, que tiveram como consequência seu distanciamento em relação à "associação de 1901". A mais importante delas ocorre devido a uma lei de 1942, que passa a permitir a uma AC o recebimento de dons e legados. Em 1987, uma outra lei estipula que indivíduos e empresas podem deduzir de seus impostos de renda quantias referentes a doações destinadas a ACs autorizadas a receber dons e legados.[5] Uma parte importante das vantagens refere-se a isenções fiscais: o imposto predial, de que estavam dispensados, primeiro (1905), os edifícios pertencentes ao Estado, depois (1909), toda AC; a taxa de habitação (correspondente à ocupação de imóveis em condições de uso privado), desde 1911. Existem ainda vantagens materiais de outros tipos: o Estado pode ceder a uma AC um terreno para a construção de um templo, sabendo que ao fim de 99 anos o imóvel retornará ao patrimônio público (1932); uma AC pode receber subvenções para a reparação de edifícios de culto (1942); o poder público pode ser avalista em empréstimos de recursos destinados à construção de templos (1961). A concessão desses benefícios implicou na introdução de um procedimento não previsto na lei de 1905, uma vez que passa a haver um vínculo entre o estatuto de AC e a autorização para o acesso a certas prerrogativas.

A justificativa para essas prerrogativas não obedece a um único motivo. Algumas parecem decorrer de um movimento geral de aproximação entre poderes públicos e sociedade civil, gerando incentivos associativos com a contrapartida de um maior controle pelo Estado. Como as ACs diferenciam-se das "associações de 1901" pela maior abertura a esses controles, cabe-lhe também o usufruto de certos privilégios. Já outras foram primeiro concedidas em operações que envolviam a Igreja Católica e depois estendidas às demais ACs. A Igreja Católica só tem sua situação quanto ao quadro jurídico inaugurado em 1905 definida na década de 20, através de negociações entre o governo francês e a Santa Sé. Esta, de início, condenou a lei de 1905, considerando sua base associativista

---

5. No direito civil francês, faz-se uma distinção entre "dons e legados" e "doações manuais"; destas, ao contrário das primeiras, podem se beneficiar toda e qualquer associação, ficando o Estado autorizado a tributá-las. Já os "dons e legados" para ACs são, desde 1959, isentos de tributos.

incompatível com a eclesiologia católica (especialmente a subordinação aos bispos) e temendo o aparecimento de cismas. A reaproximação do pós-guerra resultou em um acordo que permitiu uma adaptação da AC às particularidades católicas. Daí surgiram as "associações diocesanas", ou seja, ACs cujo domínio se confunde com as dioceses sob autoridade de um bispo. Outras prerrogativas conferidas às ACs visaram a corrigir desigualdades instauradas pela própria lei de 1905. Lembremos que, em 1907, os edifícios de culto que eram propriedade do Estado foram colocados à disposição seja das ACs, seja de "associações de 1901", seja mesmo de ministros de culto. Entre essas propriedades, estavam os imóveis que pertenciam até 1905 à Igreja Católica, os quais, dada a recusa desta em constituir ACs, passaram às municipalidades. Em seguida, em 1908, outra disposição estabelece que os edifícios de culto cuja propriedade era pública, mesmo alocados para fins religiosos, teriam sua manutenção assumida pelos poderes públicos. Como nota Boyer (1993a), as soluções privilegiaram exatamente aqueles que não seguiram a lei recusando-se a se organizar em ACs. É só na década de 40 que toda AC terá direito a subvenções para a reparação de templos.

Um segundo eixo aglutina uma série de condições que identifica o reconhecimento público da especificidade, do direito ou da distinção referidos a instituições, pessoas ou mesmo motivações "religiosas". Diferentemente das prerrogativas que acabamos de ver, elas não estão necessariamente vinculadas à condição de AC ou de "congregação", regendo-se por um sistema plural, mas na prática limitado, de "religiões". Eis uma lista não exaustiva dessas condições.

a) Existência de capelães em estabelecimentos públicos (católicos, protestantes, judeus, islâmicos). Dependendo do tipo de estabelecimento, varia a natureza do envolvimento estatal: em quartéis, os capelães são funcionários públicos; em prisões e hospitais, são pagos pelo Estado em regime especial; em escolas, são mantidos em geral pelos pais dos alunos.[6]

b) Disponibilidade de refeições religiosamente apropriadas em hospitais, prisões e quartéis (islamismo e judaísmo).

c) Habilitação de especialistas rituais para o abate de animais e autenticação de produtos alimentares (islamismo e judaísmo).

d) Ministros de culto são objeto de regras e jurisprudência específicas quanto a relações trabalhistas e têm acesso a um regime previdenciário especial (católicos, ortodoxos, protestantes, islâmicos, budistas).

e) Na área das relações trabalhistas, o caráter religioso de um estabelecimento dá-lhe direito, por exemplo, de fazer certas exigências quanto ao comportamento de seus empregados; por outro lado, qualquer empregado pode requisitar dispensa por motivos religiosos.[7]

---

6. Ver, além de referências já citadas, Poulat (1987:223).

7. Essa possibilidade foi recentemente aberta no domínio escolar em 1995 por duas decisões do Conselho de Estado, que autorizam a dispensa de alunos judeus nas aulas de sábado (Duvert 1999).

f) A partir da década de 1970, é possível a constituição de espaços confessionais em cemitérios.

g) Uma rede pública de TV e outra de rádio dispõem de orçamentos para manter a produção e difusão de programas religiosos elaborados pelos próprios grupos (católicos, protestantes, judeus, islâmicos, budistas, ortodoxos).[8]

h) Participação de religiosos em comissões consultivas oficiais.[9]

i) Existência de protocolo oficial para autoridades religiosas.

A dificuldade de discriminação entre o caráter exato de cada uma dessas condições testemunha a fluidez das fronteiras entre a simples admissão de uma especificidade, a garantia de um direito e o privilégio de uma distinção. Por exemplo, a possibilidade de uma dispensa trabalhista por motivo religioso. A princípio, trata-se de um direito vinculado ao exercício da liberdade religiosa ou mesmo de consciência. Entretanto, por um lado, a dispensa pode ser negada pelo empregador com a alegação de que a ausência prejudicaria o andamento normal do serviço. Por outro, como demonstra um caso judicial,[10] um ateu pode se sentir discriminado diante da distinção oferecida aos religiosos. Outro exemplo seriam as portarias oficiais acerca do "porte de signos religiosos pelos alunos de escolas públicas", que o permitiram em nome da "liberdade religiosa", desde que não implicasse em "proselitismo" ou perturbasse o funcionamento global da vida escolar. A situação revela-se em toda sua delicadeza quando se passa a discutir sobre o "caráter inerentemente ostensivo" de signos associados a certas religiões, como ocorreu com o véu adotado por adolescentes muçulmanas, sem estendê-los a crucifixos católicos ou *kippas* judaicas.[11] Trata-se, portanto, de um equilíbrio delicado, que deixa o Estado à mercê de suspeitas tanto por discriminação religiosa, quanto por privilégio religioso, e que parece tornar remota sua posição de não intervenção e mesmo de neutralidade.

Além disso, através das condições abertas por várias das possibilidades mencionadas, estabelece-se um vínculo entre a garantia das condições de exercício da liberdade religiosa e o reconhecimento de representantes institucionais (Boyer 1993a; Lochak 1992). O caso mais evidente parece ser o dos capelães, no qual o Estado assalaria ou credencia uma pessoa designada por alguma instituição religiosa. Entram aí em jogo duas questões: quais religiões aceitar e que instituições reconhecer? O mesmo problema coloca-se para os especialistas rituais, a previdência social dos ministros de culto, os programas religiosos nos meios de comunicação, a participação de religiosos em comissões ou cerimônias oficiais.

---

8. Ver MD 20.12.98 e Bedouelle e Costa (1998:71-3).

9. Conselho Consultivo Nacional de Ética, de 1983, com representantes do catolicismo, do protestantismo, do judaísmo e do islã; Comissão Nacional Consultiva dos Direitos Humanos; Conselho Nacional da AIDS, de 1989. Lembro também de uma comissão *ad hoc*, formada em 1988 e composta de três representantes religiosos (um católico, um protestante e um maçom) para buscar atingir um acordo em torno do processo de autonomização da Nova Caledônia.

10. Cf. AJDA, 10, 1988.

11. Ver Koubi (1992, 1996); Basdevant-Gaudemet (1996); Bedouelle e Costa (1998:201-7).

Em todas essas situações, anunciando ou não, o Estado, querendo simplesmente contemplar uma realidade ou garantir um direito, entra em relações diretas com personagens concretos, relações que traduzem uma oficialização de certas "religiões" e um reconhecimento de determinados representantes institucionais.

Finalmente, o terceiro eixo corresponde às estruturas existentes no interior do aparato estatal francês cujas atribuições são definidas pelas categorias "religião" ou "cultos". Não é casual que os autores dos textos acima citados sejam ministros do Interior. O organograma deste ministério abriga o Setor de Cultos [Bureau Central des Cultes], ao qual cabe o acompanhamento das "congregações" e das ACs. O Bureau é o herdeiro de órgãos com função análoga dentro do regime anterior à separação (Brisacier 1993), o que demonstra algum grau de continuidade entre os dois sistemas. Além disso, um dos conselheiros diretos do ministro ocupa-se, entre outros assuntos, das questões religiosas. É o Ministério do Interior, como um todo, que se ocupa da relação com os representantes das "grandes religiões". O que justifica que seu titular por vezes se apresente como "Ministro do Interior encarregado dos Cultos". Existe ainda um "Conselheiro para Assuntos Religiosos" no âmbito do Min. de Assuntos Estrangeiros, à disposição do presidente da República e do Primeiro Ministro e em contato com o Min. do Interior. Sua origem está associada à retomada das relações diplomáticas da França com a Santa Sé, cujo acompanhamento é até hoje parte de suas atribuições. O conselheiro ocupa-se ainda de questões relativas a instituições e religiosos estrangeiros na França e a franceses no exterior (Champenois 1993) e, enquanto existiu a figura jurídica "associações estrangeiras",[12] participava do processo de sua autorização (Basdevant-Gaudemet 1996).[13]

Observamos, portanto, que o reconhecimento do "religioso" pelo Estado francês imprime-se na própria especialização de certos de seus agentes e aparatos. A existência de um Setor de Cultos sugere mesmo uma política de centralização, que, no limite, conduziria a concentrar sob sua alçada todas as possibilidades de reconhecimento religioso que inventariamos. E, no entanto, o que se passa é uma verdadeira dispersão de competências a esse respeito. Apenas quanto ao reconhecimento das "congregações" é que o Setor de Cultos desempenha papel fundamental, ainda assim em conjunção com autoridades locais. Em se tratando das ACs, suas atribuições são limitadas, devido sobretudo à natureza dessa figura jurídica. Segundo as diversas leis que a regem, o estatuto de AC não é um título ou uma concessão oficiais; a princípio, consiste em uma auto-assignação feita nos estatutos de uma associação. É apenas quando se procura usufruir dos benefícios que lhes são reconhecidos que um pronunciamento oficial ocorre. No caso do recebimento de dons e legados, dependem de uma aprovação do administrador departamental ou, se o valor ultrapassar uma certa quantia, do Conselho de Estado; no caso da confirmação de

---

12. Uma lei de 1981 suprimiu a categoria de "associações estrangeiras", transformadas em associações de 1901.

13. Apenas a título de registro: Gabriel Le Bras, um dos principais sociólogos da religião na França, ocupou por longos anos esse cargo de conselheiro (Champenois 1993).

isenções tributárias, dependem de uma avaliação direta dos serviços fiscais. Ou seja, o Setor de Cultos não tem competência para reconhecer, autorizar ou controlar as ACs, embora atue como uma espécie de conselheiro de outros aparatos administrativos e mantenha algumas estatísticas sobre o número de ACs e de "congregações".[14]

Apresentado esse quadro geral, passo em seguida a mostrar como a controvérsia sobre as "seitas" interfere com a forma pela qual o Estado francês se relaciona com o campo "religioso". Dois movimentos se destacam. De um lado, observa-se uma espécie de cristalização do estatuto de AC, no sentido de que se afasta bastante de uma auto-atribuição e também deixa de ser mera consequência de uma autorização circunstancial e pontual para adquirir um peso e uma gravidade que desautorizam qualquer confusão com as "associações de 1901". De outro, o acesso a esse estatuto passa a valer bem mais do que o usufruto de vantagens materiais e torna-se o indicador claro de um reconhecimento oficial com implicações legitimadoras para a vida de uma instituição. Proponho que, para percebermos essas interferências, acompanhemos primeiramente o caso dos Testemunhas de Jeová (TJ), uma das principais "seitas" e protagonista das tentativas mais perseverantes visando o seu reconhecimento como "religião". A partir dele, outros elementos surgirão, permitindo elucidar algumas das articulações entre os três eixos anteriormente apontados e perceber como funciona a parafernália que o Estado francês constituiu em torno da "religião" – parafernália à qual um ministro do Interior se referiu utilizando-se de uma expressão curiosa em se tratando de um regime "laico": "direito civil eclesiástico francês" (Pasqua 1993:20).

2. Uma "seita" não é uma "religião"

Em 1980, uma herança é destinada aos TJ. O procedimento exige uma autorização da administração departamental, que é negativa; o grupo recorre por duas vezes, mas o Conselho de Estado (CE), primeiro através de um decreto simples baseado em relatório do Min. do Interior (1982), depois através de uma decisão de sua assembléia (1985), confirma o parecer anterior. A parte essencial da decisão definitiva é a seguinte:

> "Considerando que sobressai da peças do dossiê que as atividades conduzidas pela associação cristã 'Os Testemunhas de Jeová da França', de acordo com as estipulações de seus estatutos, (...) não conferem em seu conjunto, à associação, em razão dos fins ou da natureza de certas entre elas, o caráter de uma *association cultuelle* no sentido da lei de 9 de dezembro de 1905 (...)".

---

14. Entrevista com Phillipe Le Carpentier, 14.01.99, chefe do Setor de Cultos. Segundo ele, as estatísticas são apenas aproximadas. Mesmo assim, elas foram publicadas em Boyer e Brisacier (1993:76) e no relatório da última comissão parlamentar sobre a dimensão econômica das "seitas" (Brard 1999).

Apesar da forma lacônica, notada por vários comentaristas, este texto pode ser destrinchado com a ajuda de outras decisões administrativas. Veremos como a sentença do CE nesse episódio constitui, a um só tempo, a negação de uma autorização de recebimento de herança e o pronunciamento sobre o caráter do grupo por referência ao estatuto de "religião".

Podemos começar por uma consulta das avaliações derivadas do exame específico do caso dos TJ. A primeira decisão do CE (12.08.1982), tomada com base em um relatório do Min. do Interior, estipula que, podendo ou não ser considerada como uma associação para o exercício de um culto, as práticas de seus adeptos "não são conformes ao interesse público" – especialmente a recusa de "regras terapêuticas elementares" e das "obrigações no quadro do serviço nacional" (Vacherot 1985-6:310). Já a decisão final do CE baseou-se, como de praxe, no relatório de um comissário,[15] cuja apreciação está organizada em três tempos consecutivos. Em primeiro lugar, fica estabelecido que os TJ "praticam um culto". Trata-se de um "movimento cristão", fundado nas escrituras, esposando doutrinas adventistas e milenaristas; seus adeptos se reúnem, sob a liderança de um "ministro do culto", para fazer exegeses bíblicas, para celebrar batismos, casamentos e outras datas religiosas. Em segundo lugar, o comissário comunica as modificações estatutárias que permitem considerar os TJ como uma associação "exclusivamente cultual", uma vez que seus dirigentes suprimiram o artigo que permitia a difusão de publicações.[16] No momento do primeiro recurso à recusa do recebimento da herança, os estatutos já haviam passado por essa alteração. Para o comissário do CE, convencido de que a modificação era válida e não meramente formal, a associação em questão "deveria ser considerada como *association cultuelle* no sentido da lei de 1905". Por fim, o comissário passa a uma avaliação das atividades do grupo, tomando por referência, segundo uma *démarche* jurisprudencial,[17] o critério da "ordem pública". Enquanto o problema da recusa do serviço militar, dada a possibilidade da "objeção de consciência", é descartado, a atenção se cerra em torno da oposição às transfusões sanguíneas. O problema, nesse caso, é a imposição pelos pais dessa condição aos seus filhos menores, colocando em risco a saúde e a vida destes. Assim, o comissário conclui pela rejeição do pedido de autorização de recebimento da herança:

---

15. Publicado em *Revue de Droit Public*, 1985, n.2, pp. 483-96.

16. Quando o pedido de autorização original foi feito, o grupo estava organizado em duas associações, uma "associação de 1901" constituída primeiramente como uma associação estrangeira em 1947 e uma associação auto-designada como *cultuelle*, criada em 1979. A fusão das duas associações foi inviabilizada depois que outra decisão do CE (13.04.1982) negou a transferência de bens da primeira para a segunda delas. O motivo: a associação pretensamente cultual dedicava-se à elaboração e difusão de publicações, não servindo exclusivamente ao exercício de um culto. Diante disso, em 1982, a associação de 1979 modifica seus estatutos, suprimindo o artigo que permitia a difusão de publicações e transferindo essa atividade para a "associação de 1901".

17. É interessante que o comissário utilize jurisprudência aplicada à Alsace-Moselle, onde vigora outro regime de relações entre religiões e Estado. Ele não é o único a fazê-lo (ver Vacherot 1985-6). Outra evidência de continuidades entre regimes estaturiamente tão distintos.

"(...) tal atitude fere diretamente nossa concepção da proteção da saúde e do direito das crianças à vida. (...) as práticas desse movimento, no que toca à atitude de seus membros quanto a transfusões sanguíneas praticadas em crianças, são contrárias à ordem pública francesa" (:496).

A decisão do CE é menos explícita em seu raciocínio, mas nada permite suspeitar que foram outras as suas motivações. A diferença é que, segundo ela, não só se recusava a autorização para o recebimento da herança, mas se proclamava nula a pretensão ao estatuto de AC pelos TJ. Além disso, uma outra decisão do CE (24.04.1992) rejeitou em termos semelhantes, levando em conta a questão da transfusão sanguínea, uma candidatura a pais adotivos, tratando-se no caso de adeptos TJ. O grupo, por sua vez, irá demonstrar uma notável tenacidade na busca de prerrogativas reservadas às "religiões". Em 1993, uma decisão do CE (13.01.93) concederá à mesma associação a isenção da taxa de habitação para seus edifícios de culto.[18] Uma série de sentenças de tribunais administrativos, tomadas entre 1992 e 1994, contesta várias decisões que impediam, apelando para leis urbanísticas, a implantação ou a ampliação de imóveis pertencentes aos TJs (Rouvière-Perrier 1994). Em 1995, o consistório geral dos TJ efetua um acordo com o Min. da Defesa, que soluciona o problema do serviço militar. Pois, ao contrário do que afirma o comissário do CE em seu relatório de 1985, os TJ se recusavam a ser enquadrados mesmo no caso da "objeção de consciência" e normalmente cumpriam penas de prisão por isso. A partir de 1995, os adeptos TJ que desejarem possuem o direito de apresentar uma demanda que especifica sua situação, assegurando-lhes que não serão alocados em unidades que participariam, mesmo indiretamente, de combates em caso de guerra (Dericquebourg 1999:117). Quanto à questão da transfusão sanguínea, os TJ empenhar-se-ão em iniciativas de constituição de comitês hospitalares destinados a inventariar os riscos do procedimento de transfusão e a apontar alternativas terapêuticas (Garay e Gony 1996). Por fim, procurarão invocar certas decisões estabelecidas pela justiça européia que os beneficiam – e, mesmo, em um caso de adoção, contrariam sentenças de tribunais franceses.

A estratégia de dividir as atividades em duas associações, de forma a garantir que uma delas possa ser considerada "exclusivamente cultual", não distingue os TJ. A solução é comumente empregada no universo institucional católico e protestante, por exemplo. No caso dos TJ, todos os seus núcleos locais são constituídos nos moldes de "associações de 1905", como réplicas da associação cujos estatutos foram modificados em 1982. É em função de todas essas estratégias e iniciativas que analistas e defensores apontam os esforços de "normalização" e "integração" dos TJ. Os advogados do grupo, em texto apresentado fora de um contexto jurídico, referem-se a um "movimento de visibilidade social e de afirmação identitária" (Garay e Gony 1996). Além disso, é significativa a forma na qual apresentam as reivindicações da associação, definida enquanto "minoria religiosa":

---

18. Cf. AJDA, 1993, n.4, pp.307-11. No entanto, o mérito não foi avaliado em função do caráter "religioso" da instituição, mas com a justificativa de que os imóveis não tinham uma destinação privada.

"Ao respeitar as regras jurídicas do direito de cultos (...), ela pretende simplesmente aproveitar os recursos legais em pé de igualdade. (...) Solicitar o gozo do pleno exercício associativo do direito ao culto constitui claramente um ato de confiança no Estado, uma invocação de sua legitimidade e o signo evidente de que a minoria pretende evoluir nos marcos nacionais".

Discurso que não só revela uma disposição de "integração", mas também denuncia a existência de discriminações ligadas à aplicação do regime de cultos dominante na França.

A partir de 1996, diversas associações locais de TJ acionam os tribunais administrativos com vistas a contestar a cobrança dos valores relativos ao imposto predial. Vimos que a exoneração desse imposto é garantida às ACs, segundo a lei de 1905 e outras que a complementam, dependendo da avaliação direta dos serviços fiscais. Para os TJ, tratava-se de explorar uma via alternativa ao Min. do Interior para obter algum tipo de reconhecimento como AC. Os tribunais administrativos mostram-se divididos, mas a maioria dá ganho de causa aos TJ. Um deles, antes de tomar sua decisão, prefere consultar o CE, que emite um parecer em 1997. Este parecer (CE, 24.10.97) e o relatório que o fundamenta[19] retomam o mesmo raciocínio seguido pelo comissário do caso de 1985, mas chegando a conclusões que confirmam não o comissário, mas o próprio texto do decreto do CE. Ou seja, passa-se pelas mesmas três etapas: definição de "culto", exigência de "exclusividade" de finalidades e adequação das atividades ao critério da "ordem pública"; no entanto, como acertadamente nota Gonzalez (1998), elas são consideradas todas como igualmente imprescindíveis para a atribuição do estatuto de AC.

A cada um desses passos, teço comentários contemplando outras decisões do CE, o que prova que efetivamente constituía-se uma jurisprudência sobre a questão. Primeiro, sobre a definição de "culto", o parecer de 1997 assim se exprime: "a celebração de cerimônias organizadas em vista da realização, por pessoas reunidas em torno de uma mesma crença religiosa, de certos ritos ou de certas práticas". Trata-se de uma acepção ao mesmo tempo mínima, substantiva e tolerante do que seja um "culto". Mínima, pois é herdeira de uma tradição[20] que discrimina dois, e apenas dois, elementos necessários: um, "subjetivo", dado pela "crença religiosa"; outro, objetivo, "cerimônias", coletivas, referenciadas às mesmas crenças. Substantiva, porque, como uma parte dos cientistas sociais, privilegia o objeto da crença (e não sua função social) para definir a categoria religião. Outras decisões e vários comentários concordam em eleger como critério a crença em uma "divindade" ou qualquer "entidade transcendental". Assim, em uma decisão do CE de 1982, os devotos Hare Krishna foram tratados como adeptos de um "culto".[21] Inversamente, outra decisão impediu que a União dos Ateus recebesse uma herança, recusando-lhe o estatuto

---

19. Publicados em *Revue Française de Droit Administratif*, 1998, 14 (1), pp.61-69.

20. Dois nomes aparecem como referências frequentes para sustentar essa concepção: Duguit em seu *Traité de Droit Constitutionnel*, de 1925, e Carbonnier, em uma decisão de 1967. Ver, para um mesmo entendimento, o texto de Robert (1996).

21. Datada de 14.05.82, publicada em *Recueil Dalloz Sirey*, 1982, pp. 516-17.

de "cultual", desde que seus membros "consideram Deus como um mito".[22] Tolerante, enfim, pois mesmo grupos que são considerados por muitos como "seitas", caso dos Hare Krishna e dos TJ, tiveram suas doutrinas e práticas reconhecidas como "cultuais".

O segundo critério refere-se à exigência de exclusividade cultual entre as finalidades da associação. Esse argumento já tinha sido utilizado outras vezes pelo CE para negar a autorização de recebimento de heranças. A "edição e difusão de publicações" serviu para justificar tal recusa não apenas aos TJ em 1982 (CE 13.04.82), mas a uma outra associação no ano seguinte (Associação Fraternidade dos Servidores do Mundo Novo, CE 21.03.83). Outros casos envolvem "cura" (Associação Terceira Igreja do Cristo Cientista, CE 06.06.86) e a "promoção de uma comunidade estrangeira" (Associação de Culto da Igreja Apostólica Armênia de Paris, CE 29.10.90). Em relação a essas decisões anteriores, o parecer de 1997 representa uma certa flexibilização, pois admite a presença de atividades outras que a manutenção de edifícios e de ministros de culto, desde que "se vinculem diretamente ao exercício do culto e apresentem um caráter estritamente acessório". Entretanto, é necessário analisar essa pequena abertura em vinculação com o último critério, que se refere à "ordem pública", considerado, como se disse, enquanto condição essencial à obtenção do estatuto de AC. O parecer do CE não faz mais do que citar o artigo primeiro da lei de 1905, acrescentando: "(...) o fato de que certas atividades da associação poderiam atentar contra a ordem pública se opõe à que a referida associação se beneficie do estatuto de *association cultuelle*". Nisso, como em todo o resto, segue o relatório do comissário, que remete a apreciação específica dessa condição aos casos concretos e particulares.

"Ordem pública" — temos de reconhecer que se trata de uma categoria intrigante. Primeiro, pela sua presença em certas leis fundamentais da história francesa, a começar pela Declaração Universal de 1789, em seu artigo 10, que trata exatamente da "liberdade religiosa", à qual se acrescenta a lei de 1905, em seu artigo primeiro, aliás citado no parecer do CE. Um comentário de jurisprudência (Gros 1996) revela que a mesma noção vem sendo aplicada a situações que formam um conjunto disparatado e heterogêneo: a exibição pública de filmes, a realização de conferências, o funcionamento de estabelecimentos comerciais e mesmo espetáculos de lançamento de anões. Não surpreende, então, que a elas se juntem as "seitas". A "ordem pública" é invocada no parecer da Comissão Nacional Consultiva dos Direitos Humanos (1993),[23] nos relatórios das comissões parlamentares (1995 e 1999),[24] no decreto de criação da Missão Interministerial de Luta contra as Seitas (1998)[25] e no seu relatório (MIS 2000). Em todos esses textos, a "ameaça à ordem pública" aparece para definir as "seitas" em sua "periculosidade" e contribui para desequilibrar a balança a favor daqueles que adotam o princípio em uma acepção não

---

22. Datada de 17.06.88, publicada em AJDA, 10, 1988, p.6.

23. Ver Bouchet (1994).

24. Guyard (1996:13, 80, 84, 94, 101) e Brard (1999: conclusão).

25. Decreto n. 98-890, 07.10.1998 (JO, 09.10.98).

material — ou seja, não restrita à garantia das exigências de segurança, saúde e tranquilidade públicas, mas aberta à consideração de noções tais como "moralidade" e "dignidade humana".[26]

O relatório da comissão parlamentar de 1995 é um bom exemplo de como a noção não guarda uma definição unívoca ou precisa e oscila, mesmo no interior de um mesmo texto, entre conotações mais ou menos genéricas. Com efeito, no relatório, a noção de "ordem pública" surge em três acepções distintas. Primeiro, o "atentado à ordem pública" é um dos critérios que serve para identificar um grupo como "seita" (Guyard 1996:13). O sentido específico da noção permanece vago. A referência a medidas destinadas a garantir a segurança, a tranquilidade e a saúde públicas (:94), assim como a decisão do CE sobre a interdição do templo Hare Krishna alegando riscos para a segurança dada a condição do imóvel e o incômodo para os vizinhos em virtude do barulho (:84), favorece uma interpretação mais estrita. Entretanto, a apresentação de um exemplo de "movimento neo-fascista" (:80), ao qual corresponde a possibilidade de dissolução de uma associação alegando-se uma lei contra "grupos de combate e milícias privadas" (:94), já confere à noção de "ordem pública" uma acepção distinta. Finalmente, ela será ainda acionada em seu "sentido amplo", ou seja, acrescentado de um componente "não material", a "moralidade pública". Nesse momento, juntamente com a "laicidade" e os "direitos e liberdades de outrem", a "ordem pública" serve para invocar os limites às liberdades de consciência, reunião e associação (:84) e introduz a apresentação das diversas disposições passíveis de serem aplicadas às atividades das "seitas". Assim, entende-se porque a existência de uma "atividade contrária à ordem pública ou às liberdades individuais" integra a única definição categórica de "seita" (:13).

Mesmo os que, posicionando-se no interior de um debate jurídico, expressam incômodo com a imprecisão da noção de "ordem pública" não chegam a sugerir saídas realmente alternativas. Pierre Soler-Couteaux (1994) reclama da "vestimenta cômoda da ordem pública", propondo que os limites à expressão da liberdade de consciência sejam enunciados na forma de "valores fundamentais sobre os quais o Estado democrático e liberal não pode transigir". Para especificá-los, recorre a termos tão vagos ou gerais quanto o de "ordem pública" – a saber, "o respeito do homem, de sua liberdade e de sua integridade física e psíquica" (:70-1). Soler-Couteaux é também o autor de um comentário (1985), desaprovador, sobre a decisão do CE de 1985 envolvendo os TJ. No entanto, sua crítica não descarta a noção de "ordem pública"; a partir dela, denuncia uma diferença de tratamento segundo a sua aplicação, valendo a tolerância para as grandes religiões e a severidade para as demais. O mesmo pode ser dito a respeito de outro comentário dessa decisão do CE, por Jacques Robert (1985), que argumenta que a recusa da transfusão de sangue, elemento doutrinário de uma religião e apenas possibilidade hipotética no caso de cada um de seus adeptos, não é razão suficiente para negar

---

26. Sobre a existência de componentes "materiais" e "não materiais" na consideração da noção de "ordem pública", ver Gros (1996).

o estatuto de "religião" ou mesmo uma autorização de recebimento de herança. Robert, através de inúmeros textos (1994, 1996), destacou-se na defesa da liberdade religiosa e de uma acepção ampla de religião, que o levou a aplicá-la mesmo para a Cientologia. Segundo ele, não existiriam "religiões e seitas", mas uma enorme variedade de religiões, entre as quais diversas "minorias". E tudo isso não o impede de invocar, como limite para a liberdade religiosa, a noção de "ordem social", seja na acepção do conjunto de leis de uma sociedade (1993), seja mais estritamente para traduzir as proteções à tranquilidade e segurança dos cidadãos (1985).

A incursão por textos que referendam ou criticam os usos a que se presta a noção de "ordem pública" não conduz a uma definição substantiva. Ao contrário, sua principal característica é de funcionar como um *princípio limitador* ao exercício de uma série de liberdades juridicamente estabelecidas — de consciência, de crença, de religião, de reunião, de associação... O conteúdo no qual esse princípio pode se traduzir é, como vimos, bem amplo. Na discussão sobre as "seitas", ele permite incorporar as diversas acusações que caracterizam cada caso concreto. Do ponto de vista do Ministério do Interior, fundamentado na jurisprudência criada por decisões e pareceres do CE, a "ordem pública" passa a servir para definir a "religião" em sua plenitude, possibilitando apreciar práticas específicas, sendo este o argumento a justificar a exclusão das "seitas" à mesma condição. Ouçamos as declarações do funcionário que foi por um período "encarregado de missão para assuntos religiosos no Ministério do Interior":

"(...) o Estado aparece como um protetor dos cultos, a partir do momento em que eles não constituam um problema para a ordem pública e a vida social (o que poderia ser o caso de certas 'seitas') (...)" (Boyer 1993a);

"há muitos exemplos de associações que se pretendem *cultuelles* sem razão (...que buscam fins distintos, podendo ir até as atividades de 'seitas', atentando contra a ordem pública e os bons costumes)" (Boyer 1996).

Já em um parecer de 1982 emitido a pedido do Min. do Interior, o CE (26.06.82) indica que, na análise de solicitações de autorização para o recebimento de dons e legados, devem ser consideradas a jurisprudência e o "interesse público".

"Se a instrução da demanda de pedido de autorização revela que uma liberalidade, notadamente pelos novos instrumentos que confere a uma *association cultuelle*, pode levar esta a atentar contra a ordem pública, cabe-lhe apreciar (...) o caráter real e sério das ameaças existentes contra, por exemplo, o interesse nacional, a segurança das pessoas, os bons costumes ou a tranquilidade pública" (*apud* Vivien 1985:75).

Essas recomendações são repassadas aos serviços dependentes do Min. do Interior por uma circular (27.07.82), que a justifica pelo temor de que o pedido de autorização possa partir de associações que representem "seitas" (Blanchard 1998: anexo 9). Uma "nota do Setor de Cultos", datada de 12.06.85 (Vacherot 1985-6), retoma as mesmas recomendações, distinguindo, no entanto, entre a "ordem pública" como fator que serviria para limitar a constituição e a existência de "associações religiosas ou pseudo-religiosas" e o "interesse público" como fator de avaliação de pedidos de autorização de dons e legados. E outra circular do Min. do Interior (22.12.1988) volta a solicitar às autoridades departamentais que não autorizem os pedidos vindos de associações cujas atividades atentem contra o "interesse nacional" ou as "liberdades públicas", ou sejam "repreensíveis" (*apud* Boyer e Brisacier 1993:68).

Em termos globais, configura-se em virtude dessas condições a perpetuação de uma situação definida em 1985 nos seguintes termos pelo chefe do Setor de Cultos: "Até hoje, nenhuma seita, no sentido pejorativo desse termo, recebeu a autorização administrativa para aceitar um legado ou um dom (...)" (Vacherot 1985-6:310). Ou seja, procura-se garantir que não se misturem o universo das ACs e o das "seitas".[27] Para isso, o Ministério do Interior não precisou desenvolver um discurso específico sobre as "seitas", o que explica que não encontremos uma definição, mesmo operacional, dessa categoria nas atividades do Setor de Cultos. Se a exclusão ocorre, ela é o efeito da aplicação dos critérios gerais adotados por referência à noção de "religião". Não se constitui uma nova categoria de grupos, mas invoca-se, para recusar o estatuto de AC, que o solicitante não tem o "religioso" como finalidade "exclusiva", ou promove atividades que atentam contra a "ordem pública". Não possuindo um discurso específico sobre as "seitas" e contentando-se em impedir seu reconhecimento como "religiões", o Setor de Cultos transformou-se em um ator oculto e distanciado na controvérsia. Seus representantes não foram ouvidos por ocasião da elaboração dos relatórios Vivien e Guyard sobre as "seitas", nem vieram a fazer parte do OIS ou da MIS. Em contrapartida, vimos como as "seitas" passaram a constar entre as atribuições e as atividades de outros setores dentro do mesmo ministério, especialmente os RGs e a Diretoria de Assuntos Criminais, sem falar nas demais administrações. Isso permite afirmar que o Estado francês desenvolveu uma espécie de divisão de tarefas para o tratamento diferenciado e dirigido de "religiões" e de "seitas".

Retornemos ao caso dos TJ para verificar o que, afinal, decidiu o tribunal administrativo que recorreu ao parecer do CE. A sentença nega que o grupo possa ser considerado uma AC, alegando problemas para a "ordem pública": oposição ao princípio de defesa da nação pelas armas em caso de necessidade, recusa de participar das eleições e interdição da transfusão sanguínea especialmente para as crianças. A essa série de problemas, o tribunal acrescenta a inclusão dos TJ na lista de seitas divulgada pelo relatório da comissão parlamentar (Brisacier 1997). A divergência entre as sentenças expedidas pelos diver-

---

27. Postura, ademais, explicitamente reconhecida, como o prova a resposta do ministro do Interior (22.12.94) a uma questão parlamentar: "a administração zela para que tais associações [pseudo-religiosas] não se beneficiem da [lei de 1905] (...) que permite às associações tendo exclusivamente por fim o exercício de um culto o recebimento de dons e legados e diversas vantagens fiscais" (*apud* Wanegffelen 1998:332). Note-se que a "apreciação rigorosa" das condições de reconhecimento de "congregações" e o "controle estrito" dos benefícios reservados às ACs eram duas das recomendações do parecer da Comissão Nacional Consultiva dos Direitos Humanos (Bouchet 1994).

sos tribunais administrativos envolvidos no caso da isenção do imposto predial deve, mais cedo ou mais tarde, obrigar a novos pronunciamentos do CE.[28] Enquanto isso, os TJ pleitearam, também sem sucesso, o reconhecimento de uma de suas associações, organizada em regime comunitário, como "congregação" (Gonzalez 1998; Brard 1999) e a inclusão de seus predicadores no regime previdenciário especial para ministros de culto (Brard 1999). No momento, envolvem-se em um contencioso com a administração fiscal em função da cobrança de tributos que incidiriam sobre as ofertas dos adeptos, interpretados como "doações manuais" (MD 30.06.98; Brard 1999). Em todas essas situações, o que está em jogo é o reconhecimento, por diversos aparatos estatais, de um grupo como "religioso".

Outro grupo que solicitou a inclusão de seus membros no regime previdenciário para ministros de culto foi a Cientologia. Nesse caso, a decisão cabe em primeira instância a uma comissão consultiva ligada aos próprios órgãos de previdência. A comissão recusou o pedido da Cientologia, com a argumentação de que as taxas pagas por seus fiéis impossibilitavam sua caracterização como uma religião, "que deve ser facilmente acessível a todos" (*apud* Duvert 1999:271). Com justificativas semelhantes, mais de uma vez originaram-se contenciosos entre a administração fiscal e núcleos da Cientologia, em torno de seu caráter não lucrativo e, consequentemente, da isenção dos impostos sobre sociedades e sobre atividades comerciais.[29] Quando o juiz do Tribunal de Apelação de Lyon mencionou em sua decisão de 1997, mesmo confirmando várias condenações, que a Cientologia poderia ser considerada uma "religião", suas lideranças apressaram-se em divulgar a boa nova. A reação ilustra uma estratégia geral consistindo – em contraste com os TJ, que preferem intervir junto a instâncias administrativas específicas – em provocar, por parte de autoridades de qualquer tipo, a admissão do caráter "religioso" da Cientologia, sem importar o contexto em que se faz (Duvert 1999). Prova de que tal reconhecimento passou a envolver bem mais coisas do que vantagens diretamente materiais, como é o caso de isenções fiscais e do recebimento de heranças.

---

28. Segundo o relatório da última comissão parlamentar (Brard 1999), 80% das decisões foram favoráveis à concessão de isenção do imposto predial a associações vinculadas ao TJs. Ver também Libé 08.02.2000. Em duas decisões de 23.06.2000, o CE rejeitou os protestos do Ministério da Economia e das Finanças. Mas as decisões ratificam os critérios do parecer de 1997, limitando sua aplicação às associações TJ diretamente envolvidas no contencioso (cf. Hervieu-Léger 2001:43).

29. A Cientologia não foi o único grupo a ser atingido por contestações de administrações fiscais. AUCM e Hare Krishna sofreram ações semelhantes, em seu caso envolvendo o estatuto de atividades como a prestação de serviços, a venda de produtos e publicações, a propaganda comercial: o problema reside em saber se essas atividades, num plano, associam-se a finalidades "religiosas", servindo para cumpri-las; noutro, se são "acessórias" do ponto de vista do funcionamento da instituição, não descaracterizando sua natureza essencial (Duvert 1999). Em se tratando da Cientologia, a intervenção motiva-se não só por suas atividades "paralelas", mas especialmente pela própria relação do grupo com seus adeptos. Daí que a estratégia consistindo na separação jurídica entre associações sem fins lucrativos e empresas, adotada pela Cientologia, seja no seu caso sempre insuficiente.

À luz das várias considerações sobre as condições e as evoluções da forma pela qual o Estado francês se relaciona com o "religioso", podemos finalmente retomar as reações dos jornais às declarações do juiz de Lyon. Noto que sua sentença, no momento em que concede à Cientologia um caráter religioso, recorre à mesma definição de culto proposta pelo Conselho de Estado e a jurisprudência subjacente (ou seja, a existência de uma crença, que informa as práticas de um coletivo), sem, no entanto, prolongar a avaliação considerando a noção de "ordem pública". De todo modo, nenhum editorialista faz a conexão entre as declarações do juiz e outros mecanismos que possibilitam ao Estado francês um reconhecimento do "religioso". Ao lamentarem as "pretensões teológicas" de um "Estado laico" sem levar em conta esses outros mecanismos, os protestos dos principais jornais franceses contra o reconhecimento da Cientologia não servem senão para reforçar sua exclusão dentre as "religiões". Compreende-se, assim, a satisfação da MIS[30] diante de uma nova sentença em 1999 envolvendo a Cientologia, na qual o juiz se recusa a apreciar o estatuto do grupo, desfazendo assim a confusão que a decisão anterior sugerira ao incluir uma "seita" notória no grupo das "religiões".

3. Uma "religião" não é uma "seita"

Proponho agora que exploremos algumas dimensões do tratamento reservado pelo Estado francês ao islamismo, tido como a segunda religião em termos de número de fiéis e de lugares de culto na própria metrópole. O que torna interessante e útil essa digressão é exatamente o fato de o islamismo, além de compartilhar com as principais "seitas" um certo estigma derivado de sua "origem estrangeira", também ser percebido como um problema e merecer uma atenção oficial específica. Frégosi (1996) nota a "gestão policial" que é aplicada aos grupos e lideranças islâmicas, mencionando a proibição de difusão de um livro e a prisão domiciliar de um *iman*, ocorridas em 1995. De fato, o próprio Min. do Interior desenvolveu competências e ações dirigidas ao islamismo, deslocadas, no entanto, do Setor de Cultos. Segundo o atual chefe do serviço, as questões mais gerais relativas ao islamismo são tratadas preferencialmente pelo conselheiro para assuntos religiosos, cargo vinculado diretamente ao ministro. Além disso, a observação e a vigilância de grupos islâmicos fazem parte das preocupações dos RGs – alocadas em uma seção distinta daquela que se ocupa com as "seitas" (Exp 04.04.96; MD 27.09.90). Observa-se, portanto, um cuidado em não atribuir a gestão dos "problemas" associados ao islamismo às mesmas autoridades que se dedicam ao "problema das seitas". Mais do que isso, pois, regra geral, o islamismo nunca é discutido no âmbito da questão das "seitas" e jamais se ouve falar de "seitas islâmicas", o que alguns comentaristas consideram injustificável

---

30. Cf. comunicado de 01.07.99 fazendo referência a uma decisão da Cour de Cassation de 30.06.99 (disponível em www.multimania.com/tussier/sciento.htm).

(Introvigne 1996; MR, 219, 1998). Justificável ou não, o tratamento dirigido ao islamismo confirma ao mesmo tempo a tendência ao reconhecimento oficial das "religiões" e a clivagem que as separa das "seitas".

Vejamos porque, então, ao contrário das "seitas", o islamismo é um "problema religioso". Primeiro, por excesso. É comum encontrarmos entre os pronunciamentos de autoridades ou de funcionários a idéia de uma incompatibilidade, ao menos potencial, entre o islamismo e a laicidade. O mesmo ministro do Interior que afirma que a laicidade sustenta-se sobre uma distinção de domínios, continua: "o islão não conheceu nem o Renascimento, nem a Reforma. É verdade que o islão distingue o domínio religioso do domínio mundano. Mas não faltam muçulmanos para observar que esse distinção demanda uma coordenação e, por conseguinte, uma implicação permanente do religioso no mundano" (Chevènement 1998:51). Em outras ocasiões, o tom compreensivo dá lugar, baseado contudo na mesma apreciação, a diagnósticos menos benevolentes. Por exemplo, pelo recurso às categorias "integrismo" e "fundamentalismo", que explicariam as atitudes de muçulmanos em vários domínios sociais, como a política, as relações de gênero, a educação das crianças. Com a palavra, o conselheiro do ministro do Interior:

"Os incidentes ligados ao uso do véu islâmico por certas alunas mostram bem as dificuldades do integrismo muçulmano na França (...). Essa religião sustenta práticas ostentatórias, exageradas e prosélitas, notadamente o véu. (...) Ora, essa religião muitas vezes intransigente, que se opõe às vezes a uma democracia à francesa e à sua laicidade, é a segunda da França" (Damien 1995:367, 369).

De fato, as reações surgidas, a partir de um primeiro caso em 1989, em torno do uso do véu por adolescentes muçulmanas em escolas públicas parecem condensar o tipo de desafio percebido no islamismo. A oposição a tal comportamento, compartilhada por amplos setores profissionais e sociais, passa por uma preocupação com a igualdade sexual e a autonomia das crianças em relação aos seus pais. E, no entanto, ela se apóia na reivindicação de defesa da "laicidade". É também nesse sentido que se colocou a intervenção oficial, considerando o problema em termos de "limites ao proselitismo".[31] Ou seja, trata-se bem dos excessos de uma religião que demanda uma barragem a tendências, no limite, teocráticas.

Em segundo lugar, o islamismo é um "problema religioso" por suas carências. As mesmas autoridades que notam os excessos do islamismo, apontam a ausência ou a fragilidade das estruturas presentes no caso de outras religiões. Assim, faltam ao islamismo lugares apropriados de culto correspondentes ao número de seus praticantes, falta uma

---

31. Desde a primeira polêmica, outros casos ocorrem todos os anos. Na passagem de 1994 para 95, em seguida a uma portaria do Min. da Educação, cerca de 150 jovens foram expulsas de escolas públicas (Basdevant-Gaudemet 1996). Na passagem de 1998 para 1999, nova mobilização de professores em algumas escolas (MD 10.01.1999). Os pareceres e decisões do CE e as circulares do ministério pautam-se pela noção de "caráter ostentatório de um signo religioso", que caracterizaria o proselitismo, evitando uma proibição específica ao porte do véu (Koubi 1992, 1996). Ver ainda Bedouelle e Costa (1998) e Hervieu-Léger (1999b).

formação local dos ministros de culto (assimilados aos *imans*) nos moldes e com a solidez das demais "grandes religiões", falta a motivação para converter seus grupos em associações conforme a lei de 1905. Nota-se que a maior parte das associações islâmicas prefere organizar-se dentro das regras de 1901 e que isso facilita e reproduz a influência e o financiamento estrangeiros. Sobretudo, lamenta-se que o universo islâmico esteja estilhaçado e dividido em numerosas e disparatadas organizações a ponto de torná-lo incapaz de construir instâncias representativas, com a legitimidade suficiente para se tornarem interlocutores avalizados pelos poderes públicos. "Essa comunidade escapa a toda lógica e a toda tentativa de unificação interna e externa" (Damien 1995:362) – avaliação do conselheiro do ministro do Interior que só difere de outras (Boyer 1992, 1993a; Pasqua 1993; Chevènement 1998) pelo seu pessimismo.

Diante dessa dupla razão para os problemas que caracterizariam o islamismo na França, a atitude das autoridades a partir do final da década de 80 revela-se através de um esforço que visa simultaneamente o enquadramento e o reconhecimento dessa "nova religião". Declarações nesse sentido não faltam, a começar pelo pronunciamento recente do min. do Interior: "há lugar para o islão à mesa da República. Não se trata apenas de um direito que pertence aos muçulmanos. É uma oportunidade para eles e para a França de fazer viver, sobre nosso território, um islão moderno" (Chevènement 1998:52). Outros exemplos:

"É necessário que os poderes públicos dêem ao islão a possibilidade de explorar todo o campo da legislação, como aos outros cultos" (Boyer 1992:40).

"É necessário que o islão se torne francês (...) se pretendemos evitar um islão de catacumbas, não controlado, que poderia se desviar do respeito às leis da República" (Boyer 1996).

"O ideal seria passar de um islão tolerado (...) a um islão aceito, ou seja, reconhecido, beneficiando-se dos mesmos direitos e deveres que os representantes das outras religiões instaladas sobre o território da República. Para tanto, seria necessário que através de um esforço jurídico os representantes do islão na França aceitem se moldar na fôrma das instituições da República, e notadamente naquelas das *associations cultuelles* e naquelas das instituições escolares ou universitárias, que são as únicas susceptíveis de lhes dar as garantias de que têm necessidade e de permitir ao Estado assumir os controles que lhe competem" (Damien 1995:367).

Assim, se o ideal seria que os grupos dedicados à religião islâmica assumissem a estrutura mais correspondente ao seu estatuto, na prática a estratégia é mais diversificada. Uma série de medidas, de caráter essencialmente administrativo, procura estender aos muçulmanos os reconhecimentos, direitos e distinções destinados a outras religiões – relações trabalhistas, alimentos apropriados em refeitórios de estabelecimentos coletivos, espaço em cemitérios, regulamentação de procedimentos e habilitação de especialistas rituais (Basdevant-Gaudemet 1996; Frégosi 1996). No plano mais restrito dos espaços de culto, em diversas ocasiões os poderes públicos procuraram se aproveitar da predominância de "associações de 1901", o que permite subvenções diretas (Basdevant-Gaudemet 1996; Frégosi 1996; Pierré-Caps 1990). Daí o financiamento de "associações de 1901" para a realização de "projetos mistos", ou seja, que possuem dimensões culturais ou sociais (o suficiente para justificar uma subvenção) mas resultam também na construção de lugares de culto. Além disso, há registro de pelo menos um caso em que o apoio público direto foi legitimado pelo recurso, oferecido pelas leis urbanísticas, à figura do "equipamento público" – tratava-se de um "centro cultural islâmico" que incluía uma mesquita. Tais procedimentos podem se amparar nas posições do Min. do Interior, que em certa ocasião desenvolveu um argumento compensatório, reconhecendo que ajudas oficiais episódicas para a edificação de "centros islâmicos" visam "remediar" "uma evidente desigualdade entre os diferentes cultos".[32] Dados esses antecedentes, não espanta que em um relatório do ministro do Interior sobre a integração dos imigrantes, apresentado em 1990, conste a proposta de uma "revogação temporária da lei de separação" a fim de permitir o financiamento direto a grupos muçulmanos dedicados a atividades de culto (Boyer 1993).

Mas os esforços mais explícitos e tenazes ocorreram no campo da organização representativa. Em 1990, o Min. do Interior institui o CORIF (Conselho de Reflexão sobre o Islão na França), composto de quinze personalidades muçulmanas, escolhidas e nomeadas pelo ministro. O CORIF foi criado para ser um "órgão consultivo" para a resolução das questões envolvendo a comunidade islâmica, mas havia também a pretensão de que ele fosse o embrião da estrutura representativa cuja ausência era lamentada pelas autoridades (Boyer 1992, 1993a; Damien 1993). Algumas reuniões foram realizadas, no contexto das quais se resolveram certas medidas aqui mencionadas, mas desde seu início o CORIF sofreu críticas externas e enfrentou desentendimentos entre seus próprios membros. Inviabilizadas, suas atividades cessam no decorrer de 1992. Desde então, o Min. do Interior adotou uma política menos ostensiva, caracterizada por um apoio aos dirigentes da Mesquita de Paris (Damien 1993, 1995), eles mesmos empenhados desde 1993 em um esforço de unificação visando se legitimarem como instância representativa (Boubakeur 1993). No mesmo ano, passa a funcionar um conselho consultivo, que no final de 1994 lança uma "Declaração do Culto Muçulmano na França", destinada a servir de referência para as várias uniões e federações existentes, cujos líderes foram convidados a aderir. Propunha-se um islamismo "tolerante, aberto e moderno", respeitoso dos "valores republicanos".

Segundo Basdevant-Gaudemet (1996:361), "no curso do ano de 1994 e nos primeiros meses de 1995, o Ministério do Interior dialoga oficialmente com essa organização, considerada como ilustrando um Islão moderado e um Islão francês".[33] Mas a Declara-

---

32. "Réponse à question écrite, 09.08.84" (*apud* Basdevant-Gaudemet 1996:369).

33. Em outubro de 1993, o instituto de formação de *imans* vinculado à Mesquita de Paris foi inaugurado com a presença dos ministros do Interior e da Cultura. Além disso, em 1994 um decreto do Min. da Agricultura, cuja aplicação foi contestada por outras associações islâmicas, estabelecia que a Mesquita de Paris teria o monopólio da designação dos sacrificadores religiosos (Basdevant-Gaudemet 1996).

ção foi contestada no interior do universo associativo islâmico, cujos expoentes questionaram especialmente a proeminência da Mesquita de Paris na sua elaboração. Diante do novo revés, a postura mais recente por parte das autoridades tende à circunspeção. Assim, na "*cérimonie de voeux*", que consiste no encontro anual do Presidente da República com as "autoridades religiosas", os representantes do islamismo têm sido, desde 1993, sistematicamente excluídos pela falta de legitimidade dos eventuais candidatos (MD 10.01.99). Isso não significa, no entanto, que o governo se negue a reconhecer o islamismo, mas traduz uma estratégia de expectativa. A disposição para o reconhecimento permanece intocada, como faz questão de demonstrar o ministro do Interior: "deveremos chegar a encontrar as modalidades práticas de nossos relacionamentos, o que supõe a existência de um interlocutor legítimo (...). O Estado não imporá suas escolhas. (...) Ele habilitará aqueles que lhe serão propostos" (Chevènement 1998:52). Disposição que se transforma logo depois, ao final de 1999, na tentativa de chegar a um documento que fixasse "os princípios e fundamentos jurídicos" das relações entre o Estado e o islã na França (cf. MD 19.02.2000).

Uma oscilação entre uma intervenção explícita, mesmo ostensiva, e uma postura de expectativa parece caracterizar a atitude do Estado francês, não só quanto ao islamismo, mas frente às "religiões" em geral – e isso desde as iniciativas napoleônicas que estabeleceram o regime dos quatro cultos reconhecidos. No caso do catolicismo, o problema que se colocava no início do séc. XIX não era o da existência de uma instância de representação, mas o da sua autonomia, potencialmente perigosa. Daí que a regulamentação da concordata de 1801 com a Santa Sé tenha procurado estabelecer uma série de prerrogativas sobre as atividades dos eclesiáticos católicos e ratificar uma teologia favorável à supremacia imperial.[34] Ou seja, ao invés da Igreja galicana estabelecida com a Constituição Civil do Clero de 1793, uma Igreja romana controlada de perto pelas autoridades francesas. Explica-se assim que certos anticlericais do séc. XIX fossem contrários ao fim da concordata ou que a idéia de uma "convenção" com o Vaticano tenha sido cogitada durante o período gaullista, depois de superados os atritos que antecederam e seguiram a "lei da separação".[35] Se levarmos em conta as considerações de Hervieu-Léger (1999, 2001), mesmo o quadro criado pela "lei da separação" teve como referência um modelo confessional vazado nos moldes da Igreja Católica. Em outro plano, percebemos de parte a parte sinais contemporâneos de cumplicidade entre Estado e Igreja Católica. A grande autonomia de que goza atualmente a Igreja Católica na França não impede que um de

---

34. Sobre a concordata de 1801 e as possibilidades de intervenção estatal, ver Boyer (1993a), Poulat (1987) e Bedouelle e Costa (1998). Note-se que durante o séc. XIX em geral as congregações estiveram sujeitas a exigências de autorização para funcionamento.

35. Bedouelle e Costa (1998:60) referem-se à gradativa reaproximação entre Estado e igrejas após a I Guerra Mundial, balizada sempre pela situação em relação à Igreja Católica, através de acordos e compromissos "que são como micro-concordatas".

seus porta-vozes caracterize a situação sob a perspectiva de uma "colaboração".[36] De modo semelhante, a laicidade do Estado não impediu, em 1996, ao governo de dispensar em memória ao falecido presidente Mittérand uma celebração católica em plena Notre Dame de Paris e de comemorar oficialmente o 1500º aniversário do batismo de Clóvis, tomado como marco das origens da nação francesa.[37]

No início do séc. XIX outros três cultos, já sabemos, foram oficializados. Seu reconhecimento esteve acompanhado de uma intervenção clara na suas estruturas organizativas. O funcionamento das igrejas reformada e luterana e do culto judaico sofreu significativas transformações, mais ou menos profundas segundo o caso, a partir das leis napoleônicas. Durante o séc. XVIII, os judeus constituíam "nações" em torno de comunidades dispersas e munidas, em diferentes graus, de poder judiciário e fiscal sobre seus membros. A partir de 1791, os judeus são "emancipados", convertidos em cidadãos dotados dos mesmos direitos e sujeitos aos mesmos poderes que os demais. Finalmente, entre 1806 e 1808 tomam-se providências que, a partir de iniciativas estatais, vão conferir ao culto judaico uma organização local (consistórios) composta por rabinos e notáveis, nacionalmente unificada em estruturas centralizadas e representantes gerais, articuladas a uma concepção individualista e privatizante da religião. As observações propostas por Graetz (1989) — que mostram certos embriões de centralização já durante o Antigo Regime, a manutenção de certas características da estrutura comunitária (em tese extinta em 1791) e o interesse das próprias lideranças judaicas em uma intervenção estatal em vista da recuperação da normatividade perdida junto com a "emancipação" — ajudam a entender o concerto de interesses que se formou em prol das mudanças. Sobretudo, importa notar que a atual União das Comunidaddes Judaicas da França, também chamada de "consistório central", interlocutora habilitada pelos poderes públicos como representante do judaísmo francês e que designa o Grande Rabino de França, é herdeira dessa intervenção do início do séc. XIX.

No universo protestante, por comparação, são as variações que predominam em suas conformações institucionais, mas igualmente em diálogo com a intervenção estatal. No começo do séc. XIX, a reforma napoleônica introduziu novas formas de organização para reformados e luteranos, com efeitos distintos nos dois casos (Encrevé 1985). Para os reformados, um sistema baseado em assembléias locais a partir das quais eram eleitos os

---

36. Nas palavras do decano da Faculdade de Direito Canônico do Instituto Católico de Paris: "É preciso que a sociedade civil possa contar com as forças morais e religiosas, com a confiança e a estima da parte de um Estado de direito aberto, que soube adotar um neutralidade aberta a um diálogo" (Durand 1993:124-25). Mesmo sofrendo fortes tensões, uma legislação centenária garante, dentro de certos limites e condições, que as escolas privadas (das quais 95% são católicas) recebam recursos públicos e preservem seu "caráter próprio". Sobre a relação entre nação e catolicismo na França, ver Willaime (1988, 1993).

37. Sobre esses eventos, ver Bedouelle e Costa (1998). São também eles que lembram os resquícios de uma "tradição de 'proteção dos cristãos'" pelo Estado francês no exterior e, no período colonialista, a tolerância às missões católicas no Ultra-Mar (:69).

componentes de sínodos representativos é transformado com a inserção de uma outra unidade organizativa, o consistório. Ele representou a criação de uma instância totalmente nova, já que quase sempre abrangia várias igrejas locais (que se tornaram oficiosas) e dificultava as reuniões sinodais (sujeitas à permissão governamental). O consistório passa a ser o ponto de apoio para o controle das autoridades. Para os luteranos, que adotavam uma multiplicidade de sistemas de organização das comunidades de culto, esse controle ocorre de outra forma. Ao invés das paróquias, a célula básica passa a ser o consistório. Acima dele, colocam-se inspeções e um diretório. Antes das reformas, havia os consistórios, mas eles constituíam não a célula básica, mas instâncias superiores às paróquias, formando sistemas sem vínculo jurídico entre si. Depois, tem-se um sistema unificado, integrando consistórios/inspeções/diretório, notando-se que as duas últimas instâncias contavam com membros nomeados pelo governo.

Na prática, vários aspectos referidos às formas anteriores de organização vão provocar modulações no funcionamento deste sistema e pode-se dizer que no decorrer do século os dois grupos protestantes reconquistaram uma certa autonomia. Com a lei de separação de 1905, os protestantes adaptam-se rapidamente ao novo sistema das ACs e formam uniões que seguem divisões de várias naturezas. Essa fragmentação do universo é contrabalançada pela criação de uma federação, em 1909, que, com a finalidade específica de tecer relações com os poderes públicos, mostrou-se capaz de reunir várias tendências. Trata-se da Federação Protestante da França, entidade que cumpre até hoje o mesmo papel. O interessante é que, na década de 1930, a FPF vai desenvolver proposições doutrinárias, em torno de uma nova declaração de fé, rompendo suas funções mais estritas (Encrevé 1985). Embora, como vimos no capítulo anterior, a FPF sofra as consequências de movimentos que contribuem para multiplicar as instâncias representativas no protestantismo, ela se mantém por enquanto solidamente como interlocutora reconhecida pelas autoridades e aparatos estatais. É a FPF que se ocupa do que chama de "serviços comuns": programas de rádio e televisão, capelanias nas forças armadas e nas prisões. E são seus membros que participam de comissões oficiais.

Mesmo no caso do islamismo, se a história colonialista da França for considerada, recupera-se um passado de intervenções e tentativas de controle. Especialmente na Argélia, e apesar da validade da lei de 1905, ocorreram a tutela administrativa e financeira dos grupos de culto e a habilitação e sustento material de *imans*, política que na década de 1930 culmina na criação de um "comitê consultivo muçulmano" (Frégosi 1996; Pierré-Caps 1990). A própria construção da Mesquita de Paris, na década de 1920, sob a responsabilidade formal de uma associação islâmica de origem argelina, constituiu um elemento dos compromissos decorrentes da I Guerra e contou com a participação material direta do Estado francês (Boyer 1993a). É verdade que no pós-II Guerra, as autoridades mostraram-se menos intervencionistas em relação ao islamismo metropolitano, mas, como vimos, essa atitude sofre uma transformação drástica a partir do final da década de 1980 – quando, acompanhando a mudança da percepção geral a respeito da população muçulmana, se empreendem esforços que Frégosi (1996) designa como "práticas neo-coloniais".

Se no caso do islamismo, a postura recente caracteriza-se por um intervencionismo mais ou menos ostensivo, sugiro que a situação atual de relações com outras "grandes religiões" só se explica como o efeito retardado da interação entre a política estatal e a dinâmica da organização interna dos grupos de culto, esta mesma mais ou menos atravessada por intervenções governamentais em diferentes momentos de sua história.

A comparação entre o tratamento oficial reservado às "seitas" e ao "islamismo" na França revela-se iluminadora das concepções do Estado francês a respeito da "religião". Ambos são um "problema", mas constituído de formas bem distintas. O islamismo é percebido através de excessos e carências que só fazem sentido porque há o pressuposto de que se está diante de uma "religião". As "seitas", se envolvem "cultos", não se conformam às feições de uma "religião". Suas eventuais pretensões religiosas demandam uma operação de desmascaramento que atinja suas finalidades efetivas; sobretudo, podem ser reduzidas a práticas cuja marca está em sua nocividade ou periculosidade. Problemas distintos, soluções diferentes. Se o islamismo tende a ser enquadrado e reconhecido, operações às quais é convidado ou forçado, as "seitas" precisam ser isoladas. Na prática, trata-se de impedir que elas gozem seja de benefícios oficiais indiretos – aos quais o estatuto de AC permite o acesso –, seja de financiamentos estatais diretos – recorrendo-se a uma vigilância que priva "associações de 1901" de uma possibilidade legal. Sobretudo, não há sentido algum em erigir um representante desse universo; ao contrário, no limite, desconsidera-se mesmo a legitimidade de qualquer discurso que dele proceda. Já em relação ao islamismo, espera-se que aponte seus porta-vozes e guarda-se para seus interlocutores um espaço certo ao lado de outras "religiões".

Uma maneira de obter algum esclarecimento sobre essa concepção de "religião" que inclui, apesar de seus "problemas", o islamismo é abordar os procedimentos adotados para o reconhecimento das "congregações". Mesmo não existindo nenhum caso de "congregação" islâmica, o fato de que a lista comporte hoje "congregações" ortodoxas, budistas, uma salvacionista (isto é, vinculada ao Exército da Salvação) e mesmo uma hindu oferece uma situação interessante para sabermos com que parâmetros opera aquela concepção de "religião". Embora desde 1988 o reconhecimento tenha deixado de abranger apenas o universo do catolicismo, manteve-se em relação às demais confissões os mesmos critérios anteriormente adotados. Assim, para um grupo tornar-se uma "congregação" reconhecida não basta manter uma vida comunitária e obter um parecer favorável do conselho municipal e da administração departamental correspondentes à localidade onde está instalado. É ainda imprescindível o aval fornecido por uma autoridade externa pertencente à hierarquia religiosa à qual se vincula o grupo. A regra transfere para o quadro de outras confissões a exigência de uma declaração do bispo para as "congregações" católicas localizadas em sua diocese (D'Onorio 1988). Se mesmo no catolicismo, atribui-se ao bispo uma autoridade que na maioria das vezes canonicamente ele não possui, as soluções no caso de outras religiões são variadas, mesmo curiosas.

A primeira "congregação" não católica ilustra bem o quão complicado pode ser o processo. O Ministério de Assuntos Estrangeiros foi mobilizado para entrar em contato com o regente de uma escola budista localizada na Índia, a fim de verificar seus vínculos com a comunidade candidata à "congregação" na França. Entre as sete "congregações" budistas atuais, há algumas que contam com o aval do Dalai Lama (Boyer 1993a). No caso de uma congregação mantida pelo Exército da Salvação, a FPF foi aceita como responsável externa. Ora, na época, o Exército da Salvação não era filiado à FPF, o que só vem a ocorrer dois anos depois – muito provavelmente em função do primeiro vínculo, estabelecido por uma exigência do procedimento de reconhecimento. As "congregações" ortodoxas, por sua vez, são avalizadas pela Conferência Interepiscopal Ortodoxa, uma entidade cuja existência não deveria implicar em perda de autonomia das igrejas vinculadas (Boyer 1993a). Isso não impediu que a desaprovação formal por essa entidade do fundador de uma comunidade auto-assignada como ortodoxa servisse para fundamentar a interrupção do procedimento de reconhecimento pelo Min. do Interior (Boyer e Brisacier 1993).

Portanto, o reconhecimento de "congregações" está vinculado à oficialização de certas autoridades e entidades religiosas. Outro caso de interrupção de procedimento envolveu a comunidade do Mandarom, grupo repertoriado em qualquer lista de "seitas". Sua justificativa expõe essa dimensão institucional dos efeitos do reconhecimento: "seu movimento, mesmo se reivindica diversas correntes espirituais mais antigas, não possui nenhum vínculo institucional com elas: ele constitui uma experiência sincretista original cuja manifestação sob a forma de um culto não dependia senão da autoridade isolada de seu fundador e animador" (Boyer e Brisacier 1993:75). Na verdade, a exigência de "laços institucionais" retoma no contexto atual uma preocupação presente já na elaboração da lei de 1905, no sentido de erigir um enquadramento jurídico do religioso que respeitasse as autoridades estabelecidas segundo a organização de cada confissão. Um de seus artigos (art.4) previa que as ACs deveriam se conformar "às regras de organização geral do culto do qual se propõem a assegurar o exercício".[38] Esse dispositivo serviu para fundamentar uma jurisprudência favorável à hierarquia católica, tendente a desaprovar o uso de identificações e designações católicas por grupos cismáticos.[39] Como disse um funcionário do Min. do Interior: "A prática administrativa é conservadora das formas cultuais" (Boyer 1996). Porém, desde que esse princípio passou a ser aplicado para além do catolicismo, é bem provável que esteja atuando no sentido de consolidar ou mesmo criar vínculos entre instituições religiosas e representantes institucionais e de estabelecer um outro conjunto de grupos a um só tempo fragmentado e excluído do círculo dos oficialmente reconhecidos.

Essa possibilidade demanda uma certa flexibilidade quanto aos critérios de reconhecimento, tal como revela um trecho referente à recusa da solicitação do Mandarom:

---

38. Sobre as negociações que resultaram na inclusão desse artigo, ver Bedouelle e Costa (1998:48-9).

39. O mesmo dispositivo foi acionado para recusar autorização de recebimento de uma herança no caso do pedido feito por uma associação cujos estatutos declaram-na "católica" e "em conformidade com as leis canônicas tradicionais" – e que, no entanto, está desligada da Igreja Católica Apostólica Romana (Boyer e Brisacier 1993:67).

"Os poderes públicos, não tendo a capacidade de autenticar uma expressão religiosa nova, podem apenas apreciar se um estabelecimento de caráter congregacionista pode se beneficiar do regime instituído pelo legislador para essa categoria de grupos, o que se faz após constatação de que esse estabelecimento (...) se vincula a uma instituição que, pelo fato de sua duração histórica, de sua extensão geográfica, e de seu ensinamento, é comumente classificada entre as religiões históricas" (Boyer e Brisacier 1993:75).

As duas circulares do Min. do Interior, de 1982 e 1988, mencionadas na seção anterior, que comunicam os critérios de avaliação aplicáveis a pedidos de autorização de recebimento de dons e legados por parte de ACs, solicitam que se adote o procedimento habitual para "associações de cultos tradicionais" (católicos, protestantes, judeus, ortodoxos e muçulmanos são explicitamente citados) e um exame aprofundado para "associações de caráter inabitual". Indica-se assim a análise da contabilidade da associação; caso haja suspeitas sobre o caráter das atividades, recomenda-se o recurso a uma investigação policial; na persistência de dúvidas, solicita-se o envio do dossiê para o ministério. A diferença de tratamento é completada pela existência de um critério que, a julgar pela sua reincidência (Boyer 1992, 1993a, 1996), ocupa lugar certo na avaliação dos funcionários do Min. do Interior: a "antiguidade".

Ao descrever o tratamento dispensado às questões religiosas, o ministro do Interior elaborou uma síntese lapidar do passado e do presente: "[O Setor de Cultos] cuida com atenção dos quatro cultos reconhecidos, mas marca uma abertura aos cultos novos que surgem (...)" (Pasqua 1993:22). Referindo-se aos "quatro cultos reconhecidos", o ministro da república laica cometia um esplêndido "ato falho", ao confessar a permanência de um certo regime de reconhecimento.[40] No entanto, não se trata apenas, como quer Messner (1999), de um prolongamento do sistema anterior a 1905. O próprio ministro faz questão de enfatizar a abertura aos "cultos novos". Aí é que se torna importante o que acabamos de ver através das noções de "religiões históricas", "cultos tradicionais" e "antiguidade". O fato de que se solicite aos "novos grupos" a demonstração de sua "antiguidade", contradições à parte, é mais um dos argumentos que, por ocasião de demandas relativas ao reconhecimento seja de "congregações", seja de ACs, podem afastar as "seitas" do universo das "religiões". Mas, por outro lado, as mesmas noções vêm permitindo acrescentar outros coletivos aos antigos cultos reconhecidos: cristãos ortodoxos, budistas, hindus e islâmicos. A resultante configura um quadro de que participam quase todas as "religiões mundiais", e nenhuma "seita".

Porém, não confiemos demais nas palavras. As considerações de Hervieu-Léger acerca da "laicidade francesa" permitem afirmar que as noções de "religiões históricas", "cultos tradicionais" e "antiguidade" constituem expressões de exigências ainda mais fundamentais. Segundo ela,

---

40. A expressão "representantes das diferentes religiões reconhecidas" aparece no relatório da comissão parlamentar (Guyard 1996:122). A idéia se repete em uma decisão da justiça, de 1990: "a AUCM reivindica (...) uma igualdade de tratamento com as associações e congregações dependendo das diversas igrejas reconhecidas como tais na medida em que se beneficiam do regime de favor decorrente das leis..." (*apud* Duvert 1999:392).

"se o Estado pôde por muito tempo remeter a questão da crença ao domínio da vida privada dos indivíduos e afirmar sua perfeita neutralidade *vis-à-vis* todas as religiões, é porque ele sabia, por outro lado, poder contar com a capacidade de enquadramento do crer das instituições religiosas representativas" (Hervieu-Léger 1999b:263-4).

Ou seja, um Estado engajado no ideal da laicidade dependia, sob pena de sair de sua postura de neutralidade, da auto-regulação dos coletivos designados por identidades religiosas. Depois do que vimos, seria necessário aproveitar a elucidação desse vínculo entre o papel do Estado e a organização dos coletivos religiosos para ir além do que afirma Hervieu-Léger. Pois mesmo a "lei da separação" foi precedida ou acompanhada por operações que visaram adequar, em alguma medida, a organização dos cultos e a intervenção estatal.[41] Graças a isso, o catolicismo, o protestantismo e o judaísmo transpuseram o séc. XIX para o XX sem perder a sua integridade enquanto identidades religiosas. Ao abrir-se para as demais "religiões históricas", o Estado francês aposta na possibilidade de reproduzir as mesmas operações de adequação. Daí as exigências que faz em relação ao islamismo, vazadas nos seus "problemas" de excesso e de carência. Nesse e nos demais casos, que podem até incluir grupos tidos em algum momento como "seitas", enquanto não se atinge a situação ideal, produz-se arranjos pontuais e tentativos, mas que sempre tendem à consecução das exigências associadas à definição de religião construída pelo Estado francês.

Em 1998, ocorreram na França vários eventos em torno do quarto centenário da assinatura do Édito de Nantes, embalados pelo ideal da tolerância entre as religiões. Daí que a ocasião tenha interessado não apenas aos protestantes. A sessão solene de inauguração das comemorações oficiais, realizada na UNESCO em fevereiro, foi aberta com o discurso do diretor-geral do organismo e consumada com a intervenção do presidente da República. Antes deste, pronunciaram-se o presidente da Federação Protestante da França, o presidente da Conferência dos Bispos da França e o presidente do Conselho Nacional da Igreja Reformada da França. A mesa de honra era compartilhada por três ministros de Estado, inclusive o do Interior, um ex-Grande Rabino de Paris, um bispo ortodoxo e o reitor da Mesquita de Paris (Réforme 26.02.98). A presença conjunta de todos esses personagens (note-se a ausência de representantes hindus e budistas) poderia não ter nenhum significado necessário. Entretanto, depois do que vimos, não parece exagerado tratá-la como emblema das relações entre Estado e religiões na França atual.[42] Ou seja, a "laicidade" – que

---

41. A adequação não afasta novas possibilidades de intervenção; ao contrário, pressupõe uma concordância, mesmo tácita, sobre sua legitimidade. No caso do catolicismo, houve mais de uma ocasião em que sua hierarquia apelou para o Estado para resolver "questões internas". Bedouelle e Costa (1998:89) citam duas delas: em 1911, o Conselho de Estado teve de decidir quem era o responsável por uma paróquia; em 1977, uma sentença resolveu se certos padres e fiéis têm o direito de ocupar uma igreja contra a vontade do pároco designado pelo arcebispo.

42. Assim como um número da revista *Administration*, vinculada ao Min. do Interior, que aborda o tema "O Estado e os cultos", traz artigos de quatro "autoridades religiosas": o decano da Faculdade de Direito Canônico do Instituto Católico de Paris, o presidente e secretário geral da FPF, o Grande Rabino de França e o reitor do Instituto Muçulmano da Mesquita de Paris.

se anuncia como um regime de separação – não se realiza sem o reconhecimento oficial de certas "religiões" através da interlocução com representantes institucionais específicos.

4. Mal-estar na laicidade

Pode-se sintetizar os efeitos dos dispositivos mantidos pelo Estado francês em dois movimentos. De um lado, procura-se recusar às "seitas" o acesso a estatutos e títulos referidos ao "religioso". Hoje, uma *association cultuelle* ou uma *congrégation* constituem mais do que um tipo de entidade jurídica com maiores capacidades que uma "associação de 1901"; sabe-se também que seus titulares "não são seitas". De outro, reafirma-se os mecanismos que permitem um reconhecimento oficial do "religioso", mesmo que isso implique, como vimos no caso do islamismo, uma intervenção mais ou menos explícita por parte das autoridades na organização confessional. A lógica parece impecável, funcionando no sentido de garantir um acesso controlado ao domínio do religioso. Mas, na verdade, esse arranjo de relações entre o Estado francês e as religiões vem sendo submetido a uma série de avaliações que apontam para a necessidade de transformações e de ajustes. Daí que o tratamento reservado seja ao "islamismo", seja às "seitas" sirva, sob um outro ponto de vista, não para reforçar e corroborar um sistema vigente, mas ora enquanto sintoma, ora enquanto causa daquela necessidade de modificações.

De fato, o quadro resultante da composição entre os dispositivos gerais de relação com o "religioso" e a gestão aplicada simultaneamente às "seitas" e ao islamismo não deixa de revelar certas fraturas e incongruências. Em primeiro lugar, evidenciam-se problemas operacionais, postos a nu pelas estratégias de grupos, como os Testemunhas de Jeová, que exploram as várias vias de acesso ao reconhecimento do estatuto de "religião". Essas estratégias não apenas escancaram a dispersão de instâncias de reconhecimento, como também incitam uma multiplicação de critérios de definição do "religioso". Eis aí a razão que levou o ministro do Interior a fazer certos esclarecimentos depois que o juiz de Lyon admitiu que a Cientologia poderia ser considerada uma "religião". Em declarações ao *Le Monde* (31.07.97), frisou que competia apenas ao seu ministério, através dos procedimentos de autorização para as ACs, o reconhecimento dos grupos religiosos. Ao questionar as atribuições de um juiz criminal, o ministro livrava-se da incômoda tarefa de problematizar a dispersão de instâncias de julgamentos no próprio domínio administrativo. Como vimos, elas não estão concentradas apenas sobre o Setor de Cultos, mas dividem-se entre autoridades departamentais, serviços fiscais, gestores previdenciários e tribunais administrativos. As divergências no julgamento do contencioso fiscal envolvendo os TJ provam que essa dispersão de instâncias vem acompanhada de uma falta de consenso no plano da avaliação de solicitações de reconhecimento.

Há quem opine que um "pragmatismo", acionado pelos juízes administrativos em análises "caso a caso", seria a melhor solução para "distinguir seitas-religiões e seitas não autenticamente religiosas" (Bedouelle e Costa 1998:238-42). No entanto, os relatórios da comissão parlamentar de inquérito sobre a "dimensão econômica das seitas" e da Missão Interministerial de Luta contra as Seitas mostram-se menos otimistas. O último (MIS 2000) sugere uma maior integração entre o Ministério do Interior e os serviços fiscais para se contrapor a "decisões judiciais favoráveis a seitas". O primeiro (Brard 1999) protesta contra as tendências de "atribuição indiscriminada" de reconhecimento do estatuto religioso e reclama uma clarificação das regras de filiação ao sistema previdenciário reservado aos ministros de culto. Ambos fazem referência ao parecer de 1997 do Conselho de Estado, que analisei anteriormente, concordando que se trata de uma boa norma de avaliação. Ou seja, as proposições parlamentares e governamentais investem na explicitação de critérios de julgamento e procuram remediar a dispersão de instâncias de reconhecimento do religioso, confiando que assim se perpetua a exclusão das "seitas".[43]

No entanto, tais providências não tocam em outro dos problemas nas relações entre o Estado francês e as religiões, que diz respeito à própria lógica de um sistema que prevê o reconhecimento do "religioso". Esse sistema, tal como se configura atualmente, parece padecer de um grave desequilíbrio. Pois, enquanto se continuam a tomar providências que impeçam as "seitas" de ter acesso ao estatuto de "religião", não se consegue evitar que a "religião" insista em se manifestar para além dos quadros estabelecidos para o seu reconhecimento oficial. O caso do islamismo ilustra bem essa situação: tratado como uma "religião" pelos poderes públicos, caracteriza-se por um universo institucional com poucas ACs e nenhuma "congregação" e que tem evidente preferência pelas "associações de 1901", mesma figura jurídica sob a qual proliferam as "seitas", às quais se nega a qualificação religiosa. Ou seja, a exceção aberta em 1907 para que o exercício de um culto fosse administrado fora do quadro de uma AC, fundamentada então no pressuposto de que toda auto-assignação de estatuto religioso era autêntica, possibilita hoje um quadro no qual se misturam sob as mesmas formas jurídicas "verdadeiras" e "falsas" "religiões". Desfazer essa embaraçosa confusão tornou-se uma das principais preocupações de um debate sobre as formas de gestão oficial do "problema das seitas".

Gostaria então de destacar alguns dos posicionamentos que se definiram no bojo desse debate, abandonando discussões que, mesmo chegando a formulações eventualmente semelhantes, partem de outros referenciais (por exemplo, o tratamento do islamismo). De natureza predominantemente jurídica, esse debate envolve autoridades e funcionários estatais, juristas e advogados (desde os mais ou menos envolvidos na

---

43. Em dezembro de 1999, o Min. do Interior distribuiu uma circular às autoridades departamentais concernente à avaliação de demandas de autorização para ACs. Ao afirmarem que "a qualificação de movimento sectário dado a uma associação pelos diferentes relatórios parlamentares não bastaria para revelar algum problema para a ordem pública" (Cf. MD 22.01.2000), as instruções provocaram um protesto do presidente da MIS (Exp 10.02.2000). Note-se, no entanto, que a circular ratifica o critério da "ordem pública" que, como vimos, pode traduzir os problemas concretos que geram a identificação de um grupo como "seita".

defesa ou denúncia de grupos ditos "seitas" até os que se pronunciam a partir de qualificações acadêmicas), prolonga-se nos relatórios parlamentares e governamentais, mas abrange também outros acadêmicos, como os cientistas sociais, e os porta-vozes de igrejas e das associações anti-seitas, que, como vimos, demonstram uma preocupação com a legislação e os rumos das medidas governamentais. Impulsionadas especialmente pela divulgação dos relatórios Vivien e Guyard, reflexões analíticas misturam-se a proposições concretas, gerando publicações e teses, animando congressos, interferindo no programa de disciplinas de faculdades de direito e motivando a constituição de entidades de intervenção.[44] Certos aspectos dessas reflexões e proposições já foram abordados em seções anteriores deste trabalho e por isso privilegio aqui aqueles que possuem relação direta com o problema acima formulado.

Inicialmente, é preciso dizer que não considero como relevante para abordar esse debate sobre os princípios que orientam ou devem orientar as políticas e posturas oficiais em relação às "seitas" algumas clivagens mais óbvias. A principal delas contraporia os partidários de uma política de combate aos de uma política de igualdade quanto às "seitas". A comunhão geral que se estabelece em torno da complementaridade entre a garantia de liberdades e a necessidade de limites (traduzidos mais frequentemente na noção de "ordem pública") relativiza em alguma medida aquela contraposição. Ou seja, os que defendem o combate preservam o princípio da liberdade religiosa, enquanto que os defensores da igualdade não negam a necessidade de limitações. Outra divergência ocorre em torno da legitimidade do reconhecimento de grupos religiosos em um Estado laico, idéia que, formulada desse modo, arrebanha bem poucos partidários. E, no entanto, a maioria das posições esforça-se por estabelecer, de modo positivo, as responsabilidades desse Estado com relação aos grupos que reivindicam serem "religiosos". Ao invés dessas clivagens, prefiro problematizar proposições que contribuem para tornar menos confusa a distinção entre "religiões" e "seitas". Esse resultado tem sido buscado ora pela tentativa de dar maior densidade jurídica à noção de "seita", ora pela sugestão de mecanismos que, admitindo ou não, aperfeiçoam os dispositivos de reconhecimento da "religião".

É significativo que não haja registros quanto a um debate em torno da categoria "seita" por ocasião da reformulação do Código Penal em 1994. Entre advogados e juristas, muito já se escreveu a respeito dessa categoria, mas bem poucos conseguem transformá-la em uma figura legal específica. Por exemplo, Malaurie (1993) aponta um conjunto de

---

44. Na promoção de congressos, destaca-se o Centro de Formação de Estudos Judiciários, vinculado à Universidade Paris XII. Um primeiro colóquio foi promovido em 1987, "Seitas, direitos e liberdades". Depois, em 1993, um encontro em torno do tema "Os Testemunhas de Jeová face ao direito da família, da saúde, do serviço nacional e das liberdades públicas". No ano seguinte, outro colóquio, "Seitas e família". E em 1995, uma jornada de apresentações e debates sobre um tema mais amplo, "É necessário modificar a lei de 1905?". A revista jurídica *Les Petites Affiches* divulgou os anais dos congressos de 1993 e 1995, além de se destacar pela publicação de vários outros artigos, o primeiro em 1979 e os demais a partir de 1985. O trabalho de Duvert (1999) cita uma dezena de teses em Direito, preparadas a partir de 1980.

critérios que permitiria diferenciar as "seitas" "nocivas" das demais, acrescentando que uma legislação especial seria desnecessária. Reiller (1993) e Bory (1996) insistem na suficiência do quadro jurídico atual, propondo que ocorram no seu interior a repressão e a prevenção às "seitas". Mesmo Goyard, um jurista próximo à UNADFI, que adota um discurso ofensivo, não o transforma em uma proposição jurídica precisa. Limita-se a sugerir uma definição do que seja uma "seita" (um grupo que requer "uma adesão sem reserva", acompanhada de contribuições materiais por parte dos adeptos) (Goyard 1996) e, na linha do trabalho das associações anti-seitas, um conjunto de traços que serviriam à sua identificação (Bulles, 58, 1998). No entanto, como facilmente se percebe, os mesmos que não chegam a proposições propriamente legais em seus pronunciamentos sobre a questão não deixam de admitir a pertinência da noção de "seita" através de definições calcadas nos atributos de periculosidade. Contribuem assim para sustentar o discurso sobre o qual se assentam os dispositivos que implicam na identificação e vigilância de "seitas".[45]

Se nos atemos, agora sim, às poucas proposições que investiram na elaboração de uma definição jurídica de "seita", encontraremos alguns textos anteriores a 1990 que compartilham das preocupações notadas no relatório Vivien, no qual, lembremos, a principal proposição visava oferecer um recurso de intervenção nas relações entre o adepto e o grupo, através da figura do "juiz de família" e de alterações no Código Civil. Também discordando da proposição de Morin ("estupro psíquico"), eles pretendem solucionar o mesmo problema, ou seja, a suposta privação de autonomia dos adeptos. Goyard (1987) sugere uma modificação no Código Civil que permita a constituição de uma "comissão jurisdicional de salvaguarda", à qual incumbiria procedimento bem semelhante ao imaginado por Vivien: a inspeção, a partir de solicitação específica, de grupos suspeitos, o recolhimento da "livre expressão da vontade" de um adepto, a garantia de sua subtração ao grupo, se for o caso. Boinot (1983) propunha uma alternativa, baseada em uma extensão e uma reinterpretação de certas disposições do Código Penal ("choque emotivo" e irresponsabilização de criminoso se demonstrada a existência de "constrangimentos"). Um raciocínio sinuoso leva-o a sugerir a necessidade de uma constatação do "constrangimento" a que eram submetidos os adeptos das "seitas", independentemente de seu consentimento ou de suas impressões.

---

45. Escrito após a publicação do relatório da comissão parlamentar, o texto de Goyard (1996), embora satisfeito com a composição do OIS, engrossava o coro dos que reivindicavam a constituição de uma "autoridade administrativa independente" para tratar do "problema das seitas". O deputado Brard, um dos membros da comissão, se declarava a favor de uma espécie de "comitê de ética", cuja atribuição seria dar pareceres sobre o caráter sectário de certos grupos (Libé 11.01.96; Télérama 31.01.96; TC 26.01.96). Paralelamente e à mesma época, um grupo de advogados criou um Observatório Nacional de Estudo das Seitas, destinado a emitir pareceres sobre grupos, informar instituições e autoridades e supervisionar a mídia. Embora anunciasse "neutralidade e independência", suspeitas caíram sobre esse observatório depois que se divulgou que alguns de seus membros tinham como clientes certas "seitas" (Cf. MD 27.04.96; FGR 27.04.98; Exp 25.04.98). Essa iniciativa, que se erigia em alternativa ao dispositivo constituído pelo OIS e as associações anti-seitas, tampouco dependia para funcionar de uma definição jurídica de "seita".

Em todas essas elaborações, o foco está direcionado sobre atos imputados às "seitas".[46] Em função disso, esse conjunto de proposições se distingue de um outro, que investe diretamente na caracterização e responsabilização de um grupo. Aí se inclui a sugestão do psiquiatra J.M. Abgrall em seu adendo ao relatório do OIS, ocasião na qual defende a criação de uma nova figura jurídica, a do "grupo coercitivo": "(...) aquele que utiliza contra um ou vários indivíduos manobras visando estabelecer um estado (...) de dependência destinado à obtenção de um benefício financeiro ou de outra espécie, independentemente da ideologia preconizada por esse grupo" (OIS 1998:54). Em comparação com a figura do "estupro psíquico", a do "grupo coercitivo" mantém a generalidade, não incluindo a categoria "seita" na formulação. Sua definição lembra o crime de "estelionato" (art. 313-1 do Código Penal), pelo recurso a "manobras", visando porém proveitos não necessariamente materiais e provocando uma espécie de "dependência". A outra diferença é que o foco recai sobre um grupo, não sobre um ato.

A proposição de Abgrall acompanha a ênfase que se afirma na década de 90 no combate aos grupos, ao invés da libertação dos indivíduos, ênfase, como vimos, consagrada nos resultados do trabalho da comissão parlamentar.[47] No entanto, em pelo menos um ponto esse combate a grupos aproxima-se das elaborações anteriores voltadas para a criminalização de atos. Nos dois casos, os esforços resultam em formulações genéricas, que constituem ao mesmo tempo a força e fraqueza dessas proposições. Ao evitarem a referência explícita à categoria "seita" — embora sem jamais esconder que os grupos assim considerados seriam os alvejados —, escapavam à acusação de discriminação negativa. Por outro lado, criavam figuras penais que corriam o risco de se tornar elas mesmas indiscriminadas na sua aplicação. Assim, seus autores caíam na mesma armadilha de alguns dos detratores da política anti-seitas: pensar que as "seitas" são condenáveis por constituírem espécies, todas iguais, de um coletivo genericamente distinto de outros. No entanto, se, como argumento, as "seitas" designam um coletivo de casos singulares, toda tentativa de tipificar seus desvios incorre imediatamente em ameaças às instâncias estabelecidas de regulação em diversos campos sociais. Assim, propostas como as de estender a competência do "juiz de família", criminalizar "grupos coercitivos" ou criar delitos de "estupro psíquico" ou "manipulação mental" parecem estar condenadas a susci-

---

46. Dentro do mesmo foco, uma inovação proporcionada pelas reformulações do Código Penal em 1994 é frequentemente lembrada no quadro de alternativas de repressão às seitas: o crime de "abuso fraudulento do estado de ignorância ou da situação de fragilidade" (art.313-4). Note-se, no entanto, que se trata, a exemplo do estelionato, de um crime contra o patrimônio; ou seja, ele não sanciona diretamente a suposta "manipulação" ou "desestabilização" que ocorreria nas "seitas".

47. O mesmo se aplica ao projeto de lei, de autoria da deputada C.Picard, ora em tramitação nos parlamentos franceses, que penaliza o grupo que "manter atividades tendo por fim ou efeito exercer, criar ou explorar a dependência psicológica ou psíquica de pessoas, exercer sobre uma delas pressões graves ou reiteradas ou utilizar técnicas capazes de alterar seu juízo afim de conduzi-la, contra sua vontade ou não, a um ato ou a uma omissão que lhe é gravemente prejudicial" (*apud* Hervieu-Léger 2001:65).

tar a reação daqueles que, em princípio, não seriam os alvos das mudanças legislativas. Daí os protestos de representantes das "grandes religiões" ou os temores manifestados por altos funcionários de Estado.

Outros, concordando com a necessidade de criminalizar o grupo, preferem lembrar as possibilidades, mais drásticas e menos inéditas, de dissolução de uma associação. Essa alternativa é prevista na lei de 1901: "É nula toda associação fundada sobre uma causa ou em vista de um objeto ilícito, contrário às leis, aos bons costumes, ou que teria por fim atentar contra a integridade do território nacional e contra a forma republicana de governo" (Art. 3). Embora o artigo faça geralmente parte das compilações de disposições acionáveis contra as "seitas", sua aplicabilidade revela-se delicada, desde que considera apenas as finalidades e não as atividades efetivas de um grupo. Daí a menção alternativa a uma outra lei, de 1936, que visa a dissolução de "grupos de combate e milícias privadas", extensível desde 1972 aos grupos que provocam discriminação étnica, racial ou religiosa. Em um texto contemporâneo à publicação do relatório Vivien, o então chefe do Setor de Cultos (Vacherot 1985-6) propunha uma nova extensão da mesma lei, que se tornaria acionável contra grupos que, sob a cobertura de "atividades religiosas, culturais ou filosóficas", possuam idéias ou práticas prejudiciais à "ordem pública", à "saúde" e à "educação" de seus adeptos e familiares, e ao exercício de "direitos e liberdades" individuais. Mais recentemente, um projeto que tramita nos parlamentos dispõe que ficariam incluídos nas sanções da lei de 1936 os movimentos que foram diversas vezes condenados judicialmente e constituem "um problema para a ordem pública ou um perigo maior para a pessoa humana".[48]

Esse projeto de lei é mencionado no relatório da MIS (2000) como uma possibilidade viável para a sanção do que chama de "seitas absolutas", juntamente com uma maior aplicação da responsabilização criminal de "pessoas jurídicas", uma inovação do Código Penal de 1994. Tanto o projeto, quanto o relatório investem sobre dois caminhos, nenhum dos quais desprovido de inconveniências do ponto de vista das condições para sua aplicação eficaz. De um lado, a insistência, que inclui também a formulação de Vacherot, sobre definições de "seita" que apelam para princípios e disposições extremamente gerais. Segue uma lista, não exaustiva, das expressões que aparecem na seção do relatório da MIS dedicada a provar que "seita" seria uma noção jurídica: "direitos humanos", "equilíbrio social", "liberdade individual", "direito da família", "direitos da criança", "paridade sexual", "segurança interior", "segurança econômica". Sempre ficará pendente a tradução de princípios e disposições gerais como esses em instrumentos capazes de sancionar ilicitudes específicas. De outro lado, busca-se transformar o acúmulo de infrações em justificativa para a dissolução de um grupo.[49] Afora as várias exigências de regulamenta-

---

48. O autor do projeto é o senador N. About, também membro do conselho de orientação da MIS. Texto cf. MD (08.02.2000). A proposta foi modificada pelos acréscimos da deputada Picard, que especifica os delitos cuja reiteração é objeto da lei e menciona outros princípios gerais que estariam em perigo ("direitos humanos" e "liberdades fundamentais").

49. Vivien (1985:90), em seu relatório para o governo, já aventava essa possibilidade.

ção para um dispositivo dessa espécie (tipo e número de infrações, por exemplo), seu incoveniente está em "curto-circuitar" as dimensões da ilegalidade e da nocividade, renunciando assim ao esforço de enquadrar as "seitas" em sua especificidade. Em outras palavras: espera-se eliminar as "seitas" por sua reincidência infracional; mas como contabilizar práticas e posturas que as tornam perigosas sem representarem diretamente ilicitudes?

Depois disso, o que concluir dessas várias tentativas de enquadramento legal das "seitas"? Vimos que, do ponto de vista de uma exigência de sanção dos atos ou dos grupos assim considerados, surgem vários inconvenientes que ou inviabilizam a implementação dessas proposições, ou sugerem empecilhos que frustram os resultados esperados de sua aplicação. O quadro, sem ser exaustivo, basta para apontar os sérios obstáculos que se interpõem para uma definição jurídica das "seitas" e seus desdobramentos, por exemplo, no plano penal. Isso, porém, não torna, em termos de seus efeitos sociais, a categoria menos válida ou menos eficaz. Até o momento atual, pelo menos, ele teve a solidez suficiente para suportar um dispositivo voltado para a identificação e vigilância de grupos. Como procurei mostrar no capítulo anterior, esse dispositivo, que nasceu fora do Estado, passou a incorporar certos de seus aparatos e se consagra com a criação do OIS e da MIS. Podemos agora acrescentar que essa oficialidade adquirida pela categoria "seita" convive com o fato de estar acometida, a despeito do que pensam os dirigentes da MIS ou daqueles que crêem que esse é o terreno fundamental da disputa, de uma precariedade jurídica irremediável.

Um artigo de 1995, escrito por uma professora de direito, servirá para nos introduzir ao universo de problematizações que, por sua vez, vão atingir os dispositivos de gestão do "religioso" pelo Estado francês. O ponto de partida para suas reflexões é a constatação de uma discriminação, mal fundamentada, das "seitas religiosas", excluídas dos benefícios (estatuto de AC, especialmente) oferecidos aos "ex-cultos reconhecidos". O que fazer? Dois campos de intervenção são considerados. Do lado dos adeptos, para a autora, a acusação de manipulação psíquica tornou-se juridicamente inviável, dada as dificuldades para sua definição e verificação. Diante disso, o Estado deve optar por uma política de "informação" dirigida ao conjunto da população. Nesse plano, suas opiniões se coadunam com outras que se opõem a uma definição jurídica das "seitas" mas não objetam ações oficiais de "prevenção". Do lado dos grupos, duas alternativas são imaginadas. Primeiro, uma mudança das regras de atribuição do estatuto de AC, de forma a torná-lo usufruível pelo maior número possível de grupos, os quais, enquanto AC, estariam submetidos aos controles necessários e obrigados a uma transparência quanto aos seus fins e atividades. Mas, cogita a autora, talvez o ideal fosse uma reforma do regime de cultos, que permitisse o estabelecimento de mini-concordatas, através das quais um grupo religioso teria acesso a uma série de prerrogativas em troca de seu compromisso de adesão aos "valores da ordem pública democrática" (Rouvière-Perrier 1995).

Esse texto nos faz retomar o relatório da comissão parlamentar de 1995. Pois, além da criação de um observatório encarregado de seguir o fenômeno das seitas e coordenar as medidas oficiais nesse domínio, o relatório propunha, através de uma modificação da lei de 1905, a criação de um "Alto Conselho de Cultos" (Guyard 1996:121-2). Sua função seria fornecer os pareceres com base nos quais o Setor de Cultos atribuiria os estatutos de AC e de "congregação". No caso das ACs, a modificação incluiria também o procedimento, uma vez que o reconhecimento passaria a se fazer diretamente (isto é, sem precisar ser deduzido de uma autorização para recebimento de dons e legados), a partir de uma demanda específica do grupo interessado e do exame de seu dossiê. Lembremos que, em outros momentos, o relatório da comissão esboçava uma divisão tripartite a partir da categoria mais genérica de "movimentos espirituais": entre as "religiões tradicionais" e as "seitas [nocivas]", havia espaço para "minorias religiosas" e "seitas benévolas". Além disso, ao reconhecer a existência de "seitas religiosas" (como indica o sistema de classificação utilizado), denunciava implicitamente a incapacidade das organizações religiosas efetivarem uma auto-regulação.[50] Articuladas, as propostas do "conselho de cultos" e do "observatório de seitas" revelam uma vontade de reorganização do "campo associativo espiritual", que, com a intervenção estatal, tenderia a se tornar bipartite, dividido entre as "religiões" reconhecidas e as "seitas" vigiadas.

A comissão posicionou-se contra uma concessão generalizada do estatuto de AC, pois seria "perigoso" atender as reivindicações de grupos "que se apresentam sob forma de uma religião apenas para melhor seduzir". Por outro lado, "(...) nada mais normal que os movimentos religiosos autênticos que desejam ser reconhecidos como *association cultuelle* e estão prontos a se conformar a seu regime possam disso se beneficiar" (Guyard 1996:121-2). A frase não pode ser mais clara: trata-se de imaginar e conferir um selo de "autenticidade religiosa" aos grupos que atendem a certas condições. O debate aberto ocorrido durante um colóquio sobre a "lei de 1905" foi praticamente dominado pela questão de saber se seria possível e oportuna a atribuição de um rótulo de tal natureza (Les Petites Affiches 01.05.96). Na Assembléia Nacional, um projeto de lei, visando à criação de um "Alto Conselho de Cultos", chegou a ser apresentado em 1997 (Blanchard 1998:115). Ou seja, não se trata de um delírio da comissão parlamentar, mas de uma possibilidade especulada, legitimamente, no interior do debate jurídico.

Afinal, reflexões e propostas na mesma direção vêm se acumulando. Distintamente da sugestão da comissão parlamentar, os demais autores pensam em dispositivos que não demandam sua articulação com outro órgão, como um observatório, que se encarregaria apenas das "seitas". Convergem assim na idéia de um regulador único, imaginando novos

---

50. O relatório utiliza, entre outras, as categorias "pseudo-católicos", "evangélicos" e "orientalistas" para classificar as "seitas". Introvigne (1996: 44) pergunta-se porque os grupos católicos cismáticos e sedevacantistas não aparecem na lista. Exatamente – creio eu – porque no seu caso a ruptura com a Igreja Católica já está bem estabelecida. A maioria dos grupos "pseudo-católicos" mencionados no relatório mantém com a hierarquia relações ambíguas, seja por um pertencimento eclesiástico contestado por certas personagens, seja pelo apoio eclesial que recebem sem integrar estruturalmente a Igreja Católica.

mecanismos ou novos critérios capazes de superar os problemas devidos à concepção ou à aplicação do atual regime de cultos. Soler-Couteaux (1994) acompanha Rouvière-Perrier na especulação sobre uma "versão moderna de concordata", capaz de garantir benefícios aos grupos com os quais o Estado entra em acordo em troca de certas obrigações quanto à organização, transparência e abertura para controle. Messner (1989), preocupado com a discriminação entre "religiões tradicionais" e "novos movimentos religiosos", defende a oportunidade de um "estatuto de coletividades religiosas", que ampliaria o acesso aos benefícios de que dispõem hoje as ACs, ficando a autoridade administrativa com a competência de sancionar no caso de "atentado real contra a ordem pública". Podemos incluir as sugestões propriamente jurídicas do texto das sociólogas Champion e Cohen (1999c): "para o reconhecimento oficial das religiões, a inscrição no tempo é um bom critério" (:379) – na medida em que um critério cronológico traduziria uma "aculturação recíproca" entre um grupo e a sociedade ou seria indicativo da conquista de um "consenso social" pelo grupo e de sua aceitação dos "valores fundamentais da nossa democracia". Damien (1995), para quem a separação de 1905 teria sido produto de uma "lei de circunstância", deixando o Estado desarmado diante das seitas ou do islamismo, sugere "acordos entre o Estado e representações religiosas legítimas", instrumentos de "novos subsídios" e "novos controles" para os grupos religiosos.[51]

O autor que mais longe vai em formulações dessa natureza é Gast, em três textos sucessivos (1994, 1995, 1996a) que, partindo de uma mesma avaliação, progridem na amplitude de suas proposições. A base dos argumentos de Gast é uma definição de "religião" em relação à qual a "seita" encarna apenas uma radicalização. A "religião" é necessariamente problemática, pois suas doutrinas pendem para o obscurantismo (de encontro com as conclusões científicas) e sua organização tende à negação das regras democráticas. As "seitas" não seriam senão religiões dogmáticas que cometem ilegalidades; elas não requerem, além da aplicação da legislação existente, outros controles do que aqueles que deveriam existir para toda religião em uma sociedade regida pela ciência e pela democracia. Portanto, de um lado, os movimentos religiosos deveriam incorporar a sua organização e funcionamento uma série de procedimentos democráticos (eleição dos líderes, respeito às minorias internas, transparência administrativa e financeira); de outro, eles são convidados a se submeterem a algum tipo de controle externo capaz de atestar que suas doutrinas não contrariam, no que a regra se aplicar, as constatações científicas atualmente válidas. Tal controle seria exercido, segundo o primeiro texto (1994), por uma "espécie de conselho" composto de "especialistas das questões envolvendo a noção de religião".

O texto seguinte (1995) apresenta o esboço de uma "declaração dos movimentos espirituais autênticos", a qual federaria os grupos que, tendo como finalidade efetiva um

---

51. Antes mesmo de sua nomeação para a missão de que resultou seu relatório, Vivien sugeriu diretamente ao ministro do Interior que se aplicassem, aos grupos comunitários suspeitos de serem "seitas", as condições exigidas para o reconhecimento de congregações (Vivien 1982; MD 22.10.81). Essas sugestões não foram reeditadas pelo mesmo autor.

"ensinamento espiritual" e comprometendo-se a não violar as leis penais, respeitassem as exigências colocadas pelas regras democráticas e os limites científicos. A aceitação e exclusão de grupos, bem como seu controle permanente, estariam reservadas a um "comitê federal de especialistas independentes". Por fim, no texto de 1996, a idéia de uma "federação de movimentos espirituais" não é abandonada, mas torna-se um paliativo, válido enquanto um "regime associativo único" não for implementado. Nesse novo regime, uma autorização prévia garantiria a uma "associação espiritual" sua conformidade estatutária à "ordem pública", à "democracia" e às "conclusões científicas". Os grupos interessados em manter atividades comerciais (sem ter como efeito a distribuição do lucro) e no recebimento de dons e legados seriam obrigados a demonstrar transparência financeira. O público e as instituições, inclusive as governamentais, teriam à disposição informações tratadas ou avalizadas por especialistas acadêmicos, reunidos em um órgão específico.

Um ponto suscitado pelos textos de Gast relaciona-se à autoridade competente para produzir o monitoramento das "religiões". Para ele, um dos problemas do regime atual é que a definição de "culto" torna-se atribuição de autoridades administrativas e judiciárias, em princípio despreparadas. A proposição de um "conselho de cultos" pela comissão parlamentar partia de uma avaliação semelhante, a um só tempo retirando poderes e influência do Setor de Cultos e centralizando a atribuição do estatuto de AC e de "congregação". Mas quem deveria participar desse conselho? Sugere-se um órgão composto de 30 pessoas divididas paritariamente entre representantes das diferentes administrações interessadas, "personalidades testemunhando de uma competência incontestável no domínio das religiões" e "representantes das diferentes religiões reconhecidas" (Guyard 1996:122). A presença de representantes religiosos dava-lhes a oportunidade de participar da instância que cumpriria o papel que autônoma e dispersamente não conseguiam.[52] As elaborações de Gast colocam uma alternativa, baseada integralmente no critério de cientificidade das competências. Sua solução, quanto a isso, cauciona a intervenção dos acadêmicos, inclusive os cientistas sociais, no debate sobre as "seitas", estendendo-a para a validação e controle das "religiões".[53]

---

52. A FPF em seu comunicado oficial ao relatório parlamentar pronunciou-se explicitamente contra essa proposta do "conselho de cultos", assim como o sociólogo Jean Baubérot (1996:70); a Igreja Católica nada falou sobre ela.

53. Lembro que as proposições concretas (mais "cultura religiosa", "instâncias de mediação") apresentadas em nome dos "sociólogos" no bojo da controvérsia sobre as "seitas" têm implicações para o debate acerca do regime geral de tratamento das "religiões". Afinal, diante do paradigma predominante da "desregulação do religioso", abre-se o flanco para que os próprios cientistas sociais participem desse debate. Ver, além dos textos já mencionados neste e no capítulo anterior, as reflexões de Hervieu-Léger (1999b: conclusão) sobre um modo de reconhecimento não jurídico dos grupos religiosos pelo Estado e uma definição oficial prática dos limites da liberdade religiosa. Em seu livro mais recente, considerações sobre a legislação associativa, as regras de subvenção pública e a oportunidade de um "Alto Conselho da Laicidade" se articulam como pontos de uma "política pública do religioso" necessária à França (Hervieu-Léger 2001).

A proposta de Gast, ao culminar na idéia de um "regime associativo único", possui ainda semelhanças com sugestões que surgiram no debate sobre as "seitas" geralmente a partir de relatórios oficiais e reivindicações das organizações anti-seitas. Têm em comum o fato de implicarem, sem pretender interferir no regime de cultos, em modificações na legislação associativista. A. Vivien, por exemplo, se mostra preocupado com a instauração de dispositivos democráticos na organização e funcionamento das associações em geral (RS, março 1997) – sugestão incorporada às propostas do OIS (1998:44) e retomadas no segundo relatório parlamentar (Brard 1999). O próprio relatório da comissão parlamentar, em uma de suas proposições finais, solicitava a apresentação de documentos contábeis por todas as associações cujo orçamento ultrapassasse um certo patamar, permitindo assim um controle financeiro efetivo (Guyard 1996:120-1).[54] Nesses casos em que as modificações extrapolariam o campo dos grupos religiosos, busca-se atingir as "seitas" nas suas bases de autoridade e funcionamento, supondo-se que as "religiões" nada têm a temer.

Em resumo, enquanto que certas reflexões preferem especular sobre oportunas reformas no regime de cultos, outras optam por se dirigir ao domínio associativo em geral. Ambas as alternativas não conseguem, porém, desvencilhar-se daquilo que prentedem superar. Em um caso, que estatuto caberia aos grupos com os quais o Estado francês deixasse de realizar acordos ou de admitir como "religiosos"? No outro, sob que forma se reconfiguraria a relação entre associações especificamente "religiosas" e as de outra natureza? Se novos regimes de cultos não impedem a continuidade de mecanismos de exclusão semelhantes aos acionados atualmente quanto às "seitas", as novas regras associativas não anulam necessariamente a existência de coletivos especificamente "religiosos". De qualquer maneira, afirma-se, sob mecanismos e critérios variados – que se constituem em elucubrações e propostas e que formam a matéria para debates que em parte acompanhamos aqui –, a possibilidade de existirem no quadro de um Estado "laico" tanto dispositivos de reconhecimento oficial, quanto formas de intervenção sobre coletivos "religiosos". Nesse plano, não há desacordo fundamental entre as políticas oficiais e as reflexões cultivadas por agentes sociais das mais diversas procedências e naturezas.

5. As "seitas", além da "religião"

A oposição entre as "seitas" e as "religiões", uma das marcas da controvérsia atual na França, está longe de ser uma novidade. Ela consiste mesmo no eixo que organiza uma preocupação outrora circunscrita basicamente ao mundo eclesial: ligadas a um tronco comum, diversas "igrejas" reivindicam-se como guardiãs da ortodoxia, destinando às demais a qualificação de "seitas". É dessa referência que procura se distanciar uma nova definição de "seita", recorrendo a critérios outros que os teológicos. Mesmo assim, barra-

---

54. Ver também Brard (1999).

se às "seitas" o mundo da "religião", que se transforma em uma de suas "máscaras" favoritas. O que vimos neste capítulo pretendeu problematizar uma nova faceta dessa contraposição, revestida agora de conotações jurídicas. Pois para o discurso anti-seitas em geral, a negação do estatuto "religioso" a uma "seita" está a serviço da denúncia de uma dissimulação, que encobre práticas e fins perversos. Nesse plano, interessa pouco se a "máscara" é "religiosa" ou de outra natureza. E, no entanto, nos debates jurídicos sobre as "seitas", as formas de tratamento da "religião" pelo Estado providenciaram o quadro principal da discussão. Do ponto de vista das autoridades, isso veio acompanhado de uma política sistemática de impedimento às "seitas" de acesso aos estatutos referidos ao universo das "religiões". Completava-se assim o trajeto, do mundo eclesial aos aparatos estatais, ao longo do qual se produz uma espécie de oficialização da categoria "seita" – sem que isso dependesse da sua formalização jurídica.

Os canais através dos quais se procura evitar o ingresso das "seitas" no mundo das "religiões", o estatuto de AC sendo o principal deles, remetem para um arranjo jurídico tão antigo quanto a separação entre Estado e Igrejas na França. É necessário considerar esse momento a partir da coexistência e do realinhamento dos vetores de laicização e de reconhecimento do "religioso". A condição para que tal reconhecimento tenha se operado através de uma "separação" foi a existência, então, de um campo religioso relativamente estruturado, graças especialmente a intervenções estatais que ocorreram durante o regime dos "estabelecimentos públicos de culto". Agora, um século depois, observamos o Estado francês utilizar o estatuto de AC para *negar* o qualificativo de "religioso" a certos grupos. Sintoma, sem dúvida, de que a estruturação do "campo religioso" já não é a mesma. Mas também reflexo de que, antes do Estado, várias parcelas da sociedade francesa reagiram a novas realidades. Essa reação forjou uma nova conotação para a categoria "seita", configurando o quadro no interior do qual têm continuidade tentativas de regulação por parte do Estado e de auto-regulação por parte das "religiões". Amparados no passado e dele dependentes, os mecanismos de regulação contribuem para engendrar e para revelar as singularidades do presente.

No quadro atual, a "liberdade religiosa" passa ela mesma por uma transformação de significado e de lugar. Até o final do séc. XVIII, esse princípio esteve geralmente associado à esperança de melhores dias para as minorias religiosas; desprivilegiadas em relação à "verdadeira religião" protegida pelos monarcas, constituíam as "seitas" de outrora. Após a Revolução, o princípio passa a ser articulado visando o benefício da religião majoritária; os partidários e organizações católicos queixavam-se pelos espaços perdidos para o Estado ou por causa dele. Assim foi no momento da "lei da separação", quando a Igreja Católica se sente agredida em sua constituição pela obrigação de se enquadrar nas ACs. Hoje, a "liberdade religiosa" volta a ser reivindicada pelas "seitas", definidas agora com outros critérios, que justamente lhe negam caráter "religioso". Que "seitas" reclamem um direito que só caberia às "religiões", eis aí uma evidência irrecusável da "desregulação" do "religioso". Mas essa reivindicação consiste sobretudo em um apelo por reconhecimento, dirigido também ao Estado, alimentando assim os dispositivos que possibilitam essa operação. Se no passado esse reconhecimento pôde se fazer através de uma "separação", agora ele vincula as "religiões" de tal modo ao Estado que este, através de seus aparatos, vê-se forçado a produzir uma definição oficial do "religioso".

Na controvérsia pública francesa, a relação entre as categorias "seita" e "religião" é dinâmica. Não é impossível que grupos mudem de estatuto e atravessem a fronteira que separa um campo do outro. Mais estabelecido do que esse estatuto é a nitidez da fronteira que separa os domínios. Ou, colocado de outro modo, a dificuldade generalizada que se percebe em conceber um espaço intermediário entre a "seita" e a "religião". É fundamental apreender o significado desses termos como indicadores de movimentos que caracterizam mesmo a sociedade francesa. De um lado, a "seita" que é, ao mesmo tempo, alerta quanto ao fracasso dos dispositivos de regulação relativos a um campo social e alvo que simboliza a crença na necessidade e pertinência das classificações sociais. De outro, a "religião" que, muito mais do que apenas um conjunto de crenças transcendentes condensadas em ritos coletivos, expressa uma legitimação mais ou menos oficial que envolve a busca e o reconhecimento de um "caráter histórico" e a exigência de representantes habilitados como interlocutores públicos. A "seita", como produto de um dispositivo de identificação e vigilância de grupos, remete para as formas de regulação do "religioso"; a "religião", como expressão de um certo modo de relação entre Estado e sociedade, secreta as "seitas".

A partir daí arrisco uma observação final sobre o tema da "laicidade", mesmo sem controlar todos os elementos de uma longa e sinuosa história de debates. Creio que as formulações dominantes acerca dessa noção comungam com o seu sentido literal, associado, como notamos, a uma relação negativa do Estado com o "religioso". Partindo-se do pressuposto de que o sistema funciona para garantir uma separação estrita entre esses domínios, toda circunstância ou tendência que contrarie esse vetor aparece — para retomar termos adotados por Bedouelle e Costa (1998) — como anomalia (:78), exceção (:121), paradoxo (:239), contradição (:240). Procurei explorar uma interpretação alternativa, na qual a "laicidade" francesa representa a instauração de um certo regime de reconhecimento do religioso. Uma das razões que torna interessante a controvérsia recente sobre as "seitas" é exatamente seu poder de revelador dos dispositivos de reconhecimento. Além de incursionar por certas dimensões da profundidade histórica desses dispositivos, busquei elucidar algumas das pressões que sobre eles pesam atualmente e que alimentam um debate cujas posições dominantes confirmam a relação positiva que o Estado francês mantém com as "religiões".

PARTE III

Brasil, historicamente

Yahvé a fini par se lasser de toutes ces bestioles dont les hommes le
gavaient. Alors un jour, il s'est tourné vers Abraham. Il lui a dit:
prends ton petit garçon, Isaac, égorge-le et offre-moi son corps tendre
et blanc! Sans doute au dernier moment un ange est venu arrêter les
bras d'Abraham (...). Cette fois, c'était raté, mais ce n'était que partie
remise. Jésus, ah, cet enfant-là, Yahvé ne l'a pas manqué!
Flagellation, croix, coup de lance. Le père céleste riait aux anges.

Francesco Prelati - *Gilles et Jeanne*, M. Tournier

CAPÍTULO 5

A religião sem lei: definições sobre a "liberdade religiosa" no Brasil

> Não há nada mais simples do que fundar uma seita evangélica. (...)
> Não há necessidade de nenhum diploma de formação teológica para
> exercer a função de pastor. Também não existem concílios superiores,
> nem qualquer outro órgão centralizador capaz de disciplinar ou mapear
> o crescimento desordenado dessas seitas. (*Jornal do Brasil* 20.07.88)

Nos últimos 15 anos, ocorre no Brasil uma curiosa associação. Os "evangélicos", que identificam o segmento religioso em maior expansão, seja em número de adeptos e instituições, seja na ocupação de espaços na sociedade, protagonizaram protestos recorrentes contra a falta de "liberdade religiosa". A reclamação foi articulada nos meios de comunicação, em manifestações de rua, na plataforma de candidatos a cargos políticos e em diversas casas legislativas, através de *lobbies* e blocos parlamentares; serviu para apoiar e rejeitar candidaturas políticas, bem como para constituir entidades coletivas. Os motivos e as ocasiões formam, na verdade, uma lista heteróclita. Na época da constituinte, espalhou-se o temor de que a Igreja Católica limitaria os direitos dos não católicos, acompanhado do lamento quanto à discriminação que privava os evangélicos de um maior acesso a espaços e recursos públicos. Nas eleições presidenciais de 1989, nova denúncia de um conluio entre a Igreja Católica e certas forças políticas influenciadas pelo "materialismo" e o "comunismo".[1] Desde então, as manifestações continuaram ocorrendo a propósito de certames eleitorais, mas também por conta de episódios específicos: investigações e processos contra lideranças eclesiais, regulamentações sobre poluição sonora, restrições urbanísticas que afetavam a expansão de templos, além de legislações no setor de comunicação e de regras para o acesso às capelanias militares.[2] Um olhar preocupado com distinções poderia reorganizar essa lista em pelo menos

---

1. Sobre a presença de preocupações acerca da "liberdade religiosa" nas eleições legislativas e presidenciais, ver Freston (1993, 1996).

2. As referências a respeito desses episódios são fragmentadas, na falta de análises sistemáticas sobre a maioria deles. Polêmicas sobre autuações de templos evangélicos por conta de excesso de ruído ocorreram em 1997, mesmo momento em que se formou uma coalizão para garantir o veto de alguns artigos de um projeto de lei ambiental no Congresso Nacional (ver RV, 23, outubro 1997; FSP

duas categorias de coisas. Algumas delas demarcam áreas que envolvem a garantia de condições tidas como necessárias para o exercício da liberdade religiosa, condições de que deveriam igualmente se beneficiar todos os grupos e confissões. Outras, no entanto, revelam-se propriamente como denúncias à posição privilegiada do catolicismo e da Igreja Católica no espaço público ou junto às agências estatais. Neste caso, a referência faz-se ao caráter leigo que caberia, inclusive por razões legais, ao Estado brasileiro.

Se aponto para essa possibilidade de distinção, não é para lamentar a confusão em que incorrem os protestos evangélicos. Afinal, há situações nas quais a distinção não aparece com facilidade. Por exemplo, a última visita do papa ao Brasil, em 1997, colocou em jogo discussões tanto sobre os limites para os protestos de evangélicos, quanto sobre a legitimidade do apoio prestado pelo Estado através de renúncias fiscais e outras facilidades e gentilezas.[3] Além disso, acredito que aquela distinção circunscreve o modo pelo qual tendem a se estruturar, no Brasil, questões e problemas que estão também presentes na sociedade francesa. Pois parece que, entre nós, adquire muito mais legitimidade perguntar se o Estado tornou-se genuína ou suficientemente leigo do que problematizar as condições da "liberdade religiosa". É essa, a meu ver, uma das principais razões que atrai grandes desconfianças sobre qualquer reivindicação de "maior liberdade religiosa" no Brasil. A própria distinção evocada acima revela em certos dos protestos evangélicos uma ambiguidade, uma vez que a reclamação por "liberdade religiosa" pode ser ela mesma denunciada como estratégia para alcançar os mesmos "privilégios" espúrios de que goza o catolicismo. Tivessem os evangélicos escolhido a bandeira da "separação entre Igreja e Estado", muito provavelmente conseguiriam angariar mais apoios e menos desconfianças entre outros segmentos da sociedade brasileira.

Optei, de minha parte, por levar a sério a provocação dos evangélicos. Junto-me a eles para desconfiar da "liberdade religiosa" no Brasil, ainda que por caminhos e métodos bem diferentes. Ou seja, não se trata, bem entendido, de entrar no mérito de seus protestos e suas reivindicações, mas de reconhecer no tema levantado algo relevante para entendermos a forma pela qual ocorre a regulação do religioso em nosso país. Isso nos conduzirá a uma incursão histórica cujas bases envolvem perspectivas que, para serem estabelecidas, dependem da inversão de marcos que caracterizam algumas das formas atuais de enfoque do campo religioso brasileiro pelos cientistas sociais. Elas têm em comum com as discussões jurídicas o fato de desprivilegiar a questão da liberdade religiosa. Meu objetivo é exatamente chegar à configuração tomada pelos mecanismos de regulação estatal da religião no Brasil através de debates e de medidas que se estabeleceram a propósito daquela questão.

05.09.97, 14.02.98). Quanto às restrições urbanísticas, o contexto é necessariamente local, com ocorrências em Belo Horizonte — por conta de redefinições no plano diretor (FU 05.03.95, 28.05.95, 04.06.95) — e no Rio de Janeiro — cuja Assembléia Legislativa aprovou uma lei que vincula o imóvel a sua destinação cultural (FSP 23.05.97, FU 17.03.97, 06.04.97). Sobre o setor de comunicação e capelanias militares, ver, respectivamente, FU 02.11.97 e FU 04.09.94, 20.11.94, 12.10.97.

3. Ver RV, 23, 1997; FSP 26.08.97 e 23.09.97, além de FU 27.07.97, 17.08.97, 24.08.97, 07.09.97, 14.09.97.

1. Por uma problematização da "liberdade religiosa": princípios jurídicos e leituras sociológicas

1.1. Liberdade sem laicidade

A *Enciclopédia Saraiva do Direito* é aquela coleção de quase uma centena de volumes, encontrada em muitas bibliotecas públicas. No verbete "religião e direito", lê-se: "O direito à liberdade religiosa, à prática, à propaganda da religião escolhida ou seguida pelo cidadão (...) está inserido na Constituição Federal, como uma das limitações do poder estatal" (:456, v.64). Se preferirmos algo mais atualizado e mais específico, podemos recorrer a um *Dicionário de Direito Constitucional* à disposição na seção de referência da Biblioteca Nacional. Tratando da lei constitucional vigente, reafirma suas garantias à liberdade de consciência, de crença e de culto (Bastos 1994:104). Em termos de pronunciamentos mais ou menos oficiais, encontraremos coisa semelhante. Em 1958, foi publicado o estudo de um funcionário público (Landau 1958) em circunstâncias que merecem ser explicitadas. A ONU solicitou ao governo brasileiro um relatório sobre a situação da liberdade religiosa no Brasil. Consta que o ministério das Relações Exteriores requisitou "aos líderes das principais religiões estabelecidas no Brasil" informações sobre eventuais restrições a práticas e direitos religiosos.[4] Paralelamente, um funcionário elaborou um estudo sobre "o aspecto jurídico de que se reveste a liberdade religiosa no Brasil". Nele, concluía que em terras tupiniquins "não há impedimento de qualquer natureza à liberdade dos cultos religiosos" (Landau 1958:28). Declaração praticamente idêntica prestou um procurador do Distrito Federal durante um congresso sobre liberdade religiosa realizado em Amsterdã, em 1977: "Existe atualmente no Brasil uma inteira liberdade religiosa estabelecida pela Constituição e garantida pelas autoridades".[5]

O que chama a atenção nessas avaliações é, em primeiro lugar, sua constância através do tempo (1958, 1977, 1994), a despeito de ter o país atravessado transformações políticas importantes nesse período com implicações, inclusive, no terreno dos direitos civis. Outro ponto, propositalmente suprimido da apresentação acima: a existência de limitações ou restrições à liberdade religiosa, definidas pela "ordem pública" (Landau e Rossi) ou a "ordem pública e os bons costumes" (Enciclopédia Saraiva e Bastos).[6] Nesse sentido, o Brasil não é diferente quanto à possibilidade de combinar garantias e restrições à liberdade religiosa, reproduzindo em sua ordenação jurídica inclusive formulações encontradas em inúmeros outros países. Em comparação com a França, no entanto, um contraste res-

---

4. Não tenho registros se essa consulta foi realizada e a que resultados chegou.

5. Cf. *Conscience et Liberté*, n.14, 1977:66.

6. Junte-se Barretto (1996), notando que as "manifestações dos direitos religiosos" estão sujeitas "a interesses de ordem pública, dos bons costumes e dos direitos da coletividade" (:250).

salta com muita nitidez: a ausência de um debate sistemático e amplo a respeito dessas questões no meio jurídico. Os levantamentos que realizei junto a bancos de bibliografia jurídica a partir das categorias "liberdade religiosa" e "liberdade de culto" resultaram em um número escasso de registros se eliminadas as referências que abordavam realidades ou situações fora do Brasil. Além disso, os registros restantes oscilam entre exegeses constitucionais e comentários casuísticos ou restritos a aspectos bem circunscritos. Passa-se do extremamente genérico ao demasiadamente particular quando se trata de religião nas discussões jurídicas.[7]

Intitulado "O Direito de Religião no Brasil", o artigo de Scherkerwitz (1996), constitui em parte uma exceção. Depois de listar as garantias constitucionais à "liberdade de religião", levanta algumas questões relativas, umas, ao cumprimento dos dispositivos que vedam a existência de uma "religião oficial", outras, às formas de "cooperação" possibilitadas pelos mesmos dispositivos. Sem entrar no conteúdo de tais questões, o que importa notar neste momento é como uma discussão que se inicia pela "liberdade religiosa" acaba se encaminhando no sentido de abordar os problemas e indefinições do princípio da laicidade do Estado. As observações de Scherkerwitz lembram o que, acerca do mesmo ponto, notava Landau: "este pretexto da colaboração recíproca [entre Estado e religiões] acobertou flagrantes violações da Lei Magna" (1958:18). Scherkerwitz e Landau concordam, portanto, que se há um aspecto problemático no direito sobre religião no Brasil, ele reside no respeito ao princípio da laicidade do Estado; onde parecem divergir é quanto às suas implicações para o exercício da liberdade religiosa. Scherkerwitz mostra-se preocupado com as virtuais e efetivas discriminações decorrentes da aliança entre o Estado e a religião católica. Landau, como vimos, afirma que, apesar dos "ligeiros desvios da lei", as religiões não sofrem restrições de qualquer tipo. Junta-se a ele o padre Scampini (1978), autor de um útil estudo sobre a história dos dispositivos constitucionais acerca da religião. Uma de suas análises, a um só tempo e sem apontar contradições, reconhece que a "franca simpatia do Estado com a religião se refere praticamente à Igreja Católica" e constata que "não há nenhuma restrição às demais religiões, cultos e confissões existentes no Brasil" (:227).

1.2. O mercado de bens da salvação e o novo pluralismo

Retornarei adiante a tratar da ordenação jurídica referente à religião no Brasil. O modo como pretendo fazê-lo exige, no entanto, uma discussão prévia com certos enfoques sobre o campo religioso referenciados às ciências sociais. Um primeiro problema vem da constatação da falta de estudos sobre a dimensão propriamente jurídica do lugar da reli-

---

7. Consultei o banco de referências bibliográficas do Sistema de Informação do Congresso Nacional e do Tribunal de Justiça do Estado do Rio de Janeiro. As observações de alguns comentaristas sobre a escassez da jurisprudência em se tratando de liberdade religiosa reforçam a opinião que tive a partir da bibliografia (Ramos 1987:239; Scherkerkewitz 1996:65).

gião na sociedade brasileira. Seja porque não a consideram relevante, seja porque assumem as definições que leis ou juristas oferecem, pouco acrescentam às avaliações propriamente jurídicas sobre essa dimensão os trabalhos de cientistas sociais. Pierucci (1996) foi enfático ao propor um debate sobre definições legais de "religião", notando o "mal-resolvido" de certos aspectos "das relações Estado-igreja(s) no Brasil". Por outro lado, referindo-se exatamente aos reclames evangélicos, mostrou-se categórico em condená-los como "crispação paranóide e extemporânea, anacrônica": "Da parte do Estado brasileiro, seja o Estado material ou o Estado formal, tudo faz crer que a prática religiosa e as organizações religiosas em geral não sofrem hoje nenhuma discriminação negativa" (:5). Burity (1996), em um texto que em muitos pontos discorda das posições de Pierucci, tende contudo a reforçá-lo no tocante à "liberdade religiosa": "não se trata mais de uma questão da liberdade religiosa pendente, na medida em que o reconhecimento legal da pluralidade religiosa é um fato" (:4). Azevedo (1981), que elege como tema a "instrumentalização" da religião pelo Estado no Brasil, não se interessa pela questão da "liberdade religiosa".

Mais do que da escassez, trata-se da recusa quanto a uma problematização da temática da "liberdade religiosa". O que pretendo demonstrar é como essa recusa vem se articulando com uma perspectiva que despreza, exterioriza ou anacroniza o papel do Estado na conformação do campo religioso brasileiro. Tem-se abordagens que, ao tratar do campo religioso, ou sentem-se à vontade para jamais mencionar o envolvimento do Estado, ou, ocupando-se deste, associam-no a configurações ou fatores que perdem (ou deveriam perder) espaço ou hegemonia. Em um caso, as análises recorrem a conceitos e categorias que formam campos semânticos em torno das noções de "individualismo religioso" e "mercado de bens da salvação". No outro, são novamente as relações privilegiadas entre o Estado e a Igreja Católica que ocupam o centro da cena. Em um caso, a "liberdade religiosa" é o resultado necessário da constituição de um "mercado" onde os indivíduos se encontram na condição de "consumidores" de "bens da salvação"; no outro, o foco recai sobre a dissolução de um modo específico de regulação da diversidade associado à aliança entre Estado e Igreja no Brasil.

Valho-me do texto de Montes (1998), não apenas por se tratar de uma análise abrangente e com dimensões históricas acerca da "configuração do campo religioso brasileiro", publicada no último volume da importante *História da Vida Privada no Brasil*, mas por articular aspectos que aparecerão constituindo enfoques autônomos em outros autores. A abordagem que privilegio no comentário a esse texto relaciona-se à sua utilização da metáfora do "mercado" como eixo de análise. Adotado este ponto de vista pela autora, uma ambiguidade crucial manifesta-se: pois o "mercado" ora aparece como modelo analítico, ora como produto de certa situação histórica. Modelo, quando as transformações do campo religioso brasileiro são vistas como o resultado das relações entre as trajetórias e estratégias das igrejas e os perfis e expectativas de devoções dos fiéis. Assim, a redução da hegemonia católica pode ser explicada pelo distanciamento da Igreja do tipo de devoção (intimidade com o sobrenatural e compatibilidade com operações mágicas) que ela mesma, no passado, contribuiu para forjar e que agora é satisfeita com o recurso aos evangélicos e afro-brasileiros (:79, 91, 93, 97, 116). Ao contrário, o "mercado" é visto como produto histórico quando descreve uma situação caracterizada por agentes que se vêem como concorrentes em busca de fiéis que podem se basear apenas em suas escolhas para definir suas adesões religiosas. Assim seria o panorama atual do campo religioso no Brasil:

"Igrejas enfim gerenciadas abertamente como verdadeiras empresas (...). Instituições religiosas que, do ponto de vista organizacional, doutrinário e litúrgico, pareciam fragilizar-se ao extremo (...). Uma maior autonomia reconhecida aos indivíduos que, um passo adiante, seriam julgados em condição de escolher livremente sua própria religião, diante de um mercado em expansão" (:69).[8]

O texto verdadeiramente oscila entre esses dois usos da metáfora. Em certas ocasiões, parece estender o conceito de mercado para contemplar momentos históricos ainda não definidos por uma situação pluralista. Isso ocorre quando Montes se refere às configurações recentes como "ampliação", "diversificação" ou "abertura" do "mercado de bens de salvação" (:69, 91) — tudo a indicar que esse "mercado", de alguma forma, já existia anteriormente. Contudo, em outras ocasiões, propõe-se uma "relativização" do mesmo conceito. Delas, uma é central para nossa discussão. Montes refere-se ao caráter de "mediador essencial entre o público e o privado" que assumira o catolicismo colonial e à "união do poder espiritual e temporal, de Igreja e Estado"; ambas as coisas teriam deixado importantes legados à sociedade brasileira, a ponto de imprimir-lhe processos que escapam à "inexorável lógica do 'mercado dos bens de salvação'" (:109). A contraposição entre o mercado e a interferência do Estado, entre o presente e o passado transforma a noção que fora empregada como conceito de validade geral no produto de determinada evolução histórica. É verdade que jamais desaparece a ambivalência, assim como a diversidade de concepções e relativizações do conceito central. Mas a leitura que associa a noção de mercado a uma transformação histórica aponta para um tipo de interpretação que parece estar se tornando altamente disseminada, se não dominante, nas análises do campo religioso brasileiro.

Um dos elementos do modelo – o individualismo religioso – pode não aparecer associado à metáfora do "mercado". Sanchis (1997) propõe que consideremos o campo religioso brasileiro a partir da articulação de três modos distintos de constituição de identidades. O mais recente deles, que chama de "pós-modernidade", estaria centrado nas construções derivadas da criatividade idiossincrática de indivíduos, que visam satisfazer suas aspirações e imaginações. O quadro geral forma-se com a composição desse modo com vetores sincréticos e anti-sincréticos. Mas não são poucos os autores que sugerem a articulação desse traço com a situação de um "mercado da salvação". Brandão (1994) aponta

---

8. O ponto é reafirmado a propósito das "novas religiosidades": "Talvez aqui, mais que em qualquer outro domínio das religiões no Brasil, se pudesse dizer que verdadeiramente opera a lógica do mercado, fazendo da escolha religiosa uma questão de opção ou simplesmente reinvenção individual (...)" (Montes 1998:169).

a transição de uma configuração na qual a fé dependia do vínculo com instituições religiosas para outra, em que vale o "direito de crença individual", vetor determinante de escolhas, envolvimentos, movimentações, algo, enfim, que "constitui socialmente e torna culturalmente significativo e manipulável isto a que damos o nome de uma 'situação de mercado religioso'" (:34). Oro (1996a), tratando das características da "modernidade religiosa", relaciona explicitamente esse individualismo religioso à autonomia dos crentes em relação às instituições e à situação de mercado religioso (:63-4). "Prateleiras de bens simbólicos e micro-sistemas para uso privado" — na formulação de Ribeiro de Oliveira (1997). Ortiz (1994) aceita a idéia de "mercantilização do sagrado", numa mesa, aliás, que a adotara como título, referindo-se à lógica na qual religiões procuram atender às demandas de consumidores, adequando-lhes seus produtos e concorrendo voluntariamente umas com as outras. O mesmo Ortiz (1983) adotara o modelo para analisar o "ecumenismo" como uma estratégia capaz de gerar um diferencial em disputas competitivas, argumento retomado por Oro (1997) para explicar a estratégia inversa, no caso, a "intolerância" de certos segmentos evangélicos em relação às religiões afro-brasileiras.[9]

Foi-se, parece, o tempo em que pluralismo religioso no Brasil era tratado automaticamente sob a chave do sincretismo. A metáfora e o modelo do mercado permeiam autores de orientações diferenciadas e une interpretações que se apresentam como divergentes. Um exemplo é a crítica elaborada por Pierucci (1997) em relação às posições assumidas por Negrão (1994). A discordância ocorre em referência a um esboço de historicização das análises de Weber, que para Negrão estariam comprometidas com um Ocidente desencantado, da racionalidade triunfante; encerrado esse momento, viveríamos hoje um retorno ou uma revitalização do sagrado (:134). Pierucci procura mostrar que não há sentido algum em falar de reencantamento do mundo se a religião jamais voltou a ocupar a posição de "matriz cultural totalizante" (:103). A inexorabilidade desse processo ficaria cabalmente demonstrada, segundo ele, na forma pela qual as religiões sobrevivem e proliferam atualmente, inclusive no Brasil, ou seja, tornando-se itens de consumo, submetendo-se à lógica das preferências pessoais dos fiéis e regendo-se pela estrutura da oferta de bens e serviços (:112-16). Sua argumentação segue de perto as interpretações propostas por Prandi (1996), em texto apresentado numa mesa cujo tema era "marketing religioso". Munido de dados sobre conversões, Prandi relaciona a alta mobilidade religiosa com a idéia da "livre escolha que se faz frente a variadas necessidades e diversas possibilidades de tê-las atendidas" (:65), todas, no entanto, "causas localizadas, reparos específicos" (:77), revelando um mercado cuja expansão "depende muito do estilo da oferta, de sua propaganda e de sua linguagem" (:66). Para não restar dúvidas ou esperanças do contrário: "a religião se transforma em consumo e o fiel em consumidor" (:67).[10]

---

9. Mesmo argumento acionado por Mariano (1995, 1996a) e Campos (1997:296).

10. A análise valeria para a situação da religião no Ocidente como um todo, "religião do mercado sem fronteiras" num campo definitivamente pluralista (Prandi 1997). Ver também o texto publicado na FSP 26.12.99, dentro de um caderno especial ("Busca pela fé").

Mas, afinal, o que diz Negrão depois daquela observação sobre Weber e o reencantamento do mundo? Ele se pergunta: "neste período de reencantamento ou de revitalização do sagrado, a nova sacralidade não estaria ela mesma, comprometida pela necessidade de adaptar-se às características da própria (pós-)modernidade?" (:135). Ora, uma das marcas centrais dessa adaptação seria o inexorável enquadramento à "lógica do mercado decorrente do pluralismo religioso" (:133), de que a transformação das igrejas em agências mercantis e as acusações da Igreja Católica às "seitas" consistiriam em exemplos. Vê-se bem como o "debate" reduz-se ao que fazer com Weber... Mas em uma coisa, é verdade, as posições de Prandi e Pierucci ganham peculiaridade: é nelas que encontramos nitidamente a conjunção entre um modelo econômico e um ordenamento jurídico da religião. Segundo eles, a medida em que efetivamente a religião funciona como um "serviço" submetido à lógica pluralista do consumo corresponde diretamente ao grau de "liberdade religiosa" de uma sociedade. A pluralidade de religiões é "garantia de liberdade religiosa para todos" (Pierucci 1997:115); nessa situação, cada "nova religião precisa da liberdade de adesão por parte dos adeptos e da liberdade de empreendimento por parte dos criadores da religião" (Prandi 1996:76). Portanto, no Brasil, onde mudar de religião tornou-se fácil e banal (Prandi 1996) e onde nos deparamos com "tamanha diversidade de oferta religiosa" (Pierucci 1996:4), é inútil e descabido lamentar a falta de "liberdade religiosa".

Não pretendo enveredar por uma discussão sobre a validade desse modelo para pensar o comportamento efetivo dos agentes do campo religioso. De todo modo, não deixa de ser curioso perceber como cientistas sociais que estão acostumados a duvidar das "leis do mercado" no domínio econômico parecem acreditar nelas quando se trata da esfera religiosa.[11] O que me interessa especialmente é a articulação positiva que se realiza entre, de um lado, a existência de "liberdade religiosa" enquanto princípio jurídico e, de outro, a autonomia em relação à intervenção estatal desse campo religioso que opera como um "mercado". Essa articulação é explicitamente apontada por Pierucci (1999b) ao fazer depender a desregulação do mercado de uma "neutralização do Estado em matéria de religião". Essa neutralidade manifesta-se normalmente como uma ausência de intervenção, mas pode assumir também a forma de uma instância reparadora dos prejuízos ou desequilíbrios gerados no mercado (Pierucci 1996:10-11; Prandi 1996:67). Dentro desse quadro, a situação privilegiada de que goza a Igreja Católica aponta para um resíduo do passado: "Antigamente, a regulação estatal do campo religioso (...) alterava os incentivos interferindo nas oportunidades dos produtores religiosos, assim como nas opções dos consumidores" (Pierucci 1999b).

---

11. Como era de se esperar, existem trabalhos que procuram questionar a validade ou exclusividade da lógica do mercado para pensar o funcionamento do campo religioso. Por exemplo, Montes (1998) e Burity (1996) lembram a necessidade de se levar em conta no jogo das adesões, respectivamente, as "comunidades de sentido" e os vínculos que envolvem "identidade". Sobre estudos antropológicos que se debruçam sobre o funcionamento efetivo dos agentes econômicos, ver Carrier (1997).

Ironicamente, temos a esse propósito outro encontro entre Pierucci e Negrão. Este, em texto mais recente (1997), ao discutir as características do campo religioso, refere-se exatamente ao papel distinto que o Estado desempenharia no caso brasileiro e no caso americano:

"Nos Estados Unidos, o Estado aparece como agente de circulação neutro e equidistante dos grupos em competição, garantindo sua livre concorrência; trata-se de um modelo de economia liberal. No Brasil, em que há uma afinidade histórica entre o Estado e a Igreja Católica, (...) aquele tem maiores afinidades com esta do que com as demais igrejas, estando mais próximo da figura de aliado do que de mediador" (:66).

Com base nisso, Negrão recusa a aplicação do conceito de "mercado" ao Brasil. Mas, como se vê, sua crítica não toca nos princípios de funcionamento do modelo; meramente discorda de sua adequação a determinada realidade empírica. Pierucci parte do mesmo modelo, mas sua aplicação engendra uma exigência normativa, pois os privilégios que a Igreja Católica ainda hoje mantêm conclamam a uma tarefa necessária: "Ainda há muito o que secularizar" (Pierucci 1999b).

Nesse caso, contudo, é preciso distinguir entre a conclusão e o modelo em que se inspira. Pois o tema das relações privilegiadas entre o Estado brasileiro e a Igreja Católica — que havíamos encontrado já no texto de Montes — aparece também a partir de outras abordagens. Destaco as reflexões de L.E. Soares (1993), que tomam o embate entre pentecostais e afro-brasileiros para sugerir que estaria se constituindo um certo igualitarismo nas relações entre os pertencimentos religiosos nas classes populares. A análise menciona a "participação no mercado", mas, tratando-se de um "igualitarismo sem individualismo", estamos certamente diante de uma outra concepção de mercado. O mais importante, além de notar a irredutibilidade de tal perspectiva às anteriores, é a visão que atrela a constituição desse igualitarismo com a crise de uma estrutura de articulação de forças sociais, estrutura hierarquizadora e estamental. Burity (1996), expondo e desenvolvendo as idéias de Soares, refere-se a essa estrutura como "padrão sincrético", associando-o à posição hegemônica da Igreja Católica e seu estatuto oficioso diante do Estado brasileiro. Seriam marcas desse padrão a inibição e a domesticação da diferença por sua inclusão controlada e subordinada à estrutura hierárquica estabelecida.[12]

Resta, no entanto, saber qual o lugar e o papel desempenhado pelo Estado em relação à religião fora do "padrão sincrético". Na configuração anterior, que permitiu movimentos de sincretização sob a hegemonia do catolicismo, a presença do Estado era um elemento inerente a sua organização e funcionamento. Daí a articulação possível entre uma "tolerância complacente" e o recurso à "violência do Estado" (Soares 1993:206). O problema é que, a partir dessa perspectiva, corre-se o risco de combinar a atenção ao surgimento de processos no campo religioso que fogem ao "padrão sincrético" com a desconsideração do lugar e da significância do papel do Estado. É suficiente afirmar que

---

12. Referências a esse mesmo argumento aparecem também em Freston (1993:19-20), Mafra (1999:261-3, que remete aos trabalhos de Rubem César Fernandes) e até em Pierucci, na entrevista que concedeu a FSP 22.10.95.

o "pentecostalismo não tem poder de polícia, nem interfere no Estado" (Soares 1993:212)? A análise de Bastian (1997) parece padecer do mesmo problema ao caracterizar em termos negativos o recente pluralismo religioso na América Latina, não vendo outra alternativa ao "monopólio católico" que a "desregulação religiosa" (:3). Ademais, a equação entre as duas coisas fica explícita na falta de correspondente ou sucessor contemporâneo para a "regulação religiosa católica" (:5).

Finalmente, se observamos o trajeto percorrido nessa discussão, passando por análises relevantes do campo religioso brasileiro, parece que reencontramos aquilo de que fugíamos. Variamos de abordagens, mas, tendo partido de questões sobre a "liberdade religiosa", recaímos no tema da "laicização do Estado". Com efeito, seja da perspectiva que se interessa pelas distorções do funcionamento de um mercado idealmente autônomo, seja de uma outra que se debruça sobre os modos de regulação da diferença, chegamos novamente ao problema da separação/aliança entre a Igreja Católica e o Estado. Que se tome o círculo como outra prova de que a dificuldade em operar a distinção entre os dois campos de questões não é apanágio dos evangélicos. O mais grave, contudo, é o fato de que, segundo aquelas perspectivas, a liberdade religiosa aparece, no caso de uma delas, como o produto de uma restrição por parte do Estado e, no caso da outra, associada à ruptura de um quadro no qual a Igreja Católica é dominante. Meu esforço vai no sentido de mostrar, ao contrário, que a forma como se configurou a "liberdade religiosa" no Brasil dependeu de um determinado modo de intervenção do Estado e contou com o papel positivo e central da Igreja Católica.

1.3. Igreja e Estado, religião e política

Em busca dos elementos empíricos para corroborar minha idéia, procurei por alguma brecha na aliança entre Igreja Católica e Estado, recolocando provisoriamente a distinção entre os problemas da "liberdade religiosa" e das relações Igreja/Estado. Isso suscitou meu interesse pelo momento da sua "separação", na aurora do regime republicano. À primeira motivação, juntou-se logo uma outra: o contraponto com a situação francesa. Entretanto, ao contrário do que encontrei lá, onde a questão da separação é vastamente abordada e debatida na literatura historiográfica e sociológica, aqui me deparei com um campo quase que inteiramente virgem – especialmente em se tratando de análises cujo foco recaia sobre o Estado.[13] Sintoma dos lugares distintos que esse momento ocupa nas representações das duas nações, rememorado na França, desapercebido no Brasil. Mas

---

13. Existem trabalhos que enfocam o momento e as circunstâncias da separação na linha de uma historiografia da Igreja Católica no Brasil. Ver Lustosa (1990) e Azzi (1976), além de Miceli (1988) e Groot (1996, cuja indicação agradeço a Henry Decoster). Estudos que privilegiam a dimensão jurídica são os de Fernandes (1948), Bartolomeu (1949) e Scampini (1978), todos eclesiásticos. Pode-se ainda lembrar de textos dedicados à trajetória e às posições de Rui Barbosa, personagem central na separação (Girardi 1960, Schmidt 1954).

também, no caso do Brasil, efeito de pressupostos que foram se afirmando através das abordagens sobre as relações entre religião e política. O modo como pretendo acompanhar a separação entre Estado e Igreja no Brasil depende de uma reflexão crítica sobre esses pressupostos.

A década de 1970 constitui certamente um marco na produção acadêmica acerca das relações entre política e religião no Brasil (Della Cava 1975). São dessa época uma série de trabalhos, vários escritos por estrangeiros, cujas análises nos legaram não só abordagens, mas também temas, concentrados sobre a seguinte problemática: a política da e na Igreja Católica e seu papel na construção de uma sociedade democrática (Pierucci 1999a:266-9; Montero 1999:332-5). Inversamente, o privilégio aos mesmos temas levou a instituir a própria década de 70 como um marco nas relações entre religião e Estado no Brasil. É essa circularidade entre realidades e abordagens que, em boa parte, explica alguns pressupostos que se estabeleceram na literatura acadêmica — válidos, em certos aspectos, para além da análise do catolicismo.

Primeiramente, uma certa cronologia, que se configura em torno de uma periodização básica: a *união* entre Igreja Católica e Estado durante o período colonial e boa parte do império; a separação republicana, prenunciada já com a "questão religiosa" de 1873-75, *separação* que inaugura um novo regime jurídico e introduz um lapso nas relações entre a Igreja Católica e o Estado; a *"neo-cristandade"*, ou seja, um novo pacto entre a Igreja Católica e o Estado, em parte oficioso, em parte juridicamente legitimado, consolidado durante a década de 1930 com o governo Vargas e preparado desde 1915 pelas orientações imprimidas por D. Leme, sucessivamente bispo, arcebispo e cardeal; esse regime, em que, segundo Della Cava (1975), o catolicismo foi "religião oficial *de facto* do Estado, da nação e das elites dominantes", se estende até o final da década de 1960, quando ocorre uma espécie de segunda "questão religiosa" e as relações entre a Igreja e o Estado entram novamente em uma *"crise"* que, em função das transformações na pastoral católica e dos rumos tomados pelo governo, joga a primeira contra o segundo, muito embora o quadro jurídico permaneça inalterado.[14]

O segundo ponto pode ser apresentado com a ajuda do artigo de Levine (1990). Ele sugere que, por volta do final da década de 1960 e início da de 70, os estudiosos passaram a preferir os termos "política" e "religião" a "Estado" e "Igreja". Em boa parte, porque seu interesse se transferiu das "relações formais entre as instituições eclesiásticas e governamentais" (:334) para as variadas formas de ativismo político-religioso, impulsionadas em muitos lugares da América Latina pela Teologia da Libertação. A partir disso, certos temas foram se definindo: "(...) a análise de classes populares, movimentos de base e seus vínculos frequentemente conflitivos com a macro-política e as macro-estruturas" (:334). Dado que, continua Levine, os ativismos político-religiosos floresceram no interior ou resguardados pela Igreja Católica em um contexto de enrijecimento dos regimes políticos, as questões relativas a Igreja/Estado vieram mais uma vez à tona, agora sob o

---

14. Ver, além de Della Cava (1975), Bruneau (1974), Mainwaring (1989) e Azevedo (1981).

signo do conflito (exatamente a "crise" que consta da cronologia) e em torno de novas questões — "disputas sobre direitos humanos, justiça, crítica social e embates amplos sobre o papel e o lugar adequados das classes populares na ordem social" (:336). Portanto — e isso precisa ser bem enfatizado — pode-se dizer que ocorre uma assimilação do campo de questões sobre relações "Igreja" e "Estado" ao conjunto de temas referidos à "religião" e "política", eles mesmos restritos a uma certa agenda de problemas.

Embora essa agenda não tenha sido, até onde sei, sistematicamente formulada, sua existência parece se depreender da insistência com que certas questões são colocadas pelos estudiosos das relações entre "religião" e "política" no Brasil. Cito dois textos, escolhidos, o primeiro, porque se trata de um comentário sobre 13 estudos intitulado "religião e política na América Latina" (Löwy 1996), o segundo, por tocar em questões tradicionais das relações entre Estado e Igreja (Burity 1996). Pois bem, as questões gerais que Löwy elege para apresentar todos os estudos que comenta são as seguintes: "Qual é a relação desses movimentos religiosos [novas formas de catolicismo progressista e pentecostalismo] com a cena política? Em que medida certas formas de religiosidade favoreceram ou não os processos de democratização em curso e a organização de movimentos populares?" (1996:52). E, Burity, mesmo, como se disse, retomando algumas questões clássicas – que o levam, por exemplo, a revisar um texto de Locke – para discutir o impacto dos pentecostais, introduz seu texto com preocupações semelhantes: "como se cruzam valores religiosos e valores democráticos no contexto do novo ativismo religioso?" (1996:1). Note-se que, como mostram os artigos de Burity e Löwy, essa agenda de problemas tem sido estendida para o protestantismo, dando-lhe novo fôlego e vitalidade.[15]

Evidentemente, as contribuições das religiões para a democratização, para a mudança social ou para a ampliação dos direitos na história brasileira são preocupações relevantes e sempre dignas de novas pesquisas. Podem, no entanto, ter o indesejado efeito de manter indefinidamente "religião" e "política" como domínios externos um ao outro[16] ou de tornar dificilmente formuláveis outros modos de pensar a relação entre essas noções. Espero estar contribuindo para o enriquecimento dessa problemática ao investigar as circunstâncias nas quais ocorre a "separação" entre Estado e Igreja Católica no Brasil. Nesse caso, a relação entre "religião" e "política" é recolocada nos seguintes termos: quais as condições e implicações políticas do reconhecimento da religião, no sentido da definição de seu lugar no interior de uma dada configuração social? Isso exige um certo desrespeito pela cronologia estabelecida. Trata-se de ver a "separação" não como um período delimitado das relações entre Igreja e Estado, mas como momento em que se estabelecem arranjos cujas consequências se estendem até nossos dias. Percebe-se, a partir desse esforço, que movimentos e vetores de aliança não estavam ausentes no perí-

---

15. Dixon e Pereira (1997) é um balanço recente dos estudos sobre o protestantismo a partir dessa agenda. J. Miranda (1995) trabalha sobre a Teologia da Libertação.

16. No Brasil, os trabalhos de Montero (1997) e Burity (1994) estão entre os poucos que investem em uma discussão sobre as próprias fronteiras e definições de "religião" e "política".

odo que sucede a ocasião da separação. Por outro lado, isso não impediu que a questão da "liberdade religiosa" adquirisse densidade própria.

2. Combates do início da República: "Igreja livre em Estado livre"

Um levantamento exaustivo das leis brasileiras que tratam direta ou indiretamente de "religião" revelaria provavelmente uma lista extensa de registros. No caso da "liberdade religiosa", chamam a atenção alguns dispositivos de "proteção", cuja invocação poderia bem fundamentar o argumento de que se trata de um direito juridicamente garantido. Por exemplo, o Art.208 do Código Penal vigente, que penaliza o "crime contra o sentimento religioso", compreendendo situações de escárnio a pessoas, de perturbação de práticas e de vilipêndio de objetos. Acrescente-se, no mesmo sentido, várias leis federais que visam sancionar opiniões e atos de caráter discriminatório, aparecendo a religião como um princípio, sempre entre outros, de classificação ilegítimo.[17] Mas essas "leis de proteção", federais, não sinalizariam senão uma categoria dentre o repertório que resultaria do tal levantamento exaustivo. Seria preciso considerá-las a partir de variáveis capazes de distinguir âmbitos (não só o federal), tipos (não só a "proteção"), estatutos (leis penais, constitucionais, etc.) para cada disposição encontrada. Optei por não realizar esse levantamento, que seria custoso e demorado. Mas a própria dificuldade do trabalho pode ser tomada como indicador de características da ordenação jurídica dispensada à religião no Brasil. Não temos entre nós nenhuma "lei de cultos", nem mesmo uma consolidação com valor equivalente, estando as diversas disposições legais dispersas.

Diante desse quadro, bastante fragmentado, é ao mesmo tempo paradoxal e coerente que entre as leis que tratam de religião no Brasil se destaquem, pelo número e a importância de disposições, as constituições federais. Paradoxal, dado o desprivilégio da religião em outras legislações; coerente, pois se trata, em tese, da mais genérica das leis. Nesse caso, podemos nos apoiar em estudos e sistematizações existentes (Scampini 1978; Fernandes 1948; Scherkerwitz 1996) para constatar, a partir de uma análise das constituições republicanas (1891, 1934, 1937, 1946, 1967/69, 1988), que a primeira delas é absolutamente fundamental para a definição dos temas em função dos quais se considerou juridicamente a religião no Brasil. É exatamente nela que se afirmam, pela primeira vez, tanto o princípio da separação de Igreja e Estado, quanto o da liberdade religiosa válida igualmente para todos os cultos. Na época, os partidários desses princípios usaram recorrentemente uma expressão para defendê-la: "Igreja livre em Estado livre".

---

17. Landau (1958) cita a lei 1802, de 05.01.1935, sobre "propaganda pública". A mais recente lei deste tipo é a de no. 9459, de 1997, que considera crime o ato de "praticar, induzir ou incitar a discriminação ou preconceito de raça, cor, religião ou procedência nacional".

2.1. "Estado livre"

Costuma-se opor, em se tratando de religião, a Constituição de 1891 à de 1934, inclusive por suas influências, americana na primeira, alemã na outra. Seus conteúdos mostrariam a transição de uma concepção predominantemente "laicista", emblematizada pelo preâmbulo que não faz referência a "Deus", para outra em que predominam os "privilégios" à religião e permite a "cooperação" entre Estado e Igrejas (Della Cava 1975; Bruneau 1974; Mainwaring 1985; Azevedo 1981). Mas se observamos o *objeto* das disposições constitucionais, teremos de concluir que estas pouco se modificaram desde 1891. Esquematicamente, podemos organizar essas disposições em dois conjuntos (os artigos remetem ao texto de 1891) — aquelas que atingem diretamente a vida religiosa (a, b) e aquelas que tratam da interferência de aspectos religiosos na vida de instituições civis (c, d, e, f):

a) art.11#2 e art.72#7: separação entre Estado e religião, enunciada em termos negativos (o Estado não deve nem embaraçar, nem estabelecer religião) — a que acrescentam todas as constituições, desde a de 1934, a possibilidade de "colaboração" e, em 1934 e 1946, a persistência da representação diplomática junto à Santa Sé;

b) art.72#3: liberdade de culto e de associação religiosa como direito fundamental — posteriormente mantida em termos de "consciência", "crença" e/ou "culto" e estendida, em todas as demais constituições, para alguma forma de "assistência religiosa" em instituições de internação coletiva;

c) art.72#28 e 29: não validade de critérios religiosos para o exercício de direitos civis e políticos — mantidas nas constituições posteriores e acrescentada, a partir de 1946, da possibilidade de "escusa de consciência";

d) art.72#4: casamento civil — desde 1934, reconhecidos os efeitos civis do casamento religioso;

e) art.72#6: secularização dos cemitérios públicos — permitida a manutenção de cemitérios particulares em 1934 e 1946 (a partir de 1967, não consta mais disposição sobre cemitérios);

f) art.72#7: ensino leigo — desde 1934, inclui disciplina religiosa.

As disposições que não são objeto do texto de 1891 reduzem-se a três: serviço militar alternativo para eclesiásticos (1934, 1946), feriados religiosos (1946, 1967/69) e matéria fiscal (1946, 1967/69, 1988). Mas, pelo que vimos acima, isto não nos impede de afirmar que a primeira constituição republicana constitui a base da ordenação jurídica aplicada à religião no Brasil, sobre a qual se efetivaram diversos acréscimos e qualificações. Mais do que isso, como veremos, ela aponta para o momento em que se deram as definições cruciais sobre aquela ordenação.

Reconhecido este primeiro ponto, aceitemos tratar da especificidade da Constituição de 1891 a partir de seu conteúdo. Um comentário dos representantes do Apostolado Positivista escrito em 1893 a respeito da "separação" servirá para introduzir a discussão. Nele, dizia-se que, nos Estados Unidos, a "separação" não teria desbancado a oficialidade da "teologia cristã", resultando de uma solução de compromisso diante da impossibilidade de estabelecer uma denominação única e consensual como religião do Estado. No Brasil, ao contrário, a separação teria sido "sistemática", eliminando-se completamente toda "teologia de Estado", a ponto de podermos nos considerar a "sede da situação ocidental a mais adiantada" (Apostolado Positivista 1894:11). Os positivistas não eram os únicos a achar que no Brasil se inaugurara um regime radicalmente novo nas relações entre Estado e religião. Sobre — como afirmara um metodista (Couto 1900:III) — "essa áurea lei que separou o Estado da igreja romana e igualou todos os cultos perante o Estado", os bispos católicos compartilhavam da mesma opinião, mergulhados, contudo, em lamentações e desgostos que previam grandes desgraças para o Brasil: "Proclamou a Constituição a separação inteira do Estado e da Igreja, e assoalhou que nenhuma relação queria com esta religião, que informou a vida dos brasileiros, que lhes deu a civilização, adoçou os costumes, conservou a unidade nacional (...)" (Pastoral Coletiva do Episcopado Brasileiro, 1900, *apud* Rodrigues 1981: 65).

Em certo sentido, de fato, o regime republicano desenvolveu uma agenda extensa e sistemática de laicização. Antes mesmo da Constituição de 1891, o Governo Provisório tomou diversas medidas que implicaram não apenas na separação entre a Igreja e o Estado, na afirmação da liberdade de culto e na exclusão de critérios religiosos de cidadania (Dec.119A, 07.01.1890), mas também na instituição do registro civil (no caso do casamento, Dec. 181, 24.01.1890 e 521, 26.06.90), na secularização dos cemitérios (Dec. 789, 27.09.1890), na laicização do ensino público (decisão n.12 do Ministério do Interior, 17.04.1890), enfim, na abolição dos dias santificados entre os feriados oficiais (Dec.155B, 14.01.1890) (Scampini 1978; Barbosa 1945). Todas essas deliberações visavam romper com um sistema no qual o catolicismo continuara "a ser a religião do Império", cujo chefe supremo fora coroado "por graça de Deus"; no qual o imperador, os herdeiros presuntivos, os regentes e os conselheiros de Estado deveriam jurar "manter" a religião; no qual não podiam ser deputados "os que não professam a religião do Estado", fazendo juramento solene; no qual a Igreja Católica tinha seu clero pago pelo orçamento do Estado e cuidava dos atos religiosos e legais relativos ao batismo, matrimônio e sepultamento de homens e mulheres (Scampini 1978). Os republicanos nunca haviam feito segredo de sua oposição a essa organização das relações entre o Império e a Igreja Católica, inscrevendo em seus manifestos (1868-70) os princípios da "liberdade de consciência" e da "liberdade de culto". Na década de 1870, em meio à "questão religiosa", Saldanha Marinho tentara invalidar o dispositivo constitucional que oficializava a Igreja Católica, apontando suas contradições com outros (Tarsier 1936; Magalhães 1919; Scampini 1978).

Enfim, nossa república parece ter sido mais "republicana" que a francesa — configurando aqui um projeto abrangente e concentrado de laicização. Apesar disso, seria enganoso pensar que esse projeto não tivesse antecedentes na forma de medidas ou tentativas pontuais. Já em 1828, uma lei prevera a possibilidade da existência de cemitérios "fora do recinto dos templos" administrados pelas autoridades municipais, disposição renovada por um decreto de 1850 e discutida entre os anos 1879 e 1880 na Câmara dos Deputados (Scampini 1978; Tarsier 1936). Em 1829, 1833 e 1855, foram esboçados projetos de lei permitindo casamentos mistos (católico-protestantes) e entre protestantes; em 1861, uma lei estabeleceu as condições em que se poderia realizar um casamento civil entre não-católicos, mas ela foi contrariada por pareceres de 1865; e em 1889 passara finalmente a vigorar um regulamento autorizado em 1870 (Scampini 1978; Tarsier 1936; Léonard s/d). Segundo Magalhães (1919), o Partido Liberal chegou a apresentar propostas de registro civil e de secularização dos cemitérios. Quanto ao ensino público, a década de 1880 está particularmente eivada de referências laicizantes, presentes seja no estudo oficial de Rui Barbosa (1882), seja nas discussões de um congresso sobre o assunto (1884), seja nas ações de uma certa Liga do Ensino Leigo, que advogava a retirada do crucifixo das salas de aula e a restrição do ensino religioso à recitação não explicada de orações (Enciclopédia Saraiva, v.32, verbete "ensino religioso").

Assim como o Império não estava imune a medidas e proposições de laicização, tampouco deixava de conviver com uma certa liberdade religiosa e um certo pluralismo confessional. No concernente aos indivíduos, a Constituição do Império os protegia desde que respeitassem algumas condições. "Ninguém pode ser perseguido por motivo de religião, uma vez que respeite a do Estado, e não ofenda a moral pública", sancionava o art.179, #5°. Essa disposição é reproduzida no Código Criminal de 1830, cujo art.191 penaliza o "perseguir por motivo de religião". Além disso, havia lugar para "religiões toleradas",[18] como reconhecia a própria Constituição de 1824 em seu art.5b: "Todas as outras religiões serão permitidas com seu culto doméstico ou particular, em casas para isso destinadas, sem forma alguma exterior de templo". O Código Criminal, por sua vez, acrescentava dispositivos que, a um só tempo, resguardavam e limitavam a concessão constitucional. Enquanto que o art.277 punia "o ato de abusar ou zombar dos cultos permitidos", os arts.278 a 280 penalizavam "culto ou ato atentatório das verdades fundamentais da existência de Deus, da imortalidade da alma ou da moral" (Scampini 1978). Em 1859, época em que as primeiras missões protestantes estrangeiras começavam a atuar no país de maneira sistemática, um parecer derrubou o argumento que tentava impugná-las com a alegação de que faziam "propaganda de doutrinas contrárias à religião do Estado" (Léonard s/d). Dois anos depois, um decreto permitia as atividades de grupos "não católicos" desde que não atentassem contra as leis do Império (Souza Bandeira 1893).

No entanto, críticas às restrições da lei já eram levantadas pelo menos desde 1846, em meio a debates sobre políticas de imigração, que continuaram a ocorrer ao longo do resto do século. Magalhães (1919) informa, infelizmente sem mencionar uma data, que o Partido Liberal lutou pela extensão do direito de culto externo e público para todas as religiões. Em 1879, Rui Barbosa apresenta um projeto pela abolição do juramento religioso dos deputados e das incapacidades civis dos não católicos (Girardi 1960; Schmidt 1954). E em 1887 é discutido no Senado um projeto que visava emendar o art.5 da Constituição, permitindo "a todas as religiões o exercício público de seu culto". À mesma época, os positivistas reclamavam das "insuficiências" da liberdade religiosa no Brasil,

---

18. A expressão é de um decreto de 1863 (Tarsier 1936).

argumentando que esta, para ser completa, exigia o fim da proteção à Igreja Católica (Centro Positivista 1888). Mas, a essa altura, parece que as restrições constitucionais já haviam caducado, com os grupos não católicos "exercendo livremente suas atividades" (Souza Bandeira 1893:582) e a contrapartida das queixas de um bispo católico acerca da "propaganda escandalosa" do protestantismo (Macedo Costa 1888:11, que se refere a reuniões públicas, colégios, e escritos que vilipendiariam o catolicismo). Ou seja, às vésperas da República, as religiões não católicas desfrutavam de uma espécie de *liberdade sem igualdade.*

Olhemos agora na outra direção: até que ponto o regime inaugurado pela República afastou a Igreja Católica do Estado? Esta questão não pode deixar de ser colocada a propósito de dois casos que encontrei aleatoriamente no decorrer de minhas pesquisas. Os positivistas do Apostolado, os mesmos que considerariam nossa separação "sistemática", tiveram frustrada em 1892 sua homenagem póstuma a Benjamin Constant, não realizada devido à intervenção de pessoas ligadas à administração do cemitério. Embora o cemitério fosse público, sua administração, por um contrato que lhe garantia um monopólio, cabia à Santa Casa de Misericórdia, confraria católica.[19] O outro episódio, ocorrido em 1891, é protagonizado por Miguel Ferreira, pastor protestante. Convocado para participar do júri popular, recusa-se a assumir suas funções enquanto um crucifixo estivesse a adornar a parede da sala do tribunal. Ante a insistência do pastor, o caso ganha os jornais e tem de ser resolvido por uma decisão do ministro da Justiça. Nela, o ministro indefere o requerimento do pastor, considerando-o "ato de fanática intolerância" diante de uma imagem que "não ofende as crenças de quem quer que seja". Afinal, como Ferreira não desistisse de acionar as instâncias de recurso, parece que as próprias autoridades católicas solicitaram a entrega do crucifixo, organizando com ele uma procissão pelas ruas do Rio de Janeiro.[20]

Ferreira não foi o único protestante que dispensou igual energia no elogio à lei e na denúncia de sua deturpada aplicação. "Leis ótimas, sua execução foi péssima" (Tarsier 1936:54), resumiria o autor da *História das Perseguições Religiosas no Brasil*, repleta de relatos sobre agressões a pastores e crentes protestantes, que mostravam, segundo ele, que em muitos lugares "a Constituição não vigora a favor dos acatólicos" (:105). Nicolau Couto, um metodista, publicou em 1900 um opúsculo contendo artigos escritos para jornais, prometendo enviá-lo a autoridades e à imprensa. Nele, lamenta "os abusos e mistificações" da Constituição traduzidos na "proteção escandalosa dos governos, das autoridades, ao culto romano" (Couto 1900:13). Couto arrola casos concretos que, anos mais tarde, reapareceriam nas denúncias de uma conferência realizada no Centro Republicano Brasileiro:

19.Carta do Apostolado Positivista do Brasil ao *Paiz*, 22.04.1893.

20.O caso, registrado por Tarsier (1936), é relatado pelo próprio Ferreira (1891). Scherkerkewitz (1996:69) menciona, sem indicar a data mas se referindo sem dúvida a episódio recente, o ato do presidente da Assembléia Legislativa de São Paulo que mandou retirar de sua sala um crucifixo. A decisão foi contestada por um mandado de segurança, mas mantida por sentença judicial.

"As autoridades da República primavam e primam pela completa inobservância da laicidade. Daí a série de irregularidades e atentados (...). Os tribunais auxiliam a restauração de casas religiosas (...), os ministros consentem e promovem a colocação de símbolos religiosos nos edifícios públicos, os chefes da nação fazem comemorações litúrgicas católicas, em nome do povo, por ocasião da morte dos políticos da grei; os governos equipararam (...) os colégios de ensino confessional aos institutos oficiais; as repartições, sob a mascarada do ponto facultativo, guardam os dias santificados" (Magalhães 1919:21)[21].

Seria justo desconfiar de toda essa lamúria, sabendo que ela vem de partes interessadas nas questões — protestantes, positivistas, "republicanos"... Seria justo, mas apenas se não encontrássemos fatos bem semelhantes relatados, agora com regozijo e admiração, por defensores do catolicismo. Em uma Carta Pastoral em 1922, os bispos reconheciam que "(...) os Poderes Públicos têm procurado aplicar a Constituição de modo tão infenso ao Catolicismo (...)" (*apud* Barbosa 1945:47). Mas quase 20 anos antes, Joaquim José de Carvalho, um médico católico já cantava as glórias de sua religião durante a República, convencido de que elas eram merecidas e justas:

"novas capelas em quartéis (...); as exéquias solenes e as bênçãos fundamentais são indispensadas nas comemorações públicas e oficiais; os Príncipes da Igreja viajam e transitam com regalias oficiais (...); muitas constituições estaduais foram proclamadas em nome de Deus; a República mantém estreitas relações diplomáticas com a Santa Sé. (...) os dias santificados ainda se guardam por tolerância oficial" (*apud* Lustosa 1990:106, 109).

Lacerda de Almeida (1924), que arrola outros indicadores de reverências e atos de cortesia recíprocas entre autoridades civis e eclesiásticas, sugere que "o próprio Direito Público da República, como que se vai amoldando à opinião crescente em favor da influência da Igreja nos públicos negócios" (:xvi). E conclui: "O Direito vivo zomba dos textos" (:65).

Contas feitas, parece que em nosso regime de "separação" pululavam os vínculos, compromissos, contatos, cumplicidades entre autoridades e aparatos estatais e representantes e instituições católicas. Os elementos aqui evocados dão-nos apenas uma pálida idéia dos debates e polêmicas que cercavam a interpretação e a aplicação das leis republicanas. Mas mesmo esse vislumbre é suficiente para mostrar que o novo regime de ordenação jurídica da religião continha tanto pontos indefinidos e cuja aplicação se fazia determinada por condições não previstas nas leis, quanto possibilidades de interpretação que pareciam contrariar as expectativas que partidários e opositores da separação igualmente nutriam. Se não, qual o sentido de um projeto de lei proposto em 1899 na Câmara

---

21. Lista semelhante já aparece em escrito anterior (Magalhães 1912:309). O texto de 1919 menciona outras iniciativas de protestantes: um folheto da Aliança Evangélica Brasileira (1909) denunciando perseguições após 1890 e a representação de um pastor de Belo Horizonte pedindo a retirada de imagens das salas de escolas públicas.

dos Deputados visando vedar qualquer tipo de auxílio estatal para escolas privadas que não mantivessem um currículo absolutamente leigo e para instituições de beneficência "onde se celebre culto externo de religião"?[22]

Enfim, pode-se recorrer aos comentários de Rui Barbosa à Constituição de 1891, cuja relevância se assenta sobre o fato dele ter diretamente participado na sua elaboração. Rui Barbosa referiu-se várias vezes aos Estados Unidos como modelo a ser seguido pelo Brasil. Lá, argumentava ele, a religião era a primeira das instituições políticas, mesmo que o nome de Deus estivesse ausente da Constituição. Aqui, país igualmente cristão, seria pela adoção do princípio cristão como elemento essencial do direito brasileiro que a Constituição deveria ser encarada. Rui Barbosa, a partir disso, em causas específicas ou em discursos teóricos, apontou as possibilidades concretas cobertas pelas disposições constitucionais. Assim: o Estado não estaria proibido de subsidiar escolas particulares onde o ensino não fosse de todo leigo; não haveria qualquer impedimento ao ensino religioso nas escolas públicas, desde que assumido por ministros religiosos fora dos horários curriculares; a assistência religiosa ao soldado, mais do que permitida, era mesmo necessária. Rui Barbosa menciona ainda a imunidade tributária para os templos e, em 1893, defendeu (é verdade que por motivos políticos, sobretudo) a manutenção da legação brasileira na Santa Sé (de fato, nunca abolida e até elevada mais tarde a embaixada). Afinal, como defendeu ele em um parecer de 1916, há formas de relação entre cultos e igrejas, de um lado, e, de outro, o Estado em todos os seus níveis às quais a Constituição não se opõe (Barbosa 1932).

Ora, se seguirmos as interpretações de Rui Barbosa, a distância que separa a Constituição de 1891 da de 1934 é drasticamente reduzida. Ensino religioso em escolas públicas, assistência religiosa às forças armadas, representação diplomática junto à Santa Sé e possibilidades de cooperação entre Estado e cultos abrangem quase todas as inovações produzidas em 1934. O que só vem a reforçar a idéia de que "separação" e "aliança" entre Estado e Igreja não formam exata ou necessariamente uma oposição. Sobretudo, sabemos agora que o Estado não estava menos envolvido com a religião do que antes. Isso fica evidente quando problematizamos a noção de "separação" a partir dos fervorosos debates da época e das alternativas de interpretação e aplicação dos princípios legais. Com o mesmo objetivo, proponho que exploremos agora uma outra noção fundamental desse regime, a de "liberdade religiosa". Aparentemente mais consensual, ela não foi menos importante para a definição do arranjo jurídico dispensado à religião no Brasil. E com uma vantagem, para quem está interessado nas continuidades entre passado e presente. Ao contrário da separação, que foi "ferida" em sua integridade com a introdução do princípio de "cooperação" desde 1934, a "liberdade religiosa" jamais teve alterados seu lugar e sua essência no decorrer de nossa história constitucional.

22.O projeto foi apresentado pelo deputado Érico Coelho e transcrito com os apoios de Couto (1900).

2.2. "Igreja livre"

Nossa "lei da separação" foi o decreto 119A (ver texto integral nos anexos), outorgado em 07.01.1890 pelo Governo Provisório que naquele momento dava os rumos da nascente República. Se nele tivemos, como alguém achou (Barbosa 1945:290), o decreto "mais importante sancionado pelo Governo Provisório", há de se convir que seus efeitos sobre nossa memória não foram correspondentes a tal significância. E esse não é o único ponto que o afasta de seu equivalente na França. A lei francesa de 1905 compreende sobretudo disposições circunscritas e práticas, centradas na regulamentação das *associations cultuelles* e no estabelecimento de um regime de transição. A lei brasileira é basicamente uma lei de princípios, preocupada em inaugurar um novo regime global nas relações entre Estado e religião. No entanto, é exatamente em suas raras disposições práticas que se revelam os vínculos e as dependências com o passado.

Em termos de princípios, três campos podem ser distinguidos a partir do texto do decreto 119A. Um primeiro tem por objeto o *Estado* (art.1º), e expressa-se em fórmulas negativas, *proibindo-o* de interferir na religião (note-se que a redação da primeira parte do artigo é praticamente uma tradução da Primeira Emenda da Constituição dos EUA) e de utilizar critérios religiosos na organização de serviços públicos e na classificação dos cidadãos (disposição igualmente contida em constituições estaduais americanas). Um segundo visa as *"confissões religiosas"* (art.2º) e estabelece a *igualdade* entre elas quanto aos seus direitos de realizarem "culto" e regerem-se por sua "fé". E um último incide tanto sobre os indivíduos, quanto sobre "as igrejas, associações, institutos em que se acharem agremiados" (art.3º), garantindo-lhes *liberdade* para seguirem "o seu credo e sua disciplina". Essa garantia tinha como extensão a proteção de que gozaria a religião no Código Penal republicano, instituído alguns meses depois, pelo decreto 847, de 11.10.1890. Em seu título dos "crimes contra o livre exercício dos direitos individuais" (arts.179 a 188), sancionava-se a perseguição por motivos religiosos e o impedimento e perturbação da realização de cultos religiosos. Prolongava-se as proteções do Código Criminal de 1830 sem que se reeditasse as restrições impostas pelo respeito a "verdades fundamentais". Portanto, o caráter abrangente e sistemático do projeto laicizante da República expressou-se não apenas em um conjunto de medidas articuladas (que, como vimos, abrangia as cerimônias e registros civis, o ensino leigo, os cemitérios públicos), mas também já no próprio decreto 119A, que adotava os princípios da "separação", da "igualdade" e da "liberdade" em torno de uma noção genérica de "religião".

O decreto 119A continha ainda mais três artigos, que traduzem bem o desejo de ruptura e a referência ao regime anterior. O art.4º extingue sumariamente o "padroado", forma pela qual se designava as prerrogativas que o Reino português e depois o Império brasileiro mantinham sobre os assuntos e as instituições católicas por uma concessão da Santa Sé. No Império, o equilíbrio entre privilégios e controles em relação ao catolicismo revelou-se delicado e esteve na base dos episódios que levaram à prisão de dois bispos em 1875. O catolicismo ocupava o lugar de religião oficial e a Igreja Católica tinha seus estabelecimentos e seu clero sustentados pelo Estado; ao mesmo tempo, o Poder Executivo tinha a competência de nomear bispos, de conceder ou negar beneplácito a todo e qualquer decreto e constituição eclesiástica, de fiscalizar diversos assuntos administrativos e econômicos e mesmo de intervir em questões disciplinares entre membros do clero caso fosse acionado (Scampini 1978). Podia-se inclusive discutir se esse regime constituía ainda um "padroado" no caso do Império brasileiro (Barbalho 1902), dado que ele não resultava meramente de uma concessão papal, mas de disposições constantes de leis nacionais, inclusive a própria Constituição, e que afinal nunca se estabelecera uma concordata com a Santa Sé. No entanto, o decreto 119A, ao se referir à "extinção" do "padroado", expressou com clareza a vontade republicana de não ter laços com a Cúria. Por outro lado, institui (art.6º) uma espécie de regime de transição, verdadeiramente minimalista, que se limita a assegurar o pagamento da côngrua (designação dos proventos eclesiásticos) aos "atuais serventuários do culto católico" e a subvenção, por um ano, das "cadeiras dos Seminários".[23]

Os dois artigos restantes expressavam uma preocupação com dimensões econômicas e o intuito de autonomizá-las em relação aos dispositivos anteriores. O art.6º, além de estabelecer regras de transição, deixava a cada estado da federação "o arbítrio de manter os futuros ministros deste [católico] ou de outro culto". Ou seja, procurava-se através dessa espécie de cláusula especial relativizar o princípio de "separação" sem invalidá-lo, recorrendo-se a uma possibilidade do sistema federalista e restringindo o auxílio oficial ao pagamento de sacerdotes. O ponto será rediscutido na constituinte, chegando-se a uma outra solução. Maiores consequências terá o art.5º que, por sua vez, serve para qualificar e também relativizar o princípio da "liberdade". Ele reconhece a todas as confissões religiosas a "personalidade jurídica" e garante-lhes a manutenção de seus edifícios de culto e de seus haveres atuais e, ao mesmo tempo, sujeita a aquisição e a administração dos seus bens aos "limites postos pelas leis concernentes à propriedade de mão-morta". Tecnicamente, a "propriedade de mão-morta", expressão que possuía equivalentes no direito civil de outros países, era aquela que tendia a ficar imobilizada e fora do mercado por estar alocada a fins ou instituições pretensa ou virtualmente perpétuos (Ferreira Alves 1897). Mas no Brasil essa noção não cercava um conjunto bem delimitado de determinações legais. Ao se referir a tais "leis", pressupondo sua organicidade ou unidade, o decreto estava ao mesmo tempo criando algo e abrindo um campo de discussões sobre o conteúdo dessa nova realidade.

Durante a República vários juristas procurarão compilar o que constituiriam as "leis de mão-morta" vigentes no período do Império e mesmo antes dele.[24] A compilação, no

---

23. Embora a Constituição de 1891 não se manifeste a respeito, essa determinação continuou a ser respeitada pelos anos seguintes, gerando inclusive debates acerca da interpretação mais adequada quanto ao caráter da inclusão no orçamento público de um item referente ao pagamento de eclesiásticos. Ver relatórios anuais dos ministros do Interior (1890-2) e da Justiça (a partir de 1892) e o parecer n.137 de 1903 da Câmara dos Deputados (Anais 1903 Vol.9:1107).

24. Alguns exemplos: Rui Barbosa (1932), José Hygino (no aviso 35 do Min. do Interior, 11.12.1890), Ferreira Alves (1898). Ver também os pareceres em Vários (1911).

entanto, não faz senão revelar um amontoado heteróclito de medidas e dispositivos, aplicados a vários tipos de instituições e parecendo se orientar por motivações diversas. Sirvo-me, como ilustração, do artigo de Souza Bandeira (1893), recorrentemente citado por outros. Seu trabalho começa nas ordenações portuguesas, incorporadas, segundo ele, à legislação imperial sem alterações. Ele divide o conjunto das regulamentações que comenta segundo o tipo de instituições a que se aplicam. No caso da Igreja Católica, ter-se-ia três grupos. Primeiro, o das confrarias (irmandades, ordens terceiras) e fundações pias (hospícios, hospitais, seminários), atingidas por várias leis quanto a assuntos administrativos e econômicos, exigindo autorizações ou impondo procedimentos (por exemplo, uma lei de 1870 dispunha que bens advindos de doações e heranças deveriam ser transformados em apólices da dívida pública). Em seguida, o das fábricas (que designava a parte relativa à administração dos recursos materiais empregados na manutenção dos espaços de culto), que deveriam, por uma lei de 1886, prestar contas a autoridades civis. E, enfim, o das ordens monásticas, regulamentadas seja quanto ao ingresso de noviços (suspenso, aliás, por medidas de 1855 e de 1870), seja quanto à administração e transferência de bens (por exemplo, uma lei de 1870, regulamentada em 1883, e afinal nunca devidamente cumprida, exigia a conversão de parte dos bens em títulos da dívida pública). Para exercer sua fiscalização e intervenção, diferentes aparatos estatais eram mobilizados, geralmente de modo descentralizado. Souza Bandeira credita esse conjunto legislativo ora à motivação política de pôr fim às ordens monásticas, ora à doutrina administrativa segundo a qual as corporações de mão-morta tinham apenas o usufruto de bens cujo domínio real cabia ao Estado, ora a imperativos econômicos visando evitar uma excessiva imobilização de bens.

Se voltamos agora ao artigo quinto do decreto 119A, uma coisa pelo menos fica clara: tratava-se de prover o Estado de um meio de intervenção sobre o funcionamento econômico das confissões religiosas. O ponto é reforçado se conhecemos as idéias de Rui Barbosa a respeito do assunto, ele que reclama para si a autoria do decreto da separação (Scampini 1978:75). Em sua introdução a *O Papa e o Concílio*, publicada em 1876, Rui Barbosa (1930) esboça um projeto de reforma das relações entre Estado e religião. O projeto cuida de diversos aspectos, tem mesmo uma pretensão de exaustividade e é muito mais detalhado que o texto do decreto de 1890. O que lhe dá unidade, segundo seu autor, é uma orientação "liberal", que consegue conciliar os princípios da separação e da igualdade com uma série de restrições que alegam "motivos econômicos". Elas atingem o patrimônio existente das religiões, assim como as operações que implicam no seu acréscimo ou alienação — tudo sob a "inspeção financeira do governo secular" (:295). Especificamente quanto às ordens monásticas, dispõe que deveriam sofrer desapropriações que adequassem seu patrimônio às proporções necessárias à subsistência dos clérigos (:294-300). É interessante que Rui Barbosa não se refira às "leis de mão-morta" então existentes aplicáveis aos vários tipos de instituições religiosas. Quando seu projeto de certa forma se realiza no decreto 119A, ele apela, no entanto, para o passado, fundamentando a intervenção estatal sobre o recurso a leis já disponíveis, ainda que vagamente delimitadas. As demais confissões, que até então não tinham "uma personalidade jurídica bem definida" (Souza Bandeira 1893:582),[25] passavam a compartilhar com a católica não só sua liberdade como também suas limitações.

No ano que sucede a publicação do decreto 119A, duas medidas explicitam o modo como começou a ser aplicado quanto à questão das "leis de mão-morta". Uma decisão do Ministério do Interior dispensa as "associações religiosas" de aprovação dos estatutos, considerando suficiente o seu registro no cartório do Juízo da Provedoria.[26] Pelo decreto 1030, de 14.11.1890, cessa a intervenção estatal na fiscalização das contas das associações e corporações religiosas (Scampini 1978). Como se percebe, seguiu-se uma orientação que procurou ser restrita nas exigências feitas às associações religiosas. Além disso, segundo Girardi (1960), pedidos individuais de dispensa de exigências e de desarmotização foram atendidos por atos administrativos. No entanto, manteve-se a interpretação capaz de autonomizar o aspecto econômico em relação às demais dimensões da liberdade religiosa. Em seu relatório como ministro do Interior, de novembro de 1890, Cesário Alvim distingue entre as "corporações em geral" e as "ordens monásticas". Em relação às primeiras, diz ter seguido "o princípio da liberdade absoluta de associação", conservando, contudo, a fiscalização estatal das "leis de amortização". Quanto às outras, afirma ele, fez respeitar os limites quanto ao direito de sucessão dos bens. No relatório, Alvim expunha ainda sua posição a respeito das "leis de amortização": de sua aplicação resultaria o retorno do imenso patrimônio imobilizado nas mãos dessas corporações ao Estado, seu legítimo e único sucessor.[27] O que demonstra que, no pensamento de certas autoridades, a "liberdade absoluta de associação" se conciliava com o prognóstico do fim da sua existência.

Seguindo a linha do tempo, reencontramos a primeira Constituição republicana, promulgada em fevereiro de 1891. Ela foi elaborada a partir de dois projetos propostos pelo governo provisório (22.06.1890 e 23.10.1890) e dos debates entre os constituintes (Scampini 1978; Roure 1979). Limito-me agora a comentar dois aspectos de seu conteúdo, relativos às cláusulas que, segundo a distinção feita anteriormente, atingem diretamente a vida religiosa. Em torno delas, travaram-se disputas ferrenhas durante os debates, que determinaram destinos opostos em relação a sua formulação inicial nos projetos governamentais. De um lado, o princípio da separação enunciado no texto final através de dois artigos distintos. Um dirige-se ao Estado, proibindo-o de "estabelecer, subvencionar ou embaraçar o exercício dos cultos religiosos". O outro visa os "cultos" ou "igrejas", impedindo-os de receber subvenção oficial e de ter "relações de dependência ou aliança com o Governo da União ou o dos Estados". Note-se que a quantidade e mesmo a redundância de

---

25. Um decreto de 1872 declara que certas leis elaboradas a propósito de instituições católicas eram extensíveis às não católicas, mas, ainda segundo Souza Bandeira, faltava aplicá-lo. Por outro lado, sabe-se que autoridades aprovavam os estatutos de igrejas protestantes que voluntariamente os apresentavam (Léonard s/d).

26. Decisão n.24 do Min. do Interior, de 21.10.1890.

27. Relatório do ministro do Interior, 1891 e Souza Bandeira (1893).

termos dessas formulações, quando as comparamos com a do decreto 119A, não só repete como reforça a noção de separação entre Estado e religião. O reconhecimento de autonomia às unidades da federação quanto à subvenção de cultos, a exemplo do que estipulava o decreto 119A, foi proposto várias vezes durante as discussões. Um deputado reclamou a garantia de subvenções para a Igreja Católica (Roure 1979; Fernandes 1948). Apesar da insistência, manteve-se as disposições do projeto inicial.

De outro lado, o princípio da liberdade (ao qual o da igualdade foi subsumido), que, ao contrário, passou por reelaborações que alteraram significativamente a proposta do governo provisório. Seu segundo e definitivo projeto determinava o seguinte: "Todos os indivíduos e confissões religiosas podem exercer publicamente o seu culto, associando-se para esse fim e adquirindo bens, observados os limites postos pelas leis de mão-morta". Reafirmava-se, portanto, a lógica que o governo republicano vinha até então seguindo. Além disso, por interferência de Rui Barbosa, figurava ainda outro artigo que mantinha a exclusão dos jesuítas e proibia a fundação de novos conventos ou ordens monásticas (*apud* Lustosa 1990). Nesse caso, parece que a mesma "liberdade" que fundamentava as iniciativas religiosas em geral, exigia a limitação de algumas de suas formas — mesmo argumento que justificava, em outro artigo do projeto, a negação de direitos políticos aos que eram obrigados a votos de obediência. No entanto, as discussões e votações durante a constituinte suprimiram do texto final tanto a proibição aos jesuítas e às novas ordens, quanto a menção às "leis de mão-morta" (Roure 1979; Fernandes 1948). Daí o art72#3: "Todos os indivíduos e confissões religiosas podem exercer publicamente o seu culto, associando-se para esse fim e adquirindo bens, observadas as disposições do direito comum".

A leitura do resumo dos debates entre os constituintes mostra como em torno da supressão da referência às "leis de mão-morta" se uniram os representantes de distintos grupos. De um lado, estavam os deputados que diziam defender os interesses da Igreja Católica (Barbosa 1945). De outro, alguns que invocavam o positivismo. As críticas e emendas que serviram para modificar o artigo sobre a liberdade religiosa foram apresentadas por pessoas desses grupos. A composição dessa aliança, tão rara, mereceu inclusive uma nota de reconhecimento do líder da bancada católica (Roure 1979). A essas iniciativas, acrescentemos uma representação cujos termos se conciliavam plenamente com os esforços de católicos e positivistas, de autoria de Miguel Ferreira, o pastor protestante que se insurgira contra o crucifixo na sala do júri. Todos, portanto, por menos restrições à liberdade. A justificativa para essa concórdia, fundamental ao que parece para os rumos tomados pelo texto constitucional, deve ser procurada, porém, não no argumento de que a liberdade religiosa só é legítima para um se vale para todos, mas na motivação, não menos eficaz, de que a liberdade para todas as religiões reverterá sempre para a melhor delas.

Vejamos, primeiro, como isso pode ser afirmado em relação à Igreja Católica. A hierarquia eclesiástica, através seja da Santa Sé, seja de figuras importantes do episcopado nacional, acompanhou de perto os acontecimentos entre a preparação do decreto 119A e a elaboração da lei constitucional. Encontros privados, cartas pessoais, representações públicas foram os principais modos pelos quais a Igreja procurou interferir. Completam a mobilização católica a divulgação de uma Carta Pastoral em 1890, assinada por todo o episcopado, que expõe uma verdadeira teoria das relações Igreja/Estado, e as iniciativas leigas de formação de "partidos católicos" no sentido de garantir representantes na constituinte (Lustosa 1990; Azzi 1976; Schmidt 1954). O programa dessa reação procura reverter quase tudo que as leis de separação haviam instaurado: pela manutenção do ensino religioso, pela validade civil do matrimônio católico, pelo restabelecimento dos direitos políticos dos clérigos, pelo fim das restrições administrativas... Não só nesse período, mas durante as próximas décadas, a Igreja Católica reivindicou abertamente algum tipo de "união" com o Estado e algum tipo de reconhecimento especial. "(...) união da Nação com a Igreja de Jesus Cristo", na pastoral de 1900 (*apud* Rodrigues 1981); reconhecimento de que a Igreja Católica é a "religião do povo brasileiro", nas décadas de 1910 (cf. Magalhães 1919) e de 1920 (cf. Tarsier 1936).[28]

Menos óbvia nos pronunciamentos católicos do início da República é uma certa distinção entre duas dimensões. Ou seja, o argumento contra a separação repousava ele mesmo sobre uma separação de planos. De um lado, tinha-se a "religião", algo que um Estado não podia pretender ignorar. Pois a "religião" seria a base da prosperidade e da estabilidade de uma nação, de sua ordem e progresso. Além disso, os cidadãos sobre os quais o Estado exerce seu poder civil são os mesmos a que a religião ensina o caminho da felicidade eterna: é preferível a harmonia à antinomia entre essas duas ordens (Pastoral 1890 *apud* Rodrigues 1981:17-8; Macedo Costa 1889). Ora, essa "religião" devia ser o catolicismo. Para afirmá-lo, o clero não recorre apenas a um argumento teológico. O catolicismo possuiria vantagens morais sobre as outras religiões, exorcizando o relativismo e a tolerância absolutos (Pastoral 1890; Macedo Costa 1888). Haveria ainda o "fato" de que, no Brasil, o catolicismo constituía a "entidade própria de nossa nação" (Macedo Costa 1888:6) e era a religião da grande maioria da população (Macedo Costa 1889). Não deteria ele direitos em virtude do "princípio, tão proclamado pelo liberalismo moderno, da soberania do número" (Pastoral 1890:27)? De outro lado, tinha-se a "igreja", enquanto instituição, absorvida e sufocada durante o Império e para a qual agora se pedia autonomia: "homens de Estado, o que pertence à religião deixai-o sob a exclusiva alçada dos pastores da Igreja" (Pastoral 1890:25), construindo uma união baseada na harmonia e no respeito dos mútuos direitos. Vê-se como da reclamação contra a separação chegava-se ao desejo de liberdade, a mesma liberdade que os católicos diziam já gozar as "comunhões heterodoxas" antes da proclamação da República (Macedo Costa 1888:57; Pastoral 1900:63).

É também possível fazer o trajeto inverso, do elogio à liberdade até a reivindicação de privilégios. A Pastoral de 1890 reconhece que o decreto 119A "assegura à Igreja Católica no Brasil certa soma de liberdades como ela nunca logrou no tempo da monarquia" (:39). Convida, assim, os católicos a "usar da liberdade que nos reconhece o governo atual" (:36). Mas, nessa lógica, "se poderia muito bem dar liberdade à Igreja Católica e

---

28. Ver ainda os textos dos padres Júlio Maria e Deschand, publicados respectivamente em 1897 e 1910, reproduzidos por Lustosa (1990).

aos outros cultos, sem chegar ao divórcio com essa Igreja a que pertence todo o povo brasileiro" (Macedo Costa 1889:43).[29] Daí que, se separação tivesse de haver, que seguisse o modelo dos Estados Unidos (Pastoral 1890; Macedo Costa, *apud* Barbosa 1945), onde o cristianismo é a "religião nacional oficiosa" (Macedo Costa 1889). Portanto, a liberdade, que, lembremos, cabe tanto ao catolicismo quanto às demais religiões, deve ser buscada e aproveitada. Tanto mais porque não se pode "ofender (...) a liberdade de consciência do país, que é, na sua quase totalidade, Católico Apostólico Romano" (Pastoral 1890:57).

O Apostolado Positivista, por sua vez, desde pelo menos 1888 se posicionava publicamente pela "liberdade religiosa a mais ampla" (Centro Positivista 1888). Em um panfleto de 1889, defendia os vários pontos de uma agenda liberal: a separação da Igreja do Estado, a liberdade de cultos, o registro civil, a secularização dos cemitérios (Mendes 1889; Azevedo 1981). Agenda que, ela mesma, integrava um programa ainda mais extenso, apresentado em nome da "liberdade espiritual" e de sua autonomia completa em relação ao "poder temporal", exigindo ainda a supressão do ensino oficial, a liberdade de reunião e a liberdade completa de profissões (Centro Positivista 1889). Anos depois, reclamando os mesmos princípios, o Apostolado se oporia a qualquer tipo de regulamentação da liberdade religiosa (Apostolado Positivista 1893). No entanto, deixando de intervir nas questões religiosas — eis onde a argumentação os aproxima dos católicos — o Estado não estaria incentivando um indiferentismo, mas colaborando para que a "religião normal" (que se tornaria logo a "religião da humanidade") prevaleça sobre as demais (Centro Positivista 1888).[30] Quando, enfim, atentamos para as razões pelas quais o pastor Ferreira se opunha ao crucifixo em uma instituição pública, vemos surgir articulação semelhante. Pois num mesmo discurso convivem a idéia de que a República devia garantir o respeito à pluralidade das crenças e o desejo de que o povo saiba diferenciar entre "Deus" e "ídolos" (Ferreira 1891).

Mesmo em Rui Barbosa não encontraremos contradição entre reforma política e interesses religiosos. Para isso, não precisamos recorrer ao Rui do discurso no Colégio Anchieta. Seu esboço de uma agenda abrangente para uma reestruturação das relações entre Estado e religião, considerado uma das peças maiores de sua luta contra a Igreja, contém preocupações de um reformador religioso (Barbosa 1930). A existência de uma "religião de Estado" ou de uma religião privilegiada pelo Estado é a fonte não só de injustiças oficiais, mas de decadência espiritual. Instaurada a separação entre as duas

---

29. Essa solução foi tentada durante os debates constituintes, expressa nas propostas dos deputados Inácio Tosta e Couto Cartaxo. O primeiro pediu a "união da Igreja com o Estado", respeitada a "liberdade de consciência e de cultos"; o segundo apresentou uma emenda estabelecendo: "A República, reconhecendo a religião católica como a da maioria dos brasileiros, respeita e garante os demais cultos, que não repugnam à moral e à razão natural" (Roure 1979).

30. Os positivistas mostravam-se tão convencidos de que a Igreja Católica era uma "instituição morta", que cometiam a audácia de remeter doações em dinheiro para o arcebispo, a fim de que os católicos não pudessem dizer, instaurada a "religião da humanidade", que sua igreja desaparecera por problemas materiais (Apostolado Positivista 1894).

esferas e implantado um regime de liberdade religiosa e de igualdade confessional, as forças estarão regularmente distribuídas e a influência social de um culto dependerá da superioridade moral de sua mensagem. O catolicismo que, a partir desse critério, estaria em desvantagem perante outros cultos no Brasil teria a oportunidade de reformar-se: sem o auxílio do Estado, a Igreja dependeria do concurso de seus fiéis, o que por sua vez estimularia a regeneração do clero. Ao final, em meio ao embate entre um número ilimitado de seitas, "o que provier de Deus triunfará" (:280). Entende-se agora porque para Rui Barbosa a "liberdade religiosa" é "congenial ao homem", "civilizadora" e "filha do Evangelho" (:261) e porque ele justifica a proibição de procissões e romarias como medida de respeito às "consciências dissidentes", de manutenção da "tranquilidade pública" e de saudável supressão de "idéias supersticiosas" e "sentimentos idólatras" (:319-20) — tudo ao mesmo tempo.

A liberdade, portanto, é valorizada porque para quem a defende sempre favorece a melhor religião. Ninguém pode ser contra ela. Nem ela pode ser contra a religião. Rui Barbosa, agora sim para os alunos do colégio jesuíta: "Desde 1876 que eu escrevia e pregava contra o consórcio da Igreja com o Estado; mas nunca o fiz em nome da irreligião, sempre em nome da liberdade. Ora, a liberdade e a religião são sócias, não inimigas. Não há religião sem liberdade. Não há liberdade sem religião" (*apud* Lustosa 1990:138-9). No processo de elaboração da Constituição, isso resultou, como vimos, na supressão da referência às "leis da mão-morta" do dispositivo que fixava a liberdade de culto e de associação religiosa. Baseados no art.72#3, afirmaram certos comentaristas (Souza Bandeira 1893:593; Badaró 1895:92) que nenhum limite ou controle estatal poderia existir em relação às associações religiosas; nem mesmo nos EUA haveria tal "liberdade religiosa". Daí a observação de Souza Bandeira: "O Brasil se encontra em uma posição totalmente excepcional para ensaiar rapidamente a implantação da mais profunda modificação conhecida às tradições do direito civil relativo às associações dessa natureza" (:594). Na verdade, a questão não estava decidida. Se as "leis de mão-morta" traduziam a competência do Estado para intervir sobre as associações religiosas, o que significou sua substituição na Constituição pelo "direito comum"?

2.3. Os sentidos da liberdade

Algumas páginas atrás, a discussão de certas questões sobre o campo religioso brasileiro nos levou das metáforas econômicas para temas políticos. Mas imediatamente percebemos que as disputas pela definição da "liberdade religiosa" no início da República passaram pela legitimidade da intervenção estatal sobre a existência e o funcionamento material das igrejas. Ou seja, a dimensão econômica impõe-se como essencial no encaminhamento de problemas políticos. Não se trata, porém, de empresas que administram "bens de salvação", servindo a um "mercado" onde se acotovelam os "consumidores" individuais. Naquele momento, ninguém se referira às igrejas fazendo equivaler de tal modo o "espiritual" ao "econômico". Toda a discussão pressupõe, ao contrário, a distinção entre essas duas dimensões e o problema era exatamente como conceber e tratar sua articulação – dada a própria natureza das associações religiosas, híbridos de "espiritualidade" e "economia". A liberdade espiritual deveria se estender à esfera econômica? Os limites econômicos implicavam em restrições espirituais? Enfim, o que fazer com essas entidades econômico-espirituais?

Os rumos assumidos pela aplicação do preceito constitucional da liberdade de culto e de associação religiosa foram em boa parte determinados por uma sequência de acontecimentos que tiveram lugar em 1891. O estopim são três avisos do Ministério da Justiça, dois, que tratam de "irmandades", afirmando a persistência da competência governamental para conferir contas e para autorizar a alienação do patrimônio; o terceiro, com base em uma lei de 1830, proibia os tabeliães de lavrar escritura da venda de patrimônio das ordens regulares "sem exibição de expressa licença do governo".[31] Por conta deles, desenvolveu-se uma polêmica na imprensa, na qual o *Jornal do Commercio* se destaca com o argumento de que os pareceres do ministério eram inconstitucionais. A resposta do governo vem através do *Diário Oficial* e do relatório do ministro da Justiça.[32] Esclarece-se que, por trás do terceiro aviso, havia um caso concreto: uma ordem religiosa pretendia alienar terrenos seus "com ocultação do preço real da venda". A "Fazenda Nacional", expõe o governo, não pode se desinteressar pelo estado dos bens das ordens, "de que estas são apenas administradoras, e que hão de voltar ao domínio nacional, quando elas por qualquer forma deixarem de existir". Novamente, procurava-se distinguir "a liberdade de consciência e de culto" e "a capacidade civil das associações religiosas". Por fim, no seu entender, não havia violação da lei constitucional, que, literalmente, "se limitava a tornar livre para as associações religiosas a aquisição, não a administração e alienação de bens". Ao mesmo tempo, no entanto, propunha-se que uma lei ordinária regulamentasse o art.72#3 e o próprio ministro toma a iniciativa, em maio de 1891, de nomear uma comissão de juristas "para estabelecer claramente o regime civil das associações religiosas".[33]

Mas antes disso, o mesmo ministro resolveu, com a intermediação do Ministério do Exterior, consultar o Internúncio Apostólico, aceitando-o "como legítimo e reconhecido representante do chefe da Igreja Católica", a respeito da regularidade da organização e da administração das corporações religiosas existentes. A resposta do internúncio, Mgr. Spolverini, em um par de cartas redigidas em abril, enfatiza basicamente dois pontos. Primeiro, a necessidade de fazer efetiva a "imediata jurisdição dos bispos" sobre as ordens religiosas, que devem ficar "subordinadas unicamente às leis canônicas". Segundo, quanto ao regime dos bens das mesmas ordens religiosas, estabelece que, sendo elas "simples administradoras" de um patrimônio pertencente de forma efetiva à "grande associação universal de todos os fiéis", dependem de autorização papal —."chefe supremo" dessa associação — todos os seus atos econômicos e financeiros. Completa o internúncio:

---

31. Respectivamente, avisos do Ministério da Justiça n.15, 13.03.1891, n.16, 13.03.1891, n.27, 31.03.1891.

"(...) o exercício da fiscalização por parte do Governo sobre os bens das ordens religiosas é regular somente enquanto se propõe de conhecer qual seja no país o sujeito da pessoa jurídica que administra esses bens, e se realiza as condições constitutivas de sua ordem (...). Nesta verificação (...), eu devo ver um meio para o Governo tornar efetivas as garantias constitucionais concedidas, que reconhecem na comunhão católica, bem como nas outras confissões religiosas o livre direito de associação e de aquisição de bens" (*apud* Ferreira Alves 1897:448-9).

Vejamos se entendemos a situação. Para o ministro da Justiça, a liberdade religiosa garantida pela Constituição não pode estar em desarmonia com interesses que atribui indistintamente ao Estado, à Nação e à ordem civil. Assim, os atos que dizem respeito ao patrimônio das corporações religiosas devem ser fiscalizados pelo governo, como beneficiário de "impostos de transmissão de propriedade" (aviso 12.05) e como sucessor certo dos bens que as ordens detêm como suas meras administradoras. Segundo a posição da pessoa considerada pelo mesmo governo como representante legítimo da Igreja Católica, as ordens constituiriam sim meras administradoras, mas de um patrimônio que pertence de direito à organização comandada pelo Sumo Pontífice. Sendo assim, o Estado não só deveria reconhecer, como também fazer valerem as leis canônicas e as determinações papais, e deste modo estaria garantindo tanto a regularidade e validade civil dos contratos que envolvam as corporações religiosas quanto o respeito ao preceito constitucional da liberdade religiosa. Não surpreende que, diante de tal resposta e das reações da imprensa, o ministro tenha delegado a resolução do problema para uma comissão.

Sobre o funcionamento desta comissão e sobre os esperados resultados de seus trabalhos não encontrei qualquer informação. O certo é que a polêmica chega ao Senado recém-instalado, onde um projeto de regulamentação do art.72#3 é apresentado em julho de 1891 por um grupo de senadores encabeçados por Amaro Cavalcanti.[34] Nos discursos em que defendeu seu projeto, Cavalcanti deixa evidente sua dupla discordância com a atitude do governo: em relação à sua interpretação restritiva da liberdade religiosa e por seu descabido apelo ao Papa (30.07.91). Propunha, diante disso, o que mais tarde designaria como "lei de definição" (30.06.92), com o intuito simplesmente de deixar claro o pensamento dos constituintes, que omitiram no texto algumas "palavras necessárias". O projeto, contendo apenas um artigo (além do costumeiro "revogam-se..."), limita-se a explicitar que as confissões religiosas possuem não apenas o direito de adquirirem, mas também o de "possuirem, administrarem e transferirem bens, sem dependência de mais formalidades ou condições que não sejam as regras gerais do direito comum, aplicáveis a tais atos jurídicos". Cavalcanti recusava-se a admitir uma desvinculação entre os planos espiritual e econômico da liberdade religiosa, pois a intervenção na forma de gestão dos meios materiais de uma religião só se justifica em um regime no qual o Estado contribui também materialmente para ela (30.07.91).

No debate que se estabelece nesse dia no Senado, o projeto de Cavalcanti é criticado por sua generalidade. Ora, argumenta Ubaldino do Amaral, consiste em algo de primeira necessidade o definir "qual o direito comum" a respeito das associações religiosas, impedindo que elas fiquem sujeitas aos caprichos da orientação do governo ou às interpretações pouco patriotas da Igreja Católica. Estabelecer "regras que regulem as relações entre essas entidades e os seus próprios membros e terceiros" não contraria a liberdade, mas, longe de criar um "direito de exceção", simplesmente iguala, quanto à "submissão à lei", as associações de caráter religioso e outros tipos de sociedades — literárias, comerciais, de imprensa (30.07.91). Alguns dias depois, quando o projeto entra novamente em discussão, José Hygino e mais alguns senadores propõem um substitutivo, que, junto com a proposta original, será encaminhado para a comissão de justiça e legislação. Este substitutivo, depois de voltar ao plenário do Senado e passar pela Câmara dos Deputados, tornar-se-á, com pequenas alterações, a lei n.173, de 10.09.1893, destinada a regular as associações de "fins religiosos, morais, científicos, artísticos, políticos ou de simples recreio".

O autor do substitutivo, José Hygino, passaria a ocupar, ainda em 1891, a pasta do Interior, imprimindo-lhe uma orientação oposta à adotada até então pelo Ministério da Justiça. Ela se expressa no aviso de 11.12.1891, com base no qual são revogados os polêmicos avisos do Ministério da Justiça.[35] Nele, expõe-se "o pensamento do governo no tocante ao regime legal das corporações de mão-morta". Depois de apresentar uma compilação das "leis de amortização que vigoravam no Império" e de rememorar as diretrizes seguidas desde o início do regime republicano, Hygino declara que tais leis "foram revogadas em sua totalidade". Apóia-se, para tanto, em uma interpretação da Constituição que leva em conta seu texto e sua elaboração, vendo necessária contradição entre "leis de mão-morta" e "direito comum". Enfatiza ainda que mesmo as ordens regulares dispõem de plena liberdade sobre seus bens. Como consequência direta dessa interpretação, no mês de dezembro de 1891, o Ministério do Interior respondeu a seis requerimentos (envolvendo alienação, aquisição, permuta ou legado de bens de instituições re-

---

32. Relatório do ministro da Justiça 1890-91. Para a polêmica na imprensa, cf. Souza Bandeira (1893:592) e Ferreira Alves (:443-4).

33. Aviso do Min. da Justiça, 12.05.1891 (*apud* Ferreira Alves 1897:450).

34. Projeto n.12, de 1891, apresentado no Senado por Amaro Cavalcanti, José Bernardo, Theodureto Souto, Gil Goulart e J. Pedro. Agradeço aos funcionários do Arquivo do Senado por terem disponibilizado as peças relativas a esse projeto. A maioria das informações, contudo, vem da consulta aos anais do Senado, anos 1891-93.

35. Aviso do Min. do Interior n.35, de 11.12.1891 e aviso do Min. da Justiça, n.89, de 31.12.1891, que revoga os avisos n.15, 16 e 27. A orientação beneficiou-se da fusão que ocorrera entre os Ministérios da Justiça e do Interior. Já em agosto, ao ratificar um aviso anterior, o Min. do Interior deixa clara suas diferenças com o da Justiça, limitando a jurisdição estatal na "tomada de contas de corporações de mão-morta" à "fiscalização das leis de amortização, tendo cessada toda interferência quanto à administração de tais corporações e aplicação da respectiva renda" (Avisos n.30, de 04.12.1890 e n.24, de 22.08.1891). Note-se, no entanto, que o relatório do ministro do Interior (1891) reconhece, como sugere o da Justiça, a necessidade de uma lei ordinária para regulamentar o art.72#3.

ligiosas variadas)[36] esclarecendo não ter qualquer competência quanto à autorização dessas transações. Mas Hygino, em sua decisão, não aceita que, uma vez extintas, o patrimônio das ordens religiosas transfira-se automaticamente para a Igreja Católica. Se esta forma uma única sociedade em termos espirituais, seria preciso reconfigurá-la em sua dimensão civil. Ou seja, a "existência na ordem temporal" de uma associação religiosa dependeria de sua constituição "como entidade jurídica com existência e economia independente, regendo-se e administrando-se por seus estatutos ou compromissos". Assim, embora a sucessão que cabe ao Estado sobre o patrimônio das ordens religiosas extintas tenha "ficado adiada (...) pela permissão do noviciado", ela não deixou de existir.

O projeto apresentado por Hygino no Senado representava exatamente uma nova tentativa para conciliar os direitos do Estado e a autonomia dos coletivos religiosos, desta vez por intermédio de um instrumento específico: os *estatutos*. Segundo o projeto, a capacidade civil, inclusive para transações econômicas, de uma associação é garantida pela aquisição da personalidade jurídica. Para tanto, basta que seus estatutos sejam publicados no jornal oficial e, em seguida, inscritos no registro de hipotecas. Nenhum procedimento de autorização prévio faz-se necessário. O texto estipula algumas responsabilidades inerentes aos postos de diretor e administrador e as condições pelas quais ocorre a extinção da associação, mas reconhece aos estatutos soberania para definir seu regime de funcionamento e a relação entre seus membros, bem como capacidade de prever outras situações que provoquem seu encerramento. Ocorrendo dissolução, o patrimônio será partilhado entre os membros, salvo se os estatutos ou a assembléia determinarem sua transferência para "algum estabelecimento público ou outra associação nacional que promova fins idênticos ou análogos". Por outro lado, num caso específico de dissolução, o que ocorre pela "perda de todos os membros", "os bens da associação consideram-se vagos e passarão a pertencer à União". Assim, abrindo-se mão de toda intervenção no funcionamento dessas associações, exceto no caso de desrespeito aos próprios estatutos ou da existência de fins ou meios "ilícitos" ou "imorais", o Estado permanece como sucessor daquelas que se extinguem pela "perda de todos os membros".

Todas essas disposições constam do texto final da lei 173. O único artigo que foi suprimido constituía uma cláusula específica às "instituições que se fundarem com patrimônio próprio". Tavares Bastos, relator da comissão de justiça e legislação que examinou e recomendou o projeto, propôs a substituição daquele artigo por outro, completamente distinto, que afirmava explicitamente os direitos do Estado sobre a *propriedade* dos "bens de que se acham de posse as atuais confissões religiosas" (Anais 30.06.92:129). Se, conforme a legislação colonial e imperial sobre as ordens regulares, seu patrimônio nunca lhes pertenceu efetivamente, por que, pergunta Tavares Bastos, se haveria de reconhecê-lo agora? O argumento é curioso: recorre a disposições que outros e ele mesmo agrupavam sob a denominação de "mão-morta" para fundamentar os direitos do Estado quanto à sucessão do patrimônio das associações religiosas, mas não para intervir sobre

---

36. Requerimentos despachados nos dias 11.12, 26.12, 30.12 e 31.12.1891. Cf. OD 58, 1892 (:648-50).

seu funcionamento. E por que não? Por uma razão, digamos, sociológica: "(...) porque não existe hoje o fanatismo que imperava d'antes" (01.07.92:143), "fanatismo" que levava os indivíduos a doarem fortunas a igrejas e conventos, "de modo que depauperava-se assim o país" (:142). Mesmo com Tavares Bastos assegurando que "não se altera de modo algum com esta emenda a posse em que se achavam as ordens" (30.06.92:129), foi ela suprimida quando o projeto passou pela Câmara dos Deputados. E a lei foi promulgada com 18 ao invés de 19 artigos, tendo como sua coluna vertebral as prerrogativas dos estatutos.

Mas há ainda um outro ponto fundamental. O substitutivo de Hygino cuida não apenas das associações de "fins religiosos", mas também de fins "morais, científicos, artísticos, políticos ou de simples recreio". Não sabemos as razões que levaram a essa ampliação no objeto da lei, que, lembremos, deveria regulamentar o artigo constitucional que trata da "liberdade religiosa" — restrição que o projeto original de Cavalcanti respeita. O relator da comissão de justiça e legislação, Tavares Bastos, que preferiu o texto de Hygino ao de Cavalcanti, defendeu convictamente aquela ampliação. Segundo ele, tratava-se de aproveitar a oportunidade para remediar um problema da legislação civil brasileira, que seria omissa e obsoleta "sobre a forma e prova dos contratos de sociedades civis, excetuadas as anônimas, que têm sido reguladas por diversas leis", e as "comerciais", sobre as quais existiriam leis satisfatórias (30.06.92:127). Outra declaração sua deixa evidente como ele imaginava estar organizando todo o universo regido pelo direito civil: "As associações que não forem sociedades anônimas [ou comerciais] (...) devem se organizar de hoje em diante de conformidade com a lei que estamos fazendo" (01.07.92:143).[37]

Na verdade, quando se examina o texto da lei, as coisas são mais complicadas. Um de seus artigos estabelece que as associações que tomarem a forma anônima estarão sujeitas às leis correspondentes — o que significa que os fins de uma entidade não seriam suficientes para determinar seu regime legal adequado. Outro artigo estipula que as "regras das sociedades civis" regeriam "as associações que não adquirirem personalidade jurídica, nos termos desta lei" — quando, segundo a idéia de Tavares Bastos, não existiriam senão dois tipos de sociedades civis, as anônimas e comerciais e as da lei 173. Hygino parecia estar preocupado em não deixar em um limbo legal as associações que preferissem ficar sem personalidade jurídica, acionando leis que, para Tavares Bastos, eram ultrapassadas e insuficientes. Essas ambiguidades e incongruências, no entanto, não alteram o fato de que no Brasil a regulamentação da liberdade religiosa ocorreu segundo um movimento inverso ao processo que observamos na França. Lá, a lei das associações genéricas precedeu a lei das *associations cultuelles*, que se criaram como uma espécie daquelas. Aqui, pensou-se primeiro em regulamentar os coletivos religiosos e o resultado foi que dessa tentativa surgiu uma lei única para associações de vários tipos e, de suma importância, que as cobre indistintamente, sem reservar aos coletivos religiosos um estatuto jurídico específico.

---

37. Cavalcanti, quando já reconhecia a necessidade de uma lei mais abrangente e detalhada que o seu projeto original, justifica sua mudança de idéia por um motivo significativo: a demora em se definir um novo código civil (30.06.1892:124).

Essas duas formas de encaminhar juridicamente o reconhecimento dos coletivos religiosos relacionam-se com duas possibilidades igualmente distintas de propiciar relações entre Estado e religião. Na França, como vimos, o fato de que a "lei da separação" institui ao mesmo tempo uma entidade própria para abrigar o exercício de atividades "religiosas" criava exatamente o canal para que aquela "separação" jamais se realizasse plenamente. A interdição a subvenções diretas tem como contrapartida a necessidade de definições jurídicas de "religião" e a provisão eventual de possibilidades de auxílio material e reconhecimento simbólico. No Brasil, é a ausência de uma figura jurídica específica para enquadrar os coletivos religiosos que solapará as garantias do princípio da separação: não existindo distinção entre o "religioso" e outras finalidades assumidas por associações, a relação com o Estado que está vedada no primeiro caso pode se realizar por outras justificativas. Observemos o desenrolar da história que acompanhamos e constataremos que em nosso arranjo jurídico, nem se deixou de reconhecer o "religioso", nem se lhe conferiu um estatuto legal nítido e privativo. Na conjuntura da passagem do século, certas definições cruciais se fizeram através de embates envolvendo especialmente a Igreja Católica.

2.4. Uma igreja livremente hierárquica, associativamente orgânica

Na esfera do Executivo, a lei 173, além de atrair cuidados no sentido da sua aplicação, parece ter servido para estabelecer uma espécie de referência que poupou aos ministros novos pronunciamentos e doutrinas sobre a questão.[38] Mas o estatuto das associações religiosas continuou a preocupar parlamentares e tornou-se motivo para diversos casos e controvérsias jurídicas. O material referente a esses casos e controvérsias aponta para a centralidade da Igreja Católica como foco e objeto de disputas e decisões, antes e depois da lei 173. Houve, em primeiro lugar, episódios que colocaram em jogo os direitos do Estado sobre patrimônios que, por razões históricas, lhe pertenciam, mas cuja utilização religiosa se mantivera. O mais famoso deles envolveu a igreja do Colégio em São Paulo, fundada pelos jesuítas; o governo estadual procurou fazer valer seus direitos de propriedade sobre o prédio para lhe conceder uma outra função, mas o bispo conseguiu, na justiça civil, uma decisão favorável aos interesses eclesiásticos. Pelo menos outras duas decisões do Supremo Tribunal Federal beneficiariam a Igreja quanto a patrimônios de propriedade contestada.[39]

Outras situações de conflito entre pretensões eclesiásticas e governamentais se deram em torno de ordens religiosas. O aviso do ministro José Hygino, em dezembro de

---

38. Nada consta dos relatórios dos Ministros da Justiça no período 1893-1902. Um decreto de 1894 e um aviso de 1896 tratam de providenciar condições para possibilitar o registro das associações mencionadas na lei 173.

39. Sobre o caso da igreja do Colégio, que se estendeu de 1891 a 1895, ver Ferreira Alves (1897:533-40) e Coelho (1895). Para decisões em 1898 e 1900, ver OD, 77, 1898 (:485) e 84, 1901 (:255ss).

1891, embora expusesse uma doutrina geral, se dirigia, na verdade, aos bispos de Olinda e do Rio de Janeiro, pronunciando-se sobre um caso concreto, protagonizado pela Ordem Carmelitana do Maranhão. Meses antes, o próprio Ministério do Interior emitira uma decisão que declarava vagos os bens dessa ordem e permitia ao Ministério da Fazenda incorporá-los aos próprios nacionais, sob a justificativa de que, tendo personalidade jurídica autônoma, a ordem se extinguira com o falecimento do único monge que a compunha.[40] O aviso de dezembro ratifica essa decisão, refutando as pretensões expostas em uma representação dos bispos que reclamavam para a Igreja o patrimônio da ordem.[41] A lei 173, como se viu, confirmou a regra pela qual, dando-se a perda de todos os membros de uma associação, seus bens passavam à União. Mas em se tratando especificamente de ordens religiosas, a prova de que o assunto não se encerrara está na existência de discussões e projetos na Câmara dos Deputados. Em 1894, o deputado Luiz Domingues propôs que se reconhecesse como propriedade da Igreja Católica os bens de ordens religiosas declarados estatizados ou vagos, mas que continuavam a serviço do culto católico.[42] Em 1903, outro deputado, Bernardo de Campos, apresentou proposta que, além de ratificar a regra da lei 173, estabelecia registros e controles governamentais sobre bens de ordens cuja posse fosse anterior a 1891.[43] Embora malogrados, esses projetos, com orientações opostas, demonstram o quão estavam relacionados os assuntos religiosos e os interesses do Estado.

Passo agora a relatar um caso interessante por envolver novamente uma reclamação do Estado sobre os bens de ordens religiosas e explicitar certos elementos das estratégias e conflitos eclesiais. Desde 1886 a Primeira Ordem Franciscana da Província da Imaculada Conceição, instalada no Rio de Janeiro, contava com um único monge, frei João. Em 1899, dois religiosos que já pertenciam a uma província franciscana alemã filiam-se à província carioca; esta, logo em seguida, toma as providências necessárias para sua reconstituição segundo as disposições da lei 173. A interferência de autoridades eclesiásticas, desde a Santa Sé até o arcebispo local, passando pelo internúncio, foi fundamental tanto para as filiações, quanto para o registro na lei 173, dado que frei João não queria uma coisa e resistia à outra. Em 1909, morre frei João; em seguida, uma assembléia é realizada, elege-se um novo provincial e faz-se uma reforma nos estatutos. Dentro da nova organização, decreta-se em 1910 a dissolução da província carioca e a transferência de seus bens para a província de Blumenau, Santa Catarina, na qual estavam também inscritos todos os monges filiados no Rio de Janeiro. Em 1911, o Ministério da Justiça empreende um inquérito sobre a situação da província então extinta,

---

40. Aviso do Min. do Interior n.27, 26.08.1891.

41. Aviso do Min. do Interior n.35, 11.12.1891. Outros casos envolvendo bens das ordens religiosas e reivindicações de sua reversão ao patrimônio do Estado ocorreram em 1892 com beneditinos e com franciscanos (Ferreira Alves 1897:445).

42. Anais da Câmara, 1894, vol.III:299-300.

43. Projeto n.297, de 09.11.1903. Ver Anais da Câmara, 1903, vol.VII:280.

que resulta em uma ação judicial, impetrada em 1914, para solicitar o sequestro de bens daquela ordem em favor da União. O caso arrasta-se até 1918, quando uma decisão do STF indefere as pretensões do governo.[44]

O argumento do governo invocava basicamente dois pontos. Primeiro, o de que a ordem, *de direito*, deixara de existir desde 1886, pois canonicamente não poderia continuar com apenas um membro. Ou seja, apenas esperava-se a morte do último membro para que os bens fossem declarados vagos e transferidos ao patrimônio público. O segundo, que a filiação dos novos monges em 1899 que permitira a reconstituição da província sob a lei 173 fora fraudulenta e fictícia. Fraudulenta porque tramada pelas autoridades eclesiásticas, que utilizaram de sua ascendência para impor suas decisões a frei João. Fictícia porque os membros figuravam simultaneamente como associados de duas províncias. Já em 1895, várias contestações tinham surgido contra um contrato elaborado pelos beneditinos com uma congregação estrangeira para repovoar os conventos da ordem no Brasil (Ferreira Alves 1897). No caso franciscano, o parecer do procurador da República aponta a existência de um plano deliberado para evitar que a União exercesse seu direito de entrar na posse dos bens em questão. Fazendo referência às posições do internúncio exaradas em 1891, conclui:

> "seria uma aberração que dissolveria o nosso direito e tornar-se-ia ofensiva da própria liberdade daqueles institutos, o reconhecimento do Papa como titular da referida propriedade, que viria (...) a tomar o caráter de chefe de uma associação estrangeira, com sede em Roma, exercendo faculdades sobre o território brasileiro (...)" (:286).

A decisão final do STF sentencia ao mesmo tempo que nenhuma lei brasileira existe para declarar extinta uma ordem na qual reste apenas um membro e que, sendo o papa "o poder legislativo ordinário da Igreja", as decisões romanas adquiriam o caráter de ordens soberanas em relação a qualquer outra autoridade eclesiástica.

Como se vê, discutia-se sobre a validade, não sobre o fato, da interferência das hierarquias eclesiásticas. Existem outros registros dessa interferência, que partia exatamente da idéia defendida pelo internúncio em 1891, bem em sintonia com o processo de "romanização" então em curso: a de ser a Igreja Católica uma "grande associação universal de todos os fiéis".[45] Ironicamente, a República aparecia agora como o novo cenário para a realização de uma idéia que durante o Império tivera poucas chances de vingar. No antigo regime, a Igreja Católica no Brasil não apenas enfrentava a mediação do Estado

---

44. Parecer oficial do Consultor Geral da República (25.07.1911), razões do advogado de defesa da Ordem (16.09.1911) e parecer do advogado Alfredo Bernardes da Silva (04.11.1911) na RF, 16, 1911 (:275-86; 497-500). Acórdão do STF na Revista do Supremo Tribunal Federal, 17, 1918 (:436-40).

45. Groot (1996), um dos estudos mais recentes e minuciosos sobre o tema clássico da "romanização", traz dados sobre os esforços sistemáticos da hierarquia católica para evitar o confisco dos bens das ordens religiosas e a entrada massiva de ordens estrangeiras (:76ss).

para se comunicar com Roma, mas acabava internamente fragmentada pela pluralidade de ocorrências e de objetos das regulamentações que justificavam a intervenção governamental nos assuntos religiosos. No novo regime, sua estratégia parece ter sido dupla. Primeiro, desde o início da República, procurou-se convencer as autoridades, buscando nelas apoio legal, da validade de uma doutrina que reconhecesse o caráter orgânico e hierárquico da Igreja. Da elaboração de leis (vide os esforços de Macedo Costa junto ao Governo Provisório e a Constituinte, cf. Azzi 1976) até sua aplicação e jurisprudência (como mostra o acórdão do STF), essa doutrina procurará se impor. Ela teve, como veremos, seus defensores no terreno jurídico, mas também ganhou opositores. Desse ponto de vista, a lei 173 representava, para uma igreja autônoma e orgânica, dois perigos, encarnados na possibilidade de transferência de bens para o Estado e nos efeitos fragmentadores decorrentes da soberania dos estatutos.

Daí a necessidade, para a hierarquia da Igreja, de se constituir um segundo campo de trabalho em torno dos fiéis — ou, mais propriamente, de seus coletivos — com os quais se formaria aquela "grande associação universal". Através de um decreto da Santa Sé, de setembro de 1891, em que se fundamentam circulares dos bispos de São Paulo e do Rio de Janeiro, cuida-se para que, doravante, "as ordens monásticas, as ordens terceiras, as irmandades e confrarias ficassem subordinadas, não só quanto ao espiritual, bem como quanto ao regime de bens, ao direito canônico" (*apud* Ferreira Alves 1897:445). O decreto romano estipula, mais especificamente, que as "ordens religiosas existentes no Brasil" sujeitavam-se aos "Ordinários das Dioceses" (idem:456). Em 1892, sabe-se que o bispo do Rio de Janeiro nomeou um juiz eclesiástico para as confrarias, com poder de dissolvê-las e reorganizá-las (Souza Bandeira 1893; Ferreira Alves 1897:551). E em 1893, o bispo de São Paulo edita um conjunto de instruções para regular a administração de bens e rendas destinados a igrejas (que continuam a ser chamadas de fábricas, como no Império), definindo as atribuições do "fabriqueiro" e sua subordinação à autoridade diocesana. Em relação à lei 173, um novo decreto da Santa Sé, de agosto de 1894, estabelecia que as associações eclesiásticas não poderiam a seu arbítrio se enquadrar nas novas regras. Entretanto, o caso da província franciscana mostra que, senão antes, certamente em 1898, o internúncio pedia, em nome da Santa Sé, que as ordens monásticas passassem a se organizar de acordo com a lei 173.[46]

A Igreja Católica colocava-se, assim, a favor da lei — e ela tinha a opção de não fazê-lo. Mas sob a condição de que a lei estivesse do lado dela. Para ver como se executou esse *coup de main*, pode-se recorrer a uma portaria do bispo de São Paulo, de julho de 1895. Essa portaria fixa uma série de artigos a serem adotados pelos estatutos de todas as "ir-

---

46. Ver RF, 16, 1911 (:281). Groot (1996) trata da política de integração das ordens e vigários à estrutura diocesana, bem como das tentativas de enquadramento das irmandades, que passavam pela exigência de garantias quanto a transferência de bens e instâncias de resolução de litígios. Ele cita várias circulares e pastorais, datadas entre 1892 e 1915, que expressam essas preocupações.

mandades, confrarias, ordens terceiras e outras associações religiosas e seculares" da diocese que desejassem ganhar personalidade jurídica. Entre eles, a promessa expressa de obediência ao bispo, cujos representantes teriam o direito de solicitar prestação de contas à administração e de presidir a mesa constituída por ocasião de eleições a cargos de diretoria. Além disso, os estatutos deviam estipular que "em caso de 'dissolução ou extinção', os bens da Irmandade ficarão devolutos ao Prelado Diocesano, que, segundo seu exclusivo critério, os aplicará em alguma obra pia" (apud Ferreira Alves 1897:513). Fontes diversas demonstram que artigos semelhantes a este último constavam efetivamente dos estatutos de associações registrados sob a lei 173. Um exemplo é o da Ordem Terceira do Carmo de São Paulo, que seguia fielmente as orientações diocesanas quanto ao destino dos bens.[47] Outro exemplo são as províncias cariocas das ordens franciscana e carmelitana, cujos estatutos decretavam: "os seus bens serão transferidos a outros estabelecimentos pios católicos nacionais de culto, de instrução religiosa ou de caridade, pelo modo e segundo as prescrições que aprouverem ao Sumo Pontífice".[48]

A estratégia da hierarquia católica em relação a seus coletivos evoca, antes de tudo, um problema de poder. Isso fica muito evidente nas várias disputas que ocorrem a partir das reações de determinadas ordens e confrarias aos decretos eclesiais ou a operações que visavam retirar delas parte de sua autonomia. A situação era bastante delicada em se tratando de coletivos já existentes: a Igreja convidava-os a uma servidão voluntária. Caso recusassem, os recursos iam desde excomunhões — como ocorreu em 1892 com o abade do Mosteiro de São Bento, por ter vendido bens sem autorização da Santa Sé (Souza Bandeira 1897) — até tentativas formais ou informais de intervenção — dissoluções, anulação de eleições, nomeação de administrador, apoio a facções que se formavam no interior da mesma instituição.[49] Não foram poucas as vezes em que as disputas tomavam os caminhos do recurso a autoridades ou à justiça comuns, seja porque a atitude da hierarquia eclesial assumia desde logo caráter de litígio civil, seja porque essa via era adotada nas reações das ordens ou confrarias implicadas. Se no caso dos franciscanos, frei João não converteu seu descontentamento em oposição a outras autoridades, em 1903 o abade do Mosteiro de São Bento no Rio de Janeiro, sentindo ameaçada sua posição na ordem,

---

47. Ver relato de B. Campos, nos Anais da Câmara, 1903, Vol.VII, sessão 06.11.1903.

48. Para os franciscanos, ver RF, 16, 1911 (:282); para os carmelitas, ver Anais da Câmara, 1903, Vol.VII, sessão 06.11.1903.

49. Em 1890, uma irmandade foi dissolvida pelo vigário em São Paulo, o qual reclamava o templo que fora construído por aquela (Ferreira Alves 1897:523; Relatório do ministro do Interior 1892). Em 1892, ocorrem desentendimentos entre a irmandade da Candelária, no Rio, e o bispo, em torno da intervenção administrativa deste (Ferreira Alves 1897:551ss). Em 1897, o arcebispo da Bahia suspendeu a Ordem Terceira do Carmo (OD, 27, 1898:308). Em 1900, um conflito de autoridade opõe o bispo de São Paulo e o prior da Ordem Carmelitana (relato de B. Campos, nos Anais da Câmara, 1903, Vol.VII, sessão 06.11.1903). Em 1912, uma irmandade reage ao bispo, quando este nomeia um administrador para aquela (Revista do Supremo Tribunal Federal, vol.1, parte II, 1914). Os trabalhos de Groot (1996) e de Miceli (1988) mencionam diversos casos.

recorreu à justiça civil e detonou um processo que desembocou na sua excomunhão e na ocupação do prédio por tropas militares.[50] A única forma certa da Igreja Católica garantir a submissão de seus coletivos era fazer com que estes inscrevessem em seus estatutos o reconhecimento às autoridades eclesiásticas. Se essa operação provocou muitas tensões em um certo momento, não podemos esquecer que se tornou o mecanismo ordinário de inserção de novos membros na "grande associação universal".[51]

Mas a estratégia assumida pela hierarquia católica possui ainda uma outra dimensão. Tratava-se de encontrar uma fórmula para anular a chance de que o Estado viesse a incorporar bens eclesiais. Isso ocorreria, lembremos, se uma associação perdesse todos os seus membros. A solução elaborada pela Igreja Católica explorava as possibilidades da mesma lei que a ameaçava, ou seja, a lei 173. Ela foi encenada no caso da ordem franciscana, que acompanhamos, e também em ocasião anterior, envolvendo a Associação São Vicente de Paulo e a Província Brasileira das Irmãs de Caridade, no Rio de Janeiro. Em 1898, a diretoria da São Vicente decidiu, com o aval do arcebispo, doar às Irmãs de Caridade a totalidade de seu patrimônio, incluindo os imóveis onde funcionavam dois colégios. Para efetivar a transação, as Irmãs se constituíram como uma associação sob a lei 173, estabelecendo em seus estatutos que, em caso de extinção, os bens passariam à ordem, que os transferiria a uma nova província ou associação com fins idênticos ou análogos.[52] A fórmula, portanto, articulava, a partir da lei 173, o recurso que permitia aos estatutos designarem o destino dos bens em caso de extinção com manobras que impediam que a dissolução se fizesse inadvertidamente. Assim, ou uma assembléia decidia alienar seus bens — vide caso São Vicente — ou uma associação voluntariamente se extinguia em proveito de outra — vide caso da ordem franciscana. De todo modo, o que se conseguia era atrelar indefinidamente certo patrimônio material a uma finalidade religiosa, ficando a "grande associação universal" como garantia e como beneficiária dessa vinculação.

2.5. O religioso entre o reconhecimento e a indiferenciação

É necessário levar em conta que as estratégias da Igreja Católica e as reações que ocorreram a partir delas relacionavam-se com as posições que iam se definindo em debates de natureza jurídica, expressos em defesas, acusações, sentenças e pareceres. Sem a

---

50. O caso dos beneditinos pode ser reconstruído a partir de elementos dos processos civis reproduzidos em OD, 91, 1903, e 95, 1904. Sobre ele, há uma menção em Fridman (1999).

51. Referindo-se às várias formas de intervenção do bispo sobre o funcionamento das confrarias, conclui um advogado em 1950: "Essas disposições fazem parte constitutivamente das associações religiosas católicas, porque sem elas a Igreja não as aprovaria" (Oliveira Filho 1950:42). Note-se que, como assinalam Miceli (1988) e Groot (1996), na passagem do século várias congregações leigas são fundadas, dentro dos novos moldes de submissão eclesial.

52. Alguns membros do Conselho Geral da Associação São Vicente de Paulo contestaram a operação na justiça civil. As peças da defesa, assumida por Rui Barbosa, e as sentenças estão publicadas em Barbosa (1954).

pretensão de sistematizar todos os seus aspectos, procurarei expor alguns pontos desses debates, tomando como referência a lei 173 de 1893 e as definições consagradas no Código Civil de 1916. Para começar, a lei 173 não tinha capacidade para inaugurar um regime único. A maioria dos juristas argumentou que era necessário interpretar literalmente a expressão do art.1º — "as associações que se fundarem" —, vinculando a aquisição de personalidade jurídica às exigências da lei 173 apenas para as associações criadas após setembro de 1893. Em um conjunto de 10 pareceres compilados em 1902, nenhum admite na lei a capacidade automática para abranger as associações existentes antes de sua publicação (Vários 1911). Afinal, a personalidade jurídica destas já havia sido reconhecida por atos legais anteriores, na época do Império ou através do Dec.119A e, como opinava por exemplo Rui Barbosa (Vários 1911), mesmo pelo art.72#3 da Constituição. Ou seja, a princípio, constituir-se-ia uma duplicidade de regimes, em função da data de criação de uma instituição. Contudo, a lei 173 foi ganhando extensividade devido, não a uma força jurídica de que carecia, mas, primeiro, ao apoio que a Igreja Católica lhe presta e, segundo, ao ser tomada como critério distintivo por outras leis.[53]

A discussão sobre a retroatividade da lei 173 acompanhava-se de uma outra, sobre sua universalidade. Pois havia quem opinasse que o tipo de associação definido por essa lei não podia cobrir a natureza dos coletivos religiosos, em especial aqueles que se orientavam pelas concepções da hierarquia católica. Para Ferreira Viana, os "institutos católicos" são "inadptáveis" à lei 173 e devem continuar a estar sob um "regime anterior" (cita um decreto de 1890), que lhes garantia personalidade jurídica e autonomia administrativa (Vários 1911). Américo Lobo, senador na época da elaboração da lei 173 e depois ministro do Supremo Tribunal Federal, cultivava opinião semelhante, mas partia dela para justificar o interesse do Estado sobre a administração do patrimônio das associações religiosas. Para ele, ou as "sociedades religiosas" se reformavam para se enquadrar nas regras da lei 173, tornando-se coletivos nos quais "os membros mandam e dispõem como dentro da própria casa", ou permaneceriam como "corporações", instituições nas quais vigora uma "perpétua subrogação de pessoas e coisas". A estas, cujos membros não têm a propriedade do patrimônio, deveriam se aplicar, "por motivos de utilidade pública", as "leis de mão-morta".[54] Em julgamento do STF em 1897, Lobo sustentou a validade de uma lei de 1830 que exigia a autorização do governo para alienação de patrimônio das ordens religiosas. Outra vez, no STF, em 1903, defenderia a incompatibilidade entre a lei 173 e as "corporações perpétuas".[55]

---

53. Por exemplo, a lei 523, de 30.08.1897, exige que os estabelecimentos de ensino que pretendessem receber subvenções oficiais deveriam "provar o cumprimento da lei 173" (*apud* Ferreira Alves 1897:532).

54. Cf. posicionamentos registrados em Anais do Senado 30.06:130-1 e 01.07.1892:143-4 e em decisão do STF, na qual Lobo foi voto vencido, publicada em OD, 74, 1897 (:349).

55. Respectivamente, OD, 74, 1897 (:349) e 91, 1903.

Como entender isso, que a "mão-morta" voltasse a ser evocada quando, por duas vezes pelo menos, na Constituição e na lei 173, ela fora renegada? Lobo, na verdade, adota uma posição na qual não está sozinho, que articula uma definição *realista* da "mão-morta" com uma opinião sobre suas implicações sociais, sobretudo as econômicas. Essa articulação é bem explícita no projeto de Código Civil de Coelho Rodrigues, que trata das "pessoas civis perpétuas", ou seja, "as corporações de duração indefinida, pelos seus estatutos" (*apud* Carneiro 1911:236), cujos bens imóveis deveriam ser convertidos em títulos da dívida pública. Nessa interpretação, a "mão-morta" é o atributo de um certo tipo de coletivo em função de sua auto-definição ou de seu funcionamento. A tendência a não alienarem seus bens, por suas consequências na economia geral, obriga a algum tipo de compensação imposta pelo Estado. João Barbalho, conhecido comentador da Constituição de 1891, interpreta o art.72#3 de modo a ver nele a permissão apenas para a livre aquisição de bens, "deixando em vigor as demais restrições postas pelas leis de amortização", inclusive a que impunha a conversão dos bens imóveis em apólices da dívida pública interna, "leis cujos efeitos compensam os inconvenientes da excessiva acumulação de bens nas corporações de mão-morta" (1902:307).

Essa posição, no entanto, sempre foi minoritária e sua falta de força pode estar relacionada ao tipo de argumento com que se a refutava. A esse propósito, resumo o debate que ocorreu no Instituto dos Advogados Brasileiros em 1910, em torno da seguinte tese: "Em face da legislação vigente assiste aos poderes públicos algum direito sobre as corporações de mão-morta?". Um parecer redigido por Theodoro Magalhães (1912) conclui afirmativamente, argumentando que as "leis de amortização" estão justificadas por "uma razão de ordem política e um conceito de ordem econômica" (:314). Não admite, assim, a capacidade que a lei 173 atribui às "corporações de mão-morta", isto é, a de dispor, como lhes aprouver, de seus bens patrimoniais. Por fim, referindo-se à necessidade de regular "conflitos contínuos" entre autoridades civis e religiosas e entre os prelados e as congregações leigas (:320), propõe que uma "lei cultual" permitiria uma ação eficaz sobre as "associações de mão-morta". A resposta fica a cargo de Levy Carneiro (1911), que, recusando contemplar a questão sob "considerações de ordem puramente econômica" (:229), se resume a mostrar que as "leis de mão-morta" estão abolidas. Uma "lei de cultos" seria inútil diante da suficiência do "direito comum", um "atentado à liberdade religiosa", "uma investida contra a Constituição" (:242). Para demonstrar a abolição das "leis de mão-morta", ele evoca não apenas o texto constitucional, mas uma bateria de testemunhos jurídicos — "nossos mais eminentes publicistas", o mais recente projeto de código civil, os avisos de José Hygino, evidenciando que uma considerável jurisprudência havia se firmado a favor dessa posição.

O debate revela o impasse a que são levados os críticos do arranjo jurídico vigente quanto à religião. Por um lado, os que procuravam instaurar controles sobre as instituições religiosas a partir de considerações acerca de seus efeitos sociais tendiam a justificá-lo nos termos ou através de regulamentações do antigo regime. Por outro, os que discordavam disso repetiam que as "corporações de mão-morta" haviam deixado de existir, uma vez que as "leis de mão-morta" estavam extintas — sustentando, assim, uma definição *nominalista* da "mão-morta". Essa diferença de lógicas revela-se firmemente na trajetória de Rui Barbosa, que invocara "motivos econômicos" para justificar a "inspeção financeira do governo secular" em seu projeto de reforma à época do Império (Barbosa 1930) e, durante a República, limitar-se-á a propor uma interpretação estritamente jurídica da Constituição para sustentar que não mais existem "corporações de mão-morta" (Vários 1911; Barbosa 1932). Pelo menos até 1918, continuar-se-á formulando a pergunta "as leis de mão-morta estão mantidas?". Como Rui Barbosa, a maioria dos juristas só conseguia responder negativamente. Enfatizo que a própria forma da pergunta, fixando a alternativa ao presente como um retorno ao passado, já limitava bastante o teor das respostas.

A "não validade das leis de mão-morta" produziria desde logo efeitos econômicos importantes para os coletivos religiosos. No Império, leis podiam ser invocadas para condicionar doações de imóveis e heranças que beneficiassem instituições religiosas (Ferreira Alves 1897:466). Destas, algumas ficavam sujeitas também a impostos prediais maiores do que os comuns.[56] Na República, uma e outra coisa, apesar de tentativas no sentido de mantê-las, foram derrubadas. Ferreira Alves (:434-5) apresenta exemplos de leis paulistas, pernambucanas e baianas que, em questões fiscais, não distinguiam as "corporações de mão-morta". Em 1896, Rui Barbosa, em parecer emitido a pedido dos beneditinos e publicado no *Jornal do Commercio*, posiciona-se contra um projeto que estipulava cobrança diferenciada de imposto predial para "convento, ordem terceira ou corporação de mão-morta", argumentando exatamente que o regime de mão-morta fora abolido pela Constituição.[57] Quanto a doações e legados, encontrei vários casos judiciais relativos a tentativas de anulação por parte de pessoas com pretensão a herdeiras, quando as beneficiárias haviam sido instituições religiosas. O argumento de anulação invocava recorrentemente leis do séc. XVIII que proibiam a "instituição da alma". Ferreira Alves (1897:474-6) cita dois pareceres que se referem a motivos econômicos (evitar acumulação de patrimônio) ou de justiça (recusar o despotismo dos mortos) para ratificar essas leis. Entretanto, a grande maioria dos juristas e todas as sentenças que pude consultar não viam como restringir a capacidade das instituições religiosas de receber doações e legados, seja porque o contrário equivalia a validar "leis de mão-morta", seja porque a "instituição de alma" não se configurava no caso de associações devidamente constituídas.[58]

Se lembramos que na França condições especiais quanto à cobrança de impostos prediais/territoriais e, especialmente, a capacidade de recebimento de doações e heranças

---

56. Ver, por exemplo, Decreto 7051, de 18.10.1878, que dobrava o imposto predial no caso de "corporação de mão-morta" e de "sociedade pia, beneficente ou religiosa [na Corte]".

57. Barbosa (1948). Ele cita pareceres de comissões da Câmara e do Senado, de 1895, contra a cobrança de tributos diferenciados.

58. Ver, além de Ferreira Alves (1897:466-88), sentenças e pareceres publicados em RF, 9, 1908 (:27); RF, 12, 1909 (:326); RT, 3, 1912 (:310); RT, 5, 1913 (:328); RF, 45, 1925 (:90) e, especialmente, RF, 10, 1908 (:382-8).

vieram a se constituir exatamente em mecanismos de regulação estatal da religião, pode-se concluir que as implicações das soluções estabelecidas no Brasil não se restringem a aspectos econômicos. Na França, a criação de um estatuto jurídico específico às associações religiosas possibilitou um tratamento diferenciado no âmbito patrimonial e fiscal. No Brasil, assim como a lei 173 mergulhou as associações religiosas no universo das demais associações, os coletivos religiosos passaram, em certas dimensões de sua vida econômica, por um processo de indistinção em relação a outras instituições civis.[59] Mas é importante mostrar como, sob outros aspectos, o caráter "religioso" de um patrimônio ou de um coletivo serviu para criar-lhes condições especiais. Nesse caso, ocorre uma curiosa articulação entre a "abolição da mão-morta" e mecanismos que permitem, na prática, a imobilização e perpetuação de patrimônios e coletivos.[60]

Tomemos como referência as idéias de Lacerda de Almeida, um jurista bastante influente, expostas primeiro em 1905, no livro *Pessoas Jurídicas*, e ratificadas em 1924 em outra publicação. Lacerda de Almeida sugere que a Igreja Católica seja reconhecida como uma "corporação" (algo que não se resume à simples soma dos membros que a compõem), de "direito público", respeitada sua organização essencialmente hierárquica — o que lhe faz criticar a opinião "que pretende atribuir vida civil, autonomia própria às corporações religiosas, figurando-as independentes, a despeito de sua natureza religiosa, das autoridades superiores da Igreja" (Lacerda de Almeida 1924:209). Para ele, em casos de litígio sobre a administração de bens, a justiça comum deveria privilegiar "o que ordena o direito canônico" (:294). Entre os comentários, pareceres e decisões que consultei, encontrei defesas da validade do direito canônico;[61] do estatuto de "pessoa jurídica de direito público" para a Igreja Católica;[62] e da transferência automática do patrimônio, em caso de extinção de instituição católica, para a Igreja.[63] Embora estivessem longe de ganharem consenso (como revela a consulta a Ferreira Alves 1897), essas interpretações eram influentes o bastante para receber refutação em um tratado de 1954 (Pontes de Miranda 1954:323-4).

Por outro lado, pode-se dizer que se tornara amplamente aceita a posição que concordava em reconhecer a especificidade da Igreja Católica em termos da sua organização e

---

59. O advogado Carvalho Mourão cita uma lei de 1905, que restabelece o Juízo da Provedoria sem lhe dar novamente competência "para fiscalizar as corporações de mão-morta" — o que revela o aspecto administrativo da abolição das "leis de mão-morta". RF, 16, 1911 (:277).

60. Deve-se lembrar que tratamos do período no qual, nas palavras de Miceli (1988), a Igreja Católica dedica-se a uma "acumulação patrimonial", materializada em dinheiro, apólices e imóveis, alguns dos quais utilizados com "finalidades produtivas" (:147).

61. Ver decisões do STF de 1914 (Revista do STF, vol.1, parte II:60) e de 1942 em Kelly (1944:64) e Falcão e Dias (1956).

62. Ver sentença do Tribunal de Justiça de São Paulo, 1913 (RT, 5, 1913:328), o verbete "corporação de mão-morta" escrito por Sady Gusmão (Carvalho Santos s/d) e as considerações de Custódio (1979:142).

63. Ver os pareceres, elaborados em 1900, de Domingues e Viana (Vários 1911) e a já citada decisão do STF (Revista do STF, vol.1, parte II:63).

hierarquia interna. Ou seja, o fato de uma associação considerar-se católica trazia consigo a obrigação para seus membros de obediência e submissão às autoridades eclesiásticas. Opiniões nesse sentido distribuem-se ao longo do período que vai do final do séc. XIX a toda primeira metade deste.[64] O reconhecimento do caráter orgânico e hierárquico da Igreja Católica permitiu, inclusive, uma certa flexibilidade na atribuição de personalidade jurídica às diversas circunscrições eclesiais. Assim, ela foi logo conferida, como mostra Ferreira Alves (1897: 532, 546), a dioceses e paróquias — e confirmada inúmeras vezes na prática pelo recebimento de doações e heranças por bispos e padres, automaticamente erigidos, em função de sua posição na estrutura da Igreja Católica, em representantes legais de suas respectivas circunscrições. Mas, como admite Pontes de Miranda (1954:323), "tem-se procurado atribuir personalidade a igrejas, freguesias, ou fábricas, que não têm vida regulada em lei". Prova de que o todo era julgado anterior e definidor de suas partes, mesmo que não se tenha criado algo similar às *associations diocesaines* francesas.[65]

Outras idéias de Lacerda de Almeida que tinham igualmente respaldo concernem a alguns pontos daquilo que denomina a natureza específica dos "bens eclesiásticos". Eles "não são leigos, mas estão sujeitos ao regime da Igreja" (:268); nessa condição, templos, cemitérios e objetos sagrados ficam fora do comércio. Além disso, possuem o estatuto de "fundação", isto é, estão vinculados aos seus fins, servem a uma "obra". As mesmas duas idéias vamos encontrar em Rui Barbosa (1952): de um lado, o argumento de que a "coisa religiosa" não pode ser contabilizada como patrimônio ou como fator de renda, consistindo em algo "incomerciável"; de outro, a defesa de que era legítimo instituir perpetuidade das finalidades de um patrimônio. Quanto ao primeiro ponto, várias sentenças do período inicial da República reconhecem a imprescritibilidade e a inalienabilidade dos bens religiosos, especialmente dos templos.[66] Isso significa não apenas atribuir-lhes um estatu-

---

64. Ver parecer de Aureliano Coutinho em Ferreira Alves (1897:558); sentença de tribunal paulista sobre seminários (*apud* Ferreira Alves 1897: 541-45); especificamente acerca da competência do bispo sobre os bens das igrejas, parecer de 1900, de Lafayette Rodrigues (RF, 1, 1904:107). Kelly (1944: 63ss) cita quatro sentenças do STF de 1941 e 1942, todas confirmando os direitos da autoridade diocesana. Segundo Groot (1996), na constituinte de 1933, uma emenda apresentada por deputados católicos estipulava a subordinação das associações religiosas a seus superiores espirituais.

65. A recusa de constituição enquanto personalidade jurídica autônoma era uma estratégia aberta para as associações eclesiásticas a fim de garantir sua subordinação às autoridades religiosas. O próprio Lacerda de Almeida (1924) fez esta recomendação aos superiores da Sociedade São Vicente de Paulo, propondo-lhes que deixassem as conferências locais sem personalidade jurídica. Partindo do argumento de que a razão dos procedimentos da lei 173 era simplesmente dar publicidade a um reconhecimento anterior, ele considerava que as instituições da Igreja Católica estavam dispensadas dessas formalidades para se constituir enquanto personalidade jurídica.

66. Ver Ferreira Alves (1897:528, 562, 569) e RF, 6, 1906 (:290) e 7, 1907 (:331-3). Contra essa interpretação, encontrei apenas a sentença da Câmara Civil do Tribunal do Distrito Federal de 1902 em Barbosa (1952:338).

to específico, mas fazê-lo de modo a contribuir para imobilizar um patrimônio. Em relação ao segundo ponto, ele simplesmente cristaliza em uma formulação explícita uma das possibilidades abertas pela lei 173, que, estrategicamente utilizada, legitima a perpetuação de um patrimônio ao atrelá-lo seja a finalidades determinadas, seja a uma cadeia de instituições afins. Há melhor demonstração de que a "mão-morta", incorporada como prerrogativa da "liberdade religiosa", subsistiu ao antigo regime?

O Código Civil, redigido por Clovis Bevilaqua e vigente a partir de 1916, teve seu primeiro projeto pronto em 1899/1900. Nas suas explicações, Bevilaqua simultaneamente reconhece e invalida a "mão-morta": "Não me pareceu razoável proibir às pessoas jurídicas perpétuas a aquisição de imóveis e ordenar sua conversão em títulos da dívida pública. Essa exceção ao Direito Comum contraria o disposto na Constituição Federal, art.72#3, que, além do mais, consagra, ao meu ver, uma doutrina sã" (Trabalhos do Código Civil 1917:42). No projeto, as pessoas jurídicas são classificadas como de "direito público", "estrangeiras" e de "direito privado". Os coletivos de beneficência e de fins religiosos estão incluídos entre as "sociedades civis", pessoas jurídicas de "direito privado". Lacerda de Almeida participou da comissão incumbida de discutir e emendar esse anteprojeto. Ele se mostrou preocupado com a falta de um lugar mais explícito para as "igrejas reconhecidas". Propôs, então,

> "que se insira entre as pessoas de direito público a Igreja Católica, que pela sua existência histórica está identificada com a nação brasileira; incluindo-se, se o quiserem, também as religiões que têm representantes no Brasil (...), sendo solvidas pelo Direito Canônico as contestações sobre direitos patrimoniais da Igreja Católica no tocante às pessoas a quem compete a administração e disposição de seus bens e pelos estatutos ou regras das outras religiões as contestações referentes ao mesmo objeto".[67]

A fórmula articulava uma certa oficialização estatal, inscrevendo as religiões no direito público, e uma certa liberdade civil, pois cada religião se orientaria por suas próprias regras, mantendo formalmente a igualdade entre os cultos. Mas a emenda, que parece ter sido a única proposta quanto às associações religiosas, não foi aceita.

Um pouco depois, em agosto de 1903, ainda no clima dos acontecimentos que assolaram o Mosteiro de São Bento, na Câmara é apresentado um projeto de lei que pretende destacar da lei 173 uma nova figura jurídica, a "associação religiosa".[68] Na defesa de sua proposta, Érico Coelho critica a lei 173 por não ter distinguido a "associação religiosa" de outras espécies de associações civis e por deixar sem resolução a conversão das "corporações de mão-morta" no novo tipo de associação constitucionalmente estabelecido, permitindo assim que as ordens monásticas se transformassem em "latifúndio sob o domínio do Papa". Outro problema é o desrespeito do art.11#2 da Constituição, uma vez que o Estado con-

---

67. Cf. registros referentes aos trabalhos do dia 16.04.1900.

68. Projeto n. 178, de 1903. Anais da Câmara dos Deputados, 1903, vol.4, sessões 17 e 18/09/1903.

tinuava subvencionando instituições que promoviam cultos religiosos. Coelho pretende remediar essa situação com a criação da "associação religiosa", atribuindo-lhe personalidade jurídica, domínio pleno dos bens e liberdade de organização e administração para "o fim exclusivo do culto a que se destinar". Daí, duas restrições básicas lhes são impostas: de um lado, essas associações não podem nem distribuir lucros entre os membros (o que as converteria em "sociedade capitalista"), nem dedicar-se à ajuda mútua (o que as transformaria em associações de "mero recreio"), nem entreter estabelecimento de ensino, asilo, hospital ou dispensário de caridade (o que as tornaria "estabelecimento de utilidade pública"); de outro, não têm capacidade para receber qualquer "favor direto ou indireto do Estado". Esse novo regime deveria integrar tanto as associações da lei 173, quanto as corporações de mão-morta que mantinham cultos, sob pena de liquidação e de transferência dos bens para o Estado.[69]

Em termos dos procedimentos legais para a criação de "associações religiosas", o projeto nada inovava em relação à lei 173. Ao mesmo tempo, ao focar sobre a *exclusividade da finalidade religiosa*, e elaborar em torno dela um novo tipo jurídico, adotava uma interpretação singularmente sistemática dos preceitos constitucionais: de um lado, liberdade religiosa sem qualquer restrição econômica (desde que os recursos materiais sejam aplicados exclusivamente na manutenção do culto); de outro, privatização religiosa, cortando os laços materiais das associações religiosas com o Estado e restringindo seu acesso aos espaços públicos e atividades de interesse geral.[70] O projeto de Érico Coelho, cujas similaridades com a lei de separação francesa tornam-evidentes, não prosperou, tendo sido imediatamente atacado em nome do direito de associação e da "livre aquisição e disposição dos bens pelas corporações religiosas".[71] O sistema adotado no Código Civil de Bevilaqua, diante dessas alternativas, nem impôs restrições econômicas às "corporações de mão-morta" cuja existência admite, nem aceitou o misto de oficialidade estatal e liberdade civil proposta por Lacerda de Almeida, nem sequer aventou o regime de associações exclusivamente religiosas imaginado por Coelho. Consagrou e prolongou o arranjo desenhado pela lei 173, mantendo o englobamento da religião em um universo mais amplo de "sociedades civis".

No Código Civil, os coletivos religiosos estão compreendidos no Art.16, I: "as sociedades civis, religiosas, pias, morais, científicas ou literárias, as associações de utilidade pública e as fundações". Juntamente com as "sociedades mercantis" (Art.16, II), elas constituem as

---

69. O projeto previa ainda a proibição e extinção dos monastérios femininos (com a alegação de que trancafiam as mulheres, numa alienação inadmissível de sua liberdade) e a necessidade de autorização para instalação de agremiações com sede no estrangeiro. Abria uma exceção: as corporações que em janeiro de 1890 mantinham atividades "filantrópicas" podiam conservá-las e receber as subvenções correspondentes. E deixava às ordens monásticas masculinas a escolha de se integrar ou não ao novo regime.

70. Essa privatização fica claramente expressa na necessidade de autorização oficial para "atos de culto na via pública", constante do projeto de Coelho.

71. Discurso de I. Tosta, sessão de 18.08.1903, Anais da Câmara dos Deputados. Não encontrei registros sobre o encaminhamento do projeto de Coelho.

"pessoas jurídicas de direito privado". É possível distinguir nessa categoria não duas, mas três classes, pois as "fundações" possuem regras de constituição que as diferenciam das demais entidades enumeradas no Art.16, I. Por sua vez, a oposição entre as "sociedades civis" e as "sociedades mercantis" foi inicialmente pensada (as "fundações" formavam então uma classe à parte), conforme as explicações de Bevilaqua, de acordo com os fins a que genericamente servem: respectivamente, "não econômicos" (ou "ideais") e "econômicos". No anteprojeto, as "sociedades civis de fins ideais" eram descritas segundo uma enumeração idêntica — exceto pela supressão de "políticos" — à que existe no art.1º da lei 173. Apesar de não ser totalmente coerente, como demonstra Pontes de Miranda (1954:318-20), ainda assim essa oposição entre fins continua a estruturar a organização adotada pelo Código Civil.[72] Isso significa que os coletivos religiosos estão inseridos em uma categoria que se define negativamente, ou seja, por seus fins "não econômicos".

Manteve-se, portanto, a lógica com a qual a lei 173 foi elaborada, lógica exposta lapidarmente em um arrazoado de Rui Barbosa, de 1901, no qual se opõe à "promiscuidade jurídica entre instituições de religião e caridade e as de especulação e mercatura" (1952:275), e conclui: "A Carta das associações desinteressadas é a lei 173" (:276). Em oposição a elas, reguladas pelas leis comerciais, estariam as sociedades de fins lucrativos e que realizam a partilha de lucros entre seus sócios. Lembremos que essa oposição existe também na proposta de Érico Coelho, mas ela é suplementada por outras, que recortam especificamente a "associação religiosa" de outros tipos de "associações desinteressadas". No Código Civil, essa operação suplementar jamais ocorre, e os coletivos religiosos estão mergulhados em um universo que inclui tudo que não é "mercantil" e tudo que não se constitui como "fundação". Note-se que não se trata apenas de uma indiferenciação do "religioso", mas também de seu vínculo necessário e essencial com o "desinteresse". Ou seja, a "religião" não escolhe seu regime civil; adota automaticamente o que se aplica à classe "não mercantil" das "pessoas jurídicas de direito privado" e deve, por isso, respeitar os limites colocados por essa definição.

Quanto ao destino dos bens em caso de dissolução de uma associação, o Código Civil atribui aos estatutos e aos associados a competência de decidir sobre ele, sem que se estabeleça cláusula especial no caso de perda total dos membros. Apenas na ausência de qualquer pronunciamento da associação é que seus bens seguirão para um "estabelecimento público de fins idênticos ou semelhantes" ou, em última instância, para a Fazenda Pública (Art.22). Ou seja, as novas regras consagravam a solução produzida a partir das estratégias adotadas, no quadro da lei 173, para perpetuar os fins do patrimônio de uma instituição. Por fim, em relação às condições para o reconhecimento da personalidade jurídica, manteve-se o procedimento que se resume na apresentação dos estatutos junto a um cartório, onde ficam inscritos (Arts.18 e 19). Ao adotar o sistema de registro público sem autorização prévia, o Código Civil de 1917 ratificou mais uma vez a lei 173.

---

72. Essa discussão é retomada nos mesmos termos na década de 1970, quando são apresentados anteprojetos para um novo código civil. Ver Custódio (1979).

A referência mais recente que encontrei sobre o assunto é um artigo publicado em 1981, intitulado "Natureza jurídica das associações religiosas". Poderia ter sido escrito no começo do século, pois mal trata de outra coisa que a Igreja Católica e está preocupado com temas bastante similares aos que acompanhamos. Apresenta, de início, as diversas concepções da natureza jurídica da Igreja Católica e sobre a validade e o alcance do direito canônico. A seguir, baseando-se sobretudo em Lacerda de Almeida, apresenta argumentos que reconhecem personalidade jurídica a dioceses e paróquias, mostra a relação intrínseca entre associações leigas e autoridades eclesiásticas e lembra quanto às ordens monásticas que a República aboliu "o regime de mão-morta". A certa altura, assevera que o direito civil brasileiro "permite às confissões e associações religiosas viverem livremente" (Chaves 1981:13). O texto serve assim para revelar certas continuidades entre passado e presente, continuidades que sob outros pontos de vista parecerão, como veremos a seguir, menos satisfatórias.

3. Facilidades e privilégios de fim de século: "Como fazer funcionar uma igreja"

Em 1990, a Igreja do Deus do Amor Livre foi legalmente criada por alguns repórteres do jornal *O Estado de São Paulo*. Para tanto, relatam eles, bastou levar a um cartório de registro de títulos e documentos uma ata da eleição da diretoria, realizada aliás em um boteco paulistano, os estatutos sociais, uma ata de fundação com o nome dos sócios e um requerimento solicitando o registro. O escrevente exigiu apenas uma fotocópia da carteira de identidade do presidente da nova igreja; não notou, por exemplo, que como tesoureiro constava Antônio Mendes Maciel, o Antônio Conselheiro, nem se importou com as estipulações dos estatutos que prometiam o "acompanhamento de curas espirituais" e denominavam os sócios e frequentadores de "samaritanos do amor livre". Em oito dias, o processo estaria concluído. A reportagem em que a situação é relatada começa assim: "Fundar uma seita é uma tarefa fácil e não exige o aval de nenhuma autoridade" (ESP 07.10.1990). Seis anos antes, outra reportagem trazia como título "'Igreja', fácil negócio para qualquer pessoa" (ESP 18.10.84). Em 1995, "a facilidade na criação de igrejas" voltaria a ser tema de matéria jornalística, onde encontrei a frase que dá título a esta seção: "com uma taxa de apenas R$ 30 (em média) e mais um sócio, qualquer pessoa pode abrir em três dias uma microigreja". Seguia-se então a descrição das exigências e dos procedimentos necessários, mais uma vez sumários (FSP 05.11.1995).[73]

As reportagens sublinhavam ainda as vantagens de que gozavam seitas e igrejas, uma vez que estariam automaticamente isentas de uma série de impostos e habilitadas a solicitar subvenções oficiais para atividades de caráter assistencial que porventura desenvolvessem. "Igrejas gozam de imunidade fiscal" é o título da matéria que descreve o expe-

---

73. Tenho referência a duas outras reportagens de mesmo teor: JB 20.07.88 e ESP 02.08.89.

rimento de criação da Igreja do Deus do Amor Livre (ESP 07.01.90). Os mesmos pontos reaparecem no texto de um sociólogo, o mesmo que equipara o fiel ao consumidor religioso. Àqueles que reclamam da falta de liberdade religiosa no Brasil, retruca:

"(...) para um país de terceiro mundo como o nosso, recentemente redemocratizado, o grau de liberdade que os cultos religiosos têm é admirável, convenhamos. (...) gozam de situação legal francamente privilegiada (...). Pelo simples fato de serem religiosas ou eclesiásticas, usufruem de tantas isenções fiscais e facilidades burocráticas, possuem tantos privilégios financeiros, vivem e agem economicamente numa condição tal de *non-accountability*, que somente uma visão absolutista e autocentrada de liberdade religiosa pode justificar que, neste país, hoje, se reclame de sua falta" (Pierucci 1996:5).

A reportagem dos jornalistas e o argumento do sociólogo ensejam dois comentários finais, cujo teor depende, evidentemente, das análises históricas e das discussões gerais realizadas nas seções anteriores. O primeiro atém-se à queixa da "facilidade na criação de igrejas", frase de jornalista, ou da "baixa regulação estatal [sobre] as organizações religiosas", formulação do sociólogo. Os lamentos apontam, antes de mais nada, para a notável continuidade histórica de um arranjo. Forjado no final do séc. XIX e consagrado em nosso Código Civil, ele foi confirmado por regulamentações posteriores que lhe dão vigência atual.[74] A ausência de qualquer procedimento geral de autorização prévia para o registro de uma igreja não está, ao contrário do que há na França, acoplada à existência de uma agência estatal encarregada do monitoramento de instituições religiosas. Afinal, nunca se atribuiu um estatuto próprio e específico às instituições religiosas, criadas sob as mesmas regras de outras associações civis. Além disso, as informações prestadas pelas associações na ocasião de sua inscrição em cartórios não passam por nenhuma sistematização ou consolidação em outro nível da burocracia estatal. Nossa República não instarou nem um estatuto específico às instituições religiosas, nem uma autorização *a priori* para sua constituição, nem um monitoramento *a posteriori* sobre seu funcionamento ou condição.

Essa situação, no entanto, não decorre de um desinteresse do Estado pela religião, mas, como vimos, de disputas em torno do princípio da "liberdade religiosa" que resultaram em um certo arranjo de regras quanto à organização dos coletivos religiosos. O debate que se estabeleceu em meio a essas disputas versou quase nunca sobre a "religião" que teria "liberdade", quase sempre sobre a "liberdade" de que desfrutaria a "religião". O fato de que os embates se deram então com a Igreja Católica não foi sem importância a esse respeito: discutir se se tratava de uma "religião" estava fora de questão. Afastada a controvérsia sobre uma definição de "religião", discutiu-se sobre a forma pela qual as "associações" deveriam se organizar a fim de conciliar as exigências da liberdade religiosa e os interesses do Estado, umas e outros circunscritos a dimensões econômicas. Assim,

---

74. Ver Pontes de Miranda (1954:324) e Decreto-lei n.9085, 25.03.1946 (alterado por Dec.lei 8, 16.06.1966). A regulamentação vigente tem como base a Lei 6015, 31.12.1973, dita "lei dos registros públicos".

não se pode afirmar que não houve regulação estatal da religião; ao contrário, chegou-se a uma solução correspondente a uma determinada forma de considerar o problema.

Essa solução, expressa na lei 173 de 1893 e nos seus desdobramentos, privilegiou os estatutos como instrumento de organização dos coletivos religiosos. Uma de suas principais implicações foi a afirmação de um princípio de autonomia. A fórmula aplicada ao catolicismo estendia-se a todas as demais religiões — ou, melhor, atribuiu-se aos próprios coletivos a autonomia para se definir como "religiosos". Algo que me chamou a atenção na leitura de vários textos de época é a existência de uma categoria que hoje nos soa estranha: "acatólicos". Antes que se pense que estamos diante de um termo de acusação, digo logo que ele ocorre nos pronunciamentos de protestantes, positivistas e críticos da Igreja Católica. Uma forma de interpretá-lo, talvez a mais óbvia, pode enfatizar a indistinção que sofriam os fiéis e partidários de outras religiões que a católica, indistinção, além do mais, gravada em formulação negativa. Mas prefiro apontar para outro elemento de sua lógica, a idéia de que se tratava de um gênero aberto, que, em tese, poderia conter um número infinito de espécies. Nesse sentido, encontramos uma convergência entre essa lógica conceitual e a lógica jurídica inscrita no sistema que privilegia os estatutos como instrumento de organização das religiões.

Note-se ainda que essa divisão básica entre "católicos" e "acatólicos" é anterior à separação entre Igreja e Estado no Brasil, o que aponta para um certo contraste com a história na França. Lá, antes da separação em 1905, vigorava o regime dos quatro cultos estabelecidos, fórmula que ao mesmo tempo reconhecia e limitava o pluralismo e que teve consequências importantes para o modo como se estrutura até hoje o campo religioso francês. Aqui, o binário católicos/acatólicos recobria até o início da República a distinção entre uma religião oficializada e submetida a diversas formas de intervenção estatal e os demais grupos, indistintamente considerados. Ao instituir um regime de igualdade jurídica, a separação produz um campo religioso que generaliza a lógica que servia para tratar os "acatólicos" quando eram desprivilegiados. Isso não impediu, como vimos, que a Igreja Católica tenha sido durante a República tratada com distinção, em vários âmbitos. É necessário, contudo, atentar para o fato de que as distinções de que gozou, incluindo a admissão de seu caráter orgânico e hierárquico, não transtornaram o arranjo geral, mas contribuíram para consolidá-lo. O tratamento especial à Igreja Católica devia ser justificado pelo respeito a uma "liberdade" de organização que se aplicava igualmente a todas as demais igrejas e cultos.[75]

---

75. Do ponto de vista das possibilidades e dos limites para essa "liberdade", um caso interessante seria o da Igreja Católica Apostólica Brasileira, criada em 1945 por um ex-bispo católico. Embora persista até hoje, enfrentou problemas judiciais logo no seu início. Em 1949, o STF confirmou medidas governamentais no sentido de impedir os cultos da ICAB, sob a alegação de que estaria usurpando os ritos da Igreja Romana. Cf. Scherkerkewitz (1996:65-6) e Monteiro (1987:205). Atualmente, existe uma miríade de grupos "católicos brasileiros" e "ortodoxos brasileiros", alguns dos quais formados a partir da ICAB (Hortal 1990).

Seria, no entanto, ilusório restringir a esses aspectos a caracterização do dispositivo de regulação do religioso instaurado no Brasil a partir de uma dada ordenação jurídica. Pois a abertura do arranjo baseado na primazia dos estatutos tem como contrapartida algumas tendências centrípetas. Entre os próprios agentes religiosos, ocorrem movimentos recorrentes que articulam uma estratégia jurídica à formação de identidades coletivas. Observamos como a hierarquia católica procurou, através do controle de seus estatutos, marcar as circunscrições diocesanas, as ordens monásticas e as associações leigas com uma série de regras de subordinação às autoridades eclesiásticas. Coisa semelhante já foi registrada no universo das chamadas religiões mediúnicas, com a diferença de que, nesse caso, a constituição de instâncias centralizadoras fez parte do próprio processo de organização/submissão das casas de culto e de delimitação de fronteiras identitárias entre as "religiões". Um dos elementos recorrentes da ação das "federações" e "uniões" que pretendiam representar e normatizar partes desse universo foi e continua sendo a preparação de modelos de estatutos e a prestação de assistência jurídica, inclusive para a legalização de casas de culto.[76]

Na França, a operação dos dispositivos reguladores funciona, em certos aspectos, pelo pressuposto ou por uma demanda, da parte do Estado, de instituições representativas de segmentos religiosos. No Brasil, essas instituições não possuem vínculos diretos com o Estado, mas sua existência insere-se também no interior de um certo dispositivo de regulação. A centralidade atribuída aos estatutos implica, a um só tempo, um reduzido poder imediato de intervenção por parte de agências estatais e a tendência à formação de instâncias centralizadoras e normatizadoras no próprio seio dos coletivos religiosos. De um lado, um Estado com poucos instrumentos diretos de controle sobre a religião e suas instituições, essencialmente definidas como "desinteressadas" e benévolas. De outro, um campo religioso que, por conta de tal definição e de tal modo de intervenção estatal, vê-se estimulado a zelar ele mesmo pela realização de sua essência. Daí que a "facilidade na criação de igrejas" não possa ser tomada como indicador apenas de uma "baixa regulação estatal das organizações religiosas"; ela propicia e aponta para os movimentos de regulação que partem do próprio universo da sociedade civil.

Isso nos conduz ao segundo comentário, acerca dos "privilégios" (isenções fiscais, possibilidade de acesso a subvenções) das igrejas, denunciados tanto pelos jornalistas quanto pelo sociólogo. O curioso, nesse caso, é que a denúncia acaba por revelar a existência de algumas das formas pelas quais se reconhece ao Estado a competência para intervir na operação de uma instituição religiosa. Formas que poderiam servir, a exemplo da França, como um instrumento de regulação do religioso. O problema é que, no Brasil, os coletivos religiosos têm acesso a tais benefícios, na grande maioria das vezes, por razões e mecanismos que não passam por uma definição do "religioso". Trata-se do caso dos títulos de "utilidade pública" e de "entidade filantrópica", modos de reconhecimento que funcionam como distintivos oficiais no interior do amplo e complicado universo das sociedades e asso-

---

76. Para o caso do espiritismo, ver Giumbelli (1997); para o universo afro, ver os *Cadernos do ISER*, n.18 (Umbanda e política).

ciações "não mercantis", identificando uma série de benefícios, facilidades e prerrogativas. Embora variem com o tempo, podem incluir desde direitos de isenções (que beneficiam as próprias entidades) e deduções (que correspondem a doações feitas àquelas entidades e se aplicam ao doador) do imposto de renda, passando pela dispensa do pagamento da cota que os empregadores devem ao sistema previdenciário, até a habilitação para o recebimento de subvenções diretas. Igualmente variantes são os procedimentos, assim como os critérios para a obtenção desse reconhecimento. Estes últimos oscilam entre comprovantes de funcionamento efetivo, de controle contábil, de regime econômico, da natureza das finalidades, mesmo de idoneidade de diretores. O que importa, sobretudo, é notar que o qualificativo "religioso" jamais consistiu em critério definitivo de exclusão para a "utilidade pública" ou o estatuto "filantrópico". Ou seja, os mecanismos que servem para diferenciar internamente o universo das organizações "sem fins lucrativos" não conduzem a uma distinção, nem positiva nem negativa, do especificamente "religioso".[77]

No entanto, uma exceção importante é aberta pelas constituições federais desde 1946, que concedem imunidade fiscal aos "templos de qualquer culto". As justificativas recorrem seja ao princípio da "liberdade religiosa", seja ao caráter edificante e socialmente útil da "religião".[78] Entendida estritamente, a imunidade incidiria basicamente sobre o imposto predial. Nesse caso, porém, não ratificava senão disposições bem mais antigas, de âmbito local. De fato, no Rio de Janeiro, há registros de que desde o início da República esse benefício era concedido com base em leis imperiais, ratificadas por uma lei municipal de 1911.[79] Nesse terreno, a necessidade de uma definição, mesmo implícita, de "templo", "igreja" ou "culto" é ponto pertinente — e também aqui há registros de contestações envolvendo tal definição.[80] Mas as dimensões que uma contestação sobre essa questão podem ganhar não parecem significativas, especialmente quando vistas com a lembrança do embate que ocorre na França entre a administração fiscal e os Testemunhas de Jeová.

---

77. A primeira legislação federal específica sobre "utilidade pública" é de 1935 (Lei 91, 28.08.1935). É certo que estados e municípios tivessem leis anteriores sobre "utilidade pública" e é possível que o termo já apareça a propósito de alguma legislação federal sobre outras questões. Ver Custódio (1979). Em 1959, uma lei concede às "entidades filantrópicas" isenção da cota patronal para a previdência e, em função disso, em 1962 uma outra lei regulamenta os procedimentos pelos quais se emitirá um certificado para atestar essa condição (Lei 3577, 04.07.1959, e Decreto 1177, 01.06.1962). Mesmo antes, desde 1924, as regras relativas ao imposto de renda referem-se a "obras de filantropia" e "instituições filantrópicas" para indicar direitos de isenções e deduções (lei 4783, 31.12.1923 e sua regulamentação pelo Decreto 16.581, 04.09.1924). Ver também Tepedino (1993) e Landim (1993).

78. Para interpretações que enfatizam a coerência com o princípio da "liberdade religiosa", ver Monteiro (1987); do lado da relevância social da "religião", Custódio (1979).

79. Decreto 7051, de 18.10.1878 e Dec. munic. 830, 19.04.1911.

80. Já em 1892, o Apostolado Positivista contesta a cobrança de imposto predial de sua sede, enfim revogada por decisão do Tribunal do Tesouro Nacional, a qual declara que o edifício "serve de Capela da dita Igreja" (Apostolado Positivista 1894:10). Para outro caso envolvendo a contestação de isenção para templos, aqui uma igreja batista, ver RF, 65, 1935 (:350, 385).

A razão para isso pode ser desvendada se exploramos a alternativa de uma interpretação ampla da imunidade fiscal garantida aos "templos de qualquer culto". Que essa alternativa existe o demonstra a qualificação acrescentada à disposição pela Constituição de 1988, que a restringe "somente [a]o patrimônio, [a]a renda e [a]os serviços, relacionados com as finalidades essenciais das entidades". Mesmo aí, como se nota, o texto escreve "entidades", compreendendo dimensões que não estão automaticamente supostas em "templos". Ou seja, a imunidade se estende, no mínimo, para a renda e os serviços dessas "entidades" (como de fato ocorre). O problema, nessa nova formulação, configura-se na dificuldade de isolar as "finalidades essenciais" dos "templos".[81] Se no momento da sua constituição formal permite-se que as instituições religiosas confundam-se com outras espécies de associações, como em seguida distinguir entre elas apelando-se apenas para suas "finalidades essenciais"? Nada impede que uma instituição religiosa argumente que atividades assistenciais ou educativas sejam "essenciais" a seus fins. Isso lhe autoriza pleitear os benefícios que as instituições assistencias e educativas possuem,[82] legitimando a relação com o Estado através do princípio constitucional de "colaboração de interesse público". Por outro lado, a imunidade fiscal sobre patrimônios, serviços ou rendas obtidos comercialmente continua justificável desde que se afirme aplicar seu produto conforme os fins religiosos ou assistenciais da instituição.[83] No Brasil, portanto, o caráter religioso de uma instituição não lhe priva automaticamente nem de atividades mercantis, nem de contribuições oficiais. Exatamente porque essas distinções podem ser contornadas, seu potencial para constituir o foco de controvérsias e contestações ampliadas fica comprometido.

O ponto pode ser atingido por outro flanco. Na França, nega-se o estatuto de AC às "seitas" através do acionamento de definições jurídicas de "religião" que apelam para a noção de "ordem pública". Uma e outra coisa podem ser encontradas no Brasil. Por um lado, não faltam tentativas e propostas de definições jurídicas de "religião". Landau (1958), por exemplo, depois de distinguir a liberdade religiosa em seus componentes, "crença" e "culto", busca conceituá-los com a ajuda de três juristas. Scherkerkewitz (1996) apela à filosofia para fazer a mesma coisa.[84] Por outro lado, referências a "ordem pública" (ou a expressões equivalentes) como princípio limitador da liberdade religiosa pululam não apenas em comentários jurídicos de várias épocas (Barbosa 1930; Barbalho 1902; Landau

---

81. A condição de aplicação das rendas aos fins já consta de uma lei que pretende regulamentar as imunidades conferidas pela constituição de 1946 — lei 3193, 04.07.1957.

82. A imunidade fiscal também foi constitucionalmente garantida a outras espécies de "entidades", entre as quais "instituições de educação e assistência social" (1946 e 1988) e "associações de utilidade pública" (1967/69).

83. Ver Tepedino (1993) e Nogueira (1961), além de parecer publicado em RF, 249, 1975 (:133-7), que citam doutrinadores e jurisprudência a favor desses argumentos.

84. Eis a solução a que chega: "crença na (ou sentimento de) dependência em relação a um ser superior que influi no nosso ser — ou ainda — a instituição social de uma comunidade unida pela crença e pelos ritos" (:58).

1958; Maximiliano 1954; Enciclopédia Saraiva [verbete culto]; Barretto 1996; Monteiro 1987), mas também em sentenças judiciais[85] e mesmo em várias legislações: constituições federais de 1934 a 1969 e todas as leis sobre registros públicos.[86] No Brasil, contudo, pouco serve articular a noção de "ordem pública" a uma definição jurídica de "religião" enquanto inexiste a base sobre a qual seriam aplicadas (o estatuto de "associação religiosa") e enquanto as capacidades reconhecidas a um coletivo religioso puderem ser conquistadas segundo outras justificativas.

Essa situação, no entanto, não elimina certas formas de interferência estatal direta nos arranjos que configuram os dispositivos de regulação do "religioso" no Brasil. Ainda no campo das entidades "sem fins lucrativos", frequentes e insistentes reclames no sentido de maior transparência e controle (Branco 1999) já geraram reformulações que atingem as instituições religiosas. Em 1999, criou-se um novo estatuto distintivo — a "organização da sociedade civil de interesse público" — cuja obtenção segue canais e critérios separados daqueles associados com os títulos de "utilidade pública" e "entidade filantrópica". Procura-se, com esse instrumento, habilitar em função da transparência e idoneidade administrativas e da natureza das atividades um sub-conjunto das entidades sem fins lucrativos para receber recursos públicos. Dessa vez, no entanto, a lei trata de excluir, desde o início, as "instituições religiosas".[87] Pressões restritivas também ocorrem recentemente a partir de preocupações fiscais. Ao passo que novas legislações pontuais estendem as facilidades e privilégios para a instalação e funcionamento de templos, pelo menos um projeto no Congresso Nacional pretende extinguir sua imunidade tributária.[88]

---

85. Especialmente em casos envolvendo a proibição de atividades externas aos templos promovidas por religiões não católicas ou comandadas por pessoas desautorizadas pela hierarquia católica. Ver RT, 21, 1917 (:326); RF, 28, 1917 (:175); RT, 22, 1917 (:310); RT, 35, 1920 (:452).

86. "Ordem pública e bons costumes", nas constituições, acompanhando o artigo sobre liberdade religiosa. Expressões semelhantes justificam a hipótese de dissolução de uma associação pelas autoridades: "fins ilícitos ou meios ilícitos ou imorais" (lei 173 de 1893); "atos nocivos ao bem público" (Código Civil, art.21); "destino ou atividade ilícitos ou contrários, nocivos ou perigosos ao bem público, à segurança do Estado e da coletividade, à ordem pública ou social, à moral e aos bons costumes" (leis de registro público de 1946 e de 1973).

87. O regime das "organizações da sociedade civil de interesse público" está definido pela Lei 9790, de 24.03.99, e pelo Decreto 3100, de 30.06.99. Regulamentações atinentes à utilidade pública federal e ao certificado de filantropia tentaram anteriormente excluir as instituições religiosas dentre seus beneficiários (Tepedino 1993; Landim 1993), mas questões jurídicas e reações dos próprios grupos religiosos frustraram esses empreendimentos. No caso da OSCs, essas dificuldades foram contornadas com a instauração de um novo regime, sem a extinção dos antigos.

88. No âmbito municipal, há notícias de leis e projetos que visam dispensar os templos da exigência de alvará de funcionamento (FU 04.05.97, 01.06.97). No Congresso Nacional, já foi aprovada uma lei que garante aos templos que ocupam imóveis alugados condições especiais (lei 9256, de 10.01.96); há notícias de projetos que trazem outros benefícios para os templos, como a sua impenhorabilidade e a cobrança de tarifa de eletricidade residencial (RV, 3, janeiro 1996). Já o projeto de revisão da imunidade constitucional foi proposto pelo deputado Eduardo Jorge (FU 02.04.95).

Enquanto isso, a Receita Federal dá sinais na década de 90 de um interesse em delimitar e em precisar os critérios de renúncias fiscais baseadas na qualificação "religiosa". Acentua-se a vigilância sobre a transferência de recursos da instituição para seus dirigentes e outras instituições vinculadas. Sobretudo, aumentam as exigências de distinção entre atividades religiosas e atividades comerciais, negando-se a rendas obtidas através destas o estatuto próprio às primeiras.[89] Ainda que esse conjunto de reformulações não altere o regime regulatório geral, evidencia certas pressões no sentido de uma definição mais precisa e restritiva do "religioso".[90]

Outro modo pelo qual o Estado contribui para ordenar realidades que em sua fonte são mais abertas consiste nas estatísticas oficiais. Durante as décadas de 1950 e 60, o Ministério da Justiça manteve estatísticas do "culto" "católico", "protestante" e "espírita" (estes divididos nos ramos "kardecista" e "umbandista"). A base de coleta das informações eram as instituições, contabilizando-se seus membros e suas atividades. Outra fonte de dados oficiais sobre religião são os levantamentos censitários, que se restringem a registrar as filiações individuais. Nesse caso, nota-se um interesse na atualização e aperfeiçoamento da classificação das respostas, resultando em uma evolução visível do tipo e do número de categorias. Trata-se de formas de circunscrever dentro de certas terminologias o conjunto de identidades religiosas a partir de variadas possibilidades de capacidade distintiva. Esse empreendimento é relevante não apenas em si mesmo, mas pelas relações conjunturais que mantém com outras terminologias e outras estatísticas, presentes no próprio universo de observação e, especialmente, no campo intelectual.[91] Nesse quadro, as estatísticas oficiais podem servir, em função daquilo que é percebido como insuficiência ou desatualização, para estimular iniciativas paralelas que colocam igualmente em jogo critérios e procedimentos de distinção.

Finalmente, deve-se evocar ainda outro mecanismo que permite ao Estado preocupar-se com a "religião" — presente na França, mas muito mais importante no Brasil. Até aqui detivemo-nos apenas sobre as determinações e categorizações que fazem referência

---

89. Muitas reportagens têm noticiado as preocupações e intervenções de técnicos e conselheiros da Receita Federal: GB 23.10.95, GB 07.12.95, ESP 08.12.95, GB 26.12.95, ESP 27.12.95, JB 23.12.95, FSP 30.12.95, Veja 03.01.96, IE 03.01.96, Veja 03.11.99. Em um manual disponível no *site* da Receita Federal, sobre a questão da imunidade dos templos, frisa-se que ela não se aplica a "rendas provenientes de exploração comercial".

90. Pode-se tratar de modo semelhante a recente regulamentação dos cursos superiores de teologia, instaurando procedimentos e critérios para sua uniformização. Vale registrar ainda a existência de dois projetos de lei no Congresso Nacional, um deles já rejeitado, que procuram regulamentar o art.5º, VI da Constituição (cf. Sistema de Informações do Congresso Nacional). Não pude ter acesso ao seu conteúdo.

91. Quanto aos dados do censo de 1991, uma consultoria permitiu a colaboração de cientistas sociais nos procedimentos de categorização das respostas sobre filiação religiosa. A consultoria foi prestada através do ISER e envolveu o trabalho de um antropólogo. O procedimento se repetiu em relação aos dados do censo de 2000. Marcelo Camurça e Clara Mafra, comunicação pessoal.

explícita e imediata à noção de "religião", mesmo sem defini-la. No entanto, existe na legislação brasileira uma série de disposições que, não se referindo diretamente à "religião", podem ser invocadas para efetuar sua regulação. Nesse caso, a "religião" aparece como um domínio de agentes e de práticas que se estabelece por contraponto a outros domínios mais precisamente regulamentados. Trata-se de um procedimento de definição negativa: tal agente ou tal prática deixam de ser "religiosos" — perdendo as imunidades correspondentes — quando invadem, pelo cometimento de alguma ilicitude, um outro campo social. Isso permite a existência de dispositivos que, mesmo elaborados a propósito de outros campos sociais, têm como efeito circunscrever os limites do campo religioso. Desse ponto de vista, a ocorrência de situações em que as exigências de normatização de outra ordem acabam criando discriminações concebíveis em termos religiosos não deve ser afastada, mas considerada como um dos limites para o qual o sistema pode se encaminhar.

Um exemplo disso é a criminalização do "espiritismo" no Código Penal de 1890 entre os dispositivos preocupados com a proteção à "saúde pública", o que configurou uma controvérsia totalmente paralela à que acompanhamos a propósito da Igreja Católica. Nesse caso, debateu-se sim a natureza da "religião" que teria direito à "liberdade". Com o seu desenrolar, que envolveu diversas personagens sociais interessadas no estatuto das práticas mediúnicas, no Rio de Janeiro, entre o final da década de 1920 e início da de 1940, os "centros espíritas" foram monitorados pelas autoridades policiais — a princípio, informalmente, pela solicitação de listas a entidades federativas; depois (entre 1941 e 1945), por registro obrigatório (Giumbelli 1997). Há notícias de que procedimentos semelhantes foram adotados em outros lugares, envolvendo sobretudo os terreiros afros.[92] Observa-se aí como a repressão fundamentada na preocupação com a "saúde pública" ou com a "credulidade pública" foi capaz de rebater sobre o plano da própria constituição e funcionamento de instituições religiosas, revelando um diálogo entre exigências externas e processos de auto-regulação. Nesse quadro, torna-se possível a conjugação de um regime de considerável abertura nas determinações jurídicas gerais com dispositivos que instauram discriminações, autorizações, monitoramentos, vigilâncias casuísticas e dirigidas — e outros procedimentos que lembram o tratamento conferido na França às "seitas".

Pode-se então concluir pela afirmação de que não está nessa capacidade de discriminações a distância entre a França e o Brasil. Ocorre que lá a identificação das "seitas" conjuga-se aos mecanismos gerais que permitem ao Estado francês o reconhecimento de determinados grupos como "associações religiosas". Aqui, a ausência de um estatuto próprio e de validade geral para qualificar tais associações faz com que movimentos

---

92. Um bom resumo de trabalhos que analisam a repressão aos cultos mediúnicos encontra-se em Borges (1998). No final da década de 1980, o Supremo Tribunal Federal pronunciou-se sobre uma lei de 1966, no estado da Paraíba, que exigia a prévia autorização da Secretaria de Segurança Pública para o funcionamento de centros de umbanda. Em 1977, a autorização foi substituída pela obrigação de um comunicado, ficando a licença a cargo de uma "federação" (Scherkerkewitz 1996:67-8).

de regulação se desenrolem sem necessariamente tocar no regime geral que define as capacidades de intervenção do Estado brasileiro no campo religioso. Daí que toda análise que começa no plano desse regime geral deve deslocar-se para as disputas concretas que acontecem no interior de conjunturas específicas, pois é nesse segundo plano que se estabelecerão as configurações resultantes do acionamento de certos dispositivos sociais. Dessa perspectiva, os lamentos sobre a facilidade na criação de igrejas, que serviram de propósito para esta seção, constituem uma pista valiosa. Desde, é claro, que deixem de representar uma descrição da realidade e se convertam em um dos elementos da conjuntura mais recente de problematização do religioso no Brasil. O contexto da reivindicação de maiores exigências para os grupos religiosos é igualmente significativo, pois jornalistas e intelectuais inscrevem seus lamentos no quadro de notícias e análises acerca dos "evangélicos".

De fato, nos últimos anos, nenhum outro segmento religioso quanto os evangélicos chamou tanto a atenção de jornalistas e intelectuais, que sobre eles produziram reportagens, estudos, estatísticas, tipologias. Além disso, nenhum outro segmento protagonizou esforços de auto-regulação tão evidentes e acalorados quanto os evangélicos, resultando na formação de entidades e de disputas entre elas. E nenhum outro segmento mobilizou tanto a intervenção de autoridades e de aparatos estatais de vários tipos quantos os mesmos evangélicos, levando ao acionamento de dispositivos que outrora serviram para disciplinar grupos com outros referenciais. Veremos a seguir os detalhes de cada um desses campos de intervenção. Não sem antes apontar para a ironia da situação. Como notamos, os "evangélicos" notabilizaram-se por seus protestos em favor de maior "liberdade religiosa". E, no entanto, grande parte do interesse que despertam se associa à suspeita de que suas práticas e suas instituições, ao subsumirem o "religioso" ao "mercantil", profanam a distinção fundamental que deveria haver entre essas duas lógicas e esferas.

PARTE IV

Brasil, recentemente

As they took him from the cross
I, the centurion, took him in my arms
(...)
I kissed his mouth. My tongue
found his, bitter with death.
I licked his wound
the blood was harsh
(...)
He loved all men, body, soul and spirit. - even me.

James Kirkup

CAPÍTULO 6

Igreja Universal do Reino de Deus:
muita prosperidade, pouca legitimação

Igreja Universal, onde um milagre espera por você
(frase encontrada nos templos da IURD)

Em novembro de 1995, podia-se comprar na feira de Caruaru (PE) um cordel do poeta popular Olegário Fernandes: "Ele não tem como provar/ que em si há um cristão/ batia na santa/ xingava, dava empurrão/ e batia na imagem/ como quem bate num saco de feijão" (GB 09.11.95). Quase um mês antes, os telejornais da Rede Globo haviam exibido e reexibido as imagens de um bispo da Igreja Universal do Reino de Deus junto a uma estátua de Nossa Senhora Aparecida. Nelas, o bispo destilava as tradicionais críticas protestantes à "idolatria católica", mas fazia-o usando pés e mãos contra a peça e diante de câmaras de TV — tratava-se originalmente de um programa da Rede Record em pleno feriado dedicado à padroeira nacional. O que se sucedeu nesse cenário foi logo batizado como o "chute na santa" e o episódio serviu para se levantar a hipótese de que uma "guerra santa" ocorria no Brasil. Em dezembro do mesmo ano, quando todos tinham ainda frescas na memória essas imagens, os mesmos telejornais da Rede Globo revelam cenas que se pretendia estarrecedoras e fulminantes. Entre várias sequências filmadas com uma câmara amadora por um ex-integrante da cúpula da Igreja, duas se destacavam. Na primeira, uma conversa entre vários bispos e pastores da Igreja Universal do Reino de Deus em que Edir Macedo, fundador e líder da instituição, "ensinava a arrancar dinheiro dos fiéis". Uma outra, espécie de complemento da primeira, mostrava vários pastores sorridentes, Edir Macedo entre eles, após o término de um culto, ajoelhados diante de um amontoado de dólares deixados por fiéis em um templo nos EUA.

Se o "chute na santa" inspirou um cordel de Caruaru, o "assalto aos bolsos dos fiéis" ficou retratado em outras peças artísticas e populares.[1] De fato, se a Igreja Universal do

---

1. Como um bloco carnavalesco de Salvador, que desfilou portando uma faixa com os dizeres "Cristo é o caminho, Edir Macedo é o pedágio" (FSP 20.02.96), ou o grafite pintado na pilastra de um viaduto em São Paulo, que misturava o logotipo do McDonald's com promessas de salvação eterna à venda por US$ 200 mil, anunciando o "Circo Universal do Reverendo Edir" (JB 28.12.95). O "chute na santa" ainda inspirou uma música de Gilberto Gil ("Guerra Santa", álbum *Quanta*, de 1996) e um comercial de lingerie (GB 28.10.95).

Reino de Deus há muito tempo deixara de ser familiar apenas entre seus fiéis, depois dos episódios de fins de 1995 ignorá-la era praticamente impossível para qualquer pessoa comum. Uma publicidade invejável para quem deseja exatamente propagar o mais amplamente suas mensagens, não fosse pela imagem que lhe vinha associada. Em janeiro de 1996, dois grandes jornais divulgaram pesquisas de opinião — cuja realização já é em si algo significativo — que permitem ter um acesso menos impreciso a tal imagem. *O Globo* (03.01.96) publicou os dados de entrevistas realizadas com 414 paulistanos em 29 de dezembro: 88% das pessoas "não duvidam da veracidade das imagens exibidas pela Rede Globo", enquanto que 45% apoiam a realização de investigações policiais sobre as atividades da instituição. O Datafolha obteve dados mais amplos e mais confiáveis, realizando pesquisa que abrangeu 1.079 paulistanos, abordados no dia 5 de janeiro. A apresentação dos resultados destaca os "aspectos negativos" associados à Igreja Universal do Reino de Deus, que agrupam 70% das respostas obtidas. Os "aspectos negativos" mais apontados, que concentram juntos 46% das respostas, são três: "charlatanismo/farsa/golpe", "exploração/aproveitadores/só querem dinheiro" e "corrupção/desonestos/máfia". A pesquisa ainda apura que 90% dos entrevistados apóiam a realização ou a continuidade de inquéritos policiais e que 75% consideram as denúncias suficientes para a cassação da concessão da Rede Record, ora em mãos de dirigentes ou prepostos da Igreja Universal (FSP 14.01.96). Mesmo entre os evangélicos, a Igreja Universal inspira impressões relativamente menos positivas. Apurando as notas que 1332 evangélicos cariocas atribuíram a várias igrejas — isso em 1994, antes, portanto, dos episódios relatados — a pesquisa do ISER (Fernandes *et al* 1998:76) mostrou que a Igreja Universal já obtinha a média mais baixa entre todas.

Não deixa de ser paradoxal que essa imagem refira-se a uma igreja que registra uma notável expansão e solidez institucionais. Surgida em 1977, a Igreja Universal do Reino de Deus (IURD) já ocupava em 1992 o terceiro lugar em número de templos na região metropolitana do Rio de Janeiro, onde foi fundada. Em 1999, havia o registro de 1900 templos por todo o Brasil, enquanto que outras fontes aumentam esse número para 2500 e mesmo 8000. Incerto é também o número de fiéis: as estimativas mais generosas oscilam entre 6 e 8 milhões; o único dado mais confiável, de 1994, cobre apenas o Grande Rio e aponta que os fiéis da IURD seriam 16% dos evangélicos, o que, extrapolado para a população geral, daria cerca de 3 milhões de pessoas no país. Já na década de 80 a IURD iniciara sua expansão internacional, que hoje atinge dezenas de países — com destaque para Portugal e vários territórios africanos. Essa proliferação de lugares de culto é comandada por uma administração eclesial centralizada, em cujos escalões se distribuem bispos, pastores e obreiros. O empreendimento religioso movimenta ainda dezenas de empresas, associadas à IURD ou controladas por seus presbíteros e membros. Entre elas, estão financeiras, uma construtora, uma gráfica e, em lugar destacado, um jornal e um grande número de emissoras de rádio e de televisão. A IURD controla a Rede Record, a Rede Família e a Rede Mulher, que somam, no total, mais de 20 emissoras de TV. Publica ainda o semanário *Folha Universal*, com mais de 1.500.000 exemplares por edição, que utiliza como seu porta-voz, além da revista mensal *Plenitude*. E mantém representantes próprios nas esferas parlamentares, em cuja eleição se empenha com aperfeiçoada estratégia. Desde 1986 a IURD não parou de eleger deputados federais, em uma progressão constante que lhe garante hoje cerca de duas dezenas de parlamentares.[2]

Essa combinação entre um êxito institucional em várias esferas de atividades e uma imagem negativa generalizada mantém relação estreita com a questão geral que é objeto deste trabalho. Ela aponta exatamente para a configuração que reflete, dentro da percepção mais imediata que dispomos, os resultados de certos esforços regulatórios. Como veremos, a origem dos problemas que a IURD passa a enfrentar e que a tornam centro de uma controvérsia remete para suas práticas e doutrinas nos cultos. Essas práticas e doutrinas nem deixaram de existir ou sofreram transformações cruciais, nem ganharam uma legitimidade social ampla, mas continuaram a estar no fulcro de uma instituição em expansão. Daí o indisfarçável incômodo que a IURD provoca, derivado da percepção de um êxito que não veio acompanhado de uma legitimação correspondente. O que ocorreu para que uma tal configuração tenha se definido? Explorar as formas pelas quais a IURD foi contestada servirá, além disso, para nos revelar os canais e possibilidades de regulação do religioso no Brasil atual, levando em conta o quadro estabelecido pelas situações que acompanhamos no capítulo anterior. Antes de mais nada, no entanto, será preciso demonstrar porque a IURD, ao invés das "seitas", constitui o revelador mais interessante e oportuno em se tratando do Brasil.

1. A controvérsia sobre a IURD no Brasil: uma seita *sui generis*

Na França, a IURD, que possui um templo em Paris e outro em Marselha, é uma "seita" — assim a consideram os dois relatórios parlamentares (Guyard 1996; Brard 1999). Mas é interessante que tanto a UNADFI quanto o CCMM se mostrassem pouco preocupados com o grupo. Até o começo de 1999, sua documentação não incluía senão algumas reportagens jornalísticas referentes aos problemas enfrentados pela IURD no Brasil e a conversa com membros das associações revelou que o grupo era identificado por sua clientela "imigrante" e gerava pouquíssimas queixas.[3] Como então se tornou uma "seita"? Muito provavelmente, a IURD foi incluída na primeira lista parlamentar em função de

---

2. As fontes para esses dados são variadas. As únicas estatísticas derivadas de levantamentos confiáveis foram publicadas pelo ISER (Fernandes 1992, Fernandes *et al* 1998). Quanto ao resto, somos obrigados a nos fundamentar em informações jornalísticas ou da própria IURD: Veja 03.11.89, FSP 18.07.89, FSP 01.02.99, GB 19.12.99, FU 20.07.97. Sobre as estratégias políticas, ver artigos em TP, 302, 1998. Para maiores detalhes sobre a estrutura e a organização da IURD, pode-se recorrer a diversos trabalhos acadêmicos, como os de Mariano (1995), Barros (1995), Almeida (1996a), Campos (1997) e Mafra (1999).

3. Entrevistas com Robert Limb na ADFI-Paris, 18.01.99, e com Anick Drogou no CCMM, 19.01.99.

informações policiais.[4] Mais recentemente, em fevereiro de 2000, jornais noticiaram as reações envolvendo moradores, artistas e políticos após a revelação de que a IURD comprara o imóvel que abrigara um tradicional cabaré (FGR 02.02.2000; Libé 21.02.2000). As reportagens não hesitam em tratar o grupo como uma "seita". Ao mesmo tempo, pelo menos por enquanto, as preocupações que a IURD gera são ínfimas diante das atenções e temores suscitados por grupos como a Cientologia e os Testemunhas de Jeová.

No Brasil, "seita" é um termo com o qual a IURD vem não raramente associada, como poderemos observar diversas vezes no material adiante analisado. Como na França, a categoria tende a assumir um tom pejorativo. Uma das definições da palavra — significativamente presente apenas em dicionários mais recentes — assinala "comunidade fechada de cunho radical" ou "conjunto de pessoas que professam uma doutrina com mais ou menos obstinação e fanatismo".[5] Landim (1989b), ao analisar dois dossiês que compilavam material, predominantemente de cunho jornalístico, sobre "seitas", observou um uso naturalizado da categoria, que raramente recorria a conceituações sociológicas, concluindo que ela ganhava frequentemente uma definição negativa, no duplo sentido da expressão: as "seitas" eram referidas em oposição a "igreja", "cristão" e mesmo "religião", o que seria indicativo de sua menor legitimidade (:12, 16-17). Quase sempre a categorização da IURD enquanto "seita" adequa-se à essa percepção. No final de dezembro de 1995, durante a repercussão do vídeo já mencionado, houve inclusive referências à inclusão da IURD entre as "seitas" investigadas pelo parlamento e o governo franceses.[6]

Assim como a IURD, alguns dos grupos que na França se tornaram pivôs de controvérsias são aqui também chamados de "seitas" e alvo de acusações que extrapolam a dimensão doutrinária. A Igreja da Unificação, do Reverendo Moon, é o grupo mais mencionado nos dossiês analisados por Landim (1989b:13), referentes à década de 1980. Estabeleceu-se no Brasil em 1975 e há registros de ataques e depredações a seus centros em 1982 (Guareschi 1990:246) e de preocupações com suas atividades políticas; mais recentemente, notícias de que brasileiros participaram de eventos no Uruguai e de que o grupo estaria promovendo um empreendimento agrícola no Mato Grosso do Sul serviram de novos alarmes.[7] Os Meninos de Deus/A Família enfrentaram, mais de uma vez, a última delas em 1993, denúncias a

---

4. No CCMM, quando buscava dados sobre a IURD, foi-me indicada a consulta ao relatório parlamentar belga, o qual menciona que houve em Paris um registro policial relativo ao suicídio de um martiniquês — ele teria se desesperado após doar uma quantia à IURD sem obter o emprego que pretendia.

5. Respectivamente, *Novo Dicionário da Língua Portuguesa*, de Aurélio B. de Holanda, edição de 1986 e *Dicionário de Língua Portuguesa* da Academia Brasileira de Letras, edição de 1988.

6. ESP 27.12.95, 29.12.95, GB 30.12.95, JB 28.12.95.

7. Freston (1993) registra uma notícia sobre o apoio à eleição de parlamentares, GB 19.10.86. Ainda na década de 80, ver Jornal do País 23.08.84, Revista de Cultura Vozes (nov.1984), Cadernos do Terceiro Mundo (nov.1984) e o livro *O Império Moon: os bastidores de uma seita impiedosa* (Rio: Globo, 1988), de Jean-François Boyer, publicado originalmente na França. Para informações mais recentes, ver IE (n.1386, abril 1996).

respeito de abuso de menores.[8] Os *hare-krishna*, que possuem templos no Brasil desde 1974 e mantêm hoje comunidades rurais, tiveram que dar satisfações sobre a presença de crianças em suas casas.[9] Os Testemunhas de Jeová atraíam, em 1986, quase 200 mil adeptos (Faillace 1990); não estão ausentes da imprensa e recebem atenção por conta especialmente da proibição às transfusões de sangue. *Hare-krishnas* e Testemunhas de Jeová também eram frequentemente citados entre as "seitas" na década de 80 (Landim 1989b), os Meninos de Deus aparecendo menos vezes. A grande exceção é a Cientologia, que mesmo presente no Brasil desde final de 1994 e mantendo 100 fiéis "ativos", apenas despertou o interesse da imprensa a partir da repercussão em outros países.[10]

Se a mobilização e as atenções que esses grupos atraem estão longe daquelas que pudemos notar na França, os poucos indicativos acima reunidos servem para mostrar que sua presença no Brasil não deixou de levantar suspeitas e precauções, chegando mesmo em alguns casos a gerar intervenções específicas. Nesse sentido, eles se juntam a outros casos cujo traço distintivo consiste em sua origem nativa. Lembro, por exemplo, de acusações envolvendo sacrifício humano, comumente associadas às atividades de "pais-de-santo" — uma delas foi analisada por Frigerio e Oro (1998) —, e de desconfianças em relação a pequenos grupos ou comunidades reunidos em torno de "mestres" ou dedicadas a flagelações e esperas apocalípticas. Mais significativa ainda é a polêmica acerca de grupos que se formaram em torno do consumo ritual da ayahuasca — Santo Daime, Barquinha, União do Vegetal. Primeiramente, a discussão concentrou-se sobre a licitude do uso do chá, de propriedades psicoativas, que motivou uma comissão oficial, constituída em 1982, cujo trabalho teve o acompanhamento de um grupo de psicólogos, antropólogos e outros cientistas. Em 1987 e 1992, decisões do CONFEN (Conselho Federal de Entorpecentes), seguindo o parecer de especialistas, autorizaram o consumo do chá para fins rituais.[11] Logo após, porém, a controvérsia reacende-se em torno de outro eixo, impulsionada por denúncias de familiares de adeptos e da imprensa. Desta vez, as acusações e os temas aproximam-se daqueles que estão associados às "seitas" na França. Veja-se, por exemplo, o livro de Alícia Castilla, publicado em 1995, cujo título já é em si significativo — *Santo*

---

8. Uma edição do programa *Globo Repórter*, de agosto de 1997, acompanha um caso de denúncia por parte de vizinhos, seguida de investigação policial. Segundo reportagem de IE 16.04.97, o grupo foi acusado de sequestro de crianças em 1989.

9. Peixoto (1980:5) registra acusações de "corrupção de menores", citando várias matérias jornalísticas (GB 17.12.76, 30.01.77, JB 09.07.77, Manchete 05.02.77 e 16.07.77). Outro exemplo de reportagem acusatória pode ser encontrada em Jornal do País, 23.08.84, que fala em "escravidão" e "abolição da personalidade". Sobre os *hare krishna* no Brasil, ver A.C. Abreu (1990), que não faz menção a controvérsias geradas pelo grupo.

10. Ver FSP 13.04.97 e IE novembro 1996 (n.1414).

11. Alguns dados sobre as iniciativas oficiais em torno da avaliação do chá estão disponíveis no texto de R. Abreu (1990) e na reportagem da FSP 22.10.95. Esta última informa que uma nova comissão havia sido formada em 1995 para sugerir medidas visando impedir a sua ingestão por menores e deficientes mentais.

Daime. Fanatismo e lavagem cerebral. O relato centra-se sobre uma tragédia familiar, configurada pela situação da filha de Alícia, que então vivia, contra a vontade da mãe, em uma comunidade do Santo Daime. O texto refere-se a "vítimas" e possui um capítulo inteiro dedicado à questão da "lavagem cerebral", no qual a descrição do Santo Daime — assinalando sua estrutura piramidal, a personalidade patológica do líder, a analogia com a dependência a drogas — é explicitamente associada à existência de "seitas" que causaram as tragédias de repercussão mundial (Castilla 1995).[12]

Ocorre que nenhum desses casos assumiu a visibilidade e adquiriu a repercussão associada à IURD. Sob qualquer aspecto: volume de material jornalístico, pronunciamentos e intervenções oficiais, preocupação pastoral, interesse acadêmico. Em tudo, a Universal se destaca, desde o final da década de 80. O mesmo pode ser dito com respeito à cobertura das chamadas "tragédias sectárias" (Jonestown, Waco, Tóquio, OTS, Fonte Suprema). Não faltam espanto e apreensão por parte da imprensa brasileira; o diferencial, tomando como parâmetro a sua recepção na França, reside na possibilidade de aproximações, conexões ou extrapolações para o contexto local, operação que ou não é tentada ou chega a resultados curiosos. Pois, em relação aos grupos estrangeiros, salta aos olhos sua inexpressividade, e, em relação aos grupos locais, revela-se um arcaísmo que reitera supostas singularidades nacionais.[13] Em contraste, a IURD evoca a imagem de uma organização moderna cuja atuação tem algo de catastrófico — como sugeriu Birman (1996:8), referindo-se à cobertura da imprensa acerca do bispo Macedo: "(...) um profeta em negativo, um personagem provido efetivamente de poderes ameaçadores em face da ordem estabelecida". Depois disso, como explicar que uma diferença tão considerável em termos de interesse, de visibilidade e de preocupação entre a IURD e os demais grupos aqui mencionados possa ser recoberta pela referência a uma mesma categoria, a de "seitas"? Ora, a IURD não parece ser uma "seita como as outras".[14]

---

12. Castilla apresentou um dossiê ao CONFEN em 1994 sobre o Santo Daime (FSP 22.10.95). Um outro livro contendo denúncias contra o Santo Daime foi escrito pelo pai de um adepto que se suicidou quando vivia com o grupo (*Tragédia na seita do daime*, de Jorge Mourão). A revista Veja (10.01.96) também se interessou por esses e outros casos, apontando que os rituais do Santo Daime poderiam "induzir ao fanatismo" e alertando para o uso indiscriminado do chá.

13. Eu mesmo participei recentemente de uma dessas operações, quando fui procurado por um programa de televisão para apontar exemplos locais de "seitas apocalípticas", que seriam as equivalentes no Brasil de grupos existentes nos EUA e na Palestina. Respondi à jornalista que não poderia ajudá-la. Quando a reportagem foi ao ar em 02.01.2000, achei curioso que a busca tenha terminado entre grupos de "penitentes" de Juazeiro do Norte. Como aproximá-los aos técnicos em computação da Fonte Suprema ou ao esoterismo de última geração da Ordem do Templo Solar? Outra tentativa na revista *Isto É* (16.04.97), uma reportagem sobre grupos de "fanáticos religiosos" que atuariam no Brasil. Em um quadro com as "principais seitas do país", aparecem a Igreja da Unificação, os Meninos de Deus, grupos de penitentes, o Vale do Amanhecer, além do Santo Daime e União do Vegetal. Um *box* recapitula as tragédias sectárias.

14. Ao contrário, sobre as outras pode pesar a suspeita de ser como ela. Em uma entrevista com a responsável pela Cientologia no Brasil, o repórter pergunta: "A sra. não teme que a Cientologia

Antes de retomar essa idéia, é necessário precisar sua formulação com o fato de que, no Brasil, "seita" não traz consigo as mesmas implicações que essa categoria carrega na França. Se o teor pejorativo é comum aos usos do termo nos dois países, em outros aspectos ressaltam os contrastes. Em primeiro lugar, noto que a definição mais remota e mais frequente da palavra consagra um sentido relativamente neutro: "opinião, doutrina religiosa ou filosófica, que se aparta da crença geral".[15] Além disso, entre nós, a categoria parece não ter se cristalizado. Landim (1989b), em análise já referida, nota que "não se conceitua, mantêm-se a ambiguidade e a fluidez da categoria, dentro da qual tantas coisas diversas devem caber" (:16). Mais do que ambiguidade e fluidez, o que caracteriza o termo é sobretudo a ausência de densidade e de gravidade. O contraste evocado entre Brasil e Argentina no estudo de Frigerio e Oro (1998) sobre a repercussão jornalística do assassinato de uma criança em 1992 no Paraná permite explorar este ponto. Segundo os autores, o "desvio religioso" nesse caso é construído em torno de um *ato*, qualificado como magia negra ou ritual satânico, sem portanto ser considerado a expressão das atividades de um *grupo* ou de uma categoria tipificada de *pessoas*, a exemplo do que ocorreria na Argentina a partir do termo "seitas". Enfim, no Brasil, essa categoria suscita menos o medo e a interpelação que se nota na França do que a vaga e leve impressão de que não se trata de algo correto ou digno. Compreende-se assim que haja muitos substitutos para se referir à mesma, embora indefinida, coisa. É novamente Landim que nota a proliferação de variantes: "minorias religiosas", "movimentos religiosos livres", "movimentos religiosos independentes" — e poderíamos acrescentar: "alternativos", "de cunho espiritual". O que importa é que a alternância de termos, questão grave na França, não equivale a uma decisiva conversão de estatuto. Ou seja, no Brasil ser identificado como uma "seita" não condena um grupo à mesma sorte que encontraria na França.[16]

Apontar essa ausência de densidade e gravidade para descrever o uso da categoria "seita" no Brasil não é ainda totalmente adequado. Pois há um espaço onde ela se reveste desses atributos: o da *controvérsia (inter)religiosa*. Nessa direção apontam os resultados de um rápido levantamento nos catálogos de assunto da Biblioteca Nacional. No fichário menos atual, limitei-me a notar a escassez de referências: 9 títulos em português sobre "seitas", incluindo o clássico *As religiões africanas no Brasil* de Roger Bastide. Nas listagens informatizadas, o número aumenta bastante, chegando a 63 títulos, das quais nada menos

---

acabe sendo chamada de 'uma nova igreja Universal', que pede dinheiro aos fiéis?" (FSP 13.04.97). "Universal dos bacanas" é o título da matéria da *Isto É* sobre a Cientologia. É significativo que a IURD não apareça no rol de "seitas" na reportagem de IE 16.04.97.

15. Além dos dois dicionários já citados, foram ainda consultados o *Diccionario da Língua Portugueza*, de José Maria Lacerda, edição original de 1859, o *Grande e Novíssimo Dicionário da Língua Portuguesa*, de Laudelino Freire, edição de 1954, e o *Dicionário Brasileiro de Língua Portuguesa*, da Enciclopédia Mirador, edição de 1975.

16. Ver ainda Birman (1999), que também nota a falta de "emprego sistemático" da oposição religião/seita no Brasil.

do que 51 adequam-se ao que se pode chamar de literatura apologética cristã. Isso significa que por aqui a categoria "seitas" adquire maior trânsito e maior implicação em polêmicas nas quais as principais armas são, para citar um dos livros do gênero, "as verdades imbatíveis das Escrituras sagradas". Para constatá-lo, basta fazer a experiência de percorrer uma livraria católica ou evangélica ou os catálogos de uma editora religiosa. As opções são muitas, desde as traduções até as produções locais por parte de autores filiados a diferentes denominações.[17] Significativamente, autores que na França e outros países são referência na controvérsia secular sobre as seitas, aqui são incorporados à polêmica religiosa.[18] Assim como, em muitos casos, os alvos de um combate apologético (Testemunhas de Jeová, Igreja da Unificação, "Nova Era", "ocultismo e religiões secretas", "religiões orientais") coincidem com os focos de preocupação que caracterizam a controvérsia não religiosa sobre as "seitas" no exterior. Esse universo não movimenta apenas publicações, mas também, pelo menos entre os evangélicos, instituições especializadas de caráter interdenominacional, como a Agência de Informações Religiosas, o Centro de Pesquisas Religiosas e o Instituto de Pesquisas Cristãs.[19]

Agora já podemos retomar o caso da IURD, desde que resumamos o caminho percorrido até aqui do seguinte modo: se quisermos levantar, a propósito do Brasil, questões semelhantes àquelas a que chegamos na França ao investir sobre a categoria "seitas", devemos desistir das duas possibilidades aparentemente mais adequadas. Partir da lista de grupos que se tornaram sucessivamente o pivô das controvérsias na França conduziria

---

17. A Casa Publicadora da Assembléia de Deus edita *Seitas e heresias, um sinal dos tempos*, de Raimundo Ferreira de Oliveira, em 1987, além de *Desmascarando as seitas*, de Natanael Rinaldi e Paulo Romeiro, em 1996. A Convenção Batista Brasileira publica uma coleção de vários livros, de acordo com uma tipologia de "seitas" — ver *Heresias, seitas e denominações*, de Tácito da Gama Leite Filho, de 1993. A própria editora da Igreja Universal teve entre seus primeiros títulos, beneficiado com sucessivas reedições, *Religiões, seitas e heresias, à luz da Bíblia*, de J. Cabral, originalmente de 1980.

18. O livro de Woodrow foi traduzido pelas edições Paulinas em 1979, acrescentado de um apêndice sobre a Seicho-no-iê; o de Mayer, pela Loyola, em 1989. Soube da existência dessas traduções após visitar uma biblioteca de um seminário protestante, pois jamais havia encontrado referências a elas na literatura sociológica ou antropológica. Apenas o livro de Fillaire foi publicado mais recentemente por uma editora laica, a Ática em 1997 — mas é preciso levar em conta que faz parte de uma coleção cujos demais títulos não se relacionam a religião.

19. Dessas três entidades, a mais estruturada parece ser o IPC, criado em 1983 como congênere de uma entidade norte-americana. Mantém biblioteca e arquivos, além de "pesquisadores" próprios; promove eventos, como o "I Encontro Nacional sobre religiões, seitas e heresias" (que prometia reunir "os maiores apologistas do Brasil"), oferece palestras e seminários a convite de igrejas locais, distribui fitas de áudio e vídeo e marca presença em congressos denominacionais. O IPC, presidido por Natanael Rinaldi, pastor da Comunidade Evangélica da Paz, também possui um *site* e edita bimestralmente desde 1997 *Defesa da Fé*, apresentada como "a única revista de apologética do Brasil". Sobre a AGIR, ver Romeiro (1997). O CPR publica um pequeno tablóide, "Desafio das Seitas".

a privilegiar situações de pouca relevância social no contexto brasileiro (o mesmo se aplica ao estudo da IURD no contexto francês), enquanto que tomar a categoria "seitas" como referência central de investigação nos faria submergir no mundo da apologética cristã, perdendo de vista os atores sociais que mais nos interessam. Daí o foco praticamente exclusivo sobre a IURD, espécie de *seita sui generis*, na medida em que, de uma forma imcomparavelmente melhor do que as outras "seitas" locais, através da análise e problematização das percepções elaboradas a seu propósito por diversas personagens sociais teremos acesso aos canais e aporias da regulação do religioso no Brasil atual. No centro dessas percepções está a relação entre religião e dinheiro, questionada tanto desde referenciais jurídicos quanto desde parâmetros teológicos. A tal ponto que é em torno dela que aparecem preocupações associadas à autonomia individual e à integridade social, justamente temas que na França vinculam-se à controvérsia sobre as "seitas".

A opção por esse recorte pode ser reforçada com a ajuda de mais alguns dados provenientes da pesquisa Datafolha já mencionada. Em primeiro lugar, é interessante mencionar que o fato de identificar-se enquanto católico não modifica significativamente o teor das acusações à IURD. Charlatanismo (21%), exploração (15%) e corrupção (10%) confirmam seu destaque, sendo que bem poucos lembraram de mencionar o "chute na santa" (1%). No dia seguinte, 6 de janeiro, os pesquisadores entrevistaram 221 evangélicos, incluindo perguntas sobre as razões porque condenavam os católicos: "idolatria" (60%) e "não explica Bíblia ao povo" (41%) foram as respostas mais lembradas. Ou seja, enquanto que a Igreja Católica é criticada pelos evangélicos por falhas religiosas, a Igreja Universal é alvo de acusações que insistem, *mesmo entre os católicos*, em motivos não religiosos. Uma segunda observação surge a partir de dados aparentemente contraditórios. A pesquisa pedia aos entrevistados que expressassem seu grau de concordância com algumas frases. Diante da sentença "A Universal exige de seus fiéis a doação de dinheiro", 57% responderam "concordar" total (50%) ou parcialmente (7%); apenas 29% "discordaram totalmente". Já diante da frase "A arrecadação de dinheiro da Universal entre seus fiéis é normal, todas as igrejas fazem isso", os índices de concordância, ao contrário do que se podia esperar, não foram muito baixos (26% totalmente, 20% parcialmente). O que esses dados estão talvez a revelar, excluindo-se a hipótese da sua contradição, é que a crítica em relação à IURD serviria para apontar para um aspecto problemático de *todas* as religiões.[20]

Pode-se ainda explorar a formulação de que a Igreja Universal é uma *seita sui generis* em um segundo sentido. As suspeitas e acusações de que foi alvo no Brasil não seguiram os mesmos canais nem acionaram os mesmos mecanismos encontrados na França. Se a Universal tornou-se objeto de uma série de investigações oficiais, elas mantiveram um caráter fragmentado e descentralizado. Embora tenham ocorrido sugestões de realização

---

20. As respostas a uma outra frase reforçam essa hipótese: "Toda arrecadação de dinheiro em cultos e missas deveria ser proibida". Os índices de concordância e discordância empataram, mas a concordância total (36%) supera a discordância total (26%), mostrando haver mais simpatia do que rejeição pela proibição evocada. Todos os dados foram publicados em FSP 14.01.96.

de comissões parlamentares de inquérito, nenhuma delas se efetivou.[21] Por outro lado, ainda que certos dissidentes desempenhem papéis importantes nas acusações à IURD, não há notícias de que tenham se formado associações nos moldes observados na França.[22] Essas diferenças apontam para as especificidades da situação que se configura no Brasil e têm consequências inclusive no plano dos resultados da regulação do religioso. No entanto, a análise que proponho a seguir não toma como ponto de partida essas ausências. A perspectiva investe, ao contrário, nas positividades do quadro brasileiro, procurando ordenar o volume de fontes que materializam as formas pelas quais a IURD é percebida e questionada para chegar a uma caracterização da configuração geral resultante. É nesse sentido — pelas questões que evoca e pelos resultados que produz — que situo a IURD em posição análoga à ocupada pelas "seitas" na França. A divulgação simultânea das mortes dos adeptos da OTS na França e do vídeo da IURD no Brasil funcionariam assim como emblemas do que une e do que separa os dois países.

A apresentação e análise do material distribui-se em quatro campos, aqui chamados de intelectual, jurídico, evangélico e jornalístico, segundo, basicamente, a origem de suas fontes. Entre eles existem interações às vezes tão intensas e determinantes que justificariam cortes transversais capazes, dentro de um dado período, de mostrar como as fronteiras são facilmente transpostas. Ainda assim, optei por apresentar esses campos sucessivamente, mantendo cada um deles na sua unidade. Pois as interações não invalidam a constatação de que cada um deles possui uma certa autonomia, que se traduz em temporalidades e dinâmicas próprias, assim como em inserções diferenciadas quanto à regulação. Por outro lado, sua autonomia não impede que alguns elementos e várias questões sejam comuns aos diversos campos. Como a possibilidade de respondê-las varia de acordo com os recursos e as lógicas de cada um deles, sua apresentação sucessiva procura fazê-los "entrar em diálogo", enfatizando as perguntas e respostas que se reproduzem e se acumulam. Assim, a interação a que se renunciara no início é recuperada como resultado do "diálogo" entre os vários campos.

Inicio pelo campo intelectual, que cobre acadêmicos e religiosos em torno dos critérios e resultados de classificações aplicadas ao universo protestante brasileiro. O campo jurídico,

---

21. O deputado estadual Afanázio Jazadji declarou em 1989 que iria sugerir à Assembléia Legislativa do Estado de São Paulo a instauração de uma CPI sobre as atividades da IURD. A declaração consta de carta a um delegado de polícia, datada de 09.08.89. O deputado, em depoimento integrado aos autos do processo adiante analisado, afirma ter desistido da proposta frente à existência de outras investigações. Em outubro de 1995, logo após o episódio do "chute na santa", um jornal atribuía idéia semelhante a um conhecido líder evangélico (ESP 16.10.95). À mesma época, falou-se na instauração de uma CPI na Assembléia Legislativa do Estado do Rio de Janeiro para investigar o favorecimento a membros da IURD no preenchimento de cargos públicos na Secretaria do Trabalho.

22. A situação que chega mais perto dessa perspectiva é a do Santo Daime, devido ao envolvimento de familiares. No entanto, mesmo o livro de Castilla (1995) não se reduz à dimensão acusatória; trata-se também de uma narrativa de busca espiritual, em que a trajetória da mãe conduz ao envolvimento da filha, e a tragédia familiar explica-se pela "degeneração" do Santo Daime (em contraposição à União do Vegetal e à Barquinha).

enfocado através da análise de um processo criminal, e o campo evangélico, problematizado a partir das disputas envolvendo estratégias representativas, constituem os quadros nos quais encenam-se tentativas explícitas de regulação. A sequência da apresentação retarda o campo jornalístico para o final porque muitos dos elementos que o preenchem aparecem nos campos intelectual, jurídico e evangélico. Mas ele vem ao final ainda por outra razão, mais substantiva: na medida em que repercute e dissemina as demais elaborações e na falta de instâncias que centralizem "na base" (como fazem as associações anti-seitas na França) ou "no cume" (como seria o caso de uma CPI ou de uma agência estatal), é no campo jornalístico que se constroem e se revelam com mais amplitude os resultados e os problemas da regulação do "religioso" no Brasil. Quanto ao campo intelectual, pelo qual começo, não se pode deixá-lo de fora, uma vez que as elaborações originadas em seu seio desempenharão papel relevante em alguns aspectos da controvérsia sobre a IURD. Além disso, é preciso mostrar como esse campo não está imune à existência da mesma controvérsia. Por outro lado, seu lugar secundário em termos de regulação justifica sua apresentação menos detalhada e sua inserção ainda neste capítulo introdutório sobre a situação brasileira.

2. A IURD e os intelectuais: novas terminologias, classificações paradoxais

Na França, como vimos, as "seitas" (e os grupos assim designados) permanecem um objeto pouco analisado pelos estudiosos da religião, gerando aproximações que não adquiriram um estatuto totalmente distinto das intervenções de outras personagens da controvérsia. No Brasil, mesmo antes do episódio do "chute na santa" e da exibição das imagens comprometedoras no final de 1995, a Igreja Universal do Reino de Deus já havia ganho destaque em discussões e trabalhos acadêmicos, especialmente no campo das ciências sociais. Dezenas de teses a tomaram, direta ou transversalmente, como tema, mero do indicador do número ainda maior de pesquisas a seu respeito. Entre essas pesquisas, figuram algumas de natureza quantitativa que geraram estatísticas. Tudo isso permite dizer que a IURD é uma das principais responsáveis pela efervescência que atingiu e revitalizou o campo de estudos sobre protestantismo e pentecostalismo na década de 1990 (Montero 1999:352; Mariz 1999), efervescência traduzida não apenas na realização de pesquisas, mas em publicações (livros e artigos em revistas especializadas) e debates em congressos. Por outro lado, nota-se que essa efervescência não se reflete em uma interferência por parte dos cientistas sociais em outras arenas da controvérsia em torno da IURD. Com exceção do campo jornalístico, acadêmicos não protagonizaram intervenções concretas ou diretas nos demais campos. Pode-se afirmar, então, que os cientistas sociais no Brasil, em contraste com a França, mantiveram uma considerável autonomia em suas formulações, o que lhes garantiu uma esfera própria de atuação e de vocabulário. Fica então a pergunta: dadas essas condições, qual a conexão entre um trabalho tão profícuo e a controvérsia geral acerca da IURD?

Antes de tratar diretamente dessa questão, é necessário considerar uma circunstância importante que se refere ao ambiente geral em que se produziu essa efervescência acadêmica em torno da IURD. Trata-se de um certo vínculo que mantém com um universo dominado por iniciativas promovidas por instituições de perfil ou de inserção religiosos. Esse vínculo expressa-se de muitas maneiras e em diversos graus. Encontramos casos de inserção direta do acadêmico no religioso, como também de empreendimentos acadêmicos sem qualquer relação com estruturas ou preocupações religiosas. Ocorre que, mesmo nesse último caso, não se pode deixar de observar um diálogo que concede a iniciativas com marcas religiosas um lugar de referência. Isso se explica em parte pela valorização que o próprio universo religioso conferiu às pesquisas e ao vocabulário acadêmico. Evidentemente, refiro-me aqui a um circuito bem distinto daquele que se forma em torno do combate apologético às "seitas". Ainda que o foco na categoria "seitas" possa estar presente, as iniciativas religiosas em questão privilegiam um modo de atuação no qual o que se destaca não são as atividades de algum serviço de acompanhamento ao estilo da Igreja Católica na França, mas sim o estímulo ao *conhecimento* da realidade. Por que esse estímulo adequou-se aos parâmetros e às pautas dos interesses acadêmicos é que ele se tornou constitutivo do campo onde atuam os próprios cientistas sociais.

Antoniazzi (1994) e Freston (1993) apontam a década de 1980 como o momento a partir do qual a Igreja Católica, no Brasil, expressa suas preocupações com o crescimento pentecostal, formuladas quase sempre nos termos dos "desafios das seitas". Mesmo restringindo-se ao domínio da CNBB (Conferência Nacional dos Bispos do Brasil), são significativos os frutos de tais preocupações. Desde o início da década de 1980, foram preparados e encomendados levantamentos e estatísticas sobre as religiões não católicas e promovidos eventos no contexto dos quais ocorreram debates acerca do pentecostalismo que serviram de base para apreciações pastorais. Vários dos eventos mencionados envolveram o CONIC (Conselho Nacional de Igrejas Cristãs do Brasil), do qual a CNBB faz parte, o que aponta para a relação entre preocupação com o pentecostalismo e as atividades de instituições ecumênicas. Nas interpretações dos autores antes mencionados, na Igreja Católica, a relação entre a preocupação com as "seitas" e os "novos movimentos religiosos" e as aproximações ecumênicas é inversamente proporcional. Contudo, existe uma série de indicações permitindo afirmar que, ao contrário, essa preocupação vem se dando exatamente *por ocasião* do trabalho ecumênico e *com a participação* dos organismos e agentes encarregados de fazê-lo.

Nesse veio deparamo-nos com outras duas entidades ecumênicas, embora autônomas quanto às esferas eclesiásticas, o ISER e o CEDI/Koinonia.[23] CONIC, ISER e CEDI

---

23. O ISER (Instituto de Estudos da Religião) origina-se no início da década de 70 a partir de um grupo de intelectuais religiosos e durante sua história dividiu suas atividades entre a reflexão orientada por critérios acadêmicos e programas voltados para ações entre e junto a religiosos. Hoje suas atividades incluem a pesquisa em diversos temas, a edição de livros e periódicos, o suporte a movimentos da sociedade civil. Formado em 1994, o Koinonia é o legatário de todo o trabalho do Centro Ecumênico de Documentação e Informação (CEDI) na área religiosa. Através de sua diretoria, o Koinonia afirma a relação com algumas igrejas protestantes históricas,

estiveram juntos na segunda metade da década de 1980 na promoção do programa "Diversidade Religiosa do Brasil", cujo objetivo era avaliar o significado e as razões do aparecimento e crescimento de "novos grupos religiosos", bem como levantar discussões sobre possibilidades de classificação dos elementos do campo religioso (Landim 1989). Gerou uma série de publicações (*Cadernos do ISER* 21, 22 e 23) e a realização de dois seminários. O CEDI/Koinonia incorporou a suas atividades o tema dos "novos movimentos religiosos", a partir do qual disseminou dados e reflexões sobre o pentecostalismo, através de eventos e publicações. Cabe destacar a elaboração de tipologias do protestantismo e a preparação de dossiês compilando registros de imprensa sobre igrejas pentecostais. Quanto ao ISER, que mantém publicações de referência acadêmica, sua principal intervenção consistiu na realização e divulgação, em 1992, do *Censo Institucional Evangélico*, um levantamento dos templos e instituições evangélicas existentes na região metropolitana do Rio de Janeiro (Fernandes 1992). Outra pesquisa estatística de grande porte foi realizada em 1994, cobrindo vivências religiosas e eclesiais, relações de gênero, estrutura familiar e práticas reprodutivas, participação cívica e comportamento eleitoral da população evangélica carioca (Fernandes *et al.* 1998). A repercussão dessas estatísticas, especialmente as de 1992, foi enorme, o que as tornou o principal indicador, muito mais importante do que qualquer dado oficial, para se referir à expansão evangélica, sobretudo a pentecostal.[24]

É claro que essas iniciativas – cujo ponto em comum é possuírem algum componente religioso, seja porque realizadas por instituições ou com preocupações de caráter religioso, seja porque, mesmo quando adotaram metodologias e parâmetros científicos, foram viabilizadas com a participação e o envolvimento de entidades confessionais ou ecumênicas – não correspondem à totalidade dos empreendimentos que tornaram os pentecostais o segmento religioso mais estudado nos últimos anos. Especialmente na década de 90, adensa-se o circuito propriamente acadêmico de estudo do protestantismo (teses, debates em reuniões científicas, publicações). Meu interesse, no entanto, não é fazer o balanço do peso detido por parâmetros "religiosos" e "científicos" nesse campo de estudos. Limito-me, nesse instante, a notar a existência de um certo diálogo nele presente, principalmente na sua constituição, e a sua hibridez, o que se observa mesmo hoje pelo registro ora da colaboração em diversos graus de cientistas sociais em iniciativas com componen-

---

mas segue caminhos próprios no plano das atividades. Estas são diversificadas: manutenção de periódicos (com destaque para a revista *Tempo e Presença*) e edição de publicações, promoção e assessoria de encontros e seminários, investimento sobre formação teológica, desenvolvimento de projetos junto a grupos específicos, além da continuidade do trabalho com bases eclesiais. Quanto ao Conselho Nacional de Igrejas Cristãs do Brasil, criado em 1982, reúne representantes oficiais de algumas igrejas e volta-se para a reflexão teológica, o posicionamento diante de questões sociais e a formação de agentes pastorais. Sobre o "movimento ecumênico" no Brasil, ver Abumanssur (1991).

24. Em 1993, o Encontro Anual da ANPOCS reservou uma mesa-redonda para a discussão do crescimento evangélico. Para maiores detalhes sobre as iniciativas de pesquisa e discussão nos âmbitos da CNBB e de entidades ecumênicas, remeto o leitor ao texto original de minha tese (Giumbelli 2000).

tes religiosos, ora de duplos pertencimentos (intelectuais organicamente vinculados a certas instituições eclesiásticas e que seguem uma formação científica ou mesmo ocupam postos em instituições acadêmicas). Essa relação, que não existe da mesma maneira na França, vai se reafirmar pelo fato de que os mesmos resultados de pesquisa produzem implicações tanto para os rumos do "movimento ecumênico", quanto para um certo paradigma do estudo do campo religioso.

Além disso, é ao encontrar os vínculos dos cientistas sociais com iniciativas religiosas que nos deparamos com um primeiro indicador da relação positiva entre o campo acadêmico e a controvérsia mais geral sobre a IURD. Basta constatar que o interesse acadêmico pela IURD emerge exatamente quando, ou logo depois que, a igreja se torna o foco de reportagens e de investigações, que ocorrem no final da década de 80. É significativo que, como nota Mariano (1995:42), o principal estudo sobre o pentecostalismo no Brasil durante a década de 80 nem sequer mencione a IURD, a qual foi fundada em 1977. É só no final dessa década que teremos os primeiros textos sobre a IURD, aí sim partindo de um universo claramente religioso e em continuidade com as iniciativas detonadas pelo interesse anterior de igrejas cristãs tradicionais pelas "seitas" ou "novos movimentos religiosos". Ou seja, quando os acadêmicos começam a estudar a IURD, seus esforços ocorrem em um quadro em que estão presentes investidas eclesiais, jornalísticas e policiais. No caso das produções jornalísticas, a posição de referência tendeu a se manter para além desse momento de origem, uma vez que para os estudiosos da IURD as informações divulgadas por reportagens manterão um estatuto que oscila entre a fonte de dados e o concorrente explicativo.

Para avançarmos na observação da relação entre o campo intelectual e a controvérsia geral sobre a IURD é preciso que passemos a um plano mais substantivo da produção intelectual. Trata-se das contribuições para classificações, tipologias e terminologias do protestantismo brasileiro. Essa é uma das dimensões na qual ficam mais claros o diálogo e a referência mútua entre iniciativas religiosas e acadêmicas. Ela é também um dos resultados mais evidentes da efervescência que tomou conta dos estudos sobre protestantismo. Tornou-se consensual a constatação de que o crescimento dos pentecostais não ocorreu apenas no número de adeptos, mas também através de uma proliferação institucional. Classificar as igrejas pentecostais, tanto entre si, quanto em relação aos demais grupos protestantes, tornou-se um passo fundamental nas interpretações acadêmicas sobre seu crescimento e seu significado. Com isso, a heterogeneidade que de longa data se atribuía às igrejas protestantes tradicionais foi também admitida para o universo pentecostal. Pretendo chamar a atenção para certas características dessas classificações, sem o intuito de ser exaustivo. Destaco primeiramente os dois principais marcos e em seguida apresento desdobramentos, um permeado por parâmetros religiosos e outro informado por elaborações acadêmicas, que estão referenciados a cada um desses marcos para apontar um mesmo movimento e um mesmo paradoxo.[25]

---

25. Apresento, a propósito das classificações e tipologias do protestantismo, uma análise mais longa e incluindo um número bem maior de autores em um artigo baseado diretamente na tese (Giumbelli 2001).

No final da década de 1980, Antônio Gouvêa Mendonça, pastor presbiteriano com formação de sociólogo, tornou-se a principal referência em se tratando de tipologia do protestantismo brasileiro. Mendonça (1989, 1990) propõe, para esse universo, uma classificação com base em um critério genealógico, que consiga isolar "famílias de igrejas". Três ramos remeteriam para as rupturas estabelecidas, respectivamente, a partir das Reformas luterana, calvinista e anglicana e cobririam a maior parte das "igrejas protestantes históricas" existentes no Brasil: respectivamente, luteranas, presbiterianas e congregacionais, episcopais e metodistas. Os batistas formariam um ramo paralelo às demais correntes e completariam o quadro das denominações históricas. Essas diversas "famílias" têm suas diferenças expressas em termos teológicos, em posicionamentos políticos, em tipos de governo eclesial, em perfis de adeptos e em graus de abertura ecumênica — todos bastante marcados por suas versões americanas, desde que os EUA constituem o ponto de origem dos movimentos missionários mais influentes. Vejamos agora como, em relação ao universo do "protestantismo clássico", as igrejas pentecostais possuem um estatuto diferenciado, captado por elaborações que desembocam na noção de "cura divina", primeiramente utilizada em um texto da década de 1970, escrito por Duglas Teixeira Monteiro, professor de sociologia da religião na USP (Monteiro 1979).

Em 1986, Mendonça proferiu uma palestra cuja transcrição integra o primeiro dos dossiês do CEDI, na qual os pentecostais são tratados a partir do conceito de "seita", segundo as formulações sociológicas clássicas (Mendonça 1986). Já no ano seguinte, os pentecostais passam a ocupar um lugar dentro da tipologia do protestantismo. Singularizam-se do conjunto das igrejas históricas por um conjunto de características, em especial a adoção de uma teologia baseada na idéia de um "segundo batismo" e um estilo mais emocional de culto. Ainda assim, algumas de suas igrejas podem ser associadas às "famílias" anteriores pela presença de traços eclesiológicos e/ou teológicos comuns decorrentes das origens históricas de seus fundadores: a Assembléia de Deus (AD) e a Brasil para Cristo (BPC) aproximando-se dos batistas, a Congregação Cristã do Brasil (CCB) dos presbiterianos e a Igreja do Evangelho Quadrangular (IEQ) dos metodistas. Juntas, essas quatro denominações integrariam o "pentecostalismo clássico" e, como tal, se distinguiriam do "pentecostalismo de cura divina". O interessante é que na caracterização desse "pentecostalismo de cura divina" o critério genealógico deixa de ter qualquer validade. A descrição é predominantemente negativa: trata-se de empreendimentos locais e de liderança individual, *sem* estabilidade e *sem* doutrina definida; *não* possuem um corpo de fiéis fixo; em suma, *não* são "igrejas", mas "movimento". Se a "igreja" consistiria em uma comunidade estável conduzida por uma doutrina definida, o "movimento de cura divina" representa a mercantilização dos bens de religião, através da oferta de curas e de exorcismos com propósitos imediatistas e do uso de instrumentos (inclusive a Bíblia) de eficácia simbólica. A relação dos adeptos com a instituição resumir-se-ia na retribuição contratual por um serviço prestado; formam uma simples clientela, constituída de muitos "doentes e desesperados", atraída pela possibilidade de "obtenção imediata dos favores do sagrado".

Na década de 90, outra tipologia passará a ocupar lugar de referência, desenvolvida a partir do estudo de Paul Freston, sociólogo e militante religioso, sobre a política evangélica (1993, 1994a, 1994b). A classificação sugerida por Freston para o campo protestante delineia as seguintes categorias: "protestantismo de migração", "protestantismo de missão", "pentecostalismo", "carismáticos". Até aqui, a tipologia não se distingue substancialmente da proposta por Mendonça, respeitando a divisão entre "históricos" e "pentecostais" e adotando para os primeiros o que chama de "critério histórico-institucional". Em relação aos "pentecostais" é que as novidades aparecem. Os "carismáticos" abrangem as "igrejas históricas renovadas" (frutos de cismas pentecostalizantes) e "comunidades" recentes (cuja teologia confessa o conceito de "restauração"). Mais importante, contudo, é o campo do pentecostalismo propriamente dito, que, em relação aos demais campos, pode ser globalmente caracterizado pelo conceito sociológico de seita. Para tratar de suas diferenças Freston propõe, inspirando-se em formulações do sociólogo David Martin, a idéia de "onda". Com ela, submete o "critério histórico-institucional" a inflexões ditadas por outro critério, a que se refere como "fator cultural" ou "modalidades de inserção institucional". Haveria, assim, "três ondas" no pentecostalismo brasileiro, cada uma delas com características próprias em função do contexto no qual "rebentou": a primeira referida ao momento de introdução desse movimento, na década de 1910; outra, aos anos 50; e a última, aos anos 70.

Nesse esquema, as igrejas de "primeira onda" constituem o produto brasileiro da expansão mundial do pentecostalismo, guardando dele sua principal característica, a glossolalia. Uma dessas igrejas, a Congregação Cristã do Brasil, manteve ao longo do tempo sua feição de seita; a outra, a Assembléia de Deus, descrita como uma composição entre um *ethos* sueco e o patriarcalismo nordestino, transformou-se, mas obedecendo a uma lógica igualmente sectária. No caso das igrejas de segunda e terceira ondas, o estatuto tanto da sua constituição quanto da sua transformação histórica muda de figura: trata-se agora de seitas que paradoxalmente se adaptaram ao mundo. As marcas dessa adaptação são, respectivamente, a cura e o exorcismo. Assim, na década de 1950, a crescente urbanização e a massificação e comoditização das relações sociais propiciaram várias modificações nas práticas pentecostais, que incluem a realização de curas em locais de grande concentração humana, o uso dos meios de comunicação, a apropriação de lugares seculares (ruas, estádios, cinemas) e menores restrições quanto às regras comportamentais. A década de 1980, momento em que eclode a "terceira onda", representa uma agudização dessas transformações sociais, trazendo consigo o agravamento da situação econômica, e passa a incluir a presença significativa das religiões afro-brasileiras no campo religioso; uma nova teologia, a ênfase sobre o exorcismo, a entrada das igrejas no universo da TV teriam se desenvolvido como respostas a essas transformações. A referência empírica para Freston caracterizar a terceira onda pentecostal é a IURD.

A diferença básica entre essas duas tipologias consiste em que a primeira se organiza como uma dicotomia, enquanto que a outra se estrutura como uma tríade. Além disso, há uma inversão do fator que define a situação dos elementos que são classificados. Pois enquanto na tipologia de Mendonça, é a própria oposição entre "igreja" e "agência de cura divina" que determina o lugar de uma dada instituição na classificação, na proposta de Freston é uma coordenada histórica que toma precedência, configurando uma leitura arqueológica do presente, que procura nele distinguir os estratos de várias épocas passadas. Em relação à IURD, é interessante notar que a tipologia de Freston contribui para valorizá-la, já que a isola de igrejas anteriores e a eleva a representante mais importante da espécie mais recente de pentecostalismo. Por outro lado, mesmo o privilégio ao critério histórico não impede que ocorra uma composição com outros critérios, inclusive em direções que reiteram dicotomias. As elaborações do próprio Freston não escapam a essa possibilidade, uma vez que se observa uma distinção entre a primeira e a segunda e terceira "ondas" com base em modos diferenciados de "adaptação". A idéia de "adaptação", aliás, é um traço comum a ambas tipologias, as quais associam o surgimento de um novo tipo de pentecostalismo como uma resposta para as dificuldades, expectativas e valores de uma parcela da população ou de um momento histórico. Essa idéia reaparece nos dois trabalhos que elegi para detalhar as conseqüências e paradoxos possíveis das tipologias do protestantismo.

O primeiro deles é de autoria de José Bittencourt Filho, pastor presbiteriano que se tornou o principal responsável, dentro dos quadros do CEDI e depois do Koinonia, pela avaliação dos rumos do protestantismo no Brasil. Partindo da tipologia de Mendonça, Bittencourt (1989) propõe o conceito de "pentecostalismo autônomo", demarcando-o em relação tanto ao "protestantismo histórico", quanto ao "pentecostalismo clássico". Três eixos, "a cura, o exorcismo, a prosperidade" (1994:24), identificariam a novidade da proposta teológica e ritual do "pentecostalismo autônomo". Entretanto, vista de perto, essa novidade, mais do que uma proposta, apresenta-se mais como uma *resposta* a uma série de condições atribuídas aos seus adeptos (ora as "classes populares", ora "todas as camadas sociais"). No caso da cura, esta satisfaria as necessidades de uma população confrontada com o aumento de doenças e a falta de atendimento médico; o exorcismo serviria para nominar e tornar vulneráveis sentimentos e condições que fazem o cotidiano dessa população (medo, insegurança, perda de referências, orfandade civil); e a oferta de prosperidade atenderia aos anseios de ascensão social. Como se percebe, a argumentação do autor não deixa de se pautar por raciocínios sociológicos, que transmitem exatamente a idéia de que essa religiosidade pentecostal se adapta às demandas de um segmento social. Mas, como procurarei sublinhar a seguir, há um parâmetro religioso informando a construção da terminologia "pentecostalismo autônomo", cujo referencial empírico é a IURD.

Retomemos o quadro geral da tipologia proposta por Bittencourt (1994). Ao lado do "protestantismo de missão" e do "protestantismo de migração", que juntos reúnem as "igrejas históricas", sua classificação inclui os "carismáticos", definidos como grupos pentecostais surgidos a partir de cismas com "igrejas históricas". E existem ainda as igrejas constitucionalmente pentecostais, que formam dois outros segmentos, o "pentecostalismo clássico" e o "pentecostalismo autônomo". Se o primeiro congrega grupos originados do movimento missionário vindo dos Estados Unidos, o segundo recebe definições mais titubeantes, pois designa igrejas que Bittencourt diz em um momento serem "dissidências" da primeira forma de pentecostalismo "e/ou formadas em torno de lideranças fortes" (1994:24), e, mais adiante, resultantes das "crises e desgastes" por que passaram as "denominações e igrejas de origem reformada" (:29). A oscilação assinala, na verdade, a existência de um paradoxo: enquanto que se adota o critério das "origens históricas das denominações" para classificá-las, ele parece não ser válido no caso do "pentecostalismo autônomo". Pois, de fato, o que caracteriza o "pentecostalismo autônomo" para Bittencourt é "o descompromisso com suas origens históricas" ou a "liberdade na formulação de novas propostas doutrinárias, de novas formas organizativas".[26] O paradoxo deriva, então, da inserção de tal grupo em uma tipologia cuja base de construção em princípio o excluía.

É a propósito dessa operação que vemos se explicitar uma crítica religiosa ao "pentecostalismo autônomo". Já em seu primeiro texto, Bittencourt (1989) inseria esse segmento entre as "seitas", definidas não segundo a tradição sociológica, mas "do ponto de vista do protestantismo de missão".[27] Mais adiante, essa crítica é retomada através da idéia de "matriz religiosa brasileira", espécie de sedimentação composta por elementos de catolicismo ibérico, magia européia, tradições indígenas e africanas, que Bittencourt adota para se referir à "mentalidade religiosa média dos brasileiros" (TP, 264, 1992). Segundo ele, o "pentecostalismo autônomo" teria incorporado à sua mensagem as características dessa matriz, ao reconhecer "as mediações materiais da religiosidade popular".[28] Isso, por um lado, ajuda a explicar o crescimento do número de adeptos que acorrem aos seus cultos. Por outro, entretanto, desviaria o "pentecostalismo autônomo" de uma tradição protestante. Ao despreocupar-se com as "origens históricas", essas igrejas já teriam automaticamente ficado livres "de qualquer compromisso com a Reforma do séc. XVI". Agora, ao aceitarem uma série de mediações entre os indivíduos e Deus, recorrem a elementos que são "absolutamente estranhos, quando não proibidos, no protestantismo".[29] De fato, boa parte do perfil que Bittencourt (1994) elabora do "pentecostalismo autônomo" pode ser lido nessa chave: um uso da Bíblia que negligencia seu conteúdo, fiéis tratados de uma maneira que lembra as torcidas organizadas e os programas de auditório,

---

26. Entrevista 02.12.99. Ver também Bittencourt (1996:113).

27. Nas tipologias do CEDI/Koinonia, a categoria "seita" será mantida, ao lado das outras, para designar exatamente os grupos considerados "pseudo-protestantes" (Testemunhas de Jeová, mórmons e, às vezes, os adventistas). O "pentecostalismo autônomo" constituiria um "pseudo-protestantismo" que ganhou estatuto especial e ambíguo.

28. Entrevista 02.12.99.

29. Entrevista 02.12.99.

30. O seguinte trecho deixa evidente como essa fórmula é inaceitável do ponto de vista religioso: "(...) os traços mais notórios da matriz religiosa são o utilitarismo e o infantilismo. O primeiro considera a religião apenas como instância de proteção sobrenatural e fonte perene de bens simbólicos, obtidos mediante o cumprimento de certas obrigações e deveres. Estabelece uma relação de trocas com a(s) divindade(s) e baseia-se em atos de magia, reconhecidos ou não como tais. O segundo representa a tendência de confinar a religião no escaninho da irracionalidade (...). Em ambos os casos, a questão ética é absolutamente secundária, restando, quando muito, um moralismo inconsistente e frequentemente ritualístico" (TP 264, 1992:51).

ausência de catequese e de formação pastoral, a negação do princípio do sacerdócio universal em benefício de um verticalismo e de um autoritarismo.[30]

O segundo trabalho que merece destaque é o de Ricardo Mariano, com base em sua dissertação de mestrado para o Departamento de Sociologia da USP (Mariano 1995). Assim como Freston, Mariano elabora uma crítica de outras tipologias e propõe que chamemos a última onda pentecostal com o termo "neopentecostalismo". Esse termo, desde 1995, vem se consolidando nas referências às igrejas pentecostais mais recentes, de que a IURD é sempre a representante principal. Isso ocorre não apenas na literatura sociológica e antropológica acerca do assunto. Sua presença extrapola o circuito estritamente acadêmico para freqüentar verbetes de enciclopédia e cartilhas católicas.[31] Seria inútil procurar uma definição consensual para a categoria, para além do fato de sua associação com a IURD. Nem sua alta disseminação significa ausência de alternativas ou de críticas, seja quanto ao termo, seja quanto à classificação em que se insere. Ocorre que as propostas de classificação do protestantismo brasileiro exibem níveis diferenciados de elaboração e sob a categoria "neopentecostalismo" se abrigam os trabalhos que se distinguem exatamente por uma elaboração maior em termos conceituais. Dentre esses trabalhos está o de Mariano, que contribuiu de maneira decisiva para o processo de singularização da IURD mediante sua identificação com um segmento específico e próprio do pentecostalismo brasileiro.

O trabalho de Mariano (1995) é um exemplo claro de uma operação que, a um só tempo, se aproveita da redistribuição operada por Freston e reorienta-a em torno de outros critérios mais fundamentais. Assim, embora o esquema classificatório de Mariano apresente-se como uma tripartição, sua estrutura reduz-se a uma dicotomia básica. Ele propõe que as igrejas pentecostais sejam distribuídas em três categorias: o "pentecostalismo clássico", o "pentecostalismo neoclássico" e o "neopentecostalismo". Os marcos temporais são os mesmos propostos por Freston, fundindo-se as "comunidades carismáticas" aos "neopentecostais". Nota, contudo, serem critérios diferenciados que estabelecem aquela tríade, baseada, entre as duas primeiras categorias, em uma dimensão propriamente histórica e, entre as duas últimas, em deslocamentos de ordem teológica. Ou seja, entre os "pentecostais clássicos" e os "neoclássicos" haveria uma identidade básica, ambos comprometidos com certos ideais de "sectarismo" e "ascetismo", fundamentados na idéia de dons do Espírito Santo (enfatizando, no primeiro caso, a glossolalia, e no segundo, a cura), e suas diferenças seriam produto da distância temporal com que foram introduzidos no Brasil; a distinção fundamental estabelece-se entre essas duas categorias e os "neopentecostais", já que nestes observa-se a existência de inovações propriamente teológicas.

---

31. Refiro-me à *Nova Enciclopédia Ilustrada Folha* (Folha de São Paulo, 1996), que no verbete "protestantismo" menciona o "aparecimento das chamadas igrejas neopentecostais". Quanto à cartilha, ver o número 7 da coleção *Cadernos Catequéticos*, sobre o "fenônemo religioso", dirigido para a formação de catequistas — Capítulo 4: "O neopentecostalismo". O livro de César e Shaull (1999) apresenta um detalhe curioso: embora o prefácio de Corten destaque a não utilização da categoria "neopentecostalismo" (e a tipologia que ela supõe) pelos autores, o termo aparece na contracapa para descrever o estudo.

O ineditismo da abordagem de Mariano repousa exatamente sobre a ênfase que concede aos elementos teológicos na caracterização do "neopentecostalismo", o que lhe permite inverter, em relação a outras abordagens, o sentido da argumentação, tornando-se central o que era considerado periférico ou epifenomênico. Três pontos resumem a ruptura teológica sugerida pelo "neopentecostalismo". Em primeiro lugar, o papel axiomático, em termos de cosmologia, das entidades demoníacas, decorrendo disso a importância do exorcismo e do combate às religiões afro-brasileiras. Em seguida, a influência da "teologia da prosperidade", a cuja caracterização Mariano devota atenção particular. Traça a genealogia dessa corrente teológica nos Estados Unidos e acompanha sua introdução no Brasil. A partir dela, a obtenção de curas e milagres, garantindo ao fiel "vida abundante", tornar-se-ia a meta da religião e sinônimo de salvação. As bênçãos, no entanto, estão nesse caso atreladas ao dízimo e às ofertas, contribuições materiais dos fiéis à igreja. Por fim, a liberalização dos "usos e costumes" que — ao conformar todo um estilo de vida (expresso na aparência pessoal, nas restrições de lazer, no moralismo sexual) — serviam para distinguir os adeptos pentecostais tradicionais.

Para estruturar sua caracterização do "neopentecostalismo", o autor recorre à noção de "magia" e à idéia de enfraquecimento das exigências "éticas".[32] Quanto à "magia", ela ficaria explícita na forma de relação do fiel "neopentecostal" com Deus que se efetiva através dos dízimos e, especialmente, através das ofertas, já que estas expressariam um compromisso em função do qual, por iniciativa do fiel, Deus estaria coagido a cumprir seus desejos. Mas também, como explicita outro texto (Mariano 1996a), na incorporação sincrética de elementos de religiões mágicas e na atribuição de poderes sobrenaturais a uma miríade de objetos distribuídos nos cultos. Quanto à fragilização da dimensão "ética", manifestar-se-ia de diversos modos: na possibilidade, a partir da ênfase no papel das forças demoníacas, do debilitamento dos princípios de livre-arbítrio, de responsabilidade moral e de culpa; na valorização da mera fruição das posses em detrimento do ascetismo; na abolição das fronteiras com os costumes da sociedade abrangente, sinal de que a rejeição do mundo, base do comportamento ascético, deixou de fazer sentido.

Esse conjunto de características — ao lado da incorporação de feições empresariais, da entrada na política partidária e do uso intensivo da mídia eletrônica — revelaria, segundo o autor, o significado mais profundo assumido pelo "neopentecostalismo": dessectarização e ajustamento à sociedade. Desse modo, uma outra oposição constrói-se no interior do campo pentecostal, entre "sectarismo" e "adaptação ao mundo", traçando um *continuum* entre "pentecostalismo clássico" e "neopentecostalismo", com os "neoclássicos" ocupando pontos intermediários. Somando-se à anterior (ou seja, àquela baseada em uma ruptura teológica), essa oposição consolida o caráter e o sentido atribuídos ao "neopentecostalismo", o qual tem como "ponta-de-lança" a IURD. Ao fim, portanto, reencontramos a idéia de "adaptação" como chave do entendimento desse tipo de pentecostalismo, vazada nos termos de um "ajustamento ao mundo". Nessa linha, Mariano

---

32. Veja-se, também, Mariano (1996b).

sentencia que "nada é mais avesso ao ascetismo puritano, ou à procura de uma vida santificada do que a busca e o usufruto da riqueza, como frisou Weber na *Ética Protestante*" (1995:235). Tomando como parâmetro a análise que Weber realizou da Reforma e do puritanismo, Mariano nota uma dupla divergência quando se considera o "neopentecostalismo". A Reforma significou um processo de desmagicização do catolicismo e a produção de um *ethos* em que a riqueza, sinal de salvação, torna-se o corolário de uma disciplina. Ora, no "neopentecostalismo", tanto abundam os elementos mágicos, quanto a riqueza é buscada a partir de uma motivação meramente consumista, sem qualquer ascetismo (Mariano 1995, 1996b).

Mariano não é o único a recorrer a esse argumento. Penso que vale transcrever algumas passagens de textos, assinados por outros estudiosos, destacados por se tratarem de análises que se dedicam a traçar quadros gerais da religião no Brasil. Em todos eles, reafirma-se a pertinência normativa de um certo modelo weberiano como parâmetro para constatar o quão dele dista o "neopentecostalismo":

"Refiro-me aqui aos neopentecostais, esse novos protestantes *made in Brazil*, que entretanto parecem sempre à beira de um ataque definitivo de pós-protestantismo explícito, haja vista a diminuição do interesse pela leitura da bíblia e pela conduta metódica de vida, em consequência da instalação central da legitimidade das soluções mágicas em sua prática religiosa, centralidade expressa no fascínio irreprimível que pastores, fiéis e clientes demonstram pelo retorno material, pelo *do ut des*, pela gratificação imediata de natureza sensível ou emocional, pelo milagre trivializado-midiatizado (...)" (Pierucci 1996:4-5).

"Não houve sociólogo que ousasse prever para as religiões reformadas uma descendência que pregasse as benesses do dinheiro e do consumo alcançáveis pela graça divina, nos moldes da recentíssima teologia da prosperidade (...)" (Prandi 1996:66).

"(...) a teologia neopentecostal incorporou o *espírito do capitalismo*, mas fazendo a economia da *ética protestante* do trabalho" (Montes 1998:118-120).[33]

Notada essa convergência de impressões, pode-se extrapolar para o conjunto desses autores a conclusão de Mariano (1998), de que os rumos tomados pelo pentecostalismo no Brasil conduziram a um quadro "cada vez menos 'protestante'". O mais interessante é que esses cientistas sociais chegam, por canais próprios e recorrendo a uma de suas referências clássicas, aos mesmos resultados de avaliações religiosas que, lançando mão de avaliações implícita ou explicitamente teológicas, condenam a IURD por seu "pseudoprotestantismo". Prova de que acadêmicos e religiosos, mesmo rezando para deuses diferentes, podem concordar sobre a identidade dos heréticos de fim de milênio. Ao incluí-los, porém, em suas tipologias do protestantismo, engendram um paradoxo: a afirmação

---

33. Por essa razão, Montes fala em uma "catolicização" do protestantismo. Ver também a entrevista de Pierucci a FSP 22.10.95, além de Almeida (1996b:16), um estudo sobre a IURD.

da identidade protestante dos grupos "neopentecostais" serve exatamente para revelar os traços que os separam da sua tradição de origem.

Nota-se, então, que elaborações tais como "pentecostalismo autônomo" e "neopentecostalismo", quando analisadas considerando a lógica das classificações do protestantismo brasileiro a que se referem, geraram paradoxos que evidenciam uma operação de exclusão. Com argumentos diferentes e próprios aos parâmetros de seus discursos, religiosos e acadêmicos convergem na suspeita sobre a genuinidade protestante da IURD. Quanto aos acadêmicos, é curioso observar uma certa oposição com aquilo que constatamos a propósito da situação francesa. Lá, onde a categoria "seita" preside a controvérsia, vimos que os acadêmicos pautam seu trabalho mais por suas definições sociais do que por uma determinada tradição conceitual, o que identifica sua inserção no conjunto da controvérsia. Aqui, procura-se manter a referência a um quadro sociológico "clássico" e o resultado é uma operação de exclusão que encontrará seus análogos nas outras arenas em que se desenvolve a controvérsia sobre a IURD no Brasil. Em outro plano, qual seria o correspondente no Brasil para a epistemologia negativa que encontramos na França? Aqui, como se notou, são muitos os estudos de cientistas sociais que se debruçam sobre a IURD, efusão que se faz frequentemente acompanhar de queixas sobre os obstáculos colocados pelas autoridades da igreja para a realização da pesquisa ou sobre sua apropriação interessada dos resultados. Daí a improbabilidade de se vislumbrar a perspectiva de uma "colaboração" entre estudiosos e a IURD. Junte-se isso com o que vimos através da apresentação das tipologias e podemos afirmar que a aproximação conjunta de intelectuais acadêmicos e religiosos sobre a IURD sustenta-se sobre uma espécie de curiosidade antipática.

No entanto, é preciso acrescentar que essa aliança alimenta tendências distintas e próprias a cada um dos campos. No caso dos religiosos, a elaboração de classificações que definem um novo tipo de protestantismo está diretamente relacionada com os rumos tomados pelo "movimento ecumênico". A preocupação com as "seitas" aparece exatamente quando as igrejas cristãs históricas, através de seus organismos eclesiásticos e ecumênicos e de suas reflexões teológicas, procuravam ultrapassar os limites tradicionais do diálogo religioso.[34] Esse processo ocorria — e continua ocorrendo — basicamente através de uma reconsideração do *pluralismo religioso*, que, de desgraça teológica e obstáculo pastoral, passará a ser concebido como situação irrevogável e com potencialidades positivas. Isso exigiu uma reconsideração dos interlocutores em relação aos quais uma aproximação é tida como legítima. Segundo essas novas exigências, o diálogo não poderia se limitar ao interior do cristianismo, mas deveria se estender a toda e qualquer "religião". Daí que o próprio termo "ecumenismo" — especificamente reservado às aproximações entre igrejas cristãs — tenda a ser envolvido na expressão mais larga de "diálogo inter-religioso" ou a ser ampliado pelo recurso à categoria "macroecumenismo". Essa movi-

---

34. No caso do protestantismo, perspectivas ecumênicas estão presentes pelo menos desde o séc. XIX (Abumanssur 1991); no catolicismo, o marco vem apenas com o Concílio Vaticano II, na década de 60 (Teixeira 1993).

mentação institucional tem seu correlato no plano teológico, através da importância dispensada nas últimas décadas à reconsideração dos temas da salvação e da evangelização. É aqui que se buscam os fundamentos para o estabelecimento de vínculos entre cristãos e deles com os não cristãos, em uma perspectiva que pretende inovar pelo reconhecimento do "valor salvífico" de todas as religiões.

Diante dessa evolução, evidentemente não se poderia negar aos pentecostais um lugar legítimo no conclave de religiões. A disposição para o "diálogo com os pentecostais" foi reiterada inúmeras vezes, entre católicos e protestantes envolvidos com os ideários ecumênicos.[35] Ela gerou, primeiramente, um estímulo ao *conhecimento da realidade*, seguindo as formas e os canais aludidos anteriormente. O pressuposto, nesse caso, é de que o conhecimento constitui o modo pelo qual se criaria uma aproximação, entendida como o primeiro passo para a efetivação de um diálogo.[36] Entretanto, não parece estar sendo esse o resultado. A continuidade da realização de eventos e de estudos sugere que a dimensão do conhecimento foi incorporada ao próprio problema, reproduzindo a situação que lhe dá origem sob o pretexto de encaminhar para a sua solução. Mais importante, as terminologias que se elaboraram a propósito de um "conhecimento da realidade" já apontavam em si mesmas para a impossibilidade de um diálogo com determinados tipos de religiosidade. Quando Bittencourt caracteriza certas igrejas pentecostais por sua capitulação à "matriz religiosa brasileira", está automaticamente negando-lhes a "pertinência salvífica" que autoriza a interlocução em vista de um "diálogo".[37]

Isso não significa abandonar a proposta do diálogo, já que ela pode ser mantida no horizonte, como um ideal, o que autoriza, ao mesmo tempo, seu permanente adiamento. Mas essa atitude se compatibiliza com duas outras que já se desenham com alguma nitidez. Alguns expressam a frustração de ver parte do projeto ecumênico naufragado.[38] Por outro lado, percebe-se certas definições a nível dos organismos envolvidos com a estipulação de prioridades e objetivos ecumênicos que indicam um deslocamento de prioridades. Ao longo da década de 1990, a CNBB enfatizou seu compromisso com a "inculturação" e o "diálogo entre culturas", do que decorre a intenção de "assegurar a subsistência das diversas

---

35. Caliman (1996:296), Beozzo (CP, 38, 1997), Ribeiro (1996), Campos (TP, 279, 1995) e Bittencourt (CP, 21, 1994) são alguns exemplos.

36. Essa lógica foi explicitada por Bittencourt ao colocar a produção de saber como instrumento de aproximação e empatia com outros grupos religiosos. É esse o contexto da genealogia do conceito de "pentecostalismo autônomo": "[Na década de 80], comecei a pensar em produzir conhecimento acerca do protestantismo brasileiro e em função do trabalho pastoral do CEDI eu vivia na prática aquilo que chamei de primeira etapa do diálogo inter-religioso, informar os desinformados, para ir diminuindo a distância entre as pessoas. Em textos, conferências, cursos, vivia informando sobre o protestantismo brasileiro. Nessa prática, surgiu a necessidade de formular uma tipologia." (Entrevista, 02.12.99).

37. O texto de Miranda (1991), um jesuíta, é um exemplo de explicitação desse encadeamento lógico.

38. Ver Campos (CPD, 26, 1995; TP, 300, 1998) e Mendonça (TP, 301, 1998).

culturas indígenas, respeito às tradições culturais e religiosas afro-brasileiras". Ao mesmo tempo, frente aos "novos movimentos religiosos autônomos (seitas)", sugere o discernimento, o esclarecimento e, especialmente, o esforço missionário.[39] Já o Koinonia, desde meados da década de 90, tem desenvolvido projetos junto a populações indígenas e a terreiros de candomblé. Paralelamente, denuncia o "expansionismo proselitista e hostil" de certos grupos religiosos, especialmente os do "pentecostalismo autônomo", e a "idolatria" que converte os símbolos da salvação em "mercadorias". Para quem se dedica ao diálogo inter-religioso, essas características não são mais apenas um desafio; convertem-se em um "obstáculo".[40] Ou seja, vem se estabelecendo uma divisão que define os interlocutores legítimos do ecumenismo praticado pelas igrejas cristãs históricas, divisão cujos critérios estão diretamente relacionados não apenas com um movimento de "culturalização" das diretrizes,[41] mas também com as operações de classificação do universo religioso.

Se para muitos religiosos o "neopentecostalismo" aponta para os limites do ecumenismo, para vários cientistas sociais, ele expressa a vanguarda do sagrado no atual cenário social brasileiro. Tornou-se comum vermos autores que se referem ao "neopentecostalismo" ou à IURD como reveladores de características ou processos mais gerais. Lembro do texto de Sanchis (1997), que explica o êxito da IURD por nela encontrar uma composição entre os três vetores que atravessam o campo religioso no Brasil (o sincretismo, o exclusivismo, o apelo subjetivista). Já O. Velho (1997) considera que as versões mais recentes do pentecostalismo revelam todo um "espírito de época", cuja marca principal seria a diluição de dualismos. Como ele, outros propõem a ocorrência de um processo de "pentecostalização" ou "neopentecostalização" que se estende pela totalidade do campo religioso (Corten 1999; Freston 1999; Machado 1996). Destaco, no entanto, o que seria apenas uma vertente desse movimento de vinculação entre a IURD ou o "neopentecostalismo" e traços mais gerais de cultura ou sociedade. O privilégio deve-se ao fato de que essa vertente aciona exatamente o conceito que vem dominando as análises do campo religioso no Brasil: a noção de "mercado".

---

39. Os termos são das "diretrizes de ação" para o quadriênio 1991-94. Ver também CNBB - Diretrizes de Ação 1995-98.

40. Relatório de atividades 1996, Koinonia. Outro texto em que os "novos movimentos religiosos" em geral aparecem como "obstáculo" ao diálogo é o de Campos (TP, 279, 1995). Esse "obstáculo" é muitas vezes explicado em função da aversão que igrejas como a IURD demonstram a "propostas ecumênicas"; no entanto, partindo das avaliações dominantes sobre a IURD, é bem provável que mesmo que seus líderes quisessem a colaboração com as entidades ecumênicas, estas não se sentiriam à vontade para aceitá-la.

41. "Culturalização", pois a noção de "cultura" vem tendo lugar central em diversas elaborações religiosas. Os temas da "inculturação", do "diálogo inter-religioso", da "nova evangelização" envolvem uma discussão complexa, com ramificações no plano teológico, pastoral, institucional e historiográfico. Ocorrem tanto entre católicos, como entre os protestantes históricos. Certamente mereceriam um tratamento específico, o que não está entre meus objetivos. Remeto o leitor para os textos de Montero (1996) e Teixeira (1993), que cobrem alguns aspectos dessa discussão.

Recentemente, A.F. Pierucci sugeriu a tese de uma "des-moralização das religiões no Brasil".[42] Para ele, esse seria um traço que viria prevalecendo, manifestando-se através de propostas religiosas que oferecem "serviços mágicos" e têm efeitos sobre seus fiéis que consistem em "sensações". Isso permite que as pessoas tenham uma relação descompromissada e fugaz com as igrejas, circulando livremente entre elas — como se cada uma fosse, para utilizar a expressão de Mariano (1998) com respeito aos "neopentecostais", um "pronto-socorro espiritual". Religiosidade mágica, portanto, mas com caráter empresarial e mercadológico. A igreja como negócio, gerenciada como uma empresa e capaz de cobrar pelos seus serviços. Novamente, a IURD encarnaria com perfeição o modelo. Afinal, "o próprio recrutamento de seu clero obedece a um modelo empresarial de tipo *franchising*, uma vez que os pastores 'adquirem' seus postos mediante contrato com a igreja" (Montes 1998:89) e, após instalados, "devem demonstrar grande capacidade de atrair público e gerar dividendos para a igreja, de acordo com um *know-how* administrado empresarialmente pelos bispos" (Prandi 1996:66), transformando cada templo em "apenas uma sucursal de uma das grandes redes de empreendimento religioso com controle centralizado" (:73). Mais, a IURD, ao adotar a "teologia da prosperidade", introjeta o dinheiro na própria relação entre os fiéis e a igreja: se quiser receber de Deus, deve-se pagar primeiro ao pastor (Mariano 1995; Prandi 1996; Oro 1993).

Para vários autores que seguem nessa trilha de interpretação, o surgimento de igrejas-empresas e de religiões des-moralizadas confirma a tese da secularização, ora no sentido do retraimento da relevância do religioso para as instituições sociais dominantes, ora no sentido da incorporação pelas religiões de demandas e imperativos seculares (Prandi 1996; Pierucci 1997; Mariano 1996a, 1998). Não se conclui disso tudo que, à medida em que se diversificam e se avolumam as ofertas religiosas, menos a sociedade precisa se preocupar com a religião? No entanto, a julgar pelas reações dos mesmos autores ao cenário que eles próprios traçam, sobram apreensões acerca do lugar da religião no Brasil. Primeiro, porque ao se tornarem empresas, as religiões parecem não ter se contentado em se restringir a suas esferas próprias. Transformam-se em "impérios", em conglomerados, acumulando empreendimentos em vários ramos econômicos, com incursões pelo terreno dos meios de comunicação de massa e pelo universo da política partidária. Pierucci, que já alertara para a possibilidade de termos uma versão brasileira da Moral Majority em função das atividades dos políticos evangélicos (Pierucci 1989), mais recentemente explicitou suas preocupações com a criação de privilégios econômicos decorrentes da diversificação de atividades e funções por parte das igrejas (Pierucci 1996, 1999a). Ou seja, quando as igrejas se tornam empresas, gozam ainda do direito a facilidades administrativas e fiscais? Em um de seus textos, lembrou que o "conflito religioso faz parte da vida" (1996:7), mas ele mesmo chama a atenção para certas de suas manifestações violen-

---

42. Entrevista ao *Jornal da Universidade — UFRGS*, outubro de 1999. Trata-se do tema da apresentação de Pierucci na mesa-redonda "A falência ética das religiões no Brasil hoje", IX Congresso Brasileiro de Sociologia, setembro 1999.

tas e ofensivas (:3). Pierucci não é o único a explicitar apreensões dessa natureza.[43] Talvez o que o singularize sejam as inquietudes quanto às relações entre sacerdotes e fiéis, pois, devido à "mercantilização" dessas relações, as novas religiões arriscam fazer vítimas — "vítimas de práticas religiosas abusivas ou lesivas, vítimas de tapeação e da fraude religiosa, promessas não cumpridas, milagres não acontecidos" (:11).

Mesmo que o trabalho de Pierucci esteja longe de ser representativo dos pontos de vista assumidos pelos intelectuais que se dedicam ao estudo do campo religioso brasileiro, ele confirma a possibilidade de que ocorram preocupações acerca de mecanismos regulatórios. O interessante é que, nesse plano, acadêmicos e religiosos voltam a se encontrar. Assim, enquanto que Pierucci (1996) insinua a conveniência de se criar uma espécie de "defesa do consumidor religioso", um teólogo presbiteriano assinala a urgência de um "Procon da Fé".[44] Em outro momento, Pierucci propunha "pontos de uma nova agenda": "Sobre a definição das fronteiras de uma organização religiosa; sobre a definição do que seja uma atividade ou função religiosa; sobre os limites constitucionais do que é permissível como comportamento religioso (...)" (:11). Questões semelhantes apareceram quando conversei com José Bittencourt. Não se pode mais, disse-me ele, invocar em absoluto o princípio da liberdade religiosa quando as religiões passaram a se dedicar à política partidária: "é preciso estabelecer um limite para essa coisa de liberdade religiosa. (...) reunião não é só culto. O que fazer com o resto dos aspectos?". Diante de uma nova configuração nas relações entre os protestantes e a política, deveriam também mudar "as relações entre Estado, religião e controle social".[45]

Nota-se, portanto, entre certos intelectuais, acadêmicos e religiosos, uma preocupação em torno da necessidade de admitir e repensar as formas de regulação do "religioso". Não é por acaso que ela aparece através daqueles que participam ou se apropriam dos resultados produzidos a partir de certas tentativas de ordenar o campo protestante. Viu-se como a elaboração das categorias de "pentecostalismo autônomo" e de "neopentecostalismo" implica no paradoxo de inserir naquele universo formas de religiosidade que negariam seus próprios princípios de constituição. Há um vínculo lógico entre essa operação e a impressão disseminada de um campo religioso insuficientemente regulado. Nesse ponto é que os intelectuais passam a fazer companhia a outras personagens da controvérsia sobre a IURD, igualmente desconcertadas com as formas que assume atualmente o "religioso". Suas elaborações terminológicas e classificatórias, apesar de florescerem e se disseminarem em um campo com uma dinâmica própria, podem ser consideradas como expressão de inquietudes e dilemas que repercutem em vários outros campos sociais.

---

43. Alguns, referindo-se exatamente à expansão das igrejas evangélicas, apontam tentações teocráticas, temem uma nova forma de clientelismo político, lamentam retóricas moralistas, ou simplesmente notam uma confirmação da imbricação do religioso e do político (Burity 1996; Corten 1996). Outros preocupam-se com o discurso belicoso de certas dessas igrejas, perguntando-se até onde vai o *marketing* e onde começam a heterofobia (Oro 1997) e a intolerância (Carvalho 1998).

44. Inhauser, CP, 30, 1996.

45. Entrevista 02.12.99.

CAPÍTULO 7

A IURD no banco dos réus: culpa sem condenação

A IURD não é uma religião, mas uma seita: um grupo de pessoas cujas
idéias se baseiam basicamente em pedir dinheiro e explorar as pessoas
(Geraldo Brindeiro, Procurador Geral da República, *O Dia* 30.12.95)

1. Dos cultos mediúnicos ao pentecostalismo

Neste capítulo, acompanharemos um processo criminal no qual Edir Macedo, na
posição de líder e responsável pela IURD, é enquadrado nos artigos 171, 283 e 284 do
Código Penal. Eis o que dispõem esses artigos:

Art. 171 (Estelionato) - Obter, para si ou para outrem, vantagem ilícita, em prejuízo alheio, induzindo ou mantendo alguém em erro, mediante artifício, ardil, ou
qualquer outro meio fraudulento.

Pena - reclusão, de um a cinco anos, e multa.

Art. 283 (Charlatanismo) - Inculcar ou anunciar cura por meio secreto ou infalível.

Pena - detenção, de três meses a um ano, e multa.

Art.284 (Curandeirismo) - Exercer o curandeirismo: I - prescrevendo, ministran-
do ou aplicando habitualmente qualquer substância; II - usando gestos, palavras
ou qualquer outro meio; III - fazendo diagnóstico.

Pena - detenção, de seis meses a dois anos.

Parágrafo único. Se o crime é praticado mediante remuneração, o agente fica
também sujeito à multa.

O primeiro desses artigos pretende salvaguardar o patrimônio individual. O
estelionatário, como definiu um jurista, "não subtrai a coisa, como o ladrão contra a vontade do dono, mas dele consegue a entrega voluntária, por meio de artifícios fraudulentos" (Bento de Faria 1959), utilizando-se de um falso título ou dispondo de coisa que não
possui. A aplicação desse dispositivo a práticas que envolvem concepções religiosas supõe que a invocação de "qualidades e poderes sobrenaturais" pode servir de "meio fraudulento" para lesar a economia alheia — segundo uma lógica e produzindo resultados

semelhantes a um cheque sem fundos. Os dois últimos artigos preocupam-se com a "saúde pública" (são crimes de "perigo abstrato"), ameaçada por práticas, saberes e agentes que, em comparação com a medicina acadêmica, sempre ficam aquém (quando querem simulá-la com meios mais rudimentares) ou além (quando prometem panacéias). Têm sua existência relacionada com a oficialização da medicina acadêmica no Brasil, processo que remete ao início do séc. XIX. A versão anterior do Código Penal, de 1890, já continha dispositivos que deveriam cumprir as mesmas funções.[1]

Essa série de dispositivos, agora acionada a propósito do líder de uma igreja que, como veremos, se identifica e é identificada como "pentecostal", foram utilizados, desde o final do séc. XIX, no combate aos cultos mediúnicos. O artigo 157 do Código Penal de 1890 tinha lugar de destaque, uma vez que mencionava "o espiritismo, a magia e seus sortilégios". Mas a recorrência dos aspectos terapêuticos e pecuniários motivava um recurso frequente principalmente aos artigos sobre exercício ilegal da medicina e curandeirismo, e também discussões sobre a possibilidade de enquadrar tais práticas na figura do estelionato. Tem-se adotado uma cronologia que localiza na década de 40 o marco do fim da repressão aos cultos mediúnicos,[2] isto é, no sentido de que ela perde o caráter sistemático assumido especialmente a partir da segunda metade da década de 20. Mas isso não significou o desaparecimento de acusações e julgamentos criminais sobre práticas reivindicadas como religiosas. Para demonstrá-lo, podem nos auxiliar os dados reunidos por Schritzmeyer (1994), que cobrem o período entre 1900 e 1990, a partir das principais revistas de jurisprudência no Brasil. Casos envolvendo práticas religiosas continuam a ser registrados ao longo de toda a segunda metade deste século, enquadrados predominantemente na categoria genérica de "curandeirismo". Diante disso, é significativo que nos julgamentos que Schritzmeyer considerou paradigmáticos (por aparecerem em várias fontes) — sete acórdãos distribuídos entre os anos de 1950 e 1975, todos sobre "curandeirismo" — o alvo são cultos mediúnicos.

O ponto para o qual gostaria de chamar a atenção é a irrupção, a partir exatamente da década de 1950, de igrejas e líderes pentecostais entre as práticas religiosas judicialmente controversas. Várias referências apontam os problemas que Manoel de Mello, fundador da Igreja Pentecostal O Brasil para Cristo, enfrentou em seus primórdios, no final dos anos 50, o mesmo tendo ocorrido com David Miranda, líder de outra igreja pentecostal, a

---

1. Refiro-me aos artigos 157 e 158. É preciso ainda mencionar o artigo 156 de 1890, cujo correspondente no código atual é o artigo 283, que penaliza o exercício ilegal da medicina. Sobre a lógica que orienta as disposições sobre a saúde pública dos Códigos Penais de 1890 e de 1940, ver Maggie (1992), Schritzmeyer (1994) e Giumbelli (1997). Quanto ao estelionato, estava previsto no Código Penal de 1890 em seu artigo 338 (e já no Código Criminal de 1830, art.264). Um comentário interessante sobre sua definição e aplicação é o de Bento Faria (1913). Note-se ainda o artigo 27, na Lei de Contravenções Penais (1941): "Explorar a credulidade pública mediante sortilégios, predição do futuro, explicação de sonho, ou práticas congêneres. Pena - prisão simples, de um a seis meses, e multa". Consta do capítulo referente ao patrimônio e, portanto, pressupõe um pagamento por parte do consulente.

2. Ver Maggie (1992), Giumbelli (1997) e Borges (1998).

Deus é Amor.[3] Já o trabalho de Schritzmeyer (1994:147) registra a referência a pastores e outros agentes eclesiásticos não católicos (exclusive espíritas, médiuns e pais-de-santo) em 4% das 233 decisões que compilou.[4] Também obtive alguns dados a respeito, ao rastrear as citações de jurisprudência que constavam das peças de autos a que tive acesso. Em um conjunto de 17 referências, cinco atingiam práticas e igrejas pentecostais, distribuídas entre os anos de 1958 e 1989, todas enquadradas no crime de curandeirismo, em duas ocasiões conjugado com estelionato.[5] Certamente, o enfrentamento de tais situações por esses pastores e igrejas imprimiu marcas na suas trajetórias, os casos aqui registrados sendo a prova de que acusações judiciais tornaram-se parte das circunstâncias que cercam o contexto de desenvolvimento dos grupos e propostas pentecostais. Ao mesmo tempo, eles evidenciam o canal privilegiado para a regulação estatal de práticas auto-reivindicadas como religiosas no Brasil, identificando dispositivos aplicados tanto aos cultos mediúnicos quanto aos cultos pentecostais. Trata-se de um mecanismo negativo de regulação, uma vez que "curandeirismo", "charlatanismo" e "estelionato" só podem definir o "religioso" por subtração e casuisticamente, ficando em aberto o modo como um julgamento específico pode se cristalizar em um estatuto mais ou menos consolidado.[6]

---

3. Para BPC, ver Campos (1997:88), Mariano (1995:181) e RV, 23, 1997 (:50). Para DA, ver ESP 16.10.84, 27.01 e 30.01.85.

4. O dado provavelmente está subestimado, pois Schritzmeyer só computou a primeira caracterização atribuída aos réus; o fato do réu ser designado como "espertalhão" ou "farsante", ou de ter antecedentes criminais pode ocultar ou postergar uma identificação religiosa.

5. Os registros são os seguintes, acompanhados da data do acórdão publicado nas revistas de jurisprudência: "Tenda de Jesus", de Manoel de Mello, 1958/9, arts.284 e 171 (RT, 289:106); um pastor da Cruzada Evangélica Pentecostal Caminho do Calvário, 1972, art.284 (TACRIM, 23:287); Manoel Ferreira, pastor da Assembléia de Deus, 1978, arts.284 e 171 (RT, 523:464); pastores da Casa da Bênção, 1983, art.284 (TACRIM, 76:294); o líder da Rede Nacional de Missões Católicas, 1989, art.284 (TACRIM, 1:77). O caso envolvendo os pastores da Casa da Bênção é tratado em detalhes por Bottini (1989:15-47). Note-se que todos os registros assinalados através das revistas de jurisprudência se estenderam até julgamentos de segunda instância. É bem provável que se inquéritos e julgamentos de primeira instância fossem considerados, o número aumentasse significativamente. Outra fonte interessante é o trabalho de Peixoto (1980), especialmente por sua compilação de casos relacionando "superstição e crime". Dos 30 episódios que relata (cobrindo as décadas de 50, 60 e 70), com base em documentos policiais e judiciários e em reportagens, 19 envolvem cultos mediúnicos. Quatro registros mencionam pastores evangélicos (um em 1958 e três em 1976-7; um caso de curandeirismo, outro de cura mediante oferta, um de sacrifício e outro de tumulto com morte).

6. Encontrei registros que mostram como autoridades e juízes estão plenamente conscientes dos efeitos de suas decisões. "Apesar de a Constituição de 1988 ter (...) erigido a liberdade de crença, sendo assegurado o livre exercício de cultos religiosos, (...) entendo, como o fez as Constituições anteriores, que se sujeita a não contrariarem a ordem pública e bons costumes, (...) razão pela qual cabe às autoridades impedirem a existência de falsos profetas e impostores que se servem da crença e da religiosidade do povo para tirar proveito pessoal" (HC 13.378, 1ª Câmara Criminal do Tribunal de Alçada Criminal do Estado do Rio de Janeiro); "(...) o objetivo das religiões é ajudar as pessoas e não explorá-las" (Brindeiro, Dia 30.12.95).

Antes de vermos a que resultado chegou a aplicação à IURD dos dispositivos que no passado serviram para reprimir os cultos mediúnicos, é necessário notar que tal transposição depara-se com práticas que apontam, sob elementos aparentemente assemelhados, para configurações algo distintas. Refiro-me aos lugares que ocupam curas e dinheiro nos cultos mediúnicos e nas igrejas pentecostais. É verdade que em ambos as curas aparecem como dimensões essenciais da religião — a contrapartida sendo a aceitação, inclusive legal, dessa associação, pelo menos sob certas condições. Mas nos cultos mediúnicos, a cura pode estar acompanhada ou não do dinheiro, o que permite que a discussão jurídica concentre-se sobre a figura do curandeirismo/charlatanismo. Por outro lado, quando o dinheiro está presente na relação entre o médium e o beneficiado por suas intervenções, essa relação caracteriza-se por um contrato pontual; do ponto de vista jurídico, configura-se um serviço, independentemente da natureza do benefício prestado, remetendo a avaliação para a ocorrência do estelionato. Essa possível disjunção entre curandeirismo e estelionato torna-se muito mais difícil de operar em se tratando das igrejas pentecostais. Pois tanto a cura — que significa a obtenção de uma "bênção" — quanto o dinheiro — presente pelo menos através do "dízimo" pregado como uma obrigação do "crente" — são dimensões inerentes à participação eclesial, uma como a outra fundamentadas em uma referência amplamente reconhecida como "religiosa", a Bíblia. Quais as interpretações e os efeitos que um discurso jurídico pode produzir dentro desse quadro?

Ao abordar o aqui denominado campo jurídico a partir basicamente de um único processo criminal, reconheço que estaremos longe de esgotar as relações que se teceram entre a trajetória da IURD e as questões legais. Como assinalei, registros policiais, investigações oficiais e processos judiciais se multiplicaram ao longo dos anos. Vamos encontrá-los já no primeiro ano de existência da IURD, em 1977, quando, segundo uma notícia (Dia 01.07.90), uma delegacia carioca apurou um caso de mutilação por parte de fiéis; vamos encontrá-los também em uma das reportagens mais recentes da *Veja* (03.11.99) sobre a Igreja, que destaca as multas estabelecidas pela Receita Federal. Vê-se logo, também, que a natureza das acusações se estende por um gradiente considerável, para muito além de charlatanismo, curandeirismo e estelionato. A IURD já teve investigados, desde 1990, vários aspectos de sua vida institucional: sonegação fiscal, crimes financeiros, irregularidades contábeis, incêndio criminoso, envolvimento com tráfico de drogas, formação de quadrilha, ilicitudes trabalhistas.[7] Outra área na

---

7. As investigações envolvem aparatos estatais igualmente variados: Polícia Federal, Receita Federal, INSS, Banco Central, até mesmo a Interpol. Para dados mais precisos sobre essas investigações, ver Mariano (1995:61) e Barros (1995:32); após 1995, é necessário recorrer a reportagens: Veja 01.05.96 e 03.11.89, IE 15.01.97, FSP 10.03.96, 15.08.96, 05.06.97, 06.07.97, 18.07.99. Pode-se acrescentar à lista acusações relacionadas a excesso de ruído provocado pelos cultos. Barreto (1996:250-2) transcreve partes de uma decisão do Tribunal de Justiça de São Paulo que indeferiu mandado de segurança impetrado depois que a prefeitura de Diadema fechou um templo da IURD por excesso de ruído.

qual foi atingida agrupa acusações de vilipêndio a cultos e objetos religiosos, entre as quais o "chute na santa" representa apenas o caso mais notório, pois ocorreram também várias ações oficiais movidas no interesse de proteger a umbanda e o candomblé.[8] Diante disso, pode-se afirmar que as figuras do charlatanismo, curandeirismo e estelionato, que constituem as bases do processo a ser acompanhado, possuem características que as tornam específicas e oportunas. Pois essas acusações permitem que nos concentremos sobre a dimensão da relação entre a igreja e seus fiéis, o que serve ao mesmo tempo para complementar as discussões do capítulo anterior e para cobrir um aspecto que se revelou fundamental na controvérsia sobre as "seitas" na França. Isso não significa, por outro lado, que acusações de outras naturezas estejam ausentes dos encaminhamentos dados ao processo por curandeirismo, charlatanismo e estelionato. Como veremos, o que está em julgamento, na verdade, é a legitimidade da própria existência da IURD, questionamento que foi primeiramente suscitado a partir da relação com seus fiéis — ao passo que as investigações sobre aspectos institucionais são mais tardias.

Isso nos conduz a um segundo motivo para privilegiar as acusações de curandeirismo, charlatanismo e estelionato. Na esfera criminal, registram-se casos envolvendo fiéis da IURD que extrapolam o enquadramento propiciado por essas figuras legais. Ocorrências, por exemplo, de suicídio, de morte na ocasião de cultos, de agressões por pastores e obreiros. A diferença consiste em que, enquanto esses casos remetem para situações eventuais ou limites, as acusações de curandeirismo, charlatanismo e estelionato identificam a forma pela qual foram juridicamente traduzidas as práticas que constituem o eixo ritual e expressam os princípios centrais da doutrina da Igreja. O processo judicial que será analisado a seguir transcorre em São Paulo, baseado em inquérito instaurado em 1989 e em denúncia pronunciada em 1992. No mesmo ano, outra denúncia enquadrando Edir Macedo nos mesmos três dispositivos é oferecida no Rio de Janeiro a partir de investigações

---

8. Quanto ao caso do "chute na santa", protagonizado pelo bispo Von Helde, está contemplado pelo processo 630/95, da 12a. Vara Criminal, e apelação 238.705.3/0, Justiça de São Paulo, que transcorreu em duas instâncias, com o réu sendo condenado em ambas. As acusações mobilizaram disposições sobre vilipêndio à símbolo religioso e prática de preconceito através de meios de comunicação. A primeira sentença é de abril de 1997; a segunda, de dezembro de 1999. Em 1992, Edir Macedo foi denunciado por vilipêndio e incitação à prática de crime (Processo 306/92, 2ª Vara Criminal, Justiça de São Paulo). A denúncia baseia-se em notícias jornalísticas e em publicações da própria IURD, além de mencionar a invasão por pastores de um "templo de culto afro-brasileiro" em Diadema. Decisões em primeira (28.05.93) e segunda (09.06.94, Acórdão 822/406 da 8ª Câmara do Tribunal de Alçada Criminal/SP) instâncias foram absolutórias. Uma das publicações citadas na denúncia, o livro *Orixás, caboclos e guias: deuses ou demônios?*, chegou a ter sua distribuição interdita. Vale ainda mencionar um fato curioso, ocorrido em dezembro de 1988: segundo reportagens, uma concentração da IURD no Maracanã realizou-se sob o compromisso, firmado com o governador do Rio de Janeiro, de que Macedo não atacaria outras religiões (JB 19.12.88).

iniciadas em 1988 e 1989.[9] Já em 1984, em Feira da Santana (BA), três templos da IURD foram fechados por ordem policial em razão de acusações de estelionato, charlatanismo, curandeirismo, extorsão e exploração da credulidade pública.[10] Em dezembro de 1995, no bojo da repercussão das denúncias trazidas pelo vídeo divulgado pela TV Globo, autoridades, entre elas o Procurador Geral da República, voltaram a se referir a estelionato, curandeirismo e charlatanismo.[11] Veio então à tona outra possibilidade de acusação à IURD, através de processos na esfera cível que pediam a anulação e restituição de doações realizadas pelos fiéis — com alegações, como veremos, muito próximas às que fundamentam denúncias de estelionato.[12]

Creio que se pode tomar essas reincidências como prova de que as figuras mobilizadas no processo de São Paulo remetem para uma interpretação jurídica sobre as práticas da IURD que não é singular, mas paradigmática. O que está em jogo é exatamente o estatuto de relações entre uma igreja e seus fiéis que envolvem esperanças de curas e são mediadas pelo dinheiro e outros bens materiais. A partir de que argumentos essas relações tornam-se espúrias? Como esses argumentos dialogam com uma dada definição do religioso? Do ponto de vista destas questões, os autos referentes ao processo de São Paulo (complementados com fragmentos de outros processos) revelaram-se um material interessante. Pois correspondem a uma ação que se consuma em uma decisão de segunda instância, passando por todos os trâmites anteriores, que incluem a realização de perícias técnicas e a decretação da prisão preventiva de Edir Macedo. Especialmente por conta dessa circunstância, tornou-se célebre através de jornais e noticiários. No total, abrange

---

9. Trata-se do processo 92.0023938-2, da 18ª Vara Criminal da Comarca do Rio de Janeiro. Pedi seu desarquivamento (com a ajuda de Pedro Pena, a quem agradeço), mas não obtive resposta positiva. Tive acesso a alguma de suas peças através do processo que será analisado adiante. Do que se pode deduzir pela denúncia, de janeiro de 1992, e por reportagens sobre o caso (GB 11.12.88, 20.06.90, 26.06.90, Dia 01.07.90), dois inquéritos fundamentam o processo. Luiz Cláudio Leite deu queixa à polícia em março de 1989 alegando ter sido agredido por um pastor e obreiros de um templo da IURD. Mas já havia uma investigação anterior, de novembro de 1988, iniciada por determinação do Procurador Geral da Justiça, Carlos Návega. Sua iniciativa teria se fundamentado em um dossiê com recortes de jornais e gravações em vídeo preparado por Átila Nunes Filho, então deputado estadual e presidente do Conselho Nacional Deliberativo da Umbanda e dos Cultos Afro-Brasileiros. O processo foi interrompido devido a um trancamento solicitado pelos advogados da IURD (abril 1992) e deferido parcialmente pelo Tribunal de Alçada Criminal do Estado do Rio de Janeiro (HC 13.878, 29.06.93) e integralmente pelo Superior Tribunal de Justiça (HC 1498-3, 18.12.92).

10. Ver Campos (1997:419) e Mariano (1995:65). São significativos os termos utilizados pelo delegado para justificar sua medida: "proteger a sociedade freirense, e quem sabe brasileira, contra a ação desses embusteiros e impostores, que vivem às expensas da miséria daqueles menos favorecidos" (*apud* Campos 1997).

11. Ver ESP 24.12.95, GB 24.12.95, ESP 25.12.95, JB 26.12.95.

12. Ver JB 26.12.95, GB 27.12.95, FSP 28.12.95.

um período de oito anos, de 1989 a 1997 — período que se aproxima dos cobertos pelos outros campos da controvérsia analisados subsequentemente.

Antes de prosseguir, é interessante apontar para algumas diferenças evidentes em relação ao quadro de disputas jurídicas que encontrei na França. Lá, predominam imagens (condensadas na idéia de que as atividades visíveis de uma "seita" não representam senão sua "fachada") que tornam necessárias as distinções entre dimensões públicas e ocultas dos grupos. É preciso ter acesso a testemunhos e documentos que revelem o que se passa nos bastidores da cena. Aqui, no caso da IURD, tudo se desenrola em um único plano; a princípio, não há distinções, em termos de condições objetivas, entre os fiéis e observadores externos, já que todos vêem as mesmas coisas em um culto a que têm livre acesso. Além disso, na França, o problema formula-se em torno da adequação de dispositivos legais tomando por referência uma categoria extra-legal, "seita". No Brasil, parte-se de marcos legais mais ou menos precisos e há pouca articulação com outros campos. Isso não quer dizer que dimensões extra-legais não estejam presentes no interior de discursos e procedimentos jurídicos ou que não se produza a impressão de que os dispositivos legais existentes sejam inadequados ou insuficientes. De todo modo, aqui o sentido desse movimento entre o legal e o extra-legal se inverte, o que não é sem consequências na configuração de um quadro geral de regulação do "religioso".

2. Do drama familiar ao julgamento de uma Igreja[13]

O caso que resulta no processo 298/92 inicia-se com um triângulo de peças. No dia 02.06.89, Darci Sassi, titular da Delegacia Especializada de Crimes contra a Fé Pública, vinculada à Polícia Civil de São Paulo, recebe uma carta, anônima, cuja remetente afirma ser "uma mãe de família desesperada", que começa assim:

"Escrevo esta carta ao senhor na esperança que como autoridade tome providências mandando prender uma quadrilha que em nome da religião e da fé está levando muitas famílias a uma situação de desgraça, roubando e enganando sem que ninguém faça nada. A minha situação é de desespero e sei que para mim o senhor nada mais pode fazer, mas se o senhor fizer alguma coisa talvez outras famílias poderão ter sorte melhor do que a minha."

Identifica-se em seguida como "bancária, casada e mãe de dois filhos" e passa a relatar o drama familiar provocado pelo contato do marido com a Igreja Universal do Reino de Deus.

---

13 Consultei os autos do processo na 21ª Vara Criminal do Fórum de São Paulo. Todas as referências nesta seção, salvo indicação complementar, provêm dos autos desse processo. Agradeço a Ana Lúcia Schritzmeyer a ajuda na sua localização e a Wagner Sums o auxílio na consulta.

"No começo até gostei porque sempre fui muito religiosa mas logo percebi que ele mudou seu comportamento não dando mais dinheiro para que eu cuidasse da casa e das crianças, dizendo que tinha que dar para a igreja e que a igreja era mais importante. Não sei dizer (...) o que eles fizeram com ele, mas uma coisa é certa, mudaram sua cabeça e fizeram um homem bom virar um louco. Quando comecei a chamar sua atenção para o seu comportamento (...) me disse que já tinha sido prevenido pelo pastor que o diabo viria incomodá-lo e tirá-lo do caminho da salvação dizendo mentiras contra o pastor e contra a igreja e que eu também tinha que ir à igreja para que tirasse o diabo do meu corpo."

A carta conta então o que se passa nos cultos:

"(...) os pastores obrigam as pessoas a entregarem todo o dinheiro em troca de milagres, enganando o povo e vendendo água benta, óleo bento e fogueira santa, e pressionando para todas as pessoas darem à igreja todos os pagamentos e propriedades que têm. (...) o povo é enganado e roubado, tendo que deixar para os pastores tudo o que tem com ameaças que se tiverem guardado dinheiro para pagar alguma conta ou compromisso (...) Deus os castiga e terão suas vidas arruinadas porque estão escondendo isso de Deus".

Completam o relato uma indicação de ter sido através de "uma amiga" que soube "que a delegacia do senhor é que cuida disso", uma justificativa do anonimato da carta ("tenho medo que os pastores fiquem sabendo porque se ficarem tenho certeza que matariam a mim e os meus filhos") e a referência à anexação de "um dos envelopes que a igreja dá para que coloque o dinheiro" (fl.20).

O delegado pede à chefia de investigações um relatório, concluído em 09.06.89. Este inicia com um histórico e uma caracterização institucional da Igreja Universal (nomes de dirigentes, endereços de sedes, número de templos e de fiéis, investimento em meios de comunicação e na política partidária). Dedica-se em seguida à descrição do culto:

"(...) baseia-se em um Cristianismo primitivo, vendo na ação do demônio a causa de todos os males, realizando os pastores supostas curas pela imposição das mãos sobre o doente. (...) é comum aos pastores a prática de 'exorcismos', criando um clima que não raro leva aos presentes a um estado de histeria".

O investigador relata então as formas de solicitação de dinheiro pelos pastores:

"Tal solicitação inicia-se com grandes somas, indo diminuindo gradativamente chegando por último aos cheques pré-datados, sempre sob a ameaça de que se estiverem escondendo dinheiro (...) terão seriamente comprometida não só a sua salvação e felicidade mas também a de sua família".

Menciona a distribuição de "um envelope" e de um "carnê de pagamento" para doações, acrescentando que "as contribuições são solicitadas a título de Dízimo, Oferta Especial, Fogueira Santa, Ação Social etc, são vendidos óleos e água benta, bem como livros editados pela igreja". O relatório discorre ainda sobre os "ataques verbais a todas as demais religiões, preferencialmente aos espíritas e umbandistas" (fls.35-38).

Seis dias depois, através de uma portaria, o delegado resolve a abertura do inquérito. Justifica-o nos seguintes termos:

"(...) a Igreja Universal do Reino de Deus, situada à Av. Celso Garcia, 499, por meio de seus 'pastores', vem explorando a credulidade pública, com ações, promessas de curas miraculosas e salvação celestial, e como se não bastasse a prática desse tipo de charlatanismo, locupleta-se com o dinheiro de seus 'fiéis', causando assim fanatismo, sofrimento e prejuízo, principalmente à classe menos favorecida". (fl.19)

Vê-se que o caso começa com uma denúncia, a qual lembra os testemunhos que costumam ser apresentados nos programas de TV da IURD, desde que notemos que se transforma na sua exata inversão: o período anterior à conversão do marido à igreja remete a um quadro de "prosperidade" ("sempre foi um homem trabalhador que nunca deixou faltar nada em casa"), ao passo que o contato leva a família ao "fundo do poço" ("hoje já passamos até fome"). A carta poderia estar entre os dossiês das associações anti-seitas francesas, pois relata uma situação de opressão, desequilíbrio psicológico e desagregação familiar. Mas o estatuto de sua autora é algo ambíguo: sem ser propriamente uma ex-fiel, coloca-se na posição de vítima não exatamente do grupo e sim das exigências do marido. No relato, o dinheiro aparece tanto como a causa de uma desgraça familiar quanto como o desqualificador das práticas de uma igreja. As contribuições religiosas são descritas como o produto de coações, versão que tem continuidade no relatório do investigador.

A denunciante e o investigador fornecem testemunhos oculares dos cultos da igreja, mas o segundo distingue-se da primeira ao acrescentar uma série de informações institucionais, relativamente numerosas e detalhadas, aliás. Tão numerosas e detalhadas — ainda mais se levarmos em conta que os estatutos da Igreja não foram localizados — que fazem pensar que o investigador lançou mão de fontes extra-policiais, mesmo sem mencioná-las. De fato, desde 1988 a imprensa vinha se dedicando a levantar a história, o patrimônio e as conquistas da Igreja Universal. Assim, se o estatuto da denunciante é ambíguo, o mesmo se pode dizer do relatório do investigador, entre o policial e o jornalístico. É bastante plausível, afinal, que ele tenha acessado algumas das reportagens, introduzindo um tipo de material que se tornaria parte do próprio processo criminal: os autos estão repletos de cópias de reportagens, a primeira das quais anexada pelo próprio delegado a sua portaria. As denúncias e alegações da promotoria farão uso desse material e um repórter constará entre as testemunhas de acusação. Isso significa que o trabalho jornalístico adquire valor de prova no quadro dos procedimentos judiciais.

Embora as formulações do delegado sejam um tanto confusas, pode-se nelas distinguir pelo menos três elementos que procuram traduzir as acusações apontadas pela denunciante e pelo investigador em figuras criminais. Ele menciona "exploração da credulidade pública", "charlatanismo" e suas referências a "dinheiro" e "prejuízo" apontam para estelionato. De todo modo, o delegado, ao propor o inquérito, está diante de um problema: o anonimato da remetente da carta impede a sua localização e o relatório do investigador tampouco nomeia fiéis ou ex-fiéis. O que seriam testemunhos valiosos entre os dossiês de uma associação anti-seita, nas mãos de um delegado tornam-se crimes sem vítimas precisas. Que providência toma ele? Poderia talvez ter seguido o exemplo de seu colega, responsável pelo 12º DP, que em 24.11.89 invadiu durante um culto o templo da IURD localizado no Brás — o mesmo nomeado na portaria do delegado Sassi — e de lá saiu levando amostras de "óleo de Jerusalém" e "água do rio Jordão", além de alianças, brincos, anéis, medalhinhas, correntes e relógios de pulso. Um pastor foi preso por desacato e provocação de tumulto e o inquérito aberto, tendo como base suspeitas de estelionato e curandeirismo, contou com o depoimento de fiéis e com o laudo criminalístico sobre as amostras de óleo e água.[14] Mas o inquérito da Delegacia de Crimes contra a Fé Pública segue o rumo com que iniciou. Entre 21.06 e 11.12.89, nenhum templo é visitado e nenhum laudo requisitado. As peças que constam dos autos nesse período, com a exceção do depoimento de dois pastores (que afirmaram serem voluntárias as contribuições e atribuíram ao poder divino a operação de curas e exorcismos),[15] foram produzidas por movimentos e contatos voluntários. Em outras palavras, a delegacia tornou-se uma central de recebimento de denúncias.

As peças mencionadas podem ser classificadas segundo quatro tipos de intervenções. Chegaram à delegacia outras quatro cartas anônimas: a primeira (de 04.07) evoca o testemunho de "falcatruas no Brás" e denuncia a existência de coação na obtenção de doações; a segunda (de 06.07) é de alguém que frequentou a igreja por dois anos e condena a "pedição de dinheiro" e as ofensas a outras religiões; a terceira (de 07.08) é remetida pelo vizinho de um fiel, que se diz indignado com a exploração e o ludibrio de famílias humildes; a última (de 03.12) lembra a carta da "mãe desesperada", mas acentua a situação em que a remetente e o marido se encontram pelas ameaças que pesam no caso de as contribuições à igreja cessarem. Há ainda a carta assinada (de 20.08) por A.G., um assistente social que relata suas experiências profissionais junto a mulheres fiéis da IURD, que pretendem recuperar seus filhos através da religião. Com isso, argumenta A.G., essas mães deixam de procurar ajuda habilitada e ficam sob a dependência de pastores "sequiosos de prestígio e dinheiro, que aproveitam-se da dor em causa própria e subvertem a fé em crendice e medo". Outro que se depara com a IURD em sua trajetória profissional é J.S., redator do jornal *Notícias Populares*, que comparece à delegacia (21.06) para relatar o que descobriu sobre a igreja ao realizar algumas reportagens. Seu depoimento segue a linha do relatório do investigador, enfatizando o considerável patrimônio da instituição e suas atividades políticas, além de descrever os pedidos de contribuições nos cultos, referindo-se, nesse caso, à ocorrência de "uma lavagem cerebral".[16]

O deputado estadual Afanásio Jazadji intervém em três ocasiões. Da primeira vez (09.08), para comunicar seu interesse nas investigações e denunciar irregularidades na

---

14. Cf. JT 25.11.89, Diário Popular 30.11.89 e JT 29.10.90.

15. Fls. 150 e 155.

16. Respectivamente, fls. 67, 69, 124, 173, 117-8, 59-60.

administração da igreja e condutas comerciais ilegais.[17] Nas próximas duas vezes (22.08 e 25.08), para informar e encaminhar as declarações de A.R., ex-fiel da IURD, que denunciava os constantes pedidos de dinheiro. Ao apresentar essas declarações, Jazadji pensava em colaborar "para desmascarar esses vigaristas, que continuam enganando incautos, ameaçando-os nos seus rituais e extorquindo-os da forma pior possível". Três depoimentos, prestados à delegacia, formam o quarto conjunto de intervenções. A.L. (17.07) diz ter frequentado os templos da IURD, atraída na esperança de se curar de uma doença que os médicos não diagnosticavam; não teve melhoras e se afastou já que "quase não conseguia mais pagar o dízimo", considerando ter sido iludida por bispos que "querem apenas tomar o dinheiro do povo". Já D.M. (19.07) assistiu a um culto da IURD após ter sido convidada na rua, declarando que "só ouvira pedido de dinheiro, não sendo feita uma só oração"; completou o depoimento com a descrição de um exorcismo, achando que "tudo não passa de uma 'máfia'". E A.S.M. (30.11) conta episódio que teria ocorrido há três meses em um templo da IURD, quando pastores "induziram" sua mãe a dar as jóias que usava à igreja com a promessa de que Deus a curaria de seus problemas de visão.[18]

Em 03.01.90, o delegado solicita uma segunda investigação, cujo relatório é apresentado cinco dias depois. Nele encontramos uma nova descrição dos cultos que expressariam, nos termos do texto, "uma forma primitiva de Cristianismo". O investigador refuta a tese de que os pastores se utilizem de "violência ou ameaças na procura de ofertas" e sugere que se trata de uma "técnica de convencimento":

> "(...) onde é levado aos frequentadores a crença de que seus problemas (...) são motivados pela ação do demônio e que uma das formas de solução seria desprenderem-se de valores materiais, doando o que possuem para a Igreja, obtendo assim uma paz espiritual, através da qual seriam recompensados com a obtenção da graça pretendida".

O investigador relata ainda ter procurado conversar com os fiéis, mas sem sucesso: "éramos vistos como agentes do mal". Por outro lado, os pastores são descritos como "pessoas que acreditam piamente no que dizem aos seus fiéis". Diante disso, chega à seguinte conclusão: "Não há, portanto, consciência por parte dos pastores de estarem ludibriando os frequentadores dos cultos, nem tampouco, destes, a consciência de estarem sendo enganados" (fls.182-4). Ou seja, o fato de não ocorrer coação na relação entre pastores e fiéis não exclui a existência de uma ilegalidade; desemboca-se, no entanto, em um dilema, no qual os culpados são irresponsabilizados e as vítimas não pensam em pedir ajuda.

O relatório do delegado Darci Sassi, elaborado em 20.02.90, expressa o impasse a que chegou o inquérito, ao mesmo tempo em que compartilha da ambiguidade do investiga-

---

17. Cf. ESP 02.08.89, Jazadji contatou o Itamaraty para que apurasse suspeitas de evasão de divisas por parte da IURD.

18. Respectivamente, fls. 89-90, 116, 120-2, 73-4, 82, 168.

dor.[19] Ele parece inocentar os pastores, "que ilustraram com sua fé o trabalho que desenvolviam, lembrando sempre que tudo o que ocorria, o faziam em nome de Jesus Cristo" (fl.186-7). Quanto aos fiéis, divide-os entre os que deixaram os templos e tornam-se difíceis de localizar e os que ainda frequentam os templos e se mostram arredios à Justiça. Até aqui, se há crime, ele se ressente da falta de autores e de vítimas. No entanto, o delegado procura remediar a situação, de um lado, prometendo realizar novas diligências para apurar a autoria assim que novas provas surgirem; de outro, encabeçando o relatório com a inscrição "vítima: a sociedade". Mesmo do ponto de vista do crime cometido, pode-se dizer que o inquérito sofre de uma dispersão de focos, que contribui ao mesmo tempo para aumentar as ilegalidades presentes na IURD e para diminuir a força jurídica das acusações. As cartas e depoimentos revelavam mais denunciantes do que vítimas. O caso, que se iniciara no templo do Brás, já trazia registros sobre outros lugares de culto. Além disso, tanto as denúncias do jornalista J.S. e do deputado Jazadji, quanto o depoimento dos dois pastores adentravam em aspectos institucionais da vida da IURD: seu patrimônio, seu organograma, sua expansão em outros ramos de atividade.... O próprio delegado interessara-se sobre essa dimensão ao ordenar ao segundo investigador que trouxesse informações sobre "a destinação dos fundos arrecadados na sede, bem como nos demais templos" (fl.181).[20] Enfim, ao se transformar em uma investigação sobre vários aspectos da IURD e suas práticas de culto em geral, o inquérito perdera o foco de ação.

O caso provavelmente acabaria arquivado, não fosse a intervenção da Promotoria de Justiça a partir de 20.03.90, cujo propósito pode ser avaliado tanto no sentido de reforçar a existência de vítimas como de localizar os autores de um crime. Por sua exigência, são tomados os depoimentos de A.R (25.02.91) e A.G. (28.05.91), que confirmam seus relatos. Um novo contato com o deputado Jazadji, que já revelara A.R., rende a apresentação de uma nova denúncia. M.S., dona de um bar próximo a um templo da IURD, diz ter comprovado que pessoas ligadas à igreja infiltram-se entre os fiéis para simular ofertas e exorcismos. Também por exigência da promotoria, os líderes e diretores da IURD deveriam ser ouvidos. As tentativas nessa direção acabam quase sempre sem êxito, reduzindo-se a um único depoimento, o de Edir Macedo (20.11.90), justamente aquele que era apontado como o fundador e principal líder da IURD (fl.209). Em 06.05.92, quase um ano depois do último depoimento tomado no inquérito, os promotores José Eduardo Casarini e Gabriel Inellas decidem efetivar a denúncia (fls.2-17). Antes disso, já haviam pedido o apensamento dos autos do inquérito referente às investigações do 12º DP, o que permitiria unificá-los sob o mesmo processo. Segundo as afirmações de um jornal (ESP 25.05.92), teriam eles mesmos assistido a alguns cultos para melhor preparar sua denúncia.

A denúncia aponta um único acusado, Edir Macedo, com o argumento de que é ele o responsável jurídica e espiritualmente pela IURD, "sendo sempre ele quem determina

---

19. Há indicações de que o delegado não modificara suas impressões sobre a IURD — Cf. ESP 14.11.89, Sassi estaria estarrecido com os cultos da Igreja.

20. Em declaração prestada a um jornal alguns meses depois, Sassi aponta a possibilidade de estar ocorrendo evasão ilegal de divisas na IURD (GB 31.10.90).

as ações e os caminhos pelos quais devem nortear-se os demais Pastores". Com isso, sacramenta-se o esforço que converte a diligência suscitada por um drama familiar em uma investigação sobre a legitimidade de toda uma instituição. Se dúvidas ainda pairam acerca disso, basta verificar que a denúncia incrimina Edir Macedo por atos que estaria cometendo "desde o ano de 1977 até a presente data". A personificar "a sociedade", que persevera como a verdadeira vítima dos crimes que são assinalados, cinco nomes, três mulheres incluídas originalmente no inquérito da Delegacia de Crimes contra a Fé Pública e um homem e uma mulher procedentes do inquérito do 12ºDP. Trata-se, em três casos, de ex-fiéis, mas pelo menos um dos dois restantes — A.M., cuja mãe foi "induzida" a doar suas jóias — seria mais propriamente uma denunciante. A denúncia aponta ainda dez testemunhas, que formam um conjunto heterogêneo de pessoas, incluindo investigadores policiais, o deputado Jazadji, os profissionais J.S. e A.G, além de outros denunciantes e mesmo ex-fiéis. Isso significa que a discriminação entre "vítimas" e "testemunhas" pela Promotoria é em boa medida arbitrária.[21]

Edir Macedo é denunciado nos crimes de estelionato, charlatanismo e curandeirismo.[22] Embora os promotores dividam o texto em seções correspondentes a cada um dos crimes, suas qualificações não se preocupam muito em distingui-los. Semelhantemente, a distribuição dos elementos dos autos nas diferentes seções apresenta um grau elevado de arbitrariedade. Mais importante de tudo, a denúncia estabelece uma certa hierarquização. Não se detém muito nem sobre charlatanismo, nem sobre curandeirismo. No primeiro caso, cita "a enorme quantidade de notícias jornalísticas" e os depoimentos de A.M., A.R. e A.S. para sustentar que o denunciado "anuncia 'milagres'". No segundo, volta a mencionar as "notícias jornalísticas" e transcreve trechos de um "parecer clínico" — que resume a mensagem da IURD no "anúncio de uma solução mágica para todos os problemas humanos" — para afirmar que Edir Macedo "exerce o curandeirismo, usando gestos, palavras e outros meios fraudulentos". Em contrapartida, a obtenção de vantagens materiais adquire preeminência clara, seja para caracterizar o estelionato, seja para agravar o curandeirismo, "praticado mediante remuneração". Escrevem os promotores: "Apurou-se que os freqüentadores e fiéis da IURD são induzidos, de forma fraudulenta, consistente em falsa promessa de curas milagrosas ou de melhoria de sua situação financeira e empregatícia, a darem dinheiro, jóias, bijuterias, e até o dinheiro da condução" (fl.4).

Ao privilegiar o estelionato, a denúncia incorre na necessidade de demonstrar os "artifícios" pelos quais os fiéis são enganados e levados a fazer doações para a igreja. As "evidên-

---

21. Não consegui saber a situação precisa de J.C.C.S., o homem apontado como a quinta vítima. Não tive acesso ao seu depoimento no inquérito original e ele acaba não sendo encontrado para testemunhar diante do juiz. Contava que a denúncia descrevesse seu caso. Mas seu nome é apenas mencionado, o que confirma a pouca distância entre "vítimas" e "testemunhas".

22. Cada um dos três artigos estava conjugado com os dispositivos do Código Penal que assinalam crime continuado (art.71) e extensibilidade a cúmplices (art.29), prevendo-se ainda cumulatividade de penas (art.69).

325

cias" trazidas pelos promotores, retiradas de várias peças dos autos e apresentadas indiscriminadamente, revelam argumentos de uma dupla natureza. De um lado, aponta-se o papel de um "clima" constrangedor nos cultos ou, mais especificamente, da "música e 'palavras-chave'". Para fundamentar esta última possibilidade, os promotores transcrevem trechos de perícias que foram incorporadas aos autos.[23] Uma primeira analisa gravações de concentrações realizadas pela IURD em estádios de futebol e uma segunda, os efeitos do comportamento dos pastores nos cultos; ambas mencionam as funções da música no sentido de afetar a "consciência" dos fiéis. De outro lado, a denúncia, ao caracterizar as doações dos fiéis como o produto de ameaças sobrenaturais, ou como condição para o recebimento de bênçãos ou ainda como consequência da impressão causada por exorcismos (que considera simulados), serve-se de um argumento que converte elementos da doutrina e prática da IURD em "artifícios" utilizados no cometimento de um crime. Nesse sentido, a acusações dos promotores, mais do que apontar os efeitos da música ou dos cultos, tornam ilegítimas as pretensões que definem a proposta doutrinária e ritual da IURD.

A denúncia oferecida pela Promotoria de Justiça no Rio de Janeiro, em janeiro de 1992, pode ser descrita como uma variação em torno dos temas presentes no texto dos promotores paulistas. A relação entre dinheiro e cura é ainda mais intrincada. Os meios fraudulentos que caracterizam o estelionato consistem nas "promessas de curas" e a ameaça de punições espirituais serve para induzir os fiéis a contribuírem; o "meio infalível" para o charlatanismo é o comparecimento às reuniões e a contribuição em dinheiro; o curandeirismo ficaria evidenciado no exorcismo e na prescrição e aplicação de óleos. Recorre-se a duas perícias: ambas analisam gravações de concentrações no Maracanã, mas a menos recente inclui registros de programas televisivos da IURD e livros expondo as posições da Igreja. Esta segunda é também citada na denúncia dos promotores paulistas para reforçar o argumento de curandeirismo e charlatanismo. Note-se que nenhuma das perícias utilizadas pelas promotorias incide sobre fiéis ou ex-fiéis, mesmo que as acusações suponham que há risco para sua saúde e influência sobre suas "consciências". Ou seja, a competência dos peritos torna-se útil apenas para desvendar os artifícios dos pastores e o poder intrínseco de ilusão existente nos seus cultos, apontando para efeitos cuja eficácia no comportamento dos fiéis ninguém se preocupa em verificar.[24]

Voltemos a São Paulo. Em 22.05.92, o juiz Carlos Henrique Abrão, da 21ª Vara Criminal, despacha aceitando a denúncia e confirmando a abertura do processo criminal para a

---

23. Na consulta que realizei dos autos, não assinalei a presença de nenhuma dessas duas perícias, nem do laudo técnico anteriormente mencionado.

24. A denúncia da promotora Nilda Miranda, referente ao processo 92.0023938-2, da 18ª Vara Criminal da Comarca do Rio de Janeiro, foi anexada à denúncia dos promotores paulistas, fls.246-254. O mesmo ocorreu com o laudo "de exame de material" realizado no Rio de Janeiro em 30.01.89, fls.278-282. Para outro caso de igreja pentecostal que envolveu perícia de objetos e gravações, ver TACRIM, 1, 1984 (:77-78). Sobre a importância das perícias para a avaliação policial de práticas religiosas até a década de 40, ver Maggie (1992).

condenação do réu nos três artigos apontados pela promotoria. Considera satisfatório o material coligido durante o procedimento investigatório, acrescentando desde já uma solicitação das declarações de renda de Edir Macedo. Mas vai além: decreta a sua prisão preventiva. As principais das justificativas consistiam no caráter "permanente, continuado" dos crimes cometidos e na necessidade de proteger o povo dos "propósitos mercantilistas" da IURD (fls.285-89). A ordem é executada dois dias depois, com ampla cobertura pelos jornais. Macedo foi detido após sair de um culto em um templo da IURD. O carro em que estava foi abordado por um grupo de 15 agentes policiais, distribuídos em cinco viaturas e armados de metralhadoras. Acabou conduzido ao 91ºDP, depois de alegar possuir diploma de curso superior, e colocado em uma cela especial. O bispo ficará preso por 11 dias nessa delegacia. Recebe inúmeras visitas e grava pronunciamentos para as emissoras de rádio e TV ligadas à Igreja. Alguns fiéis permaneceram em vigília diante da delegacia na espera da sua libertação; outros — a acreditar nas denúncias que o juiz Abrão fez aos jornais — puseram-se a ameaçar os magistrados envolvidos. Enquanto isso, surgiu uma pequena controvérsia acerca do direito de Macedo à prisão especial, desde que se questionou e depois se comprovou que seu diploma de curso de teologia não era oficialmente reconhecido. Apesar disso, Macedo permaneceu em cela especial porque se aceitou sua condição de "ministro de confissão religiosa" — e não deixa de ser irônico que o estatuto religioso, tantas vezes negado à Igreja de Macedo, tenha sido admitido nesse caso para proporcionar-lhe um privilégio.

A soltura de Edir Macedo é determinada por um *habeas corpus* de 04.06.92, concedido por um acórdão do Tribunal de Alçada Criminal (fls.374ss). Enquanto que o juiz Abrão salientava, para justificar o pedido de prisão preventiva, não se tratar de "um caso corriqueiro de estelionato", o relator do acórdão argumenta de forma a responder-lhe diretamente: "(...) não há como admitir a prisão por simples estelionato imputado a agente primário, de bons antecedentes". Além disso, o esforço em envolver toda a IURD no processo agora volta-se contra os que desejavam a permanência de Macedo na prisão: se o problema é com a igreja, de nada adianta manter recluso apenas o líder.[25] Pela primeira vez, a expressão "liberdade religiosa" é evocada para pedir prudência às ações judiciais. Da sua parte, a Promotoria revela um zelo notável no encaminhamento do processo. Em outras duas ocasiões, voltará a pedir a prisão preventiva de Macedo. Ainda em maio, os

---

25. A outra solução lógica seria interditar os cultos da IURD ou envolver todos os seus pastores nas investigações. É o que sugerem Linzmaier e Barroso, advogados assistentes da promotoria, ao pedir em 03.07.92 ao juiz "fechamento de igrejas e outras instituições da IURD onde ocorrem delitos denunciados, em ritmo crônico e continuado". Já em um dos inquéritos que transcorreu no Rio de Janeiro, o delegado chegou a indiciar os 68 pastores que existiriam no estado (GB 26.06.90). Uma reportagem do JB (27.12.95) apurou junto a um promotor que um juiz poderia ordenar a suspensão provisória dos cultos da IURD, informando ainda que, segundo o procurador Antônio Carlos Biscaia, "isso chegou a ser cogitado pelo Ministério Público há três anos (...). Só não fomos adiante porque um *habeas-corpus* brecou o processo". Trata-se exatamente do processo a cuja denúncia acabei de me referir.

mesmos dois promotores apresentam uma segunda denúncia envolvendo o líder da Universal, por vilipêndio religioso.[26] À mesma época eram divulgados os resultados de investigações da Polícia Federal que constatavam irregularidades na compra da Rede Record por pessoas ligadas à IURD. Estabelecendo a conexão entre dois planos distintos, os promotores do processo em questão requisitaram o sequestro de bens de Edir Macedo, a princípio os pessoais e em seguida inclusive as emissoras de rádio/TV que estavam em seu nome. Alegou-se que esses bens haviam sido adquiridos graças aos recursos ilicitamente obtidos junto aos fiéis.[27] Assim passava-se, sem perder o contato entre eles, do plano da relação com os fiéis para o plano do patrimônio, do mesmo modo como acusava-se a IURD de prejudicar os próprios seguidores e também de desrespeitar os direitos religiosos de outros.

Se por um lado as investigações sofriam um novo processo de dispersão, por outro as acusações de estelionato, charlatanismo e curandeirismo anunciam embates específicos. Edir Macedo, ainda quando estava preso, foi submetido a um interrogatório diante do juiz (27.05.92), e o conteúdo de suas declarações evidencia as duas facetas do julgamento. De um lado, foram-lhe feitas várias perguntas sobre a administração contábil e as fontes de recursos da IURD — envio de dinheiro para o exterior, a suposta viagem à Colômbia que teria rendido transações com narcotraficantes, titularidade dos bens da Igreja, detalhes sobre a compra da Rede Record, natureza dos apoios políticos prestados pela Igreja... Diante disso, Macedo, sem deixar de negar as acusações, coloca-se como líder apenas espiritual da IURD, dissociando-se das questões patrimoniais; ao mesmo tempo, legitima moralmente toda a instituição que lidera ao apontar a evangelização e as atividades assistenciais como o destino do dinheiro angariado junto aos fiéis. De outro lado, Macedo procura refutar as bases das acusações que lhe eram movidas especificamente naquele processo. Assim, salienta o caráter voluntário das contribuições, que ocorrem "sem interferência sobre o ânimo dos participantes das reuniões", e são motivadas "por amor", por "graças" já recebidas ou como expressão de "um pedido a ser alcançado pela fé". No caso das curas e exorcismos, confirma sua possibilidade, atribuindo-os às orações, o que evidenciaria o caráter religioso dessas práticas. Afinal, referências a ambas constam dos evangelhos. Ao justificá-las, por quatro vezes Macedo declara ser seguidor do "pentecostalismo" ou da "linha pentecostal" (Fls.300-2).

---

26. Trata-se do já mencionado processo 306/92, 2ª V.C.

27. O pedido gerou um processo paralelo, 352/92, também pela 21ª V.C. Na primeira sentença, de 03.07.92, o juiz decidiu pelo sequestro dos bens, aceitando a tese da relação entre o dinheiro arrecadado ilicitamente nos templos e a compra de emissoras de rádio e TV. Foi interposto mandado de segurança em 03.08.92, com resultado positivo. Os promotores recorreram, e a resposta definitiva veio através de um acórdão em 05.08.93, do TACRIM/SP (743/138). Nele, o relator reconhece o "expressivo patrimônio" da IURD, mas não vê "indícios veementes que tal acervo foi adquirido com o provento de crimes". Ambas as decisões foram incorporadas aos autos do processo 298/92, fls.90-114 e fls.972-6.

Esses pontos serão retomados nos argumentos dos defensores de Macedo, com a ajuda de quatro testemunhos a seu favor. Antes, vejamos como se desenrolam os depoimentos das vítimas, das testemunhas de acusação e das testemunhas do juízo (tomados entre 03.07.92 e 14.03.93). Manterei, na sua apresentação, a distinção entre ex-fiéis e denunciantes, que deve agora ser acrescida da participação de personagens cuja autoridade repousa em sua competência técnica. Ao procurar ordenar os depoimentos segundo essa distinção, notei que, quase sempre, ela se sobrepunha a distintas maneiras de considerar o lugar das contribuições na relação entre os fiéis e os pastores da IURD. F.P.P. e E.P.O. são mãe e filha; ambas frequentaram por algum tempo os templos da IURD, juntamente com um irmão de E.P.O. Entretanto, esta declara que só passou a ter contato com a igreja levada pela mãe e o irmão. Enquanto a mãe confessa ter dado contribuições para que a família fosse abençoada, a filha denuncia o "aproveitamento da ingenuidade das pessoas". C.P., outra ex-fiel, também filha de F.P.P., diz nunca ter buscado milagres nos cultos, mas apenas "paz e tranquilidade", doando "quantias irrisórias" à igreja.[28] A.R. confessa ter procurado a IURD por questões de saúde, cedendo já na primeira visita uma aliança de ouro; apesar das contribuições constantes, a ponto de lhe causar privações, sua doença agravou-se.[29] O núcleo comum desses testemunhos é que o dinheiro aparece como sinal diacrítico entre diversas igrejas. E.P.O. aponta a insistência nos pedidos de doação como a grande diferença entre as "igrejas evangélicas" e a IURD. F.P.P. diz frequentar atualmente a IEQ, onde as contribuições são livres e visam a manutenção da instituição, e não a obtenção de graças como ocorre na IURD. C.P. batizou-se na Igreja Presbiteriana Independente, na qual afirma não ser necessário "pagar para receber graças". Já A.R. confessa seu arrependimento de ter abandonado o espiritismo, onde, em oposição às "seitas evangélicas", "não há exigência de dinheiro".

Quanto aos denunciantes, reúnem personagens cujas histórias já nos são conhecidas. Trata-se do jornalista J.S., do assistente social A.G. e do deputado Jazadji, além de A.M., que interviu para que a mãe não doasse suas jóias, e de M.S., que denunciou ocorrerem simulações nos cultos de um templo da IURD. R.M.G. é o único personagem novo. Dono do bar que pertencera a M.S., ele não confirma a acusação de simulação, mas foi capaz de descrever os cultos da igreja por ter acompanhado uma namorada e um amigo aos templos (fl.641). No caso desses depoimentos, um ponto de contato é a ênfase sobre a "teo-

---

28. Respectivamente, fls.621, 471-3, 561.

29. Fls. 474-6. A.R. é certamente a personagem mais ambígua do caso. Primeiro, retornou à igreja no período entre o primeiro depoimento e sua participação no processo. Em seguida, requisitou ao promotor e ao juiz que outros dois advogados fossem aceitos como assistentes de acusação; além disso, entrou com ação cível buscando a devolução dos bens doados. Finalmente, assina uma declaração na qual desmente seu testemunho em juízo e desiste do processo, a qual é contestada pelo próprio advogado, que alega coação no preparo dessa declaração. No entanto, sua desistência é aceita pelo juiz em 21.10.93. Já o testemunho de A.L., arrolada como vítima, tornou-se inútil à acusação, uma vez que afirma de nada recordar.

logia" da IURD, na qual também o dinheiro ocuparia um lugar fundamental. J.S. declara que "as pregações que ouviu eram todas no sentido de pedido de dinheiro" e que a "metodologia" na IURD poderia ser sintetizada no adágio "fiel vai dar, depois vai exigir de Jesus" (fls.564-5). A.G. denuncia o que soube através das mães a quem atende, descrevendo o modo de solicitação de dinheiro pelos pastores, estes "sempre dizendo que conseguiriam de volta em dobro o que desse para Deus" (fl.624-5). A.M. acusa pastores da IURD de condicionarem a cura de sua mãe à doação prévia das jóias (fl.s/n). M.S. diz ter ouvido os pastores pregarem que "quem não desse dinheiro não teria 'milagres de Deus'" (fl.566). A mesma ênfase sobre a "teologia" da IURD é encontrada no testemunho de um dos dois investigadores que participaram do processo. C.M.G.C., atestando que "presenciou algumas sessões de exorcismo", pensa que elas serviam de pretexto para as solicitações de dinheiro, confirmando que "não bastava ter fé, mas eram necessárias as doações, para que os pedidos fossem atendidos" (fl.563).[30]

Além dos investigadores, foram chamados para oferecer suas opiniões técnicas dois peritos criminais e o presidente do Conselho Regional de Medicina. Roberto Godoy encarna a voz da ciência médica, em nome da qual se sente autorizado para negar a possibilidade de curas pelo exorcismo e por rituais que se utilizam de óleo. Declara ainda desconhecer fatos relativos à cura de doenças na IURD (fl.628). Os peritos convocados são os que realizaram a análise de gravações de cultos e concentrações da IURD. Ambos ratificam seus laudos. Novamente, a questão do dinheiro torna-se axial, mas agora especialmente como revelador de um certo constrangimento que pesaria sobre os frequentadores dos cultos. Assim, O.N.N. afirma, quanto à doação de dinheiro pelos fiéis, "que havia uma 'sugestão' como uma forma de retribuição aos bens espirituais conseguidos"; mais adiante, acrescenta que "aqueles que não colaboram ficam com receio de arrependimento futuro" (fl.626). A outra perita, R.M., reitera a tese da "sugestão" e confirma que nos cultos "as pessoas eram levadas à prodigalidade, fazendo doações" (fl.627). Verificada no discurso das várias testemunhas, a convergência sobre a importância do dinheiro na relação entre fiéis e pastores será recuperada pela promotoria de maneira a condensar as diversas versões em jogo.

Nas suas alegações finais (30.08.93), o promotor Inellas confirma a denúncia nas três figuras criminais, reiterando a caracterização anteriormente realizada. Encontra no depoimento de Edir Macedo a prova de que assegura "poder curar" os mais diversos males e de que "admitiu a obrigatoriedade do dízimo". Em seguida, cita reportagens de 1991 que "demonstram os incontáveis lucros auferidos pelo acusado através de sua conduta tipicamente criminógena". Passa a resumir os testemunhos, excluindo no entanto os da defesa, reunidos em torno das exigências de contribuição, das promessas de curas e das práticas de exorcismo. Não distingue entre vítimas, denunciantes e técnicos. Às vezes, a simples existência de pedidos ou de doações é tomada como prova de estelionato. Trans-

---

30. O depoimento do outro investigador, J.E.R., revelou-se um verdadeiro fiasco, pois ele confessou ter assinado um relatório redigido por outra pessoa (fl.640).

creve os mesmos trechos das perícias citadas na denúncia, mas acrescenta os resumos de quatro acórdãos em processos supostamente semelhantes, sem incursionar por uma discussão da jurisprudência. Na verdade, é apenas nas últimas páginas, exatamente quando o promotor procura responder à objeção da "liberdade religiosa", que seu argumento revela mais claramente suas bases. Vejamos:

> "(...) o que está em jogo no presente processo é, não o recebimento do dízimo, mas a forma como o dízimo é extorquido, o modo como o dízimo é arrancado aos próprios fiéis, através de lavagem cerebral, de músicas especiais (...). O verdadeiro 'leilão' a que são submetidos os fiéis (...) dizendo-lhes para darem tudo o que possuem (...), pois 'receberão tudo em dobro', não existe em outras religiões, constituindo-se em nefando crime, que não pode ser acobertado pela 'liberdade de culto'" (fls.712-3).

A seu modo, a arguição do promotor junta todas as variantes que encontramos nos testemunhos para *negar estatuto religioso* à IURD: a forma como o dinheiro está presente na relação entre pastores e fiéis constitui, ao mesmo tempo, o que distingue a Igreja das "outras religiões", o centro da sua teologia e a prova de uma extorsão. Note-se que aquela relação não é considerada pela promotoria segundo o modelo de uma "prestação de serviço". Embora não deixe de assinalar a ocorrência de curas mal-sucedidas, o problema não reside no fracasso eventual ou reiterado de promessas. Trata-se, antes, de uma referência espúria ao transcendente — curas impossíveis, doutrinas absurdas que visam inexoravelmente a obtenção de proveitos e que só "funcionam" porque envolvem alguma alteração na capacidade crítica dos fiéis. Para sustentar a tese da "indução", apóia-se sobretudo nas perícias e nas declarações dos peritos, mas também no de outras testemunhas. No entanto, se voltarmos aos depoimentos, constataremos que em vários deles a idéia de "indução" é apresentada de forma nuançada. Assim, em suas declarações, os peritos descartam a tese de "coação" em favor da "sugestão". E.P.O., que fala em "indução", admite que não havia represálias para os que se negassem a contribuir. C.P., que reclama da insistência dos pedidos e do ambiente constrangedor, reconhece ter feito doações espontaneamente. F.P.P. denuncia que "da maneira que ele pregava a pessoa era obrigada a dar", mas sem haver cobrança explícita pela solução de problemas. R.M.G. prefere dizer que as "pessoas não eram 'coagidas' a darem dinheiro, mas eram 'induzidas'". E o investigador C.M.G.C. concluiu que "não era obrigatório fazer as doações, mas para receber as graças as doações eram necessárias".

Todas essas nuanças foram eliminadas do argumento da promotoria. Esta utiliza-se da expressão "lavagem cerebral", faz referência a "extorsão". O fundamental não são exatamente os termos, aliás não totalmente adequados — "lavagem cerebral" transferiria o caso para a medicina; "extorsão", a rigor, configuraria uma outra figura criminal —, mas a idéia que expressam, ou seja, a alteração das faculdades críticas de pessoas comuns. O promotor Inellas prefere enfatizar as artimanhas dos pastores para responsabilizá-los por essas alterações. Uma segunda alternativa, de resto completamente compatível com a primeira, seria apontar as fragilidades dos próprios fiéis, que em função delas ficariam expostos às manobras dos mal-intencionados. O juiz que decretou a prisão preventiva de Edir Macedo, por exemplo, sentiu-se à vontade para referir-se, de um lado, às "técnicas para dificultar o raciocínio claro e lógico" e a um "verdadeiro processo de lavagem cerebral" e, de outro, aos fiéis sujeitos às pregações da IURD como "pessoas hipossuficientes", "massas enfileiradas de pessoas incautas e incultas", "sem embasamento sócio-cultural suficiente para livrá-los do mal". A denúncia da promotoria fluminense em caso semelhante apelou igualmente para a idéia da "lavagem cerebral" e do "constrangimento psicológico" e para a caracterização dos fiéis como "pessoas intelectualmente despreparadas", "na sua maioria humildes e intelectualmente indefesas".

Para mostrar como esses argumentos tornaram-se absolutamente centrais, exponho rapidamente um outro caso judicial, dessa vez na esfera cível. Trata-se de uma ação em que um ex-fiel da IURD solicita indenização pelos bens (imóveis, automóveis, ações, etc) cujo produto da venda teria doado à Igreja e pelos danos morais que teria sofrido.[31] A sentença é favorável ao solicitante, considerando o fato da alienação dos bens ter ocorrido no período em que era fiel como prova suficiente de um benefício auferido pela Igreja. Mas teve ainda de sustentar que as doações envolveram "vícios de consentimento", acionando para isso uma dupla arguição. Por um lado, recupera-se circunstâncias da vida familiar e financeira do solicitante para diagnosticar sua "baixa estima" e seu "estado de desequilíbrio psicológico", que permitiram que fosse acometido por um "fanatismo". Por outro, propõe-se uma caracterização dos cultos da IURD, que conclui que eles "induzem", através da música, dos exorcismos e dos apelos dos pastores, a contribuições em dinheiro e em trabalho não remunerado. O que explicaria que uma igreja se concentrasse em "promessas de cura e prosperidade"? Segundo o juiz desse caso,[32] uma deturpação dos "princípios da ortodoxia protestante" que, partindo de uma leitura "fundamentalista" da Bíblia, permite pregar que dízimos e ofertas são necessários à salvação.[33]

Acusações criminais ou pedidos de indenização cível, mesmo remetendo para certas especificidades associadas a suas bases legais,[34] repousam sobre as mesmos argumentos,

---

31. Processo n.16.211, 30ª Vara Cível do Rio de Janeiro. O caso inicia-se em dezembro de 1992 e a sentença em primeira instância é exarada em 09.02.95. As peças aqui comentadas foram incorporadas aos autos do processo 298/92. Há sobre ele registros na imprensa — ESP 05.05.95 e JT 05.05.95.

32. Ele cita como fundamentação a caracterização do "pentecostalismo autônomo" formulada por J. Bittencourt. Foi o único exemplo com que me deparei de apropriação pelo campo jurídico de argumentos elaborados no campo intelectual.

33. A IURD recorre da decisão e tem um julgamento de segunda instância favorável. O acórdão não encontra provas de dolo. Entretanto, o 2º relator registra seu voto vencido: considera válido o "pedido de indenização por elevadas doações em dinheiro e bens decorrentes de fanatismo inconsequente do apelado em lesão enorme provocada pela IURD ao tempo em que, obliterado em seu raciocínio, professava o culto propalado pela IURD". Acórdão de 7ª Câmara Cível do Tribunal de Justiça do Rio de Janeiro, 31.10.95.

ou seja, igualmente supõem alguma situação de *privação* por parte do fiel, de modo a ser *enganado* pelos pastores, que retiram disso uma *vantagem*. Envolvem, portanto, alguma forma de avaliação psicológica que, na medida em que sirva para revelar uma ilicitude, opera no sentido de negar a um grupo ou a uma prática o estatuto de "religião". No limite, essa avaliação assume feições que resultam em uma patologização dos fiéis.[35] Mas, em geral, a descrição da sua situação de privação expressa-se em tons mais condescendentes e menos individualizantes, apelando para uma espécie de sociologia da carência, e a ênfase é transferida para o outro pólo da explicação, as técnicas rituais dos pastores.[36] Parece-me haver um foco central capaz de dar razão a essa assimetria explicativa: o argumento da "indução", não sendo enunciado pelos próprios fiéis, coloca-os na contramão de seus supostos protetores, que ficam fadados a observar apenas o que consideram ser os ardis dos protagonistas de um crime. Significativamente, esse argumento aparece sempre nas intervenções de ex-fiéis, que procuram justificar seu egresso, ou de um observador externo que pretende denunciar a situação dos atuais fiéis. Ocorre, assim, um efeito inverso ao pretendido, pois a acusação que visa livrar as vítimas de seus algozes acaba, ao apontar para a complementaridade das duas posições, por torná-los ainda mais unidos.

---

34. Uma alegação de doação viciada pode apontar como autora uma instituição, enquanto que o autor de um estelionato deve ser um indivíduo; na doação (que não envolve contrapartida), a voluntariedade é um pressuposto e a culpabilidade tende a recair diretamente sobre o autor da coação, enquanto que no estelionato (que se caracteriza pela ilusão de equivalência em uma troca), a falta de voluntariedade é apenas um dos possíveis corolários e o prejudicado (por sua condição de ignorância, credulidade) tende a compartilhar da culpa.

35. É o que faz o psiquiatra Guido Palomba em um artigo publicado na grande imprensa (ESP 27.10.95). Nele, os fiéis da Universal são apresentados como pessoas não só ingênuas e de pouca instrução, mas também predispostas a ter manifestações epilépticas. O exorcismo, continua o psiquiatra, ao provocar manifestações histero-epilépticas, é o meio de que se utilizam os pastores para extorquir dinheiro dos fiéis. Juntamente com as perícias realizadas sobre os objetos presentes nos cultos e as análises de suas sequências rituais, essa patologização lembra o tipo de olhar que policiais e médicos reservaram aos cultos mediúnicos. Ambas as perspectivas são tributárias de argumentações que procuram explicar a relação entre especialistas rituais e seus adeptos referindo-se às artimanhas dos primeiros e às fragilidades dos últimos. A diferença é que hoje os formuladores desse discurso parecem ter perdido o acesso ao seu objeto. Na década de 30, os médicos alertavam que os hospícios estariam repletos de "espiritopatas"; assim podiam analisá-los. Nada impede que se renove um discurso patologizante, agora sobre os pentecostais, mas suas condições de plausibilidade já não são as mesmas. Sobre a patologização do espiritismo, ver Giumbelli (1997).

36. Às vezes, no entanto, é sobre os próprios líderes da IURD que incide uma certa patologização. O delegado que conduziu um dos inquéritos no Rio de Janeiro afirmou que iria solicitar um exame psiquiátrico de Edir Macedo. Mas o diagnóstico ele já nos dava de antemão: "O 'bispo' faz indução de lavagem cerebral nos fiéis e tem uma personalidade psicopática, sociopática e amoral, típica de estelionatários" (GB 26.06.90). O promotor Inellas, na última vez que se manifestou no processo 298/92 (26.03.96), referiu-se à "personalidade tipicamente criminógena" do réu (fl.1063).

Não é sem razão que os fiéis sejam arredios aos investigadores, nem que o promotor despreze os testemunhos da defesa em suas alegações.

Passemos agora justamente às arguições da defesa. Comecemos pelas testemunhas (cujo depoimento foi tomado em junho de 1993), que, apesar de se reduzirem a quatro, parecem ter sido estrategicamente arranjadas. Ao contrário das testemunhas de acusação, todos declaram conhecer pessoalmente o acusado e todos podem falar dos cultos por experiência própria e direta. Por outro lado, a relação de cada uma das pessoas com a igreja — uma fiel, um pastor, um professor e jornalista que se declara católico e um advogado que já prestou serviços à IURD — serve, pela sua diversidade, para minimizar a parcialidade dos testemunhos. Cada um assume seu papel sem hesitações. A fiel conta sua história de cura e de prosperidade após a conversão à igreja. O pastor descreve o exorcismo como uma forma de atendimento para "acidentados espirituais". O católico elogia Edir Macedo como cidadão e como sacerdote, reconhece que os ensinamentos da IURD são bíblicos e afirma saber de fiéis que "abandonaram o vício". O advogado assevera nunca ter encontrado ilicitudes nos cultos da IURD: a cura não é atribuída a meios infalíveis, mas a Deus e Jesus na conformidade da fé de cada pessoa; nunca viu receitamento de qualquer remédio, nem estipulação de preços em troca de cura ou milagre, nem de condições para recebimento de cura; dízimos e ofertas decorrem não de exigência de pastores, mas da vontade despertada em fiéis em razão de leituras bíblicas. O pastor e o advogado enfatizam ainda que na Igreja encontram-se pessoas de todas as escalas sociais — o que se contrapõe claramente à idéia de que seja um lugar apenas para os desesperados e ignorantes (fls.660-86).

As alegações finais da defesa são apresentadas em 18.11.93. Elas concluem pedindo a incorporação de outra arguição, relativa ao processo que se desenrolara no Rio de Janeiro. Sigamos as instruções dos advogados e analisemos primeiramente o arrazoado de seus colegas fluminenses.[37] A estratégia da IURD no Rio para se livrar das acusações consistiu em buscar o trancamento da ação com a justificativa de que a denúncia implicava em uma agressão ao princípio constitucional da liberdade de culto. Para demonstrar sua alegação, os advogados, além de apontar algumas falhas processuais no documento da promotoria, desejam convencer os juízes de que a IURD é uma "religião". Com a ajuda de enciclopédias e obras de referência, constróem uma definição de religião que se configura a partir de uma enumeração de "elementos" encontráveis em todas: crença no sobrenatural, a expectativa de milagres, as orações em busca da cura. Em seguida, novamente recorrendo às mesmas fontes, buscam definir o pentecostalismo, "um dos ramos modernos do protestantismo clássico", uma vez que comunga com este a idéia de encontro direto com Deus. Passo seguinte: a afirmação de que a IURD "é originária da corrente pentecostalista", observando os cânones próprios a seus ritos — batismo pelo Espírito Santo, pregação das

---

37. Assinam a arguição, de abril de 1992, os advogados Antonio Evaristo Moraes Filho, Arthur Lavigne e Paulo Freitas Ribeiro. O texto foi posteriormente publicado na *Revista Brasileira de Ciências Criminais*, versão que utilizo para as referências.

palavras de Jesus, realização de preces comunitárias, crença na possibilidade de solução para todos os problemas humanos através do exorcismo, da imposição de mãos e da unção de fiéis com óleo. Trata-se, portanto, de incluir as práticas da IURD em uma suposta linhagem religiosa.

Essa discussão é acompanhada de uma outra, mais propriamente jurídica, só parcialmente destacada da primeira. Os advogados defendem que tanto o anúncio de curas, quanto o recebimento de contribuições materiais possuem fundamentações religiosas e estão presentes nas mais diversas religiões — não se pode, portanto, proibi-las. A coleta de doações e dízimos não constitui uma vantagem ilícita para caracterizar estelionato, mas a maneira de a instituição angariar recursos. As curas anunciadas também não configuram um meio fraudulento, secreto ou infalível: ao contrário, são públicas e conhecidas e dependem da fé de pessoas religiosas. O reconhecimento de que contribuições e curas fazem parte dos ritos da IURD parece depender, no entanto, de uma desvinculação entre essas duas atividades. Assim: "Para que pudesse estar caracterizado o estelionato, seria necessário que os fiéis contribuíssem para a Igreja *em troca* de curas para seus males. (...) [Mas] os dízimos e doações (...) se destinam ao sustento material da Igreja e não a contraprestações em face de curas". (Moraes Filho *et al* 1993:267). Apesar disso, na discussão jurisprudencial que se segue, são apresentados dois casos que sustentam "a liceidade na conduta daqueles que (...) cobram por consultas e 'despachos' místicos" (:268). Ou seja, os advogados evocam uma situação que mesmo em sua radicalidade não contraria a lei e acabam mostrando que a IURD estaria bem aquém disso. O importante é que, seguindo tais linhas de raciocínio, fica afastada qualquer hipótese sobre a (in)voluntariedade das contribuições.

Os advogados de defesa no caso paulista, Marcio Bastos e Sonia Ráo,[38] também procuram incluir as práticas da IURD no espaço das religiões. Isso fica muito claro em suas estratégias durante o depoimento das testemunhas de acusação e do juízo, levando-as a reconhecer a existência de contribuições, dízimos, exorcismos em outras religiões; ou, no caso dos peritos, questionando suas observações de segunda mão e a falta de conhecimentos específicos sobre religião. Nas suas alegações finais, prosseguem na mesma direção, seguindo o exemplo de seus colegas cariocas: "o simples fato de acenar com cura, através de orações, de males físicos, ou com a solução de problemas existenciais, e mesmo o recebimento de doações dos fiéis (...) são práticas inerentes à maioria das religiões" (fl.752). Os advogados transcrevem os resumos de duas decisões que inocentam casos de curandeirismo e assinalam que nesta causa "a prova testemunhal apresenta-se completamente dividida". Onde as duas arguições se distanciam é na caracterização das curas. Para Moraes Filho e seus colegas, existem explicações científicas para curas que se operam a partir da crença do paciente (1993:264-66). Já Bastos e Ráo optam por uma espécie de "direito negativo", perfilando as "curas divinas" a "temas que não são passíveis de

---

38. A IURD não descuida na escolha de seus defensores jurídicos. Evaristo Moraes Filho e Arthur Lavigne dispensam apresentações. Marcio Bastos já foi presidente do Conselho Federal da OAB.

aferição probatória, como a existência de milagres, se são obtidos através de orações e, no limite, se Deus existe!" (fl.759). Resta, entre as duas escolhas, o ponto comum de que as curas não poderiam ser consideradas "meios fraudulentos" para configurar o instrumento de um estelionato.

Um último ponto preocupa ainda as defesas. A arguição de Moraes Filho e seus colegas reserva um item específico à demonstração da alta moralidade da instituição. No duplo sentido: pela destinação do dinheiro que angaria junto aos fiéis e pela reputação que cultiva entre personalidades religiosas e políticas. Assim, de um lado, afirma-se que todo o montante arrecadado reverte para a manutenção e expansão da Igreja e para "importantes serviços de valor social"; de outro, procura-se mostrar que se trata de instituição "devidamente registrada" e declarada de "utilidade pública municipal", que tem o respaldo de vários "representantes de outras Igrejas cristãs" e de "diversas autoridades públicas", com destaque para o então deputado federal José Serra (:273-6). Já a defesa de Bastos e Ráo assinala simplesmente que a acusação não conseguiu demonstrar "que as doações feitas pelos fiéis não tenham se destinado à expansão e manutenção da própria Igreja, bem como às diversas obras de caridade por ela mantidas". Incluem aí a compra da Rede Record, destinada a "propagar a fé", como pretende fazer do mesmo modo, segundo uma notícia que transcrevem, a Igreja Católica (fls.759-60).

A julgar então pelas defesas que realizam seus advogados, a IURD pretende estar propagando uma religião como qualquer outra. Ainda que, como procurou explicar Edir Macedo, em seus templos se possam fazer "pedidos a serem alcançados pela fé" e se possa presenciar a "expulsão de espíritos imundos", sua teologia e seus rituais confessam obediência à Bíblia. Mas, ao "ser uma religião", está igualmente justificando seus projetos fora dos templos, pois a Igreja penetrará em outros espaços desde que os imperativos da fé exijam tais incursões. Essa definição permite, assim, um duplo movimento, feito de componentes opostos mas não contraditórios. Do lado da relação com seus fiéis, ocorre uma espécie de acomodamento da IURD a uma definição moderna e individualista do religioso — todos estão lá por livre e espontânea vontade procurando transformar apenas as próprias vidas. Do lado da relação com a sociedade, é a perspectiva de expansão que guia os movimentos da IURD, expansão que deveria contribuir não apenas para uma espécie de colonização do espaço público (em compromisso com a tarefa missionária e conversionista), mas também para a legitimação da igreja (por seus supostos benefícios generalizados). É extremamente significativo, do ponto de vista dos impactos de certas pressões regulatórias, que essa igreja reaja menos pela alteração de suas doutrinas e práticas do que por sua afirmação pública fora dos templos.

A sentença no processo por estelionato, curandeirismo e charlatanismo é proclamada em 17.11.94, ou seja, praticamente um ano depois das alegações finais da defesa. Seu autor, o juiz José Luiz de Carvalho, aponta uma série de razões para absolver Edir Macedo. A exposição dos motivos é entremeada com comentários doutrinários e considerações sobre os depoimentos. Do ponto de vista do argumento geral, um caso revelador é o de A.M., sobre as jóias da mãe. Carvalho diz encontrar aí indícios de furto, mas, para apurálo, seria necessário investigar especificamente a situação na qual ocorre, discriminando condutas e responsabilidades individuais. Assinala adiante que o réu não praticou pessoalmente os crimes denunciados. Supôs-se que havia "orquestração de operação criminosa", mas não se arregimentaram as provas de ligação entre as ações de pastores e as orientações de Edir Macedo. Enfim, as investigações se mantiveram em nível demasiadamente genérico, descumprindo especificações sobre eventuais vítimas e culpados. Os depoimentos de Jazadji e do investigador C.M.G.C., por essas razões, são de pouca valia; a perícia foi realizada sobre um material inadequado, pois as gravações vinham já editadas. A dispersão de fontes e de focos que ajudara a movimentar as investigações no início, e que transformara uma denúncia anônima no julgamento de toda uma instituição, converte-se agora em fraqueza processual e em desígnio ilegítimo:

> "Os atos individuais deveriam ter sido apurados diretamente com a prisão de seus responsáveis e o fechamento de templos em que se praticaram as irregularidades. (...) A atividade religiosa não pode ser suspensa. É o direito de todas as pessoas abraçarem o caminho religioso que desejam". (fl.785)

Talvez se pense por isso que o juiz concordava com as denúncias, limitando-se a apontar as falhas da sua apuração. Na verdade, há discordâncias substantivas. Ao analisar o caso de E.P.O., nota que os expedientes denunciados "estão presentes em diversas religiões" (fl.781). Também seriam comuns a todas as religiões os pedidos de donativos e de dízimo e a promessa de alívio e cura para quaisquer males. Mais adiante, posiciona-se sobre os prospectos da Igreja juntados aos autos: "poderiam ser de inúmeros movimentos religiosos para atrair fiéis" (fl.787). A tese da "indução" é em dois casos explicitamente contestada. Primeiro, ainda no comentário ao depoimento de E.P.O., no qual confessa nada ter encontrado que evidencie a obrigatoriedade da contribuição. Quanto a C.P., avalia que o constrangimento de que reclama "foi uma coisa sua, íntima" (fl.785). Mais, não vê ilicitude em se considerar as contribuições como "ato a ser compensado pelos céus" (fl.782). Enfim, reconhece que a defesa "trouxe depoimentos de pessoas esclarecidas" que atestam "a atuação honesta do réu e de outros membros de sua igreja, assim como de atividades relevantes em prol da sociedade e das pessoas em geral" (fl.787). E assevera que não ficou provado que o patrimônio pessoal de Edir Macedo tenha sido obtido com dinheiro da própria Igreja. Até aqui, portanto, embora recorra a estilo distinto, o juiz não parece divergir substancialmente dos argumentos avançados pela defesa.

A promotoria não se conforma e apela para o Tribunal de Alçada Criminal (07.12.94). Nas suas razões, reitera as acusações e suas evidências. Respondendo à sentença de absolvição, acrescenta que "as condutas não são individualizadas mas genericamente praticadas por todos os pastores, sob estrita determinação e fiscalização de seu 'bispo'" (fl.816). Inellas é apoiado pelo procurador Carlos Barreto, que emite parecer pelo provimento da apelação (31.05.95). Concorda que Edir Macedo seja o autor intelectual dos delitos encontrados nos métodos da Igreja. Para Barreto, o "desenvolvimento patrimonial da igreja" e suas "técnicas utilizadas para obtenção de dinheiro" demonstram que "pastores, aliciados pelo acusado, afastaram-se dos objetivos principais da entidade, que é a pregação do Evangelho e a doutrinação de seus membros, conforme consta de seus estatutos" (fl.851). Já nas contra-razões que opuseram ao pedido de Inellas, Bastos e Ráo referem-se igualmente à expansão da IURD, mas como evidência de sua inocência: "se os pastores realmente se comportassem da forma descrita em alguns testemunhos, certamente não haveria número tão grande de adeptos" (fl.833). Vê-se que a transferência do processo para a segunda instância resulta em um reforço da idéia de que estão em julgamento não "atos individuais", como queria o juiz Carvalho, mas os "métodos", as "determinações" e a "expansão" de uma igreja.

O derradeiro acórdão só é sentenciado em 19.06.97.[39] Nega por unanimidade provimento ao recurso e confirma a absolvição de Edir Macedo. De forma mais sistemática, o acórdão reitera as conclusões da sentença original. Inicia pela apreciação das acusações de charlatanismo e curandeirismo. Não nega que "pastores da IURD efetivamente se propõem a curas e soluções de problemas outros" (fl.1108). Mas avalia serem "tais curas e soluções por eles atribuídas ao poder da fé e da oração, inexistente qualquer alusão a meio secreto e infalível" (fl.1108). Tal atribuição é explicada pela filiação da Igreja à "linha pentecostal", que "prega a crença no poder do Espírito Santo", consistindo também em "prática comum a todas as religiões e seitas" (fl.1108). Ela serve ainda de critério para diferenciar entre promessas lícitas de curas e a "superstição" que, segundo o acórdão, caracteriza o curandeirismo (fl.1109). Ou seja, os magistrados aceitam que a IURD constitua uma "religião" e isso automaticamente a inocenta das duas acusações. Entretanto, o peso do julgamento é transferido quase que totalmente para a apuração da terceira acusação, uma vez que curandeirismo e charlatanismo foram considerados apenas "os meios ardilosos empregados no cometimento do estelionato" (fl.1110). Nesse caso, lamenta que as pessoas iludidas e lesadas e também os autores efetivos das infrações não tenham sido "perfeitamente identificados e determinados". Aponta, em cada depoimento, problemas dessa ordem e salienta as declarações que inocentam o acusado — o que resulta na conclusão de que "não há prova de que atos tenham sido cometidos pessoalmente pelo réu", nem de que este abonasse "os eventuais desmandos de seus pastores" (fl.1110-13).

Verifica-se que a decisão final julga não poder condenar Edir Macedo, mas ao mesmo tempo parece manter certa desconfiança sobre seus pastores. Dessa ambiguidade, um trecho que pretende sintetizar os testemunhos de acusação é revelador, pois admite que relatam "(...) condutas que podem ser consideradas despidas de ética, principalmente quando enfocadas pelo prisma eminentemente religioso, como, v.g., a irrecusável e desusada insistência e os métodos pouco ortodoxos utilizados para a obtenção de doações (...)"

---

39. Um primeiro acórdão é emitido em 08.02.96, o qual, por unanimidade, decide converter o julgamento em diligência, o que permitiria comutar pena de prisão em multa ou medida restritiva de direito. No entanto, tanto a promotoria quanto a defesa declaram não aceitar a conversão. Assim, em 23.05.96, um novo parecer da promotoria reitera o primeiro, sustentando também o provimento da apelação.

(fls.1112-3). Além disso, acata como "fato público e notório (...) que a IURD (...) amealhou patrimônio de causar inveja a empresas multinacionais, cuja atividade, como por igual sabido, é toda ela dedicada ao lucro" (fl.1107). E embora reconheça que promessas de proteção divina, a utilização mística de palavras, gestos e música, e contribuições (para manter a instituição ou mesmo visando obter recompensas celestes) são, os três, "aspectos comuns a todas as igrejas ou seitas", nota que, no caso da IURD, "os seus métodos e o nível de seus frequentadores possa criar campo pródigo aos inescrupulosos" (fl.1113). Esta última sentença praticamente transcreve uma das opiniões expressas na decisão do juiz de primeira instância, o qual faz questão de deixar explícito que, "pessoalmente", não aprova "os aspectos morais e éticos de tais religiões" (fl.788). Outras considerações esclarecem algo sobre sua visão acerca dos fiéis que frequentam "tais religiões". Carvalho distingue as pessoas que procuram a religião entre, de um lado, aquelas que anseiam um auto-aprimoramento e a comunhão com Deus, satisfazendo-se com um "ensino religioso puro" e, de outro, aquelas que buscam "soluções milagrosas" para problemas que sós não conseguem resolver (fl.782-83). Ou seja, o reconhecimento de que a religião pode ser benéfica vem acompanhado de uma avaliação que discrimina um certo tipo de fiel por suas carências.[40]

A análise desse processo envolvendo a IURD leva-nos a distinguir esquematicamente três posições. A defesa procura mostrar que a IURD é uma "religião" e, portanto, não comete as ilicitudes de que é acusada; a acusação busca provar que os pastores dessa Igreja praticam, na verdade, atos de curandeirismo e de estelionato e, por conseguinte, não se trata de uma "religião". Quanto aos juízes, não vêem provas categóricas ou suficientes para confirmar as denúncias de curandeirismo e estelionato, mas isso, ao mesmo tempo, não elimina desconfianças e reprovações que continuam a incidir seja sobre certos "usos" da religião, quando eles envolvem o dinheiro de maneira intrínseca, seja sobre seus "usuários", quando o que lhes interessa é o "milagre". Não mais ocorre uma exclusão mútua e automática entre a "religião" e a ilegitimidade. Essa contradição, por outro lado, não é enfrentada por uma avaliação das categorias legais, mas reproduz-se sob as queixas de que as investigações sofrem de imperfeições e sob a evocação de princípios vagos e extra-jurídicos, tais como a "ética" e os "fatos públicos e notórios". Isso lhes possibilita e os leva a absolver o que não deixa de ser condenável. Considerando que os dispositivos jurídicos seriam o plano mais imediato de uma regulação do religioso, tal resultante pode suscitar dúvidas sobre sua capacidade ou suficiência para cumprir tal papel. Enfim, não causará surpresa se juristas e advogados levantarem-se, de modo semelhante a alguns intelectuais, contra os "excessos de liberdade religiosa" no Brasil.

---

40. No mesmo sentido, a decisão do STJ que trancou a ação penal no Rio de Janeiro: não há razão para penalizar "líderes de seitas religiosas que se propõem a aliviar as dores e os sofrimentos espirituais ou psíquicos dos que não têm acesso aos meios sofisticados e caríssimos para a cura de seus males por métodos tradicionais". Habeas Corpus 1498-3, 18.12.92, Superior Tribunal de Justiça.

Até hoje, a IURD jamais veio a ser sancionada, em caráter definitivo, por suas práticas religiosas. O fato de que essa inocência não se fundamente em uma absolvição plena ajuda a alimentar os esforços despendidos pelas autoridades em outros planos de acusação. Desde 1990 se desenrolam investigações e processos sobre aspectos institucionais da IURD. Durante o segundo semestre de 1995 e especialmente em decorrência das denúncias que acompanharam a exibição do vídeo em dezembro daquele ano, as apurações ganharam novos impulsos.[41] É significativo que na sua origem estivessem imagens cujo aspecto mais destacado fora o ludíbrio dos fiéis. No início de janeiro de 1996, o procurador geral da República se encarregaria ele mesmo de pedir a abertura de três inquéritos sobre as atividades da IURD, todos sobre aspectos institucionais.[42] Suas primeiras reações ao vídeo, no entanto, levantaram exatamente a acusação de estelionato, reformuladas do seguinte modo: "Mesmo se não houver possibilidade de configurar o estelionato por causa do argumento da liberdade de religião, essas rendas obtidas de forma criminosa precisam ser declaradas e, se não o foram, é crime" (GB 27.12.95). Daí a acusação de sonegação fiscal explicitada logo em seguida. Vê-se bem que a lógica é estratégica, pois sem se inocentar a IURD no plano das relações entre fiéis e pastores, prefere-se atingi-la pelo lado de sua contabilidade. Nesse sentido, a investigação e eventual condenação da IURD considerando aspectos institucionais revela ao mesmo tempo a falta de êxito nas tentativas de enquadrar criminalmente as doutrinas e práticas exercidas nos seus templos.

---

41. Depois de 1996, a Receita Federal investiu contra a IURD através de autuações em várias ocasiões, questionando sua contabilidade, as transferências de dinheiro entre as várias instituições e os limites da imunidade tributária (FSP 11.08.96, 15.08.96, 06 e 13.07.97 e Veja 03.11.99). O Ministério Público de São Paulo persistiu apontando irregularidades no controle da TV Record (FSP 05.06.97 e 23.09.98, além de Veja 03.11.99). Uma das empresas da IURD, o Banco de Crédito Metropolitano, teve sua atuação especialmente vigiada (Veja 01.05.96, IE 15.01.97, Veja 03.11.99).

42. Evasão de divisas, contabilidade paralela, operações cambiais irregulares, envolvimento com narcotraficantes e sonegação fiscal. Conduzidos pela Polícia Federal, os inquéritos continuavam aparentemente inacabados (FSP 10.03.96 e 18.07.99).

CAPÍTULO 8

A IURD e o campo religioso:
evangélicos sem protestantismo

Eu achava que estava fazendo alguma coisa politicamente necessária,
ou seja, ver quem estabeleceria as referências para a Igreja Evangélica
no Brasil - Caio Fábio, pastor (Eclesia, outubro 1999)

As clivagens estabelecidas pelas tipologias e classificações do protestantismo possuem uma contraface tácita, o pressuposto de que a sua resultante recorte um segmento específico do campo religioso brasileiro. Na verdade, no próprio universo das instituições protestantes no Brasil, desde muito cedo existiu uma transdenominacionalização, construída através de entidades interdenominacionais e paraeclesiásticas, acompanhadas ou não de organizações representativas. Mesmo excluindo-se eventuais projetos imaginados por lideranças protestantes pioneiras, a primeira entidade desse tipo no Brasil data já de 1903, a Aliança Evangélica Brasileira, inaugurando um movimento que se prolongaria até a década de 30 com a criação da Confederação Evangélica Brasileira, só extinta oficialmente em 1990. Nas décadas de 60 e 70, surgem diversas instituições que atuarão através de projetos de cooperação interdenominacional, seja dentro do ideário ecumênico, seja em função de interesses comuns (formação, imprensa, etc).[1] No caso do nosso país, dois fatores importantes para a vitalidade da transdenominacionalização foram, pelo lado externo, o trabalho de organismos missionários e ecumênicos estrangeiros e, pelo lado interno, a contraposição comum à religião majoritária.

Apesar disso, não é difícil admitir que nada equivalente à federação protestante francesa, em termos seja de sua abrangência, seja de sua longevidade, vingou por aqui. O processo de transdenominacionalização no Brasil precisa ser considerado dentro de diversas conjunturas específicas, as quais acrescentam outros fatores aos acima mencionados, eventualmente até mais importantes. O que pretendo fazer a seguir assenta-se sobre a idéia de que

---

1. Cf. artigo de W. César em CPD, 26, 1995. Certas tipologias, como as de Mendonça (1989) e as de Freston (1993), abrem exceções a seus critérios denominacionais para incluir uma referência a esse tipo de entidade protestante. Importa, no entanto, não confundi-las com as organizações ecumênicas, que mesmo quando estão bem ancoradas em seu seio pretendem extrapolar o universo protestante.

as terminologias aplicadas ao campo protestante possuem um "peso político" (Mariz 1999). Ela continuará a ser explorada no capítulo posterior, quando tratarei da mídia. Neste, dedico-me a mostrar, primeiro, como a IURD apropria-se da categoria "neopentecostalismo" e, em seguida, como se torna um pivô — a uma só vez, referência e protagonista — de disputas recentes em torno da "unidade evangélica" no Brasil. Na conjunção entre esses dois movimentos e levando em conta certas das reações da IURD ao que chama de "perseguição", configura-se a situação que define os rumos assumidos pelos processos que identificam a auto-regulação do segmento religioso mais em evidência na atualidade.

1. "Neopentecostais" com orgulho

Depois de termos visto os sentidos atribuídos pelos intelectuais à categoria "neopentecostalismo" a partir dos elementos que a compõem, era de se esperar que qualquer grupo que se visse com ela identificado procurasse rechaçá-la — seja por uma crítica ao termo em si, seja pela recusa à identificação. Mas não é o que ocorre por parte da IURD, denominação que unanimamente constituiria o principal representante do "neopentecostalismo". Se o termo não é assumido na mesma medida que outros, tampouco é recusado; nessa balança, entretanto, o indicador pende para a primeira das alternativas, já que se incorpora o "neopentecostalismo" entre as formas de auto-caracterização da Igreja. De onde vem tal possibilidade? Deve-se notar, antes de mais nada, que o termo em si não é negativo: literalmente, faz vislumbrar um "pentecostalismo" mais recente ou de feitio renovado. Não é como "seita", palavra secular cujo sentido tende para o pejorativo. Nem contém qualquer parentesco, no seu estatuto, com "baixo espiritismo", expressão que surge para orientar o trabalho de repressão oficial aos cultos mediúnicos na década de 20. A incorporação do termo "neopentecostalismo" ao vocabulário da IURD lembra, aliás, o que se passou com a categoria "espiritismo", também assumida pelos grupos contra os quais ela se aplicava. Com a diferença de que "espiritismo", antes de se converter em termo de acusação, era já a categoria de auto-identificação de alguns desses grupos.[2]

Indagar pela natureza da religiosidade "pentecostal" vai nos ajudar a saber um pouco mais tanto sobre a formulação do termo "neopentecostalismo", quanto da sua possibilidade de apropriação pela IURD. As afirmações de Willaime (1999), em um texto que pretende tratar do "pentecostalismo" em geral, servem de boa advertência:

> "Diversidade cultural e pluralidade eclesiástica caracterizam o mundo pentecostal (...). Além disso, o pentecostalismo, como o protestantismo, não existe, a rigor, em lugar nenhum: é um conceito regulador através do qual diversos grupos exprimem seu pertencimento ao mesmo mundo religioso. Mas, na prática, o que se encontra são igrejas específicas profundamente aculturadas às regiões onde estão inseridas". (:14)

---

2. Sobre as disputas em torno da categoria "espiritismo" e a gênese das noções "falso" e "baixo espiritismo", ver Giumbelli (1997).

No entanto, talvez seja preciso ir adiante e dizer que o pentecostalismo existe ainda "menos" do que o protestantismo. No sentido de que se trata de uma religiosidade que radicaliza o vetor centrífugo da secessão protestante. Não só ratifica os princípios da centralidade da Bíblia e da relativização das mediações eclesiásticas, como é a herdeira direta de um movimento caracterizado pela itinerância e pelas concentrações coletivas. Confessionalmente, o pentecostalismo não representa nenhuma ruptura significativa com igrejas protestantes precedentes: prolonga uma teologia arminiana (que, em contraposição às doutrinas calvinistas originais, zela pelo livre-arbítrio humano), renova certas ênfases escatológicas (referentes à iminência do apocalipse) e desenvolve as doutrinas do "segundo batismo" (Espírito Santo) e da "santificação". O que o distingue é sobretudo um certo estilo de louvação, marcado pela emoção e pela oralidade, e de comportamento, no qual as "coisas do mundo" aparecem como referência negativa. Mesmo aquilo que ocuparia o lugar de inovação doutrinária está associado à produção desse estilo: de um lado, a glossolalia que revela o "segundo batismo"; de outro, os preceitos comportamentais que evidenciam a "santificação".

Agora, podemos novamente nos apoiar na caracterização de Willaime:

"um protestantismo emocional que privilegia a experiência religiosa *hinc et nunc* em relação aos enunciados doutrinais e religiosos de uma tradição qualquer (...); um protestantismo que privilegia igualmente uma liderança pastoral fundada, não sobre um diploma de teologia e o reconhecimento de uma instituição, mas sobre o carisma de uma pessoa, sua capacidade de se comunicar com a divindade e de manifestar a potência divina de maneira eficaz (operando curas, por exemplo)". (:14)

Isso não apenas, como nota nosso autor, potencializa as tendências cismáticas, mas também aponta para dois traços destacados por Corten (1996) como estruturais ao pentecostalismo: sua contaminação constitutiva por elementos provenientes de outras tradições religiosas e suas propensões de desenvolvimento autóctone. Ambos os traços ajudam a entender porque, poucos anos depois das primeiras manifestações nos EUA no início do séc.XX, o movimento já se espalhara por várias regiões em todo o mundo. Enfim, sendo um estilo mais do que uma doutrina, o pentecostalismo está constantemente sujeito a reatualizações e recomposições, que buscam inspiração em novos dons do Espírito Santo e em novas maneiras de se distinguir do "mundo".[3] Daí que as possibilidades de codificação sejam restritas e instáveis, fato em relação ao qual a raridade de instâncias transdenominacionais de caráter normatizador serve para revelar e reproduzir.

A partir desse quadro, a consagração da categoria "neopentecostalismo" não só comprova a fragilidade de instâncias codificadoras internas ao universo pentecostal, como aponta para uma verdadeira "despossessão normativa". Pois, a julgar pela opinião de certos teólogos e líderes pentecostais, uma denominação como a IURD não poderia compar-

---

3. Ver também Mafra (1999), que enfatiza a "nova postura diante da linguagem" que caracteriza os pentecostais.

tilhar do mesmo espaço religioso.[4] Nesse sentido, "neopentecostalismo" é um termo cuja elaboração remete necessariamente para instâncias externas ao próprio universo "pentecostal". Por outro lado, do ponto de vista daqueles que, pertencendo a esse universo, se apropriam daquele termo, é sempre possível a tentativa da sua positivação: convertê-la de categoria de acusação a identificador de especificidades eclesiais. Ou seja, prolonga-se a lógica que já está presente no próprio pentecostalismo, adotando-se o neologismo para rotular o produto de certas recomposições religiosas. Em relação à IURD, a definição encontrada em um texto que serve de manual de formação dos obreiros confirma essas sugestões: "A IURD tem os mesmos princípios das demais Igrejas Evangélicas Pentecostais, diferenciando-se apenas em seus costumes e dando ênfase a alguns aspectos do ministério do Senhor Jesus Cristo e Seus Apóstolos" (*apud* Campos 1997:328). "Neopentecostalismo" servirá exatamente para precisar essas "diferenças" e "ênfases" que singularizam a IURD. O termo em si é bem pouco frequente, mas o que ele descreve não destoa de outras caracterizações que a IURD apresenta de si mesma.[5]

No texto que se posiciona mais claramente sobre o termo "neopentecostalismo", nota-se, simultaneamente, a recusa a uma conotação pejorativa e a referência a um universo mais amplo de grupos pentecostais: "Trata-se de uma raiz histórica do pentecostalismo, e não um modismo ou um meio de extorquir dinheiro e se aproveitar da fé das pessoas" (FU 11.06.95). Isso quer dizer que o "neopentecostalismo" introduz uma divisão entre as igrejas pentecostais, possibilitando a elaboração de uma classificação binária. Por vezes aparece uma enumeração de igrejas dispostas segundo os dois campos em que se dividiria o pentecostalismo. Essas listas não são nem sistemáticas, nem totalmente coincidentes; o que importa é que reafirmam a contraposição entre igrejas tradicionais (a AD e a CBB) e "neopentecostais" (entre as quais se situa a IURD). Ou seja, até aqui, o esquema aproxima-se bastante das tipologias que vimos anteriormente. As discordâncias que ocorrem entre esta e aquelas não são maiores do que as que se dão

---

4. Para Ricardo Gondim, a IURD "não é evangélica, pentecostal ou protestante, mas sim uma nova religião" (*apud* Mariano 1993:62). Para Manoel de Mello, líder da BPC, a DA, outra igreja às vezes identificada como "neopentecostal", "é um mercado" (ESP 16.10.84). Em se tratando de uma religiosidade onde a doutrina, propriamente, não é suficiente para definir um pertencimento, recorre-se facilmente a formas de deslegitimação que apelam para categorias e lógicas estranhas ao domínio religioso.

5. Refiro-me a caracterizações explicitadas em textos da *Folha Universal* — 01.01.95 (148), 11.06.95 (166), 09.07.95 (170), 21.01.96 (198), 02.11.97 (291), 29.05.99 (373) — e em uma entrevista que me concedeu José Cabral Vasconcelos (03.02.2000), pastor da IURD, autor de livros doutrinários e por vários anos editor do jornal da Igreja. Quanto ao canal de introdução do termo "neopentecostalismo" no discurso da IURD, nada posso dizer com certeza. Seria preciso realizar um levantamento exaustivo das suas publicações. Noto, de todo modo, que o texto de 11.06.95 faz referência a "sociológos" e que J.Cabral, um dos que usam o termo, chegou a ser aluno de A.G. Mendonça no mestrado em ciências da religião. Ou seja, há indícios de que a incorporação venha diretamente do campo intelectual.

entre os próprios intelectuais. Isso reforça a idéia de que se trata efetivamente de uma apropriação, e não de uma alternativa em termos de classificação e tipologia.[6]

Três traços resumem a caracterização que se encontra sob o uso do termo "neopentecostal". O primeiro nos é bastante conhecido: uma proposta baseada em cura divina, prosperidade material e libertação dos demônios. Ele serve para distinguir a IURD de outras igrejas pentecostais, adquirindo valor claramente positivo:

> "Nós pregamos não apenas que o Senhor Jesus Cristo cura e salva a alma, mas que também garante a prosperidade terrena. Ele soluciona qualquer problema. Enquanto algumas denominações dizem: 'se for da vontade de Deus', e outras enfatizam 'a felicidade eterna é somente alcançada após a morte', a IURD mostra que somos filhos e herdeiros de Deus. Por isso, no momento em que O aceitamos como Pai, podemos alcançar maravilhas. É a Fé em ação." (FU, 29.05.99)

De acordo com os textos, o que justifica essa teologia é, de um lado, a "identificação com as necessidades do povo" e, de outro, a transformação da vida dos fiéis. Indagado sobre a fidelidade da IURD à "tradição evangélica", um dos porta-vozes da IURD respondeu: "Não nos orientamos por uma tradição evangélica européia ou americana. Partimos da fé, dos princípios e da prática religiosa do povo" (FSP 07.01.96). Um segundo traço é o recurso à mídia e a participação política, que constituiriam indicadores da amplitude e da modernidade da IURD em sua propagação evangélica. Por fim, um certo "liberalismo" quanto "aos costumes e outros comportamentos humanos", uma vez que, como já dissera o próprio Macedo, não se deve confundir "fé" com "costumes". Em resumo, para usar a expressão que dá título a um dos textos, "uma nova reforma", que garante "proximidade com o povo", máxima amplitude evangelística e uma fé mais "espiritualizada".

Se a IURD *apenas* se apresentasse como "neopentecostal" — ou qualquer termo que indicasse sua distintividade em relação ao restante dos pentecostais —, ainda que com uma conotação própria, não representaria um desafio para seus classificadores. Ao contrário, estes poderiam muito bem ver nas auto-definições da Igreja uma corroboração de suas tipologias; bastaria perceber os verdadeiros traços do "neopentecostalismo" por trás ("proximidade com o povo" e "espiritualização da fé" esconderiam um processo de mera "adaptação" ao mundo) ou através (afinal, mesmo a tríade "cura, exorcismo e prosperidade" é literalmente formulada) da positividade que o discurso da IURD anseia. O interessante é que a IURD insiste em se identificar *também* como "evangélica". Desde seu estatuto, que descreve a criação da IURD como iniciativa de indivíduos "vindos de várias organizações evangélicas, (...) para dar continuidade à obra de evangelização iniciada por Nosso Senhor

---

6. A história do protestantismo que me foi relatada por J. Cabral (entrevista, 03.02.2000) não difere, exceto por alguns detalhes, das versões encontradas entre os estudiosos do protestantismo. Inclusive na adoção dos termos "pentecostalismo autônomo" e "neopentecostalismo", primeiro apresentados como sinônimos, depois diferenciados com base nas ênfases melhor expressas pelo segundo. Mesmo a idéia de adaptação, tão importante nas tipologias dos estudiosos, está presente no relato do pastor ("(...) um pentecostalismo mais adaptado à nossa cultura").

Jesus Cristo (...)" (*apud* Campos 1997:321). Em outra ocasião, que retoma os esforços de apresentação da Igreja, o exorcismo, a cura e a prosperidade não estariam ausentes nas "doutrinas" de "outras denominações evangélicas", irmanadas pelos "ensinamentos bíblicos", identificando apenas as "ênfases" da IURD. O texto continua na mesma linha: "Suas práticas relativas ao culto (...) e a ênfase na contribuição com o dízimo e as ofertas também não a fazem muito diferente das demais". Discorda-se do fanatismo quanto aos costumes, mas "ensina-se na Igreja que as pessoas devem se vestir com decência, sobriedade e dignidade; que as mulheres não devem ter aparência mundana" (FU 06.07.97).

Constata-se, portanto, que a IURD pode, com a mesma facilidade, marcar diferenças e estabelecer continuidades com as "igrejas evangélicas". Vai além, no entanto, pois pretende ocupar a posição de porta-voz ou de articulador do universo evangélico. Isso expressa-se, por exemplo, nas referências ao "ecumenismo". Quando se trata de um ecumenismo generalizado, não faltam reprovações: ora porque "inferioriza" os evangélicos, ora por ser meramente estratégico, ora por ser demasiadamente permissivo, ora por ser contraditoriamente excludente.[7] Ao contrário, se o assunto é uma espécie de "ecumenismo entre protestantes" — expressão usada nos artigos —, os esforços tornam-se válidos e viáveis.[8] E a IURD tem se disposto a assumir essa responsabilidade, de um modo bastante peculiar. Antes de vermos os detalhes dessa pretensão, é preciso assinalar o curto-circuito que ela representa. Todas as terminologias aplicadas à IURD através das classificações observadas anteriormente, quando não a expulsavam do campo protestante, deixavam para ela um lugar claramente marginal, liminar mesmo. E agora essa mesma Igreja anseia liderar e representar os evangélicos no Brasil. A própria utilização do termo "ecumenismo" para nomear esse projeto soa como uma conspurcação, depois do que vimos sobre os posicionamentos das entidadades e pessoas que se identificam historicamente com seus ideários. Trata-se, na verdade, de construções radicalmente opostas: se o impulso e os dilemas do chamado movimento ecumênico vêm de suas pretensões de inclusividade, o mecanismo da unidade evangélica promovida pela IURD e seus aliados funda-se sobre a idéia de perseguição.

2. Perseguição e inserção social

Mafra (1999), referindo-se à IURD, já notou como sua localização e sua força de mobilização no interior do campo protestante estão vinculadas a uma "retórica persecutória". Depois que foram divulgados os vídeos com imagens comprometedoras no final de 1995, um dos pontos fortes da reação da IURD insistiu exatamente na idéia de perseguição, como demonstram vários textos publicados no seu jornal, ao mesmo tempo em que um

---

7. Ver vários textos na FU: 01.01.95, 16.07.95, 30.06.95, 17.09.95, 05.11.95, 12.11.95, 03.08.97, 02.11.97.

8. Ver FU 05.02.95 e 23.06.96.

deles estampava como manchete: "Aumenta indignação entre os evangélicos".[9] Após a condenação na justiça do bispo Von Helde, o que "chutou a santa", um artigo reclamava de uma "nova inquisição" (FU 08.06.97). Igualmente, por ocasião da prisão de Macedo em 1992, esse discurso foi fortemente acionado. Macedo deixou-se fotografar atrás das grades — como descreve Mariano (1995:59), "em trajes simples e com o semblante sereno, sempre aparecia lendo ou portando uma Bíblia. (...) frequentemente comparava-se a Cristo e aos apóstolos. Dizia sentir-se 'orgulhoso de estar preso em nome de Deus' e confiante na justiça divina". Como vimos, isso não significa que tenha suportado resignadamente sua prisão. E, assim mesmo, pôde afirmar mais tarde que "Deus usou advogados, usou a própria Justiça, para fazer justiça à IURD" (FU 27.12.92). Em outra oportunidade, relembrando seu "calvário", reconheceu ter sido tudo "pela causa do Senhor" (FU 07.4.96).[10] Essa retórica persecutória, recorrente na trajetória da IURD e de seus líderes, mostra-os como presas de um conjunto de entidades que atuariam ora juntas, ora separadamente, sempre para derrotá-los em nome do demônio. Segundo Mariano (1995:65), "tornou-se algo constitutivo do modo pelo qual os componentes desse grupo minoritário encaram sua posição na sociedade e interpretam as atitudes feitas a seu respeito (...)".[11]

Talvez pudéssemos ir adiante e sustentar que a própria posição da IURD na sociedade passa por transformações apoiadas ou impulsionadas pela tal retórica persecutória. Já do ponto de vista de ajustes internos à estrutura da IURD, há algumas evidências nesse sentido. Assim, certas modificações estatutárias na entidade possuem um claro nexo com estratégias defensivas. No início de 1990, por exemplo, sua sede foi deslocada do Rio de Janeiro para Salvador e os postos de diretoria distribuídos entre advogados e políticos. Revela-se aí um vetor de descentralização — manifesto também na criação de sedes e centros de comando regionais comandados pelos bispos — que representa um contrapeso a uma estrutura que evolui nitidamente na direção da centralização — como evidenciam a adoção do episcopalismo e o estilo de administração da Igreja, além do controle orçamentário realizado através de uma instituição financeira própria.[12] Mas também a inserção da IURD na sociedade passa por transformações cruciais, que estão, em certa medida, relacionadas com o discurso da perseguição e com as reações a que ele impele.

---

9. Ver editoriais e artigos das edições FU 14.01.96, 21.01.96, 28.01.96, 04.02.96, 11.02.96. Na retrospectiva de 1996 apresentada pelo jornal, comentou-se que teria sido "mais um ano de calúnia e perseguições". Ver ainda FU 10.10.98.

10. Ver ainda artigo de U.Benício, FU 19.07.92, e depoimento do pastor e deputado Laprovita Vieira, FU 27.12.92.

11. Mariano (1995:65) nota como ela já se manifesta em um artigo de 1985, escrito por Edir Macedo. Ver também artigo na revista *Plenitude*, agosto 1989, p.40. Outros trabalhos que tematizam a centralidade da retórica persecutória na IURD são os de Barros (1995) e Campos (1997). Até hoje, a coluna de Macedo na *Folha Universal* vem encimada por uma foto dele atrás das grades, lendo a Bíblia.

12. Para detalhes sobre essas estruturas e suas modificações, ver Mariano (1995), Barros (1995) e Campos (1997).

É claramente o caso da eleição e do apoio a representantes políticos, desde seus primórdios, na década de 80, estimulados e justificados por supostas ameaças à "liberdade religiosa" (Freston 1993, 1996, 1999). Mesmo o investimento na ocupação e posse da mídia beneficia-se dessas mesmas motivações, ainda que seja preciso levar em conta a opção por um projeto de evangelização e as estratégias propriamente empresariais que esses empreendimentos envolvem (Fonseca 1997). A IURD representa apenas o exemplo mais ousado de iniciativas nessas esferas, revelando um conjunto de inserções que, partindo das igrejas, mudaram os jogos de força na política eleitoral e na mídia no Brasil.

A existência de uma estrutura financeiramente poderosa, vinculada a defensores espalhados pelo campo político e a uma verdadeira rede de comunicações, deram à IURD, como nota Freston (1999:155), um lugar privilegiado na disputa pela hegemonia no campo evangélico. A esses elementos, seria preciso acrescentar, tanto por seus efeitos nessa disputa, quanto pelo que revela sobre a inserção social da IURD, as ações assistenciais. Trata-se de uma faceta cujo desenvolvimento ocorre em estreita conexão com a busca de uma maior legitimação por parte da IURD. Pelas indicações que recolhi, a preocupação com a assistência social surge na segunda metade da década de 80.[13] Mas ganha enorme impulso em 1994 com a criação da Associação Beneficente Cristã (ABC), que se destaca no atendimento à população de rua e na distribuição de cestas básicas, roupas e remédios a instituições filantrópicas e a moradores de favelas. Com estrutura autônoma, a ABC, além de possuir sua própria revista, rapidamente ganha um espaço de destaque nos meios de divulgação da IURD, por intermédio seja de programas da Rede Record, seja das páginas da *Folha Universal*.[14]

Uma manchete da *Folha Universal* evidencia o sentido imprimido a essas ações por seus promotores: "Universal responde perseguições com a Palavra de Deus e assistência social" (FU 11.06.95). Meses depois, ao reagir à divulgação do vídeo de dezembro de 1995, um editorial acusava a Rede Globo de se utilizar de diversos artifícios para atingir a IURD, lamentando que nunca enfocasse "seu trabalho evangelístico, de recuperação de pessoas, de conversão de milhões, e do grande trabalho de assistência social" (FU 14.01.96). Queixas semelhantes serão dirigidas, em diferentes momentos, à grande imprensa em geral.[15]

---

13. Ela se expressa, de acordo com informações de 1989, em "um projeto de alfabetização", em "campanhas de doação de sangue", manutenção de um orfanato e na construção de um asilo, além da evangelização em presídios e de campanhas para ajuda a flagelados de inundações. Ver "Igreja Universal: instituição de utilidade pública" (Plenitude, junho 1989) e "Universal ajuda os que não são ajudados" (Plenitude, agosto 1989).

14. Em 1995, a IURD mantinha através da ABC dois orfanatos e dois asilos no Rio de Janeiro e uma instituição para deficientes mentais em São Paulo, além de atendimento jurídico, de um programa de alfabetização de adultos e das visitas aos presídios. No ano seguinte, as iniciativas se estenderam a um projeto de prevenção e recuperação de dependentes de drogas e ao sustento de postos de saúde e orientação familiar. Sobre a ABC, ver Mariano (1995) e vários exemplares da FU (especialmente, 07.05.95 e 12.01.97).

15. Por exemplo, FU 20.07.97 e o artigo de J.Boaventura (FSP 01.06.92), uma das testemunhas de defesa da IURD no processo 298/92.

De várias maneiras, a IURD procurou transformar a assistência em um dos elementos de sua imagem pública. Assim, as edições comemorativas e retrospectivas de seu jornal sempre dão destaque para a assistência e o trabalho da ABC (FU 07.07.96, 12.01.97, 08.07.97). A ABC, desde 1995, vem promovendo, para arrecadar víveres que serão depois distribuídos ou simplesmente para publicizar sua existência, eventos de grande visibilidade — passeatas, shows, concentrações que aglutinam milhares de pessoas em estádios e espaços abertos.[16] Além disso, fez questão de estar presente no socorro imediato às vítimas de algumas tragédias. Lembremos ainda que a assistência social torna-se um argumento de defesa a favor da IURD em peças jurídicas e também nas eventuais declarações de apoio prestadas por personalidades públicas ou influentes.[17] Tudo soma-se na idéia, propalada em seus órgãos de divulgação, de que a IURD é "a maior obra social do país".

A assistência social, porém, não vem se constituindo meramente em uma "vitrine" da IURD. Comparemos dois editoriais da *Folha Universal*, ambos dedicados a discutir o estatuto da "ação social". No primeiro deles, procura-se afastar a idéia de que a IURD estaria se tornando uma agência filantrópica; afinal, a maior fome é a de Deus e a pior miséria é a que o diabo produz (FU 16.07.95). Alguns meses depois, encontra-se uma maneira de conciliar "politização" e "espiritualização". Se evangelizar significa atender às necessidades do próximo, pode-se afirmar que a "ação social é evangelizante" (FU 25.02.96). Isso mostra como a IURD consegue introjetar a assistência social em sua proposta de ação, o que se evidencia também pela publicação recente de um livro intitulado "A Igreja e o Social".[18] Não se deve, entretanto, pensar que o atrelamento entre evangelização e assistência social é unívoco ou total. Por um lado, o chavão "ação social evangelizante" pode ter sua contrapartida na idéia de que, inversamente, toda evangelização resulta em uma regeneração social. Parece-me que essa foi a fórmula que orientou a atuação geral da IURD desde seu início. Por outro lado, em decorrência de um investimento específico em ações assistenciais, estas assumiram características que as autonomizaram ao menos parcialmente da atividade proselitista. As iniciativas de distribuição de alimentos passaram, depois de 1996, a atingir com um volume considerável de mantimentos muitas regiões no país, inclusive aquelas nas quais a IURD não tinha "interesse religioso". Isso culmina no projeto mais recente de colônias agrícolas em pleno

---

16. É significativo que mesmo concentrações da própria Universal contem com a interferência da ABC. Em abril de 1995, por exemplo, recolheu-se alimentos entre os milhares de fiéis que compareceram a estádios no Rio e em São Paulo (FU 16.04.95 e 30.04.95).

17. Remeto, em primeiro lugar, às alegações dos advogados de defesa nos processos anteriormente analisados. Ver, ainda: resposta à multa da Receita Federal (FU 20.07.97); discurso de político ligado à Igreja na Câmara Federal (FU 28.01.96); apoio prestado por "personalidades" (FU 05.11.95).

18. Seu autor é o bispo Carlos Rodrigues, desde a década de 80 o coordenador político da IURD e atualmente deputado federal. A publicidade do livro anuncia que "destaca a necessidade do verdadeiro cristão zelar pelos padrões éticos, essenciais para o fortalecimento da cidadania".

sertão nordestino, justificado por uma retórica sobretudo assistencial. Retórica, aliás, que já existia em relação ao auxílio a instituições filantrópicas, realizado "sem preconceito religioso". Ou seja, a "ação social", ao mesmo tempo em que se incorpora ao ideário religioso, desvincula-se em alguma medida do proselitismo.

Paralelamente, a ênfase sobre a assistência social tem propiciado à IURD uma relação positiva — que, nesse sentido, aparece como um contrapeso aos efeitos da estigmatização pública — com o Estado. Com a justificativa da ação assistencial, o acesso aos parlamentos garante à IURD e às instituições a ela vinculadas a conquista de títulos distintivos, como o de "utilidade pública".[19] Dirigentes da ABC já foram homenageados e laureados em cerimônias nas câmaras municipais do Rio e de São Paulo. Em São Paulo, em 1996, sob a alegação de que se tratava de uma "entidade filantrópica", a ABC recebeu recursos da prefeitura.[20] Mas não é apenas do ponto de vista de um certo reconhecimento por parte de agências estatais que a ação assistencial contribui para uma nova inserção social da IURD. Torna-se também um canal para a reivindicação de postos em negociações políticas. A exigência de que pessoas ligadas à IURD viessem a ocupar cargos executivos na "área social" foi registrada diversas vezes em períodos eleitorais, assim como o lamento de que a política assistencial do governo federal não tivesse representantes evangélicos.[21] Em 1995, um acordo com o então governador do Rio de Janeiro tornou Aldir Cabral, um ex-delegado da Polícia Federal e membro da IURD, titular da Secretaria Estadual de Trabalho e Assistência Social. Em 1996, anunciou-se que os vereadores ligados à IURD seriam, em suas respectivas cidades, os representantes da ABC (FU 14.04.96).

Esse investimento da IURD sobre a "ação social" aponta para uma via de legitimação cujos resultados podem ser avaliados por referência a dois outros segmentos religiosos. Ao introjetar em seu ideário religioso a "ação social", a IURD reedita a estratégia seguida pelos espíritas, especialmente os kardecistas, que responderam à repressão sofrida através de uma ênfase sobre o discurso da "caridade" como dimensão axial de suas doutrinas (Giumbelli 1997). Por esse lado, as ações assistenciais contribuem tanto para uma nova equação no interior do conjunto total das atividades da IURD, quanto para o cultivo de uma nova imagem pública. Por outro lado, ao eleger a "ação social" como canal de relação positiva com o Estado, pode-se afirmar que a IURD passa por uma espécie de "catolicização". Ou seja, a partir de uma trajetória completamente distinta, ela de certa

---

19. A reportagem do JB 03.11.87 informa que a IURD já possuía, no Rio de Janeiro, o título de "utilidade pública estadual". O texto de Moraes *et al* (1993) faz referência apenas a um título de "utilidade pública municipal" obtido (como indica Plenitude, junho 1989) em 1989 através do vereador Celso Macedo. A ABC passou a ser de "utilidade pública municipal" em 1997 em São Paulo (FU 14.09.97) e o Lar Universal recebeu o mesmo título no Rio de Janeiro em 1998 (FU 14.06.98).

20. Ver FSP 27.07.96.

21. Ver FSP 07.08.96, 09.08.96, 26.07.98, 06.06.98 e 14.01.99, além de FU 13.04.97.

forma mimetiza o lugar ocupado pela Igreja Católica na sociedade brasileira, buscando disso uma legitimação semelhante. Essa mimetização do catolicismo na dimensão da ação social sugere também que a IURD pretende se constituir em uma instância análoga em relação ao campo protestante. Isso pressupõe que ela tenha conseguido, no interior desse campo, se colocar em uma posição que corresponda a uma tal pretensão.

3. Em nome dos evangélicos

Em meio às reações ao vídeo de dezembro de 1995, J. Bittencourt afirmava em uma publicação do Koinonia que "(...) assistimos hoje a uma discussão ampla e intensa sobre a unidade evangélica" (CP, 30, 1996). Na verdade, essa discussão tem seus antecedentes diretos em acontecimentos situados no final da década de 80. Durante a Constituinte, um líder presbiteriano foi indicado por uma entidade chamada Ordem dos Ministros Evangélicos do Brasil (OMEB) para participar da Comissão de Estudos Constitucionais, na qual constava também um representante da CNBB. No entanto, é outra entidade que canaliza as pretensões de representatividade, a Confederação Evangélica Brasileira (CEB). Freston (1993), que conta os detalhes dessa história, e outras referências falam na "reativação" da CEB em 1987, instituição fundada na década de 1930 e que conseguira reunir em seu seio um grande número de denominações protestantes. Depois de três décadas de muita atividade, ela teria passado a viver na obscuridade e sem o mesmo apoio anterior. No entanto, parece que ela mantivera a pretensão de ser uma referência em termos de auto-regulação, pois em 1984 a CEB é mencionada por um jornal como uma entidade constituída de nove Igrejas; a filiação valeria como evidência de que não se "explora o povo e sua ingenuidade, nem utiliza o sistema de promover 'milagres em público'" (ESP 16.10.84). O fato é que em 1987 a CEB dividiu o mundo protestante, pois ao mesmo tempo recebeu o apoio de igrejas e líderes importantes e suscitou reações contrárias que reclamaram de uma usurpação do princípio de representatividade e de sua instrumentalização política.[22]

Referindo-se à Constituinte e ao papel da CEB, Freston sugere que "a falta de uma entidade unificadora permitiu que políticos evangélicos assumissem um papel de repre-

---

22. Ver CPD, 8, 1992. Foi realizado em protesto à CEB um ato ecumênico em agosto de 1987, com representantes de várias igrejas evangélicas. O envolvimento do CEDI nessas reações tem a ver com o lugar da CEB na memória do movimento ecumênico brasileiro, uma vez que nas décadas de 50 e 60 um setor da entidade desenvolve o ideário progressista que ainda serve de referência atual. Há também ligações históricas entre a CEB e algumas entidades ecumênicas criadas nos anos 70 através de personagens que participaram dos dois momentos (Abumanssur 1991). Note-se que por se tratar de uma época na qual a Igreja Católica não cogitava em diálogos com os protestantes, não havia uma distinção clara ou necessária entre "ecumenismo" e "unidade evangélica" — segundo Cesar e Shaull (1999:31), o termo nativo era "cooperação interdenominacional".

sentação" (1993:209). Como veremos, não se trata da última vez que se estabeleceria essa associação entre política eleitoral e representatividade. Além do mais, havia antecedentes, a começar pela criação da própria CEB, transcorrida no contexto da preparação da Constituição de 1934 e movida pelo projeto de opor resistência aos esforços de recatolicização do Estado. Sua "reativação" em 1987 esteve vinculada à negociação de verbas públicas para instituições evangélicas e a um apoio governamental para uma melhor estruturação da entidade. O discurso acentuava a necessidade de uma isonomia com o tratamento oficial dispensado à Igreja Católica, o que inflava pretensões ao posto de uma "CNBB evangélica" (Freston 1993:230-1). No entanto, a relação entre o repasse de subvenções e a intermediação de políticos evangélicos fomentou não só desconfianças nos meios religiosos, como também denúncias que partiram da grande imprensa.[23] A CEB sai desmoralizada e é oficialmente dissolvida em 1990. Ainda em reação aos envolvimentos políticos dos evangélicos, surgem novas iniciativas. O interessante dessas iniciativas é que, ao renegarem o que foi feito em seu nome, termina-se por reconhecer a categoria de "evangélicos", a qual adquire um potencial de mobilização e uma abrangência identificatória inéditos.[24]

As principais reações geram mobilizações em duas direções, a princípio parcialmente vinculadas. De um lado, o Movimento Evangélico Progressista (MEP), criado em 1990. A proposta central do MEP incidia sobre um novo modelo de participação política para os evangélicos, especialmente mas não só em suas facetas partidárias, tomando como referência negativa a atuação da "bancada evangélica" a partir de 1986 e os apoios prestados a Fernando Collor durante as eleições presidenciais de 1989. O MEP promoveu, desde 1991, fóruns de aproximação entre "evangélicos e partidos progressistas" e realizou, desde 1995, congressos próprios. Seus quadros iniciais vieram do que Freston chama de vertente "evangelical" — à qual ele próprio se filia —, tendência transdenominacional que pretende conjugar um conservadorismo teológico (isto é, o zelo pela conversão e pela evangelização bíblicas) a um progressismo social (de engajamento político). Em termos institucionais, os evangelicais estão agrupados na Fraternidade Teológica Latino-Americana (FTL), fundada em 1970 e que em 1991 estabelece um "setor" no Brasil.[25] A inserção do MEP e da FTL no universo evangélico é ao mesmo tempo totalizante e pontual: procura influenciá-lo como um todo a partir de um novo modelo de participação política, mas sem se erigir em seu representante institucional.

---

23. Segundo Freston (1993), foi decisiva uma matéria publicada pelo *Jornal do Brasil* em agosto de 1988.

24. A comparação entre os vários significados que o termo "evangélico" assumiu ao longo da história aponta para a ampliação de sua abrangência: na Europa da era da Reforma, indicava apenas os luteranos (Corten 1996); para Mendonça (1990), designaria somente os protestantes históricos no Brasil; Freston (1993) o utiliza como sinônimo de "protestante brasileiro", significado que se torna dominante depois da década de 1990, não só entre os intelectuais.

25. Sobre o MEP e a FTL, além de Freston (1993 e 1996), ver CPD, 3, 1991; 8, 1992; 10, 1992; 26, 1995; CP, 3, 1991; 33, 1996.

De outro lado, surgiu a Associação Evangélica Brasileira (AEvB), em maio de 1991, que estabelecia claramente a natureza de suas pretensões: nas palavras de seu secretário, "exercer entre os diversos grupos evangélicos, bem como junto à nação brasileira, um papel de informação e representação" (CPD, 8, 1992). Este seu caráter bifronte estava bem estabelecido desde o início da entidade. Diversas providências foram tomadas no sentido de sustentar a reivindicação de representatividade por parte da AEvB. A assembléia de criação contou com a participação de 250 pessoas, vinculadas a mais de 60 "igrejas, comunidades autônomas e entidades". A associação poderia filiar tanto membros a título pessoal, quanto instituições de vários tipos. O discurso do presidente eleito enfatizou a amplitude da proposta, aberta aos protestantes históricos, dos "mais progressistas" aos "conservadores", e aos pentecostais. A escolha, aliás, recaiu sobre uma personalidade estratégica. Caio Fábio d'Araújo Filho, que presidiria a AEvB por vários anos, tinha ampla penetração em vários segmentos do protestantismo brasileiro, graças principalmente à VINDE, entidade paraeclesiástica que realizava congressos de formação teológica e especialmente nos anos 90 se destaca por seus investimentos no campo da mídia (revista de grande circulação e TV por assinatura). Caio Fábio é pastor presbiteriano, mas cultiva intimidade com o carismatismo que identifica a religiosidade pentecostal.[26]

O apelo da AEvB não se restringiu a sua abertura às diferentes vertentes e segmentos do protestantismo brasileiro. A via do ecumenismo foi evitada, por respeito à sua especificidade, mas também para contornar as suas "limitações".[27] A entidade esclareceu desde logo, a protestantes e católicos, que não pensava em interferir nos esforços ecumênicos. Caio Fábio (Araújo Filho 1997:304) conta como transcorreu sua visita a D. Luciano Mendes de Almeida, então presidente da CNBB, situando-a não no quadro do ecumenismo, mas de um "diálogo em questões de natureza social". Buscava-se assim estabelecer novamente uma isonomia com o catolicismo, a aproximação sugerindo o parentesco de estatuto entre as duas entidades, no sentido de que ambas seriam interlocutoras dos religiosos com a sociedade brasileira. À época da criação da AEvB, Caio Fábio pode também ser visto no ISER, pois participa do Censo Institucional Evangélico como um dos "consultores" da pesquisa. Mais do que isso, um "convênio" entre o ISER e a AEvB é firmado para garantir a atualização permanente dos dados (Fernandes 1992). Isso significa que os endereços de todas as igrejas evangélicas da região metropolitana do Rio de Janeiro tornaram-se disponíveis para os fins da AEvB.[28] Tratava-se de uma forma de facilitar a comunicação entre a AEvB e o corpo de seus virtuais filiados.

Evidentemente, a AEvB contrapôs-se à CEB: menos à instituição em si, mas especialmente à sua forma de atuação e ao seu legado. Daí que estivesse vedado aos seus dirigentes

---

26. Sobre Caio Fábio, ver Freston (1993, 1996, 1999), Fonseca (1997) e sua autobiografia (Araújo Filho 1997).

27. Ver CPD, 8, 1992.

28. Caio Fábio aparece novamente como "consultor" na pesquisa Novo Nascimento, mas a AEvB não é mais citada (Fernandes *et al* 1998).

a candidatura a cargos políticos e à entidade o recebimento de verbas governamentais a fundo perdido. Procura-se agora uma forma de legitimação representativa que evite o atalho da política partidária e dos parlamentos. O canal de comunicação com a "nação brasileira" precisaria se fazer pela construção de uma nova imagem pública, degradada não só pelas denúncias contra a "bancada evangélica", mas também pela cobertura jornalística dispensada à IURD. Caio Fábio recorda o momento como uma "guerrilha de redenção de nossa imagem" (1997:297) e a AEvB registrou essa preocupação em seus estatutos (Freston 1993:133). De fato, um dos objetivos declarados da entidade em sua assembléia de criação é a de se constituir em um porta-voz dos associados junto aos meios de comunicação. Ao oferecer-se como mediação com a sociedade, a AEvB pretendia legitimar sua capacidade para ser a instituição representativa de todos os evangélicos brasileiros:

> "O que você ganha se associando à AEvB: 1) Você ganha a credibilidade... Um atestado público de sua seriedade pessoal, organizacional e contábil; 2) Você ganha a certeza de ver os evangélicos falando em seu nome à sociedade brasileira de maneira moderada... Isso significa não ter que se envergonhar mais."[29]

Esses elementos formam o contexto da primeira situação que envolve conjuntamente a AEvB e a IURD. Há indicações desencontradas: Mariano (1995:63) garante que em nenhum momento a AEvB mostrou-se disposta a filiar a IURD, enquanto que em uma nota publicada em um periódico do CEDI reclama-se exatamente do contrário (CPD, 10, 1992). Da parte de Caio Fábio (Araújo Filho 1997), ele assume ter ficado em uma situação delicada, ressonando a resistência no interior da AEvB mas não querendo replicar as denúncias da imprensa contra a IURD. A prisão de Macedo em abril de 1992 precipita uma situação inesperada. É impossível saber ao certo de onde partiram as iniciativas que convergiram na reação ao episódio, mas nem mesmo a AEvB conseguira até então mobilizar um tal conjunto de lideranças e representantes do protestantismo brasileiro. Posteriormente, Macedo reconheceria que "muitas pessoas que me atacavam passaram a me apoiar, sobretudo as outras igrejas pentecostais" (Veja 06.12.95). Enquanto o líder da IURD se comparava a Cristo, recebeu a visita de vários políticos, a maioria deles evangélicos.[30] No dia 1º de junho, acontece uma manifestação na Assembléia Legislativa de São Paulo, que conseguiu reunir cerca de três mil pessoas, além de 300 pastores de várias denominações evangélicas, inclusive do Rio de Janeiro. O prédio da Assembléia foi "abraçado", ocorreram muitos discursos, e pastores e políticos redigiram um manifesto em protesto à prisão de Macedo, "uma ação preconceituosa em forma de perseguição ao bispo e às igrejas evangélicas". Em 5 de junho, um dia depois de ser solto, Macedo compa-

---

29. Trechos de folheto da AEvB, de 1992, transcritos em Freston (1993:133). Sobre a AEvB, além de Freston (1996, 1999), consultei também CP, 1, 1991; CPD, 8, 1992; CP, 22, 1994; CPD, 26, 1995. Busquei, em vão, o informativo da entidade, *Convergência*.

30. Freston (1993) e Mariano (1995) mencionam, ambos, que Edir Macedo foi visitado por Luiz Inácio Lula da Silva, do Partido dos Trabalhadores. O curioso é que nenhum dos quatro jornais que consultei noticia isto.

rece ao "Celebrando Deus com o Planeta Terra", um evento que pretendia expressar a visão dos evangélicos sobre os problemas ecológicos, exatamente no momento em que se iniciava a ECO'92. Trinta e nove denominações evangélicas estiveram envolvidas e a manifestação conseguiu reunir cerca de meio milhão de pessoas no centro do Rio de Janeiro. Por duas vezes, líderes evangélicos usaram a palavra para afirmar que, depois da soltura de Macedo, jamais outro pastor seria preso no Brasil. Por isso, apesar do propósito e de ter sido organizada independentemente do episódio da prisão do líder da IURD, a manifestação de 5 de junho foi considerada por muitos como uma espécie de ato de desagravo.[31]

Caio Fábio torna-se uma personagem central nessa história, pois, em nome da AEvB, apresentada como "legítima representante da comunidade evangélica", redige e divulga um "manifesto à nação".[32] Segundo suas recordações, não se tratava de defender Macedo, mas de questionar a natureza "subjetiva" das acusações e, com isso, reafirmar "um princípio chamado liberdade de fé" (Aráujo Filho 1997:308, 310). Assim, o manifesto declara ser "impossível julgar objetivamente a fé". O que uns chamam de "charlatanismo", outros atribuem à "crença em milagres"; "curas oriundas da fé" podem, sob outros critérios, ser consideradas "curandeirismo"; ao invés de "estelionato", o recebimento de doações para o sustento de empreendimentos religiosos. Recorre em suas fundamentações a uma comparação com a Igreja Católica:

> "Qual é a diferença entre o misticismo dos fiéis da IURD e o daqueles que vão às procissões de Aparecida ou do Círio de Nazaré? (...) entre uma santa de gesso que chora e os alegados milagres de cura da IURD? (...) entre os milhões de dólares da Igreja Católica e os milhões de dólares da IURD? (...) Por acaso também não é dinheiro que resulta de doações movidas pela crença?".

Os argumentos do manifesto inscrevem-se quase sempre em uma discussão jurídica, em ressonância com as alegações apresentadas aos juízes visando a absolvição de Edir Macedo nas acusações de estelionato, curandeirismo e charlatanismo. Mas no caso de Caio Fábio, a defesa se estenderia às práticas de todas as igrejas evangélicas, tornadas imunes a essas acusações desde que o dinheiro obtido dos fiéis viesse de "doações espontâneas" e que as curas prometidas não envolvessem "meios e instrumentos cirúrgicos".[33]

---

31. Ver sobre a manifestação na ALESP, ESP 02.06, JB 02.06, GB 04.06.92. Sobre a manifestação na Cinelândia, JB 06.06, GB 06.06, FSP 06.06.92 e Araújo Filho (1997).

32. Trechos do manifesto foram publicados no JB 29.06.92 e em Araújo Filho (1997). O texto foi lido em um debate que se realizava nas dependências do Senado Federal.

33. Entre as declarações atestando a "moralidade" da IURD juntadas às alegações de Moraes *et al* (1993:276) no pedido de trancamento de ação penal, estavam a de Caio Fábio e a de Átila Brandão Oliveira (este, presidente da OMEB). Caio Fábio também prestou seu apoio em depoimento que consta do processo criminal no qual Edir Macedo é acusado de vilipêndio aos cultos afro-brasileiros (cf. peças transcritas na *Revista Brasileira de Ciências Criminais*, n. 6, 1994).

No entanto, a defesa da "liberdade da fé" é estrita; vale plenamente apenas dentro da esfera das relações entre pastores e fiéis. Não compreende o que Caio Fábio chama de dimensões objetivas das atividades de uma igreja. Ou seja, de um lado, o modo como um grupo "trata outros grupos religiosos com igual direito de existência"; de outro, a contabilidade, o patrimônio, o pagamento de impostos, áreas mensuráveis segundo parâmetros legalmente definidos. Aí novamente a IURD teria algo semelhante à Igreja Católica, que usa o dinheiro dos fiéis "para adquirir propriedades cuja administração nem sempre está aberta a auditorias públicas e nem ao gerenciamento dos fiéis". A distinção das atividades de instituições religiosas entre duas áreas não é uma singularidade desse texto. O que interessa é que Caio Fábio vai se aproveitar dela para reclamar a intervenção normativa da AEvB, transferindo para a entidade uma atribuição da justiça:

> "A AEvB se propõe a intervir neste caso, pedindo à IURD que abra sua contabilidade a uma auditoria independente, contratada pela AEvB, e que posteriormente venha a público trazer os resultados de tal auditoria. Com isso se pretende que o caso da IURD e o bispo Macedo sejam julgados com os mesmos critérios objetivos com os quais a justiça brasileira venha a julgar os muitos corruptos que encontram guarida à sombra do poder".

Desde então, Edir Macedo e Caio Fábio nunca mais aparecerão do mesmo lado de uma disputa. Segundo Caio (Araújo Filho 1997), sua adesão à campanha pelo *impeachment* de Collor, cuja eleição a IURD apoiara abertamente, causaria o primeiro de vários desencontros. O envolvimento da IURD na criação de uma entidade rival à AEvB selaria a oposição.[34] O Conselho Nacional de Pastores do Brasil (CNPB, cuja semelhança com "CNBB" não é fortuita) começa a funcionar no final de 1993, depois que um congênere de âmbito estadual já havia surgido em São Paulo. Há uma ligação direta com os acontecimentos de 1992, revelada, de início, pelo objetivo alegado para sua existência — o zelo pela "liberdade religiosa" (Mariano 1995) e a "defesa dos pastores" (Araújo Filho 1997). Além disso, a entidade se constitui em torno de líderes que estiveram juntos pela primeira vez para protestar contra a prisão de Macedo. Manoel Ferreira comandava uma dissidência da AD, formada em 1989; na década de 70, fora condenado por estelionato e curandeirismo.[35] Macedo e Ferreira conseguem o apoio de Nilson Fanini, principal líder batista brasileiro.[36] A "liberdade religiosa" ensejou a aliança de figuras que, não fazia

---

34. Em Portugal, ocorreu processo semelhante. Diante da recusa da Aliança Evangélica Portuguesa em filiar a IURD, esta fundou uma nova entidade, a Federação de Igrejas Evangélicas Portuguesas. Ver Freston (1999).

35. O acórdão está publicado na RT (523:464).

36. Sobre N.Fanini, que se tornou amplamente conhecido desde os anos 70 pela realização de concentrações, promoção de atividades assistenciais e por sua investida pioneira na compra de uma emissora de TV e que na década de 90 ocupou a presidência da Aliança Mundial Batista, ver Fonseca (1997). Ele também atesta a "moralidade" da IURD nas alegações de Moraes *et al* (1993) e participa como conferencista do IV Congresso Mundial da Liberdade Religiosa, reali-

muito tempo, haviam levantado suspeitas sobre as liturgias e doutrinas da IURD.[37] A AEvB reagiu imediatamente à criação do CNPB, questionando sua representatividade. O fato é que o CNPB, beneficiando-se do espaço de divulgação propiciado pela mídia sob o comando da IURD, em um ano contava já com 8.500 filiados (Mariano 1995) e com o apoio de líderes de diversas igrejas importantes. Na cúpula como na base, estava conseguindo unir segmentos do universo evangélico quase tão variados quanto os abrigados sob a AEvB.[38]

Mas não havia meramente a "liberdade religiosa" para impulsionar a nova entidade. Segundo Freston (1996), um componente central do CNPB era o clamor por uma participação nos "projetos governamentais" que correspondesse à magnitude política do mundo evangélico. Em dezembro de 1993, ocorre uma audiência com o presidente Itamar Franco, quando são feitas reivindicações que deixam mais claras as pretensões da entidade: apoio para a construção de uma sede, concessão de uma emissora de rádio e espaço na programação radiofônica oficial, acesso aos endereços de templos evangélicos através dos cadastros da Receita Federal. Ou seja, tratava-se de criar as condições que colocariam o CNPB como um porta-voz dos evangélicos brasileiros e garantiriam sua comunicação com as bases eclesiais. Nesse projeto, o Estado aparecia enquanto interlocutor direto e, nos termos de Freston (1996), como munição acionada nas disputas por hegemonia no interior de um segmento religioso. Em junho de 1994, o CNPB organiza um evento no Rio de Janeiro que, graças ao apoio de várias igrejas, reuniu 400 mil pessoas. No palanque, espremiam-se líderes religiosos e candidatos políticos, vinculados ou apoiados por igrejas evangélicas. Nesse momento, a articulação com a política impulsionava os rumos da "unidade evangélica".[39]

A nota da AEvB, divulgada no ano anterior, já advertia sobre os objetivos políticos "imediatistas" e "messiânicos" que animavam a criação do CNPB (Mariano 1995). Em 1994, a AEvB resolve interferir a seu modo nas disputas eleitorais, dirigindo aos evangélicos um "decálogo do voto ético". Uma das ênfases do documento era exatamente a desvinculação entre a escolha eleitoral, de um lado, e, de outro, as indicações eclesiais ou a religião do candidato. A entidade promove ainda um debate entre os presidenciáveis, enquanto que Caio Fábio encontra-se com vários políticos, entre os quais Lula. Lideranças

---

zado em 1997 no Rio de Janeiro por iniciativa da International Religious Liberty Association (*Conscience et Liberté*, 54, 1997).

37. Ferreira aparecera em um jornal para declarar sua preocupação com as fontes de recursos da IURD e criticar a ênfase em curas e o gosto pelo espetáculo em seus cultos (JB 28.04.90). Fanini chegara a se reunir com umbandistas para se contrapor à IURD (ESP 27.07.89, GB 26.10.95).

38. Além de Ferreira e Fanini, representantes da IEQ, Casa da Bênção, Igreja Internacional da Graça de Deus, Renascer, Convenção Batista Nacional apoiavam o CNPB; no mesmo momento, a AEvB atingia as ADs vinculadas à Convenção Geral, "vários grupos pentecostais e carismáticos, e boa parte dos históricos, inclusive alguns ligados já ao CONIC" (Freston 1996:168).

39. Sobre o evento, batizado de "Clamor da Nação", ver Freston (1996), o artigo de Fonseca em CP, 21, 1994, e IE 29.06.94.

ligadas ao CNPB reagem às iniciativas da AEvB confundindo a aproximação entre Caio Fábio e a "esquerda materialista" com as supostas consequências do decálogo. Corria-se o risco, diziam eles, de se eleger um presidente que poderia decidir "mudar a Constituição" e "perseguir os evangélicos" (Freston 1996; Mariano 1995). Assistia-se, na verdade, a um embate entre duas estratégias distintas de articular política e "unidade evangélica": a AEvB, mantendo sua pretensão representativa, investe na política através da "ética"; o CNPB mobiliza diretamente a identidade de "evangélico" na ocupação de espaço político, associando-a novamente ao tema da "perseguição".

Significativamente, Caio Fábio procurou esclarecer os filiados da AEvB que o confronto com o CNPB era de "natureza ética" (Freston 1996:171). Essa noção não estava presente apenas nas intervenções políticas da AEvB, mas em uma série de engajamentos do próprio Caio Fábio. As preocupações sociais sempre foram claras em sua trajetória pastoral, mas adquirem outra amplitude com a participação na Ação da Cidadania contra a Miséria e pela Vida em 1993. Ela ocorre em vários níveis: a VINDE mantinha um "sopão itinerante" em Niterói que se integra à campanha; Caio Fábio junta-se a outros líderes espirituais para formar um "fundo inter-religioso"; e ele ainda participa (ao lado de um bispo católico) do Conselho de Segurança Alimentar, forma que o governo federal encontrou de envolver os vários ministérios na "luta contra a miséria" que mobilizava os milhares de "comitês" integrados por indivíduos e membros de entidades da sociedade civil.[40] Os engajamentos tiveram continuidade através do Movimento Viva Rio, uma reação aos problemas da violência na cidade carioca.[41] Isso garantira à AEvB um acesso fácil e certo à mídia, permitindo que retocasse a imagem dos evangélicos e viabilizando o canal para a almejada interlocução com a sociedade, e a Caio Fábio a interferência em políticas públicas relacionadas à área de segurança pública e de combate à pobreza. Tais conquistas em termos de imagem e de relação com o Estado, creditadas ao seu rival, contaram certamente como incentivo para a IURD investir em iniciativas assistenciais.

Em 1995, uma outra situação fará com que se cruzem os caminhos de Caio Fábio e Edir Macedo, trazendo uma nova disputa sobre a representatividade evangélica. O CNPB estará ausente; já a AEvB, comandada por um presidente fortalecido, será levada a se posicionar de maneira inédita sobre os critérios de uma "identidade genuinamente evangélica". É certo que essa preocupação estava já inscrita na assembléia de criação da entidade,

---

40. Sobre a Ação da Cidadania contra a Miséria e pela Vida, mais conhecida como Campanha contra a Fome, ver Landim (1998); especificamente sobre a participação dos religiosos, ver Giumbelli (1994).

41. Em 1994, Caio Fábio participou da criação da Casa da Paz, cuja sede ficava na residência de uma família de evangélicos mortos na chacina de Vigário Geral; em Acari, transformou um enorme galpão na Fábrica da Esperança, centro de oficinas profissionalizantes para jovens de baixa renda; subiu morros trocando armas de fogo por Bíblias; converteu presidiários famosos por seu passado atroz — por tudo isso, tornou-se personagem de *Cidade Partida*, livro do jornalista Zuenir Ventura sobre os esforços para aproximar "asfalto" e "favela" no Rio de Janeiro. Sobre o envolvimento de Caio Fábio com projetos sociais e sua promoção pela mídia, ver Freston (1996).

quando se afirmou o compromisso com a elaboração de um "pensar teológico e ético que possa definir a verdadeira identidade evangélica brasileira" (CP, 1, 1991). No entanto, no decorrer da trajetória da AEvB, a dimensão "teológica" parece ter sido preterida em favor da "ética". Isso transparece, em primeiro lugar, na resistência à adoção da linha teológica seguida pelo núcleo idealizador da AEvB, como no MEP, associado à vertente "evangelical" (CP, 1, 1991; CPD, 8, 1992; CP, 22, 1994). Em compensação, a "ética" passará a orientar, inclusive na esteira dos envolvimentos militantes de Caio Fábio, os esforços de identificação da entidade. Em 1992, um explicativo sobre os objetivos da AEvB esclarecia que "filiava aqueles que se submetem aos seus padrões de ética pessoal e administrativa" (CPD, 8, 1992). No primeiro congresso, realizado em 1994, o balanço já estava claro no discurso do presidente, sugerindo que a entidade se pautasse por "referenciais doutrinais mínimos" e "limites éticos máximos" (CP, 22, 1994). O segundo congresso, de 1995, discutiu, significativamente, o tema da violência (CP, 26, 1995).[42]

O embate direto entre Caio Fábio e Edir Macedo servirá exatamente para repor a dimensão teológica nas preocupações da AEvB. O que o provoca é, curiosamente, uma obra de ficção, uma minissérie produzida pela TV Globo e exibida em setembro de 1995. Apresentarei o enredo dessa novela no capítulo seguinte. Por enquanto, deixemos que Caio Fábio nos descreva o seu personagem principal, o pastor Mariel: "um rapaz pobre, complicado e extremamente confuso, porém dono de um grande carisma e de uma fantástica presença, que teve um encontro com a luz. O problema é que a conversão de Mariel (...) projetou-o num mundo de ambições, manipulações e mercantilismo da fé" (Araújo Filho 1997:425). Por sua vez, muito antes da minissérie ir ao ar, o coordenador político da IURD já dera seu veredito: uma afronta a todos os pastores evangélicos, enfocados como enganadores, e aos fiéis, representados como imbecis (FU 21.05.95). No entendimento da IURD e de seus aliados, haveria uma espécie de conspiração entre a Globo e a Igreja Católica para desmoralizar os evangélicos. Nas vésperas da exibição da minissérie, a mobilização é intensa e envolve toda a máquina da IURD: nos templos, pede-se que os fiéis, conclamados a uma "campanha de perseguição aos inimigos", boicotem a Globo; a ABC promove distribuições de alimentos nas cercanias de sedes da Globo; nos parlamentos, os políticos ocupam a tribuna para denunciar a "perseguição" e questionar a moralidade da maior rede de TV do país; na *Folha Universal* e nos programas da IURD na TV Record, não se fala de outra coisa.[43]

Caio Fábio passa a aparecer nos jornais, palco privilegiado da disputa. Primeiramente, lamenta que a IURD "tenha vestido a carapuça"; logo depois, para pedir que todos deixassem os "evangélicos" fora da polêmica; finalmente, através de duas notas divulgadas em nome da AEvB. A segunda delas, liberada através de uma entrevista coletiva, trans-

---

42. Na autobiografia de Caio Fábio (Araújo Filho 1997), a questão "teológica" está bastante ofuscada pela dimensão "ética". A AEvB é proposta como "uma entidade que representasse os evangélicos preocupados com a ética" (:296).

43. Ver edições da FU entre 13.08.95 e 01.10.95.

formou-se na posição oficial da AEvB sobre a IURD.[44] O pronunciamento comenta as reações à minissérie, a seu ver exageradas e eivadas de fanatismo. Quase não trata dos fiéis, partindo da premissa de que se orientam por um desejo genuíno de encontrar Deus. O que lhe interessa é analisar e julgar os "conteúdos de fé" e a "metodologia" da IURD, ou seja, como essa igreja responde àquele desejo. Assim, embora estivesse bem presente a doutrina de "Jesus como único salvador", ela se conjugava com "elementos radicalmente contrários à fé evangélica e ao melhor da herança bíblica da igreja protestante e pentecostal". Figurava, em primeiro lugar, a "compra de sucesso", que condiciona bênçãos às doações dos fiéis, reeditando o "ensino católico medieval de que a graça de Deus pode ser adquirida através do esforço humano". Em seguida, o "uso dos elementos mágicos dos cultos e das superstições populares do Brasil", dotando de poderes espirituais uma série de objetos, nada mais seria do que a aceitação de "superstições pagãs". Portanto, é como se a AEvB tivesse reajustado seus "referenciais teológicos mínimos", pensando em adequá-los a uma invocada tradição evangélica.

O pronunciamento prosseguia, como em 1992, solicitando à IURD que seu dinheiro fosse administrado "de modo aberto e auditável". Mas agora o foco detém-se sobre o levantamento de fundos, apontando os "métodos agressivos, insistentes e, por vezes, abusivos dos líderes". A natureza desse "abuso" está sujeita a formulações diferentes, embora sempre em desacordo com o manifesto da mesma AEvB em 1992. Ora fica reconhecida a licitude das doações, mas faltaria aos pastores a devida compostura: "os meios têm que ser coerentes com o espírito do evangelho de Jesus". Ora insinua-se que as doações não seriam totalmente espontâneas, pois clama-se por práticas "sem ameaças de maldições, sem trocas feitas em nome de Deus e sem coação psicológica resultante de exercícios de indução feitos sobre o povo". Em 1992, afirmava-se que "só Deus pode fazer diferença entre o charlatanismo e o homem de Deus, entre o curandeiro e o homem de fé ousado, entre o salafrário e o profeta". Em 1995, um "espírito evangélico" é invocado para condenar os "métodos" da IURD. O pronunciamento admite que "todas as formas de convicção religiosa podem ser praticadas nos limites da Constituição", mas, a julgar por suas suspeitas de existir algum tipo de "indução" sobre os fiéis, não há mais tanta certeza de que as práticas dos pastores da IURD caibam naqueles limites.

Nenhuma dessas críticas era exatamente uma novidade. Caio Fábio já havia manifestado suas dúvidas quanto à "ética financeira" da IURD e já lamentara o surgimento de um "pentecostalismo folclórico" (CP, 22, 1994); já acusara de "pagãs" as práticas da IURD (Mariano 1995:62); já apontara o "saqueamento psicológico e espiritual" dos fiéis (IE 25.01.95). Em meio à repercussão da minissérie, concede uma entrevista a *O Globo* (20.09.95) onde surgem condenações ainda mais sérias — a IURD seria um "tumor" no corpo evangélico, não se podendo chamar de igreja algo que se aproximava mais de uma "rodoviária" — e de outra natureza — como as "fixações teocráticas"

---

44. O pronuncimento foi publicado por RV, 1, novembro 1995, e pelo GB 23.09.95.

atribuída aos seus líderes. Agora, no entanto, tratava-se de um documento coletivo, segundo o próprio Caio, aprovado por 110 líderes e respaldado pelo "pensamento da maioria esmagadora e silenciosa" (Araújo Filho 1997:432). Apesar disso, admite-se na entrevista coletiva que apenas um "concílio" teria a competência para excluir a IURD dentre as igrejas evangélicas (FSP 23.09.95), pois, afinal de contas, a AEvB só pode falar por seus filiados, cerca de 200 instituições em todo o país. Daí que, no final de seu pronunciamento, se peça aos líderes da IURD que se posicionem apenas em seu próprio nome. Mas lembremos que é a AEvB que se coloca na incumbência de esclarecer os limites das doutrinas e métodos evangélicos, invocando princípios "em função dos quais a igreja tem vivido há muito tempo".[45]

A resposta da IURD aproveita-se dessa contradição no pronunciamento e na natureza da AEvB. Ela vem através do "Manifesto ao Povo Evangélico do Brasil" (26.09.95), um documento assinado por membros de dez denominações, entre os quais está o batista Nilson Fanini, líderes de dissidências da AD, de algumas igrejas pentecostais e até de igrejas históricas — publicado em vários jornais como matéria publicitária (por exemplo, FSP 01.10.95). Estrategicamente, a tônica do documento recai sobre a "unidade evangélica". Avalia que a IURD incorpora "os ensinamentos comuns a todas as igrejas evangélicas" (Cristo como único salvador; trinitarismo; céu, inferno e jugalmento final; referência na Bíblia; dízimos e ofertas). Note-se que, apesar da aparente semelhança, o método de avaliação não é o mesmo do documento da AEvB: enquanto este procura pelas articulações, o manifesto, com a ajuda de uma citação bíblica — "se esta obra é dos homens, se desfará, mas se é de Deus, não podereis desfazê-la" —, permanece na superfície de doutrinas e práticas. E se nada disso bastasse para provar a existência de uma "comunidade evangélica", haveria ainda o fato de ser ela o alvo dos ataques da Globo, motivados pelo medo de perder o monopólio da audiência e pelos interesses da Igreja Católica, que encarnam o "mundo" contra o qual os evangélicos devem lutar. Situados dentro desse quadro, tanto a AEvB quanto Caio Fábio ocupam posições pouco dignas. Pois, segundo o manifesto, a AEvB não representa mais do que 15% dos evangélicos e não está provado que mesmo essa minoria firmasse o pronunciamento, enquanto que Caio Fábio tem suas pretensões assimiladas a de um papa. Além disso, ambos não cumprem seu papel, que seria criticar a minissérie da Globo e falar sobre o que une os evangélicos; ao contrário, servem aos "ímpios" e causam a divisão dos cristãos.

Essa idéia de Caio Fábio como o causador da discórdia e aliado dos "ímpios" é reeditada e replicada por cada um dos líderes que afirmam divergir do pronunciamento da AEvB. A edição da *Folha Universal* que traz o texto do manifesto tem como principal manchete: "Evangélicos apóiam Igreja Universal" (FU 08.10.95). O tema da "união evangélica" ocupa vários artigos nesse e nos quatro próximos números do jornal, duplicando as demonstrações de apoio nos programas da TV Record que conseguiam reunir lideranças de várias denominações. É curioso que o CNPB não tenha se envolvido,

---

45. A frase transcreve trecho de entrevista concedida por Caio Fábio à RV, 1, novembro 1995.

mesmo considerando que a política não estava em pauta dessa vez. A ausência, ao que parece, deve-se a desentendimentos entre Macedo e Ferreira.[46] Mas mesmo o que poderia sinalizar uma deficiência acaba contando a favor da IURD. Pois o ataque de que é alvo deposita sua eficácia sobre uma tática de isolamento. Cada apoio que a IURD recolhe implica no rompimento — que ocorre tantas vezes quantas forem as expressões de apoio — do cordão que deveria separá-la de todo o restante do campo evangélico. O dilema, na verdade, é vivido do lado da AEvB. Primeiro, porque a simples demonstração de que ela não congrega a maioria dos evangélicos mina sua pretensão de representatividade — independentemente da conquista de apoios individuais. Segundo, porque ao procurar explicitar os critérios de uma "identidade genuinamente evangélica", a AEvB rompe o frágil equilíbrio que mantinha entre as dimensões "ética" e "teológica" e semeia a divisão em seu próprio seio.

De fato, as críticas aos "conteúdos de fé" da IURD, como se pode facilmente perceber, convergem sobre os mesmos elementos pinçados por certos intelectuais para fazer sua caracterização do "neopentecostalismo" — a vinculação entre doações e bênçãos e a apropriação de elementos mágicos. O problema é que, como aponta uma informação fornecida pela própria AEvB, seus membros pertenciam a "diversas denominações históricas, pentecostais e neopentecostais" (CPD, 26, 1995). Ou, se quisermos o testemunho de alguém (relativamente) externo: "Mesmo alguns setores da AEvB estão mais próximos teológica e eticamente de Macedo do que de Caio Fábio" (Freston 1996:170).[47] Com a ênfase sobre a definição teológica, produziu-se a equivalência entre o "mercantilismo da fé" representado pelo pastor da minissérie da Globo, os "pseudo-evangélicos" denunciados no pronunciamento e os "neopentecostais" das tipologias do protestantismo. As "traições" e "deserções" não tardaram a acontecer. Alguns membros da AEvB pediram desligamento da entidade, outros solicitaram a retirada de sua assinatura do pronunciamento de setembro de 1995, outros ainda preferiram simplesmente fazer constar seu nome do manifesto de apoio à IURD.[48] Ao escrever suas memórias, Caio Fábio invoca uma série de motivações para justificar o concerto que se formou em torno de Edir Macedo: além dos "mariéis" (os mercenários da fé) e dos "fóbicos" (que sofrem de mania de perseguição), haveria os levados por interesses e compromissos econômicos (Araújo Filho 1997). Contrastemos esses malabarismos com a solução adotada pelo manifesto: "O que nos une é bem maior que qualquer coisa que venha tentar nos separar". Dois discursos

---

46. Ambos haviam divergido, já em 1994, em torno de um apoio à candidatura de F.Rossi à prefeitura de São Paulo (Freston 1996). Sobre o afastamento da IURD em relação ao CNPB, ver Freston (1999) e Fonseca (1997).

47. Afirmação praticamente igual encontrei em José Bittencourt, entrevista 02.12.99.

48. Cf. Fonseca (1997) e Romeiro (1997). Jabes de Alencar assinou o manifesto como "vice-presidente da AEvB". Caio Fábio relembra: "Quando a briga veio para a fase final, fiquei muito magoado ao ver muitos daqueles que me mandavam faxes cobrando um posicionamento pulando fora." (Eclesia out.99)

que colocam em jogo duas formas de se referir a um mesmo universo: de um lado, a entidade representativa que insiste nas suas distinções; de outro, um simples grupo de lideranças que não se acanha em proclamar sua unidade.[49]

Logo após o episódio do "chute na santa", a AEvB divulga uma nota pretendendo novamente expressar a posição dos evangélicos genuínos, que "defendem o direito de culto e de expressão religiosa de todas as formas de culto" e acusam "um modo pagão de enfrentar o ídolo" (Araújo Filho 1997:438). Edir Macedo, em nome da IURD, pediu desculpas pelo ato de Von Helde e adota tons mais comedidos em sua reação. Mesmo assim, a insistência nas denúncias por parte da imprensa estimula mais uma vez a mobilização das alianças em torno da IURD e da TV Record. Os programas de televisão voltam a reunir pastores de diversas denominações e o jornal da Igreja continua a falar de "perseguição" por conta de investigações arbitrárias sofridas por dois templos.[50] Através da imprensa, Caio Fábio e Silas Malafaia trocam acusações.[51] Ferreira, o presidente do CNPB, pronuncia-se por duas vezes, deixando clara sua retirada de apoio à IURD (GB 22.10 e 25.10.95). Enquanto que uma outra entidade, a OMEB, volta às páginas dos jornais reprovando atos de intolerância, mas se solidarizando com a IURD (GB 31.10 e 01.11.95). O mês de novembro inicia-se com uma sessão solene na Câmara Federal em comemoração ao Dia da Reforma: Velasco, membro da IURD, reclama da "discriminação contra os evangélicos"; Beto Lelis, um batista, propõe apoio à IURD em nome da "unidade evangélica" (GB 01.11.95). A resultante final parece caótica, sobretudo se vista a partir de alinhamentos históricos ou lógicos: o CNPB volta-se contra a IURD, ao passo que a OMEB e um batista lhe declaram solidariedade. Para completar, após a descoberta de cocaína em um de seus empreendimentos sociais, Caio Fábio recebe da IURD o convite para "se unir aos demais evangélicos".[52]

O convite se repetiria em janeiro, no bojo das reações que se seguiram à exibição do vídeo com imagens da cúpula da IURD. A revelação do que estava por trás das práticas agressivas de arrecadação nos templos da IURD, segundo uma matéria publicada na re-

---

49. A interferência entre as segmentações produzidas pelas tipologias e as estratégias da "unidade evangélica" aparece também na entrevista de J. Bittencourt (02.12.99): uma entidade como a AEvB seria desejável "se ela abrigasse as igrejas históricas e as pentecostais clássicas; não vejo como o pentecostalismo autônomo poderia estar nessa situação".

50. Ver FU 188 a 191 (12.11 a 03.12.95).

51. Malafaia pertence à AD-Madureira, mesma denominação de Ferreira. Desde 1994 aparece ao lado da IURD. Parte de suas acusações a Caio Fábio deve-se ao pedido que este teria feito para a instauração de uma CPI "para investigar os abusos financeiros e religiosos da IURD". No entanto, a única referência que encontrei acerca desse pedido foi em uma notícia de apenas um jornal (ESP 16.10.95).

52. Ver FU 03.12.95, 10.12.95 e 24.12.95. A droga foi encontrada pela polícia em um esconderijo na Fábrica da Esperança. Enquanto o governador fluminense apressou-se em disseminar suspeitas do envolvimento de Caio Fábio, os aliados deste levantaram a versão de que o episódio teria sido forjado para intimidar cobranças quanto à política de segurança pública (Freston 1999).

vista *Vinde*, conferiram "um tom profético ao pronunciamento da AEvB" (RV, 3, 1996). Caio Fábio, no entanto, teve uma participação discreta na repercussão do episódio, em parte em virtude do desgaste com seus próprios problemas, em parte, talvez, pela impressão de que as imagens falavam por si mesmas. Resumiu-se a afirmar que as cenas mostravam a "violação de princípios éticos do evangelho" e a ratificar as "diferenças entre a postura dos evangélicos e o comportamento da liderança da IURD" (GB 24.12.95). Não faltaram opiniões semelhantes às de Caio Fábio, manifestadas por lideranças eclesiais e políticas, cobrindo amplos segmentos no interior do protestantismo brasileiro, de históricos a pentecostais.[53] No entanto, divergências emergiram mesmo entre lideranças da própria AEvB: em uma matéria da *Folha de São Paulo* (07.01.95), enquanto o presidente nacional repetiria que a IURD é "uma máquina de arrancar dinheiro", o presidente da regional fluminense atribui o crescimento da mesma igreja à "visão e ao trabalho" de Edir Macedo e vê "uma certa injustiça" nas acusações contra ela. Mais importante ainda é o fato de que a IURD consegue novamente evitar seu isolamento.

Com data de 4 de janeiro, é divulgado um "Manifesto ao Povo Brasileiro e Autoridades Constituídas", assinado pelos representantes de 10 igrejas e três entidades.[54] O texto responde a cada uma das acusações sugeridas a partir das imagens do vídeo, procurando mostrar que ou eram improcedentes, ou não atingiam propriamente a IURD como instituição. Reafirma a autenticidade evangélica da IURD, ainda mais rapidamente do que fizera o manifesto anterior. E dispara suas baterias sobre a Globo, prometendo-lhe que suas ações não vão abalar as igrejas evangélicas. Note-se que não há mais referência a rivais no interior do campo evangélico. O manifesto conclui com um convite a todos os evangélicos para uma passeata "em favor da democracia e da liberdade religiosa". Manifestações são convocadas em várias capitais brasileiras para o dia 6 de janeiro. A edição da *Folha Universal* divulgada dias depois traz artigos e declarações de seis pastores pertencentes a igrejas outras que a IURD. As maiores concentrações ocorrem em São Paulo e no Rio. Contam com a presença de líderes religiosos, políticos da IURD e cantores evangélicos; são transmitidas pelas rádios e as emissoras de TV controladas pela IURD. "Evangélicos encantam o país e desmoralizam Rede Globo", noticiaria o jornal (FU 21.01.96). Algumas frases, pinçadas em faixas e declarações, bastam para transmitir o clima dos eventos: "Não queremos guerra, queremos liberdade"; "sofremos uma inquisição fria por parte da Globo"; "martirizados pela mídia"; "hoje é a IURD, amanhã pode ser outra"; "a IURD não é seita, mas uma igreja evangélica (...)". A IURD não esteve sozinha nem nos palanques (havia pessoas ligadas a AD, batistas e presbiterianos), nem na platéia

---

53. Ver RV, 3, 1996; GB 24.12.95; JB 25.12.95, 31.12.95; GB 01.01.96; ESP 05.01.96; FSP 05.01.96.

54. O texto foi publicado em *Tribuna da Imprensa*, 06.01.96, além de FU 14.01.96. O perfil das igrejas que assinam o documento é aproximadamente o mesmo do manifesto de 1995, apesar da ausência de Fanini. Para expressar que se trata de um apoio externo, ninguém da IURD firma o documento.

(em São Paulo, 44% pertenciam a outras denominações, com destaque para assembleianos e batistas).[55]

Ao lembrar essas manifestações, no início de 1997, a *Folha Universal* notaria: "Nunca, desde a prisão do bispo Macedo em 1992, os evangélicos estiveram tão unidos e solidários com a IURD" (FU 19.01.97). Significativamente, não encontrei em edições posteriores ao início de 1996 outras menções à AEvB. A crise que a atinge no segundo semestre de 1995 parece ter sido decisiva para selar seu destino, pois a entidade jamais voltará a gozar da projeção e penetração que conseguira nos seus quatro primeiros anos de existência. Em 1998, escândalos em sua vida pessoal e o envolvimento na divulgação de um dossiê forjado para atingir o presidente Fernando Henrique levam Caio Fábio a se retirar da cena pública. A AEvB parece, pelo menos por enquanto, ter sucumbido juntamente com seu principal líder.[56] Por outro lado, o CNPB, "a serviço dos interesses da AD-Madureira" (Fonseca 1997:172), tampouco poderia manter pretensões representativas. Em termos gerais, a situação parece dar razão a Freston: "A tendência da IURD em um futuro imediato é conquistar ainda mais espaço no campo evangélico brasileiro (...)" (1999:160). Isso ocorre exatamente quando as instituições constituídas para serem representativas minguam por diferentes motivos, mas sem que a IURD renuncie a se erigir em porta-voz dos evangélicos.

A IURD não apenas vem confirmando essa pretensão, como não poupou esforços para diversificar as frentes em que ela poderia se efetivar. Durante 1996, na *Folha Universal*, uma seção específica denominada "unidade evangélica" foi criada para acolher sistematicamente os textos de membros de outras denominações protestantes. Como acontecera em 1994 em benefício de Malafaia e de Ferreira, em 1996 a Record abre espaço para o programa de outro aliado da Igreja, o pastor Fanini. Um lance ousado vem com a decisão de comprar um sistema de TV fechada cuja programação seria totalmente voltada para a "família evangélica" (FSP 08.03.98). Antes disso, em 1997, a IURD retoma a publicação de sua revista, *Plenitude*, anunciada então como "revista dos evangélicos". Mais importante que tudo, a IURD mantém suas estratégias de eleição de parlamentares e de acordos com governantes, ambas as coisas desenvolvidas em nome das causas evangélicas. No início de 99, as reivindicações da "bancada evangélica" do congresso cobravam maior participação em "programas sociais" (no ano anterior, solicitara-se a inclusão de um representante evangélico no conselho do Programa Comunidade Solidária), a redução do "privilégio católico" no ensino religioso e mais espaço nas Forças Armadas para os bispos

---

55. Sobre as manifestações, ver FU 21.01.96 e jornais Dia, JB, ESP, FSP de 07.01.96. Os dados sobre o perfil dos participantes vêm de uma pesquisa do Datafolha publicada em FSP 14.01.96.

56. Caio Fábio desfez-se do canal de televisão e da revista mantidos pela VINDE. Quanto à AEvB, é impressionante sua falta de visibilidade atualmente. Quando consultei ao final de 1999 o seu *site* (www.solar.com.br/~rubem/aevb/html), as últimas atividades nele relatadas correspondem ao ano de 1996. Parece que sua sede mudou-se para o interior de São Paulo e, a julgar pela minha dificuldade em obter informações, as atividades no Rio foram totalmente paralisadas.

evangélicos (FSP 14.01.99). Lutas como a oposição a certos aspectos da "lei do silêncio" no segundo semestre de 1997 foram protagonizadas por parlamentares.[57] Atualmente, com cerca de duas dezenas de deputados federais, a IURD constitui a Igreja protestante com maior número de parlamentares declarados. Assim, a conquista de uma hegemonia no campo evangélico pela IURD não se assenta sobre uma delegação, mas na tomada de cada vez mais espaço de influência.[58]

Na verdade, essa ampliação veio acompanhada da criação de novas instituições com pretensões representativas. Em 1995, foram fundados o Conselho de Pastores Evangélicos do Distrito Federal e o Conselho Regional de Pastores do Rio de Janeiro. O primeiro e o seu congênere paulista assinaram, através de seus líderes, o manifesto de 1996. Já o conselho fluminense teve como seu presidente, primeiro, Silas Malafaia, e, mais tarde, Ely Patricio, parlamentar e também membro da IURD. O que há de interessante nessas entidades não é propriamente sua repercussão, por estar limitada a uma certa conjuntura e pelo seu vínculo necessário com as estratégias de hegemonia da IURD. O conselho fluminense, por exemplo, surgiu, no momento em que a IURD era severamente alvejada, para "agregar e confraternizar" os ministros evangélicos, favorecendo a "luta contra injustiças em tempos de perseguição" (FU 31.12.95). Participa da organização da manifestação de 06.01 no Rio de Janeiro e, em seguida, praticamente desaparece.[59] Esse modo de existência torna-se menos gratuito se atentamos para a lógica que guia a constituição dessas entidades. Retomando o exemplo do conselho fluminense, pode-se ainda notar como renega a função de "policiar igrejas" ou "resolver divergências teológicas" (FU 31.12.95). O mesmo se aplica à atuação da IURD: seu protagonismo no campo evangélico renuncia a qualquer pretensão de normatização. Daí que um líder do peso de Fanini possa ao mesmo tempo se aliar à IURD, "respeitando-a", e discordar de seus "métodos".[60] Isso quer dizer que o projeto de "união evangélica" tal como conduzido pela IURD contorna uma discussão sobre doutrinas e práticas genuínas, além de não exigir um intercâmbio de maiores consequências entre as várias denominações.[61]

---

57. A Folha Universal noticia um debate ocorrido na Rádio Copacabana (controlada pela IURD) envolvendo "líderes evangélicos". Nenhuma entidade é citada e, de acordo com as referências, a maioria dos participantes era de parlamentares ligados à IURD (FU 31.08.97).

58. Corten (1999) nota que, em função de uma mudança na "relação com o mundo", outras igrejas pentecostais, mesmo algumas mais tradicionais, passam a investir na política, na assistência social e na mídia. Na medida em que indica um reconhecimento da importância dessas novas atividades, isso vem reforçar a estratégia da IURD de conquistar hegemonia no campo evangélico investindo nas mesmas áreas.

59. Segundo J. Cabral (entrevista 03.02.2000), o Conselho de Pastores do Rio de Janeiro foi criado com a intenção de expandi-lo em direção a outras áreas; no entanto, devido a desentendimentos com Malafaia, a IURD se afastou da entidade. "Se a IURD não domina, ela se afasta", sintetizou o pastor.

60. Cf. entrevista de Fanini a RV, 5, 1996.

Portanto, uma representação sem delegação nem normatização. Do ponto de vista da regulação de um campo religioso, essa configuração revela-se problemática. Talvez, mesmo contra-regulatória. O projeto de entidade representativa encarnado na AEvB optava exatamente por um modelo que pressupunha uma delegação e implicava em normatização — ainda que na prática sua legitimidade tivesse também outras bases. Em suas tentativas de normatização, a AEvB oscilou nos posicionamentos em relação a referenciais jurídicos: em 1992, alinhou-se com os argumentos que serviam para defender a IURD em suas práticas religiosas, atacando-a em uma dimensão institucional; em 1995, chega a subscrever um entendimento que parece engrossar as denúncias que duvidam da voluntariedade das doações dos fiéis. Mas devemos reconhecer que a principal diferença entre os pronunciamentos de 1992 e 1995 é a tentativa, presente apenas no último deles, de uma normatização propriamente religiosa, no plano das doutrinas e práticas de uma igreja. Mesmo assim, o vínculo com a dimensão jurídica não se desfez completamente. Caso a AEvB tivesse êxito em sua estratégia de delimitar e fazer valer os critérios de definição da "identidade evangélica", não encontrariam respaldo religioso as práticas que, vistas sob parâmetros jurídicos, causam tanto incômodo. O problema é que esse esforço não só falhou, como perdeu espaço para outro tipo de lógica representativa. Daí o que J. Bittencourt não consegue senão enxergar como uma "grave distorção": "agremiações religiosas exóticas e movimentos radicais passaram a reivindicar o direito de se auto-denominarem 'evangélicos'" (CP, 30, 1996). Mais, vieram a ocupar uma posição de protagonismo em relação aos "evangélicos", sem se preocuparem em ter delegação para tanto ou em se adequar ou em estipular normas doutrinárias ou rituais.

---

61. Como me disse J.Cabral (entrevista 03.02.2000), a IURD, do ponto de vista institucional, "é sectária" — ou seja, não se dá permissão para pastores de outras igrejas pregarem nos templos da IURD, nem se abre qualquer outro espaço de cooperação interdenominacional. Ele concordaria com Freston (1996:181): "Para ela [IURD], a questão da identidade evangélica ficou subordinada à estratégia de conquista de hegemonia no meio evangélico".

CAPÍTULO 9

A IURD como fato jornalístico:
olhar distanciado, julgamentos oscilantes

Sacudam bem obreiros, para eles [os jornalistas] verem que estão vazias
e só voltem quando estiverem tão cheias quanto um saco de pipoca
(Edir Macedo, dando início à coleta de dinheiro, diante de 180 mil
pessoas no Maracanã, em 1988 - JB 19.12.88)

O bservou-se anteriormente como a produção jornalística a respeito da IURD serve ao mesmo tempo como "fonte" para os intelectuais, como "prova" nas ações judiciais e como "palco" para as disputas pela hegemonia no campo evangélico. Veremos também que, em relação a essas mesmas instâncias da controvérsia, a imprensa atua ora como monitor, ora como vitrine, ora como espectador, sempre como incitador. Interessa, nesse caso, saber como enfocam e que uso os jornalistas fazem das elaborações intelectuais, de investigações e processos oficiais e das vicissitudes da "unidade evangélica", bem como o modo segundo o qual são articulados. Os jornalistas, porém, não se reservam a acompanhar ou registrar o trabalho de outras personagens. Constituem igualmente protagonistas dessa história, construindo em torno da IURD uma certa imagem a partir de um determinado tipo de aproximação. Trato aqui de caracterizar a participação da mídia, especialmente da imprensa, na controvérsia, procurando demonstrar como ela constitui o acesso mais privilegiado para a resultante que corresponde à conjuntura que atualmente se delineia em torno da regulação do religioso no Brasil.

No cenário em que essa participação se desenrola, há que se levar em conta a presença de um elemento importante: o fato de que a IURD, por comandar uma rede de rádio e televisão e por editar um jornal semanal de grande tiragem, tornou-se ela mesma parte desse campo jornalístico. Em posição subordinada, é verdade, pois a Rede Record acabou se definindo por uma "programação comercial", o que limitou a interferência de seus controladores, e a *Folha Universal* circula basicamente entre os próprios fiéis da IURD e, em alguma medida, outros evangélicos. De todo modo, como notou Mafra (1999:131), essa presença na mídia contribui, ao propiciar uma instância de resposta, para alimentar as controvérsias de que a IURD é objeto. Além disso, essa presença inseriu de forma inegável um "fator religioso" no campo da mídia. Ou seja, ao enfocar a IURD, os meios de comunicação não falam apenas de uma "igreja", mas também de um "veículo con-

368

corrente"; inversamente, tornou-se impossível tratar da imprensa sem mencionar que parte dela é "religiosa". O resultado é um quadro de tal modo emaranhado em suas personagens e com tamanha diversidade de aspectos, que inibe qualquer pretensão de analisar a todos eles. Optei, então, por privilegiar a dimensão que, sendo crucial na imagem da Igreja, permite o maior diálogo com as outras personagens da controvérsia em torno da IURD.

Um exemplo do imbróglio que pode se tornar o enfoque da IURD pela imprensa é o que ocorre a partir da divulgação do vídeo com as imagens comprometedoras sobre a cúpula da Igreja, em dezembro de 1995. As partes mais destacadas foram aquelas em que a questão do dinheiro era central: Edir Macedo ensinando os comparsas a "arrancar doações dos fiéis" e os pastores, ajoelhados, como que adorando, uma pilha de dólares a sua frente. Tudo parecia indicar que a polêmica se concentraria na relação da igreja com seus fiéis, o que tornava o episódio privilegiado para os meus interesses de pesquisa. Ainda mais porque a repercussão atingiu um elenco de personagens poucas vezes observado, um verdadeiro "resumo da sociedade": pronunciaram-se publicamente não apenas os jornais (houve editoriais na ocasião), mas, através deles, fiéis, a própria cúpula da IURD, lideranças religiosas e especialmente as evangélicas, políticos evangélicos, advogados, investigadores e autoridades do alto escalão, vários ex-colaboradores da IURD, articulistas de jornais, intelectuais e estudiosos acadêmicos. No entanto, a diversidade de personagens e vozes veio acompanhada de uma dispersão incontornável de focos de acusação e controvérsia.

É verdade que o próprio vídeo já apontava nessa direção, pois havia outras sequências de imagens além das antes mencionadas: novamente a cúpula da IURD em passeios de barco no litoral de Angra dos Reis; insinuações de que o deputado federal Laprovita Vieira teria adquirido uma fábrica utilizando "caixa dois"; em um hotel em Jerusalém, as brincadeiras de dois pastores, um ameaçando abrir as calças enquanto o outro o abraça pelas costas; Edir Macedo e Von Helde, o bispo que "chutara a santa", "dançando forró" em uma praia. Essas imagens foram cedidas à TV Globo e à revista *Isto É* por Carlos Magno, um dissidente da IURD. Um dia depois de sua exibição, os telejornais da Rede Globo divulgavam gravações de dois telefonemas de Edir Macedo: em um, abordava a esposa de Carlos Magno propondo-lhe que abandonasse o marido; em outro, instruía um dos coordenadores da Igreja a espalhar a versão de que Magno saíra por ter lesado a instituição. Magno anunciava que liberaria outras fitas sobre a cúpula da IURD, cenas de pastores reunidos para assistir filmes pornográficos e de um grupo que estivera em Bogotá para receber de um narcotraficante a quantia de um milhão de dólares, utilizada na compra da Rede Record. Ainda sobre a Rede Record, Magno declarou aos jornais ter havido um acordo com o então presidente Collor, o qual, em troca do apoio da Igreja, serviria como uma espécie de avalista da transação.[1]

---

1. Em meio a todas essas denúncias, vem a notícia de que a IURD estaria sendo também processada nos Estados Unidos, por uma produtora que a acusava de haver se apropriado de sua lista de clientes com intuitos de proselitismo (JB 25.12; GB 30.12). E algumas notas na imprensa registram suspeitas e investigações em outros países, inclusive a França, onde a Igreja tivera seu nome incluído entre as seitas do relatório da comissão parlamentar.

A partir desses elementos, forma-se um mosaico de interesses, denúncias e exigências. *O Estado de São Paulo* envida esforços para comprovar a viagem à Colômbia. O *Jornal do Brasil* busca detalhes sobre os passeios em Angra dos Reis. A revista *Isto É* traz revelações sobre a contabilidade da Igreja: os pastores seriam premiados com comissões sobre as arrecadações de seus cultos e existiria um *ranking* de templos baseado no mesmo critério. Estima-se o montante total das arrecadações nos templos e questiona-se o direito da IURD à imunidade tributária cabível às "igrejas". Lembra-se, além disso, que a IURD controlava um conglomerado de empresas, e algumas delas são alvos de reportagens. Outro foco é o acompanhamento das reações e providências tomadas pelas autoridades. É a Polícia Federal a responsável pelos inquéritos, abertos no início de janeiro de 1996 e iniciados por uma verdadeira devassa em busca de documentos que pudessem comprovar irregularidades contábeis, financeiras e fiscais. Noticia-se ainda investigações anteriores movidas pela Receita Federal, cujos resultados deveriam alimentar os inquéritos policiais. Especula-se sobre a possibilidade de cassação do mandato parlamentar de Laprovita Vieira, o que serve de gancho para se enfocar os projetos e os representantes políticos da IURD. Cogita-se a abertura de uma CPI envolvendo outro político ligado à Igreja, Aldir Cabral, então titular de uma Secretaria Estadual no Rio de Janeiro, suspeito de privilegiar fiéis no preenchimento de cargos.

A IURD, através de seus programas na TV e seu jornal, sai em ataque direto à Rede Globo, apontando irregularidades financeiras. Mas é a Rede Record a mais imediatamente atingida: jornalistas e autoridades aventam a cassação de sua concessão. Pressões nesse sentido já existiam desde o episódio do "chute na santa", uma vez que as imagens haviam sido transmitidas originalmente durante a programação da TV Record. É significativo que, mais de dois anos depois, recupere-se o episódio no contexto de discussões acerca da necessidade de regulações e controles sobre os meios de comunicação.[2] Ao mesmo tempo, no entanto, há por parte de vários articulistas uma reação inversa, ou seja, que prefere manter como distintas as investigações sobre a IURD e suas outras empresas e o controle da Rede Record,[3] ou então uma postura mais radical, que toma o caso para questionar todo o sistema de concessões no setor de telecomunicações.[4] Pelo menos dois eventos foram realizados em torno da relação entre mídia e religião.[5] Além disso, a criação do Observatório da Imprensa, ocorrida em abril de 1996 com o objetivo de erigir uma instância crítica, tem como uma de suas justificativas a suspeita sobre a parcialidade da cobertura da mídia nos acontecimentos que envolveram a IURD, criticada pela sua "dramatização a qualquer preço" e

---

2. Ver editorial da FSP 26.03.98, que informa ter partido a referência de um diretor da Anatel (agência oficial encarregada da regulação do mercado das telecomunicações).

3. Ver artigos de L. Nassif e C. Rossi, na FSP: respectivamente, 31.12.95 e 26.12.96.

4. Ver artigos de J. Freitas (27.12.95), C. Rossi (FSP 06.01.96) e R. Romano (02.02.96).

5. "Imprensa, religiosidade e poder", ocorrido em Brasília, 25.01.96, promovido pela Federação Nacional dos Jornalistas e pela revista *Teoria e Debate*; e "A Guerra Santa na Mídia", em Campinas, 14.03.96, relacionado ao Observatório da Imprensa.

por seus compromissos tácitos com a "religião majoritária".[6] Certamente, não era visando essas consequências que a TV Globo e a revista *Isto É* resolveram divulgar o material guardado com tanto zelo por um dissidente da IURD. Pretendiam com ele "desmascarar" uma organização que vivia de "arrancar" e "esbanjar" o dinheiro dos fiéis.

Apesar disso, não só as investigações oficiais, como também a cobertura da imprensa seguiram desde então uma direção que privilegia aspectos institucionais da Igreja. Depois do episódio do vídeo, a IURD só ficaria em evidência semelhante por conta da tragédia que matou 25 de seus fiéis em setembro de 1998, quando parte do teto de um templo em Osasco desabou. Nesse caso, no entanto, não se retomou um debate sobre a IURD em geral.[7] Em outras ocasiões, as grandes revistas alternaram sua avaliação sobre a saúde da IURD: crise para a *Isto É* (15.01.97), expansão para a *Veja* (03.11.99). Além do acompanhamento das investigações oficiais, outros aspectos institucionais estiveram em foco na imprensa: a eleição de políticos e a negociação com outros candidatos e governantes; o crescimento e a evolução dos meios de comunicação; e, em menor grau, a inauguração de grandes templos, questões trabalhistas e irregularidades na compra da TV Rio.

Em relação a algumas questões, pode-se dizer mesmo que a IURD deixou de ser enquadrada por intenções predominantemente denunciatórias. Quando não simplesmente em conseqüência de sua inclusão em reportagens que a colocavam na mesma situação que outras igrejas, estas respeitáveis.[8] Um caso à parte é o de suas iniciativas assistenciais. A princípio, elas foram tratadas como uma nova faceta de sua expansão, enfatizando-se seus fins proselitistas.[9] Mas em maio de 1998, a *Folha de São Paulo* incluía a ABC entre as entidades habilitadas a receber doações para remediar os efeitos da seca no Nordeste.[10] Outro exemplo é a reportagem de *Veja* (02.07.97), onde a IURD é citada exatamente a propósito de seu trabalho assistencial. Trata-se de uma matéria de capa, anunciada com a seguinte chamada: "Evangélicos: como a religião está ajudando pessoas humildes a conquistar o reino da terra". São relatados exemplos de conversão que tiraram pessoas de situações deploráveis ou de evangélicos famosos, complementados por um rol de "benefícios" da ação das igrejas evangé-

---

6. Texto "A Guerra Santa na Mídia — como a concorrência na TV trouxe a questão da liberdade religiosa", disponível no site do Observatório da Imprensa (www2.uol.com.br/observatorio). Outras críticas à abordagem geral da imprensa sobre a IURD no episódio dos vídeos em artigos de Beraba (FSP 01.01.96), de Rossi (FSP 02.01.96) e de Araújo (JB 16.01.96).

7. A FSP publicou, por cerca de duas semanas, notícias diárias sobre o incidente (06.09 a 19.09.98); depois, acompanhou esporadicamente as investigações que apuravam responsabilidades pelo desabamento.

8. Reportagens sobre "conversão de homossexuais", FSP 30.04.97 e Veja 29.07.98 e sobre atuação de igrejas e evangelizadores em presídios, Veja 19.03.97 e FSP 11.04.98. Outra reportagem em que a IURD aparece ao lado de outras igrejas, mas dessa vez todas sob ótica negativa, é a da atuação de missionários em aldeias indígenas, FSP 28.12.97.

9. Cf. IE 14.12.94 e FSP 17.09.95.

10. Ver FSP 08.05 e 16.05.98, além de 07.06.98. Meses antes, Edir Macedo visitara a redação do jornal (FSP 04.03.98).

licas: incentivo à alfabetização e escolarização, controle da natalidade, trabalho de recuperação de dependentes de drogas, formação de redes de solidariedade e emprego entre os fiéis.

Essa simpatia, no entanto, esconde uma visão traída aqui e ali por algumas referências encontradas na mesma reportagem. Vejamos o último páragrafo, que começa assim: "'Dinheiro, saúde e felicidade', prega sem peias o bispo Edir Macedo, 'são a prova da bênção divina'. E o fiel testa o merecimento dessa bênção ao fazer 'apostas' com Deus, na forma das 'ofertas em dinheiro'. (...) Isso sem falar no dízimo" (:93). A capa da revista expressa bem essa ambiguidade, ao ter o formato da cobertura de uma Bíblia, na qual a figura da cruz é envolvida por um "S" de modo a desenhar um cifrão. Algo parecido ocorre na matéria da *Veja* (03.11.99). Dedicada a mostrar que a contabilidade da IURD a transforma em uma espécie de caixa-preta e a reunir indicadores da sua expansão, a certa altura afirma: "(...), para muitos pastores o estímulo é mesmo o dinheiro. (...) Pedir, pedir e pedir é a lei número 1 de Edir Macedo" (:43). Uma visão que uma articulista da *Folha de São Paulo* tinha bem menos pudores em frasear em termos mais secos e diretos, ao reclamar da "ganância desenfreada por dinheiro" (27.09.98) da parte de uma igreja que "vende fé aos analfabetos, com juros extorsivos e correção monetária, em nome de 'Jesus'" (23.12.97). Por fim, é significativo que as duas reportagens dedicadas a fazer balanços gerais da IURD tomem igualmente como indicativo de sua saúde institucional o nível das arrecadações nos templos (IE 15.01.97; Veja 03.11.99).

Em suma, não parece se ter formulado um discurso alternativo sobre a relação da IURD com seus fiéis no que diz respeito à questão do dinheiro. Nessa esfera, ao menos, as imagens do vídeo de dezembro de 1995 continuam ainda válidas como retrato do que está por trás dos cultos dessa Igreja, ao mesmo tempo em que outras facetas de sua existência, algumas bem menos polêmicas, passam a concentrar a atenção da imprensa. Na abordagem do campo jornalístico, procuro problematizar a forma pela qual a IURD foi enfocada nos órgãos de comunicação, atentando para a configuração estabelecida entre os vários elementos que compõem a sua imagem, em particular a associação entre a Igreja e o dinheiro de seus fiéis. Cobrindo aproximadamente o mesmo marco temporal que os capítulos anteriores sobre a controvérsia, divido-o em três partes temporalmente sucessivas, que culminam na sequência de ocorrências do segundo semestre de 1995 — exatamente quando a IURD esteve em máxima evidência nos jornais e nas TVs. O que há de peculiar a esse campo é seu vínculo quase permanente com as elaborações anteriormente analisadas, tornando necessário perceber tanto aquilo que lhes acrescenta quanto como articula e se aproxima dos demais campos.

1. "Deus é Amor. E lucros também"

O dossiê elaborado pelo CEDI em 1989 afirma que o primeiro registro sobre a IURD em uma matéria jornalística ocorre em 1988. É bem possível que esteja certo em se tratando de reportagens específicas sobre a Igreja. Mas encontrei três referências anteriores, de 1984, 1986 e 1987. Nada impede que existam outras, mas é também improvável que sejam significativas. Assim como o principal estudo sobre o pentecostalismo na década de 80 não menciona a IURD, ela (embora aparecesse pelo menos uma vez) nem chega a constar da listagem, preparada por Landim (1989), de grupos citados no primeiro dossiê do CEDI, o qual reúne material jornalístico que vai de julho de 1984 a março de 1986. O interessante é que, ao analisar esse material, constatei haver, em relação aos "pentecostais", acusações cujo conteúdo e formulação se aproximam bastante às dirigidas à IURD algum tempo depois. Não apenas as acusações, a própria lógica do trabalho jornalístico revela-se de uma forma que será confirmada adiante. Mais uma vez, a IURD não inaugura os dispositivos que lhe são aplicados, mas serve tanto como revelador, quanto como objeto privilegiado de certos mecanismos mais gerais de problematização.

No conjunto de registros de 1984/86, que no total não ultrapassa cinco fontes, existem duas grandes matérias cujo assunto são as "seitas".[11] Mas o quadro geral, em todas as reportagens, revela uma cumplicidade com as preocupações da Igreja Católica: a proliferação acelerada de pequenas igrejas e grupos religiosos. Um das grandes matérias — sobre "seitas religiosas" — refere-se a um universo que lembra a descrição de João do Rio no começo do século:

"É nesse universo que multiplicam-se nos últimos 20 anos as igrejas pentecostais (...). É nele também que o milionário reverendo Sun Myung Moon tenta consolidar a Igreja da Unificação e sua mensagem política de extrema-direita, arrebanhando jovens adeptos. E ainda sobra espaço para os Hare Krishna, os sannyasins, os messiânicos e os esotéricos" (Jornal do País 23.08.84)

No caso da Igreja da Unificação, a reportagem lembra, por seu estilo e conteúdo, o enfoque sobre as "seitas" encontrado na França. Ela inicia pelo relato vivencial de um curso no qual se difundia a doutrina da Igreja, que se utiliza para descrevê-lo da expressão "lavagem cerebral". "Privado do sono e da alimentação, e recebendo por sete dias as admoestações dos líderes, dificilmente alguém deixa de receber como verdade as falácias do livro *Princípio Divino*". Há também o caso de um jovem "retirado à força" pelos pais, depois submetido a um tratamento psiquiátrico. As outras acusações estão todas lá: culto ao líder, exploração do trabalho dos adeptos, anticomunismo, a ação e os problemas da organização em outros países. A partir do anticomunismo, faz-se uma conexão com a TFP. Outro assunto enfocado nesse dossiê são as "seitas evangélicas norte-americanas", instrumento da política imperialista dos EUA. Além dos grupos pentecostais, há ainda reportagens sobre "seitas orientalistas", reservando-se o tom mais pesado para os Hare Krishna.

Outra característica presente nessa matéria, mas válida para o conjunto dos registros, é a forte interlocução com as igrejas cristãs históricas e seus intelectuais. Um levantamento da CNBB sobre as seitas, apresentado em 1984, é referência citada em quase todas as reportagens. Além dele, outros documentos católicos são aproveitados e a opinião de

---

11.*Jornal do País* (agosto de 1984) e Revista *Fatos* (abril 1985).

representantes institucionais do catolicismo sempre consultada. As estratégias de resposta por parte da Igreja Católica são também motivo de interesse. Mesmo quando se faz menção a "estudiosos" ou "sociólogos", na prática se trata de intelectuais católicos ou, menos frequentemente, protestantes. Várias manchetes expressam a existência desse referencial: "Seitas preocupam católicos" (JB 22.11.84); "Seitas crescem porque falta presença da Igreja" (ESP 30.01.85); "Atuação dos novos missionários preocupa a Igreja" (FSP 03.03.85); "As seitas preocupam Vaticano" (ESP 13.03.85); "Igreja debate avanço das seitas no Brasil" (FSP 11.03.86); "Avanço do pentecostalismo preocupa Igreja Católica" (FSP 16.03.86); "CNBB articula uma estratégia de resposta" (FSP 16.03.86).

Os "pentecostais" destacam-se do conjunto maior ao se tornarem o objeto de matérias específicas e mesmo exclusivas. Crescem em número de fiéis, templos e denominações, mas também chamam a atenção pela ocupação de espaço nos meios de comunicação. As informações que servem para compor um quadro desse universo provêm, em boa medida, de fontes vinculadas às igrejas cristãs históricas. Mas há também a preocupação de levar para o leitor dos jornais uma descrição dos cultos pentecostais. Nesse caso, a observação segue um estilo que difere bastante do adotado, por exemplo, no caso da Igreja da Unificação. A primeira distinção está no acesso: é preciso um bom pretexto para se infiltrar em um curso de uma semana da Igreja da Unificação (na ocasião, apresentar-se como vendedor de livros da TFP), enquanto que, a princípio, um templo pentecostal dá ao jornalista um acesso irrestrito durante as duas horas que pode durar um culto. O mais importante, porém, vem a seguir. A julgar pelo relato que apresenta o jornalista que frequenta o curso da Igreja da Unificação, ele também é atingido pelas técnicas do ensinamento, arriscando-se, portanto, a ser seduzido por elas.[12] Isso pressupõe uma comunhão de condições com as demais pessoas que passam pela mesma experiência. É essa comunhão que deixa de existir na observação do culto pentecostal: nesta, nada há de "vivencial", e o jornalista constitui-se como um testemunho externo do que se passa no templo. Se, em uma situação, o jornalista descreve o que "quase" se passa com ele, admitindo que se não estivesse bem preparado sucumbiria às mesmas técnicas, na outra, ele conta como pessoas que não pertencem ao seu mundo sofrem as manobras e manipulações dos pastores.

Uma série de reportagens do *Estado de São Paulo*, em outubro de 1984, ilustra bem esse outro estilo de observação. Estimam-se em cinco milhões os fiéis do pentecostalismo e aponta-se o crescimento do número de denominações, facilitado pela recorrência das cisões. O problema, afirma o jornalista, é que algumas transformam-se em uma "rede de negócios", "vendendo" "milagres", "medicamentos", discos, Bíblias e transacionando imóveis. "É difícil distinguir, continua, nessa vasta teia de interesses do espírito e do comércio, onde termina a fé e começa o lucro" (ESP 14.10.84). As matérias tratam das

---

12. "Lembro-me perfeitamente que, no quinto dia, não mantinha mais o completo controle sobre minha mente". Em seguida, a matéria descreve uma "contra-estratégia" para evitar o condicionamento (Jornal do País, 23.08.84).

igrejas Brasil para Cristo (14.10), Deus É Amor (16 e 17.10) e de uma rádio onde boa parte da programação é religiosa (17.10). Mas é sobre o segundo destes focos de interesse que o privilégio recai. Davi Miranda, o fundador da Deus É Amor, é apontado como um líder espiritual rico e poderoso, administrador perpétuo de um enorme patrimônio constituído por templos, emissoras de rádio, estúdios, produtoras fonográficas e uma gráfica. Faz-se então a descrição de um culto. Os assistentes contam-se aos milhares: são desempregados, marginais, arrependidos, bêbados e mendigos atrás de milagres. Miranda aparece e comanda um espetáculo, transmitido pelo rádio, de que todos participam: exorciza, ataca outras religiões, aponta a ação do Espírito Santo, anuncia curas. Além disso, segundo o jornalista, há "fantásticas contribuições recebidas": em troca de "graças", para a compra e manutenção das emissoras de rádio, na venda de livros e discos "milagrosos". O jornalista certamente tem em mente essa experiência quando fala de igrejas cujos "humildes seguidores" são iludidos por "falsos pastores" que lhes vendem medicamentos e diagnósticos e "exploram" sua ignorância e sua falta de informação.

Descrições menos ricas, mas com elementos semelhantes, dos cultos da Deus É Amor são encontradas em outras reportagens sobre as igrejas pentecostais.[13] Outros componentes, entretanto, estão articulados a essa descrição. Pois parte-se do princípio de que ela não é válida para todos os representantes dessa religiosidade. Afinal, pela sua definição — "crença nos poderes mágicos do Espírito Santo" (Jornal do País 23.08.84) por parte de fiéis que se "consideram interlocutores privilegiados da terceira pessoa da Santíssima Trindade" (FSP 16.03.84) — o pentecostalismo não parece muito ameaçador. É preciso então separar o joio do trigo nesse universo em expansão. Diversas declarações e opiniões de pessoas apresentadas como estudiosos ou especialistas vão ser incorporadas às reportagens exatamente com essa função. Exemplo lapidar:

"'É bom atentar para as diferenças dentro do próprio pentecostalismo', reforça Zwinglio Dias. 'Uma coisa é a Assembléia de Deus, igreja que já tem sua tradição e outra bem diferente são as seitas pentecostais, onde se encontra de tudo, inclusive pessoas que estão apenas explorando a boa fé do povo e se enchendo de dinheiro'" (Jornal do País 23.08.84).

Coisa semelhante ocorre no caso do *Estado de São Paulo*. Uma jornalista cobre entre intelectuais — todos pastores protestantes — a repercussão da série de reportagens "O poder da fé" (ESP 18.10.84). "Eles acham que as denúncias não podem ser generalizadas, pois existem igrejas pentecostais sérias". Todos excluem dessa condição a Deus É Amor: "exploração da ingenuidade popular", "comércio da fé", "uso comercial da religiosidade popular". Um último exemplo aparece na reportagem da *Folha de São Paulo* (16.03.84). Enquanto que o jornalista descreve a DA como uma "grande empresa espiritual", cita mais abaixo a opinião da CNBB no sentido de evitar "confusão teórica,

---

13. Ver Jornal do País, 23.08.84 e FSP 16.03.86.

metodológica e prática entre igrejas pentecostais mais organizadas [entre elas, a BPC] (...) e grupos autodenominados pentecostais, mas voltados para a comercialização dos sentimentos religiosos da população".

Por fim, depois de ter revelado um problema e de tê-lo caracterizado separando convenientemente a religião da sua exploração lucrativa às custas de um povo crédulo e carente, o jornalista se vê obrigado a dar mais um passo. O que fazer diante da proliferação desse tipo de exploração? No caso dos pastores consultados pelo *Estado de São Paulo* (18.10.94), "nenhum sabe como proceder para controlar ou impedir as atividades dos falsos pastores". Anteriormente, o presidente de uma entidade, a CEB, já havia sido consultado, esclarecendo que só poderia responder sobre as igrejas que faziam parte da entidade, nove denominações (16.10.84). Em outros momentos, presta-se uma solidariedade difusa e hesitante a ações policiais. Pergunta o responsável pela matéria do *Jornal do País*: "Caso de polícia? Sem dúvida. Mas a verdade é que os limites entre seriedade e charlatanismo às vezes são muito tênues, quando se fala de religião. Pelo sim pelo não, as autoridades preferem não se meter, não falar no assunto" (23.08.84). Algumas páginas adiante, sob a manchete "juristas desaprovam seitas", dois advogados consultados pela reportagem confirmavam a possibilidade de incriminar as "seitas" no dispositivo que pune o "curandeirismo". Já o *Estadão*, em nova ocasião (ESP 27.01.85), tratou de ser mais incisivo: apontou "fraudes", pois fiéis que testemunhavam curas no rádio informavam endereços inexistentes, e realizou um levantamento dos imóveis de propriedade de Miranda, líder da DA. Buscou ainda casos paralelos ou anteriores de problemas com a justiça, incluindo um inquérito por curandeirismo e acusações de charlatanismo. Dias depois, indicou que, em razão das denúncias do jornal, uma sindicância havia sido aberta em uma delegacia de São Paulo (ESP 30.01.85).

Note-se que não há uma continuidade total entre a primeira série de reportagens do ESP (outubro de 1984) e as denúncias posteriores (janeiro de 1985). Nesse caso, invocou-se testemunhos "fraudados" e as várias propriedades de um homem que não teria fontes de renda. Antes, apenas o patrimônio da igreja e a observação de seus cultos foram suficientes para se questionar a sua legitimidade. O estatuto preciso dessa ausência de legitimidade não é objeto de uma discussão. Bastou declarar que se trata de uma exploração e de um comércio da religião, a transferência do dinheiro das mãos dos fiéis para a igreja assumindo papel de prova. Por um lado, os elementos aí reunidos lembram a caracterização do crime de estelionato. Por outro, talvez um dos traços das acusações levantadas acerca de uma igreja como a DA é justamente o fato da sua não tradutibilidade imediata para o domínio jurídico. Como se o trabalho jornalístico servisse enquanto o revelador de áreas socialmente problemáticas, incitando múltiplas reações e intervenções cujo resultado não está definido de antemão. Sendo assim, tanto fica guardada a especificidade de uma intervenção jornalística nessas situações, quanto há a possibilidade de um alinhamento que conecta, através da observação do repórter, as distinções elaboradas por estudiosos/religiosos e as figuras legais apontadas por juristas e autoridades.

2. Das concentrações à prisão do bispo

"Seitas atacam o samba" é o título da matéria (JB 13.03.86) em que a IURD aparece, ao lado da Assembléia de Deus, como a responsável pelo êxodo de passistas da escola de samba da Mangueira. No final de 1987, a IURD volta ao noticiário (JB 03.11.87), ao lado de outras "igrejas pentecostais" que prometem curas, milagres e exorcismos, que atacam as religiões afro-brasileiras, que contam com contribuições dos fiéis e que investem na compra ou ocupação de veículos de comunicação (este último traço destacado no título, "Milagres eletrônicos").[14] Freston (1993) assinala que 1987 é exatamente o marco do interesse da mídia pelos "evangélicos", devido especialmente à sua atuação na política partidária, então em regime constituinte. A essa altura, a IURD já havia eleito um deputado federal, além do irmão de Edir Macedo, deputado estadual no Rio de Janeiro, e de dois vereadores na Câmara carioca. Edir Macedo, então o único remanescente do núcleo que fundara a IURD, desde 1986 se instalara em Nova Iorque, pensando na expansão internacional da igreja, expansão que no Brasil já garantira presença em vários estados através de aproximadamente 500 templos. A instituição possuía uma gráfica, uma firma responsável pela construção de templos, uma emissora de rádio e mantinha um programa na TV Bandeirantes. A reportagem do JB, além de levantar esse patrimônio, anunciava que a IURD promoveria uma concentração no Maracanã. Não seria a primeira vez, pois oito meses antes, em abril de 1987, já ocorrera algo semelhante no Pacaembu.

O levantamento realizado pelo CEDI para elaborar seu dossiê de imprensa (1989) localizou 15 notícias sobre a IURD durante o ano de 1988. Com exceção de uma, todas foram publicadas em jornais cariocas, *O Globo* e *JB*. Nesse momento, são basicamente dois os focos de atenção: a animosidade em relação às religiões afro-brasileiras e a realização de cultos públicos. Constitui-se, portanto, um veio paralelo à preocupação com a atuação política destacada por Freston. Na primeira dessa série de notícias (JB 05.02.88), a IURD aparece ao lado da Igreja Internacional da Graça de Deus debaixo do subtítulo: "Proliferam nos subúrbios os templos em guerra contra a velha tradição dos orixás". A jornalista nota que boa parte dos fiéis dessas igrejas, que chama de "evangélicas", são egressos do candomblé e da umbanda e colhe a opinião de duas antropólogas, ambas ligadas ao ISER, e do líder de uma entidade afro-religiosa. Trata também dos ataques às religiões afro-brasileiras, "no discurso" (dois livros dos líderes daquelas igrejas são comentados), mas também em exorcismos transmitidos pelo rádio e pela TV e até em agressões e constrangimentos físicos. Em seguida, descreve, com detalhes, o que viu em um culto de sexta-feira na sede carioca da IURD, dia, segundo ela, "dedicado ao exorcismo das vítimas e praticantes da macumba, magia negra e feitiçaria":

> "O culto começa calmo e alegre. Os rostos crispados de fé entoam a toda voz as canções religiosas, batem palmas e levantam os braços (...). Em sua pregação o

---

14. A primeira referência que encontrei sobre a IURD menciona-a de passagem exatamente por conta de um programa radiofônico (Jornal do País 23.08.84).

pastor ataca diretamente a umbanda e o candomblé. (...) Um pelotão de cerca de 20 mulheres uniformizadas se reúne em volta de uma mesa. A água, dividida em diversas bacias, é benzida e depois aspergida na multidão com ramos de arruda (...). Aparece uma mulher, seguida de outras, gritando e tremendo o corpo todo. (...) O espetáculo é medieval. Mulheres e homens se contorcem e grunhem enquanto a multidão, em êxtase, grita 'queima', 'queima'. (...) O pastor escolhe quatro mulheres para fazer pessoalmente o exorcismo. Puxa o cabelo de uma e entrevista o demônio que a possui: - Quem está aí? - É o tranca rua. - O que você faz no corpo dessa mulher? - Eu estou acabando com o casamento dela. (...) O diálogo insólito se repete com o sete encruzilhadas, com a pomba-gira das almas e o Zé Pilintra. (...) o pastor entra numa verdadeira luta corporal para livrá-las dos espíritos. Acompanhando o coro da multidão, ele grita: - Sai, sai, sai, em nome de Jesus. Agora respira fundo. Como é o nome da senhora? A senhora mora onde? É a primeira vez que vem à Igreja? Pois agora volte toda sexta-feira".

Apenas no parágrafo final (menos de 10% do texto), a jornalista menciona o pedido de dinheiro: "Depois de cantarem mais um hino em profunda alegria, os fiéis são convidados a levar ao altar um envelope com seus pedidos e sua contribuição. (...) Uma sacola se enche de envelopes impressos com o nome, endereço, a quantia oferecida (...)" (JB 05.02.88).

Em maio, *O Globo* e *JB* noticiam uma vigília da IURD realizada na praia do Leme: ambos registram as reclamações dos vizinhos pelo barulho; o primeiro (GB 08.05.1988) menciona a ocorrência de exorcismos e o segundo (JB 08.05.1988), o pedido reiterado de doações. Em julho, nova concentração na praia de Copacabana, com exorcismos (JB 20.07.88). Dias depois, uma reportagem enfoca a realização de uma "campanha" pela IURD, tratada de "seita evangélica", com o fim de pagar a compra de 10 emissoras de rádio (JB 01.08.88). As doações seriam pedidas em dólar e o culto em um templo da Igreja é descrito em torno da solicitação de contribuições. Outra matéria do *JB* (19.09.88) relata um culto da IURD em um templo do centro da cidade, cujos vizinhos reclamavam do barulho, registrando também o pedido de dinheiro. Em outubro, *O Globo* publica uma reportagem semelhante à primeira que vimos, mas com algumas diferenças significativas. A jornalista utiliza diversas fontes para mostrar a expansão evangélica e menciona a "eterna guerra contra a Umbanda e o Candomblé" como um dos motivos do crescimento. Noticia um "desafio espiritual" que teria sido lançado a vários pastores por um pai-de-santo, o qual também chama a atenção para casos de violência contra celebrações e fiéis das religiões afro-brasileiras. Muito mais destaque, no entanto, recebe a descrição de um culto da IURD em seu templo sede, novamente na sexta-feira. O foco principal são também as manifestações e os exorcismos. Mas um espaço maior (30%) é dedicado à solicitação de dinheiro, ponto, aliás, já mencionado no texto principal da matéria (GB 23.10.88).

Retrospectivamente, podemos afirmar que esse é o momento em que o trabalho jornalístico em relação à IURD adquire o maior grau de autonomia. Mesmo quando motivado por circunstâncias mais gerais, como as denúncias de lideranças do universo afro-brasileiro, o contato entre os repórteres e a IURD é praticamente direto. Raramente a posição de intelectuais ou representantes religiosos é procurada. Ao contrário, os templos e as concentrações oferecem a oportunidade e os espaços para os jornalistas fazerem seu trabalho, compondo uma descrição rica em detalhes, quase literal dos cultos. O quadro geral é difuso. A ênfase recai primeiramente sobre os exorcismos, mas vai se transferindo para a questão do dinheiro. O tom fica entre a surpresa e a condenação, embora esta, novamente, não se manifeste articulada em acusações precisas. O relato conjuga essas duas dimensões em sua pretensão de chocar: "As cenas descritas não são recomendáveis para pessoas impressionáveis ou com problemas de coração. Esse aviso, típico dos filmes de terror, deveria estar fixado nas portas da IURD todas as sextas-feiras" (JB 05.02.88). Mas que existe bem uma preocupação normatizadora fica explícito em uma nota que acompanha a reportagem do JB sobre a concentração na praia de Copacabana:

"Não há nada mais simples do que fundar uma seita evangélica (...). Não há necessidade de nenhum diploma de formação teológica para exercer a função de pastor. Também não existem concílios superiores, nem qualquer outro órgão centralizador capaz de disciplinar ou mapear o crescimento desordenado dessas seitas. Isso facilita a manipulação do [número] total de fiéis por eles mesmos (...)". (JB 20.07.88)

Em dezembro de 1988, *O Globo*, em uma série de reportagens em torno da uma concentração promovida pela IURD no Maracanã, a um só tempo confirma essas preocupações normatizadoras e contribui para definir um pouco mais o foco da ilegitimidade. A primeira delas assim começa: "A salvação da alma, segundo as propostas da IURD, virou caso de polícia" (GB 11.12.88). Noticia o pedido, por parte do Procurador Geral do Estado do Rio de Janeiro, que atendia a denúncias do Conselho Nacional Deliberativo da Umbanda e Cultos Afro-Brasileiros, de abertura de inquérito. Trechos da solicitação são transcritos, que mencionam a possibilidade de enquadramento nos crimes de estelionato, charlatanismo e curandeirismo.

"Mas se as atividades da Igreja Universal parecem suspeitas ao Ministério Público, emenda a jornalista, o mesmo não acontece com seus milhares de fiéis, que acreditam, sem limites, nos poderes 'do Senhor'. Esse tipo de fé já garantiu ao bispo Macedo a construção de um verdadeiro império evangélico (...)".

O que se segue é o inventário mais completo do patrimônio e dos interesses institucionais da IURD: breve histórico da Igreja, empresas, número de templos e de fiéis, publicações, incursão pelos meios de comunicação. Encontramos aí também a primeira entrevista com Edir Macedo, realizada em Nova Iorque, de onde, segundo a reportagem, controla todas as atividades da Igreja. E um terceiro texto transcreve um trecho de um artigo assinado por Macedo na revista da IURD, operando uma sobreposição entre cura e exorcismo. Operação idêntica é sugerida na descrição de um culto pela jornalista, que é, aliás, a mesma da reportagem de 23.10. Por fim, nova transcrição, dessa vez de um livro de Macedo, sobre dízimos e ofertas, a partir da qual a repórter afirma: "(...) o estímulo à ajuda dos fiéis é reiterado diariamente em todos os templos da IURD. Os fiéis, então, acabam ali deixando o pouco que têm na esperança de conseguirem uma bênção divina". Quanto à concentração no Maracanã, "a entrada será gratuita, mas cada 'bênção' custará CZ\$ 3mil" (GB 11.12.88).

Observam-se aí alguns deslizamentos e definições importantes. O exorcismo deixa de estar ancorado na denúncia dos ataques às religiões afro-brasileiras, ora associando-se à cura, ora revelando uma fraude, uma simulação. Essa é a acusação destacada na denúncia do Procurador, mas já havia aparecido em relato anterior da própria jornalista.[15] Agora, portanto, repórter e autoridade parecem alinhados em sua condenação às práticas da IURD. Ao mesmo tempo, a lógica do pedido de dinheiro ganha mais clareza. A manutenção e expansão da igreja continua figurando nessa lógica; afinal, pelo vulto do patrimônio da instituição, não há dúvidas sobre o destino do dinheiro. Mas as solicitações, em si mesmas, estão articuladas a uma certa teologia, pois constituem o mecanismo de obtenção de "bênçãos" para os fiéis. Em 18.12.88, dia da realização da concentração, *O Globo* publica outro relato de um culto da IURD, dessa vez em Salvador. É totalmente centrado no pedido de dinheiro. Diante de 30 fiéis, "de aspecto humilde, no rosto uma expressão que mistura esperança, obediência e devoção", o pastor determina uma quantia bastante alta para as doações. Após ninguém se manifestar, ele baixa o valor, gradativamente, até que as pessoas começam a afluir. O relato vem encimado com a chamada: "Na Igreja Universal do Reino de Deus, pastor mede a fé pelo valor da contribuição".

"Bispo da Igreja Universal 'cura' e 'exorciza' fiéis no Maracanã" é o título da reportagem que cobre a concentração (GB 19.12.88). Qualifica o evento como "um dos maiores cultos já realizados no país", estimando em 150 mil o número de fiéis. Macedo "repetiu cenas comuns nos mais de 500 templos erguidos por seus seguidores: 'curou' pretensos doentes, 'exorcizou' supostos demônios, chorou, cantou, berrou e exortou os fiéis a depositarem dinheiro em sacolinhas roxas". A matéria prossegue detalhando a sequência da concentração, comentando os acompanhamentos musicais e detendo-se na cerimônia de cura — realizada através de exorcismos ("ele 'expulsava' a doença do corpo de cada um") e coroada pelo pisoteio, junto ao tablado central, dos objetos pessoais (maços de cigarros, caixas de remédio, muletas, cadeira de rodas, óculos) que assinalavam a existência de doenças. A "santa ceia", que identifica o evento, é descrita rapidamente. Por fim, os pedidos de contribuições, recolhidas por 25 mil obreiras: "- Ninguém é obrigado a colaborar (...), mas dê a melhor contribuição que puder, disse o bispo". Na saída, os fiéis teriam recebido "um saquinho com óleo para unção". Um texto à parte complementa que os fiéis da IURD, além das contribuições, têm o dever do dízimo. Atribuindo a afirmação a um porta-voz da igreja, que teria citado uma passagem bíblica, informa-se que embora as doações sejam espontâneas, "quem pede uma bênção financeira deve dar dinheiro a Deus".

A reportagem do *JB* (19.12.88) enfatiza ainda mais os pedidos de contribuições, divergindo de *O Globo* ao constatar que não houve exorcismos. Além disso, estabelece uma

---

15. Na reportagem de 23.10, ela conversa com uma das pessoas que haviam sido exorcizadas no culto e constata informações desencontradas.

conexão bem interessante: "A Igreja, que está sendo investigada pela polícia civil a pedido do Procurador Geral do Estado, sob acusação de estelionato e charlatanismo, curandeirismo e de ofender outros credos, também vem sendo questionada pelo Instituto Cristão de Pesquisas, órgão que congrega representantes de todas as igrejas protestantes." A contiguidade é reveladora, pois coloca no mesmo plano as investigações oficiais e as preocupações de um órgão apresentado como representativo do universo protestante. *O Globo* também faz referência ao ICP, mas o apresenta como uma "entidade de estudos evangélicos". O mesmo "pesquisador" do ICP é entrevistado por ambos os jornais, que destacam suas críticas à IURD: métodos de evangelização baseados no "fanatismo" e na "exploração econômica de gente inculta". O *JB* revela ainda as preocupações do pesquisador quanto à simulação de exorcismos, doações em dólar e ataques às religiões afro-brasileiras. E a oposição entre evangélicos e a IURD é explicitada nas duas reportagens, através do pesquisador do ICP: "Qualificamos as práticas empregadas para a salvação das pessoas na Universal fora das palavras de Deus" (JB 19.12.88); "Precisamos esclarecer as pessoas que nem todos os evangélicos recorrem aos expedientes de Edir Macedo" (GB 19.12.88).[16] Outro exemplo claro de como, no trabalho jornalístico, as suspeitas policiais podem se articular à condenação religiosa.

Em 1989, as referências são esparsas e reduzidas. Nenhuma das notícias compiladas pelo dossiê do CEDI, "Alternativa aos Desesperados", trata diretamente da IURD. Há duas séries de reportagens (uma já no início de 1990) elaboradas pelo *Estado de São Paulo*, que enfocam as facilidades e vantagens na criação de igrejas e as práticas de curas e pedido de dinheiro por parte da Deus É Amor e outras "microsseitas" em São Paulo (ESP 02.08.89 e 07.01.90). Mas a referência à IURD é feita através de uma foto, que mostra Edir Macedo e outros pastores esmagando óculos. Há também uma continuidade com a discussão sobre a necessidade de maior fiscalização ou controle das "seitas", através dos posicionamentos de dois deputados (ESP 02.08.89). Mas o ponto mais digno de nota é uma reorientação no jogo das associações entre personagens do campo religioso, ponto já manifesto com o recurso ao ICP, vinculado aos "evangélicos", na condenação da IURD, igualmente "evangélica". Ou seja, a oposição deixa de ser apenas entre católicos e evangélicos, ou afros e evangélicos, adquirindo novos contornos. Já em dezembro de 1989, *O Globo* publica uma matéria na qual, ao lado das reações e explicações da CNBB aos "movimentos religiosos livres", consta um texto intitulado "Protestantes temem por seu rebanho" (GB 18.12.89). Dois outros exemplos são "evangélicos e umbandistas discutem IURD" (ESP 27.07.89) e um pequeno texto da *Folha de São Paulo*, que colhe as opiniões a propósito do "crescimento das religiões protestantes" de representantes não só do catolicismo e das religiões afro, como também do judaísmo e de um grupo de procedência oriental (FSP 03.09.89). Mas não há nenhuma clareza acerca do lugar que uma

---

16. Segundo o dossiê "Alternativa dos desesperados" (CEDI, 1991), o ICP preparou uma "apostila" sobre a IURD, cujo título já diz muito: "Superstições e crendices da Igreja Universal do Reino de Deus". Nada parecido consta entre as referências recentes que encontrei sobre o ICP.

igreja como a IURD ocuparia no interior do protestantismo e esses realinhamentos não são suficientes para abalar a oposição preponderante com a Igreja Católica.[17]

Em 1990, a mídia demonstrará um interesse especial e voraz pela IURD. Os dossiês de imprensa que pesquisei compilam 29 notícias sobre a IURD, distribuídas entre todos os grandes jornais de Rio e São Paulo. Aí estão incluídas cinco reportagens publicadas em semanários de grande circulação, como são *Veja* e *Isto É*. No cômputo geral, pode-se dizer que os focos se dispersam e o trabalho jornalístico perde a autonomia anterior. As observações de cultos prosseguem, mas são menos frequentes e preferem as grandes concentrações aos templos. Novamente, a IURD lota estádios no Rio e em São Paulo em duas ocasiões, meses de abril e de outubro. Após a primeira delas, foram apresentados dois especiais jornalísticos na TV sobre a IURD.[18] Edir Macedo destaca-se em relação a qualquer outro personagem da Igreja, o que lhe garante três grandes entrevistas ao longo do ano.[19] Algumas notícias versam especificamente sobre a atuação da IURD na política, através da eleição e do apoio a candidatos e das estratégias utilizadas para transformar fiéis em eleitores.[20] Outras enfocam as posses da IURD no setor dos meios de comunicação, alavancadas com a compra da Record no final de 1989, fato já apontado por outros autores como principal motivo para o aumento de interesse da imprensa sobre a igreja liderada por Edir Macedo.[21] Macedo e sua Igreja, além do mais, transformam-se definitivamente em personagens das páginas policiais, uma vez que várias notícias destinam-se a registrar e acompanhar as investigações oficiais, na sua maior parte referidas a acusações que identificam a vitimização de fiéis.[22]

A dimensão criminal parece ter sido incorporada à imagem da Igreja, mesmo quando a reportagem se dedica a tratar de outros aspectos. Pelo menos é o que apontam duas matérias de *O Globo*, que estão entre as mais extensas elaboradas à essa época sobre a IURD. "'Sexta-feira da cura' mata um no Maracanã" é o título principal da reportagem que cobre a concentração que reuniu 160 mil pessoas (GB 14.04.90). Fazia referência à morte de uma mulher durante o culto, que depois gerou um inquérito policial. O evento

---

17. Cf. as notícias "Expansão pentecostal preocupa" (ESP 28.01.89) e "Igrejas tradicionais se preocupam" (ESP 02.08.89), que tratam de atividades da Igreja Católica.

18. *Globo Repórter*, em 15.05.90 e *Documento Especial* (Rede Manchete), em duas partes (04 e 11.05.90). A IURD também foi tema nos programas de debates *Silvia Poppovic* (Bandeirantes, junho 1990) e *Canal Livre* (SBT, 17.10.90).

19. GB 29.04.90, IE 20.06.90 e Veja 14.11.90.

20. GB 22.04.90, 03.06.90, JB 16.10.90, ESP 20.06.90.

21. FSP 20.05 e 01.05.90, ESP 12.07.90, JT 29.10.90.

22. Sobre o inquérito por estelionato, curandeirismo e charlatanismo no Rio de Janeiro, Dia 14.04, 01.07 e 27.07.90, GB 20.06, 25.06 e 26.06.90, JB 27.06.90. O homem que constava como vítima nesse inquérito prestou depoimento ao documentário da Rede Manchete. Sobre os inquéritos em SP pelo mesmo motivo, JT 29.10 e 21.11.90, GB 31.10.90. Dia 17.04.90, ESP 19.09 e 25.09.90, FSP 25.09 e 26.90.90 tratam de outros casos envolvendo a vitimização de fiéis. Apenas Dia 17.04.90 menciona a existência de inquéritos por parte da Polícia e da Receita Federal.

é descrito em todo o seu desenrolar, mas enfatiza especialmente "as sessões de cura" seguida do pedido por contribuições. Um texto à parte trazia a opinião de um jurista a partir da qual se informava sobre a dificuldade de se condenar por curandeirismo ações que envolvam práticas religiosas. Dias depois, uma matéria traça uma espécie de perfil da IURD (GB 29.04.90). Descreve-a como um "império empresarial" que se estende por nove países, com 1000 templos e 12 milhões de seguidores no Brasil (os números foram fornecidos pela Igreja), além de "uma rede de comunicação cada vez mais sofisticada". O organograma da Igreja é apresentado, assim como seu projeto de instalar um templo em Moscou. A reportagem entrevista dois pastores (um deles é José Bittencourt Filho) e um teólogo, resumindo suas opiniões nos seguintes termos: "Exploração da fé, show de manipulação, prática perversa". Sem solução de continuidade, informa sobre as investigações correntes sobre a IURD. Abaixo, relata-se um culto, mas o jornalista vai rapidamente ao que lhe interessa: "Para o rebanho que segue os pastores da Universal é difícil não ser tosquiado ao final do culto". Completa a observação com o caso de uma fiel, escolhido por ilustrar uma espécie de idiotice ou de fanatismo que seria exemplar.[23]

A matéria apresenta ainda uma entrevista com Edir Macedo, concedida em Nova Iorque. Das três entrevistas que foram publicadas em 1990, ela é certamente a que menos encara Macedo como um líder religioso. As perguntas parecem dirigidas ao dono exatamente de "um império empresarial": razões do crescimento da Igreja, o montante arrecadado no Maracanã, o custo da Rede Record, enriquecimento pessoal, o apoio a Collor. Outras demandam justificativas para práticas da igreja: "a sua igreja cobra dos fiéis", "o que houve com a mulher que morreu", "curas" sem "garantia". Uma, enfim, explicita a visão sobre os fiéis — "O senhor não acha errado abordar as pessoas mais desesperadas e com mais dificuldade de ter visão crítica?" (GB 29.04.90). A *Isto É* (20.06.90) optou por uma conversa menos estruturada, na qual o entrevistador procura arrancar contradições de Macedo. Uma delas é formulada do seguinte modo: "todo o patrimônio da Igreja foi construído basicamente com doações de pessoas muito humildes que talvez se ressintam da falta de dinheiro para satisfazer necessidades materiais!". Explora mais as opiniões pessoais de Macedo sobre a sociedade e as maneiras dos indivíduos prosperarem. Investe também sobre o seu patrimônio pessoal e pretende saber o que pensa e como vai se utilizar da televisão. Na entrevista publicada pela *Veja* (14.11.90), algumas das questões se repetem: as fontes de renda da IURD, a origem do dinheiro que serviu para comprar a Record, os motivos de crescimento da Igreja, assim como pedidos de

---

23. "A vendedora M.A.B. conta que em novembro doou dez por cento para o dízimo, e teve um dos piores desempenhos de toda a loja. Em dezembro, quando as vendas costumam aumentar, antecipou o dízimo e passou para 20%. Segundo ela, foi abençoada em dobro: ganhou NCZ$ 6 mil e foi a quarta colocada nas vendas. Após o Plano Collor, as vendas caíram e foi demitida. Mesmo assim não deixou de contribuir. Sem dinheiro, recorreu à caderneta de poupança. E diz ter sido abençoada: - Quando fui retirar o dinheiro, percebi que os juros tinham sido bem maiores do que eu pensava." (Globo 29.04.90).

explicações sobre as "sessões de cura" e a morte de uma pessoa no Maracanã. Mas há também interesse em saber as opiniões de Macedo sobre a Igreja Católica, o "ecumenismo" e "outros pentecostais". Além disso, o repórter e o entrevistado entabulam um autêntico debate sobre a "relação entre a fé e o dinheiro". Em todas elas, em maior ou menor grau, Edir Macedo é colocado na posição de um suspeito que tem a oportunidade de se defender perante a sociedade.

Paralelamente, ocorre um movimento que vai no sentido de generalizar os resultados daquele debate sobre a "relação entre a fé e o dinheiro", tomando-os como critério de distinção entre segmentos religiosos. Em maio de 1990, a *Veja* prepara uma reportagem cuja chamada menciona as "seitas evangélicas" e sua expansão inclusive através do rádio e da televisão, criando "novos missionários eletrônicos". O que caracteriza essas "seitas", em contraposição ao catolicismo, que perde para elas muitos milhares de fiéis, é a busca por curas, milagres e prosperidade terrena. Mas em um segundo momento, a reportagem precisa que não se trata do protestantismo em geral, mas de "um tipo especial, mais novo e agressivo, de protestante que guarda muito pouca semelhança com os pioneiros da evangelização missionária (...), os chamados 'protestantes históricos'", ou seja, os "pentecostais". Através de uma narrativa descontínua, o texto encontra, em torno de uma série de oposições que não se sobrepõem, maneiras de traçar distinções internas ao imenso universo pentecostal.[24] Num primeiro momento, IURD e AD são introduzidas de forma a contrastá-las: a Igreja de Macedo é o melhor exemplo de crescimento vertiginoso, construído em torno da busca voraz do dinheiro de fiéis entretidos com "exorcismo" e "curandeirismo", enquanto que a AD tem uma trajetória que a converte de "seita exorcista e milagreira" à igreja em diálogo teológico com a Igreja Católica, cujo líder hoje critica a maneira de certos grupos arrecadarem dinheiro. Mais adiante, nota-se que a busca confessa da prosperidade é propícia "ao surgimento de falsos líderes, prontos a usar as técnicas de pregação em benefício próprio" — o que explica o aparecimento de tantos processos criminais. Porém, em contrapartida, "as seitas não descuidam da assistência social". Terceira e última distinção, entre a seriedade que faz com que haja a preocupação com a formação dos presbíteros e o "culto do absurdo" (Veja 16.05.90).

Essas distinções estão entremeadas por trechos em que a jornalista recorre a intelectuais e estudiosos (entre eles, Mendonça) para tecer outras considerações. É interessante que, dessa vez, sua autoridade não é convocada para separar o joio do trigo, servindo mais para explicar o apelo dessas seitas ou fixar o seu caráter conservador, embora popular. A Igreja Católica é várias vezes interpelada a reagir diante da situação. Mas o aspecto que gostaria de destacar é a síntese operada entre as várias distinções que surgem no texto, graças a um quadro e a um gráfico. O gráfico é uma árvore genealógica, traçando as ligações históricas entre as várias denominações cristãs. Adota-se a seguinte classificação: católicos, protestantes históricos (calvinismo, anglicanos, luteranos, presbiterianos, batis-

---

24. Note-se que esse esforço de distinção é contemporâneo às tentativas no campo intelectual, o que revela a comunhão de interesses e perspectivas.

tas, metodistas, adventistas), pentecostais tradicionais (AD, CCB, IEQ e BPC) e pentecostais recentes (DA e IURD). Já o quadro pretende resumir, seguindo essa classificação, "como a questão material das ofertas em dinheiro convive com dogmas espirituais". No caso dos pentecostais, o traço que teologicamente os distingue de outros ramos cristãos é a crença na participação do Espírito Santo. Nos "tradicionais", essa participação se concilia com "normas éticas de conduta rigorosas", enquanto que nos "recentes" é instrumentalizada em "exorcismo e curandeirismo". Quanto ao dinheiro, os "tradicionais" cobram o dízimo para manter a igreja, sendo que milagres e curas "resultam exclusivamente da fé"; os "recentes" pregam, e isso os opõe tanto aos demais pentecostais como aos protestantes históricos, que "a prosperidade só virá se suas contribuições para a igreja forem generosas" (Veja 16.05.90).

Encontrava-se assim um novo critério para traçar a fronteira entre diversos tipos de protestantismo. Na apresentação à entrevista de Edir Macedo, ele é reiterado exatamente para caracterizar as práticas da IURD: "Nos cultos e nas assembléias, Macedo conclama a dar dinheiro à sua igreja e diz que elas têm de fazer isso por um dever bíblico. Em troca, promete-lhes as orações e curas milagrosas" (Veja 14.11.90).[25] É possível, assim, ao jornalista prescindir tanto de uma autoridade religiosa, quanto de uma determinação jurídica para fazer as distinções no interior do universo das "seitas evangélicas". Não se pode deixar de notar, porém, que persiste a possibilidade de um alinhamento com esses mesmos referenciais. Afinal, os "pentecostais recentes" são justamente aqueles que, por um lado, atrelam a obtenção de curas e de prosperidade a doações por parte dos interessados e, por outro, invertem ou negam princípios chave da teologia protestante. Lembro que, invocando caracterizações muito semelhantes, promotores e religiosos tentaram demonstrar que a IURD incorria em crimes e pertencia ao universo das heresias.

Sobre o ano de 1991, a quantidade de registros a que tive acesso não possibilita uma visão geral. Baseio-me apenas nas reportagens compiladas no dossiê de imprensa do CEDI ("IURD e o Bispo Macedo", 1991), que cobre, considerando os registros sobre a IURD, o período entre 21 de junho e 17 de julho. No entanto, é significativo que nesse curto período, entre os dias 4 e 17 de julho encontremos notícias praticamente diárias (as exceções são os dias 5, 11 e 16). Não parece haver, do lado da igreja, um foco gerador de reportagens. A grande maioria das notícias limita-se, na verdade, a acompanhar investigações oficiais de vários tipos, conduzidas quase sempre pela Polícia Federal e pela Receita Federal. Os motivos vão desde questões trabalhistas até supostas irregularidades na documentação de um carro de Macedo, passando por evasão de divisas e sonegação fiscal, mas, sobretudo, a compra e a transferência da Rede Record. Parte dessas acusações eram alimentadas pelas denúncias de um dissidente, Carlos Magno, que participa dos inquéritos e é procurado pela imprensa. Magno é quem, no final de 1995, cederá os vídeos com as imagens comprometedoras. Algumas das denúncias que faria depois já apareciam em 1991, com destaque para o recebimento de dinheiro ligado ao narcotráfico. O *Jornal do*

---

25. Ver também reportagem de Veja 17.10.90.

Brasil dá sua contribuição para complicar ainda mais a vida da Igreja ao revelar irregularidades na ata de uma reunião que servira para mudar a sede e a diretoria da entidade. A mesma reportagem traz ainda declarações de Carlos Magno, às quais acrescenta as de Roberto Augusto, um outro dissidente, sobre o modo autoritário de Macedo conduzir a Igreja (JB 07.07.91).

Nesse momento, portanto, o trabalho jornalístico parece bastante preso ao desenrolar das investigações e os prognósticos para a IURD são desanimadores. Note-se que, ao contrário do ano anterior, as acusações deslizaram para os aspectos institucionais, colocando em segundo plano a relação entre a igreja e os fiéis. Mesmo as denúncias dos dissidentes vão nessa direção. O que não significa que a imagem sobre os cultos da IURD tenha mudado. Prova disso é uma reportagem do jornal *O Dia*, a qual relata o desenrolar de dois cultos enfatizando o exorcismo e a insistência nas contribuições (Dia 07.07.91). A *Veja* reedita formulações do tipo "Aquele que entrega um décimo de sua renda mensal está comprando a felicidade eterna" (Veja 17.07.91). Mas se trata praticamente das únicas vezes em que jornalistas vão repetir suas incursões pelos templos da IURD. Agora, o olhar se volta para as entranhas da organização, na procura dos pontos fracos que justifiquem novas acusações.

Nesse contexto em que o trabalho jornalístico limita-se a acompanhar ou replicar as competências policiais, é interessante que se dê novamente um movimento que investe na produção de distinções no interior do campo religioso. Manifesta-se através de duas matérias publicadas por *O Globo*, a primeira delas com o revelador título "O poder das verdadeiras igrejas protestantes" (GB 15.07.91). Elas são opostas, logo no início, às "seitas evangélicas", para algumas linhas adiante ganharem a qualificação de "igrejas protestantes sérias". Um texto complementar, com a ajuda de um professor de história, fala da Reforma e da interpretação weberiana. Ainda no texto principal são citados e descritos os batistas, os adventistas, os luteranos, os metodistas, os presbiterianos, os anglicanos. Até aqui se poderia pensar que se trata de um recorte que distingue os chamados "protestantes históricos". Mas não, pois a CCB e a AD são incluídas no grupo dos "sérios". Mais ainda, menciona-se a criação da AEvB, que "pretende ser a CNBB dos protestantes" e servirá "para ordenar" o avanço do protestantismo. Outro texto arrola 32 "igrejas protestantes" divididas em categorias cuja definição não é explicada. Trata-se das igrejas "reconhecidas" pelo ICP, entre as quais não constam nem a DA, nem IURD. Um dia depois, uma reportagem sobre o CONIC, entidade voltada a "unir igrejas cristãs" cujos integrantes possuem "fortes preocupações sociais". A entrevista com o secretário executivo começa com uma questão sobre a "proliferação das seitas"; o jornalista resume a resposta nas seguintes formulações: "(...) o Conic só rejeita o proselitismo desmedido, com argumentos falsos e algumas curas não muito bem explicadas. Há algumas igrejas que não estão com o Conselho, mas são sérias, entre elas, as igrejas batistas" (GB 16.07.91). É significativo que a escolha recaía sobre a categoria "igrejas sérias" — na qual o entrevistado inclui também a AD e a CCB, esclarecendo que "ser pentecostal em si não é o problema".

Não disponho de material jornalístico produzido no ano de 1992, exceto nos momentos que cercaram a prisão de Edir Macedo, no mês de maio. Como era de esperar, as atenções estão totalmente voltadas para as circunstâncias e os motivos da detenção do líder da IURD. Novamente, as notícias são praticamente diárias desde o dia da prisão até a soltura de Macedo. O inédito é que, além de cobrirem o desenrolar dos acontecimentos, todos os grandes jornais se pronunciam através de editoriais. A *Folha de São Paulo* destoa, ao reclamar da "brutalidade" demonstrada pela polícia quando da prisão de Macedo (FSP 26.05.92). Mesmo as reportagens diárias são mais curtas e burocráticas em comparação com os concorrentes. Mas, se critica a forma da intervenção, nada fala sobre o fundo da questão. *O Estado de São Paulo*, *Globo* e *JB*, por sua vez, todos concordam em apoiar as investigações e aplaudir a prisão do bispo. Mais do que isso, a análise do conteúdo de seus editoriais revela uma condenação que articula e fusiona acusações que cobrem diferentes aspectos da existência da IURD. Vejamos em detalhes como isso ocorre.[26]

A pedra de toque da maioria dos comentários era a arrecadação de dinheiro dos fiéis e as formas com que se dava. Em uma das expressões mais lapidares, o *JB* acusava uma "doutrina para esfolar os pobres (...) que permite a poucos usufruir milhões sem fazer forças. (...) Bem abaixo do reino de Deus, os dirigentes desses cultos vão fundo no bolso da fé" (JB 04.06.92). Edir Macedo, segundo *O Globo* (25.05.92), tenta convencer seus seguidores que "o dinheiro é a mola propulsora da fé". Também em todos os jornais é possível localizar argumentos que ratificam, reforçam e ampliam as suposições e os efeitos que encontramos associados à acusação de estelionato. De um lado, uma igreja dedicada a "enganar o próximo", utilizando-se dos "mais ignóbeis recursos de sedução"; especializada em "shows de prestidigitação", fazendo com que os chamados cultos pareçam-se mais com "programas de auditórios" que só se preocupam em obter audiência (JB 25.4.92). Extorsão, aliciamento, engodo, embuste e exploração — são termos de que se serve o *JB* para designar suas práticas. Ou, se quisermos mudar de jornal: "... o tipo de 'trabalho' que se faz com os fiéis tem caráter fanatizante: as sessões de suposto exorcismo praticadas em público equivalem a shows onde se chega à beira da histeria coletiva" (GB 29.5.92), no mesmo editorial que mais adiante nota "sinais de enriquecimento ilícito e, sobretudo, de manipulação do dinheiro e da credulidade alheia". E *O Estado de São Paulo*, referindo-se a Macedo: "Pois a pregação a que se dedica esse próspero tribuno de uma fé mais do que duvidosa teve o condão de torná-lo miliardário (...)" (ESP 23.5.92).

Mas os aproveitadores só prosperam onde há de quem se aproveitar. De outro lado, então, os fiéis, mais do que explorados, exploráveis. A formulação mais definida da "minoridade" social e cultural dos fiéis das igrejas pentecostais encontra-se em um editorial do *Estado de São Paulo*, que relaciona o crescimento dessas igrejas com a existência de um "'tipo popular brasileiro', supersticiosamente religioso, buscando sempre um caminho para ligar-se diretamente ao sagrado" (ESP 17.5.92). Mas outros editoriais não ficam

---

26. As referências dos editoriais são as seguintes: ESP 17.05, 23.05, 24.05, 27.05.92; GB 25.05, 29.05.92; JB 26.05, 04.06.92 (além de 25.04.92).

muito atrás, tecendo considerações seja sobre os segmentos da população que se imagina formarem a clientela de igrejas como as pentecostais, seja sobre aqueles que se dizem atualmente seus seguidores. Assim, no primeiro caso: "tendências ao fetichismo" e "crendice popular" (ESP 23.5.92); "crendice de uma população carente e sofredora" (ESP 27.5.92); "ignorância e credulidade do povo" (JB 25.5.92); "parcela da população mais necessitada, e, portanto, mais predisposta a ser enganada" (JB, 04.6.92). Quanto aos adeptos, "fiéis incautos" (ESP 23.5.92); "não são pessoas, ao que tudo indica, muito interessadas em explicações racionais, em comprovações fatuais" (GB 29.5.92); esbanjam "ingenuidade" (JB 25.5.92). Vê-se como, de modo semelhante a promotores e juízes, a religião serve de propósito para especular sobre uma sociologia e uma psicologia do povo brasileiro.

Ao tema da liberdade religiosa um editorial do *JB* dedica lugar central. O texto pretende mostrar como a prisão de Macedo corresponde ao cumprimento da lei, que não faz senão "evitar a exploração da boa fé", e não implica no desrespeito à religião. A lei, com razão, pune "casos de exploração da ingenuidade popular" e é disso que se trata nas práticas da IURD. A liberdade religiosa deve ser tida como algo a ser contrabalanceado por outros dispositivos: "Liberdade religiosa o pastor [Edir Macedo] Bezerra tem; tanto que, com ela, prosperou financeiramente. Mas não tem impunidade para simular milagres em grandes estádios". Antes, já se havia esclarecido ao leitor que "milagres são, por definição, fenômeno que a razão não consegue explicar. Estes que o bispo providencia podem ser explicados como embuste barato. Logo, não são milagres, mas charlatanismo" (JB 04.6.92). Trata-se, então, de fazer as distinções que singularizam e legitimam a religião, e o que caracteriza o discurso dos jornais é que essas distinções são propostas considerando vários planos. No editorial do *JB*, elas operavam sobre a relação da igreja com os fiéis (milagre religioso x charlatanismo de seita). Outro exemplo: "... não se está diante de uma nova religião (...). O que há é um negócio, um magnífico negócio do ponto de vista estritamente material, no qual — a pretexto de promover curas miraculosas e divulgar a palavra divina — o sr. Macedo embolsa uma nota preta (...)" (ESP 23.5.92). Reverberam-se outras investigações oficiais, que incidem agora sobre o plano do comportamento econômico da igreja, como a de que "o 'bispo' usou a seita como instituição financeira" (GB 29.5.92) ou de que ela foi utilizada "como fachada para [se] especular à vontade" (JB 26.5.92). E outros trechos são ainda mais específicos ao atacarem a identidade pentecostal — "sobre os dons do Espírito Santo [Macedo] não sabe til" (ESP 23.5.92) — ou ao chamar os participantes da manifestação na ALESP de "pseudoprotestantes" (JB 04.6.92).

Com efeito, para os jornais, trata-se, ao que parece, de apontar e reconstruir o circuito global pelo qual flui o dinheiro que é doado pelos fiéis da IURD, em todas as suas conversões materiais e simbólicas. Desse modo, considera-se que o problema, longe de se restringir à esfera religiosa, contamina a sociedade inteira, atingindo seja seus átomos (os indivíduos que caem presas dessas igrejas), seja suas estruturas (as instituições arriscadas de corrupção). Nesse último caso, são os meios de comunicação e a política partidária as áreas que geram maior apreensão. Como ilustração disto, vale determo-nos sobre o editorial do *Estado de São Paulo* (publicado em duas partes, 17 e 24.5.92), que chama a atenção para a ocupação de espaços pelos pentecostais nos meios de comunicação e nos partidos políticos, relacionando esse ingresso a uma característica essencial sua — o proselitismo. Assim como a Igreja Católica, estaria ocorrendo uma "mescla do sagrado com o profano". Entretanto, segundo o jornal, para a sociedade brasileira, os pentecostais representariam riscos bem maiores do que os católicos. Nesse ponto, um outro traço essencial lhes é atribuído: a formação das igrejas ocorre a partir de cisões que consagram uma liderança carismática, a quem os fiéis devem obediência irrestrita. O problema é que esse tipo de organização e lealdade, extrapolando o plano religioso, passou a operar no campo político e desenvolveu um efeito em cadeia pela aquisição de meios de comunicação: "O perigo decorre do fato de cada igreja, por assim dizer, pertencer a uma pessoa, que aumenta sua influência política ao adquirir jornais, estações de rádio e de televisão". E a questão crucial, temendo um cenário apocalíptico: "Não será esse simples fato prova de que os pentecostais podem vir a constituir um perigo para a existência do regime democrático, que se pretende estruturar em torno de partidos abertos às divergências?".

Não surpreende, assim, que os comentários pouco respeito mostrem pelas especificidades das acusações. "Sobram irregularidades por todos os lados", frase de um dos editoriais (GB 29.5.92), resume bem a preocupação da maioria deles. Neste editorial, por exemplo, a observação de que a IURD foi usada como instituição financeira na compra da Rede Record vem logo antes da lembrança de que a lei deve investigar a "manipulação do dinheiro e da credulidade alheia". Em outro jornal, depois da menção à denúncia de vilipêndio a culto religioso, caracteriza-se a IURD como um negócio para embolsar dinheiro dos fiéis (ESP 23.05.92). Um terceiro exemplo: a referência à prisão por estelionato é complementada, logo após, com a observação de que Macedo comprou meios de comunicação com o "dinheiro da seita que comanda". E acrescenta que a prisão era legítima porque oferecia oportunidade de demonstrar a origem desse dinheiro, quando, como o próprio editorial noticiava, a acusação era de estelionato (JB 04.06.92). Enfim, o tom parece seguir de perto a avaliação tecida por P. Birman para um número muito maior de registros da imprensa: "Os jornais publicaram (...) notícias sobre a IURD de modo a articular vários planos: o da ética, o da crença religiosa, o da política (...). Os temas assim relacionados conjugaram-se de forma tal que a passagem de um a outro se fazia insensivelmente, reduzindo-os a um mesmo campo de ilegitimidade" (Birman 1996:6). Depois da leitura desses editoriais, ficava a impressão de que Edir Macedo, líder de uma falsa religião, exploradora do povo e perigosa para a sociedade, jamais deveria sair da prisão que o trancafiava naquele momento.

3. Da minissérie *Decadência* ao vídeo desmascarador

Com Macedo à solta e a IURD em expansão, "durante a segunda metade do ano de 1995", constata Corten, "a imprensa nunca falou tanto do pentecostalismo" (1996:217). Para ele, esse intenso interesse revela "uma rejeição aos 'exploradores da fé e da miséria'" que se explicita no espaço público. Por que precisamente nesse momento? Tudo o que se pode dizer é que existia um quadro propício. Apreendidas a partir das impressões sugeridas pela leitura de jornais e revistas, há praticamente um fosso entre os prognósticos em 1991 e 1992 e a situação da IURD nos anos seguintes. Em 1994, é confirmada a transferência da concessão da Rede Record, a maioria das notícias sobre a IURD trata de seus projetos e conquistas políticas: afinal, conseguiu eleger seis deputados federais e seis estaduais, além do apoio ao vencedor do pleito ao governo fluminense.[27] Nas grandes revistas, algumas matérias publicadas entre o final de 1993 e o início de 1995 deram destaque ao poderio, à solidez e ao crescimento, inclusive internacional, da IURD.[28] Completa o quadro o fato de que a Igreja rompe um jejum de três anos na realização de concentrações, voltando a lotar o Maracanã em abril de 1995.[29] Fortalecida politicamente e tendo garantido a posse de sua principal peça no setor da mídia, a IURD tornara-se novamente uma provocação às outras Igrejas, às demais emissoras de TV e a toda a opinião pública. Nesse contexto, os acontecimentos do segundo semestre de 1995 colocam em jogo, com uma intensidade e uma gravidade jamais vistas, o lugar e o estatuto dessa Igreja.

O protagonista mais importante é certamente a Rede Globo. No programa *Fantástico* do dia 30.07.95, vai ao ar uma matéria na qual um cinegrafista, utilizando uma "câmera escondida", acompanha um culto da IURD, dando destaque para os pedidos de contribuição. Semanas antes, *O Globo* (09.07.95) anunciara a produção de uma minissérie: "A trama tem como personagem principal dom Mariel, um picareta que prega a palavra de Deus, promete a salvação e ilude multidões de fiéis para enriquecer. (...) com ânsia de poder, faz uma leitura distorcida da Bíblia para alcançar seus objetivos". Indagados sobre possíveis polêmicas e comparações com personagens reais, dois dos principais atores retrucam que os "pastores que têm boas intenções" ou os "autênticos líderes religiosos" não podem se sentir atacados. A intenção da montagem é reforçada pelo supervisor geral de minisséries da TV Globo: "Estamos mostrando como são os enganadores. Portanto, só se ofenderão os que assim o são. É como se eu me chateasse quando alguém fala mal do trabalho da TV". Trata-se da lógica que dá sempre razão a uma denúncia, pressupondo que a caracterização do personagem denunciado seja irretocável: o silêncio equivale ao assentimento e o protesto, à confissão. Como seria então o "lado mau dos pastores"?

A minissérie, chamada "Decadência", vai ao ar entre os dias 4 e 22 de setembro. Sua estréia atingiu significativos 31 pontos no IBOPE. O roteiro foi escrito por Dias Gomes em março de 1994 e publicado como livro em 1995. A história que conta se passa em um cenário bem realista e conhecido: o Brasil do período dos comícios "Diretas-Já" ao *impeachment* do presidente Collor. Mariel, um órfão que viveu com garotos de rua, é acolhido, por intermédio de um padre, pela família Tavares Bastos. Crescido, torna-se motorista da família, ora encabeçada por Albano, um advogado. Mariel interes-

---

27. Exemplos encontrados em FSP 12.06.94 e 16.10.94.

28. IE 17.11.93, 29.06.94 e 14.12.94, Veja 19.04.95.

29. Ver a cobertura do JB 22.04.95.

sa-se por Carla, a filha do patrão, no que é correspondido. Informado, Albano demite e expulsa Mariel, que logo depois passa a frequentar uma "igreja evangélica", tornando-se pastor em menos de um ano. Invocando uma "revelação" (que lhe confere a alcunha de "Procurador de Jesus Cristo", subtítulo do livro), cria sua própria denominação, a Igreja da Divina Chama. Em menos de cinco anos, é vertiginoso seu crescimento e é notório o enriquecimento de seu líder, agora "Dom Mariel", ambos noticiados pela imprensa. Centenas de templos, uma fábrica de móveis e uma imobiliária, projetos de expansão internacional e planos para a compra de estações de rádio e TV, além de vínculos com a "bancada evangélica". O sucesso religioso de Mariel é pontuado por seus planos de vingança contra seu ex-patrão e por suas reaproximações com Carla. Uma coisa, no entanto, frustra a outra, e no final Mariel é literalmente abandonado aos pés do altar (Gomes 1995).

O fracasso de Mariel não é apenas sentimental. Sua carreira de "pastor picareta" é também interrompida. Vejamos primeiro como eram os cultos da Igreja da Divina Chama (:75ss). O templo lembrava mais um auditório, decorado apenas com um "crucifixo" e, sobre um púlpito, a faixa "Jesus Cristo é o Caminho". Os fiéis são pessoas simples, em busca de esperança. Seis "tarefeiras" auxiliam o pastor, que em sermões e cantos estimu-la contribuições monetárias para a igreja, fundamentadas em citações bíblicas ("Deus ama quem dá com alegria"). As coletas, ponto culminante do culto, são precedidas por orações nas quais o pastor ordena a uma multidão histérica que peçam o que quiserem a Jesus. Em outras ocasiões, Mariel defende, novamente invocando a Bíblia, que a riqueza de espírito deveria ser recompensada com a riqueza material (:57). Além disso, o preceito bíblico do amor, segundo ele, se estenderia ao amor carnal, ensinamento que justificava as relações sexuais com várias "tarefeiras" (:92). Mas é por conta mesmo de suas práticas nos cultos que Mariel tem problemas com a polícia. Ele sofre um inquérito por suspeitas de estelionato, curandeirismo e charlatanismo (:85) e um outro provocado por um fiel que continuou cego apesar das promessas dos pastores (:113). Ao delegado, Mariel responde que as doações são livres e espontâneas e servem para a manutenção da Igreja (:93) e que as curas são pedidas a Jesus e dependem da fé e da graça de Deus (:114).

No entanto, é no interior de sua Igreja que surge a ameaça que se revelaria fatal para Dom Mariel, através de Jovildo, outro pastor e fundador da Igreja da Divina Chama, onde exercia as funções de tesoureiro. Jovildo alerta Mariel sobre a existência de irregularidades na instituição e temia os resultados de investigações da Receita Federal. Aponta tanto a utilização, através de empréstimos ilegais, do dinheiro da Igreja na compra de emissoras de rádio, quanto o desvio de recursos institucionais para contas pessoais de Mariel (:107ss). Diante das resistências deste, Jovildo procura criar uma cisão na Igreja e, em desespero, comete um atentado contra Mariel. Em seguida, apare-ce morto, em circunstâncias que sugerem a participação de Mariel como mandante. Com a ajuda da viúva de Jovildo, o mesmo delegado que conduzia os outros inquéritos consegue coligir provas suficientes do envolvimento de Mariel e, no dia mesmo de seu casamento, lhe dá voz de prisão.

As semelhanças entre Mariel e Edir Macedo e, especialmente, entre a Igreja da Divina Chama e a Igreja Universal do Reino de Deus, incluindo a controvérsia a seu redor, são tão numerosas e evidentes que me dispenso de apontá-las. Passo logo a tratar da repercussão da minissérie, a qual assumiu proporções bastante consideráveis. Cobriu não só a exibição dos capítulos por três semanas, mas também o autor do roteiro original e a emissora que os transmitia, além das reações da IURD e de outras lideranças religiosas. Entre os dias 3 e 26 de setembro, as notícias são praticamente diárias, em todos os grandes jornais, com destaque para a matéria de capa da revista *Isto É* (13.09.95). Voltaram, desde então, as menções a uma "guerra santa". Não mais entre as igrejas pentecostais e os cultos afro, mas porque a Igreja Católica e a Globo estariam se aliando sob a minissérie para atingir a IURD, ou mesmo os evangélicos em geral. Outros preferiram a versão de uma guerra de audiências e de uma disputa eletrônica, pois ao alvejar a Igreja Universal a Globo estaria visando comprometer a imagem pública da Rede Record. Ambas as interpretações, correntes tanto nas reações de representantes da IURD, quanto em análises expressas em diferentes meios, assumem o mesmo alinhamento e as mesmas oposições entre, de um lado, a Globo e a Igreja Católica e, de outro, a Record e a IURD. Esta, no entanto, não é a única maneira de resumir o que se passa durante e em torno da minissérie "Decadência". Chamo a atenção para alguns pontos que insistem, por um lado, no envolvimento de toda a imprensa a partir de um outro alinhamento e, por outro, na existência de questionamentos específicos sobre a natureza da IURD.

Em primeiro lugar, se é verdade que as reações partiram primeiro da própria IURD, através de seus representantes e aliados, eles estão longe de terem sido os únicos a confundir ficção e realidade. O caráter ficcional da história foi diversas vezes ratificado pelo autor, pela emissora e pelo ator que interpretava o "pastor picareta". Este, imediatamente antes do início do primeiro capítulo, leu um texto que dizia que a minissérie "não pretende fazer crítica a nenhuma religião em particular, ou mesmo a qualquer um de seus representantes" (FSP 07.09.95). Um dia depois de seu término, novo pronunciamento: "Decadência é obra de ficção, que não se baseia em nenhum personagem real, nem generaliza em relação a qualquer culto religioso. A Rede Globo respeita as opções religiosas, mas não abre mão da liberdade de expressão artística" (GB 23.09.95). Dias Gomes sempre recusou inspirações diretas em Edir Macedo para construir seu personagem.[30] O problema é que mesmo ele tinha dificuldade para traçar a linha entre a ficção e a realidade. Vimos que havia uma série de referências históricas na narrativa. Além disso, o autor confessa ter pretendido fazer "uma aquarela dos tempos que estamos vivendo" e reconhece ter "infiltrado" pessoas, "que assistiram aos cultos da Universal e de outras igrejas" (JB 29.10.95). Uma dessas pessoas teria sido o ator principal, como ele mesmo admite (GB 27.08.95) e como apontou o jornal da IURD (FU 10.09.95). Finalmente, a própria imprensa ocupou-se em fazer transbordar de realidade a ficção. A gota d'água veio com uma revelação publicada pela *Folha de São Paulo*, mostrando como os diálogos entre Mariel

---

30. Ver declarações de Dias Gomes em ESP 03.09.95, FSP 29.09.95, JB 29.10.95 e FSP 27.01.96.

e o delegado de polícia eram transcrições praticamente literais de uma entrevista de Macedo à revista *Veja* em 1990 (FSP 09.09.95).[31] Mas, mesmo antes disso, várias reportagens já vinham fazendo associações entre o "pastor picareta" e o líder da IURD.[32]

Isso nos leva a uma segunda observação. A repercussão atiçou novamente o interesse dos jornalistas pelas atividades gerais da IURD. Provas disso são a matéria de capa da *Isto É* e uma reportagem de seis páginas, envolvendo vários repórteres, da *Folha de São Paulo*, traçando o que continua a ser o mais completo perfil da Igreja. Nesta reportagem, encontramos várias estatísticas sobre o número de fiéis, templos, pastores e expansão internacional, o levantamento de todo o patrimônio empresarial da IURD, seu organograma, um histórico da Igreja e uma biografia de Edir Macedo, sua atuação na área assistencial e na política, uma descrição dos cultos e a transcrição de trechos dos livros de Macedo, o ponto de vista de estudiosos e de intelectuais católicos, um levantamento dos processos criminais que atingiam o líder da Igreja e uma entrevista com um pastor dissidente (FSP 17.09.95). Além disso, pela primeira vez, articulistas importantes cedem espaço em suas colunas para debater a IURD e os evangélicos não apenas através de "Decadência", mas como temas em si merecedores de reflexão.[33]

Finalmente, em relação ao campo religioso, não é difícil reconhecer que "Decadência" preocupou muito menos os católicos do que os evangélicos. De fato, bem poucos porta-vozes do catolicismo se pronunciaram na ocasião. A Igreja Católica não se sentiu envolvida no conflito. Em contrapartida, já vimos como a minissérie ensejou um *round* decisivo na disputa pela hegemonia no campo evangélico. Ao recorrer à versão de que "Decadência" era uma afronta a todos os evangélicos, a IURD e seus aliados provocaram uma reação por parte da AEvB. O resultado foi um conflito em torno da definição do que seja "evangélico" e de estratégias de representatividade. Da sua parte, a imprensa incitou e serviu de palco para esse conflito, e em muitas ocasiões não reservou para si um papel desinteressado.

Os dois últimos processos tiveram continuidade com o novo rebuliço causado pelo episódio, bem menos ficcional, do "chute na santa". Quando os ânimos exaltados pela minissérie "Decadência" começavam a arrefecer, novamente a Globo põe a IURD na berlinda. A imagem do bispo Von Helde tocando com mãos e pés na estátua de Nossa Senhora Aparecida e tentando mostrar aos telespectadores a "futilidade" das crenças ca-

---

31. Segundo o jornal, quem descobriu o plágio foi Alexandre Brasil, um dos responsáveis pela organização dos dossiês de imprensa do CEDI. Veja (20.09.95) também relatou a descoberta.

32. Ver GB 27.08.95, FSP 03.09.95 (minissérie "fará alusões a cultos praticados pela Universal"), Dia 06.09.95. Um detalhe curioso: segundo Veja (03.01.96), "Decadência" foi o nome dado à operação que a Receita Federal montou no final de 1995 para investigar a contabilidade da IURD. Nesse caso, a vida realmente imitou a arte.

33. Na FSP, ver os artigos de Josias de Souza (19.09), Marcelo Coelho (15.09), Luis Caversan (26.09) e Fernando Gabeira (11.09). No ESP, o de Ernesto Bucci (09.09). No Dia, o de H. Diniz (23.09). O precursor mais recente é um artigo de Otávio Frias (FSP 06.07.95)

tólicas foi repetida dezenas de vezes nos programas jornalísticos da TV Globo, a começar pelo *Jornal Nacional* do dia 13 de outubro.[34] De novo, uma enxurrada de notícias invade jornais e revistas. Entre 14 de outubro e 16 de novembro, a IURD é objeto de notícia em pelo menos algum jornal. *Veja* (25.10)[35] e *Isto É* (25.10) dedicam suas capas ao assunto e a *Folha de São Paulo* (22.10) prepara um caderno especial intitulado "Guerra Santa". Vários bispos prestaram declarações e publicaram artigos, sem esquecer que a CNBB divulgou duas notas oficiais. Acompanhou-se, não sem certa apreensão, os atos de desagravo promovidos por sacerdotes católicos, mas também as inúmeras e dispersas iniciativas populares, que incluíram alguns casos isolados de invasão e depredação de templos da IURD. De seu lado, a IURD não repete a reação observada no mês anterior; através de seu jornal e de seus programas na TV Record, adota parcimônia ao tratar do assunto, sem deixar de lamentar que a Igreja Católica e a Rede Globo quisessem tirar proveito do incidente. Assistiu-se, como afirma Almeida (1996a:113), "ora um conflito religioso cujo palco foi a mídia, ora uma disputa interna à mídia traduzida em linguagem religiosa".

Não há dúvidas de que esse episódio do "chute na santa" é emblemático em vários sentidos. Afinal, trata-se de uma "agressão" a um símbolo que vincula, de um lado, a religião representada por umas das mais sólidas instituições brasileiras e com a qual se identifica a maioria da população a, de outro, um Estado supostamente laico e comprometido com os ideais de tolerância, "agressão" denunciada pela emissora que muitas vezes contribuiu para definir a história do país, contra uma igreja associada à corrente espiritual a cujo crescimento devemos as maiores transformações nas "estatísticas da fé". Deparamo-nos com uma situação privilegiada para a discussão tanto dos limites à manifestação religiosa, quanto da natureza da relação entre o Estado e as diversas Igrejas.[36] Minhas observações sobre o campo jornalístico partem simplesmente da constatação de que o episódio serviu para dar prosseguimento ao debate acerca da natureza da IURD que a minissérie "Decadência" ressuscitara. O volume de reportagens adensa-se e agora todos os jornais e revistas preparam matérias que traçam perfis gerais da IURD, em moldes semelhantes àquele publicado anteriormente pela *Folha de São Paulo* (especialmente, JB 22.10, GB 22.10, IE 25.10, Veja 25.10).[37] Crescem também a importância e o número de articulistas que se interessam em externar suas opiniões.[38] Enfim, os próprios res-

---

34. Outros exemplos de ataques a símbolos católicos foram mostrados no Fantástico, no dia 15.10. O SBT dedicou o *SBT Repórter* de 24.10 à polêmica gerada pelo episódio.
35. Segundo a própria revista, a edição de 25.10.95 foi a segunda mais vendida em toda a sua história (Veja 21.10.98). A Veja publicou ainda uma entrevista com Von Helde (01.11.95).
36. Johnson (1997), que privilegia as disputas sobre imaginário nacional e espaço público, e Kramer (2001), que analisa os autos do processo criminal contra Von Helde, são, até onde sei, os únicos trabalhos específicos sobre o episódio.
37. A Veja publica ainda uma nova entrevista com Edir Macedo — na verdade, trechos das 12 horas de gravação consumidas na conversa (Veja 06.12.95).
38. Desconsiderando os artigos de autoridades católicas, ainda temos os de jornalistas — C. Rossi (FSP 14.10.95 e 15.10.1995), Nelson de Sá (FSP 17.10.95 e 25.10.95), Josias de Souza

ponsáveis pelos jornais manifestam-se diretamente através de editoriais.[39]

A análise de todo esse material depara-se com um primeiro plano que se configura em torno da relação entre a IURD e os "evangélicos". Não seria essa a primeira vez que tal relação se tornaria importante na cobertura jornalística, cujo enfoque pode ser problematizado pela observação das associações traçadas entre a categoria "evangélicos" e entidades reconhecidas ou transformadas em seus porta-vozes. O trabalho jornalístico contribui para respaldar ou expandir as pretensões de entidades envolvidas com a definição dos limites e características do universo protestante, tornando-se ele mesmo parte das disputas do campo evangélico. Em 1995, a operação será renovada tendo como referência a AEvB e seu líder, o pastor Caio Fábio. Durante a repercussão de "Decadência", o jornal *O Povo do Rio* se utilizou várias vezes da oposição Globo/evangélicos para descrever as reações comandadas pela IURD.[40] Esse modo de considerar o confronto, porém, não era assumido pela própria emissora. Na reportagem do programa *Fantástico* de 30.07.95, que mostrou os pastores da IURD pedindo contribuições em um culto, Caio Fábio foi convidado para dar sua opinião sobre as imagens. Segundo o próprio Caio, esse era um procedimento comum desde que ficara em evidência, a partir especialmente de 1994.[41] As razões imediatas dessa evidência associavam-se com os projetos sociais e os envolvimentos políticos de Caio. Mas através delas, compõe-se uma imagem que o posiciona favoravelmente no interior do campo religioso, elevando-o a "líder dos evangélicos éticos" e a um "anti-bispo Macedo".[42] Em setembro, Caio Fábio ressurge na polêmica a partir do dia 06.09, quando passa a ser procurado pelos jornalistas. Reprova a reação da IURD e diz que os "evangélicos" nada têm a ver com isso;[43] em seguida, aparece como fonte de estimativas sobre a arrecadação global nos templos da IURD.[44] Em 20.09,

---

(FSP 21.10.95), M. Beraba (FSP 22.10.95), F. Gabeira (FSP 23.10.95), M. Coelho (FSP 10.11.95), I. Araújo (FSP 01.12.95); intelectuais e produtores culturais — L. Veríssimo (JB 17.10.95), R. Romano (FSP 22.10.95), A. Jabor (FSP 31.10.95), A. Callado (FSP 04.11.95), Ruy Guerra (ESP 15.11.95); políticos — F. Rossi (FSP 30.10.95), J. Genoíno (JB 30.10.95).

39. FSP 14.10 e 22.10.95, JB 14.10 e 28.10.95 e ESP 14.10 e 16.10.95.

40. Ver O Povo do Rio, 06.09, 07.09, 08.09, 09.09, 16.09 e 22.09.95. O primeiro título transmite o tom dos demais: "Guerra na TV: evangélicos x Globo".

41. "(...) em 1994 e 1995 a Globo, bem como a maioria dos outros meios de comunicação, quase sempre me procurava antes de lançar ao grande público *coisas sobre os evangélicos*. 'A gente tá só querendo saber com o senhor se as coisas são assim mesmo' - indagavam os repórteres. E muitas vezes eu disse que eles estavam completamente equivocados em suas intenções, o que fez com que não raramente seus trabalhos jornalísticos fossem substancialmente alterados após a consulta. Fiz isto, muitas vezes, até mesmo a favor da Universal" (Araújo Filho 1997:430).

42. Cf. Veja (suplemento Rio), 10.08.94 (cuja capa estampa "O bom pastor: líder evangélico acusa bispo Macedo de mercantilismo e prega ação social") e IE 25.01.95, além de FSP 05.12.94. Sobre a evidência de Caio Fábio na mídia, ver Freston (1996) e Fonseca (1997).

43. Dia 06.09, Povo do Rio 08.09, FSP 09.09.95.

44. IE 13.09.95 e FSP 17.10.95.

Caio Fábio é entrevistado pelo *O Globo* e a AEvB libera sua primeira nota, que repercute nos jornais.[45] Dias depois, vários jornais cobrem o "pronunciamento" da AEvB e a entrevista coletiva que serviu para divulgá-lo.[46] Na ocasião do "chute na santa", a nota oficial da AEvB leva a entidade e seu líder novamente à imprensa.[47]

A recepção às iniciativas da AEVB foi variada mesmo no interior de cada jornal.[48] *O Estado de São Paulo* noticia "Críticas a Edir Macedo dividem evangélicos", recolhendo as reações de um político ligado à IURD e notando que batistas e AD resistem a entrar na polêmica (ESP 22.09.95). A *Folha de São Paulo* prefere destacar as repreensões da AEVB a certos aspectos de "Decadência", com a chamada "Associação critica minissérie 'Decadência'" (FSP 23.09.95). Dois dias antes, no entanto, noticiara simplesmente "Evangélicos criticam a Universal" (FSP 21.09.95). "Evangélicos condenam Universal", prefere o *Diário de Pernambuco* (22.09.95). No caso das duas últimas reportagens, os jornais tiveram a preocupação de ouvir as reações ou questionamentos quanto à representatividade da AEvB por parte de pessoas ligadas à IURD. Nem mesmo isso aparece nos textos encimados pelos seguintes títulos: "Evangélicos repudiam igreja de Edir Macedo" (GB 20.09.95), "Evangélicos rompem com a Igreja Universal" (GB 23.09.95) e "Evangélicos não querem Macedo como porta-voz" (Dia 23.09.95). Apenas duas reportagens têm o cuidado de qualificar a AEvB (FSP 21.09 e ESP 22.09). A maioria aceita tacitamente sua capacidade de representação. No caso especificamente de *O Globo*, se comparamos com as formulações do *Povo do Rio* (que traduziam a versão da própria IURD), o resultado é um realinhamento das facções em disputa: não mais Globo x evangélicos, mas Globo + evangélicos x IURD.[49]

Após o "chute na santa", a oposição entre os "evangélicos" e a IURD está ainda mais disseminada pelos jornais. Às vezes ela vem encoberta por uma oposição mais geral entre "todas as religiões" e a IURD. É o caso de "Líderes religiosos criticam ofensa à imagem" (ESP 14.10.95), "Igrejas tentam evitar guerra" (GB 22.10.95), "Condenação é ecumênica" (JB 24.10.95) e do texto da reportagem da *Isto É* (25.10.95). Retomam o formato das notícias anteriores "Evangélicos criticam o pastor Helder" (JB 14.10.95), "Evangélicos

---

45. GB 20.09.95, FSP 21.09.95, Diário de Pernambuco 22.09.95, ESP 22.09.95.

46. Dia 23.09.95, FSP 23.09.95, GB 23.09.95.

47. FSP 14.10.95, GB 15.10.95, IE 18.10.95.

48. Mas em um aspecto, ao menos, não há diferenças entre os jornais: enquanto a maioria deles cobriu a divulgação e as reações às notas da AEvB, nenhum se pronunciou sobre o "manifesto" divulgado alguns dias depois pelos aliados da IURD. Aliás, o "manifesto" foi publicado como matéria paga.

49. Esse realinhamento trouxe consequências bem concretas. Segundo a FSP (21.09.95), haveria uma reunião de Caio Fábio com diretores da Globo visando "traçar estratégias para recuperar a imagem da Globo" entre os evangélicos. No ano seguinte, é a própria Revista Vinde (6, 1996) que noticia o aceite por Caio Fábio do convite da Globo para ocupar o espaço reservado aos evangélicos na série de curtos programas religiosos que a emissora apresentaria todas as manhãs (cada dia reservado a uma religião).

acham perigosa agressão de bispo" (FSP 14.10.95), "Evangélicos condenam atitude" (GB 15.10.95), todas em torno da nota da AEvB, e ainda "Igrejas querem fixar diferenças de evangélicos" (FSP 22.10.95) e uma reportagem de *O Dia* (23.10.95) que se resume na citação de trechos do pronunciamento da AEvB. Duas outras estratégias produzem efeitos semelhantes. Primeiro, a desqualificação de aliados da IURD quando eles pertencem a outros segmentos evangélicos, que estariam do lado de Macedo ou por comprometimentos econômicos, ou sem poder engajar o apoio de suas próprias denominações.[50] Em seguida, a divulgação das críticas de um dissidente da IURD, Renato Suhett, que confessa ter deixado a IURD por sua agressividade e pela falta de ênfase sobre o Novo Testamento.[51] Através de diversas maneiras, portanto, reproduz-se uma certa contraposição entre a IURD e os "evangélicos".

Mas se existe mesmo uma tendência mais unânime nesse sentido, ela é atravessada por algumas características que fragilizam a operação distintiva. Essas características se tornam mais salientes exatamente a propósito do "chute na santa". De um lado, a multiplicação de representantes e porta-vozes "evangélicos". Se antes essas funções se concentravam sob a AEvB, agora as coisas se passam de outro modo. A maioria das reportagens traz as opiniões de pessoas que representam igrejas individuais e até mesmo outras entidades coletivas existentes no universo evangélico — colaborando para, e talvez refletindo, a crise sofrida pela AEvB. Há casos, inclusive, em que a categoria "evangélica" é invocada sem menção à AEvB ou ao nome de Caio Fábio.[52] De outro lado, algumas das pessoas consultadas pelos jornais, embora engrossem o coro das condenações ao agressor da imagem, têm a preocupação de esclarecer que não as estendem para toda a IURD.[53] Mais grave ainda, muitos lembram que estão mesmo de acordo com o combate à "idolatria", postura "evangélica", deslocando a discordância para as formas utilizadas pelo malfadado bispo da IURD. Ou seja, em relação aos "evangélicos", os jornais aceitam apenas parcialmente a legitimidade de uma única entidade para representá-los. Mais do que isso, a própria categoria "evangélico" não parece ter força suficiente para excluir dela, automaticamente, a IURD.

Essa, entretanto, não é a única operação de discriminação aplicada à IURD pela imprensa. Paralelamente, ocorre uma outra. Ao invés de procurar excluir a IURD de um universo determinado — no caso, os "evangélicos" —, trata-se de identificá-la positivamente, de forma a situá-la relacionalmente dentro de um campo mais amplo de grupos religiosos. Se, para a exclusão, o apoio era encontrado no interior do próprio espaço religioso, através de uma entidade representativa dos evangélicos, a busca de uma identidade positiva leva o olhar dos jornalistas a voltar-se para os estudiosos da religião. Essa

---

50. Ver GB 23.10, 25.10 e 26.10.95 e FSP 25.10.95.

51. Ver ESP 19.10.95 e GB 19.10.95.

52. FSP 22.10.95. Para exemplos de outras entidades apresentadas como evangélicas, ver GB 22.10, 25.10, 31.10 e 01.11.95.

53. Ver GB 31.10.95.

colaboração não é nova, mas, em comparação com a passagem entre as décadas de 80 e 90, o período de meados dos anos 90 sinaliza uma diferenciação mais clara entre intelectuais vinculados a igrejas e os cientistas sociais universitários, dando preferência a estes quando se trata de consultar "pesquisadores" ou "especialistas".[54] Em função disso, pode-se dizer que o crescimento de pesquisas e debates sobre os evangélicos nos espaços acadêmicos é acompanhado por uma visibilidade ascendente dos estudiosos na imprensa.

Seus conhecimentos, porém, não são incorporados sob uma única forma. Algumas notícias registram a conclusão de pesquisas e mesmo defesas de teses relacionadas de algum modo à IURD — um exemplo é Mariano, cuja defesa foi noticiada na *Folha de São Paulo* (03.07.95).[55] Geralmente, no entanto, os estudiosos são convocados para explicar as razões do êxito da expansão de uma igreja como a IURD — papel já assumido, por exemplo, por Freston (Veja 19.04.95, JB 22.04.95), Mariano (Veja 09.08.95, FSP 17.10.95), Machado (Veja 25.10.95, JB 23.10.95), Pierucci (FSP 17.10.95). Ou ainda, como ocorreu após o "chute na santa", para oferecer prognósticos sobre os rumos da Igreja liderada por Macedo — o que fazem, entre outros, Fernandes (JC 18.10.95) e Mariano (ESP 17.10.95, Dia 17.10.95). A colaboração com esses estudiosos, através dessas várias formas de registro de seu trabalho e de suas opiniões, traz para dentro dos jornais e revistas suas terminologias e seus critérios de classificação do universo religioso, auxiliando assim os jornalistas a ordenar as igrejas evangélicas segundo determinados critérios. Essa associação entre opiniões de intelectuais e a operação de distinções religiosas a propósito da IURD, como vimos, já se verifica desde a década anterior, mas está então geralmente vinculada a uma lógica claramente condenatória, preocupada em distinguir as "igrejas sérias". Agora, o esforço gera caracterizações amplas cujo estatuto não está imediatamente dado, recorrendo particularmente ao termo "neopentecostalismo" para descrever as práticas e o estilo da IURD.

Por outro lado, se a categoria "neopentecostal" é incorporada ao campo jornalístico, isso ocorre porque ela se adequa bem à economia dos elementos que integram as descrições que se fazia da IURD, mesmo antes dos intelectuais serem consultados. Não se trata propriamente da importação de uma categoria do domínio acadêmico. Afinal, os jornalis-

---

54. De acordo com um levantamento que realizei nas reportagens de 1995 e início de 1996 disponíveis, cheguei a uma lista de intelectuais consultados pelos jornais, onde o predomínio dos acadêmicos é evidente. Aos nomes, segue o número de notícias em que aparecem: R. Mariano (11); André Mello, que trabalhava em pesquisas no ISER (10); M. D. Campos Machado (5), Alexandre Brasil (4), R.C. Fernandes (3), A.F. Pierucci (2), M. Barros (2). Outros pesquisadores aparecem, nesse período, apenas uma vez, como P. Freston e R. Prandi. Já em 1994, a *Folha de São Paulo* publica, por duas vezes, quadros que ordenam e explicam as divisões no interior do protestantismo — o primeiro deles foi elaborado com a ajuda de Freston (FSP 12.06.94), o segundo diretamente por Prandi (FSP 28.08.94). Ambos os quadros estavam relacionados com reportagens sobre questões eleitorais.

55. Outros exemplos: a premiação do trabalho de Maria das Dores Campos Machado (FSP 22.10.95) e a apresentação da dissertação de Gualberto Gouvêia (FSP 02.01.96).

tas não passam simplesmente a transcrever textos ou declarações de estudiosos.[56] A enorme matéria da *Folha de São Paulo* sobre a IURD (17.09.95), que segundo meus registros é a primeira a recorrer àquela categoria, permite mostrar como se opera a relação entre o trabalho jornalístico e a utilização das opiniões de intelectuais. A repórter refere-se à IURD como "um império empresarial na Terra", algo que mostra através de fartos dados sobre sua expansão e seu patrimônio. Logo adiante, outro jornalista relata detalhadamente a sequência de um culto que assistiu em um templo da IURD. Trata-se de uma descrição que retoma um estilo presente em reportagens de períodos anteriores sobre a IURD, marcado por dois traços: assume uma postura de imunidade às técnicas de "exploração da fé" as quais descreve, pressupondo que seus leitores habitam um mundo diferente daquele a que pertencem os fiéis de uma igreja como a IURD; privilegia para descrever a sua lógica ritual e doutrinária o pedido de doações monetárias.

O relato do repórter publicado pela *Folha* (17.09.95), que ocupa duas colunas inteiras de uma página, intitula-se "Nos cultos, fiéis doam dinheiro para vencer diabo". O templo é minuciosamente caracterizado e a coloquialidade no discurso dos pastores ganha destaque. O jornalista descreve a sequência do culto, caracterizando cada uma de suas fases: o sermão, as orações coletivas, os cantos, o exorcismo e a coleta de dinheiro. Mas o exorcismo e a coleta do dinheiro dos fiéis são seus núcleos, em torno dos quais orbitam o sermão e todos os gestos do pastor. Libertar-se do demônio equivale a superar um "sentimento de inferioridade" e ganhar a possibilidade de conseguir tudo o que deseja; para consegui-lo, basta "acreditar em Deus e dar dinheiro à Igreja Universal". Várias frases destinam-se a evidenciar a lógica dessa proposta: "'quanto mais se dá à igreja, mais se recebe'; 'tudo o que você der, receberá depois, e em dobro". A matéria continua com a transcrição de alguns trechos dos livros de Edir Macedo, separados em três rubricas, entre as quais "dinheiro" e "demônios". É nesse quadro — no qual entram um inventário do patrimônio e uma descrição dos cultos centrados em dimensões monetárias — que "intelectuais que estudam as igrejas neopentecostais" são consultados e suas opiniões resumidas em algumas expressões chave: "*fast-foods* da fé", "promessa de salvação instantânea" e "lógica empresarial". Ainda na primeira página, um quadro descreve "as diferenças entre os evangélicos", dividindo-os entre os "históricos", os "pentecostais" e os "neopentecostais". Além de um critério temporal, o que distingue os últimos dos anteriores é a ênfase na "cura divina" e no "exorcismo".[57]

---

56. Ao contrário, há momentos em que fica evidente que é o jornalista que solicita ao sociólogo uma definição para o termo "neopentecostal". Ver a entrevista com A.F. Pierucci (FSP 22.10.95).

57. Outra reportagem retoma essa classificação e essas definições (FSP 23.10.95). Uma matéria anterior da *Isto É* (13.09.95) apresenta a IURD como uma igreja que "leva ao extremo" as práticas "pentecostais", ou seja, curas, milagres, glossolalia e exorcismo. Quanto à *Folha de São Paulo*, a precisão levaria a dizer que os textos pioneiros na utilização da categoria "neopentecostal" referem-se ambos à dissertação de Mariano (FSP 03.07 e 06.07.95). Noto que a jornalista que cobriu a defesa de Mariano é a mesma que coordenou a matéria de 17.09.95.

A matéria do *Jornal do Brasil* que traça igualmente um perfil geral da IURD realiza operação semelhante. Apresenta a descrição de um culto que gira em torno da cura e da coleta e define a IURD como um "ramo evangélico neopentecostal que promete milagres em troca de dinheiro" (JB 22.10.95). Alguns dias antes, o mesmo jornal havia se referido à "teologia da prosperidade" para explicar os "métodos de evangelismo" da mesma igreja: a religião é transformada em "uma espécie de fundo de investimentos administrado pelos céus" e as ofertas são justificadas doutrinariamente ("semear para receber") (JB 14.10.95). A referência se repete depois (JB 23.10.95) e volta a aparecer na matéria da *Isto É* (25.10.95). Aí, o "sucesso" da IURD é explicado por várias características que definem uma mensagem e um estilo específicos. Enquanto o "pentecostalismo original" preconizava uma vida frugal, a "teologia da prosperidade" permite "uma promessa de efeito imediato": estabelece-se uma relação entre a riqueza e cura e a generosidade nas doações à igreja. Se o leitor preferisse, poderia encontrar elaborações semelhantes na *Veja* publicada no mesmo dia. A IURD é designada como uma "igreja neopentecostal" e, de acordo com o restante do perfil, pode-se deduzir que uma igreja desse tipo oferece aos pobres saúde e prosperidade material, "gosta de dinheiro" e valoriza os exorcismos. Edir Macedo, "sumo pontífice neopentecostal" consegue conciliar a dupla faceta de homem de negócios e pregador ardoroso através da "teologia da prosperidade", cujas concepções contradizem crenças católicas e pregações bíblicas sobre o valor da riqueza (Veja 25.10.95).

A IURD, portanto, tornou-se uma "igreja neopentecostal", que segue a "teologia da prosperidade". Ela adota um estilo empresarial e oferece uma salvação instantânea desde que os fiéis deixem nos templos as suas contribuições. Sem dúvida, uma definição positiva, cujo efeito mais imediato e aparente reside em situar a IURD como um segmento específico do universo evangélico. No entanto, nada impedia que, respeitando-se os elementos que compõem essa definição, surgissem apreciações condenatórias. É o que mostram os editoriais e vários artigos publicados nos jornais. Para os editores da *Folha de São Paulo*, Edir Macedo, com seu 'pagou, ganhou', "se aproveita da cegueira cultural de milhões de brasileiros para fazer crescer seus lucros" (FSP 14.10.95). O *Jornal do Brasil* é mais direto: "exploração mercantilista da crendice popular" (14.10 e 28.10.95).[58] R. Romano descreve a proposta da IURD como uma caricatura cruel das idéias de Calvino: dizer que a graça pode ser provocada pelo dinheiro é o mesmo que cobrar por milagres (FSP 22.10.95). Expressões com teor semelhante aparecem nas colunas de vários articulistas: "venda de milagres" (Rossi, FSP 14.10.95), "camelô da salvação" (Veríssimo, JB 17.10), "despachante da fé" (Jabor, FSP 31.10), "templo é dinheiro" (Frei Betto, Dia 03.10), ao lado das já tradicionais "exploração da boa fé" (Bucci, ESP 09.09), "exploração da pobreza" (Souza, FSP 19.09) e "exploração dos desesperados" (Caversan, FSP 26.09).

A identificação da IURD com a categoria "neopentecostal" não impedia, como se vê, um julgamento negativo. Os movimentos de inserção no universo religioso e de conde-

---

58. Os demais editoriais preferem ater-se ao tema da tolerância e dos limites à expressão de opiniões religiosas. Especialmente, ESP 16.10.95 e FSP 22.10.95.

nação compartilhavam assim uma mesma percepção: a IURD não seria uma igreja como outra qualquer. Mas é verdade que ficava bem mais complicada ou incerta a transposição da condenação implícita nessa categorização para uma lógica jurídica, capaz de definir claramente as ilicitudes cometidas pela Igreja. Nesse sentido, a categorização da IURD como "neopentecostal" desloca o foco da abordagem jornalística, que no passado encontrou nas investigações oficiais um ponto de referência crucial, seja porque o acompanhamento dessas investigações ocupou um espaço importante nas reportagens, seja porque estas demonstravam ter incorporado a dimensão criminal à imagem da Igreja.[59] Quando acompanhamos a cobertura entre 1988 e 1991, percebeu-se um deslizamento que levou a ênfase mudar do foco sobre problemas envolvendo relações entre fiéis e pastores para o foco em aspectos institucionais (sobretudo, a compra e transferência da Rede Record). Por ocasião da prisão de Macedo em 1992, como vimos, estabelece-se de maneira cristalina uma condenação genérica e totalizante dirigida à IURD por parte de vários jornais.

Em 1995, *O Globo*, que aliás não emprega em suas reportagens a terminologia "neopentecostal", é o primeiro a retomar uma via que permitisse mais facilmente a transposição entre a condenação implícita àquela categorização e uma lógica jurídica — ou melhor ainda, que conseguisse revelar e qualificar as irregularidades da IURD. Seguindo essa orientação, investe em denúncias institucionais. O marco são as matérias publicadas no dia 22 de outubro: nelas se conjugam uma tentativa de mostrar como o fanatismo e o ataque a outras religiões acompanha toda a história da IURD, a caracterização da instituição como um "grande conglomerado financeiro" que contextualiza os pedidos de dinheiro que ocorrem em cada templo, a referência às posições políticas "teocráticas" de seus líderes e um inventário de vários processos fiscais sobre suas atividades contábeis. Segundo investigações da Receita Federal, diz a reportagem, haveria indícios de "caixa dois", sonegação fiscal e evasão de divisas (GB 22.10.95). No dia seguinte, novas notícias sobre as mesmas investigações, com o esclarecimento de que se suspeitas ficassem provadas, a IURD perderia a isenção fiscal a que as igrejas têm direito (GB 23.10.95). Reportagens posteriores seguem a mesma linha, como "Documentos atestam 'caixa dois' da Igreja Universal" (GB 04.11.95) e "Igreja Universal pagará IR sobre lucros de TV e rádio" (GB 07.12.95).

A partir da edição de 23 de outubro, *O Globo* passa a dar espaço e impulso às denúncias de Carlos Magno, o mesmo ex-pastor da IURD que em 1991 já se destacara na imprensa por suas acusações. Em 1995, ele é literalmente ressuscitado, justificando por um suposto suborno e ameaças seu sumiço das páginas dos jornais e dos gabinetes policiais. A *Folha de São Paulo* o entrevista para sua reportagem de 17.09, ocasião em que Carlos Magno ratifica o recebimento de dinheiro de narcotraficantes pelos bispos da IURD e revela o contrabando de aparelhos eletrônicos. Depois disso, só volta a reaparecer em *O Globo*, contando detalhes sobre o esquema de remessa do dinheiro da IURD para o exterior e sobre a remunera-

---

59. Isso não quer que as reportagens deixem de dar indicações sobre a existência de investigações — no entanto, a caracterização que apresentam da IURD ganha autonomia em relação aos aspectos judiciários.

ção dos pastores, que ganhariam comissões sobre o montante arrecadado em seus templos (GB 23.10.95). *O Globo* continua a respaldar as denúncias de Carlos Magno e a apoiar sua disposição de colaborar com as investigações que se iniciaram na Receita Federal (GB 25.10 e 04.11.95). Outro foco de interesse do jornal são as atividades do banco vinculado à IURD (GB 23.10.95).[60] Procura-se, de vários modos, reforçar o perfil empresarial da IURD e a contradição entre esse perfil e uma instituição autenticamente religiosa.

A renovação dos contatos com Carlos Magno renderá à Globo a cessão das fitas que serão exibidas no final de dezembro. Antes, no entanto, vêm à tona as revelações de outro ex-colaborador. Ao contrário de Magno, que só parece ter voz através da imprensa, Mário Justino é o autor de um livro. *Nos Bastidores do Reino* opta pelo gênero autobiográfico para narrar "a vida secreta da IURD" (Justino 1995). O texto mistura denúncias que seguem a chave "exploração da credulidade" com um relato que lembra os testemunhos das vítimas de "seitas" que encontrei na França. Justino utiliza a expressão "lavagem cerebral" e recorda suas fragilidades de adolescente para explicar a conversão à IURD. Com 15 anos, depois de romper com a família, passa a morar no próprio templo onde se tornara obreiro. Recorda de sua vida como uma ruptura com a realidade: "O meu mundo cabia nos limites da Igreja". No entanto, Justino diz ter se transformado em um pastor exitoso, que conseguia encher os templos e empolgar os fiéis. Com tal inserção, revela fraudes cometidas pelos pastores: pedidos de oração queimados na praia mais próxima (supostamente levados para Israel), água mineral e azeite anunciados como provenientes da Terra Santa. Enfim, vendia-se vários "produtos falsos" em troca do dinheiro dos fiéis, gasto pela cúpula em viagens de turismo. Conclui que "a Igreja nada mais era do que uma empresa com fins lucrativos", cujos dirigentes estipulavam metas de arrecadação para os pastores que, por sua vez, recebiam comissões sobre as quantias doadas pelos fiéis. Seu relato ainda revela outros detalhes dos arranjos trabalhistas da IURD, confirma as denúncias de Carlos Magno quanto ao dinheiro de narcotraficantes, compara os cultos em épocas eleitorais a comícios e menciona os deslizes sexuais de muitos pastores. Justino diz ter sido expulso da Igreja após a revelação de que era soropositivo.

O livro foi logo tirado de circulação por medida judicial em virtude de queixa da IURD, mas seu autor passou a frequentar as páginas dos jornais e revistas.[61] O clima geral não indica surpresa com o relato de alguém que havia passado cerca de 10 anos dentro da IURD, mas reforço a denúncias e suspeitas já correntes. Afinal, quem nunca ouvira as

---

60. Depois de *O Globo*, outros jornais também passam a enfocar os aspectos patrimoniais e contábeis da IURD: JB 23.10.95, FSP 27.10.95, JB 12.11.95, JB 01.12.95, ESP 08.12.95. Noto que nesse período a IURD enfrenta dificuldades também em Portugal, o que tem repercussões em reportagens no Brasil, desde agosto de 1995. Sobre a trajetória da IURD em Portugal e as polêmicas suscitadas, alimentadas também pela exibição de "Decadência", ver Mafra (1999) e Ruuth e Rodrigues (1999).

61. JB 12.11, ESP 12.11, FSP 12.11, IE 15.11, Dia 26.11.95. O livro só tem sua circulação definitivamente liberada no final de 1997 (FSP 06.12.97).

palavras do prefácio escrito por Marcelo Rubens Paiva em seu lamento de que "a religião vira um negócio", a IURD "relendo a Bíblia e deturpando o pensamento cristão" (*apud* Justino 1995)? Novamente, as diferentes denúncias tendiam a se fundir em um único bloco de provas aferindo a podridão da instituição. O jornal que mais deu destaque a Justino foi o *Jornal do Brasil*, que publicou uma entrevista exclusiva em 12.11.95. Aí ele utiliza o termo "extorsão" para descrever os pedidos de doações pelos pastores. Além da entrevista, uma reportagem sobre o banco da Igreja e a blindagem jurídica que Macedo teria montado em torno de si através do recurso a procuradores. Por fim, uma matéria sobre as "sessões de cura de seitas pentecostais e neo-pentecostais", na qual apenas a IURD é citada. O jornalista relata o caso de um homem, fiel da IURD, que, mesmo com os testes de laboratório indicando o contrário, afirma já não ter AIDS e não precisar mais do tratamento; em seguida, destaca uma manchete do jornal da IURD, "criança curada de câncer". A fim de contrapô-los, a opinião de três médicos. Dois apontam os possíveis danos do abandono de tratamento médico, o outro lamenta a "leitura fanatizada da Bíblia" por parte daquelas "seitas". Uma das frases iniciais resume bem o teor da matéria: "os pastores da IURD se especializaram em transformar dois crimes previstos no Código Penal — charlatanismo e curandeirismo — no método mais eficaz de exploração da fé" (JB 12.11.95).

A exibição do vídeo na noite de 22 de dezembro representa uma confirmação dessa estratégia acusatória que visava criminalizar claramente as práticas da IURD. Segue-se uma nova avalanche de notícias, com reportagens diárias entre 23.12.95 e 14.01.96, comentadas em editoriais e dezenas de artigos. Como notei anteriormente, os focos de atenção são diversificados. Mas, de início, privilegiou-se o aspecto da relação entre pastores e fiéis.[62] O que se via? "Edir Macedo ensina: como arrrancar dinheiro em nome de Deus", estampa a capa da *Isto É* (27.12.95); "Edir Macedo ensina pastores a tirar dinheiro dos fiéis" (JB 23.12.95); "artifício para iludir os fiéis e arrancar-lhes dinheiro" (GB 23.12.95); "ensinando táticas para retirar dinheiro dos fiéis" (ESP 24.12.95) ou "a extorquir dinheiro" (GB 24.12.95). Que os pastores de Macedo eram insistentes e monocórdicos na solicitação de contribuições aos fiéis, os jornais e revistas já estavam cansados de repetir. Tanto que agora não perdem tempo na elaboração de perfis sobre a IURD. As poucas reportagens que voltam a fazer relatos fundamentados em observações de cultos apresentam descrições totalmente centradas nos pedidos de dinheiro. Servem apenas para mostrar que os pastores seguem efetivamente as orientações do líder.[63] Por outro lado, essas reportagens assumiam agora, depois da exibição do vídeo, um tom mais de indignação do

---

62. *O Estado de São Paulo* adotou como ícone — para identificar todas as reportagens sobre a IURD depois do vídeo — uma Bíblia em cuja capa está gravado um cifrão.

63. Essa formulação é explicitamente utilizada na reportagem intitulada "Fiéis são constrangidos a financiar viagem da cúpula da IURD para Israel" (GB 08.01.96). Outras reportagens que relatam cultos da IURD: FSP 25.12.95, GB 26.12.95 ("bênçãos, felicidade e encontro com Cristo só para quem dá dinheiro"), Dia 27.12.95 (pastores "venderam milagres e curas diversas"), GB 04.01.96 ("nova modalidade para recolher dinheiro").

que de revelação ou informação. Pois os pastores, afinal de contas, continuavam a pedir contribuições mesmo depois de terem sido "desmascarados".

Creio ser exatamente esse o objetivo das imagens exibidas na TV e apresentadas com detalhes nas páginas de revistas e jornais: desvelar a intencionalidade que se esconderia por trás de práticas em si mesmas já bastante suspeitas. Em uma linguagem jurídica, apontar o dolo. O desabafo de Artur Xexéo, colunista do *Jornal do Brasil*, resume bem o espírito da coisa — "é picaretagem mesmo!" — concluindo daí que era necessário fechar a IURD e prender Macedo (JB 24.12.95).[64] Vejamos alguns títulos e expressões de reportagens: "Falso Reino de Deus é desmascarado"; "imagens mostram como líderes da IURD veneram o dinheiro"; "nos bastidores, pastores muito longe de Deus" (GB 23.12.95); "Diálogos demonstram desfaçatez e cinismo"; "o objetivo da seita é tomar dinheiro do povo" (GB 24.12.95); "Tudo por dinheiro" (Dia 25.12.95); "Discurso de 'bispo' e pastores é um e prática é outra" (GB 26.12.95); "Uma indústria de mentiras" (Dia 27.12.95). Todos os grandes jornais, através de editoriais, apoiaram a realização de investigações.[65] Concordavam, em menor ou maior grau, com o teor de uma nota oficial divulgada pela Rede Globo, que enxergava nas imagens do vídeo "indícios de crimes cometidos contra a boa fé das pessoas humildes e contra o Tesouro Nacional" (GB 05.01.96). Além disso, deve-se notar que algumas autoridades passaram imediatamente a frequentar as páginas da imprensa — Arthur Gueiros, procurador geral no Rio de Janeiro, José Gregori, secretário de direitos humanos do Ministério da Justiça, e, especialmente, Geraldo Brindeiro, procurador geral da República.[66] A partir das cenas do vídeo, todos eles falaram em "exploração religiosa" e citaram dispositivos penais nos quais a conduta de Macedo poderia ser enquadrada.

Investe-se, portanto, na criminalização da IURD, considerando o vídeo como uma peça que acrescenta um elemento relevante na caracterização de ilicitudes. É significativo que o termo "igreja neopentecostal" jamais ressurja para se referir à IURD e que, em comparação com outros períodos, a categoria "seita" torne-se bastante corrente — em especial nas reportagens de *O Globo*. Também não são importantes as contribuições de estudiosos e pesquisadores, que se resumem, quase sempre, a avaliações sobre os impactos das denúncias sobre a vida da Igreja, a informações que sirvam para confirmar ou reforçar acusações ou a esclarecimentos sobre certos aspectos da organização da IURD.[67] Quanto aos "evangélicos", tampouco reaparecem como uma instância importante de deslegitimação da IURD. Primeiro, porque novamente as condenações partem de instâncias dispersas e heterogêneas — entidades, políticos, líderes eclesiais — às vezes nem mesmo claramente distintas de

---

64. Outro artigo segue o mesmo raciocínio ao contestar comparações com a Igreja Católica: desta se pode questionar as práticas, mas não suas "boas intenções" (J. Sayad, FSP 08.01.96).

65. JB 24.12.95, GB 27.12.95, ESP 27.12.95, GB 03.01.96, FSP 03.01.96.

66. Brindeiro aparece diversas vezes nos jornais: GB 24.12, ESP 24.12, Dia 24.12, FSP 26.12, JB 26.12, JB 27.12, Dia 27.12.95.

67. Ver JB 25.12.95, GB 25.12.95, Dia 27.12.95, Dia 29.12.95, ESP 28.12.95, ESP 29.12.95, ESP 30.12.95, FSP 02.10.96, FSP 03.01.96.

outros segmentos religiosos.[68] Em seguida, porque a própria IURD esforçou-se por produzir circunstâncias que dificultavam sua exclusão do rol dos grupos "evangélicos", esforços materializados em manifestos, programas na TV Record e eventos públicos que contaram com a participação de membros, líderes e representantes de outras igrejas.[69] Portanto, o que interessa saber é quais as tensões que se estabeleceram no interior desse quadro onde predominou, por parte dos jornais, a estratégia da criminalização.

Autoridades graduadas não foram as únicas personagens envolvidas pela mídia em sua estratégia de criminalização. Apareceram agora vários casos concretos de "vítimas", fiéis da IURD com suas histórias e dramas específicos, o que rompe em alguma medida com a caracterização desindividualizante típica das descrições dos cultos da Igreja. Mais do que isso, essas "vítimas", comumente "exploradas" pelos pastores, agora se voltam contra seus opressores: "Fiéis se dizem perplexas e querem explicações da Igreja" (ESP 24.12.95), "Ex-fiéis processam Edir Macedo" (GB 28.12.95), "Fiéis exigem dinheiro de volta" (JB 24.12.95), "Rebelião de fiéis" (IE 03.01.96). Essas e outras reportagens contam a história de fiéis que, por terem se desiludido com as pregações e promessas da IURD, denunciam publicamente sua situação ou procuraram a Justiça em busca da restituição de bens ou do dinheiro doado. Das várias situações, uma se destacou devido ao número de registros.[70] Trata-se de uma dona-de-casa, que frequentava os cultos da IURD há cerca de um ano e meio; ela e o marido teriam realizado várias contribuições para a Igreja (como evidenciavam seu "diploma de dizimista" e vários objetos pelos quais pagara quantias expressivas); por elas, pedira uma casa própria, um carro e um telefone. De acordo com as notícias, a mulher, no dia seguinte à apresentação do vídeo, dirigiu-se à IURD para cobrar a restituição do dinheiro das doações.

O que chama a atenção no relato dessa e outras "vítimas" que aparecem nos jornais é seu contraste com testemunhos análogos vistos na França. Ao contrário das "vítimas" das "seitas", os fiéis arrependidos e revoltados da IURD não conseguem acrescentar nada de novo no mecanismo de "exploração" acionado pelos pastores. Isso se reflete na própria forma como esses ex-fiéis descrevem as práticas que ocorrem nos cultos. Alguns exemplos retirados das declarações da dona-de-casa: "Ela observou que ninguém obriga os fiéis a dar dinheiro. 'Mas dizem que a fé sem ação é morta' (...). 'Os pastores dizem que quem quiser ganhar mais tem que oferecer um propósito maior'" (ESP 24.12.95). "'Foi voto desafio. É a expressão de sua fé. Os pastores dizem para você doar mais, para mover a mão de Deus'" (FSP 28.12.95) — assim justificou sua última grande doação. Ao procurarem explicitar a

---

68. Ver GB 24.12.95, Dia 24.12.95, JB 25.12.95, JB 31.12.95, GB 01.01.96.

69. Aproveitando as concentrações do dia 06.01, a *Folha de São Paulo* resolver testar o "conhecimento evangélico" dos participantes, incluindo três perguntas na sua pesquisa — ano em que surgiu a primeira igreja pentecostal no Brasil, país no qual teve origem o atual pentecostalismo e quantos são os dons do Espírito Santo. Dos resultados, a reportagem concluiu que "os manifestantes mostraram possuir conhecimentos algo precários sobre as religiões pentecostais" (FSP 14.01.96). A constatação, no entanto, não foi retomada em outras situações.

70. ESP 24.12.95, GB 24.12.95, JB 24.12.95, FSP 28.12.95, GB 28.12.95, IE 03.01.96.

lógica do comportamento de seu enunciante, esses relatos paradoxalmente admitem o absurdo de tais ações. É verdade que se denuncia um certo constrangimento: os ex-fiéis falam em "lavagem cerebral", em "extorsão", em "enganação", em "mentira". Mas esse constrangimento só é eficaz porque se reconhece, em si mesmo, alguma condição que turvava a clareza de julgamento: "fragilidade emocional", cegueira, ignorância. Evidência de "indução" nos argumentos dos promotores que denunciam a IURD na Justiça, a mesma configuração, apresentada nos jornais, culpabiliza os próprios fiéis. A Igreja não é inocentada, mas os fiéis aparecem como vítimas sobretudo de sua credulidade, ingenuidade, carência.[71]

Além dos ex-fiéis, vários ex-pastores transformam-se em personagens importantes nas páginas da imprensa como protagonistas de denúncias sobre a IURD. Por ter cedido o vídeo em torno do qual se desenrola a polêmica, Carlos Magno torna-se o mais procurado, chegando a ser entrevistado pelo programa *Fantástico* da TV Globo.[72] Mas ele dividiu a atenção com outras pessoas: Mário Justino, que já conhecemos;[73] Hamilton Almeida, pastor da IURD até 1995 e que, denunciando ter sido expulso da instituição por não atingir metas de arrecadação, entrara na justiça em busca de uma indenização por danos morais e financeiros;[74] Grigore Valeriu, não um ex-pastor, mas um fiel que passara a fazer parte do setor jurídico da IURD e depois também a processa na Justiça.[75] Todos esses "apóstatas" ganham evidência no momento em que o problema da arrecadação de dinheiro dos fiéis está em primeiro plano e todos eles, de uma ou outra maneira, podem falar sobre esse aspecto. Entretanto, o fato de que suas denúncias não se prendam apenas a essa dimensão transformou sua participação em um dos motivos pelos quais outros focos integraram-se à controvérsia. Nesse sentido, o caso de Valeriu é o mais interessante: ele surge ao lado de outros fiéis revoltados, mas aproveita o espaço para revelar uma tentativa de suborno de juízes e confirma o recebimento de dinheiro de narcotraficantes por parte da IURD. Já as denúncias de Magno e Almeida envolviam temas bastante diversos, desde fraudes eleitorais até acordos com Collor e P.C. Farias. É bastante significativo, então, que todas essas pessoas fossem requisitadas nos inquéritos abertos pela Polícia Federal, para a apuração de crimes financeiros e fiscais.[76]

---

71. Não por acaso, um dos títulos de uma reportagem sobre a dona-de-casa é "Fiéis caem nos 'contos do bispo' da Igreja Universal" (GB 28.12.95). "Só agora S. diz ter percebido que a IURD 'pede dinheiro em todos cultos'", nota o repórter a respeito de outro caso de fiel revoltada (FSP 28.12.95).
72. Dos jornais, cito apenas as referências mais significativas: GB 23 e 24.12.95, JB 23.12.95 e 30.12.95, ESP 24.12.95 e 03.01.96, Dia 24.12.95, FSP 27 e 30.12.95, IE 27.12.95.
73. Dia 27.12.96, IE 27.12.95, ESP 28.12.95, GB 28.12.95, Dia 29.12.95, ESP 29.12.95, FSP 02.01.96, JB 05.01.96, FSP 12.01.96, IE 31.01.96
74. ESP 01.01.96, FSP 02.01.96, GB 05.01.96.
75. JB 26.12.95, Dia 28.12.95, ESP 28.12.95, GB 28.12.95, JB 28.12.95, FSP 29.12.95, ESP 31.12.95, IE 03.01.96.
76. A FSP 04.01.96 informa que quatro pessoas foram indicadas como testemunhas: duas eram Magno e Valeriu; as outras eram José Carlos Guimarães, advogado de Almeida e outros ex-pastores com queixas trabalhistas, e Luis Fernando Emediato, editor de Justino. Segundo GB 30.12.95, o livro de Justino já havia sido enviado à Polícia Federal para constar dos autos do inquérito.

Mas voltemos uma última vez ao problema da relação entre os pastores e os fiéis. Ao apresentá-lo, os jornais recorreram a duas formas distintas de enquadramento. A primeira foi pela referência a uma figura legal específica: "Vídeo sobre a Universal pode indicar estelionato" (ESP 24.12.95), "Estelionato na liturgia de Edir Macedo" (GB 24.12.95). Essa interpretação sustentava-se sobre as opiniões de Brindeiro, procurador geral da República, ratificadas alguns dias depois: "É uma indignidade se aproveitar da fraqueza humana para fins ilícitos. Caracteriza estelionato (...), e ainda com o agravante de ser cometido contra pessoas vulneráveis" (GB 27.12.95). Transformava-se, desse modo, as imagens do vídeo em uma infração juridicamente definida. A segunda maneira de tratar o mesmo problema consistiu em acenar com a possibilidade de recuperação de bens e dinheiro doados (JB 26.12, GB 27.12, FSP 28.12). A opinião do próprio Brindeiro, os conhecimentos de advogados e a evocação de precedentes compunham um manual de instruções para os fiéis revoltados. Nesse caso, o problema era reunir as provas de que as doações tinham sido feitas, adotando-se o pressuposto de que ocorrera constrangimento ou coação na transação.

Vimos anteriormente como ambas as acusações, estelionato e invalidade de uma doação, motivaram ações na justiça criminal e cível, gerando embates propriamente jurídicos. É muito interessante que tenham sido contestadas também no campo jornalístico. Refiro-me a alguns artigos publicados nos mesmos jornais que, em termos gerais, adotaram a estratégia de criminalização em seus editoriais e reportagens. Evidentemente, houve quem respaldasse essa estratégia.[77] Outros, aliás todos intelectuais acadêmicos, alguns deles com colunas jornalísticas cativas, procuraram dar uma razão aos fiéis da IURD que constituísse uma alternativa às versões correntes nas reportagens e editoriais. Para Araújo, essas pessoas estão na IURD porque melhoram suas vidas e encontram dignidade nos templos (JB 16.01.96).[78] Para Jurandir Freire Costa, o fiel da IURD, ao entregar dinheiro aos pastores, não está "comprando" algo, mas participando em uma "causa" (FSP 21.01.96). E Renato Janine argumenta que essas doações são feitas por pessoas "responsáveis por seus atos", não cabendo "recorrer a um suposto Procon do Além para reclamar de promessas descumpridas" (ESP 06.01.96).[79] Da parte de jornalistas, alguns propõem ser necessário fazer a distinção entre uma "esfera teológica" e uma "esfera jurídica". O princípio é enunciado em um comentário do *ombudsman* da *Folha de São Paulo*, que considera as imagens do vídeo teologicamente devastadoras, mas frágeis criminalmente (FSP 07.08.96). Mas é em outros dois articulistas que essa distinção atingirá suas consequências mais importantes.

M. Beraba (FSP 01.01.96) sugere que são ineptas as acusações de mercantilismo e exploração da fé: "(...) que religião vive sem contribuições? (...) E que religião não explora as carências e a ignorância das pessoas?". As investigações deveriam se ater às suspeitas de

---

77. Além de A. Xexéo, N. Dante (JC 06.01.96) e B. Kloppenburg (JB 01.02.96).
78. Ver também opiniões de Maria das Dores Campos Machado (FSP 26.12.95).
79. "Os fiéis agem na base do 'me engana que eu gosto' e agora se arrependem?", pergunta L. Caversan, um articulista da FSP (28.12.95). Ou seja, a conclusão é a mesma de Janine, mas o argumento joga com um tema evocado comumente com implicações opostas.

contrabando, sonegação, caixa dois, envolvimento com narcotráfico..., e com provas mais consistentes do que as fitas de um ex-pastor. F. Molica (FSP 01.01.96) defende também que as apurações devem se limitar às falcatruas fiscais e outras do mesmo tipo. Antes de chegar aí, porém, apresenta uma espécie de resumo dos "livros escritos pelo bispo Macedo": Deus existe para cumprir as promessas que Jesus teria feito sobre a prosperidade humana e para garantir que seus milagres continuem a se realizar; cabe aos fiéis cobrar essas promessas; a Universal é "um balcão de cobranças que, como tal, cobra um percentual sobre os milagres. Se as graças não vierem, a culpa é de Deus, não da Universal". Fechar a IURD por essa razão seria um "atentado à liberdade religiosa" e uma invasão sobre um terreno interdito, pois "ninguém tem procuração divina para julgar os desvios cometidos por qualquer igreja".

Sem mencionar o termo, o que Molica faz em seu artigo é descrever a IURD segundo algumas das características que ficaram associadas, meses antes, ao "neopentecostalismo".[80] Essa categorização da IURD como representante do "neopentecostalismo" ou como uma "igreja neopentecostal" será ratificada posteriormente várias vezes nas páginas da *Folha de São Paulo*. Significativamente, quase sempre mediada pela colaboração de intelectuais, em textos próprios ou através de entrevistas e referências a pesquisas. Mas ela não está ausente nos textos de jornalistas e nem seu uso revela mudanças importantes de conotação. É o que mostram os textos publicados em um caderno especial, nos quais o "neopentecostalismo" caracteriza igrejas que, ao lado da participação política e do estilo empresarial da atuação, adotam a "teologia da prosperidade" (em resumo, "contribuir com dízimos para receber bênçãos") e "são mais tolerantes em relação a questões comportamentais" (FSP 26.12.99).[81] O que mais importa, no entanto, quando retomamos o artigo de Molica, é que as características do "neopentecostalismo" não servem apenas para descrever a IURD, mas também para invocar em sua proteção o princípio da "liberdade religiosa". Isso é muito interessante, pois, como vimos, a categorização da IURD como "igreja neopentecostal" pela imprensa não afastava originalmente uma lógica condenatória. A questão que fica, então, é a seguinte: o que ocorre quando agora se reconhece estatuto religioso a um tipo de igreja cuja lógica de funcionamento, sem ser juridicamente ilícita, motiva — para voltar aos termos de Beraba — a "exploração das carências e da ignorância das pessoas"?

---

80. Ver entrevista que o mesmo Molica realizou com J. Cabral, apresentado como "teólogo" da IURD, quando cita a "teologia da prosperidade" e lhe pergunta: "É justificável biblicamente anunciar que as graças recebidas serão proporcionais às doações?" (FSP 07.01.96). Molica é quem transcreve alguns trechos de obras de Edir Macedo na reportagem da FSP 17.09.95.
81. Outros textos em que a IURD é associada ao "neopentecostalismo" na FSP: 22.12.96 (quadro de religiões), 01.02.99, em matéria sobre política; 26.12.99, no mesmo caderno especial "Busca pela Fé" (no qual o livro de Mariano é citado várias vezes e constam textos de R. Prandi e A. F. Pierucci). No caso de artigos e entrevistas: Campos Jr, 21.03.96; Sasaki, 13.04.97; Prandi, 27.09.98; Felinto, sobre livro de Prandi, 08.02.98. Na Veja 19.02.97, há uma menção a "seitas neopentecostais", "com destaque para a IURD". E no GB 02.10.97, o termo aparece com um sentido claramente negativo, para nomear grupos interessados em criar animosidades com os católicos por ocasião da última visita do Papa. A reportagem noticia uma reunião entre o arcebispo do Rio e representantes de "igrejas protestantes tradicionais" em oposição a "neopentecostais e adeptos de seitas fundamentalistas". Ver ainda GB 19.12.99, que trata da política evangélica.

Trata-se, é verdade, da opinião de dois ou três articulistas em contraste com os esforços criminalizantes que se tornaram hegemônicos na imprensa. No entanto, há nela também algo que aponta para um traço dominante, se lembramos que desde então os jornalistas, quando voltam a tratar da IURD, tendem a privilegiar os aspectos institucionais ou se aproximam de fiéis e pastores sem tocar na questão das doações. De uma ou outra maneira, às vezes por convicção, mas geralmente por estratégia, a dimensão da relação entre pastores e fiéis que identifica o fulcro da especificidade da IURD sofre um desinvestimento por parte da mídia.[82] Sua maneira de lidar com uma dimensão problemática é evitando-a, o que, *na prática*, lhe garante alguma medida de legitimidade. Ao mesmo tempo, arrefecem as tentativas de se buscar algum critério que consiga negar à IURD seu estatuto de "igreja evangélica", especialmente quando sua presença entre os grandes órgãos de comunicação e a política partidária mostra-se bem consolidada. O que não quer dizer, por outro lado, que se tenha reconhecido nela uma referência em relação a esse segmento religioso. Ou seja, nada disso muda a caracterização da IURD como uma instituição cujas práticas e doutrinas orientam-se por uma lógica mercantil, quer se adote ou não o termo "neopentecostalismo". Inserido nessa configuração, o trabalho jornalístico parece sintetizar os dilemas vividos de maneira mais aguda em outros campos já observados: a IURD, sem ser ilícita, não é exatamente inocente; sem deixar de ser evangélica, não assume as características próprias de uma religião. Assim, não é por mera coincidência que jornalistas e intelectuais compactuem frequentemente dos mesmos interesses e apreensões em relação aos rumos do campo religioso em geral.

Contudo, ocorre ainda algo no campo jornalístico que contribui para amplificar e disseminar esses dilemas. Os jornalistas vêm aplicando a caracterização elaborada para descrever a IURD a outros grupos. É verdade que a IURD foi muitas vezes considerada apenas como o representante mais proeminente de um tipo específico de igreja evangélica. Mas só recentemente outras dessas igrejas passaram a receber alguma atenção particular, tendo confirmadas suas semelhanças com a IURD.[83] O curioso é que as aproximações com outros movimentos religiosos não pararam por aí. Há referências que mostram como elas abrangem a Renovação Carismática Católica (RCC). Uma reportagem da revista *Veja* (08.04.98), após descrever uma

---

82. "Em termos estritamente jurídicos, portanto, talvez seja mais fácil enquadrar o bispo Macedo em crime de sonegação fiscal, do que em outros delitos previstos pelo Código Penal" (JB 27.12.95). Nesse caso, o argumento apela para a estratégia. Em outros, aceita-se, com mais ou menos convicção, a legitimidade dos pedidos de doação: "Todas as instituições religiosas arrecadam dinheiro dos fiéis para sobreviver. Mas é fato comprovado, até em pesquisas acadêmicas, que na hora de pedir dízimo aos fiéis os pastores da Universal são vorazes como abelhas diante de um pote de mel (...). Nada disso, no entanto, é crime." E o jornalista passa a falar dos problemas da IURD com a Receita Federal (Veja 03.11.99). Mesmo argumento em Veja 03.01.96.

83. É o caso da Renascer em Cristo, cf. Veja 20.01.98 e FSP 06.02.99. Fundada em 1986, essa igreja que reúne pouco mais de 200 templos notabilizou-se pela divulgação da "música *gospel*" e por seus investimentos na mídia eletrônica (que a levaram a quase se tornar a proprietária da TV Manchete, em 1997). Mantém também atividades de assistência social. Dados segundo Mariano (1995) e Veja (03.11.99), cuja reportagem a rotula de "uma espécie de versão para classe média da Igreja Universal".

celebração carismática, acrescenta: "Parece um culto evangélico da IURD". Destaca ainda a ênfase sobre a "prosperidade" e o "bem-estar" terrenos na contra-mão do catolicismo tradicional e nota como as declarações de uma liderança carismática "quase parafraseiam Edir Macedo". No caderno especial publicado pela *Folha de São Paulo* (26.12.99), essas aproximações ocorrem em três níveis diferentes. Primeiro, aponta-se que as igrejas pentecostais são reconhecidas pelos próprios dirigentes católicos como uma inspiração para a RCC. Em seguida, nota-se que ambas vêm gerando fenômenos semelhantes, como grandes concentrações, cerimônias espetaculares e religiosos cantores. Por fim, encontra-se uma identidade mais profunda, pois tanto os "neopentecostais" quanto os carismáticos organizam-se segundo "critérios empresariais" e se apresentam como "religiões 'mágicas', emocionais", características que configuram uma "'religiosidade de resultados'".[84]

Essa aproximação entre carismáticos e pentecostais não é uma operação exclusiva da imprensa — trata-se de algo comum aos trabalhos de vários cientistas sociais bem fundamentados para propô-la. Nas reportagens, contudo, ela vem se fazendo em uma única direção. Como se pôde notar, descreve-se os carismáticos católicos *a partir* dos pentecostais evangélicos. Isso significa que se aplica ao catolicismo características forjadas originalmente para dar conta de práticas problemáticas de um ponto de vista tanto jurídico, quanto religioso. Esses problemas, enquanto estiverem circunscritos a um segmento específico do campo religioso, alimentam uma lógica de discriminação. Mas, na medida em que, ao invés de serem dissolvidos ou solucionados, rompem seu lugar de origem, engendra-se uma nova situação. Desde o momento em que aspectos da Igreja Católica e da religião majoritária passam a ser descritos com os mesmos termos que se aplicam à IURD, aquela lógica dificilmente continua plausível. Ao contrário, gera-se a impressão de que *todo* o campo religioso está comprometido por tais problemas, com ritmos e alcances para além dos controles existentes. É em relação a essa situação que o campo jornalístico desempenha o papel simultâneo de revelador e de criador. Nesse sentido, ao mesmo tempo em que pressiona por uma maior regulação do "religioso" (mostrando a facilidade na criação de igrejas, buscando por entidades representativas dos evangélicos, acompanhando investigações oficiais sobre grupos), potencializa um vetor inverso.

* * *

A "mercantilização da fé no Brasil" tornou-se um diagnóstico compartilhado pelas várias personagens que participam da controvérsia acerca da IURD. Aponta para uma espécie de religiosidade que teria assumido o dinheiro como uma dimensão intrínseca, seja de seu funcionamento institucional, seja de sua relação com os fiéis. Em certas abordagens acadêmicas, notamos que essa "mercantilização" é interpretada como evidência de modernização do campo religioso ou como sintoma da secularização da sociedade. "Modernização" e "secularização" apareceriam assim enquanto as etapas mais recentes

---

84.Outro exemplo de aproximação entre a RCC e a IURD pode ser encontrado em FSP 15.12.98.

de uma espécie de "história natural", de validade geral, na qual o Brasil acaba finalmente inserido. Penso, ao contrário, que a existência de uma concordância generalizada a respeito da "mercantilização da fé" expressa, a uma só vez, a perplexidade incômoda diante de tal situação e a ineficiência conjugada de certos dispositivos de regulação. O que se passa com a IURD não é propriamente (ou plenamente) uma legitimação jurídica e teológica; ela sobrevive e se expande nas brechas abertas por dois fracassos, ou seja, pela ausência de condenação legal e pela ausência de exclusão religiosa. É isso que vimos ocorrer no campo jurídico e no campo evangélico. O enfoque com que vários jornalistas e vários intelectuais se aproximam da IURD oscila entre o reforço desses movimentos de condenação e exclusão e a evidência de seu fracasso, ao mesmo tempo em que preserva as bases sobre as quais um e outro se realizam. Enfim, se a maioria concorda que há "mercantilização", isso não demonstra a inserção em tendências "naturais" à trajetória das sociedades modernas, mas identifica a situação determinada pelo funcionamento de certos dispositivos de regulação do religioso em um dado quadro histórico concreto.

A partir disso, configura-se um contraste com a resultante que encontramos na França. O Brasil inicia o século sem conceder ao "religioso" o mesmo tipo de distinção possibilitada na França pela figura da *association cultuelle*; enquanto lá essa figura converte-se hoje em um mecanismo importante na luta contra as "seitas", aqui nem mesmo a pressão da controvérsia acerca da IURD foi suficiente para criar algo semelhante. O que se nota, ao contrário, é que o "religioso" passa a interiorizar feições e lógicas "mercantis". Isso não apenas revela o fracasso dos dispositivos de regulação existentes, mas perverte os princípios da segmentação social. Se o "religioso" pode incorporar traços e lógicas de outros campos sociais, por que o inverso não ocorreria? Mais do que uma virtualidade, trata-se de uma tendência com manifestações bem efetivas. Tomemos o caso da política, esfera na qual aumentam e se consolidam candidaturas e mandatos religiosos, e não mais apenas os evangélicos.[85] Note-se que não se trata da formação de partidos religiosos; fosse essa a situação, dar-se-ia um processo ainda inteligível sob uma lógica que preserva a integridade dos campos sociais: o "religioso" estaria avançando sobre o "político". Trata-se de aglutinações e identidades suprapartidárias, infiltrando marcas e divisões religiosas *no interior* do campo político.

Acredito haver outros exemplos que ratificam a mesma configuração, apontando para tendências mais ou menos novas em diferentes espaços sociais. No campo da mídia, tornou-se evidente, seja no plano da grade de programação, seja no plano do controle de emissoras, um aumento da presença religiosa. Menos notado é o fato de que esse aumento acompanha-se da abertura, por parte de programas de entretenimento ou de debates, a personalidades e temas religiosos. Passemos ao campo da produção musical e observaremos coisa semelhante: não apenas cresceu o segmento da "música religiosa" pela incorporação de estilos e ritmos associados à "música secular", mas também o repertório religioso de cantores populares. Já no meio esportivo, o mesmo processo parece ter ocorrido

---

85. Já se tornaram notórias as mobilizações políticas dos carismáticos (TP, 302, 1998). Freston (1996) aponta para algo semelhante no universo afro-religioso.

dentro de uma ordem temporal invertida — se agora vemos instituições religiosas passarem a controlar ou assessorar equipes esportivas, não é de hoje que os "atletas de Cristo" espalham-se por diversas modalidades, com cada vez menos discrição na demonstração de seus comprometimentos religiosos. E, espécie de emblema geral, os "sem religião" podem estar aumentando nas estatísticas populacionais do IBGE, mas cada vez mais locais públicos se tornam o palco de manifestações religiosas espetaculares.[86] Ou seja, ao passo que na França a controvérsia sobre as "seitas" contribui para reforçar dispositivos que ratificam a distinção entre a "religião" e outros campos sociais, no Brasil a controvérsia acerca da IURD e suas resultantes servem para evidenciar a perversão dos princípios de segmentação que deveriam garantir aquela distinção.

Nesse quadro, o discurso da "liberdade religiosa", que está presente nas intervenções de uma Igreja como a IURD, seja como elemento de reivindicações, seja como fundamento para incursões em vários domínios sociais, comporta uma dupla leitura. Primeiramente, trata-se menos da defesa de um "direito civil" e mais da forma pela qual a IURD procura legitimar suas tentativas de conquistar um maior espaço de influência[87] — o que tem consequência tanto para o lugar da "religião" na sociedade brasileira, quanto para os rumos tomados pelas disputas de hegemonia entre os "evangélicos". Mas, além disso, pode-se dar razão a Pierucci quando sugere que esse discurso da "liberdade religiosa" "termina como o escorpião, dobrado sobre si mesmo e envenenando-se com o próprio rabo" (1996:6). Para ele, o que seria um "direito" acabaria se transformando em "privilégio injustificável" em virtude da "ampliação das atividades sociais das igrejas". O argumento, no entanto, supõe que estejam já definidos os marcos que tornam reconhecível esse extravasamento do domínio próprio às "igrejas". Penso, ao contrário, que "o escorpião pica a própria cauda" porque o mesmo discurso que possibilita incursões e movimentos cujas resultantes pervertem os princípios de segmentação social acaba por justificar o reclame (inclusive o do sociólogo) pelo estabelecimento de *limites* baseados exatamente na categoria "religião". Nesse sentido, a existência da IURD provoca tanto a visibilização do "religioso" quanto a impressão de que ele está "fora do lugar" na sociedade brasileira atual.

---

86. Essas "infiltrações", para aqueles preocupados com as fronteiras, tendem a aparecer como motivo para alarme e preocupação. Ver a relação entre "mercantilização da fé" e "dessecularização da mídia" nos argumentos do articulista Fernando de Barros e Silva (FSP 07.11.99 e 26.12.99), que também chama a atenção para uma recente "espetacularização da religião". Ver também o texto do publicitário Marcelo Pires, incomodado com os "excessos" dos "evangélicos de chuteira" (FSP 26.06.99). Ainda sobre mídia e religião, ver J.O. Borges, "A Nova Igreja e seus padres aromáticos", texto de 05.12.1998 disponível no *site* do Observatório da Imprensa.

87. Isso explica porque o discurso da "liberdade religiosa" assumido pela IURD consegue se conciliar com a condenação de outros grupos e práticas. Não apenas no plano teológico, onde a IURD se junta aos demais que se dedicam a combater as "seitas" através da apologética cristã (Cabral 1980). Também no plano jurídico, pois seus porta-vozes não deixam de contrapô-la a outros grupos e práticas fazendo referência a acusações legais comumente dirigidas à própria IURD (ver Plenitude, 43, 1989; FU 19.01.97, 31.08.97, 18.01.98).

CONSIDERAÇÕES FINAIS

A religião sem limites

Ah! renonce aux vertus, Eugénie! Est-il un seul des sacrifices
qu'on puisse faire à ces fausses divinités, qui vaille une minute
des plaisirs qu'on goûte en les outrageant?

Dolmancé - Sade, *La Philosophie dans le Boudoir*

O propósito destas considerações conclusivas não é produzir uma síntese global, nem tampouco realizar finalmente uma comparação direta entre a realidade francesa e a brasileira. Trata-se de recuperar alguns aspectos já extensamente trabalhados, de retomar discussões iniciadas anteriormente, de explicitar alguns desdobramentos que me parecem dignos de destaque. Inicio aprofundando a problematização das relações entre modernidade e religião, na mesma direção sugerida na introdução do trabalho. Em seguida, colocando lado a lado certas dimensões das situações na França e no Brasil, procuro deixar mais nítidas as configurações resultantes em um e outro caso. Por fim, invisto sobre a questão da inserção dos cientistas sociais nas controvérsias, o que me leva a pensar nas implicações de minha análise para a realidade que se tornou seu objeto. Essas três breves discussões estão articuladas por uma idéia: a das feições e efeitos da constituição do "religioso" como esfera específica nas sociedades modernas.

1. Modernidade: a sociedade contra a religião

O prestígio das teses da "secularização" parece ter se acompanhado da idéia ou da impressão de que religião e modernidade são essencialmente opostas. Devido a isso, a modernidade tende a ser vista como um período ou como um imperativo de limitação da religião, cujo auge encontraremos outrora ou alhures. Em reação a essa percepção, gostaria de insistir nas relações intrínsecas entre modernidade (tomada enquanto princípio de estruturação social) e religião (considerada enquanto categoria social), ressituando sua oposição como um produto mesmo dessas relações. Para fazê-lo, elaboro um comentário sobre outro dos elementos axiais do paradigma da secularização, a idéia de diferenciação estrutural da sociedade (Wilson 1985, 1987; Tschannen 1992; Dobbelaere 1981; Casanova

413

1994; Hervieu-Léger 1985, 1986, 1999b; Beyer 1998; Martin 1978). Conforme essa idéia, na modernidade, a sociedade se organiza em esferas delimitadas umas em relação às demais, que assumem assim conformações homólogas; além disso, cada uma dessas esferas desempenha funções sociais específicas, que estabelecem universos autônomos de regras e exigências. A constatação de que algumas dessas esferas são mais importantes do que outras — configurando a subordinação da religião — deriva de uma hegemonia topográfica, e por isso não invalida a homologia e a autonomia que caracterizam o sistema em cada uma de suas unidades. No entanto, se retomamos idéias e realidades em função das quais foi se definindo o estatuto da religião na modernidade, notamos que seu reconhecimento enquanto esfera específica está, ao contrário, associado a uma *recusa* de sua homologia e autonomia.

Um dos traços cruciais da trajetória da "religião" enquanto categoria são os movimentos que, a partir do séc.XVI europeu, conjugam e compatibilizam defesas e críticas. De fato, o estatuto conferido à "religião" acumula maiores dívidas com tentativas de reforma do que com ataques de pretensões aniquiladoras. Fala-se do séc. XVIII, por conta especialmente de obras do séc. XVII, como uma época de pensadores "ateus" e "indiferentes" — boa parte dos quais, porém, dedicou-se a mostrar a validade ou a utilidade da "religião" (Gusdorf 1972:56). Hobbes e Espinoza escreveram "tratados teológico-políticos" (Strauss 1980), baseados em interpretações bíblicas. Leibniz ambiciona atingir uma espécie de linguagem que possibilite um ecumenismo religioso (Toulmin 1990). Depois de Locke, Rousseau e Kant propõem suas versões esclarecidas e razoáveis do cristianismo (Lagrée 1991). E se observamos os dois movimentos constituidores das modernas repúblicas, as revoluções francesa e americana, o resultado não é diferente. Madison e Jefferson defendem o "não estabelecimento", entre outras causas, porque do contrário a "religião" se corromperia (Thiemann 1996). Na França, a assembléia constituinte que desmantelou a Igreja Católica o fez pretendendo "reformar a religião" (Langlois 1989).

A conjunção entre crítica e defesa da "religião" revela e produz uma forma específica de considerá-la, a saber, por sua relação com nossos atos (Thierry 1997:53). Daí seu vinculo imediato com a "moral", tema fundamental desde pelo menos o séc.XVIII nas reflexões sobre as bases da estabilidade social. São os efeitos morais que estão no fulcro dos cristianismos defendidos por Locke, Rousseau e Kant (Lagrée 1991). Montesquieu transformou essa relação em tema de investigação, perguntando-se sobre a influência das "religiões" sobre a organização política de um povo (Despland 1979; Markovits 1993). E ela atinge, novamente em Rousseau, um estatuto propositivo. Como se sabe, o *Contrato Social* (1762) dedica seu penúltimo capítulo à justificativa de uma "religião civil" (Rousseau 1973). Não se trata, no entanto, de uma "religião nacional", pois Rousseau não quer deixar seu Estado à mercê dos perigos de uma teocracia, ou seja, o de promover uma falsa religião e o de ser persecutória (:147). Ao contrário, seu projeto preza a necessidade de tolerância: "deve-se tolerar todas aquelas [religiões] que toleram as demais, contanto que seus dogmas em nada contrariem os deveres do cidadão" (:151). Na medida em que tratem do destino da alma no outro mundo, isso, afirma Rousseau, não interessa ao soberano. O que lhe importa é que os súditos sejam "bons cidadãos nesta vida"; o problema que a "religião civil" vem resolver é o de como garantir o "amor às leis" (:149).[1]

As elaborações intelectuais com que culmina o séc.XVIII reservam à "religião" um duplo lugar, através do qual se afirma um vínculo com o Estado. Lembremos de Bayle e Locke e da tradição de elogio à tolerância que representam, cujas defesas da religião fundamentam-se nos "direitos da consciência" e no caráter "voluntário" de filiações e organizações confessionais. Nesse caso, a "religião" não pode mais exigir um "conformismo" geral; mas, por outro lado, a "liberdade" de que goza, como vimos, estará sempre sujeita aos limites postos por uma instância geral, identificada ao Estado. Ao mesmo tempo, a "religião" revela-se como algo que pode ser útil ao Estado. Útil não pelo que pode ter de verdade, em termos de seu conteúdo doutrinário, mas por suas injunções morais. Como sugere Thierry (1997:54), diante da ilegitimidade da força e das suspeitas sobre as capacidades da razão, a religião, admirada por sua potência de engajamento, representou frequentemente a solução para a questão da adesão às leis, fundamental para a constituição do Estado moderno. Percebemos que em ambas as situações o problema da verdade da religião, considerada em seu conteúdo, é posto em suspensão, transferido em um caso para as consciências e decisões individuais, deslocado no outro por uma lógica funcional.

Isso não impediu que as divisões confessionais resultantes da Reforma protestante se sustentassem em defesas firmes e mesmo intransigentes de doutrinas teológicas ou que vários Estados tenham investido na uniformidade religiosa como garantia de unidade nacional. Ocorre que, nesse quadro, as verdades religiosas assumirão o emblema da discórdia: não é possível defendê-las ou promovê-las sem semear o conflito. Levando em conta essa situação, Toulmin (1990) propõe que ela constitui exatamente o contexto que tornou plausível a demanda por outras formas de encontrar a verdade. Estaria aí, segundo ele, o impulso tanto para a elaboração quanto para a recepção das filosofias de Newton, Descartes e Leibniz, filosofias que definem a própria modernidade. Newton, ao apontar uma realidade uniforme e atemporal, Descartes, ao propor um método racional e de validade geral, e Leibniz, ao formular uma linguagem universal, estariam oferecendo um novo tipo de verdade e novos modos de acessá-la. Pode-se afirmar que parte da "evidência" dessas novas elaborações reside na circunstância de oferecerem uma alternativa a verdades conflituais, como se tinham tornado as baseadas na "religião". O fato de que

---

1. O projeto que deu origem à Declaração Universal de 1789 demonstra bem que não se tratava de questão restrita à reflexão filosófica. Um de seus artigos estabelecia o seguinte: "Não podendo a lei atingir os delitos secretos, cabe à religião e à moral complementá-la. É portanto essencial, para a própria boa ordem da sociedade, que uma e outra sejam respeitadas". A proposição não passou ao texto final, mas seus fundamentos permaneceram inquestionados nos debates. Mirabeau destacou-se com o argumento decisivo: sendo o respeito da religião um dever, por que fazê-lo constar de uma declaração de direitos? (Langlois 1989:475-6). Deve-se a Voltaire a formulação mais lapidar desse princípio: "desejo que meu procurador, meu alfaiate, meus empregados e minha própria mulher creiam em Deus e quero imaginar que serei menos roubado e menos traído" (*apud* Lagrée 1991:65).

filósofos e cientistas do séc.XVII tenham construído suas teorias e demonstrações como "teologias seculares" — o que permite considerá-las enquanto reformulações dos princípios que definem os atributos divinos (Funkenstein 1986) — comprova uma vez mais que defesa e crítica da religião estavam então longe de serem incompatíveis.

Não mais se precisa, portanto, tomar a "religião" pelo que revela sobre a verdade. Esse princípio, ponto de chegada de reflexões políticas, seria confirmado a partir de preocupações mais especulativas, que envolvem exatamente a conversão da "religião" em objeto passível de ser analisado pelos métodos e postulados derivados das filosofias do séc.XVII. Ao final do séc.XVIII, vários pensadores propunham "explicações da religião", definindo-a como produto de certas determinações. Retomo agora outro tema já evocado na introdução deste trabalho, apontando para certos efeitos dessas tentativas de "explicação" a partir de suas duas principais correntes. Na Inglaterra, entre os sécs.XVII e XVIII destacam-se vários deístas que, considerando o teísmo uma espécie de religião original, se dedicam a apontar o que seriam as causas da sua degeneração (Harrison 1990). No continente, proliferam os estudos sobre o "paganismo", que tomam novo rumo com a recusa de interpretações demonológicas e se valem de uma conformidade estabelecida entre as religiões da antiguidade e as devoções encontradas entre os selvagens contemporâneos (Iacono 1992; Manuel 1959). *The Natural History of Religion* (1757), de David Hume, e *Le culte des dieux fétiches* (1760), de Charles de Brosses, representam momentos cruciais no interior de cada uma dessas duas correntes.

Hume inicia seu livro anunciando uma profissão de fé teísta.[2] À diferença de seus antecessores, porém, sua investigação das origens não consegue descobrir nelas nenhum "teísmo genuíno", radicalizando posições precedentes que aproximavam os primórdios da religião e o momento da sua corrupção. Para Hume, a religião nasceu sob a forma do politeísmo, como estaria a mostrar toda a história da humanidade e a vida dos povos selvagens. O argumento principal para tal afirmação, no entanto, não é histórico ou etnográfico, mas deriva de uma análise da crença como um "problema epistemológico". O politeísmo é a expressão de uma forma grosseira de experiência (Iacono 1992: 38); resulta das projeções e do terror supersticioso de indivíduos vivendo na ignorância das causas naturais e dominados por uma ansiedade quanto ao seu futuro e que, por isso, são obrigados a recorrer a poderes invisíveis. Depois do politeísmo, a religião torna-se monoteísta, mas de tal forma a guardar os mesmos fundamentos, não racionais, para a crença. Portanto, todas as religiões existentes poderiam ser explicadas a partir daquelas motivações originais (Manuel 1959; Harrison 1990; Iacono 1992).

Brosses pretende elucidar os cultos egípcios antigos à luz de uma teoria que monta a partir de relatos de viagem sobre sociedades da África negra; teoria que, na verdade,

---

2. "Toda a natureza testemunha um autor inteligente; e nenhum pesquisador racional pode, após séria reflexão, suspender sua crença sequer um momento a propósito dos princípios primários do Teísmo e da Religião genuínos" (Hume 1978:21). Hume ainda escreveu *Dialogues concerning Natural Religion* (publicada postumamente em 1779), propondo uma defesa filosófica da religião (Momigliano 1987:383).

"estende a todos os povos 'selvagens' contemporâneos e a todos os povos antigos" (Iacono 1992:42). Comungando-os, uma mesma crença, ou seja, a divinização de objetos e animais, coisa que corresponderia ao grau mais baixo de abstração de que seria capaz a mente humana (Manuel 1959; Iacono 1992). Ao excluir dela os judeus antigos, Brosses procura conciliar sua teoria com a narrativa bíblica; além disso, postula claramente um raciocínio evolucionista que levaria a humanidade do "fetichismo" ao "monoteísmo abstrato", não sem antes passar por um "politeísmo antropomórfico". Ao confinar a noção de "fetichismo" a um certo estágio e situação da humanidade, Brosses diferencia-se de Hume. E, no entanto, a visão que ambos possuem acerca da relação dos homens com a natureza é semelhante. O "fetichismo" deriva do pensamento de "homens grosseiros", incapazes de contemplar as relações de causa e efeito que regem a natureza, levados, assim, a reações puramente emocionais diante de um ambiente ameaçador, que os aterroriza. Trata-se, segundo Iacono (1991:62), de uma simbolização doentia, que resulta na projeção de atributos humanos às coisas e, com isso, deforma os fenômenos da natureza.

Nem Hume, nem Brosses pretenderam elaborar uma crítica da religião em geral. Porém, a forma pela qual explicam o "politeísmo", num caso, e o "fetichismo", no outro, recorre a uma instância que, ao se distinguir do domínio em relação ao qual a religião se refere, pode servir a um tal tipo de crítica. Em ambos, essa nova instância é a natureza. O que a caracteriza é sua autonomia, ao menos em termos de seu funcionamento, quanto aos poderes humanos e sobrehumanos. A criação de deuses ou a divinização de seres constitui triplamente um erro, em relação a Deus, ao homem e à natureza. Hume e Brosses, portanto, revelam essa nova e poderosa instância, a partir da qual outros, seus contemporâneos, ensaiarão uma denúncia geral e irrestrita da "religião". Certamente o mais ilustre entre eles é D'Holbach, que, em textos publicados entre 1767 e 1772, desmascara os deuses como mero produto da imaginação e como causa da depravação e anseia que o conhecimento adequado da natureza alivie a miséria humana (Manuel 1959; Despland 1979).

B. Latour (1996) aponta no anti-fetichismo exatamente uma das marcas da modernidade, que se vale da noção de "crença" para caracterizar e criticar os não-modernos. Com tal noção, segundo Latour, efetua-se uma dupla denúncia. "Crêem", por um lado, aqueles que ignoram ou dissimulam o trabalho humano, ocultando-o sob poderes invisíveis. Negam, assim, um dos atributos essenciais creditados pela modernidade ao homem, a autonomia que lhe possibilita agir sobre o mundo e acima de tudo organizar sociedades. E "crêem", por outro lado, aqueles que pervertem o funcionamento da natureza, retirando-lhe a objetividade que a caracteriza. Também negam, portanto, as determinações que cercam a ação de coisas e seres, através de causas que cabe à ciência desvelar. Desta maneira, os modernos, frente aos adoradores de fetiches, acusam-nos de humanizar a natureza e naturalizar a humanidade, burlando os atributos de uma e de outra. Se devemos a Brosses a elaboração original do conceito de "fetichismo", é exatamente a noção de "crença" que serve a Hume para formular a definição mais geral para o objeto de sua "história natural da religião": "a crença em um poder invisível, inteligente" (1978:21).

Encontraríamos por essa via um dos traços centrais da modernidade: a oposição entre seres humanos atribuídos da autonomia necessária para construir uma sociedade e uma natureza dominada por princípios próprios de constituição que a tornam transcendente, quadro em relação ao qual Deus ou a religião aparecem como totalmente dispensáveis (Dumont 1985b). Isso não quer dizer que essa atribuição de características esteja imune a inversões. Ao contrário, os modernos nunca pararam de mobilizar a natureza e de coisificar a sociedade (Latour 1994); a estabilidade e a hieraquia do mundo natural inspiraram constantemente o reconhecimento dos mesmos ideais no mundo social (Toulmin 1990), assim como a linguagem mais adequada para tratar da natureza derivaria de construções arbitrárias (Funkestein 1986). E, nesse caso, Deus ou a religião não estão completamente ausentes: se o conhecimento humano da natureza cria aquilo que perscruta, é porque imita o conhecimento divino; a religião pode ser útil para garantir a transcendência da sociedade. Mesmo assim, a "constituição dos modernos" estabelece que "ainda que sejamos nós que construímos a natureza, ela funciona como se nós não a construíssemos" e que "ainda que não sejamos nós que construímos a sociedade, ela funciona como se nós a construíssemos" (Latour 1994:37). Da mesma forma, a modernidade insiste em situar sua origem na dicotomia cartesiana entre uma natureza inerte e uma humanidade racional (Toulmin 1990) e em afirmar a auto-suficiência mecânica do mundo e a autonomia criadora da humanidade (Funkestein 1986).

Nessa configuração, o estatuto da "religião" reflete e ao mesmo tempo cauciona a "constituição moderna". Pode-se então dizer que, ao contrário do que enuncia a tese da secularização, a "religião" não identifica, na sociedade moderna, uma esfera como outra qualquer. Se ela se define pela crença em poderes invisíveis ou sobrenaturais — e esta formulação, ou qualquer coisa que o valha, constitui uma das exigências do paradigma da secularização (Dobbelaere 1981; Wilson 1987) —, relativiza duas instâncias eleitas pela modernidade como essenciais: a objetividade da natureza e a autonomia da humanidade. Enquanto tal, ela não pode nos oferecer nem a verdade real, que depende do reconhecimento das determinações estabelecidas pela natureza, nem a boa convenção, que deriva da afirmação do poder da autonomia humana.[3]

O mesmo se aplica ao outro dos pressupostos da tese da secularização, o que sustenta a independência da esfera religiosa em relação às demais esferas que formam uma sociedade moderna. Ao contrário, a "religião" é definida pela e para a sociedade moderna, e

---

3. Nesse quadro, estabelecem-se as condições de possibilidade para "religiões individualistas", "cultos do eu no templo da razão" (Duarte 1983). Mas também para os cultos da natureza — coisa que foi institucionalizada em determinado momento da revolução francesa, e mantida, ao lado da consagração da pátria, pelos teofilantropos (Lagrée 1991) e na obra contemporânea de Charles Dupuis (Manuel 1957). Jacob (1992) aponta para uma "nova religiosidade do séc.XVIII", na qual podemos perceber a referência aos dois ideais modernos. Estes estão representados, de um lado, pelos unitarianistas, e sua reverência à natureza, e, de outro, pelos maçons, que formavam sociedades constitucionais auto-governadas. Jacob chama a atenção para a compatibilidade entre essa nova religiosidade e uma "nova esfera pública secular" então em construção. Ou seja, a modernidade amparou um certo tipo de religiosidade, não necessariamente individualista.

seu reconhecimento — pelo qual se afirma um espaço de relativa autonomia — está necessariamente vinculado à sua neutralização. Tal configuração, ao articular reconhecimento e neutralização, lembra as características que Pierre Clastres (1978) atribui ao exercício da chefia em certas sociedades indígenas. Clastres parte do modelo levi-straussiano que vê nas trocas de mulheres, bens e palavras os fundamentos de toda sociedade. Segundo sua análise, o que caracteriza a relação dos chefes indígenas nas terras baixas da América do Sul com os seus grupos é a ausência de troca real — não há reciprocidade entre o privilégio de poligamia do chefe e seus deveres de generosidade material e de oratória. Portanto, ao manter uma relação negativa com os elementos cuja troca funda a própria sociedade, o poder dos chefes indígenas instaura-se como algo exterior e fica destituído de caráter coercitivo.

Parece-me que o modo pelo qual a modernidade define o lugar da "religião" institui igualmente uma relação negativa com a sociedade. Como vimos, à "religião" foram reconhecidas duas funções distintas, em ambos os casos vinculadas estreitamente com a presença do Estado. Em cada uma delas, no entanto, pode-se tomar as atribuições de que goza a "religião" como privilégios em relação aos fundamentos sobre os quais pretendem se construir as sociedades modernas. De um lado, considerando que essas sociedades depositam na ciência a responsabilidade de revelar as verdades reais, é sempre sob a marca da concessão que se admite que a "religião" — desobrigada quanto à verdade de suas afirmações — possa constituir a "opinião" de indivíduos e grupos particulares. De outro lado, tratando-se de uma sociedade cujas leis têm como ideal ou procuram se legitimar sobre o valor da auto-determinação, a "moral" que a "religião" — a partir de pressupostos que minam a autonomia humana — oferece em apoio a tal organização política corre sempre o risco de ser descartada.[4] Ou seja, a sociedade moderna permite à "religião" gozar de uma isenção quanto aos seus próprios fundamentos, sem jamais, entretanto, dela depender (embora possa dela precisar), colocando-a desse modo na posição de uma privilegiada. Podemos dizer, então, que assim como a sociedade "contra o Estado" procura instituir e anular o poder da chefia, a "religião", na sociedade "a favor do Estado", constitui-se a partir de dispositivos simultâneos de reconhecimento e de neutralização.

O princípio da "liberdade religiosa" identifica um dos produtos desse arranjo. Se aparenta ser a sua negação, é porque o reconhecimento conferido à "religião" contorna a questão da sua verdade. Isso não impede que toda reivindicação por "liberdade", emitida em nome de grupos ou práticas que se identificam como "religiosas", evoque automaticamente, em sua recepção pelas instâncias com a capacidade de reconhecê-la, a necessidade de "limites" ou a avaliação de uma "utilidade". Do ponto de vista dessas instâncias, é sempre possível justificar suas precauções apelando para princípios genéricos, mantendo

---

4. "Com ou sem referência a Deus, é a organização jurídica, apoiada pelo aparelho repressivo, que permite às sociedades se manter" (Gusdorf 1972: 50). Um dos temas do artigo de Beyer (1998) é exatamente a fragilização da religião em função da perda de importância da dimensão moral para o Estado moderno.

a ficção da "liberdade" quanto ao aspecto "religioso propriamente dito". Do ponto de vista dos grupos e agentes que reclamam por "liberdade", suscita-se uma contradição: quando acreditam na promessa de que suas devoções desfrutam da prerrogativa de total arbitrariedade, deparam-se logo com uma série de restrições invocadas em nome da "ciência" ou da "ordem pública". O que procurei fazer ao longo deste trabalho foi justamente não identificar a análise com uma ou outra dessas posições sociais, tornando possível objetivar os mecanismos de *regulação* que estão associados com a constituição da "religião" como uma esfera em uma sociedade moderna. Essa perspectiva propiciou também uma problematização da própria noção de "liberdade religiosa", de modo a captar seu sentido original e suas metamorfoses mais recentes em certos contextos nacionais.

2. Brasil e França: a "religião" dos dois lados do Atlântico

As situações que acompanhamos na França e no Brasil podem ser sintetizadas como duas formas, em muitos aspectos opostas, de reconhecimento da "religião" como uma esfera social específica. Na França, esse reconhecimento assume novas evidências e feições no contexto das controvérsias recentes sobre as "seitas". Termo de acusação, que coletiviza a partir de casos, as "seitas" mobilizam um dispositivo com impressionante poder de envolvimento. Seu funcionamento, como vimos, repousa na apresentação de "vítimas" das atividades de grupos, os quais são desse modo publicamente denunciados como nocivos aos indivíduos e à sociedade. As evidências e os canais acionados nas acusações são de vários tipos, mas os testemunhos de ex-adeptos (que conjugam a experiência do passado com a lucidez do presente) ocupam quase sempre um lugar central; quanto aos grupos denunciados, não podem recorrer senão a apoios externos, que sirvam para atestar uma certa inserção social que lhes confira legitimidade. A configuração resultante lembra aquela que se forma em torno de acusações de feitiçaria e bruxaria estudadas por antropólogos. Não apenas as palavras tornam-se armas em uma batalha feita de discursos, como instaura-se uma lógica capaz de abarcar e situar todos os agentes em função de seus posicionamentos "a favor" ou "contra" as "seitas". Por isso, a controvérsia sobre as "seitas" não envolve somente grupos acusados e delatores, mas uma série (virtualmente infinita) de outras personagens, inclusive aparatos estatais e representantes de grupos religiosos tradicionais.

Os mecanismos e os argumentos que caracterizam o dispositivo de produção das "seitas", no entanto, não se orientam nem por uma lógica jurídica, nem por uma lógica religiosa. Isso não quer dizer que a interpretação e aplicação de leis e que avaliações religiosas não constituam campos e instrumentos de lances importantes e até decisivos em tentativas de condenação de grupos. Vimos que a categoria "seitas", mesmo sem ganhar estatuto jurídico, incorpora-se ao discurso legal de advogados e juízes e passa a descrever as atribuições de certos aparatos estatais. Vimos também como os pronunciamentos e as reflexões de representantes católicos e protestantes assumem, quanto às "seitas", a caracterização mais geral associada à categoria. Não há dúvidas, portanto, que essa categoria infiltrou-se tanto no funcionamento dos dispositivos jurídicos quanto nas dinâmicas de auto-regulação do campo religioso. Resta que o mecanismo que movimenta as acusações fundamentadas na noção de "seitas" assenta-se principalmente sobre o trabalho de associações não estatais e não-religiosas, como é o caso da UNADFI e do CCMM. Além disso, o argumento central que as acompanha evoca o princípio da autonomia individual, cuja perversão identifica o fulcro da nocividade atribuída às "seitas". Espécie de pressuposto social, esse princípio necessariamente extrapola seja o campo coberto por leis específicas, seja a preocupação pastoral das igrejas tradicionais, servindo assim de referência para um e outra.

Assiste-se nos últimos anos à consolidação da condenação às "seitas" na França, impulsionada sobretudo pelas atividades parlamentares (duas CPIs, diversas propostas legislativas) e pelos compromissos assumidos por autoridades administrativas graduadas (criação de instâncias de coordenação, maior envolvimento de diversos serviços ministeriais). Embora não se deva eludir as tensões, hesitações e precauções que a acompanham, a conversão do "combate às seitas" em política oficial do Estado francês é inegável. Os resultados a que tem levado esse combate, que se traduz na inserção de aparatos estatais em um dispositivo que conta com outras peças e agentes, são interessantes. A julgar pelas avaliações das próprias associações anti-seitas, de relatórios parlamentares e governamentais, as "seitas" continuam a agir sob múltiplos disfarces e artifícios, evidenciando poucos sinais de arrefecimento. Isso permite dizer que, por enquanto ao menos, o combate não resulta na eliminação das "seitas", mas no seu reconhecimento — em dois sentidos, propiciando instrumentos que permitam a um só tempo detectar e produzir as "seitas". Em um terceiro sentido, porém, não há reconhecimento, o que significa que de certo modo as "seitas" têm sido efetivamente eliminadas. Refiro-me ao fato de que essa categoria designa um não lugar na sociedade francesa. Não somente porque ela não se tornou uma identidade assumida (a "seita" é sempre o outro), mas também porque mantém uma inserção totalmente negativa em relação a diversos campos sociais. Daí a advertência de que "as seitas podem estar por todas as partes" e a mobilização das instâncias responsáveis pela regulação desses campos no sentido de evitar a "infiltração das seitas".

No Brasil, uma controvérsia estabelece-se em torno da Igreja Universal do Reino de Deus, um grupo cuja capacidade de inovações desconcertantes não é posta em dúvida por ninguém. Vimos como seus porta-vozes anunciam a proposta da Igreja como uma "nova reforma". Outros já chamaram a atenção para o fato de que as práticas e discursos da IURD consideram outras tradições religiosas como alvo de uma "guerra espiritual" e como fonte de elementos rituais (Almeida 1996; Sanchis 1997), o que a torna protagonista de uma espécie de sincretismo conflitivo. Em outro plano, como se depreende das análises anteriores, a IURD é, ao mesmo tempo, baluarte de reclames que denunciam restrições à "liberdade religiosa" e liderança em iniciativas que buscam evidenciar a "utilidade pública" da religião. Apesar de envolver diretamente apenas o grupo, a controvérsia sobre a IURD não deixou de produzir ou evocar categorias coletivas —

"neopentecostalismo" e "evangélicos" são as principais delas. Por outro lado, a referência a categorias religiosas não deve nos iludir quanto à natureza das acusações que atingem a IURD. Vimos como, no caso das relações entre a igreja e seus fiéis, é a questão do dinheiro que desempenha papel crucial, revestindo-se de conotações associadas também ao princípio da autonomia individual e tornando-se o foco de reações diversas.

Ao invés de um dispositivo único, o que encontramos na controvérsia sobre a IURD são tentativas paralelas e igualmente mal-sucedidas de exclusão. No campo jurídico, as acusações concentram-se na figura do estelionato, de um modo que converte a própria doutrina da Igreja em ardil para a obtenção de dinheiro de fiéis pouco esclarecidos. Não se trata apenas ou propriamente do curandeirismo/ charlatanismo locupletado por práticas de periculosidade geral, nem de atender à reivindicação de fiéis específicos que lamentam promessas não cumpridas. Agora o problema — que deveria levar à sua exclusão do universo religioso — é a existência mesma de um grupo cuja doutrina é caracterizada pelo lugar intrínseco que concede ao dinheiro em relações espirituais. A condenação na Justiça, no entanto, nunca foi obtida. No campo evangélico, assistimos ao longo da década de 1990 o surgimento de organizações com a pretensão de representar e orientar um conjunto de grupos, práticas e posturas. Seria interessante resgatar o contexto e as condições em que esforços semelhantes foram empreendidos em passado mais remoto. O fato é que no final da década de 1980 o crescimento evidente do número de instituições e de adeptos acompanhava-se da ausência de organizações com capacidade de normatização. Em 1995, a AEvB, sentindo-se consolidada, propõe a exclusão da IURD dentre os "evangélicos", recusando genuidade protestante a suas doutrinas e rituais. O resultado, como vimos, não apenas revela o fracasso dessa tentativa, como deixa os "evangélicos" aos cuidados de porta-vozes pouco interessados em sua representatividade.

As consequências dessa dupla falta de êxito ficarão mais claras diante do contraponto oferecido pelo campo mediúnico. O "espiritismo" foi criminalizado no Código Penal de 1890 pela sua associação com práticas charlatanescas e curandeirísticas, o que justificou ações repressivas recorrentes por parte de autoridades policiais e sanitárias, dirigidas tanto a grupos de referência kardecista quanto a grupos de raízes africanas. Ao final da primeira metade do século seguinte, com qual quadro nos deparamos? De um lado, acumularam-se argumentos jurídicos capazes de justificar que práticas terapêuticas, quando encenadas em certas condições, continuavam "religiosas". De outro, o protagonismo de organizações que reuniam em si as pretensões de representar e normatizar as instituições "espíritas", o que ao mesmo tempo lhes rendeu alianças com aparatos repressivos e lhes exigiu certos ajustes em suas práticas. Em suma, a afirmação do "espiritismo" — enquanto categoria à qual poderiam se vincular diversos grupos e práticas mediúnicas, mas agora distinguidos por seus intuitos e configurações rituais — veio acompanhada de sua chancela legal e da consolidação de entidades normatizadoras (Giumbelli 1997).

A IURD, ao contrário, mantém-se e expande-se sem obter propriamente uma legitimidade jurídica (a absolvição, como vimos, não lhe tira a culpa) e sem respeitar os critérios que, da perspectiva de uma entidade normatizadora, garantiriam sua autenticidade "evangélica". Prefere, ao invés de transformar significativamente seus rituais e doutrinas, alcançar uma legitimidade "fora dos templos" e desse modo conquistar protagonismo entre os evangélicos. A persistência de uma "igreja" sem legitimação ou normatização "religiosa" reflete-se tanto nas terminologias paradoxais dos intelectuais sobre o protestantismo brasileiro, quanto nas condenações sem poder de injunção tantas vezes observadas na cobertura das atividades da IURD por parte dos órgãos de mídia.

Notamos como o termo "neopentecostalismo", sem ganhar unanimidade, destacou-se entre outros para tipificar a religiosidade da IURD. Sua caracterização, entre os intelectuais ou na mídia, é essencialmente contraditória: reconhece uma ligação genealógica com o protestantismo, apelando porém para princípios que parecem negá-lo. Aponta, de todo modo, para um desejo de singularizar certos grupos, práticas ou doutrinas em relação aos demais segmentos religiosos. Possui, nesse sentido, uma semelhança com a categoria "baixo espiritismo" — se quisermos prosseguir com o contraponto do campo mediúnico. Ambas mantêm referência a universos religiosos e ambas servem para destacar práticas problemáticas do ponto de vista de aparatos estatais e instâncias religiosas. Ocorre que, à diferença do "baixo espiritismo", que se cristalizou como termo de acusação, "neopentecostalismo", como vimos, foi assumido pelos porta-vozes da IURD e, por essa via, plenamente compatibilizado com sua inserção entre os "evangélicos". Assim, se a construção da categoria "neopentecostalismo" possui traços que a aparentam à produção das "seitas" na França, a ambiguidade que caracteriza sua relação com o "religioso" aponta para uma outra configuração. O que acontece no Brasil é que os "neopentecostais", mesmo possuindo características que os afastam da "religião", acabam inseridos no mesmo espaço social que esta categoria designa. Daí o que chamei de perversão do princípio da segmentação social, cujo resultado mais imediato é a produção de "híbridos sociais". Enquanto que aqui esses "híbridos" tendem a proliferar, lá o combate às "seitas" procura exatamente conjurá-los.

Feitos esses contrastes, vejamos enfim como nos dois países os resultados da controvérsia associam-se ao reconhecimento do "religioso" como uma esfera social. Procurei mostrar de que maneira na França esse reconhecimento passa por canais legais, enfocando tanto as tentativas de certos grupos em busca de legitimidade, quanto as respostas que demandam por parte de autoridades, como um revelador. Primeiro, de certos arranjos que estruturam o campo religioso francês, intimamente associados ao modo como o Estado historicamente empreendeu sua política religiosa. Em seguida, dos vários mecanismos através dos quais se estabelece um reconhecimento oficial de grupos e práticas religiosos, que envolvem até a explicitação de uma definição jurídica de "religião". Além de reveladora, a controvérsia sobre as seitas vem contribuindo para reforçar a possibilidade desse reconhecimento. De um lado, porque estimula a coordenação dos mecanismos existentes; de outro, porque, justamente ao escancarar certas contradições, oportuniza reflexões e propostas no sentido de superá-las através de fórmulas que, apesar de suas dissemelhanças, concordam em conferir ao Estado a competência para autenticar o religioso e garantir sua especificidade enquanto esfera social.

No Brasil, as definições que acompanharam o desenrolar das discussões sobre a "liberdade religiosa" no início da República resultaram em um arranjo que não singulariza juridicamente as "associações religiosas". Nada indica que agora, mesmo com toda a controvérsia levantada pela IURD, algo nesse sentido se instaure.[5] A ausência de uma singularização jurídica, porém, não significa que o "religioso" não seja concebido como uma esfera específica em relação a outras. Significa, sim, que se manteve um arranjo que favoreceu a possibilidade de "colaborações", sempre justificadas em termos mais genéricos, entre grupos religiosos e aparatos estatais. Mas não que inexistisse uma série de mecanismos, de várias naturezas, os quais propiciariam em caso de necessidade a reafirmação dos limites definidores da especificidade do "religioso".[6] O caso da IURD é especialmente valioso porque suas doutrinas e práticas parecem não respeitar nem mesmo a única restrição estabelecida para a própria constituição dos coletivos religiosos: o desinteresse e os objetivos não lucrativos. A partir disso, a configuração resultante das reações à IURD só pode ser entendida a partir do acionamento de certos daqueles mecanismos. Como revela a análise do argumento de autoridades judiciárias e de dirigentes de entidades evangélicas, o que procuraram fazer no interior de seus respectivos campos foi exatamente estipular definições para práticas e doutrinas legitimamente religiosas. Se o "religioso" agora parece "mercantilizado" é porque esses mecanismos falharam em seus propósitos.

Podemos supor que nem a conjuração, nem a proliferação de "híbridos sociais" que ocorrem em uma e outra sociedade jamais sejam totais ou perfeitas — e mesmo que realidades semelhantes, que colocam desafios e questionamentos para as segmentações que caracterizam a modernidade, se escondem sob aquilo que é interdito de modo "cartesiano" na França e aquilo que flui de modo "selvagem" no Brasil. Afinal, ambos os resultados não estão dissociados da produção de certos incômodos, que funcionam como vetores subordinados no interior de cada configuração e que, ironicamente, contribuem para aproximá-las. Assim, na França, o reforço aos mecanismos de reconhecimento oficial do religioso, ao aprofundar a distância entre os grupos reconhecidos e os demais, suscita tanto reações contrárias que invocam o princípio da "laicidade", quanto queixas sobre limites e arbitrariedades opostos ao exercício do direito de "liberdade religiosa". Ao passo que no Brasil, a incômoda vitalidade de um grupo como a IURD, ao inserir no campo religioso doutrinas e práticas que parecem negá-lo, estimula tanto reivindicações por de-

---

5. Aliás, mesmo na França, se a figura da *association cultuelle* não existisse anteriormente, muito provavelmente não surgiria em tempos recentes: trata-se de um mecanismo cuja plausibilidade parece se sustentar na ausência de um debate significativo sobre a definição de "religião".

6. Em que medida, por exemplo, a criação de categorias como "baixo espiritismo" (designando degenerações ou deturpações em relação a um referencial religioso) não seria um procedimento recorrente em nossa história social? Quais as categorias sociais que foram aplicadas aos movimentos que ficaram conhecidos na literatura sociológica como "milenaristas" ou "messiânicos"? Vários desses movimentos, especialmente no início da República, foram duramente combatidos por forças oficiais.

finições e controles mais precisos acerca do "religioso", quanto a sensação de que desfrutamos de "liberdade religiosa demais".

Prova de que, sob incômodos em sentidos divergentes, a existência de uma esfera especificamente "religiosa" é igualmente pressuposta nos dois países. Mas também sintoma de que, sob situações que ora se opõem e ora se aproximam, existem dimensões que relativizam os dualismos. Pois, na França, antes de serem conjuradas, as "seitas" precisam ser produzidas, através de mecanismos e procedimentos que nada devem àqueles que caracterizam as acusações de feitiçaria analisadas por Favret-Saada (1977); no Brasil, a "religião", sempre pressuposta como dimensão específica, raramente foi delimitada, ficando disponível para transitar entre os mais diversos domínios sociais, a ponto de gerar argumentos e situações que qualificam a "laicidade" do Estado e do espaço público. Finalmente, se lembramos a ambivalência com que se reveste em ambos os casos o princípio da "liberdade religiosa", chegaremos a conclusões parecidas: na França, esse princípio identifica tanto a presença das "seitas" (que o reivindicam para si) quanto o reforço de mecanismos de reconhecimento do "religioso"; no Brasil, ele constitui tanto a senha para a difusão de igrejas e confissões por espaços não religiosos, quanto o motivo de preocupações que demandam limites mais precisos para o "religioso". Dualismos relativizados, pode-se afirmar, parafraseando Latour (1994), que tanto a França quanto o Brasil "jamais foram [apenas ou totalmente] modernos".

3. Os cientistas sociais como "nativos": por uma religião sem "Estado" e um Estado sem "religião"

D. Hervieu-Léger argumenta em um dos seus textos (1987) que a questão da "religião" enquanto objeto das ciências sociais está indelevelmente marcada pela operação que preside seu momento fundacional. Ou seja, a própria constituição de uma "ciência sociológica do social" teria dependido da conquista de uma "autonomia secular do conhecimento". O que define a explicação sociológica contrapõe-se frontalmente ao que define a religião, isto é, o postulado de "uma intervenção extra-humana na história". Em função disso, a "religião", longe de ser um objeto como outro qualquer, estaria fadado a ser *dissolvido* pela própria operação de conhecimento, e a teologia, antes de ser uma colaboradora em um possível empreendimento interdisciplinar, apresentar-se-ia necessariamente como a adversária a merecer *combate*. Hervieu-Léger nota ainda como a tese da secularização, da qual traços ou elementos estão presentes na obra dos três "fundadores das ciências sociais" (Marx, Durkheim e Weber), serviu para tornar menos complicado esse movimento original. A perspectiva que via ou planejava uma sociedade cada vez menos dependente da religião confirmava, no terreno da realidade, a mesma dissolução que ocorria no plano da epistemologia. Assim, em um certo sentido, a ciência social seria sempre "contra a religião".

Discutir até que ponto tal narrativa é pertinente quanto à origem das ciências sociais da religião não está entre minhas pretensões. O que gostaria de destacar é o quanto essa descrição parece se afastar das formas pelas quais os cientistas sociais intervêm nas controvérsias que acompanhamos ao longo deste trabalho. Pois, ao invés de reproduzirem a operação que teria fundado seu saber, os cientistas sociais são chamados ou mesmo se dispõem a *fixar* o "religioso". Na França, os cientistas sociais, às vezes a contragosto, estão imersos em uma controvérsia que os considera na conta de "a favor" ou "contra" as "seitas". Isso tem produzido tanto seu distanciamento em relação a esse objeto, quanto um envolvimento que, mesmo assumindo várias formas (redefinições da noção de "seita", proposição de categorias alternativas, assessoria ou apoio a certos grupos acusados, etc), não consegue ou não pretende desconstruir os termos da controvérsia. Nesse contexto, tratar um grupo como "religioso" é automaticamente tomado como uma recusa a sua categorização como "seita". No Brasil, os mesmos intelectuais que afirmam a pertinência da teoria da secularização para descrever a situação da religião em nosso país, ou que apostam na hipótese da "mercantilização" do campo religioso, elegem certos traços para construir definições normativas do "protestantismo". Além disso, vimos que, ao contrário de um conflito, entre cientistas sociais e intelectuais religiosos vem se estabelecendo uma verdadeira convergência na produção de conhecimento sobre os pentecostais.

Em vista dessas constatações, pode-se dizer que teria ocorrido sim uma confluência entre realidade e conhecimento, mas em um sentido oposto ao apontado por Hervieu-Léger. De um lado, a "religião" foi constituída, na modernidade, como uma esfera específica em sua definição e em sua relação com a sociedade. De outro, a "religião" se tornou o objeto de uma especialidade das ciências sociais. Ainda que, em se tratando desse objeto, as explicações sociológicas não raramente insistam em "dissolver" as explicações nativas, essa operação parece conviver bem com a perspectiva que considera a noção de "religião" como um instrumental heurístico universalmente válido para descrever certas experiências e dimensões da vida humana ou da sociedade (Asad 1993). Dada essa convergência entre duas vias paralelas de reconhecimento da especificidade de uma esfera religiosa, tudo se passa como se os cientistas sociais fossem erigidos em "teólogos de suas sociedades". Como o reconhecimento do religioso nas sociedades modernas contorna a questão da sua verdade, não há necessidade de recorrer aos teólogos para definir seus limites e conteúdos. Ao contrário, o cientista social, que tampouco se interessa pela religião em virtude de sua verdade e por isso está resguardado pelas garantias da "objetividade", surge como o interlocutor mais adequado para autenticar e avaliar, em nome da própria sociedade, o campo do "religioso".

Parece então que o modo pelo qual as ciências sociais da religião constituíram seu objeto criou cumplicidades excessivas e perigosas com a sociedade que é ao mesmo tempo campo de análise e receptora de seus conhecimentos. Talvez devêssemos, ao contrário, buscar formas de falar da "religião" menos comprometidas com seus usos sociais, o que levaria a reconsiderar o estatuto das sub-disciplinas que elegem esse tema no interior das diversas ciências sociais. Se fosse esse o caso, uma recente apreciação crítica da "antropologia política" poderia servir de inspiração (Goldman e Palmeira 1996). Para os autores, a idéia da "política" como um objeto da antropologia deveria considerar duas exigências cruciais. De um lado, assimilar a sucessão de descentramentos em relação à definição do "político": do Estado para instituições, grupos e funções (africanistas na década de 40); em seguida, de grupos para processos e negociações (processualismo); enfim, dessubstancialização da própria noção de poder (a partir de Foucault). De outro lado, levando em conta esses movimentos, reconhecer que a política perpassa todo o espaço social, problematizando com isso as fronteiras entre suas esferas. Assim, a política se constituiria em um dos objetos da antropologia e não propriamente no referencial para uma sub-disciplina.

No caso das ciências sociais da religião (e nesse caso não há muita diferença entre antropologia e outras disciplinas), penso que a tendência dominante foi a sucessão de autores e teorias que disputaram espaço sem dessubstantivar seu objeto e sem perturbar as segmentações que produziam convergências entre realidade e conhecimento. A construção de alternativas exige, antes de mais nada, que se considere a própria categoria "religião" como objeto de análise. Não me refiro a depurações conceituais ou teóricas, mas à problematização de situações nas quais essa categoria tenha uma significância social. O exame das controvérsias que ocorrem na França e no Brasil inspira-se nessa perspectiva. O que fiz foi tomar sistematicamente a categoria "religião" em seus efeitos de verdade, recusando-me a empregá-la como instrumento heurístico. Isso, por sua vez, coloca a questão dos efeitos que também essa análise possa ter sobre as realidades às quais se refere. Embora seja impossível avaliar esse aspecto neste momento, percebo desde já que meu trabalho interfere de modo distinto nas controvérsias que acontecem nos dois países. Em relação à França, creio ter produzido algo mais próximo de uma descrição, arranjando (de modo original, espero) uma realidade mais ou menos evidente de acordo com outros pontos de vista. Quanto ao Brasil, a análise de sua situação contribui ao mesmo tempo para torná-la mais real, reposicionando discursos e agentes em torno de questões cuja evidência não era óbvia.

De todo modo, em ambos os casos a realidade possui facetas bastante delicadas. Dramas pessoais e familiares, desapontamentos e temores espirituais são muitas vezes a matéria de que se alimentam as controvérsias sobre a atuação de grupos acusados. Não há como não ficar sensibilizado por certos relatos ou não se preocupar diante de determinadas denúncias. Por outro lado, como também não se espantar e se incomodar com a forma que assumem as reações a grupos percebidos como perigosos ou nocivos? Na França, a partir do momento em que um grupo passa a ser identificado enquanto "seita", toda sua inserção e imagem públicas estarão condicionadas por tal categorização. Não são raros os casos de pessoas que, por serem delatadas como "adeptos de uma seita", vêem seus empregos colocados em risco. E confesso ser difícil não ter a impressão de que em certos aspectos a preocupação com as "seitas" assume tons quase paranóicos na sociedade francesa. No Brasil, mesmo sem nutrir simpatia por Edir Macedo e sua igreja, sinto-me igualmente incomodado com as acusações que lhes são feitas. Nesse sentido, o simplismo que

427

se expressa na redução de sua teologia à preocupação com o dinheiro iguala-se quanto aos seus efeitos ao elitismo que leva a tratar seus fiéis como ignorantes que só anseiam por milagres. Espero ter demonstrado como a categoria "religião" insere-se no fulcro dos processos que produzem tais reações contra as "seitas" e contra a IURD.

O fato de que neste trabalho tenha adotado a "religião" como objeto de análise não significa, porém, que recuse sua utilização como instrumento heurístico. Mas é imprescindível que lhe demos um recorte, um estatuto e uma definição que abale a convergência notada entre os cientistas sociais e sua sociedade. Parte essencial dessa operação parece-me depender do rompimento dos vínculos que a partir da "constituição dos modernos" articulam religião e Estado. Isso permite que, enquanto cientistas sociais que são também cidadãos, contribuamos para a formulação de outras respostas para os problemas evocados nas controvérsias aqui analisadas. Penso que imaginar um "Estado sem religião" pode fazer algum sentido em termos de resposta alternativa. Não com um significado de uma sociedade o mais possível laica, nem para propor uma atitude desinteressada por parte do Estado em relação a grupos que podem eles mesmos continuar a se denominar "religiosos"; mas para se referir a uma organização estatal que não adote a categoria "religião" como princípio de segmentação social. No caso da França, isso implicaria no desmonte dos mecanismos que propiciam o reconhecimento oficial do "religioso". Nesse quadro, desapareceria um dos principais suportes da noção de "seita", abrindo a possibilidade para que os problemas que se verifiquem em relação aos mais diversos grupos sejam contemplados em sua singularidade — e não imediatamente coletivizados como "casos de seitas". Em relação ao Brasil, seriam bem-vindas interpretações jurídicas que, respaldadas por uma visão mais justa acerca das motivações dos indivíduos que procuram igrejas, impedissem acusações baseadas em uma espécie de "estelionato espiritual". Seria de igual modo interessante se houvesse uma radicalização da falta de reconhecimento jurídico da religião, sujeitando os grupos que assim se identificam a formas e critérios de regulação institucional baseados em outros princípios e categorias.

Se a idéia de um "Estado sem religião" evoca a dimensão política, a de uma "religião sem Estado" remete para uma dimensão epistemológica. Desvinculada do Estado, como a modernidade a concebeu, a religião deixaria de manter uma relação necessariamente negativa com a humanidade e com a natureza. Os vínculos com essas esferas podem então ser recuperados a partir de uma preocupação propriamente antropológica, tornando os fenômenos ditos religiosos um dos instrumentos que permitem revelar os dispositivos centrais da constituição de indivíduos e coletivos, que, se seguimos as sugestões de Latour (1994), funcionariam pela atribuição simultânea de propriedades humanas e não-humanas, sociais e naturais. Ou, segundo outra vertente igualmente preocupada com a vocação antropológica, se apresentarem como situações que ofereçam acesso privilegiado a uma "epistemologia alternativa" que caracterizaria igualmente outras linguagens mais atuais (Velho 1998). Dessubstantivada e perpassando todo o espaço social, a religião enquanto categoria, "com ou sem aspas", ficaria disponibilizada tanto para ser tratada através de seus usos nativos, quanto para sofrer reformulações conceituais e propiciar empreendimentos teóricos. Essas duas dimensões, aliás, poderiam revelar inusitadas convergências, desde que passássemos a prestar mais atenção nas práticas e coletivos que, identificando-se como "religiosos", optam por formatos e feições pouco institucionalizados (portanto, pouco capturáveis pelo Estado).

Aparece enfim a oportunidade para me explicar sobre as epígrafes que abrem cada uma das partes do livro. Trata-se de textos que se enquadram no que se define como blasfêmia, um tema que adquiriu inusitada atualidade com o caso envolvendo ameaças de morte ao escritor Salman Rushdie, depois da publicação de uma obra cuja narrativa refere-se a personagens e assuntos da tradição islâmica. O trabalho de Lawton (1993) realiza uma reflexão sobre a noção de blasfêmia, traçando uma distinção com a de heresia, permitindo entender sua incorporação aos dispositivos legais dos Estados modernos. De fato, traçar a história e as razões dessa incorporação constituiria ainda outra via para perceber as relações positivas entre modernidade e religião. Apesar disso, Lawton destaca que acusações de blasfêmia funcionam para reafirmar a existência de comunidades normativas e que, em contrapartida, aqueles que pretendem blasfemar acabam reforçando o próprio discurso religioso que atacam. Para mim, essas considerações, quando recontextualizadas no quadro das condições de um enfoque antropológico, inspiram uma atitude irreverente mas não destrutiva para com a noção de religião. Pode-se, assim, conciliar o distanciamento e a inclusão, a ofensa e a comunhão. Procurar imaginar "um Estado sem religião" e "uma religião sem Estado" significa, nesse sentido, ficarmos livres para blasfemar — ou seja, para atacar a religião sem deixar de se referir aos seus próprios termos, de modo a incluir em nosso discurso aqueles que pensam ser por ele ofendidos.

Bibliografia e Fontes

1. Fontes relacionadas a aspectos jurídicos

Coleção de Leis do Brasil

Decisões dos Ministérios do Interior e Justiça do Brasil (1890-92)

Relatórios dos Ministérios Interior (1891-2) e Justiça (1890-1902) do Brasil (wwwcrl.jukebox.uchicago.edu/bsd/bsd/hartness/miniopen.html)

Anais da Câmara de Deputados (1894, 1903) e do Senado (1891, 1892, 1893, 1896) do Brasil

O Direito - Revista mensal de legislação, doutrina, jurisprudência (1892-1904); *Revista Forense* (1904-1980); *Revista dos Tribunais* (1912-1993); *Revista do Supremo Tribunal Federal* (1914, 1918); *Revista de Julgados e Doutrina do Tribunal de Alçada Criminal do Estado de São Paulo* (até 1989, Julgados do TACRIM) (1972-1990), além de outros periódicos jurídicos citados nas referências bibliográficas.

Enciclopédia Saraiva do Direito (Coordenação: R. Limongi França. São Paulo: Saraiva, 1977)

Código Civil Brasileiro (Negrão, Theodoro. 18ª edição atualizada até janeiro de 1999. São Paulo: Saraiva, 1999)

Código Civil Brasileiro. *Trabalhos relativos à sua elaboração*. Rio de Janeiro: Imprensa Nacional, 1917.

Site da Rede de Informações do Terceiro Setor (RITS): legislação sobre registro de associações, título de utilidade pública federal, certificado de entidades filantrópica e organização da sociedade civil. (www.rits.org.br)

Sistema de Informações do Congresso Nacional: projetos de lei desde 1973 e bibliografia. (www.senado.org.br)

Bibliografia Brasileira de Direito. Volumes 14-16 (1996-1998). Brasília: Senado Federal.

Banco de dados (bibliografia) do Tribunal de Justiça do Estado do Rio de Janeiro

Processo 298/92, 21ª Vara Criminal da Comarca de São Paulo

Processo 92.0023938-2, da 18ª Vara Criminal da Comarca do Rio de Janeiro

Processo 16.211, 30ª Vara Cível da Comarca do Rio de Janeiro

Processo 306/92, 2ª Vara Criminal da Comarca de São Paulo

Processo 352/92, 21ª Vara Criminal da Comarca de São Paulo

Circulares, pareceres, decisões, julgamentos editados por aparatos estatais na França

Les Petites Affiches, Revue Française de Droit Administratif, Revue du Droit Public, Actualité Juridique - Droit Administratif, Administration e outros periódicos jurídicos citados nas referências bibliográficas

2. Fontes jornalísticas

Dossiês de imprensa:

CEDI/Koinonia: Novos Movimentos Religiosos em América Latina e Caribe, 1986; Igreja Universal do Reino de Deus Corporation, 1989; Alternativa dos Desesperados: como se pode ler o pentecostalismo autônomo, 1991; Igreja Universal do Reino de Deus e o bispo Macedo, 1991; Imprensa imprensa a Igreja Universal, 1996; Da realidade à ficção: a Igreja Universal e a minissérie Decadência, 1996; Erro Universal: a agressão do bispo da Igreja Universal à Santa Padroeira do Brasil, 1996; Na cova dos leões: o caso do 'vídeo secreto' da Igreja Universal, 1996; Papel para dar e vender: notícias sobre a Igreja Universal publicadas no 2º semestre de 1995, 1996.

Instituto de Estudos Políticos (Scienpo); CIDIC - Documentation Française; Centre Protestant d'Études et de Documentation; CCMM; ADFI; site www.multimania.com/tussier/sciento

Jornais e revistas brasileiros:

O Estado de São Paulo, Folha de São Paulo, Jornal da Tarde, O Povo do Rio, Jornal do Brasil, O Globo, O Dia, Veja, Isto É, Jornal do País, Fatos, Manchete, Jornal do Commercio

Jornais e revistas franceses:

Le Monde, Le Figaro, Libération, Le Matin, Le Parisien, Le Nouvel Observateur, L'Événement du Jeudi, Le Point, Le Monde Diplomatique, La Croix, Le Témoignage Chrétien, Le Monde de l'Education, Le Monde des Débats, L'Express, Charlie Hebdo, L'Humanité, L'Unité, Le Quotidien de Paris

3. Fontes relacionadas a outras instâncias

Tempo e Presença (CEDI/Koinonia), *Contexto Pastoral* (CEDI/Koinonia), *Contexto Pastoral - Debate* (CEDI/Koinonia), *Revista Eclesiástica Brasileira* (Editora Vozes), *Informativo CONIC, Estudos Teológicos* (luterano), *Convergência* (Conferência dos Religiosos do Brasil); *Revista de Cultura Vozes; Perspectiva Teológica* (jesuíta); *Teocomunicação* (PUC-RS); *La Documentation Catholique* e *SNOP - informativo do Secrétariat National de l'Opinion Publique* (ambos do episcopado francês); *Bulletin Protestant d'Information* (Fédération Protestante de France); *BULLES* (UNADFI); *Bulletin de Liaison* e *Regards Sur* (CCMM); *Conscience et Liberté* (Association Internationale pour la Défense de la la Liberté Religieuse); *Mouvements Religieux* (Association d'Étude et d'Information sur les Mouvements Religieux).

CNBB - *Diretrizes Gerais de Ação Pastoral/de Evangelização da Igreja no Brasil* (1975-1998).

4. Entrevistas

Régis Dericquebourg, Paris, 26.05.1998;
Phillippe Le Carpentier, Paris, 14.01.1999;
Robert Limb, Paris, 18.01.1999;
Anick Drogou, Paris, 19.01.1999;
Marion Aubrée, Paris, 25.02.1999;
José Bittencourt Filho, Rio de Janeiro, 02.12.1999;
José Cabral, Rio de Janeiro, 03.02.2000.

5. Referências bibliográficas

ABREU, Ana Cristina. "Hare-Krishna". *Cadernos do ISER* (Diversidade religiosa no Brasil), 23, 1990: 195-204.

ABREU, Regina. "A doutrina do Santo Daime". *Cadernos do ISER* (Diversidade religiosa no Brasil), 23, 1990: 253-63.

ABUMANSSUR, Edin. *A tribo ecumênica: um estudo do ecumenismo no Brasil nos anos 60 e 70*. São Paulo: Dissertação de Mestrado, PUC/SP, 1991.

ACADÉMIE INTERNATIONALE de DROIT CONSTITUTIONNEL (ed.). *Constitutions et religions*. Toulouse: Presses de l'Université des Sciences Sociales de Toulouse, 1996.

ACADÉMIE UNIVERSELLE des CULTURES. *L'intolérance*. Paris: Grasset, 1998.

ADAMS, Geoffrey. *The Huguenots and French Opinion 1685-1787*. Waterloo: Wilfrid Laurier University Press, 1991.

ADAMS, Larry. "Comments on Hammond". *Sociological Analysis*, 42 (3), 1981: 235-8.

ALMEIDA, Ronaldo. *A universalização do Reino de Deus*. Campinas: Dissertação de mestrado, Departamento de Antropologia Social, IFCH/UNICAMP, 1996a.

ALMEIDA, Ronaldo. "A universalização do Reino de Deus". *Novos Estudos CEBRAP*, 44, 1996b: 12-23.

AMARAL, Leila. "As implicações éticas dos sentidos Nova Era de comunidade". *Religião e Sociedade*, 17(1-2), 1996: 54-74.

ANTONIAZZI, Alberto. "A Igreja Católica frente à expansão do pentecostalismo (Pra começo de conversa)". In: Vários autores. *Nem anjos, nem demônios - interpretações sociológicas do pentecostalismo*. Petrópolis: Vozes, 1994.

APOSTOLADO POSITIVISTA. *Representação à Câmara dos Deputados contra um projeto restritivo da liberdade de associação religiosa*. Rio de Janeiro: s/e, 1893.

APOSTOLADO POSITIVISTA. *O imposto predial e a capela da humanidade*. Rio de Janeiro: Apostolado Positivista, 1894.

ARAÚJO FILHO, Caio Fábio. *Confissões do pastor*. Rio de Janeiro: Record, 1997.

ARWECK, Elisabeth e CLARKE, Peter. "Introduction: change and variety in New Religious Movements in Western Europe, c.1960 to present". In: *New Religious Movements in Western Europe. An annotated bibliography*. Londres: Greenwood Press, 1997.

ASAD, Talal. "Religions and politics: an introduction". *Social Research*, 59 (1), 1992: 3-16.

ASAD, Talal. *Genealogies of religion. Discipline and Reasons of Power in Christianity and Islam*. Baltimore: The Johns Hopkins University Press, 1993.

AZEVEDO, Thales de. *A religião civil brasileira. Um instrumento político*. Petrópolis: Vozes, 1981.

AZZI, Riolando. "D. Antônio de Macedo Costa e a posição da Igreja do Brasil diante do advento da República em 1889". *Síntese*, 8 (nova fase), 1976: 45-69.

BADARÓ, Francisco. *L'Eglise au Brésil pendant l'Empire et pendant la République*. Roma: Bontempelli, 1895.

BAFFOY, Thierry. "Les sectes totalitaires". *Esprit*, janeiro 1978: 53-61.

BAFFOY, Thierry; DELESTRE, Antoine e SAUZET, Jean-Paul. *Les naufragés de l'esprit - Des sectes dans l'Eglise catholique*. Paris: Seuil, 1996.

BARBALHO, João. *Constituição Federal Brasileira. Comentários*. Rio de Janeiro: Typ. da Cia. Litho-typographia, 1902.

BARBIER, Maurice. "Esquisse d'une théorie de la laïcité". *Le Débat*, 77, 1993: 73-87.

BARBOSA, Manoel. *A Igreja no Brasil*. Rio de Janeiro: A Noite, 1945.

BARBOSA, Rui. "Introdução do tradutor". In: Janus. *O papa e o concílio*. São Paulo: Saraiva, 1930 [1876].

BARBOSA, Rui. *Comentários à Constituição Federal Brasileira* (coligidos e ordenados por Homero Pires). São Paulo: Saraiva, 1932.

BARBOSA, Rui. "Parecer" [1896]. In: *Obras Completas*, vol.23, t.4. Rio de Janeiro: Min. Educação e Saúde, 1948.

BARBOSA, Rui. "Preservação de uma obra pia" [1900-01]. In: *Obras Completas*, vol.27, t.1. Rio de Janeiro: Min. Educação e Saúde, 1952.

BARKER, Eileen. "New religious movements: yet another Great Awakening?". In: P. Hammond (ed.). *The sacred in a secular age – toward revision in the scientific study of religion*. Berkeley: University of California Press, 1985.

BARKER, Eileen. "Religious movements: cult and anti-cult since Jonestown". *Annual Review of Sociology*, 12, 1986: 329-46.

BARKER, Eileen. "The British right to discriminate". In: Robbins e Robertson. *Church-State relations*. New Brunswick: Transaction Books, 1987.

BARKER, Eileen. "Tolerant discrimination: New Religious Movements in relation to Church, State and society". In: P. Badham. *Religion, State and society in Modern Britain*. Nova Iorque: Edwin Mellen, 1989.

BARKER, Eileen. "New lines in the supra-market: how much can we buy?". In: I. Hamnett. *Religious pluralism and unbelief: studies critical and comparative*. Londres: Routledge, 1990.

BARKER, Eileen. "But is it a genuine religion?". In: Greil e Robbins (eds.). *Between sacred and secular: research and theory on quasi-religion*. Greenwich: Jai Press Inc., 1994.

BARKER, Eileen. "Plus ça change...". *Social Compass*, 42 (2), 1995: 165-180.

BARKER, Eileen e MAYER, Jean François. "Introduction (20 ans après: changements dans les nouveaux movements religieux)". *Social Compass*, 42 (2), 1995: 147-163.

BARRETTO, Maria Luiza W. "Exercício da liberdade religiosa". *Cadernos de Direito Constitucional e Ciência Política*, 14, 1996: 249-254.

BARROS, Mônica do Nascimento. *A Batalha do Armagedon: uma análise do repertório mágico-religioso proposto pela Igreja Universal do Reino de Deus*. Belo Horizonte: Dissertação de Mestrado, Ciências Sociais, UFMG, 1995.

BARTOLOMEU, Frei. "As ordens religiosas e as leis de mão-morta na República brasileira". *REB*, 9 (1), 1949:68-77.

BASDEVANT-GAUDEMET, Brigitte. "Le statut juridique de l'Islam en France". *Revue du Droit Public*, março-abril 1996: 355-84.

BASTIAN, Jean-Pierre. "La dérégulation religieuse de l'Amérique Latine". *Problèmes d'Amérique Latine*, 24 (ns), 1997: 3-15.

BASTOS, Celso. *Dicionário de Direito Constitucional*. São Paulo: Saraiva, 1994.

BAUBÉROT, Jean. "Laïcité, sectes, société". In: Champion e Cohen (eds.). *Sectes et démocratie*. Paris: Seuil, 1999.

BAUBÉROT, Jean. "Le rapport de la comission parlementaire sur les sectes entre neutralité et 'dangerosité' sociale". In: Introvigne e Melton (dir.). *Pour en finir avec les sectes. Le débat sur le rapport de la comission parlementaire*. Paris: Dervy, 1996.

BAUBÉROT, Jean. "Estratégias da liberdade". In: C. Sahel (org.). *A tolerância*. Porto Alegre: L&PM, 1993.

BAX, Mart. "Religious regimes and State-formation: toward a research perspective". In: E. Wolf (ed.). *Religious regimes and State-formation. Perspectives from European Ethnology*. Albany: State University of New York Press, 1991.

BAYLE, Pierre. *Comentaire philosophique sur ces paroles de Jesus-Christ, Contrains-les d'entrer* [1686]. In: *De la tolérance*. Paris: Pocket, 1992.

BECKFORD, James. "The 'cult problem' in five countries: the social construction of religious controversy". In: Barker (ed.). *Of Gods and men: new religious movements in the West*. Macon: Mercer University Press, 1983.

BECKFORD, James. *Cult controversies: the societal response to the new religious movements*. Londres: Tavistock, 1985.

BECKFORD, James (ed.). *New religious movements and rapid social change*. Bristol: Sage/UNESCO, 1986.

BECKFORD, James. "New Religions - an overview". In: Eliade. *The International Enciclopedia of Religions*. Nova Iorque: Macmillan Pub., 1987.

BECKFORD, James. "The sociology of religion and social problems". *Sociological Analysis*, 51(1), 1990: 1-14.

BECKFORD, James. "Cults, conflicts and journalists". In: Robert Towler (ed.). *New religious and the new Europe*. Aarhus: Aarhus University Press, 1995.

BECKFORD, James. "States, governments, and the management of controversial new religious movements". In: Barker, Beckford e Dobbelaere (ed.). *Secularization, rationalism and sectarianism*. Oxford: Clarendon Press, 1993.

BECKFORD, James e LEVASSEUR, Martine. "New religious movements in Western Europe". In: Beckford (ed.). *New religious movements and rapid social change*. Bristol: Sage/UNESCO, 1986.

BECKFORD, James e LUCKMANN, Thomas (ed.). *The changing face of religion*. Londres: Sage, 1989.

BEDOUELLE, Guy e COSTA, Jean-Paul. *Les laïcités à la française*. Paris: PUF, 1998.

BENAVIDES, Gustavo. "Religious articulations of power". In: G. Benavides e M. Daly *Religion and political power*. Albany: State University of New York Press, 1989.

BENTO de FARIA, Antonio. *Anotações teórico-práticas ao Código Penal*. Rio de Janeiro: J.Ribeiro Santos, 1913.

BENTO de FARIA, Antonio. *Código Penal comentado*. Rio de Janeiro: Record, 1959.

BERGESEN, Albert. "Comments on Hammond". *Sociological Analysis*, 42 (3), 1981: 238-40.

BEYER, Peter. *Religion and Globalization*. Londres: Sage Pub., 1994.

BEYER, Peter. "The modern emergence of religions and a global system for religion". *International Sociology*, 13 (2), 1998.

BIRMAN, Patrícia. "Registrado em cartório, com firma reconhecida: a mediação política das federações de Umbanda". In: Umbanda e Política - *Cadernos do ISER*, 18. Rio de Janeiro, Marco Zero/ISER, 1985: 80-121.

BIRMAN, Patrícia. "O bispo, o povo e a TV: alguns efeitos, talvez inesperados, da presença política recente dos pentecostais". *Cadernos de Conjuntura* (IUPERJ), 54, abril de 1996: 5-13.

BIRMAN, Patrícia. "Entre França e Brasil: viagens antropológicas num campo (religioso) minado". *Horizontes Antropológicos*, 10, 1999: 35-60.

BITTENCOURT Fo., José. "As seitas no contexto do protestantismo histórico". *Cadernos do ISER* (Igrejas e seitas no Brasil), 21, 1989.

BITTENCOURT Fo., José. "Remédio amargo". In: Vários autores. *Nem anjos, nem demônios - interpretações sociológicas do pentecostalismo*. Petrópolis, Vozes, 1994.

BITTENCOURT Fo., José. "Abordagem fenomenológica". In: Rolim, Bittencourt e Hortal. *Novos movimentos religiosos na Igreja e na sociedade*. São Paulo: AM Edições, 1996.

BLANCHARD, Arnaud. *Le religieux controversé, la constitution du 'problème des sectes' comme problème public*. Mémoire de troisième cicle, Ecole Normale Supérieure de Cachan, 1998.

BOINOT, Patrick. "Sectes religieuses et droit pénal". *Revue de Science Criminelle et Droit Pénal Comparé*, 3, 1983: 409-35.

BORGES, Dain. "Healing and mischief: witchcraft in Brazilian law and literature, 1890-1922". Mimeo., 1998.

BORY, José. "Le phénomene des sectes: l'état du droit dans un État de droit". *Administration*, 170, 1996: 173-87.

BOTTINI, Rodolfo. *O poder médico e a relação com outras práticas de cura*. Campinas: Relatório de Pesquisa, Dpto. de Medicina Preventiva e Social/UNICAMP, 1989.

BOUBAKEUR, Dalil. "L'État et les cultes: le cas de l'Islam". *Administration*, 161, 1993: 133-45.

BOUCHET, Paul. "Appliquer la loi". *Le Monde des débats*, fevereiro 1994.

BOUSSINESCQ, Jean. *La laïcité française. Mémento juridique*. Paris: Cahiers de la Ligue de l'Enseignement, 1993.

BOYER, Alain (entrevistado por Bertrand Guihery). "Les cultes du ministre". *Actes*, 79/80, 1992: 37-40.

BOYER, Alain. *Le droit des religions en France*. Paris: PUF, 1993a.

BOYER, Alain. "Les associations et communautés religieuses: droit interne et droit étatique". *Administration*, 161, 1993b: 60-64.

BOYER, Alain. "La pratique administrative". *Les Petites Affiches*, 53, 1996.

BOYER, Alain e BRISACIER, Michel. "Les associations cultuelles et les congrégations". *Administration*, 161, 1993: 65-79.

BRANCO, Vera S.V.F. "Imunidade tributária e terceiro setor (filantrópico): por maior transparência e regulamentação". *Cadernos de Direito Tributário e Finanças Públicas*, 26, 1999: 31-42.

BRANDÃO, Carlos Rodrigues. "A crise das instituições tradicionais produtoras de sentido". In: A.Moreira e R.Zicman (orgs.). *Misticismo e novas religiões*. Petrópolis/Bragança Paulista: Vozes/IFAN, 1994.

BRARD, Jean-Pierre. *Les sectes et l'argent - rapport de la comission parlamentaire*. Paris: Assemblée Nationale, 1999 (www.assemblee-nationale.fr/2/2dossiers.html).

BRISACIER, Michel. "Le ministère de l'Intérieur et les cultes". In: Association du Corps Préfectoral. *Histoire du ministère de l'Interieur de 1790 à nos jours*. Paris: La Documentation Française, 1993.

BRISACIER, Michel. "Le Conseil d'État précise les critères de l'Association cultuelle". *Administration*, 177, 1997: 91-93.

BROCKWAY, Allan e Rajashekar, Paul (ed.). *New Religious Movements and the Churches. Reporters and papers of a consultation sponsered by the Luteran World Federation and the World Council of Churches*. Genebra: WCC Publications, 1987.

BROMLEY, David, HADDEN, Jeffrey e HAMMOND, Phillip. "Reflections on the scholarly study of new religious movements". In: Bromley e Hammond (ed.). *The future of new religious movements*. Macon: Mercer University Press, 1987.

BROMLEY, David e RICHARDSON, James (eds.). *The brainwashing-deprogramming controversy: sociological, psychological, legal and historical perspectives*. Nova Iorque: Edwin Mellen, 1983.

BROMLEY, David e SHUPE, Anson (eds.). *Anti-cult movements in cross-cultural perspective*. Nova Iorque: Garland Pub., 1994.

BROMLEY, David e SHUPE, Anson. "Anti-cultism in the United States: origins, ideology and organizational development". *Social Compass*, 42 (2), 1995: 221-36.

BRUCE, Steve e WRIGHT, Chris. "Law, social change, and religious toleration". *Journal of Church and State*, 37 (1), 1995: 103-20.

BRUNEAU, Thomas. *O catolicismo brasileiro em época de transição*. São Paulo: Loyola, 1974.

BURGESS, Glenn. "Thomas Hobbes: religious toleration or religious indifference?". In: C. Nederman e J. Laursen (eds.). *Difference and dissent. Theories of tolerance in Medieval and Early Europe*. Boston: Rowman & Littlefield, 1996.

BURITY, Joanildo. "Religião e democratização no Brasil: reflexões sobre os anos 80". *Cadernos de Estudos Sociais*, 10(2), 1994: 167-92

BURITY, Joanildo. "Entre o reino de Deus e a autoridade civil: anotações sobre pentecostais, cultura e política no Brasil contemporâneo". Trabalho apresentado no XX Encontro Anual da ANPOCS, Caxambu, 1996.

CABRAL, José. *Religiões, seitas e heresias, à luz da Bíblia*. Rio de Janeiro: Universal Produções, 1980.

CALIMAN, C. "O desafio pentecostal: aproximação teológica". *Perspectiva Teológica*, 28, 1996: 295-309.

CAMPICHE, Roland. "Sectes, médias, fin des temps". In: Champion e Cohen (eds.). *Sectes et démocratie*. Paris: Seuil, 1999.

CAMPOS, Leonildo Silveira. *Teatro, templo e mercado - organização e marketing de um empreendimento neopentecostal*. Petrópolis: Vozes, 1997.

CARNEIRO, Levy. "Da capacidade jurídica das associações religiosas". *Revista Forense*, 15, 1911: 229-42.

CAROZZI, María Julia. "Tendências no estudo dos novos movimentos religiosos na América: os últimos 20 anos". *BIB*, 37, 1994.

CARRIER, James (ed.). *Meanings of the market. The free market in Western culture*. Oxford: Berg, 1997.

CARTER, Stephen. *The culture of disbelief*. Nova Iorque: Anchor Books, 1994.

CARVALHO SANTOS, J.M. de (org.). *Repertório Enciclopédico do Direito Brasileiro*. Rio de Janeiro: Borsoi, s/d. [1947]

CARVALHO, José Jorge de. "Religião, mídia e os predicamentos da convivência pluralista. Uma análise do evangelismo transnacional norte-americano". In: A.S. Moreira (org.). *Sociedade global*. Petrópolis: Vozes, 1998.

CASANOVA, José. *Public religions in the modern world*. Chicago: The University of Chicago Press, 1994.

CASTILLA, Alicia. *Santo Daime. Fanatismo e lavagem cerebral*. Rio de Janeiro: Imago, 1995.

CCMM. *Sectes. Que sont-elles? Comment agissent-elles? Comment s'en défendre? Ce qu'il faut en savoir*. Paris: CCMM, 1984.

CCMM. *Sectes. Que sont-elles? Comment agissent-elles? Comment s'en défendre? Ce qu'il faut en savoir*. Paris: CCMM, 1987.

CCMM. *Les sectes en France*. Paris: CCMM, 1991/3.

CCMM. *Les sectes, état d'urgence*. Paris: Albin Michel, 1995.

CCMM. *Les sectes*. Toulouse: Milan, 1996.

CCMM. "Sectes. La loi vous protége. Servez-vous de la loi". Paris: CCMM, 1998a.

CCMM. "Les groupes sectaires: detection et diagnostic", mimeo., 1998b.

CENTRO POSITIVISTA do BRASIL. *A propósito da liberdade dos cultos* - Carta ao bispo do Pará em resposta à representação que dirigiu à Câmara dos Deputados. Rio de Janeiro: s/e, 1888.

CENTRO POSITIVISTA do BRASIL. *Ao Povo e ao Governo da República*. Rio de Janeiro: s/e, 1889.

CÉSAR, Waldo e SHAULL, Richard. *Pentecostalismo e futuro das igrejas cristãs*. Petrópolis/São Leopoldo: Vozes/Sinodal, 1999.

CHAMPENOIS, Lucien. "Le Conseiller pour les affaires religieuses au Quai d'Orsay". *Administration*, 161, 1993: 91-93.

CHAMPION, Françoise. "Entre laicisation et sécularisation. Des rapports Église-État dans l'Europe communautaire". *Le Débat*, 77, 1993: 46-72.

CHAMPION, Françoise e COHEN, Martine. "Les sociologues et le problème des dites sectes". *Archives des Sciences Sociales des Religions*, 96, 1996: 5-15.

CHAMPION, Françoise e COHEN, Martine (eds.). *Sectes et démocratie*. Paris: Seuil, 1999a.

CHAMPION, Françoise e COHEN, Martine. "Introduction. Les sectes: un problème social passionel et complexe". *Sectes et démocratie*. Paris: Seuil, 1999b.

CHAMPION, Françoise e COHEN, Martine. "Pour continuer le débat...". *Sectes et démocratie*. Paris: Seuil, 1999c.

CHAMPION, Françoise e HOURMANT, Louis. "'Nouveaux mouvements religieux' et sectes". In: Champion e Cohen (eds.). *Sectes et démocratie*. Paris: Seuil, 1999.

CHAVES, Antônio. "Natureza jurídica das associações religiosas". *Revista dos Tribunais*, 548, 1981: 11-17.

CHEVÈNEMENT, Jean-Pierre. "L'islam en France". *Esprit*, novembro 1998: 46-54.

CIFUENTES, Rafael Llano. *Relações entre a Igreja e o Estado*. São Paulo: José Olympio Editora, 1989.

CIPRIANI, Roberto. "Sécularisation ou retour du sacré?". *Archives des Sciences Sociales des Religions*, 52(2), 1981: 141-50.

CLASTRES, Pierre. "Troca e poder: filosofia da chefia indígena". In: *A sociedade contra o Estado*. Rio de Janeiro: Francisco Alves, 1978.

CNBB. *A igreja católica diante do pluralismo religioso no Brasil (I)*. São Paulo: Paulinas, 1991, Estudos da CNBB (62).

CNBB. *A igreja católica diante do pluralismo religioso no Brasil (II)*. São Paulo: Paulinas, 1993, Estudos da CNBB (69).

CNBB. *A igreja católica diante do pluralismo religioso no Brasil (III)*. São Paulo: Paulinas, 1994, Estudos da CNBB (71).

COCHRAN, Clarke. "Public/private - secular/sacred: a context for understanding the Church-State debate". *Journal of Church and State*, 29 (1), 1987: 113-25.

COELHO, José Fernandes. *Editoriais do 'Correio Paulistano' - Egreja do Colégio*. São Paulo: s/e, 1895.

COLEMAN, John. "Editorial". *Concilium*, 181 (1), 1981: 3-8.

CONIC. "Conclusão: pistas para diálogo e atuação pastoral". *Revista de Cultura Teológica*, 13, 1995.

CORNUAULT, Fanny. *La France des sectes*. Editions Tchou, 1978.

CORTEN, André. "Pentecôtisme et 'néo-pentecôtisme' au Brésil". *Archives des Sciences Sociales des Religions*, 105, 1999: 163-183.

CORTEN, André. *Os pobres e o Espírito Santo. O pentecostalismo no Brasil*. Petrópolis: Vozes, 1996.

COSTA, Néstor da. "A situação religiosa no Uruguai". In: A.Oro e C.Steil (org.). *Globalização e religião*. Vozes: Petrópolis, 1997.

COTTRET, Bernard. "La tolérance et la liberté de conscience à l'épreuve". In: Guggisberg, Lestringant e Margolin (eds.). *La liberté de conscience (XVI-XVIIe siècles)*. Genève: Droz, 1991.

COUTO, Nicolau Soares. *Religião do Estado - propaganda pela igualdade de cultos, segundo a lei*. Rio de Janeiro: Casa Publicadora Metodista, 1900.

CUSTÓDIO, Helita. *Associações e fundações de utilidade pública*. São Paulo: Editora Revista dos Tribunais, 1979.

D'ONORIO, Jöel. "Les sectes en droit public français". *La Semaine Juridique*, 20 (I.3366), 1988.

DAMIEN, André. "L'Islam en France". *Administration*, 161, 1993: 112-118.

DAMIEN, André. "Y-a-t-il une politique religieuse en France?". *Revue de Droit Canonique*, 45 (2), 1995: 351-72.

DANTAS, Beatriz Góis. *Vovô nagô e papai branco - usos e abusos da África no Brasil*. Rio de Janeiro: Graal, 1988.

DAVIS, Derek. "Resolving not to resolve the tension between the Establishment and the Free Exercise Clauses". *Journal of Church and State*, 38 (2), 1996: 245-60.

DELLA CAVA, Ralph. "Igreja e Estado no Brasil do séc. XX: sete monografias recentes sobre o catolicismo brasileiro". *Estudos CEBRAP*, 12, 1975: 5-52.

DELUMEAU, Jean. *Des religions et des hommes*. Paris: Desclée de Brouwer, 1997.

DEMERATH, N.J. "The moth and the flame: religion and power in comparative blur". *Sociology of Religion*, 55 (2), 1994: 105-117.

DEMERATH, N.J. e WILLIAMS, Rhys. "A mythical past and uncertain future". In: Robbins e Robertson (eds.). *Church-State relations: tensions and transitions*. New Brunswick: Transaction Books, 1987.

DEPARTMENT of STATE, USA. *Annual Report on International Religous Freedom for 1999*. Washington: Bureau for Democracy, Human Rights, and Labor, 1999 (www.state.gov/www/global/human_rights/irf/irf_rpt/1999).

DERICQUEBOURG, Régis. "Les résistances aux groupes religieux minoritaires en France". In: Introvigne e Melton (dir.). *Pour en finir avec les sectes. Le débat sur le rapport de la comission parlamentaire*. Paris: Dervy, 1996.

DERICQUEBOURG, Régis. "Les Témoins de Jéhovah: vers une sortie de la logique sectaire?". In: Champion e Cohen (eds.). *Sectes et démocratie*. Paris: Seuil, 1999.

DESOS, Gérard. "Le régime particulier des cultes dans les départements du Bas-Rhin, du Haut-Rhin et de la Moselle". *Administration*, 161, 1993: 55-59.

DESPLAND, Michel. *La religion en Occident*. Montréal: FIDES, 1979.

DESURVIRE, Daniel. "La vente multi-niveaux". *Les Petites Affiches*, 85, 1995.

DIXON, David e PEREIRA, Sérgio. "O novo protestantismo latino-americano". *Religião e Sociedade*, 18 (1), 1997: 49-69.

DOBBELAERE, Karel. "Secularization: a multidimentional concept". *Current Sociology*, 29 (2), 1981.

DOBBELAERE, Karel. "Secularization thesis and sociological paradigms: a reformulation of the private-public dicothomy and the problems of societal integration". *Sociological Analysis*, 46 (4), 1985: 377-87.

DRINAN, Robert. "Are the expectations for the Religious Freedom Restoration Act being realized?". *Journal of Church and State*, 39 (1), 1997: 53-66.

DROGOU, Annick. *Le Dico des sectes*. Toulouse: Milan, 1998.

DUARTE, Luiz Fernando Dias. "O culto do Eu no templo da Razão". *Boletim do Museu Nacional*, 41, 1983: 2-27.

DUARTE, Luiz Fernando Dias e GIUMBELLI, Emerson. "As concepções cristã e moderna da pessoa: paradoxos de uma continuidade". *Anuário Antropológico 1993*. Rio de Janeiro: Tempo Brasileiro, 1995: 77-111.

DUBUISSON, Daniel. *L'Occident et la religion*. Bruxelas: Editions Complexe, 1998.

DUFFAR, Jean. "Le régime constitutionnel des cultes - rapport de synthèse". In: Consurtium Européen: Rapports Religions-État. *Le statut constitutionnel des cultes dans le pays de l'Union*

Europénne. Paris: Litec, 1995.

DUFFAR, Jean. "La liberté religieuse dans les textes internationaux". *Revue de Droit Canonique*, 46 (2), 1996: 317-44.

DUHAMEL, Olivier e MÉRY, Yves (eds.). *Dictionnaire Constitutionnel*. Paris: PUF, 1992.

DUMONT, Louis. "The modern conception of the individual. Notes on its genesis and that of concomitant institutions". *Contributions to Indian sociology*, vol. VIII, 1965: 13-61.

DUMONT, Louis. "Do indivíduo-fora-do-mundo ao indivíduo-no-mundo". In: *O individualismo. Uma perspectiva antropológica da ideologia moderna*. Rio de Janeiro: Rocco, 1985.

DUMONT, Louis. "O valor nos modernos e nos outros". In: *O individualismo. Uma perspectiva antropológica da ideologia moderna*. Rio de Janeiro: Rocco, 1985b.

DUPRONT, Alphonse. *A religião católica - possibilidades e perspectivas*. São Paulo: Loyola, 1995.

DUVERT, Cyrille. *Le droit et les sectes*. Paris: Thèse de doctorat en droit, Université Paris II, 1999.

EAUBONNE, François. *Dossier S... comme Sectes*. Paris: Edition A. Moreau, 1982.

EL MOUNTACIR, Hayat. *Les enfants des sectes*. Paris: Editions Fayard, 1994.

ENCREVÉ, André. *Les protestants en France de 1800 à nos jours. Histoire d'une reintégration*. Paris: Stock, 1985.

FAILLACE, Sandra. "Testemunhas de Jeová". *Cadernos do ISER* (Diversidade religiosa no Brasil), 23, 1990: 105-109.

FAIVRE, Antoine. "Les courants esotériques et le rapport". In: Introvigne e Melton (dir.). *Pour en finir avec les sectes. Le débat sur le rapport de la comission parlamentaire*. Paris: Dervy, 1996.

FALCÃO, Alcino e DIAS, José. *Constituição anotada*. Rio de Janeiro: José Konfino, 1956.

FAUBERT, Serge. *Une secte au coeur de la République*. Paris: Calmann-Lévy, 1993.

FAUCHOIS, Yann. "Révolution Française, religion et logique de l'État". *Archives des Sciences Sociales des Religions*, 66 (1), 1988: 9-24.

FAVRET-SAADA, Jeanne. *Les mots, la mort, les sorts*. Paris: Gallimard, 1977.

FEIL, Ernst. "From classical *religio* to the modern religion: elements of a transformation between 1550 and 1650". In: Despland e Vallée. *Religion in History: the word, the idea, the reality*. Waterloo: Wilfrid Laurier University Press, 1992.

FERNANDES, Geraldo. "A religião nas Constituições republicanas do Brasil". *REB*, 8 (4), 1948: 830-58.

FERNANDES, Rubem César. *Censo Institucional Evangélico 1992*. Rio de Janeiro, ISER, 1992.

FERNANDES, Rubem César *et alli. Novo nascimento. Os evangélicos em casa, na igreja e na política*. Rio de Janeiro: Mauad, 1998.

FERRARI, Silvio. "Separation of Church and State in Contemporary European Society". *Journal of Church and State*, 30 (3), 1988: 533-47.

FERRARI, Silvio. "Introduction générale". *Conscience et Liberté*, 37, 1989: 9-40.

FERRARI, Silvio. "Le vin nouveau et le vieux fût. Tolérance, religion et loi dans l'Europe d'aujourd'hui". *Conscience et Liberté*, 50, 1995: 104-117.

FERRAROTTI, Franco. "Le destin de la raison et le paradoxe du sacré". *Social Compass*, 31 (2-3), 1984: 133-55.

FERREIRA ALVES, Joaquim Augusto. *Consolidação das Leis relativas ao Juízo da Provedoria*. Rio de Janeiro: Laemmart, 1897.

FERREIRA, Miguel Vieira. *Liberdade de consciência - o Christo no Jury*. Rio de Janeiro: Imp. Montenegro, 1891.

FILLAIRE, Bernard. *Le grand décervelage - Enquête pour combattre les sectes*. Paris: Plon, 1993.

FILLAIRE, Bernard. *Les sectes*. Paris: Flammarion, 1996.

FINGER, Sarah. "Que faire face à la progression des sectes?". *L'État de la France*. Paris: La Découverte, 1998.

FINKE, Roger. "Religious desregulation: origins and consequences". *Journal of Church and State*, 32 (3), 1990.

FITZGERALD, Michael. "Sects and new religious movements in the light of the recent teaching of the Church". *Bulletin* (Pontifício Conselho para o Diálogo Inter-Religioso), XXVII/2, 80, 1992.

FONSECA, Alexandre Brasil. *Evangélicos e mídia no Brasil*. Rio de Janeiro: Dissertação de Mestrado, Programa de Pós-Graduação em Sociologia, IFCS/UFRJ, 1997.

FRANCIS, John. "The evolving regulatory structure of European Church-State relationships". *Journal of Church and State*, 34 (4), 1992: 775-804.

FRÉGOSI, Franck. "Les problèmes liés à l'organisation de la religion musulmane en France". *Revue de Droit Canonique*, 46 (2), 1996: 215-38.

FRESTON, Paul. *Protestantes e política no Brasil: da Constituinte ao Impeachment*. Campinas: Tese de Doutorado, IFCH/UNICAMP, 1993.

FRESTON, Paul. "Breve história do pentecostalismo brasileiro". In: Vários autores. *Nem anjos nem demônios: interpretações sociológicas do pentecostalismo*. Petrópolis: Vozes, 1994a.

FRESTON, Paul. "Uma breve história do pentecostalismo brasileiro: a Assembléia de Deus". In: *Religião e Sociedade*, 16/3, 1994b.

FRESTON, Paul. "As Igrejas Protestantes nas eleições gerais brasileiras de 1994". *Religião e Sociedade*, 17(1-2), 1996: 160-188.

FRESTON, Paul. "'Neo-pentecostalism' in Brazil: problems of definition and the strugle for hegemony". *Archives des Sciences Sociales des Religions*, 105, 1999: 145-62.

FRIDMAN, Tânia. "A propriedade santa: o patrimônio territorial da Ordem de São Bento na cidade do Rio de Janeiro". *Donos do Rio em nome do Rei. Uma história fundiária da cidade do Rio de Janeiro*. Rio de Janeiro: Jorge Zahar/Garamond, 1999.

FRIGERIO, Alejandro. "'La invasión de las sectas': el debate sobre nuevos movimientos religiosos en los medios de comunicación en Argentina". *Sociedad y Religion*, 10/11, 1993: 24-51.

FRIGERIO, Alejandro e ORO, Ari. "Sectas satánicas en el Mercosur: un estudio de la construcción de la desviación religiosa en los medios de comunicación de Argentina y Brasil". *Horizontes Antropológicos*, 8, 1998: 114-150.

FRIJHOFF, Willem. "Le seuil de tolérance en Hollande". In: Vários autores. *Homo Religiosus (autour de J. Delumeau)*. Paris: Fayard, 1987.

FULBROOK, Mary. *Piety and politics. Religion and the rise of absolutism in England, Württemberg and Prussia*. Cambridge: Cambridge University Press, 1983.

FUNKENSTEIN, Amos. *Theology and scientific imagination*. Princeton: Princeton University Press, 1986.

GANNON, Thomas. "The New Christian Right in America as a social and political force". *Archives des Sciences Sociales des Religions*, 52(1), 1981: 69-84.

GARAY, Alain e GONI, Philippe. "Un cas d'intégration juridique dans le paysage cultuel français: les Témoins de Jéhovah". *Les Petites Affiches*, 53, 1996.

GARRISON, Janine. *L'Édit de Nantes et sa révocation*. Paris: Seuil, 1985.

GAST, Philippe. "Les sectes et la démocratie". *Les Petites Affiches*, 125, 1994.

GAST, Philippe. "Pour une charte des mouvements spirituels". *Les Petites Affiches*, 90, 1995.

GAST, Philippe. "Analyse critique de la situation des mouvements religieux en droit positif français". In: Introvigne e Melton (dir.). *Pour en finir avec les sectes. Le débat sur le rapport de la comission parlamentaire*. Paris: Dervy, 1996a.

GAST, Phillipe. "IVI (Invitation à la Vie) et le rapport". In: Introvigne e Melton (dir.). *Pour en finir avec les sectes. Le débat sur le rapport de la comission parlamentaire*. Paris: Dervy, 1996b.

GAUCHET, Marcel. *Le desenchantement du monde*. Paris: Galimard, 1985.

GIRARDI, José. *Igreja e Estado no pensamento de Rui Barbosa*. Roma: Dissertação em Direito Canônico, Pontifícia Universitas Urbaniane de Propaganda Fide, 1960.

GIUMBELLI, Emerson. *Faces e dimensões da Campanha contra a Fome*. Rio de Janeiro: ISER, 1994.

GIUMBELLI, Emerson. *O cuidado dos mortos: uma história da condenação e legitimação do espiritismo*. Rio de Janeiro: Arquivo Nacional, 1997.

GIUMBELLI, Emerson. "Qual tolerância? A propósito dos quatrocentos anos do Édito de Nantes". *Tempo e Presença*, 302, 1998: 28-30.

GIUMBELLI, Emerson. "A vontade do saber: terminologias e classificações sobre o protestantismo brasileiro". In: *Religião e Sociedade*, 21 (1), 2000: 87-119.

GIUMBELLI, Emerson. "A religião que a modernidade produz: sobre a história da política religiosa na França". Dados — Revista de Ciências Sociais, n. 44 (4), 2001: 807-840.

GOLDMAN, Marcio e PALMEIRA, Moacir. "Apresentação". In: M.Palmeira e M.Goldman. *Antropologia, voto e representação política*. Rio de Janeiro: Contra Capa, 1996.

GOMES, Dias. *Decadência*. Rio de Janeiro: Bertrand Brasil, 1995.

GONÇALVES da SILVA, Vagner. *Orixás da metrópole*. Petrópolis: Vozes, 1995.

GONZALEZ, Gérard. "Les Témoins de Jéhovah peuvent-ils constituer des associations cultuelles?". *Revue Française de Droit Administratif*, 14 (1), 1998: 69-73.

GOYARD, Claude. "Les sectes et leurs adeptes au regard de la Constitution Française". *L'Année Canonique*, 30,1987: 257-96.

GOYARD, Claude. "L'Administration face aux sectes". *Revue Administrative*, 293, 1996: 539-43

GRAETZ, Michael. "De l'emiettement à l'unité jacobine: la Révolution et l'Empire ont provoqué une nouvelle organisation des juifs de France". *Les juifs en France au XIXeme siècle*. Paris: Seuil, 1989.

GRAHAM, Gordon. "Religion, secularization and modernity". *Philosophy*, 260, 1992.

GREIL, Arthur e ROBBINS, Thomas. "Introduction: exploring the boundaries of the sacred". In: Greil e Robbins (eds.). *Between sacred and secular: research and theory on quasi-religion*. Greenwich: Jai Press Inc., 1994.

GROOT, C.F.G. de. *Brazilian Catholicism and the Ultramontane reform, 1850-1930*. Amsterdã: CEDLA, 1996.

GROS, Jean Michel. "Introduction". In: Bayle. *De la tolérance*. Paris: Pocket, 1992.

GROS, Manuel. "Note de jurisprudence". *Revue du Droit Public*, mars-avril 1996: 536-49.

GUARESCHI, Pedrinho. "Igreja da Unificação ou Associação do Espírito Santo para a Unificação do Cristianismo Mundial". *Cadernos do ISER* (Diversidade religiosa no Brasil), 23, 1990.

GUSDORF, Georges. *Dieu, la nature, l'homme au siècle des lumières*. Paris: Payot, 1972.

GUSTAFSSON, Göran. "Politicization of State Churches - a Welfare State model". *Social Compass*, 37 (1), 1990: 107-116.

GUYARD, Jacques. *Les sectes en France* – Rapport de la Comission d'enquête sur les sectes. Paris: Assemblée Nationale, 1996.

HADDEN, Jeffrey. "Conservative christians, televangelism, and politics: taking stock a decade after the founding of Moral Majority". In: Robbins e Anthony. *In Gods we trust: new patterns of religious pluralism in America*. New Brunswick: Transactions Books, 1990.

HAMMOND, Phillip. "The shifting meaning of a wall of separation: some notes on Church, state and conscience". *Sociological Analysis*, 42 (3), 1981: 227-48.

HAMPSHIRE, Annette e BECKFORD, James. "Religious sects and the concept of deviance: the Mormons and the Moonies". *British Journal of Sociology*, 34 (2), 1983.

HARRISON, Peter. *'Religion' and the religions in the English Enlightenment*. Cambridge: Cambridge University Press, 1990.

HAZARD, Paul. *La crise de la conscience européenne (1680-1715)*. Paris: Le Livre de Poche, 1961.

HEAD, Randolph. "Introduction: the transformation of the long Sixteenth Century". In: C. Nederman e J. Laursen (eds.). *Beyond the persecuting society. Religious toleration before the Enlightenment*. Philadelphia: University of Pensilvania Press, 1998.

HEELAS, Paul. "A Nova Era no contexto cultural". *Religião e Sociedade*, 17(1-2), 1996: 16-32.

HERVIEU-LÉGER, Danièle. "Sécularisation et modernité religieuse". *Esprit*, 106, 1985: 50-62.

HERVIEU-LÉGER, Danièle. "Religion, modernité, sécularisation". In: *Vers un nouveau christianisme?* Paris: CERF, 1986.

HERVIEU-LÉGER, Danièle."Faut-il définir la religion? Questions prélables à la construction d'un sociologie de la modernité religieuse". *Archives des Sciences Sociales des Religions*, 63 (1), 1987: 11-30.

HERVIEU-LÉGER, Danièle. "Prolifération américaine, sécheresse française". In: Champion e Cohen (eds.). *Sectes et démocratie*. Paris: Seuil, 1999a.

HERVIEU-LÉGER, Danièle. *Le pèlerin et le converti. La religion en mouvement*. Paris, Flammarion, 1999b.

HERVIEU-LÉGER, Danièle.*La Religion en Miettes ou la Question des Sectes*. Paris: Calman-Lévy, 2001.

HILL, Christopher. *The century of Revolution*. Molly Millans Lane: Van Nostrand Reinold, 1987.

HILL, Michael. "Sect". In: Mircea Eliade (ed.). *The International Enciclopedia of Religions*. Nova Iorque: Macmillan Pub., 1987.

HORTAL, Jesús. "As Igrejas Brasileiras". *Cadernos do ISER* (Diversidade religiosa no Brasil), 23, 1990: 19-26.

HUME, David. *The natural history of religion*. Standford: Standford University Press, 1978 [1757].

HUNTINGTON, Samuel. *O choque de civilizações e a recomposição da ordem mundial*. Rio de Janeiro: Objetiva, 1997.

IACONO, Alfonso. *Le fétichisme. Histoire d'un concept*. Paris: PUF, 1992.

IBÁN, Ivan. "Nouveaux mouvements religieux — problèmes juridiques". *Conscience et Liberté*, 37, 1989: 41-47.

INTROVIGNE, Massimo. "L'évolution du "mouvement contre les sectes" chrétien 1978-1993". *Social Compass*, 42 (2), 1995: 237-247.

INTROVIGNE, Massimo. "'Sectes' et 'droit de persécution': les raisons d'une controverse". In: Introvigne e Melton (dir.). *Pour en finir avec les sectes. Le débat sur le rapport de la comission parlamentaire*. Paris: Dervy, 1996.

INTROVIGNE, Massimo. "La stimagtisation de certains groupes comme sectes au sein du catholicisme". In: Champion e Cohen (eds.). *Sectes et démocratie*. Paris: Seuil, 1999a.

INTROVIGNE, Massimo. "Une dérive vers l'homicide et le suicide: l'Ordre du Temple Solaire". In: Champion e Cohen (eds.). *Sectes et démocratie*. Paris: Seuil, 1999b

INTROVIGNE, Massimo e MELTON, Gordon (dir.). *Pour en finir avec les sectes. Le débat sur le rapport de la comission parlamentaire*. Paris: Dervy, 1996.

JACOB, Margaret. "Private beliefs in public temples: the new religiosity of the Eighteenth century". *Social Research*, 59 (1), 1992: 59-84.

JOFFE, Josef. "Germany vs. the Scientologists". *The New York Review*, April 24, 1997.

JOHNSON, Paul C. "Kicking, striping, and re-dressing a saint in black: visions of public space in Brazil's recent holy war". *History of Religions*, 37 (2), 1997: 122-40.

JOURNAL OFFICIEL DE LA RÉPUBLIQUE FRANÇAISE. *Cultes et associations cultuelles; congrégations et collectivités religieuses*. JORF, n. 1524, 1991.

JUERGENSMEYER, Mark. *The new cold war? Religious nationalism confronts the secular state*. Berkeley: University of California Press, 1993.

JULES-ROSETTE, Bennetta. "The sacred in African New Religious". In: J. Beckford e T. Luckmann (ed.). *The changing face of religion*. Londres: Sage, 1989.

JUSTINO, Mário. *Nos bastidores do reino. A vida secreta na Igreja Universal do Reino de Deus*. 1995. (www.geocities.com/Athens/Acropolis/5724)

KELLEY, Dean. "Religious innovation and government regulation: the zone of perpetual turbulence". *Social Compass*, 37 (1), 1990: 137-43.

KELLY, Octavio. *Interpretação do Código Civil no Supremo Tribunal Federal*. Rio de Janeiro: Oficina Gráfica Mauá, 1944.

KEPEL, Gilles. *La revanche de Dieu*. Paris: Seuil, 1991.

KERR, Donald. "Religion, State and ethnic identity". In: Kerr (ed.). *Religion, State and ethnic groups - Europe 1850-1940*. Dartmouth: New York University Press, 1992.

KOINONIA. *O sonho ecumênico: prefácio ao novo milênio* (Memória da I Jornada Ecumênica). Rio de Janeiro, Koinonia, 1995.

KOSHI, Ninan. "The ecumenical understanding of religious liberty: the contribution of the World Council of Churches". *Journal of Church and State*, 38 (1), 1996: 137-54.

KOUBI, Geneviève. "Droit et religions: dérives ou inconséquences de la logique de conciliation". *Revue du Droit Public*, mai-juin 1992: 725-48.

KOUBI, Geneviève. "Article 10". In: Conac, Debene e Toboul (eds.). *Déclaration des Droits de l'Homme et du Citoyen de 1789* (Histoire, analyse et commentaires). Paris: Economica, 1993.

KOUBI, Geneviève. "Circulaires administratives entre incertitudes socio-politiques et indécisions juridiques". *Revue de la Recherche Juridique*, 3, 1996: 785-94.

KRAMER, Eric. "Law and the image of a nation: religious conflict and religious freedom in a Brazilian criminal case". *Law and Social Inquiry*, 26 (1), 2001: 35-62.

LACERDA de ALMEIDA, Francisco de Paula. *A Igreja e o Estado e suas relações no Direito brasileiro*. Exposição da matéria em face da jurisprudência nacional. Rio de Janeiro: Tip. Revista dos Tribunais, 1924.

LAGRÉE, Jacqueline. *La religion naturelle*. Paris: PUF, 1991.

LANDAU, Georges. *Liberdade religiosa no Brasil — suas bases jurídicas* (separata da Revista do Serviço Público). São Paulo: D.A.S.P., 1958.

LANDIM, Leilah. "Apresentação". *Cadernos do ISER* (Igrejas e seitas no Brasil), 21, 1989a.

LANDIM, Leilah. "Quem são as 'seitas'?" *Cadernos do ISER* (Igrejas e seitas no Brasil), 21, 1989b.

LANDIM, Leilah. *Para além do mercado e do Estado? Filantropia e cidadania no Brasil*. Rio de Janeiro: ISER, 1993.

LANDIM, Leilah (org.). *Ações em sociedade. Militância, caridade, assistência, etc*. Rio de Janeiro: ISER/Nau, 1998.

LANGLOIS, Claude. "Religion, culte ou opinion religieuse: la politique des révolutionnaires". *Revue Française de Sociologie*, XXX, 1989: 471-96.

LATOUR, Bruno. *Jamais fomos modernos*. Rio de Janeiro: Editora 34, 1994.

LATOUR, Bruno. *Petite réflexion sur le culte moderne des dieux faitiches*. Paris: Synthélabo, 1996.

LAURSEN, John. "Baylean liberalism: tolerance requires nontolerance". In: C. Nederman e J. Laursen (eds.). *Beyond the persecuting society. Religious toleration before the Enlightenment*. Philadelphia: University of Pensilvania Press, 1998b.

LAURSEN, John. "Introduction: contexts and paths to toleration in the Seventeenth Century". In: C. Nederman e J. Laursen (eds.). *Beyond the persecuting society. Religious toleration before the Enlightenment*. Philadelphia: University of Pensilvania Press, 1998a.

LAURSEN, John. "Spinoza on Toleration: arming the State and reining in the magistrate". In: Nederman e Laursen (eds.). *Difference and dissent. Theories of tolerance in Medieval and Early Europe*. Boston: Rowman & Littlefield, 1996.

LAWTON, David. *Blasphemy*. Philadelphia: University of Pennsylvania Press, 1993.

LE MINCE, Yvon. "Les sectes sont-elles des églises?". *Bulles*, 19, 1986.

LEBRUN, François. "Intolérance et tolérance en Europe, de la Réfome aux Lumières". In: Vários autores. *Homo Religiosus (autour de J. Delumeau)*. Paris: Fayard, 1987.

LECHNER, Franck. "Fundamentalism revisited". In: Robbins e Anthony. *In Gods we trust: new patterns of religious pluralism in America*. New Brunswick: Transactions Books, 1990.

LECLER, Joseph. *Histoire de la Tolérance au Siècle de la Réforme*. Paris: Éditions Montaigne, 1955.

LÉONARD, Émile. *O protestantismo brasileiro*. s/l: ASTE, s/d [1950].

LEVINE, Daniel. "From Church and State to Religion and Politics and Back Again". *Social Compass*, 37(3), 1990: 331-51.

LIVET, Georges. *Les Guerres de Religion*. Paris: PUF, 1962.

LOCHAK, Danièle. "Les ambiguïtés du principe de séparation". *Actes*, 79/80, 1992: 9-13.

LOCKE, John. "Carta acerca da tolerância" [1689]. In: *Os Pensadores*. São Paulo: Abril Cultural, 1973.

LONJOU, Magalie. "Les lieux de culte". *Actes*, 79/80, 1992: 25-29.

LÖWY, Michel. "Religion et politique en Amérique Latine". *Archives des Sciences Sociales des Religions*, 96, 1996: 51-58.

LUCA, Nathalie e LENOIR, Frédéric. *Sectes. Mensonges et idéaux*. Paris: Bayard, 1998.

LUSTOSA, Oscar de Figueiredo (org.). *A Igreja Católica no Brasil e o regime republicano*. São Paulo: Loyola/CEPEHIB, 1990.

LYON, David. "Rethinking secularization". *Review of Religious Research*, 26 (3), 1985: 228-43.

MACEDO COSTA, Antônio de (bispo do Pará). *A liberdade de cultos*. Representação à Assembléia Geral Legislativa. Rio de Janeiro: G. Leutzinger e Filhos, 1888.

MACEDO COSTA, Antônio de (arcebispo da Bahia). Carta a Rui Barbosa [1889]. In: Lustosa (org.). *A Igreja Católica no Brasil e o regime republicano*. São Paulo: Loyola/CEPEHIB, 1990.

MACHADO, Maria das Dores C. *Carismáticos e pentecostais: adesão religiosa e esfera familiar*. Campinas: Autores Associados, 1996

MADAN, T.N. *Modern myths, locked minds. Secularism and fundamentalism in India*. Delhi: Oxford University Press, 1997.

MAFRA, Clara. *Na posse da palavra: religião, conversão religiosa e liberdade pessoal em dois contextos nacionais*. Rio de Janeiro: Tese de doutorado, Programa de Pós-Graduação em Antropologia Social, MN/UFRJ, 1999.

MAGALHÃES, Theodureto. "Tese 54. Relatório". *Instituto dos Advogados do Brasil*. Conferências e principais trabalhos, 1910. Rio de Janeiro: Tipografia Jornal do Commercio, 1912.

MAGALHÃES, Theodureto. *A liberdade de cultos no Brasil* - Conferência realizada no Centro Republicano Brasileiro. Rio de Janeiro: s/e, 1919.

MAGGIE, Yvonne. *Medo do feitiço: relações entre magia e poder no Brasil*. Rio de Janeiro: Arquivo Nacional, 1992.

MAINWARING, Scott. *A Igreja Católica e a política no Brasil (1916-1985)*. São Paulo: Brasiliense, 1989.

MALAURIE, Phillippe. "Droit, sectes et religion". *Archives de Philosophie du Droit*, 38, 1993: 211-19.

MANUEL, Franck. *The Eighteenth Century confronts the gods*. Cambridge: Harvard University Press, 1959.

MARIANO, Ricardo. *Neopentecostalismo: os pentecostais estão mudando*. Dissertação de Mestrado, São Paulo, Dpto Sociologia/FFLCH/USP, 1995.

MARIANO, Ricardo. "Igreja Universal do Reino de Deus: a magia institucionalizada". *Revista USP*, 31, 1996a: 120-131.

MARIANO, Ricardo. "Os neopentecostais e a teologia da prosperidade". *Novos Estudos CEBRAP*, 44, 1996b: 24-44.

MARIANO, Ricardo. "O futuro não será protestante". Trabalho apresentado na VIII Jornadas sobre Alternativas Religiosas na América Latina. São Paulo, 22-25 de setembro de 1998.

MARIENTRAS, Elise. "Nation et religion aux États-Unis". *Archives des Sciences Sociales des Religions*, 83, 1993.

MARIZ, Cecília. "Estudos sobre pentecostalismo: uma perspectiva brasileira". *Estudios sobre religión (Asociación de Cientistas Sociales de la Religión en el Mercosur*, 7, 1999: 2-4.

MARKOFF, John e REGAN, Daniel. "Religion, State and political legitimacy in the world's constitutions". In: T. Robbins e R. Robertson (eds.). *Church-State relations*. New Brunswick: Transaction Books, 1987.

MARKOVITS, Francine. "Entre crer e saber". In: C. Sahel (org.). *A tolerância*. Porto Alegre: L&PM, 1993.

MARTIN, David. *A general theory of secularization*. Nova Iorque: Harper & Row, 1978.

MARX, Roland. *Religion et société en Anglaterre - de la Réfome à nos jours*. Paris: PUF, 1978.

MAXIMILIANO, Carlos. *Comentários à Constituição Brasileira*. Rio de Janeiro: Livraria Freitas Bastos, 1954 [1918]

MAYER, Jean-François. *Sectes nouvelles, un regard neuf*. Paris: Cerf, 1985.

MAYER, Jean-François. *Les sectes*. Paris: Cerf/Fides, 1987.

MAYER, Jean-François. "L'Église Catholique et les sectes: regards réciproques". *L'Année Sociologique*, 38, 1988: 193-212.

MAYER, Jean-François. "Les chevaliers de l'Apocalypse: L'Ordre du Temple Solaire et ses adeptes". In: Champion e Cohen (eds.). *Sectes et démocratie*. Paris: Seuil, 1999.

MELTON, J. Gordon. "The changing scene of new religions movements: observations from a generation of research". *Social Compass*, 42 (2), 1995: 265-76.

MENDES, Teixeira. *Pela Federação, Estado do Maranhão. Separação da Igreja do Estado*. Rio de Janeiro: Tipografia Central, 1889.

MENDONÇA, Antônio Gouvêa. "Notas a respeito das seitas". Mimeo, CEDI, 1986.

MENDONÇA, Antônio Gouvêa. "Um panorama do protestantismo brasileiro atual". *Cadernos do ISER* (Tradições religiosas no Brasil), 22, 1989.

MENDONÇA, Antônio Gouvêa. "Evolução histórica e configuração atual do protestantismo no Brasil". In: Mendonça, Antônio Gouvêa e Velasquez Fo, Prócoro. *Introdução ao protestantismo no Brasil*. São Paulo, Loyola/IMS, 1990.

MENDONÇA, Antônio Gouvêa. "Sindicato de mágicos: pentecostalismo e cura divina (desafio histórico para as igrejas)". *Estudos de Religião* - Instituto Metodista de Ensino Superior, 6 (8), 1992: 49-59.

MENDONÇA, Antônio Gouvêa. "O neopentecostalismo". *Estudos de Religião* - Instituto Metodista de Ensino Superior, (9) 9, 1994: 147-59.

MESNARD, André-Hubert. "L'Office Culturel de Cluny et le rapport". In: Introvigne e Melton (dir.). *Pour en finir avec les sectes. Le débat sur le rapport de la comission parlamentaire*. Paris: Dervy, 1996.

MESSNER, Francis. "Peut-on définir juridiquement la religion? L'exemple de la République Fédérale de l'Alemagne". *Année Canonique*, 31, 1988: 321-42.

MESSNER, Francis. "Situation des nouveaux mouvements religieux en France". *Conscience et Liberté*, 39, 1989: 75-82.

MESSNER, Francis. "Laïcité imaginée et laïcité juridique. Les évolutions du régime des cultes en France". *Le Débat*, 77, 1993: 88-94.

MESSNER, Francis. "La législation cultuelle des pays de l'Union européenne face aux groupes sectaires". In: Champion e Cohen (eds.). *Sectes et démocratie*. Paris: Seuil, 1999.

MEYER, Jean. *La christiade - l'église, l'état et le peuple dans la révolution mexicaine*. Paris: Payot, 1975.

MICELI, Sérgio. *A elite eclesiástica brasileira*. Rio de Janeiro: Bertrand, 1988.

MIRANDA, Júlia. *Horizontes de Bruma. Os limites questionados do religioso e do político*. São Paulo: Maltese, 1995.

MIRANDA, Mario de França. "A igreja católica diante do pluralismo religioso no Brasil". *REB*, 202, 199: 292-308.

MIRANDA, Mario de França. "Ecumenismo, diálogo inter-religioso e missão". CNBB. *O evangelho nas culturas* (V Congresso Missionário Latino-americano). Petrópolis: Vozes, 1996.

MIS [Mission Interministérielle de Lutte contre les Sectes]. *Rapport 1999*. 2000. (www.multimania.com/tussier/ sciento.htm)

MOMIGLIANO, Arnaldo. "Historiography: Western studies". In: M.Eliade (ed.). *The Encyclopedia of Religion*, vol.6. Nova Iorque: Macmillan Pub., 1987.

MONTEIRO, Duglas. "Igrejas, seitas e agências - aspectos de um ecumenismo popular". In: E. Valle e J.J. Queiroz. (org.). *A cultura do povo*. São Paulo, Cortez, 1979.

MONTEIRO, Ruy Carlos de Barros. "Apontamentos sobre imunidades tributárias à luz da jurisprudência do STF". *Revista de Informação Legislativa*, 93, 1987: 204-212.

MONTERO, Paula. "A universalidade da missão e a particularidade das culturas". In: Montero (org.). *Entre o mito e a história: o V Centenário da Descoberta da América*. Petrópolis: Vozes, 1996.

MONTERO, Paula. "Religiões e espaço público no Brasil: uma introdução". *Cadernos de Pesquisa* (CEBRAP), 6, 1997: 1-8.

MONTERO, Paula. "Religiões e dilemas da sociedade brasileira". In: S.Miceli. *O que ler na ciência social brasileira (1970-1995) - Antropologia*. São Paulo: Editora Sumaré/ANPOCS/CAPES, 1999.

MONTES, Maria Lúcia. "As figuras do sagrado: entre o público e o privado". In: L. Schwarcz (org.). *História da Vida Privada no Brasil* (Volu-

me 4). São Paulo: Companhia das Letras, 1998.

MORAES Filho, Antonio Evaristo, LAVIGNE, Arthur, RIBEIRO, Paulo F. "Liberdade de culto – estelionato – curandeirismo – charlatanismo". *Revista Brasileira de Ciências Criminais*, 2, 1993: 255-77.

MORIN, Jean-Pierre. "Le viol psychique: un projet de définition juridique". *Revue Internationale de Criminologie et de Police Technique*, 31 (3), 1978: 275-84.

MULHERN, Sherrill. "Du 'lavage de cerveau' à la 'déstabilisation mentale'". In: Introvigne e Melton (dir.). *Pour en finir avec les sectes. Le débat sur le rapport de la comission parlamentaire*. Paris: Dervy, 1996.

NEDERMAN, Cary. "Introduction: discourses and contexts of tolerance in Medieval Europe". In: Nederman, Cary e Laursen, John (eds.) *Beyond the persecuting society. Religious toleration before the Enlightenment*. Philadelphia: University of Pensilvania Press, 1998.

NEDERMAN, Cary e LAURSEN, John (eds.) "Difference and dissent: introduction". In: *Difference and dissent. Theories of tolerance in Medieval and Early Europe*. Boston: Rowman & Littlefield, 1996.

NEDERMAN, Cary e LAURSEN, John. "General introduction: political and historical myths in the toleration literature". In: Nederman e Laursen (eds.) *Beyond the persecuting society. Religious toleration before the Enlightenment*. Philadelphia: University of Pensilvania Press, 1998.

NEGRÃO, Lísias N. "Intervenções". In: A.Moreira e R.Zicman (orgs.). *Misticismo e novas religiões*. Petrópolis/Bragança Paulista: Vozes/IFAN, 1994.

NEGRÃO, Lísias N. "Refazendo antigas e urdindo novas tramas: trajetórias do sagrado". *Religião e Sociedade*, 18 (2), 1997:63-74.

NOGUEIRA, Ataliba. "Subvenção a instituições religiosas e a Constituição Federal de 1946". *Revista da Faculdade de Direito de São Paulo*, 56 (1), 1961: 164-171.

NOVAES, Regina. "Pentecôtisme à la brésilienne: des controverses en cours". *Archives des Sciences Sociales des Religions*, 105, 1999: 125-143

OIS [OBSERVATOIRE INTERMINISTÉRIEL sur les SECTES]. *Rapport Annuel 1997*. Paris: La Documentation Française, 1998.

OLIVEIRA Filho, João de. "O Código Civil, as associações católicas e o direito canônico". *Revista Forense*, 131, 1950: 41-2.

ORO, Ari Pedro. "Considerações sobre a modernidade religiosa". *Sociedad y Religión*, 14/15, 1996a: 61-70.

ORO, Ari Pedro. *Avanço pentecostal e reação católica*. Petrópolis: Vozes, 1996b.

ORO, Ari Pedro. "Neopentecostais e afro-brasileiros: quem vencerá esta guerra?" *Debates do NER*, 1, 1997: 10-36.

ORTIZ, Renato. "O mercado religioso". In: *Comunicações do ISER*, 5, 1983.

ORTIZ, Renato. "Intervenções". In: A.Moreira e R.Zicman (orgs.). *Misticismo e novas religiões*. Petrópolis/Bragança Paulista: Vozes/IFAN, 1994.

PASQUA, Charles. "Préface". *Administration*, 161, 1993: 17-23.

PASSAS, Nikos. "The market for goods and services: religion, commerce and deviance". In: Greil e Robbins (eds.). *Between sacred and secular: research and theory on quasi-religion*. Greenwich: Jai Press Inc., 1994.

PEIXOTO, Isadora. *Superstição e crime no Brasil*. São Paulo: Editora Revista dos Tribunais, 1990.

PIERAT, Guy. "Le sectes, un fait de société". *Revue de la Police Nationale*, 121, 1984: 21-25.

PIERRÉ-CAPS, Stéphane. "Les 'nouveaux cultes' et le droit public". *Revue du Droit Publique*, 4, 1990: 1073-1119.

PIERUCCI, Antônio Flávio. "Representantes de Deus em Brasília: a bancada evangélica na Constituinte" In: ANPOCS. *Ciências Sociais Hoje*. São Paulo: Vértice/ANPOCS, 1989.

PIERUCCI, Antônio Flávio. "Liberdade de culto na sociedade de serviços". *Novos Estudos CEBRAP*, 44, 1996: 3-11.

PIERUCCI, Antônio Flávio. "A propósito do autoengano em sociologia da religião". *Novos Estudos CEBRAP*, 49, 1997: 99-117.

PIERUCCI, Antônio Flávio. "Sociologia da religião - área impuramente acadêmica". In: S.Miceli. *O que ler na ciência social brasileira (1970-1995) - Sociologia*. São Paulo: Editora Sumaré/ANPOCS/CAPES, 1999a.

PIERUCCI, Antônio Flávio. "Fim da união Estado-Igreja ampliou oferta de religiões". *Folha de São Paulo*, 26.12.1999. 1999b.

POIRIER, Bernard. "La secte de Moon". *Études*, aôut-septembre 1975.

PONTES de MIRANDA, Francisco Cavalcanti. *Tratado de Direito Privado*. Rio de Janeiro: Borsoi, 1954.

POPKIN, Richard. "Skepticism about religion and millenarian dogmatism: two sources of toleration in Seventeenth Century". In: C. Nederman e J. Laursen (eds.). *Beyond the persecuting society. Religious toleration before the Enlightenment*. Philadelphia: University of Pensilvania Press, 1998.

POULAT, Émile. "Préface". In: Mayer. *Sectes nouvelles, un regard neuf*. Paris: Cerf, 1985.

POULAT, Émile. *Liberté, laïcité: la guerre de deux France et le principe de la modernité*. Paris: CERF/Cujas, 1987.

POULAT, Émile. "Le savant, le politique et le secouriste". In: Introvigne e Melton (dir.). *Pour en finir avec les sectes. Le débat sur le rapport de la comission parlamentaire*. Paris: Dervy, 1996.

POZZI, Enrico. "Sécularisation et deboires du sacré: le suicide collectif de Jonestown". *Cahiers Internationaux de Sociologie*, 72, 1982: 131-44.

PRANDI, Reginaldo. "Religião paga, conversão e serviço". *Novos Estudos CEBRAP*, 45, 1996: 65-77.

PRANDI, Reginaldo. "A religião do planeta global". In: A.Oro e C.Steil (org.). *Globalização e religião*. Vozes: Petrópolis, 1997.

RAMOS, Elival da Silva. "Notas sobre a liberdade de religião no Brasil e nos Estados Unidos". *Revista da Procuradoria Geral do Estado de São Paulo*, 27/28, 1987: 199-246.

RAPHÄEL, Freddy. "Le judaïsme religion française reconnue". In: Rémond e Le Goff (ed.). *Histoire de la France Religieuse*. Paris: Seuil, 1988a.

RAPHÄEL, Freddy. "Les juifs de l'Ancien Régime". In: Rémond e Le Goff (ed.). *Histoire de la France Religieuse*. Paris: Seuil, 1988b.

REILLER, Jacques. "Les sectes et l'ordre républicain". *Administration*, 161, 1993: 94-98.

REY, Alain (dir.). *Dictionnaire Historique de la Langue Française*. Dictionnaires Le Robert, 1992.

RIBEIRO de OLIVEIRA, Pedro. "Secularização, mercado e o sagrado imanente". Mimeo., 1997.

RIBEIRO, Cláudio de Oliveira. "Movimentos pentecostais, carismáticos e mística cristã: desafios teológicos e pastorais". *Perspectiva Teológica*, 28, 1996: 339-364.

RICHARDSON, James. "Changing times: religion, economics and the law in contemporary America". *Sociological Analysis*, 49 (1), 1988: 1-14.

RICHARDSON, James. "Minority religions, religious freedom, and the new pan-european political and judicial institutions". *Journal of Church and State*, 37 (1), 1995a: 39-59.

RICHARDSON, James. "Legal status of minority religions in the United States". *Social Compass*, 42 (2), 1995b: 249-64.

RICHARDSON, James e VAN DRIEL, Barend. "Print media coverage of new religious movements: a longitudinal study". *Journal of Communication*, 38 (3), 1988: 37-61.

RICHARDSON, James e VAN DRIEL, Barend. "New religions in Europe: development and reactions". Bromley, David e Shupe, Anson (eds.). *Anti-cult movements in cross-cultural perspective*. Nova Iorque: Garland Pub., 1994.

RICHARDSON, James e VAN Driel, Barend. "Journalists' attitudes toward new religious movements". *Review of Religious Research*, 39 (2), 1997: 116-36.

RIIS, Ole. "Religion re-emerging". *International Sociology*, 13 (2), 1998: 249-72.

ROBBINS, Thomas. "Government regulatory powers over religious movements: deviant groups as test cases". *Journal for the Scientific Study of Religion*, 24 (32), 1985: 237-51.

ROBBINS, Thomas. "Church-State tension in the United States". In: T. Robbins e R. Robertson (eds.). *Church-State relations. Tensions and transitions*. New Brunswick: Transaction Books, 1987a.

ROBBINS, Thomas. "Church-State tension and marginal movements in the United States". In: T. Robbins e R. Robertson (eds.). *Church-State relations. Tensions and transitions*. New Brunswick: Transaction Books, 1987b.

ROBBINS, Thomas. *Cults, converts and charisma: the sociology of new religious movements*. Beverly Hills: Sage, 1988.

ROBBINS, Thomas. "The intensification of church-state conflict in the United States". *Social Compass*, 40 (4), 1993: 505-27.

ROBERT, Jacques. "Note de Jurisprudence". *Revue du Droit Public*, 2, 1985: 497-508.

ROBERT, Jacques. "Accepter la foi". *Le Monde des débats*, fevereiro 1994.

ROBERT, Jacques. "Constitution et religions minoritaires". In: Académie Internationale de Droit Constitutionnel. *Constitutions et religions*. Toulouse: Presses de l'Université des Sciences Sociales de Toulouse, 1996.

ROBERTSON, Roland. "The sacred and the world-system". In: P. Hammond (ed.). *The sacred in a secular age – toward revision in the scientific study of religion*. Berkeley: University of California Press, 1985.

ROBERTSON, Roland. "Church-State relations and the world-system". In: T. Robbins e R. Robertson (eds.). *Church-State relations*. New Brunswick: Transaction Books, 1987a.

ROBERTSON, Roland. "Church-State relations in comparative perspective". In: T. Robbins e R. Robertson (eds.). *Church-State relations*. New Brunswick: Transaction Books, 1987b.

ROBERTSON, Roland. "Globalization, politics, and religion". In: J. Beckford e T. Luckmann (ed.). *The changing face of religion*. Londres: Sage, 1989.

ROBERTSON, Roland. "Community, society, globality, and the category of religion". In: Barker, Beckford e Dobbelaere (eds.). *Secularization, rationalism and sectarianism*. Oxford: Clarendon Press, 1993.

RODRIGUES, Anna Maria Moog (org.). *A Igreja na República*. Brasília: Câmara dos Deputados/UnB, 1981.

ROMAN, Joël. "La tolérance, entre indifférence et engagement". *Esprit*, ago-set 1996: 95-100.

ROMEIRO, Paulo. *Evangélicos em crise*. São Paulo: Mundo Cristão, 1997.

ROURE, Agenor de. *A Constituinte Republicana*. Brasília: Senado Federal/UnB, 1979 [1918].

ROUSSEAU, Jean-Jacques. "O Contrato social" [1762]. In: *Os Pensadores*. São Paulo: Abril Cultural, 1973.

ROUVIÈRE-PERRIER, Isabelle. "Le droit de l'urbanisme: une arme contre les sectes?". *Les Petites Affiches*, 77, 1994.

ROUVIÈRE-PERRIER, Isabelle. "Vers un nouveau concordat? Réflexion sur le problème des sectes". *Les Petites Affiches*, 119, 1995.

ROZEMBERG, Danielle. "L'État et les minorités religieuses en Espagne". *Archives des Sciences Sociales des Religions*, 98, 1997.

RUDOLPH, Susanne e PISCATORI, James (eds.) *Transnational religion and fading states*. Boulder: Westview Press, 1997.

RUUTH, Anders e RODRIGUEZ, Donizete. *Deus, o demónio e o homem. O Fenómeno Igreja Universal do Reino de Deus*. Lisboa: Edições Colibri, 1999.

SADE. *La philosophie dans le boudoir*. Paris, Bookking International, 1994 [1795].

SALIBA, John. "Vatican response to the New Religious Movements". *Theological Studies*, 53 (1), 1992: 3-39.

SANCHIS, Pierre. "O repto pentecostal à 'cultura católico-brasileira'". In: Vários autores. *Nem anjos nem demônios: interpretações sociológicas do pentecostalismo*. Petrópolis, Vozes, 1994.

SANCHIS, Pierre. "O campo religioso será ainda o campo das religiões?". In: E. Hoornaert. *História da Igreja na América Latina e no Caribe*. Petrópolis: Vozes, 1995.

SANCHIS, Pierre. "O campo religioso contemporâneo no Brasil". In: A.Oro e C.Steil (org.). *Globalização e religião*. Vozes: Petrópolis, 1997.

SCAMPINI, José. *A liberdade religiosa nas constituições brasileiras. Estudo filosófico-jurídico comparado*. Petrópolis: Vozes, 1978.

SCHERKERKEWITZ, Iso Chaitz. "O Direito de religião no Brasil". *Revista Trimestral de Jurisprudência dos Estados*, 146, 1996: 55-72.

SCHMIDT, Eugênio. "Rui Barbosa e o decreto da separação". *REB*, 14 (2), 1954: 359-75.

SCHRITZMEYER, Ana Lucia. *Sortilégio de saberes. Curandeiros e juízes nos tribunais brasileiros*. São Paulo: Dissertação de Mestrado, PPGAS/FFLCH/USP, 1994.

SÉGUY, Olivier-Louis. "Le rapport parlamentaire 'Les sectes en France' ou l'apologie du soupçon". In: Introvigne e Melton (dir.). *Pour en finir avec les sectes. Le débat sur le rapport de la comission parlamentaire*. Paris: Dervy, 1996.

SHUPE, Anson e BROMLEY, David. *The new vigilants: deprogrammers, anti-cultists and the new religions*. Beverly Hills: Sage, 1980a.

SHUPE, Anson e BROMLEY, David. "Walking a tightrope: dilemmas of participant observation of groups in conflict". *Qualitative Sociology*, 2, 1980b: 3-21.

SHUPE, Anson e BROMLEY, David. "Social responses to cults". In: P. Hammond (ed.). *The sacred in a secular age – toward revision in the scientific study of religion*. Berkeley: University of California Press, 1985.

SMITH, Wilfred. *The meaning and the end of religion*. Minneapolis: Fortress Press, 1991 [1962].

SOARES, Luiz Eduardo. "Dimensões democráticas do conflito religioso no Brasil: a guerra dos pentecostais contra o afro-brasileiro". In: *Os dois corpos do presidente e outros ensaios*. Rio de Janeiro: Relume-Dumará/ISER, 1993.

SOLER-COUTEAUX, Pierre. "Quelle liberté pour les sectes?" *Revue Française de Droit Administratif*, 1 (4), 1985: 566-74.

SOLER-COUTEAUX, Pierre. "Synthèse". *Les Petites Affiches*, 95, 1994.

SOUZA BANDEIRA, João. "Étude sur le régime légal des corporations de main-morte au Brésil". *Bulletin de la Société de Législation Comparée*, 22, 1893: 569-95.

STOLL, David. *Is Latin America turning Protestant? The politics of Evangelical growth*. Berkeley: University of California Press, 1990.

STRAUSS, Leo. "O Estado e a religião". In: Quirino e Souza (orgs.). *O pensamento político clássico*. São Paulo: TAQ, 1980.

TARSIER, Pedro. *História das perseguições religiosas no Brasil*. São Paulo: Cultura Moderna, 1936.

TAVERNIER, Janine. "Punir la manipulation". *Le Monde des débats*, fevereiro 1994.

TEIXEIRA, Faustino (org.). *Diálogo de pássaros. Nos caminhos do diálogo inter-religioso*. São Paulo: Paulinas, 1993.

TEPEDINO, Gustavo. "Aspectos polêmicos do tratamento fiscal conferido aos templos e às entidades de fins religiosos". *Revista da Procuradoria Geral da República*, 5, 1993: 57-79.

THIEMANN, Ronald. *Religion in public life. A dilemma for democracy*. Washington: Georgetown University Press, 1996.

THIERRY, Patrick. *La tolérance: société démocratique, opinions, vices et vertus*. Paris: PUF, 1997.

TOULMIN, Stephen. *Cosmopolis, the hidden agenda of modernity*. Chicago: University of Chicago Press, 1990.

TSCHANNEN, Olivier. *Les théories de la sécularisation*. Genève: Droz, 1992.

TURCHETTI, Mario. "La liberté de conscience et l'autorité du magistrat au lendemain de la Révocation". In: Guggisberg, Lestringant e Margolin (eds.). *La liberté de conscience (XVI-XVIIe siècles)*. Genève: Droz, 1991.

TURPIN, Dominique. "L'activité de la Comission Nationale Consultative des Droits de l'Homme". *Les Petites Affiches*, 26, 1994.

VACHEROT, Jean. "Libre exercice des cultes, liberté d'association, développement des sectes et protection de l'ordre public". *L'Année Canonique*, 29, 1985-86: 305-11.

VAN der VEER, Peter. *Religious nationalism. Hindus and Muslims in India*. Berkeley: University of California Press, 1994.

VAN der VEER, Peter. "The secular production of religion". *Etnoofor*, 8 (2), 1995.

VAN der VEER, Peter. "L'État moral: religion, nation et empire dans la Grand-Bretagne victorienne et l'Inde Britanique". *Géneses*, 26, 1997: 77-102.

VAN GEIRT, Jean-Pierre. *Le France aux Cent Sectes*. Paris: Vauvenargues, 1997.

VÁRIOS AUTORES. *Os antigos conventos e seus bens - em face da Constituição de 24 de fevereiro de 1891 e da lei de 10 de setembro de 1893*. São Paulo: Cardozo Filho e Com., 1911.

VELHO, Otávio. "Religião e modernidade; roteiro para uma discussão". *Anuário Antropológico 92*. Rio de Janeiro: Tempo Brasileiro, 1994.

VELHO, Otávio. "Globalização: antropologia e religião". *Mana*, 3/1, 1997: 133-154.

VELHO, Otávio. "O que a religião pode fazer pelas ciências sociais?". *Religião e Sociedade*, 19(1), 1998a: 9-17.

VELHO, Otávio. "A antropologia da religião em tempos de globalização". *Etnográfica*, II (2), 1998b: 347-57.

VERNETTE, Jean. "La prolifération des sectes: question posée aux Eglises". *Études*, maio 1976: 729-45.

VERNETTE, Jean. "Sectes, retour du religieux et du paganisme: évaluation actuelle de la situation". *Documents-Épiscopat*, 15, 1980: 1-16.

VERNETTE, Jean. *Les sectes et l'Eglise catholique*. Paris: Cerf, 1986.

VERNETTE, Jean. "Eglise et secte: comment faire la différence?". *Spiritus*, 30 (115), 1989.

VERNETTE, Jean. *Les sectes*. Paris: P.U.F., 1997.

VERNETTE, Jean e MONCELON, Claire. *Dictionnaire des groupes religieux aujourd'hui*. Paris: P.U.F., 1995.

VEYNE, Paul. "L'interprétation et l'interprète. A propos des choses de la religion". *Enquête*, 3, 1996. VISWANATHAN, Gauri. "Blasphemy and heresy: the modernist challenge. A review article". *Comparative Studies in Society and History*, 37 (2), 1995: 399-412.

VIVIEN, Alain (entrevistado por P. Lanarès). "Les sectes en France". *Conscience et Liberté*, 23, 1982: 69-78.

VIVIEN, Alain (entrevistado). "Les sectes et la jeunesse". *Revue de la Police Nationale*, 121, 1984: 26-29.

VIVIEN, Alain. *Les sectes en France. Expressions de la liberté morale ou facters de manipulations?- Rapport au Premier Ministre*. Paris: La Documentation Française, 1985.

VOLTAIRE. *Tratado de la tolerancia* [1763]. Barcelona: Editorial Crítica, 1976.

VOYÉ, Liliane. "Sous le regard du sociologue: le rapport de la comission d'enquête parlementaire française sur les sectes". In: Introvigne e Melton (dir.). *Pour en finir avec les sectes. Le débat sur le rapport de la comission parlementaire*. Paris: Dervy, 1996.

WALLIS, Roy. "Paradoxes of freedom and regulation: the case of new religious movements in Britain and America". *Sociological Analysis*, 48 (4), 1988: 355-371.

WALZER, Michael. *Traité sur la tolérance*. Paris: Gallimard, 1998.

WANEGFFELEN, Thierry. *L'Édit de Nantes. Une histoire européenne de la tolérance (XVIe-XXe siècle)*. Paris: Le Livre de Poche, 1998.

WATERLOT, Ghislain. "Voltaire ou le fanatisme de la tolérance". *Esprit*, ago-set 1996, pp.114-39.

WAY, H. Franck. "The problem of toleration in the New Israel: religious communalism in Seventeenth-Century Massachusetts". In: C. Nederman e J. Laursen (eds.). *Beyond the persecuting society. Religious toleration before the Enlightenment*. Philadelphia: University of Pensilvania Press, 1998.

WILLAIME, Jean-Paul. "De la sacralisation de la France. Lieux de mémoire et imaginaire national". *Archives des Sciences Sociales des Religions*, 66 (1), 1988: 125-45.

WILLAIME, Jean-Paul. "La religion civile à la française et ses métamorphoses". *Social Compass*, 40 (4), 1993: 571-80.

WILLAIME, Jean-Paul. "Le protestantisme. Un christianisme de la modernité". *L'État de la France*. Paris: La Découverte, 1998a.

WILLAIME, Jean-Paul. "Un mode du religieux". *Le Monde de l'Éducation*, 258, 1998b.

WILLAIME, Jean-Paul. "Le pentecôtisme: contours et paradoxes d'un protestantisme émotionnel". *Archives des Sciences Sociales des Religions*, 105, 1999: 5-28.

WILLIAMS, Rhys. "Breaching the wall of separation". In: Wrigh (ed.). *Armageddon in Waco*. Chicago: The University of Chicago Press, 1995.

WILSON, Bryan. "Secularization: the inherited model". In: P. Hammond (ed.). *The sacred in a secular age – toward revision in the scientific study of religion*. Berkeley: University of California Press, 1985.

WILSON, Bryan. "Secularization". In: Mircea Eliade (ed.). *The International Enciclopedia of Religions*. Nova Iorque: Macmillan Pub., 1987.

WOODROW, Alain. *Les nouvelles sectes*. Paris: Seuil, 1977.

WOODROW, Alain. "Les églises sont-elles des sectes?". *Bulles*, 19, 1986.

WOODROW, Alain e TINCQ, Henri. "Ces mondes à part". *Le Monde des débats*, fevereiro 1994.

WRIGHT, Stuart (ed.). *Armageddon in Waco. Critical perspectives on the Branch Dravidian conflict*. Berkeley: University of California Press, 1995.

WUTHNOW, Robert. "Religious movements and counter-movements in North America". In: Beckford, J. (ed.). *New religious movements and rapid social change*. Bristol: Sage/ UNESCO, 1986.

ZYLBERBERG, Jacques. "La régulation étatique de la religion: monisme et pluralisme". *Social Compass*, 37 (1), 1990: 87-96.

ANEXO I

Precisões sobre as fontes e os itinerários de pesquisa

Brasil

O primeiro projeto de pesquisa de doutorado serviu como um duplo ponto de partida para esta tese. Estabelecia como objeto o trabalho e o ideário de algumas instituições que atuam no campo do "ecumenismo" e/ou do "diálogo inter-religioso". Logo percebi que uma das preocupações dessas instituições eram os "novos movimentos religiosos", categoria na qual se incluíam os pentecostais. Juntamente com outras leituras, essa foi a base que propiciou a reelaboração do projeto de pesquisa, orientando-o para cobrir também outros discursos e personagens interessados na expansão pentecostal. Mas, antes de reescrever o projeto, já havia tecido laços com pessoas e instituições e coletado material em publicações do campo ecumênico. São dessa época (1995 e 1996) os primeiros levantamentos sobre a *Tempo e Presença*, revista do CEDI/Koinonia, e sobre publicações da CNBB a respeito do "pluralismo religioso". Paralelamente, ia reunindo (através de revisões bibliográficas, cursos no PPGAS, congressos) artigos e teses sobre a IURD e, dedicando-me a sua análise, percebi a importância da dimensão das classificações e tipologias do protestantismo brasileiro.

O passo seguinte foi providenciar o material jornalístico sobre a IURD e aqui também uma entidade ecumênica foi fundamental. Decidi privilegiar as fontes compiladas nos dossiês de imprensa do CEDI/Koinonia. Eles compreendem diversos períodos entre os anos de 1984 e 1996, contendo notícias, artigos e editoriais que versam em sua grande maioria sobre a IURD. Um desses dossiês fora preparado com a preocupação de rastrear as primeiras notícias publicadas acerca da IURD, em 1988. E os cinco mais recentes cobrem com exaustividade o período no qual a IURD estivera mais em evidência na mídia, setembro 1995-fevereiro 1996. Para auxiliar na organização desse material, montei um banco de dados no qual foram registrados, para cada reportagem, artigo ou editorial, as seguintes informações: título, localização, autor, pessoas e instituições citadas, assuntos, resumo do texto. O banco, preparado ao longo de 1997, reuniu 971 registros, 778 correspondentes aos anos 1995-6. A informatização permitiu visões globais e a recuperação sistemática de dados. Tive acesso a outros materiais jornalísticos através de referências esparsas e de dois outros levantamentos: um primeiro cobriu quatro jornais para registrar a repercussão da prisão de Edir Macedo em abril de 1992; um segundo foi feito através da internet junto aos arquivos eletrônicos da *Folha de São Paulo* (1994, 1996, 1997, 1998, janeiro-março 1999) e da revista *Veja* (1996, 1997, 1998).

Entre o final de 1997 e o início de 1998, realizei um levantamento sobre o jornal *Folha Universal*, publicado pela IURD desde 1992. Os números referentes aos anos 1992 a 1994 foram consultados na Biblioteca Nacional (cuja coleção apresenta várias lacunas); os referentes aos anos 1995 a 1997, nos arquivos da própria Editora Universal. Posteriormente, continuei acompanhando as edições através do *site* do jornal (www.folhauniversal.com.br), mas sem um plano sistemático. Com esse levantamento, foi possível ter acesso às reações da IURD aos ataques que ocorreram no segundo semestre de 1995, além de ter a possibilidade de perceber vários aspectos de sua vida institucional e de suas categorias de discurso. Outros materiais que expressavam a visão da própria IURD foram consultados (alguns números da revista *Plenitude*, livros), juntando-se à considerável literatura, acadêmica e jornalística, que sobre ela existe. Em 1997, assisti alguns cultos no templo que fica em Botafogo, Rio de Janeiro. E em 2000, entrevistei o pastor J. Cabral, autor de um livro sobre seitas, apontado pela imprensa como o "teólogo da IURD" e cujos artigos investiam sobre terminologias e classificações do protestantismo.

A partir de referências encontradas no material já consultado, defini alguns processos judiciais que pareciam mais importantes para meus propósitos. No fórum do Rio de Janeiro, localizei os processos que envolviam Edir Macedo e a IURD e pedi o desarquivamento de um deles, sem obter resultado positivo. Procurei entrevistar Átila Nunes, apontado como um dos responsáveis pelas denúncias para a abertura do inquérito que resultou nesse processo, mas não fui recebido (nem em 1997, nem em 1999). Um outro processo transcorria em São Paulo (298/92) e tentei acessá-lo em 1997, o que foi impossível. Apenas em 1999 é que os autos ficaram disponíveis em cartório, e tive de ir a São Paulo para obtê-los. Através da consulta a esse processo (que envolvia outros que lhe estavam mais ou menos vinculados), tive acesso a peças do processo que perseguia no Rio e de um outro, também na capital fluminense, na esfera cível. Tentei entrevistar um advogado no Rio, apontado como defensor de ex-fiéis da IURD, e outro em São Paulo, que prestaria serviços de regularização dos registros civis de igrejas evangélicas, mas não tive sucesso em nenhum dos casos. Restringi, portanto, minha análise ao material que encontrei nos autos.

Visando chegar a uma avaliação do debate jurídico sobre questões religiosas, consultei ao longo de 1999 diferentes fontes em busca de textos e referências, a partir das categorias "liberdade religiosa" e "de culto", "templos" e "instituição religiosa": catálogos bibliográficos, base de informações do Congresso Nacional (bibliografia e projetos de lei), fichários e banco de dados da biblioteca do Tribunal de Justiça do Estado do Rio de Janeiro (incluiu também pesquisa sobre "curandeirismo" e "estelionato"). A partir de referências que foram se acumulando e tendo como ponto de partida as alegações contidas nos autos que analisei, juntei uma pequena jurisprudência de casos de curandeirismo e estelionato envolvendo grupos religiosos, registrados em algumas revistas jurídicas, o que permitiu complementar os levantamentos mais abrangentes de Schritzmeyer (1994).

Em 1997 e depois em 1999, retomei a pesquisa das publicações relacionadas a entidades e preocupações ecumênicas, alargando o escopo de títulos. Com o interesse de perceber o enfoque sobre a questão do pluralismo religioso e, especialmente, sobre os "novos movimentos religiosos", "seitas" e "pentecostais", foram assim consultados as seguintes revistas e publicações: *Tempo e Presença* (1982-1999), *Contexto Pastoral e Contexto Pastoral - Debate* (1991-97), *REB* (1985-97), *Informativo CONIC* (1984-97), *Estudos Teológicos* (1995-98), *Convergência* (1986; 1990-98), *Revista de Cultura Vozes* (1987-97), *Perspectiva Teológica* (1987-1999), *Teocomunicação* (1996-99), *Diretrizes de CNBB* (1975-1998). Além de material adquirido em livrarias católicas, trabalhei nas bibliotecas da PUC, do IBRADES, da Mitra Arquidiocesana, nos arquivos do Koinonia e do ISER. Em dezembro de 1999, entrevistei José Bittencourt Filho, integrante dos quadros do Koinonia e figura central na elaboração do conceito de "pentecostalismo autônomo".

A pesquisa sobre as entidades do universo evangélico conta com pouco material primário. Procurei realizar uma articulação abrangente de informações obtidas através de estudos anteriores, entrevistas e registros de vários tipos. No caso da AEvB, tentei ter acesso a documentos elaborados pela própria entidade, mas não os encontrei nem em bibliotecas e nem com a ajuda de pessoas. Limitei-me então a pesquisar seu *site* na internet (www.solar.com.br/~rubem/aevb/html) e a consultar os seis primeiros números (1995-6) da revista *VINDE*, ligada ao pastor Caio Fábio, então presidente da AEvB.

Para ter alguma idéia sobre as "seitas" enquanto categoria que designa um terreno dominado pela apologética cristã, realizei em 1999 levantamentos em catálogos e consultei diversos títulos na Biblioteca Nacional e na biblioteca do Seminário Batista. Incursões por livrarias católicas e evangélicas e por *sites* na internet complementaram dados e impressões. Outras fontes relevantes para situar a controvérsia no Brasil em torno de outros grupos foram a coleção de textos publicados no *Cadernos do ISER* 23 e o livro de Peixoto (1980).

Sabendo, através do noticiário, da participação de lideranças afro-brasileiras nas reações à IURD, havia o interesse em colher documentos e depoimentos nesse universo. Minhas buscas em entidades cariocas vinculadas ao movimento negro e afro-religioso foram desanimadoras: quase nenhum material, pessoas que tinham se mudado, instituições dissolvidas. Em São Paulo (1999), tive um pouco mais de sorte, com a ajuda de Omar Ribeiro Thomaz. Entrevistei uma mãe-de-santo, um pai-de-santo e uma dirigente de uma entidade do movimento negro. Entretanto, como cheguei à conclusão de que esse universo não apresentava um discurso cristalizado e nem representava uma instância autônoma na controvérsia, resolvi não incluí-lo na análise.

Quanto à parte histórica, meu objetivo era determinar os arranjos jurídicos resultantes da separação entre Estado e Igreja no Brasil. Referências historiográficas variadas, acumuladas umas a partir das outras, deram-me os elementos gerais tanto da situação instaurada pela República quanto daquela que vigorava no Império. Mas se quisesse saber as definições acerca da questão da "liberdade religiosa", percebi rapidamente que precisaria recorrer a fontes primárias. Desde então, fui obrigado a lançar-me em sucessivas buscas para enfrentar dúvidas historiográficas cuja resolução se adiava de uma fonte para outra. Iniciei com a lei de separação de 1890 e com a Constituição de 1891. Mas logo tive de recorrer aos registros de decisões e relatórios ministeriais. O artigo constitucional sobre a liberdade religiosa foi regulamentado por uma lei de 1893, cuja elaboração preocupei-me em recuperar. Os anais da Câmara e do Senado foram consultados quando apareciam em outra fonte menções a propostas e debates relevantes — foi assim que descobri o projeto de E. Coelho em 1903. Analisei também o texto do Código Civil de 1916, inclusive os registros dos trabalhos para sua elaboração, além da consolidação preparada por Ferreira Alves na sua versão de 1897. Este texto revelou-se um material valioso, pois suas notas compilam e transcrevem diversas referências a casos e processos específicos. Esse conjunto de fontes foi ainda complementado pela consulta a decisões e pareceres publicados em revistas de jurisprudência. Além de referências específicas, realizei uma busca a partir dos índices de três revistas (*Revista dos Tribunais, Revista Forense, O Direito*). Os temas cobertos incluíram: "associação religiosa", "igreja", "templo", "liberdade religiosa", "corporação de mão-morta", "ordem religiosa".

O quadro geral compõe-se ainda de outras fontes, obtidas quase sempre com a ajuda dos fichários de assunto da Biblioteca Nacional e das bibliotecas do Instituto Histórico e Geográfico Brasileiro e da Fundação Casa de Rui Barbosa. Consultei alguns comentários jurídicos, a partir de referências que pareciam relevantes. Acumulei assim um conjunto de textos cuja elaboração se estende do final do séc. XIX até as últimas décadas do séc.XX, provocando uma intersecção com os resultados do levantamento sobre os debates jurídicos que partira da atualidade. Nesse conjunto, ganharam destaque vários textos de Rui Barbosa, que em diversos momentos de sua vida preocupou-se com a questão da liberdade religiosa. Deparei-me também com textos de positivistas e de protestantes sobre essa questão. E as fontes relativas ao catolicismo revelaram-se mais importantes do que esperava. Lamentei de início que a historiografia privilegiava o impacto e as reações católicas; descobri depois que se tratava de uma dimensão fundamental do problema, uma vez que as principais disputas que estipularam as definições dadas ao ordenamento jurídico da religião ocorreram no seio ou envolvendo personagens e instituições católicas. Ainda assim, foi necessário conjugar tais fontes com os registros de embates jurídicos para ter acesso a mais de uma versão dos conflitos. Tenho certeza, no entanto, que se trata de um campo em que uma pesquisa muito mais minuciosa ainda trará descobertas valiosas.

Outro campo de pesquisa que de certo modo cobri é o das "instituições sem fins lucrativos". Uma vez que os coletivos religiosos não se distinguem, quanto ao seu estatuto jurídico, desse universo, interessava saber se, no seu interior, alguma referência relevante aparecia. A incursão beneficiou-se da experiência que acumulei trabalhando no ISER em um projeto sobre esse universo, mas fez-se com fontes heteróclitas e em boa medida aleatórias: algumas referências bibliográficas e consulta à legislação (inclusive na internet, com ajuda do *site* da Rede de Informações do Terceiro Setor: www.rits.org.br) sobre assuntos tais como "registro de associações", isenções fiscais, título de "utilidade pública federal", "certificado de entidade filantrópica" e "organização da sociedade civil". Se o quadro não é sistemático, permite certas afirmações e hipóteses sobre as formas pelas quais o "religioso" foi juridicamente enquadrado no Brasil ao longo da história republicana.

França

Passei o período entre março de 1998 e fevereiro de 1999 na França, graças a uma bolsa sanduíche concedida pelo CNPq. Morei em Paris e estive vinculado ao Centro de Estudos Interdisciplinares dos Fatos Religiosos (na EHESS), sob a orientação de Danièle Hervieu-Léger. Ao chegar lá, tinha dois interesses em mente, suscitados a partir de algumas leituras feitas ainda no Brasil desde a preparação para a solicitação da bolsa sanduíche: a controvérsia sobre as "seitas" e o *affaire des foulards* ocorrido em 1989 (uso do véu muçulmano por estudantes em escolas públicas). Enquanto as "seitas" ofereceriam um contraponto para pensar as acusações à IURD no Brasil, o *affaire des foulards* propiciaria um acesso para perceber o lugar da "religião" na sociedade francesa. Mas minhas primeiras iniciativas concentraram-se no acompanhamento de cursos na EHESS e no rastreamento e leitura de referências bibliográficas gerais (com foco especialmente nos temas: "religião" enquanto categoria, "secularização", "novos movimentos religiosos", "relações Igreja/Estado"). Fui logo percebendo que a controvérsia sobre as "seitas" apresentava dimensões bem mais amplas do que eu imaginava e que deveria abandonar as pretensões quanto ao *affaire des foulards*. Consultas a catálogos em diversas bibliotecas e em *sites* na internet propiciaram uma extensa lista com títulos que compõem a "literatura sobre seitas" editada na França, alguns dos quais iria analisar. Consegui facilmente acesso aos dois primeiros relatórios oficiais, Vivien (1983/85) e Guyard (1995/96). E parti para a coleta de registros que me dessem acesso à forma pela qual as "seitas" apareciam na imprensa.

No caso de jornais e revistas, privilegiei os de maior circulação (*Le Monde, Libération, Le Figaro, Le Nouvel Observateur, L'Express*) e os períodos circunscritos pela recepção dos dois relatórios oficiais. No entanto, certas facilidades permitiram estender a coleta para outros períodos e títulos. O *Le Monde* pode ser acessado através de CD-Rom (1981-1998) e o *Le Monde Diplomatique* mantém índices anuais (consultei os anos 1973-1998); o *L'Express* disponibiliza seu arquivo eletrônico na internet (consultei os anos 1996-98). Além disso, encontrei alguns dossiês de imprensa: utilizei especialmente o da biblioteca do Instituto de Estudos Políticos (1958-98), mas também o da UNADFI referente ao relatório parlamentar de 1995 (graças a Patrícia Birman), o do Centro Protestante de Estudos e de Documentação (1975-98), o do CIDIC - Documentação Francesa (períodos recentes) e o do CCMM (últimos meses de 1998). Mesmo depois que voltei ao Brasil, pude manter um acompanhamento superficial do noticiário através de um *site* anti-seitas que transcreve ou resenha textos de diversas fontes (www.multimania.com/tussier/sciento.htm).

A análise dos relatórios oficiais sobre as seitas veio acompanhada da preocupação em complementar os registros da imprensa acerca das medidas governamentais nesse campo. Em setembro de 1998, tive acesso ao relatório do OIS. Através de CD-Rom e de *sites*, localizei uma série de determinações administrativas e judiciárias (circulares, pareceres, decisões, julgamentos) que faziam alguma referência à categoria "seitas". Essa dimensão foi complementada com análises breves dos relatórios da comissão parlamentar sobre a dimensão econômica das "seitas" (1999) e da Missão Interministerial de Luta contra as

Seitas (2000), ambos acessados através da internet quando já voltara ao Brasil. Embora estivesse informado da existência de inúmeros casos judiciários envolvendo "seitas", preferi privilegiar a análise de medidas e relatórios oficiais, que me pareciam condensar as várias questões colocadas ao Estado pela controvérsia.

Várias referências que surgiram a propósito das seitas apontavam para os quadros jurídicos em que se inseria a "religião" na França, mostrando que o *affaire des foulards* não era a única forma de aceder a essa dimensão. Procurei cobrir esse aspecto recorrendo a uma parte da bibliografia pertinente, além da consulta direta aos textos legislativos fundamentais. Isso me conduziu a um universo de publicações jurídicas e aproveitei para localizar referências que realizam discussões seja sobre "religião", seja sobre "seitas" em periódicos como *Les Petites Affiches* (através de CD-Rom), *Revue Française de Droit Administratif*, *Actualité Juridique* e *Administration*, além de outras fontes esparsas. No bojo da preocupação com esses temas, entrevistei Phillippe Le Carpentier, diretor do Setor de Cultos, no início de 1999. Tentei ainda conversar com funcionários da Diretoria Geral de Informações Gerais, mas não obtive resposta à carta que enviei.

Em relação aos principais grupos acusados, não travei nenhum contato direto; colecionei referências vindas de várias fontes, sem preocupação de sistematicidade, o que me permitiu apresentar superficialmente dois ou três casos. Para tratar dos posicionamentos de representantes católicos, além de reportagens, baseei-me sobretudo nos registros dos trabalhos do grupo "Pastoral e Seitas", que encontrei em arquivos do Centro Protestante de Estudos e de Documentação e na revista *La Documentation Catholique*. Os mesmos arquivos compilam os pronunciamentos da Federação Protestante da França sobre o problema das "seitas".

Realizei ainda levantamentos de artigos e informações na revista *Conscience et Liberté* (1970-1998), editada pela Associação Internacional pela Defesa da Liberdade Religiosa, e no boletim *Mouvements Religieux* (1987-1998), editado pela Associação de Estudo e de Informação sobre os Movimentos Religiosos. Este último revelou-se um manancial importante de dados sobre a controvérsia, inclusive sobre a inserção dos cientistas sociais. Outras fontes utilizadas para mapear e caracterizar essa inserção, além novamente da imprensa, foram: a análise de textos escritos pelos próprios cientistas sociais (destaque para *Pour en finir avec les sectes*, organizado por Introvigne e Melton; *Sectes et Mensonges*, de Luca e Lenoir; *Sectes et Démocratie*, organizado por Champion e Cohen), entrevistas (Régis Dericquebourg, sociólogo; Marion Aubrée, antropóloga), observação de debates (especialmente, Rencontres do CEIFR, EHESS, 11.01.99) e de um congresso (XII Congresso do CESNUR, "Religious and spiritual minorities: towards the 21st century", 10 a 12 de setembro, Turim, Itália). Procurei entrar em contato com os responsáveis pelo núcleo francês do CESNUR, mas não tive êxito; limitei-me então a acessar seu *site* na internet, onde estão disponíveis textos de diversas naturezas tratando da controvérsia na França (www.cesnur.org).

O contato direto com as duas principais associações anti-seitas foi tardio, o que não significa que não tivesse reunido antes muitas referências sobre sua atuação a partir de outras fontes. A troca de idéias com Patrícia Birman, também fazendo pesquisas sobre a ADFI e o CCMM, contribuiu para convencer-me da necessidade de uma abordagem específica desse aspecto. A relação dessas associações com pesquisadores está geralmente eivada de tensões e desconfianças — como demonstram o relato de Blanchard (1998) e o mencionado debate na EHESS (11.01.99). Considerei arriscado demais me apresentar, para essas entidades, como alguém interessado própria ou especificamente em seu trabalho; preferi a versão do "estudante estrangeiro" que pesquisava a IURD e outras igrejas pentecostais na França e estava à busca de material e informações. Funcionou bem no CCMM, onde estive por diversas vezes entre dezembro de 1998 e fevereiro de 1999. Desse modo, tive acesso livre a dossiês, a obras da pequena biblioteca que lá existe e aos boletins do CCMM (*Bulletin de Liaison*, 1984-97 e *Regards Sur*, 1997-98), além de ter a oportunidade de entrevistar Anick Drogou, responsável pelas publicações da associação, e observar o encaminhamento de telefonemas e visitas. A estratégia, porém, fracassou no caso da ADFI. Fui recebido por Robert Limb, responsável por grupos pentecostais, que, com o argumento de que a ADFI acumulara escasso material sobre a IURD, deu por encerradas minhas relações com a associação. Mas isso não impediu que consultasse, em uma biblioteca pública, a coleção de *BULLES* (1983-98), boletim da UNADFI, através do qual pude mapear os aspectos mais significativos de seu discurso e de sua atuação.

Devo ainda dizer que os trabalhos de A. Blanchard (1998) e de C. Duvert (1999) foram bastante valiosos, mais do que quaisquer dos textos escritos por cientistas sociais de renome. O primeiro, uma memória de terceiro ciclo, cobre certos aspectos da atuação das associações anti-seitas, das reações de grupos acusados e das medidas oficiais. O segundo, uma tese de doutorado em direito, é uma vasta e competente análise do modo como a categoria "seita" vem aparecendo em registros e discursos jurídicos. Agradeço-lhes por terem disponibilizado seus respectivos trabalhos para minha consulta.

ANEXO II

Decreto 119A, de 7 de janeiro de 1890

(*apud* Scampini 1978:84)

O marechal Deodoro da Fonseca, chefe do Governo Provisório (...), em nome da Nação decreta:

Art.1º - É proibida à autoridade federal, assim como à dos Estados federados, expedir leis, regulamentos, ou atos administrativos, estabelecendo alguma religião, ou vedando-a, e criar diferenças entre os habitantes do país, ou nos serviços sustentados à custa do orçamento, por motivo de crenças ou opiniões filosóficas ou religiosas.

Art.2º - A todas as confissões religiosas pertence por igual a faculdade de exercerem o seu culto, regerem-se segundo a sua fé e não serem contrariadas nos atos particulares ou públicos que interessem o exercício deste decreto.

Art.3º - A liberdade aqui instituída abrange não só os indivíduos nos atos individuais, senão também as igrejas, associações e institutos em que se acharem agremiados; cabendo a todos o pleno direito de se constituírem e viverem coletivamente, segundo o seu credo e sua disciplina, sem intervenção do poder político.

Art. 4º - Fica extinto o padroado com todas as suas instituições, recursos e prerrogativas.

Art. 5º - A todas as igrejas e confissões religiosas se reconhece a personalidade jurídica para adquirirem os bens e os administrarem sob os limites postos pelas leis concernentes à propriedade de mão-morta, mantendo cada uma o domínio de seus haveres atuais bem como dos seus edifícios de culto.

Art. 6º - O Governo Federal continua a prover à côngrua sustentação dos atuais serventuários do culto católico e subvencionará por um ano as cadeiras dos Seminários ficando livre a cada Estado o arbítrio de manter os futuros ministros deste ou de outro culto sem contravenção do disposto nos artigos antecedentes.

Art.7º - Revogam-se as disposições em contrário. Sala das Sessões do Governo Provisório, 7 de janeiro de 1890.

Impresso nas oficinas da
Gráfica Palas Athena